PACKEN
WIR'S AN!

Titel der Originalausgabe:
Getting a Grip
© 2007 by Frances Moore Lappé
Published by A Small Planet Media Book

Frances Moore Lappé: | Übersetzung: Hanne Hammer
Packen wir's an! | Lektorat: Jürgen Streich
© J. Kamphausen Verlag & | Umschlaggestaltung
Distribution GmbH, | und Satz: Wilfried Klei
Bielefeld 2009 | Druck & Verarbeitung:
info@j-kamphausen.de | Westermann Druck Zwickau

www.weltinnenraum.de

1. Auflage 2009
Die Deutsche Bibliothek – CIP-Einheitsaufnahme

Ein Titelsatz für diese Publikation
ist bei der Deutschen Bibliothek erhältlich

ISBN 978-3-89901-178-4

PACKEN

FRANCES MOORE LAPPÉ

WIR'S AN!

Klarheit,
Kreativität
und Mut in
einer verrrückt
gewordenen
Welt

Für RRR
und die Gespräche,
die niemals enden.

VORWORT
FÜR DIE DEUTSCHE AUSGABE

EIN HISTORISCHER MOMENT?!

Haben Sie sich selbst schon diese Worte sagen hören, oder waren Sie versucht, es zu tun? Ich weiß, ich habe es. Aber: Machen wir nur uns selbst etwas vor – zu meinen, *unser* Moment sei etwas Besonderes?

Ja, vielleicht. Aber ich werde es einmal wagen, dem Klischee zu entsprechen. Denn wie viele Generationen vor uns hatten schon drei überwältigende, unerwartete, noch nie dagewesene Ereignisse zur gleichen Zeit? Drei globale Erschütterungen, die unvorstellbare Bedrohungen und gleichzeitig atemberaubende Möglichkeiten mit sich bringen?

Das jüngste Ereignis 2008 ist die globale Finanzkrise, begleitet von Preisschwankungen für Lebensnotwendiges, was jeglichen Fortschritt der letzten Jahrzehnte, den Hunger in der Welt zu bekämpfen, zunichte macht. Keine der angesehenen wirtschaftlichen Institutionen hat uns davor gewarnt. Die Prognosen der Weltbank von 2007 haben uns keinen Hinweis auf diese Bedrohung gegeben. Obwohl ich bereits im Herbst 2007 mit „alternativen" Wirtschaftsforschern in einem Schumacher-College-Seminar (UK) zusammengesessen habe, die vor einem unmittelbar bevorstehenden Kollabieren des Kartenhauses unseres Finanzsystems warnten. Ehrlich gesagt, ich habe versucht, ihnen nicht zu glauben, wohl wissend, welche schmerzhaften Folgen ein solches Ereignis haben wird. Als ihre Voraussagen begannen, Realität zu werden, bemerkte ich, wie es mich aus der Fassung brachte, dass meine Freunde – meine radikalen Mitstreiter – Recht hatten! Ich muss zugeben, auch wenn ich das dominante Finanzsystem jahrzehntelang kritisiert habe: Dessen Ende war auch für mich erschütternd.

Das zweite ist die miteinander verflochtene Klima- und Energiekrise. Regierungsübergreifende Gremien zum Klimawandel sagen uns, dass es viel schlimmer ist, als noch vor einem Jahr prognostiziert: Das Polareis schmilzt schneller, das Wetter ist chaotischer und das Artensterben schreitet schneller voran – 100 Arten pro Tag verschwinden für immer. Um einer weitaus größeren Katastrophe aus dem Weg zu gehen, müssen wir den Ausstoß von Kohlendioxyd deutlich stärker reduzieren als angenommen. Jedoch: Wir haben als Weltgemeinschaft noch nicht einmal wirklich angefangen, die Richtung zu ändern.

Das dritte Phänomen ist die neue Führungspersönlichkeit, die parallel zu diesen Ereignissen auf der Bildfläche erschienen ist: Barack Obama. 2007 hatten die meisten noch nicht einmal seinen Namen gehört; 2009 führt er die (immer noch?) machtvollste Nation der Welt an. Und er hat sich nicht ins Oval Office geschlichen; er sprang Dank seines Sieges im Wahlmännergremium auf Platz 1 der USA.

Menschen in der ganzen Welt haben vor Freude geweint und getanzt. Sie haben den Sieg über Rassismus gefeiert, sicher. Aber es war noch mehr: Die Aussicht auf einen Präsidenten mit zweifelsfreier Integrität, den seine Erfahrungen als Gemeindepolitiker sowie seine Wertevorstellungen mit uns verbinden – nicht mit den Reichen und Mächtigen, – nein mit uns, der großen Mehrheit normaler Bürger. Das hat sie überwältigt.

Es könnte sein, das niemals zuvor in der Geschichte der Menschheit solche Schockwellen, der Bedrohung und der Hoffnung simultan für so viele sichtbar waren. Es ist verständlich, dass viele von uns das erfahren, was Psychologen einen „Moment der Dissonanz" nennen (siehe Kapitel 7). Es ist der Augenblick im Leben eines Menschen, wo die Welt einfach nicht mehr stimmt. Nicht hinterfragte Annahmen sind plötzlich unpassend, ja sogar nutzlos. Stellen Sie sich den armen Alan Greenspan vor, einer der Urväter der amerikanischen Notenbank mit dem Spitznamen „das Orakel", der 2008 zugeben musste, dass die Finanzkrise einen Mangel in seiner Vorstellung, wie die Welt funktioniert, offenbart. Die New York Times (1) beschrieb dies so: sein „entschiedener Glauben daran, dass die am Finanzmarkt Beteiligten verantwortlich handeln würden", platzte. (2)

Ein Augenblick der Dissonanz kann Furcht einflößend sein. Aber er kann auch ein großartiges Geschenk sein – ein Befreiungsschlag. Lang getragene Scheuklappen fallen weg, und plötzlich sehen wir, was in unserer gewohnten Umgebung vorher nicht zu sehen war. Wir haben eine echte Wahl – vielleicht zum ersten Mal. Sicher, in solchen Momenten kann uns die Angst vor dem Unbekannten an den alten Sichtweisen festhalten lassen, sogar in Anbetracht all der Beweise. Das ist die eine Wahlmöglichkeit.

Oder wir können, wenn das Alte in einem Augenblick der Dissonanz zusammenbricht, etwas anderes, etwas Neues versuchen.

Das können wir ... wenn wir der Versuchung nicht erliegen. Der Versuchung etwa, anzunehmen, eine neue Führungspersönlichkeit allein könne diesen historischen Wandel vollbringen. Eben weil Barack Obama in einem solchen Kontrast zu George W. Bush steht, könnte sein Wahlsieg unsere Schlussfolgerungen trüben. In den

USA mag es die Bürger dazu verleiten anzunehmen, dass die Wahl Obamas unser politisches System unter Beweis stellt: Ist nicht sein Wahlsieg Beweis dafür, dass man als Präsident der Vereinigten Staaten kein Millionär sein muss, der seine Seele verkauft hat, um zu gewinnen?

Ja … und nein.

Die Wahlen in den USA 2008 beweisen, dass die Amerikaner einen guten, mutigen, intelligenten Menschen als Präsident wählen können. Es beweist nicht, dass unser Regierungssystem funktioniert. Wenn dem so wäre, dann wäre sicherlich nicht im Laufe der Amtszeit der letzten Präsidenten die amerikanische Säuglingssterblichkeitsrate – ein allgemeines Merkmal von Armut – gestiegen, die USA sind auf Platz 34 abgesackt, und sie wären nicht an das Ende der Liste der Industrienationen gerutscht, was Bildung betrifft. Fast 50 Millionen Amerikanern würde dann nicht die Krankenversicherung fehlen. Und die Schere zwischen Arm und Reich würde nicht genauso weit auseinanderklaffen wie in Indien oder Bangladesh. (3)

Wenn ein Baum umfällt, können wir oft zum ersten Mal seine Wurzeln sehen. Ein großer Baum fällt heute in der Welt. Welche Wurzeln sind jetzt sichtbar? Das ist die Frage an uns alle. Es ist die Frage, mit der dieses Buch ringt.

Mit dem unglaublichen Bernard Madoff, dem ehemaligen Mitglied im Verwaltungsrat der US-Technologiebörse Nasdaq; mit den Hedge-Fonds-Managern, die sich selbst Hunderte von Millionen zahlten; mit Dick Cheney und den offensichtlich nicht wahrgenommenen Zehn-, manche sagen sogar Hunderttausenden getöteter Zivilisten im Irak, ist es verführerisch einzelne Persönlichkeiten anzuklagen. (4) Das Problem sei *ihre* Habgier, *ihre* Korruption und *ihre* Arroganz.

Das könnten wir glauben, aber: Wir Menschen sind uns schon lange unseres selbstsüchtigen Potenzials bewusst, daher sollte uns nur eins überraschen: Dass wir Menschen immer noch keine ökonomischen und politischen Maßnahmen entwickelt haben, um diese sehr menschlichen Eigenschaften einzudämmen, die immer wieder ganze Gesellschaften zu Fall bringen oder wie jetzt die gesamte globale Wirtschaft. Wir müssen Wege finden, uns selbst zu beherrschen, so dass wir das Beste aus uns hervorrufen können, während wir uns vor dem Schlechten in uns bewahren.

Also, was in dieser Ära könnte den Begriff „historisch" wirklich verdient haben?

Dass wir uns jetzt in genau diese aufregende, unumgängliche Aufgabe hineinbegeben, das Thema Macht neu zu definieren und neu zu gestalten, basierend auf dem relativ klaren Wissen darum, was funktioniert.

Wir sollten damit anfangen anzuerkennen: Egal wie brillant sich der neue starke Mann in Washington darstellt, es ist an uns, z. B. den Klimawandel aufzuhalten. Die Chance unserer Spezies zu überleben wird davon bestimmt, dass immer mehr von uns sich engagieren, dass wir unseren Stimmen und unseren Werten in öffentlichen Diskussionen Gehör verschaffen. In anderen Worten: *davon, wie wir unsere Macht gestalten, verteilen und gebrauchen.*

Dieses Buch zeigt, dass das Konzept konzentrierter Macht jetzt definitiv fehlgeschlagen ist. Überleben bedeutet, dass wir weitergehen müssen, weit über die bisherigen Bedeutungen von Demokratie und Kapitalismus hinaus.

Ich weiß, das ist wirklich eine Herausforderung. Zum Teil, weil vom Publikum gefeierte Intellektuelle mit einer Menge politischer Auszeichnungen uns gesagt haben: „Das war's, Leute! Menschliche

Wesen können es nicht besser, als eine freiheitliche Demokratie mit Wahlen plus unternehmerischem Kapitalismus, so wie wir ihn kennengelernt haben." Francis Fukuyama machte 1989 die berühmte Aussage über unsere Zeit als „Das Ende der Geschichte". (5) Und 2008 schrieb der Wirtschaftsnobelpreisträger Paul Krugman, Kapitalismus sei „sicher" und seine Schattenseiten sollten „als Tatsachen des Lebens akzeptiert werden … weil niemand eine plausible Alternative hat." (6)

Im Kern teilen sie uns mit: Auch wenn es eine unglaubliche Ungerechtigkeit mit sich bringt, wie etwa die Ausweitung des gewalttätigen Konkurrenzkampfes um Ressourcen, das regelmäßige Kollabieren des ganzen Systems und jetzt die Umweltzerstörung – Wir müssten das akzeptieren.

Dieses Buch ruft auf, der Versuchung, dies zu „akzeptieren", zu widerstehen. Anzuerkennen, dass inmitten der großen Orientierungslosigkeit und der Zusammenbrüche weltweit neue Möglichkeiten entstehen. Nichts davon ist völlig ausgereift, aber wir können bereits viel versprechende Umrisse erkennen. Ich versuche, einige davon darzustellen.

Wir können es durchaus als Privileg sehen, in dieser Zeit zu leben. Wir haben die Chance, zu den tiefsten Wurzeln unserer globalen Krise zu gelangen. Barack Obamas überraschender Sieg bestätigt, was dieses Buch sagt: Es ist nicht möglich, zu wissen was möglich ist. Noch mehr: Der aktuelle finanzielle Zusammenbruch gibt uns zum ersten Mal den Blick frei auf die verborgenen Wurzeln einer bereits lang vorhandenen Krankheit. Das Wahrnehmen dieser Möglichkeiten könnte Obamas größtes Geschenk an uns sein. Damit können wir uns von Hypothesen trennen, die uns unserer Macht beraubten. Wir können diesen wertvollen Moment mit Klarheit, Kreativität und Mut angehen – jetzt!

FRANCES MOORE LAPPÉ
CAMBRIDGE, JANUAR 2009

VORWORT
ZUR AMERIKANISCHEN AUSGABE

ICH PACK'S AN!

Endlich habe ich es begriffen. Ich fühle mich nicht überfordert, deprimiert, verwirrt oder verunsichert durch unsere Welt, die aus den Fugen geraten ist. Ich bin bereit. Ich bin mehr als bereit. Ich möchte einfach anfangen.

Warum können wir keine Nation – keine Welt – haben, auf die wir stolz sind? Warum können wir nicht aufhören, die Hände über Armut, Hunger, Artensterben, Völkermord und Tod durch heilbare Krankheiten über dem Kopf zusammenzuschlagen, obwohl wir doch wissen, dass all das nicht nötig wäre? Dabei gibt es keinen Grund, daran zu zweifeln, dass wir etwas verändern können.

Sie – wer immer „sie" sind – sagen, dass wir mit dem Älterwerden reifen, geduldiger werden, dass Altersmilde eintritt. Ich glaube das nicht. Ich werde immer ungeduldiger.

Warum? Weil mir klar ist, dass die Menschheit keine Entschuldigungen mehr hat. Während meines Daseins auf dieser Erde haben sowohl historische Fakten als auch wissenschaftliche Durchbrüche alle Entschuldigungen hinweggefegt. Wir wissen, wie wir dieses unnötige Leiden beenden können, und wir haben alle nötigen Ressourcen dazu: von der Soziologie über die Anthropologie bis hin zur Wirtschaft, von der Erziehung und der Ökologie bis hin zur Systemanalyse. Alles deutet darauf hin: Wir wissen, was funktioniert.

Sowohl die Psychologie wie auch die Gehirnforschung bestätigen, dass wir Menschen mit einem moralischen Kompass ausgestattet sind – mit einem tiefen Bedürfnis und einer Sensibilität, die in uns die Sehnsucht nach einem Ende des Leidens auslösen. Doch wir verleugnen diese Gefühle an jedem einzelnen Tag auf Kosten unserer Gesellschaft und unserer Welt.

Uns hält kein materielles Hindernis auf, nichts dergleichen. Die Barriere befindet sich in unseren Köpfen. Wir erschaffen diese verrückt gewordene Welt selbst. Nicht etwa, weil wir durch irgendwelche gravierenden Schwächen unserer Natur dazu gezwungen sind und auch nicht, weil die Natur selbst knauserig und gnadenlos ist, sondern aufgrund von Ideen, an denen wir festhalten. Ideen?

Ja, es ist eine der erschütterndsten Entdeckungen des 20. Jahrhunderts: Der Mensch lebt tatsächlich als ein Geschöpf des Geistes. Unsere Wahrnehmungen der Realität bestimmen, was wir sehen, was wir für möglich halten und was wir demzufolge bekommen. Und wir wissen auch, dass wir Menschen unser Innerstes verändern können, sorgar unsere Ideen vom Leben, selbst unsere Ideen von Demokratie, Macht, Angst und – ja vom Bösen an sich.

Wenn wir das verstehen, müssen wir nicht länger nach Strohhalmen greifen – wilden Protesten, tränenreichen Taten der Barmherzigkeit oder sonstigen kurzfristig wirkenden Maßnahmen, die dazu führen, dass wir uns etwas besser fühlen. Erst dann öffnen wir uns für die Möglichkeiten wahrer Veränderung. Denken Sie einmal darüber nach: Wie konnten wir jemals glauben, dass die Welt sich ändern könnte, ohne dass wir uns selbst ändern?

Dieses Buch handelt davon, wie wir Vorstellungen, die uns gefangen halten, erkennen und loslassen. Es handelt von Menschen aus allen Bereichen des Lebens, die die Spirale der Verzweiflung durchbrechen und sie mit neuen Ideen, genialen Innovationen – und Mut in eine andere Richtung bringen. Es handelt von dieser Mischung aus Wut und Hoffnung, die uns genau zu dem Punkt bringt, an dem es ums Ganze geht. Also: Warum fangen wir nicht an?

FRANCES MOORE LAPPÉ
CAMBRIDGE, IM MAI 2007

DANKSAGUNG

Dieses Buch reflektiert die Suche eines Lebens, deshalb müsste ich allen danken, die meinen Weg beeinflussten. Aber wenn ich dies tun würde, würde das den Rahmen dieses Buches sprengen. Deshalb habe ich versucht, mich kurz zu fassen.

Zuerst danke ich Richard Rowe, meinem Partner, für die Freude am gemeinsamen Erforschen und seinen unzähligen selbstlosen Hilfeleistungen, die dieses Buch möglich machten. Gleichermaßen meinen Kindern Anthony und Anna Lappé, für deren Ermutigungen und Ratschlägen, die mich immer in Schwung hielten. Vom Small Planet Institute bin ich Jess Wilson dankbar für ihre heitere Entschlossenheit, mit der sie geschickt die zahlreichen Dimensionen bewältigte, um die erste eigene Small Planet Media Produktion zu realisieren. Danke auch Mark Douglass, Small Planet Media Marketing Director, für die kreativen, dauerhaften und unermüdlichen Bemühungen. Matthew Morrissey's gewissenhaften Recherchen und seiner unterstützenden Gegenwart, die beständig den Weg ebnete. Zoë Rosenfeld's einfühlsamer Redaktionsassistenz und dem sorgfältigen Lektorieren von Kate Tighe und Shveta Thakrar, welches diese Arbeit erst lesbar machten.

Jeffrey Perkins schulde ich Dank für das Mitwirken an unserem Buch *You Have the Power*, es füllte hier mein Kapitel über die Transformation von Angst. Danke euch, meinen Manuskriptlesern, für euer Feedback, was dieses Buch sehr verbesserte: Diana Beliard, Gloria Foster, Ephraim Julius Freed, Michael Richardson, Walter Robb, Laura Shelton und Jim Staton. Unseren Mitgliedern vom

Institute's TeamDemocracy bin ich für ihre großartige Unterstützung dankbar. Ebenfalls eingeschlossen sind: Carolina Aparicio, Noah Joffe-Halpern, Michael Kowalski, Keith Lane, Erica Licht, Rebecca Mailman, Dani O'Brien und Angela Smalley.

Dank dir, Chad Morgan, für das Layout des Buches; und für die Coverentwicklung: Amy Hayes. Für die Hilfe beim Verbreiten dieser Botschaft danke ich Dorie Clark und dem Mainstream Media Project. Danke euch vom Chelsea Green Publishing: Margo Baldwin, Mike Dyer, Peg O'Donnell, Kalen Landow und dem Rest eures Teams für eure begeisterte Annahme dieses Projekts.

Freunde, die besonders hilfreich waren bei dieser Anstrengung, sind ebenfalls eingeschlossen: Diana Beliard, Rose Pritzker, Linda Pritzker, Aaron Stern, Mark Finser, Josh Mailman, Hathaway Barry und Susan Kanaan. Zu guter Letzt zwei Quellen der Inspiration: Ich schulde Dank der Industrial Areas Foundation für ihre führende Rolle im Entwickeln von Konzepten der Macht und des öffentlichen Lebens, die mein Denken geformt haben; und meinen Freunden vom Unitarian-Universalist Service Committee für das Erschaffen der „Vertragsgruppe" mit Leitfäden, basierend auf meinem Buch *Democracy's Edge*. Eure Initiative war der Funken, der mich dazu brachte, mir das Buch überhaupt vorstellen zu können.

„GEBRAUCHSANLEITUNG"
FÜR DIESES BUCH

von Jürgen Streich

> *Die Wahrnehmung demokratischer*
> *Mitwirkungsmöglichkeiten ist immer besser als die*
> *voreilige Abgabe von Verantwortung.*
> *„Packen wir's an!" ist da schon der richtige Ansatz.*
>
> WOLFGANG GERHARDT, MDB

Als die J. Kamphausen Mediengruppe mir die redaktionelle Bearbeitung der deutschen Ausgabe des vorliegenden Buches antrug, war ich davon aus zwei Gründen sehr angetan: Die Autorin Frances Moore Lappé ist Trägerin des Alternativen Nobelpreises, mit dem ich mich seit Jahren als Journalist und Autor intensiv und mit großer Sympathie befasse, weil damit ermutigende Projekte im Sinne Lebendiger Demokratie auf der ganzen Welt ausgezeichnet werden*. Zweitens halte ich die Schaffung, den Erhalt und die Stärkung wirklicher Demokratie auf allen Ebenen für eine der wichtigsten Gegenwartsaufgaben.

---

* ebenfalls bei J. Kamphausen erschienen: Jürgen Streich, „Vorbilder.
Menschen und Projekte, die hoffen lassen. Der Alternative Nobelpreis."
2. aktualisierte und erweiterte Auflage, Bielefeld 2008

Da Frances Moore Lappé in der Originalausgabe unter dem Titel *Getting A Grip* zwar auch von Erfahrungen aus anderen Teilen der Welt, vornehmlich aber aus den USA berichtet und diese kommentiert, hatte der Verleger Joachim Kamphausen die Idee, Frances' Text einige treffende Beispiele aus Deutschland – ein Ausnahmefall stammt aus Sizilien – anzufügen. Um an den geeigneten Stellen im Buch darauf hinzuweisen, werden Sie am Rande des Moore-Lappé-Textes optisch hervorgehobene Zitate finden, an deren Ende Sie auf die Seite im Anhang des Buches hingewiesen werden, auf der Sie weitere Informationen zum jeweiligen Thema inklusive Internetadressen finden.

Bei den Recherchen hierzu hatte ich zahlreiche Informanten, bei denen ich mich sehr bedanke, insbesondere bei den Gastautoren Monika Griefahn MdB, die Jury- und Vorstandsmitglied des Alternativen Nobelpreises ist, dem Under-Cover-Agenten des deutschen Journalismus, Günter Wallraff, dem Pressesprecher der nordrhein-westfälischen Sektion des *Mehr Demokratie e.V.*, Thorsten Sterck, sowie dem Autoren- und Journalistenkollegen Jürgen Stark, der mit der so genannten *SchoolTour* ein außergewöhnlich kreatives Projekt leitet.

Dieses Buch handelt von den schädlichen und nicht mehr hinzunehmenden Unzulänglichkeiten der Oberflächlichen Demokratie (die Frances Moore Lappé im amerikanischen Originaltext „Thin Democracy" genannt hat). Und es handelt von der unabdingbaren Notwendigkeit von Lebendiger Demokratie, die von den Menschen, die sie betrifft, selbst ausgeht, und die sie mit Leben erfüllen. Deshalb wollte ich's wissen: Wie stehen unsere gewählten Volksvertreter zur Lebendigen Demokratie?

Ich habe die von mir angeschriebenen Politiker nach Partei-
zugehörigkeit, Alter und Geschlecht ausgesucht. Einige steuerten
interessante Gedanken bei. Diese finden Sie ebenfalls über das
Buch verteilt nach demselben Schema: Am Ende der Zitate werden
Sie auf weitere Ausführungen der Abgeordneten, bei denen ich
mich ebenfalls bedanke, hingewiesen.

Sie werden in diesem Buch sehr viele nachahmenswerte Beispiele für Lebendige Demokratie finden. Also: Lesen – weitersagen
– und vor allem:

Packen Sie´s an!

TEIL 1
KLARHEIT

1 DIE WURZELN ERKENNEN

Warum kreieren wir als Gesellschaften eine Welt,

die wir als Individuen verabscheuen?

Die Suche nach Antworten auf diese Frage ist seit Jahrzehnten die treibende Kraft in meinem Leben.

Es *ist* verblüffend. Wir wissen, dass kein menschliches Wesen morgens aufsteht und sich schwört: „Ja, heute will ich ein weiteres Kind unnötig verhungern lassen", oder vor sich hin murmelt: „Sicher, ich werde meinen Beitrag leisten, um diesen Planeten weiter aufzuheizen und die gesamte Menschheit auszulöschen." Doch jeden Tag sterben über 25.000 Kinder durch Hunger und Armut und ungefähr 100 Tier- und Pflanzenarten täglich verschwinden für immer. Dabei werden die Krisen nicht weniger, sie versetzen uns einen Schlag nach dem anderen: globale Klimaveränderungen, religiöse und rassische Konflikte, Terrorismus, lebensbedrohliche Armut, fortschreitende Verbreitung von Krankheiten etc. Und jetzt kommt auch noch der Verrat des konstitutionellen Prinzips seitens unserer eigenen Regierung hinzu.* Noch einmal: *Warum?*

---

* Gemeint sind hier Entscheidungen der US-Regierung von weit reichender Bedeutung, die von der Mehrheit der Bevölkerung nicht mitgetragen werden. Anm. des Lektors

Ich denke, dass es für viele von uns darauf keine wirkliche Antwort gibt. Es geschieht einfach. Wir wissen, dass *wir* die Dinge nicht unter Kontrolle haben, und es scheint so, als hätte das niemand.

Sicher, einige glauben, das Problem sind wir selbst – das menschliche Wesen hat schlichtweg versagt. Egal, ob man es Erbsünde oder einfach Egoismus nennt, so sind wir eben. Andere sind zielgerichteter bei der Zuordnung von Schuld. Sie sehen in ganz *bestimmten* Leuten die Wurzel für die Krise unseres Planeten, sehen in ihnen die Bösen: Osama bin Laden, George W. Bush, Saddam Hussein, A. Mugabe. Andere glauben, dass wir keine Wahl haben. Wir müssen uns an die bislang erprobten ökonomischen Gesetze des globalen Marktes anpassen oder erleiden ein noch schlimmeres Schicksal.

Trotz aller Unterschiede sind die Konsequenzen dieser Ansichten gleich. Sie halten uns in der Machtlosigkeit. Ohne das Verstehen dafür, wie die Dinge sich so schwierig gestalten konnten, haben wir auch keine Vorstellung davon, wie wir sie korrigieren können. Deshalb neigen wir dazu, jede wohltätige Geste und jeden Ansatz von Protest, jeden wahllosen Akt des Verstandes als Möglichkeit zu begreifen. Zumindest für einen Moment fühlen wir uns dann weniger nutzlos angesichts der zahlreichen Krisen. Letztendlich tragen Taten aus Verzweiflung aber zu unserer Hoffnungslosigkeit bei, wenn wir nicht in der Lage sind, wirklich lösungsorientiert zu handeln.

Das Gefühl der Machtlosigkeit raubt uns Energie und Kreativität, belegt unsere Herzen und Hirne mit Furcht und Depression. Kein Wunder, dass die Weltgesundheitsorganisation berichtet, dass Depression inzwischen weltweit an vierter Stelle der Gründe für die Einbüßung der Arbeitskraft steht, und dass sie in fünfzehn Jahren wohl auf Platz zwei vorgestoßen sein wird. Oder dass weltweit die Zahl der Selbstmorde die der Morde inzwischen um fünfzig Prozent übersteigt. (1)

Doch was wäre, wenn wir mit unseren Freunden, Familien und Bekannten die Grundursachen der größten Bedrohungen für unseren Planeten herausfinden könnten? Was wäre, wenn wir in der Lage wären, grundlegende Ursachen der Bedrohungen zu erkennen und wirkungsvolle Ansatzpunkte zur Lösung der Probleme herauszuarbeiten? Und was wäre darüber hinaus, wenn wir dann das Gefühl hätten, das zugrunde liegende destruktive Muster hin zu Gesundheit verändern zu können?

Ja, das ist Macht! Das ist unsere Macht.

DIE PROBLEMSCHICHTEN FREILEGEN

Im Laufe der Jahre habe ich verstanden, dass man das, was die Logiker einen Zuordnungsfehler nennen, begeht, wenn man „das Böse" für alles verantwortlich macht und so die Ursache am falschen Ort sucht. Das ist ein äußerst ernst zu nehmender Fehler, weil er uns davon abhält, wirklich hilfreiche Fragen zu stellen: Was hat es mit der gegenwärtigen Ordnung auf sich, die wir erschaffen und die zu so viel Leid und Zerstörung führt? Gehen wir weiter und legen die nächste Schicht frei: Von welchen nicht hinterfragten Annahmen und Glaubenssätzen gehen wir aus, die uns ein derartiges Gefühl der Machtlosigkeit geben?

Um ein Beispiel zu nennen: Im späten 19. Jahrhundert übertrafen die Inder zahlenmäßig die britischen Beamten, die sie im Auftrag der Krone verwalteten, im Verhältnis dreihunderttausend zu eins. (2) Trotzdem hielt sich der weit verbreitete Glaube der Inder an ihre Machtlosigkeit, bis Gandhi und andere ein anderes Bild der Realität entwarfen und ihnen die Macht vor Augen führten, die sie schon immer gehabt hatten. So erklärten die Inder 1930 ihre Unabhängigkeit, und Tausende nahmen, angeregt durch Gandhis Beispiel, an einem über dreihundertfünfzig Kilometer langen Protestmarsch ans Meer teil, um gegen die britische Salzsteuer zu protestieren. Innerhalb von siebzehn Jahren hatten die Inder ihre Kolonialherren vertrieben.

Es ist leicht zu erkennen, wie mentale Konzepte – Ideen zur Realität – andere Konzepte außer Kraft setzen, ob es sich nun um den Glauben an das „göttliche Recht" eines Herrschers handelt oder um die Überzeugung, dass eine niedere Kaste minderwertig ist. Sehr viel schwerer ist es, die mentalen Zwangsjacken zu erkennen, in die wir uns selbst jeden Tag zwängen. Und das, obwohl unsere Zukunft vielleicht davon abhängt, gerade das zu versuchen.

In *Anatomie der menschlichen Destruktivität* schreibt der Sozialphilosoph Erich Fromm, dass alle Menschen „Orientierungsrahmen" verinnerlicht haben, durch die sie die Welt begreifen. Diese Bezugsrahmen legen fest – oft im wörtlichen Sinne –, was wir sehen können, wie Menschen unserer Meinung nach sind, und was wir dementsprechend für möglich halten. Mit anderen Worten: Sie bestimmen alles.

Das wäre vollkommen in Ordnung, wenn unsere Bezugsrahmen dem Erhalt des Lebens dienten. Fromm warnt jedoch, dass das nicht immer der Fall ist. Um uns die Gefahr klarzumachen, die in diesem einzigartigen Aspekt unseres Menschseins steckt – die durch sozial bestimmte Bezugsrahmen gefilterte Wahrnehmung –, kam Fromm mit seiner das Bewusstsein des Menschen verändernden

Erklärung: „Die Menschlichkeit des Menschen macht den Menschen so inhuman." (3)

Fromm sagt uns, dass Kulturen nicht durch Gewalt oder Veränderung leben oder sterben, sondern letztendlich durch Ideen. Und unglücklicherweise für unseren kostbaren Planeten scheinen große Teile der Welt von Ideen blockiert, einschließlich unserer Ideen von Demokratie, die tatsächlich zu unserer „Inhumanität" beitragen – ob das nun bedeutet, dass wir das weltweite Leid und die immer größeren Verluste verursachen, oder ob wir sie ignorieren.

Sehen Sie sich bitte im linken inneren Teil des Umschlags an, was ich als eine „Spirale der Machtlosigkeit" bezeichne. Es ist die beängstigende Strömung einschränkender Glaubenssätze und Konsequenzen, in denen wir meiner Meinung nach gefangen sind.

Ihre Prämisse heißt „Mangel".

Von nichts gibt es genug, weder genug „Güter" – ob Jobs oder Dschungel – noch genug „Güte", da die Menschen nun einmal schlecht sind. Diese Ideen sind uns als Weltreligionen, die sich auf die menschliche Schwäche konzentrieren, seit Jahrhunderten eingebläut worden, und die westlichen politischen Ideologien haben sich ähnliche Themen ausgesucht.

„Homo homini lupus" (lat.: „Der Mensch ist des Menschen Wolf"), schrieb der einflussreiche Philosoph Thomas Hobbes im 17. Jahrhundert. Indem er einen römischen Aphorismus wiederholte, reduzierte Hobbes uns zu mörderischen Tieren – lange bevor uns klar wurde, wie sozial Wölfe in Wirklichkeit sind.

Privates Interesse ... ist der einzige unveränderliche
Punkt im menschlichen Herzen.

ALEXIS DE TOCQUEVILLE,
DEMOKRATIE IN AMERIKA, 1835 (4)

Aus dieser engen Prämisse heraus ist es folglich am besten, wohl-durchdachten Problemlösungen zu misstrauen, ja sogar einer demo-kratischen Regierung zu misstrauen. Und getrieben von dem Einzigen, auf das wir uns wirklich verlassen können, den mensch-lichen Egoismus, greifen wir nach einem unfehlbaren Gesetz – der Marktwirtschaft! So konzentriert sich der Reichtum, während das Leiden zunimmt. Die düsteren Prämissen, die die Spirale anfangs in Gang gesetzt haben, bestätigen sich.

Mir sagt diese abwärtsgerichtete Spirale, dass wir Menschen jetzt am Mangel dessen leiden, was die Linguisten „Hypokognition" nennen: das Fehlen eines kritischen Konzeptes, das wir zu unserem Gedeihen brauchen. Das ist keine belanglose Diskrepanz! Mitgeris-sen vom Strudel dieser destruktiven Spirale fehlt uns ein grundle-gendes und zwingendes Demokratieverständnis, das uns in die Lage versetzt, die Welt zu schaffen, die wir wollen.

Demokratie? Warum sollen wir gerade hier anfangen?

Demokratie ist *das* Problemlösungsinstrument, weil sie das ist, was von einem Großteil der Weltbevölkerung heute bereitwillig zur Erfüllung allgemeiner Bedürfnisse und zur Lösung allgemeiner Pro-bleme akzeptiert wird. Wenn unsere Definition von Demokratie jedoch fehlerhaft ist, haben wir große Probleme.

WAHLEN UND EIN MARKT – IST DAS DEMOKRATIE?

Um zu erkennen, was fehlt, wollen wir uns die vorherrschende Auffassung der Realität, auf der die Kultur unserer Nation und besonders unsere Ansicht von Demokratie begründet ist, etwas genauer ansehen. Wie gesagt ist deren fundamentale Prämisse der Mangel getreu dem Motto: Von *allem* ist einfach nicht genug da, von Liebe über Jobs bis hin zu Parkplätzen. In so einer Welt gedeiht nur eine Sorte Mensch. Wenn man das schöne Beiwerk weglässt, müssen die Menschen sich zu wettbewerbsorientierten Materialisten entwickeln, die sich gegenseitig in einem riesigen Gerangel von den nur spärlich vorhandenen Gütern wegdrängen.

Wenn wir diese hässliche Karikatur der Menschheit verinnerlichen, sehen wir uns verständlicherweise als unfähig an, erfolgreich demokratische Überlegungen anzustellen. Gehen wir von einer egoistischen Natur des Menschen aus, sind wir auch sicher, dass immer irgendjemand etwas in den Sand setzt. Aber ärgern wir uns nicht. Seit den 1980igern ist uns immer häufiger versichert worden, wenn wirkliche Demokratie – reifliche gemeinsame Überlegungen, um gemeinsame Ziele und Strategien zu erarbeiten – fragwürdig ist, gibt es dafür eine perfekte Lösung: Wir übergeben unser Schicksal einfach einem unpersönlichen Gesetz, das die Dinge für uns regelt. Privatisieren wir alles und machen alles zur Handelsware – von der Gesundheitsfürsorge über die Gefängnisverwaltung bis hin zu den Schulen –, um alle Vorteile aus der „Magie des Marktes" zu schöpfen, wie US-Präsident Ronald Reagan es einmal genannt hat.

Und die Regierung? Sie tut etwas *mit* uns oder *für* uns, indem sie uns „unser Geld" abnimmt, weshalb wir so wenig wie möglich regiert werden möchten.

Auf der Basis dieser Annahmen ist leicht ersichtlich, warum die meisten Amerikaner mit der Auffassung aufwachsen, dass sich Demokratie auf zwei Dinge reduzieren lässt – auf eine gewählte Regierung und eine Marktwirtschaft. Da wir in den Vereinigten Staaten beides haben, bleibt uns nicht viel mehr zu tun als zu den Wahlen und in die Geschäfte zu gehen.

Ich bezeichne dieses minimalistische Duo am liebsten als „Oberflächliche Demokratie", weil es kraftlos ist.

Wir nehmen diese Definition wie ein Betäubungsmittel in uns auf, sodass es leicht ist, eine unangenehme Tatsache zu übersehen: Wirkliche Demokratie und unsere eigentümliche Variante der Marktwirtschaft basieren auf entgegengesetzten Prinzipien. Das Wort Demokratie kommt aus dem Griechischen: *demos* (Volk) plus *kratos* (Regel). Somit beruht Demokratie auf einer weiten Streuung von Macht, sodass jeder Bürger sowohl das Wahlrecht als auch eine Stimme hat. Doch unsere von einer Regel, dass der höchste Gewinn an Aktionäre und Firmenbosse fließt – beherrschte ganz spezielle Marktwirtschaft, bewegt sich unaufhaltsam in die entgegengesetzte Richtung. Indem kontinuierlich Reichtum zu Reichtum fließt, führt eine nur auf dieser einen Regel basierende Wirtschaft zu einer ständig zunehmenden Konzentration von Macht.

LIZZIE MAGIES LEKTION

Zu Beginn des 20. Jahrhunderts wollte Lizzie Magie uns warnen. Lizzie war eine Quäkerin, die sich darüber Sorgen machte, dass der nur auf einer Regel beruhende Kapitalismus uns den Garaus macht. Deshalb hatte sie sich ein Gesellschaftsspiel ausgedacht, von dem sie hoffte, dass es uns unterhalten, aber auch eine Lektion erteilen würde: Es kann eine ganze Nacht lang dauern, aber die Regeln des Spiels führen dazu, dass das Eigentum sich schließlich in den Händen eines einzigen Spielers befindet und damit der Spaß für alle vorbei ist.

Lizzies Idee gelangte in die Hände der Spielwarenhersteller Parker Brothers. Sie nannten das Spiel „Monopoly" und der Rest ist, wie es heißt, Geschichte – eine Geschichte, die in diesem Fall genau das enthüllt, was Lizzie Magie uns über eine Wirtschaft, die auf nur einer Regel basiert, zu erklären versuchte. Es sind nur fünf Gesellschaften in den Vereinigten Staaten, die mehr als die Hälfte aller Spielwaren verkaufen. (5) Über diese Branche hinaus machten 1955 die Verkäufe der 500 bestsituierten Wirtschaftsunternehmen ein Drittel des US-Bruttoinlandsprodukts aus. Inzwischen hat sich dieser Anteil auf zwei Drittel verdoppelt. (6)

So wie sich der Wohlstand auf wenige Konzerne summiert, geschieht es ebenfalls im Privaten: In den Vereinigten Staaten ist in der Zeit von 1979 bis 2001 das Familieneinkommen der reichsten ein Prozent der Bevölkerung um 81 Prozent hochgeschnellt, während es für die 20% der Familien in den unteren Einkommensbereichen nahezu keine Einkommensverbesserungen gab. (7) Die Kluft zwischen dem durchschnittlichen Einkommen eines Geschäftsführers (CEO) und dem Verdienst eines durchschnittlichen Arbeiters hat sich in einer Generation um das Zehnfache vergrößert, sodass heute der CEO bis zum Mittagessen am ersten Tag eines Jahres genauso viel verdient hat, wie ein Arbeiter, der einen Mindestlohn erhält, im ganzen Jahr verdienen wird. (8)

In den Vereinigten Staaten hat sich zwischen Sommer 2003 und Sommer 2007 der Anteil des wirtschaftlichen Wachstums, der in Firmenprofite eingeht, um über zwei Drittel erhöht, während der auf die Arbeiter entfallende Anteil gefallen ist, obwohl deren Produktivität kontinuierlich angestiegen ist. (9) Der derzeit größte amerikanische Arbeitgeber, Wal-Mart, bezahlt seinen Mitarbeitern inflationsbereinigt nur noch 40 Prozent von dem, was der 1969 größte Arbeitgeber, General Motors, seinen Arbeitern zahlte – ganz abgesehen von den Versorgungsleistungen, die es für die Beschäftigten heute nicht mehr gibt. (10)

Erstmals sind die 400 reichsten Amerikaner sämtlich Milliardäre. Sie verfügen gemeinsam über einen Reichtum von 1,25 Billionen Dollar, was sich ungefähr mit dem jährlichen Gesamteinkommen der halben Weltbevölkerung gleichsetzen lässt. Weltweit explodiert die Zahl der Milliardäre geradezu. Sie wächst achtmal schneller als die globale Wirtschaft. Im Herbst 2007 befanden sich 40 Prozent des Gesamtvermögens – mehr als das gesamte Bruttoinlandsprodukt Chinas – in den Händen von lediglich 946 Personen. (11)

Wir haben also nichts von Lizzie gelernt. Wir haben nicht begriffen, dass wir als Bürger Regeln aufstellen müssen, um sicherzustellen, dass das Vermögen kontinuierlich zirkuliert, wenn wir wollen, dass das Spiel weitergeht. Sonst endet alles auf dem Stapel eines Spielers. (Bei uns zu Hause in der Regel auf dem meines Bruders!)

Die meisten Wirtschaftswissenschaftler ignorieren im Bann der auf einer einzigen Regel basierenden Wirtschaft diese Wahrheit jedoch ebenso wie den neuen, atemraubenden Beweis, dass Märkte nicht von sich aus lebenswerte Gesellschaften hervorbringen: In den 1990er-Jahren haben weltweit je 100 Dollar Wirtschaftswachstum lediglich *60 Cent* dazu beigetragen, das Leid der ärmsten Milliarde Menschen der Welt zu mindern. (12)

Das Leugnen geht sogar soweit, dass die unternehmer-
freundliche britische Zeitung *The Economist* offensichtlich reinen
Gewissens die weltweit zunehmende
Ungleichheit als „ein unerwartetes
Problem" im System darstellen kann.
(13) Vor einem solchen Hintergrund
können wohlmeinende Akademiker,
mit Jeffrey Sachs von der Columbia
Universität an der Spitze, auch dazu
aufrufen, die globale Armut zu be-
enden, indem wir unser scheinbar erfolgreiches Wirtschaftsmodell
auf die armen Länder übertragen. (14)

> *Orientiere Dich am Gemeinwohl.*
> *Verantwortliches Unternehmens-*
> *handeln muss sich stärker als*
> *bisher am Stakeholder Value*
> *ausrichten.*
>
> **Kritische Aktionärinnen**
> **und Aktionäre**
>
> ■ *(s. Beitrag auf S. 229)*

So bleiben wir blind gegenüber den Fallstricken der oberflächlichen
Demokratie. Obwohl, wie in meinem Vorwort erwähnt, einige –
sogar Amerikas größter Anhänger, Alan Greenspan – ihr Vertrauen
in die Rechtschaffenheit des Marktes stark erschüttert sehen.

DIE FALLSTRICKE DER OBERFLÄCHLICHEN DEMOKRATIE

Tod der offenen Märkte. Ungeachtet des Mythos des wettbewerbsorientierten Kapitalismus schreibt der Wirtschaftswissenschaftler
James Galbraith: „Unternehmen existieren, um die Märkte zu kontrollieren und oft, um sie zu ersetzen." (15) Zwei Firmen ist es
gelungen, nahezu drei Viertel des globalen Getreidemarkts zu kontrollieren. (16) Eine von ihnen, Monsanto, steht für etwa 88 Prozent
der weltweit mit genetisch verändertem Saatgut bepflanzten Flä-
chen und/oder biotechnisch manipulierten Saatguts. Sechs Unternehmen kontrollieren die meisten globalen Medien, von Verlagen

bis zur Filmproduktion, fünf Unternehmen kontrollieren fast zwei Drittel der Benzinverkäufe in den USA. (17)

In unserer auf einer Regel basierenden Wirtschaft ist es unausweichlich, dass sich die wirtschaftliche Macht konzentriert und den offenen, wettbewerbsorientierten Markt zerstört, der im Ursprung überhaupt erst das Grundprinzip für die Marktwirtschaft war. War es nicht so? Märkte mit fairer Konkurrenz können, wie sich herausgestellt hat, außerhalb einer von Grund auf demokratischen Staatsorganisation nicht bestehen.

Genau wie der Schutz der bürgerlichen Freiheitsrechte, sind offene Märkte auf *uns* angewiesen, darauf, dass wir die Regeln schaffen und kontinuierlich darauf achten, dass diese offen bleiben. Die Konzerne wollen das Gegenteil. Sie suchen die Kontrolle über die Märkte, um die höchsten Gewinne sicherzustellen – nicht weil sie von bösen Menschen geleitet werden, sondern weil die Regeln, die wir aufgestellt haben, sie dazu ermutigen.

Die Geschichte bestätigt diese Wahrheit: Erst als die Amerikaner Nägel mit Köpfen machten, vor allem in der Zeit von 1933 bis 1945, und Fairness-Regeln aufstellten – einschließlich des Rechts der Arbeiter, sich zu organisieren, einen Mindestlohn einführten und soziale Sicherheit –, kam es in unserem Land zu einer dramatischen Verringerung der Kluft zwischen der breiten Masse und einer kleinen Minderheit an der Spitze. (18) Diese Verfahrensweise begünstigte für Jahrzehnte eine Wirtschaft mit breiter Basis: Das mittlere Familieneinkommen wuchs zwischen 1947 und 1973 viermal so schnell wie in den Jahren danach – in denen Amerika Lizzies vernünftige Erkenntnis aufgegeben hatte. Unglücklicherweise hören die Fallstricke der Oberflächlichen Demokratie damit nicht auf.

Die Verdrehung von Politik. Konzentrierte wirtschaftliche Macht, die unausweichlich von einer auf einer einzigen Regel basierenden Wirtschaft ausgeht, führt schließlich auch zu einer Infizierung und Verdrehung unseres politischen Systems. Zwei Dutzend Lobbyisten entfallen heute in der Hauptstadt Washington auf je einen von uns für die Vertretung unserer Interessen gewählten Abgeordneten. (20) Sie geben täglich ungefähr 16 Millionen USD aus, um die Regierungsaktivitäten im Sinne ihrer Auftraggeber zu bewegen.

> *Die Freiheit einer Demokratie ist gefährdet, wenn die Menschen die Zunahme privater Macht bis zu einem Punkt tolerieren, an dem diese die Möglichkeiten des demokratischen Staates selbst übersteigt. Das ist im Kern Faschismus.*
>
> FRANKLIN DELANO ROOSEVELT, 1938 (21)

Wenn die Zahl der Lobbyisten in hohem Maße die Zahl der von den Bürgern gewählten Volksvertreter übersteigt, tritt die private an die Stelle der öffentlichen Macht – wie Roosevelt uns vor sieben Jahrzehnten warnte. Kein Wunder!

Einige beängstigende Beispiele:

- In den ersten sechs Jahren nach der Zerstörung des World Trade Centers am 11. September 2001 ist es der Lobby der chemischen Industrie gelungen, sich Maßnahmen zu widersetzen, die nötig gewesen wären, um 15.000 ihrer chemischen Fabriken gegen Angriffe zu sichern. (22)

- Obwohl 5.000 Amerikaner pro Jahr an durch Nahrungs-mittel übertragenen Krankheiten sterben, kann die Nahrungsmittelindustrie zwingend notwendige Rückrufe blockieren. (23)

- Der frühere Öl-Lobbyist Philip Cooney stand dem Weißen Haus unter Präsident George W. Bush so nahe, dass er offi-zielle Gutachten herausgeben konnte, die den Klimawandel herunterspielten. (24)

- Pharma-Lobbyisten haben ein Gesundheitsfürsorgegesetz mitentworfen, das es Medicare* verbietet, über Medikamentenpreise zu verhandeln, obwohl Amerikaner das Doppelte wie Europäer für die gleichen Medikamente zahlen.

Mehr und mehr Amerikaner haben aus solchen Gründen das Ge-fühl, dass ihnen ihre Demokratie gestohlen wurde und sie wissen auch von wem. Nahezu 90 Prozent sind der Meinung, dass die Kon-zerne zu viel Macht in Washington haben. (25)

TIEFERLIEGENDE GEFAHREN

Eine Oberflächliche Demokratie ist nicht nur unpraktikabel, sie ist auch gefährlich. Die Macht, die sie Konzernen verleiht, um deren eigenen kurzfristigen Verdienst über unser Überleben zu stellen, ist nur eine der Gefahren.

---

* Eine öffentliche Krankenversicherung in den USA, die von Menschen, die über 65 Jahre alt oder behindert sind, in Anspruch genommen werden kann; Anm. des Lektors

Die Zerbrechlichkeit zentralisierter Macht. Im Gegensatz zu den Lektionen, die man uns eingepaukt hat, ist konzentrierte Macht oft nicht belastbar, effizient oder intelligent. Inkas und Azteken, beides große Hochkulturen, fielen innerhalb sehr kurzer Zeit den spanischen Eroberern zum Opfer, während die führerlosen, dezentralisiert lebenden Apachen sich zwei Jahrhunderte lang gegen brutale Angriffe verteidigen konnten. (26) Konzentrierte Macht isoliert sich oft selbst und versäumt dadurch zu lernen. Man denke nur an die „Ich-entscheide"-Haltung des Weißen Hauses unter George W. Bushs Führung, die die USA in den Irak-Krieg geführt hat, einem der furchtbarsten außenpolitischen Fehler unseres Landes.

Fehlende Problemlöser. Auf der anderen Seite vermittelt die zentralisierte Macht der Oberflächlichen Demokratie den meisten von uns ein Gefühl der Machtlosigkeit und nimmt unserem Planeten genau die Problemlöser, die er so dringend braucht.

Sie ermutigt uns, die Antworten vom „Markt" oder den Managern und Vorstandsmitgliedern der großen Unternehmen oder höheren Regierungsbeamten zu erwarten, doch die Probleme unseres Planeten sind zu komplex, tiefgreifend und verwoben, um von oben nach unten gelöst werden zu können. Die Lösungen sind von den Erkenntnissen, den Erfahrungen und dem Einfallsreichtum der am meisten betroffenen Menschen abhängig. Doch dieses Wissen kommt nicht zum Tragen, wenn die Bürger übergangen und manipuliert und die Entscheidungen heimlich von einigen wenigen gefällt werden. Anders ausgedrückt: Problemlösungen erfordern spontanen Einfallsreichtum und weitreichende Verhaltensänderungen. Beide basieren auf dem Engagement der Bürger und die Annahme durch sie.

Somit unterminiert eine Oberflächliche Demokratie genau das breite Engagement, das unsere Welt so dringend braucht.

> *Demokratie ist die Voraussetzung für Freiheit, aber eben für die Freiheit zum Handeln.*
>
> **Monika Griefhahn, MdB**
>
> ▪ *(s. Beitrag auf S. 224)*

Unserer Natur zuwider. Oberflächliche Demokratie kann keine gesunden Gesellschaften schaffen, weil sie in zweierlei Hinsicht nicht im Einklang mit unserer menschlichen Natur steht. Indem sie unsere reichhaltige Komplexität leugnet, *misslingt es ihr, das Beste aus uns hervorzurufen und uns vor dem Schlechtesten zu bewahren.*

Unter dem „Besten" verstehe ich diverse angeborene Bedürfnisse und Fähigkeiten, die ich in Kapitel 2 weiter ausführen werde. Sie beinhalten das Bedürfnis, uns mit anderen zu verbinden, um Fairness und Effektivität zu gewährleisten, sowie das Bedürfnis, dass unser Leben von Bedeutung ist, was für viele heißt, zu etwas Größerem als dem eigenen Überleben beizutragen.

Indem die Oberflächliche Demokratie uns aber zwingt, diese Bedürfnisse zu begraben, schürt sie eine paralysierende Verzweiflung und Entfremdung.

Ironischerweise berücksichtigt die Oberflächliche Demokratie auch nicht unser negatives Potenzial. Um es klar auszudrücken: Ich rede nicht von der Kapazität einer kleinen Minderheit, ich rede von der großen Mehrheit. Der Holocaust beweist nicht allein, was ein verrückter Diktator und einige sadistische Helfer zu tun imstande sind. Vielmehr beweist er die Verdorbenheit, die die meisten normalen Menschen bei „entsprechenden" Bedingungen zu verkörpern bereit sind.

Um dies zu unterstreichen, berichtete der britische Historiker Christopher Browning, dass die große Mehrheit – 75-80 % – aller späteren Holocaust-Opfer Ende März 1942 noch lebte, aber „nur elf Monate später" die meisten von ihnen tot waren. (27)

Zu diesen Morden kam es laut Browning, weil „ganz normale" Leute zu Mördern wurden. Er berichtet als Beispiel von dem Reservebataillon 101, das aus ungefähr 500 Männern aus Hamburg bestand. Viele von ihnen waren im Herbst 1939 eingezogene Reservisten in ihren mittleren Jahren. (28) Diese aus der Arbeiter- und Mittelklasse stammenden Männer ohne jede militärpolizeiliche Erfahrung wurden zu einer blutigen Mission nach Polen geschickt – zur totalen Ausrottung der Juden in vielen abgelegenen Dörfern. (29)

Innerhalb von vier Monaten haben sie aus kürzester Entfernung 38.000 Juden erschossen und weitere 45.000 in das Konzentrationslager Treblinka deportiert. (30)

„Obwohl fast alle – zumindest am Anfang – entsetzt und angewidert waren", so Browning, verlangten nach einer gewissen Zeit die sozialen Anpassungsprozesse ebenso ihren Tribut wie die Beeinflussung durch die Kameraden, die sich durch die Morde schuldig machten, bis schließlich nahezu 90 Prozent der Mitglieder des Bataillons 101 an den Erschießungen teilnahmen. (31)

Ich habe zum ersten Mal von Philip Zimbardo vom Bataillon 101 gehört. Zimbardo ist der Professor, der 1971 in Stanford das berüchtigte „Gefängnis-Experiment" organisierte. Er steckte junge Leute, die als „normal getestet" worden waren, in ein Scheingefängnis, wo sie in Gefangene und Wächter unterteilt und entsprechend ihrer Rollen eingekleidet und informiert wurden, dass das Experiment zwei Wochen dauern würde.

Am sechsten Tag brach Zimbardo das Experiment jedoch abrupt ab. Er war zu diesem Schritt gezwungen. Beim Einsatz diverser Methoden, die denen im US-Gefängnis im irakischen Abu Ghoraib drei Jahrzehnte später vergleichbar waren, hatten die „Wächter" begonnen, die „Gefangenen" brutal zu misshandeln, was zu emotionalen Zusammenbrüchen geführt hatte. Professor Zimbardo räumte später ein, einer der Gründe für den Abbruch des Experiments sei gewesen, dass seine Freundin ihm gesagt habe, er selbst hätte begonnen, sich wie ein Aufseher zu benehmen – „besorgter", wie er es später formulierte, „über die Sicherheit ‚meines Gefängnisses' als über die Bedürfnisse der jungen Männer, die meiner Fürsorge unterstellt worden waren ..." (32)

In den vergangenen hundert Jahren haben Menschen ungefähr 40 Millionen andere Menschen nicht – wie wir das normalerweise definieren – im Krieg getötet, sondern durch massive Angriffe auf Zivilisten. Angefangen mit den 15 Millionen, die im russischen Gulag verschwanden, bis hin zu fast einer Million in Ruanda. Ob wir von einem umsichtig entwickelten Experiment eines Psychologen sprechen oder dem aktuellen Völkermord in Darfur, der unwiderlegbare Beweis existiert: Anständige Menschen vollbringen unter den dafür „richtigen" Bedingungen böse Dinge.

Welche ist eine der sicheren Bedingungen, um Brutalität hervorzubringen? Extremes Machtungleichgewicht, das in bestimmten Gesellschaftsordnungen zwangsläufig entsteht. Oberflächliche Demokratie bedingt dies.

Versäumnis einer Sinnschaffung. Letztlich ist die Oberflächliche Demokratie gefährlich anfällig, weil ihre materielle Prämisse das

Verlangen unseres höheren Selbst nach einem transzendenten Sinn nicht befriedigen kann.

Die beschränkten und beleidigenden Annahmen der Oberflächlichen Demokratie zur menschlichen Natur können angesichts der Bereitschaft zu Hingabe und Aufopferung nicht aufrechterhalten werden. Viele US-Soldaten riskieren heute ihr Leben in Kriegen in dem Glauben, einer höheren Bestimmung zu folgen. Doch die den auf nur einer Regel basierenden Wirtschaftswissenschaft innewohnende Logik verspottet ihren Idealismus. Seit dem 11. September 2001 haben Tausende amerikanische Soldaten im Irak das ultimative Opfer gebracht, während die Manager der US-Rüstungsindustrie durch das Töten die Gewinne der Konzerne verdoppelt haben. (33)

Zur selben Zeit tragen der herabwürdigende Materialismus der Oberflächlichen Demokratie und ihr konzentrierter Reichtum dazu bei, dass sich immer mehr Menschen ausgeschlossen und gedemütigt fühlen und wütend sind. Es ist nachvollziehbar, dass solche Emotionen diese Menschen in die Arme von Extremisten und hin zu gewaltträchtigen Ideologien religiöser wie auch weltlicher Art treiben, die hohe Moral für sich beanspruchen und ihren Anhängern ewigen Ruhm versprechen.

„Meine Großmutter ist in den Himmel gekommen, weil sie Israelis erschossen hat", erklärte die sechsjährige Israa, als sie unter einem Foto der siebzig Jahre alten Fatima Najar, die 2006 in Gaza ein Selbstmordattentat verübt hatte, spielte. Junge Männer scheinen seit langer Zeit für gewalttätige Ideologien am anfälligsten zu sein, doch eine fünfundsechzigjährige Frau erklärte dem britischen Observer in Gaza: „Ich kenne mindestens zwanzig von uns (älteren

Frauen), die bereit sind, den Sprengstoffgürtel anzulegen." Sie haben „einen Sinn für ihr Leben gefunden", sagte sie. (34)

Wie tief geht unser Bedürfnis, nützlich zu sein? Ein Bedürfnis, das bei so vielen Menschen in der heutigen Welt nicht befriedigt wird. Letztlich kann die Oberflächliche Demokratie der moralischen Aufrüstung der Fanatiker nicht das Wasser reichen – weder den Extremisten am rechten, noch denen am linken Rand.

Insgesamt wirft die Oberflächliche Demokratie kein gutes Licht auf die Demokratie selbst. Ihre weitreichenden Unzulänglichkeiten erklären, warum in vielen Ländern die anfängliche Demokratiebegeisterung im Schwinden begriffen ist. Im Jahr 2000 sagten zwei Drittel der befragten Lateinamerikaner, dass sie mit der Demokratie unzufrieden seien. Zwischen 2000 und 2005 zeigten Befragungen in zehn afrikanischen Ländern, dass immer mehr Bürger mit einem Abbau der Demokratie sympathisierten – in Tansania sogar fast die Hälfte der Befragten. (35)

DEMUT UND HOFFNUNG

Nun habe ich Ihnen meine Versuche geschildert, die eine Sichtweise der Welt zu umreißen, die in meinen Augen das Problem erklärt: Unser grundlegendes Hindernis ist, dass wir einem nicht funktionierenden Bild verhaftet sind, das mit lokalen bis globalen Krisen nicht zurechtkommt – der Oberflächlichen Demokratie.

Meine Diagnose ist nüchtern, was die menschliche Schwäche angeht, ohne unsere Spezies als unverbesserlich abzuschreiben. Schließlich werde ich fast täglich daran erinnert, dass wir als verstandesbegabte Geschöpfe die einzigartige Macht haben, falsche Vorannahmen – diese Kernannahmen, die unseren Blick auf die

Realität formen – zu erkennen und sie mit neuen Informationen und Erfahrungen verändern können.

> *Jeder Mensch hat die biologische Macht, schädliche, abträgliche Meinungen auszuschalten und neue Ideen zu entwerfen. Diese können wiederum die neuralen Schaltungen verändern, die darüber entscheiden, wie wir uns verhalten und was wir glauben.*

> ANDREW NEWBERG, ARZT UND AUTOR
> „WHY WE BELIEVE WHAT WE BELIEVE" (36)

Wir können gezielt in unserem Kopf neue Bilder von der Welt schaffen, die unserem Leben besser dienen. Stellen Sie sich das einmal vor!

Diesen Weg zu gehen, erfordert jedoch ein gewisses Maß an Demut. Mit unseren ganzen schicken Wettervorhersagen, die sich über zehn Tage erstrecken, bis hin zu Inflationsprognosen, können wir uns von dem Glauben einlullen lassen, in die Zukunft schauen zu können. Aber das können wir nicht. Die Geschichte verläuft nicht in ordentlichen, gleichmäßigen Schritten. Sie bewegt sich chaotisch, überraschend, ruckweise, und in dieser beispiellosen Zeit nehmen die Überraschungen eher noch zu.

Hier der positive Aspekt: Wenn wir erkennen, dass es in dieser einzigartigen Zeit *unmöglich ist zu sagen, was möglich ist*, dann entdecken wir, dass wir frei sind. Wir sind frei, uns in den aufregendsten planetarischen Kampf zu stürzen, den unsere Spezies je erlebt hat. Wir können präzise forschen, können uns gemeinsam fragen: Wie könnte ein tieferes Demokratieverständnis aussehen? Das

stark und vital genug ist, die heutigen Herausforderungen anzunehmen, und zwingend genug, sich gegen die Ansprüche der Extremisten zu behaupten?

In weiteren Kapiteln dieses Buches will ich diesen Weg analy-
sieren und beschreiben.

2 MIT ANDEREN AUGEN

*Es bleibt Hoffnung nur bei der schwersten aller Aufgaben:
Alles von Grund auf neu zu betrachten, um in einer sterbenden Gesellschaft eine neue Gesellschaft zu schaffen.*

ALBERT CAMUS (1946) (37)

Der Mensch kann mit Sinnleere nicht leben, so sind wir nicht
geschaffen. Wenn wir also das geistige Bild loslassen wollen,
das die Oberflächliche Demokratie entstehen lässt, gehört mehr
dazu als die einfache Anerkennung ihrer beängstigenden Fallgru-
ben. Wir müssen zumindest einen Schimmer davon haben, was sie
ersetzen könnte. Diesen zu erlangen ist nicht leicht, denn einige der
einflussreichsten westlichen Meinungsmacher haben Knappheit fast
zur Ideologie erhoben. Mit Hinweis auf den betrieblichen Kapitalismus schrieb der Kolumnist Thomas Friedman in der *New York
Times*: „Ich denke, dass es diesmal keine alternative Ideologie gibt.
Es gibt sie einfach nicht." (38)

Man kann nicht aus dem Nichts einen grundsätzlich neuen
Weg, die Welt zu betrachten, erschaffen. Die gute Nachricht ist daher die, dass jetzt, wo die aus Wahlen plus einer auf nur einer Regel basierenden Wirtschaft bestehende Demokratie versagt, eine

wesentlich umfassendere Form der Demokratie langsam Gestalt annimmt. Von ihrer Natur her lässt sie sich jedoch nicht so einfach wie die Oberflächliche Demokratie beschreiben.

Dennoch: Sie ist real. So, wie das menschliche Gehirn arbeitet, sind wir vermutlich jedoch nicht in der Lage, sie zu erkennen, bis wir es für möglich halten. Deshalb habe ich mir mit diesem Buch zum Ziel gesetzt, uns Möglichkeiten aufzuzeigen, was um uns herum passiert, aber bislang von den meisten noch nicht gesehen wird.

Ich kenne die Problematiken, weil ich noch vor wenigen Jahrzehnten selbst zu den Blinden gehörte, bis ich mich zu fragen begann, wie eine funktionierende Demokratie aussehen könnte. Ich dachte, ich könnte einige engagierte, partizipatorischere Formen der Problemlösung verfolgen und ein Buch über meine Erfahrungen schreiben. Ich rechnete mit ungefähr einem Dutzend Beispielen. Schließlich hatte ich das Problem, zwischen Hunderten wählen zu müssen, um *The Quickening of America* zu schreiben. Ich muss noch immer lachen, wenn ich mir ins Gedächtnis rufe, wie auf meiner Lesereise ein Reporter von *U.S. News & World Report* bekannte: „Ich war in Harvard, und ich habe noch nie auch nur von einer der Theorien in Ihrem Buch gehört!"

Dieses Buch brachte einige Dinge mit sich, die mein Leben für immer veränderten. Sie haben mich die Welt mit anderen Augen sehen lassen. Nun kann ich sehen, was ich als Lebendige Demokratie bezeichne – Demokratie als eine Lebensform und nicht länger als etwas, das *mit* uns oder *für* uns gemacht wird, sondern etwas, das wir selbst erschaffen. Das ist neu und doch sehr alt.

Lebendige Demokratie führt eine lange historische Linie weiter, die durch unsere Geschichte hindurch und weltweit in vielen regionalen Varianten zum Ausdruck kommt. US-Präsident Benjamin

Franklin stützte sich zum Beispiel auf die Philosophie des Irokesischen Völkerbundes, die Hunderte Jahre, bevor ein Siedler überhaupt einen Fuß auf diesen Grund setzte, erfolgreich war, indem sie eine alle berücksichtigende Entscheidungsfindung und eine Wertschätzung der Vielfalt praktizierte. (39) Ganz in diesem Sinne betrachtete Präsident Thomas Jefferson Demokratie als die tägliche Teilnahme des Bürgers an der öffentlichen Macht.

> *Aktive Freiheit, das Prinzip der partizipatorischen*
> *Selbstverwaltung, war eine der Primärkräfte,*
> *die das Regierungssystem geschaffen haben, das ...*
> *[unsere Verfassung] erschaffen hat.*

STEPHEN BREYER,
RICHTER AM OBERSTEN GERICHTSHOF (40)

Die Lebendige Demokratie, die ich entstehen sehe, besteht nicht einfach in formal gebildeten Regierungen, sondern ist in einen weiteren Rahmen menschlicher Beziehungen eingebettet, sodass ihre Werte – und das ist der entscheidende Punkt – im Wirtschaftsleben ebenso wie im kulturellen und politischen Leben Anwendung finden. Wir müssen unsere Menschlichkeit nicht zurücklassen, wenn wir, um nur ein Beispiel zu nennen, zur Arbeit gehen. Praktisch bedeutet Lebendige Demokratie, dass die Macht der Stimmen und der Werte der Bürger unser öffentliches Leben durchdringen und die Macht des Geldes aus den politischen Entscheidungen verdrängen.

Seien Sie versichert, die Lebendige Demokratie ist kein neuer unveränderlicher „Ismus", keine Blaupause oder utopischer Endzustand. Sie entwickelt sich kontinuierlich, nimmt neue Erfahrungen

IDEE 1: Oberflächliche Demokratie / Lebendige Demokratie

OBERFLÄCHLICHE DEMOKRATIE	LEBENDIGE DEMOKRATIE

Was ist darunter zu verstehen?

Demokratie ist ein konstruiertes System: gewählte Regierung plus Marktwirtschaft. Kleinere Details müssen immer wieder verändert werden, die Grundlagen dieser Demokratie sind vollständig. Sie ist der bisherige Höhepunkt der geschichtlichen Entwicklung.	Lebendige Demokratie ist ein Konstrukt aus Qualitäten des Systems, die das tägliche Leben ausmachen. Seine Werte – wie Einbeziehung des Einzelnen, Fairness und gegenseitige Verantwortlichkeit – durchziehen nicht nur das politische, sondern auch das wirtschaftliche und kulturelle Leben. Lebendige Demokratie ist immer in Entwicklung begriffen; sie ist nie „fertig".

Wie funktioniert sie?

Der freie Markt bestimmt im Zusammenwirken von Regierung, Unternehmensleitungen und Experten, was passiert. Die Bürger wählen, arbeiten und kaufen ein. Eine einzige Regel – der höchste Ertrag für die Anteilseigner – steuert den Markt, der dazu tendiert, Reichtum und Macht zu konzentrieren und anschließend den politischen Prozess beeinflusst. Aber anders geht es nicht; eine Einmischung in den Markt würde seine Effizienz und unsere Art zu Leben zunichte machen.	Die Bürger gestalten auf der Basis ihrer Stimmen und Werte öffentliche Abstimmungen. Sie stellen Regeln auf, nach denen das Vermögen kontinuierlich zirkuliert und keinen Einfluss auf die Politik hat. Sie beschließen, was als Handelsware einzustufen ist und was als Bürgerrecht, weil lebenswichtig. Bewegt man sich über eine auf nur einer Regel basierenden Wirtschaft (höchster Ertrag für vorhandenes Kapital) hinaus, dann bestimmen "Wertestandards" den Markt, vom Umweltschutz bis zum Kartellrecht; und bewusste Kaufentscheidungen der Bürger fördern gesunde Gesellschaften.

Wer bringt sich ein?

Nur in Ämter gewählte Personen und Prominente wirken im öffentlichen Leben. Die Bürger wählen sie, damit sie die Verantwortung übernehmen.

Alle Bürger wirken für die Allgemeinheit. Als Käufer, Sparer, Investoren, Wähler, Anwälte, Studenten, Angestellte, Arbeiter und Mitglieder von Wohltätigkeitsorganisationen bestimmen unsere Handlungen die Qualität unserer Gesellschaften und anderer Bereiche der Welt.

Was ist für die Effektivität erforderlich?

Das öffentliche Leben ist hässlich und entfremdend. Spezifisches Lernen ist nicht erforderlich, hingegen ein „dickes Fell" und großes Ego (möglichst Zugang zum „großen Geld").

In ihr ist Demokratie gelernte Kunst. Wenn wir diese praktizieren – durch aktives Zuhören, kreative Konfliktlösung, Verhandlung, Vermittlung, Betreuung durch Mentoren und andere verwandte Fertigkeiten –, ernten wir als Ergebnis Effektivität.

Was motiviert die Menschen, sich zu engagieren?

Selbstverteidigung. Sich in öffentliche Angelegenheiten einzubringen, ist ein nötiges Ärgernis, um unser Privatleben und unsere privaten Interessen zu verteidigen. Es ist eine Last, die der freie Mensch tragen muss, um unsere Freiheiten „zu verdienen".

Wir Menschen wissen, dass unser Wohlergehen von gesunden Gesellschaften abhängt, und das wir nur durch ein öffentliches Engagement unser Bedürfnis befriedigen können, uns mit anderen zu einem gemeinsamen Zweck zusammenzutun, um etwas zu bewegen, um unsere Werte auszudrücken und uns voll und ganz zu respektieren. Engagement ist ein Teil des guten Lebens.

auf, weil immer mehr Menschen sich der Ansicht verweigern, dass Demokratie ein *fest konstruiertes System* ist. Stattdessen beginnen sie mit der Umsetzung der Idee, dass Demokratie *ein Gebilde aus Qualitäten* ist, die auf menschlichen Grundwerten basieren.

Die erste der nachfolgend beschriebenen Ideen vergleicht die Annahmen, die hinter der dominierenden und versagenden Oberflächlichen Demokratie stehen, mit denen, die eine umfassendere Praxis fördern, die möglicherweise zu einer neuen, historischen Ebene der Demokratie führen.

Wenn Sie sich diese Gegenüberstellungen (s. Seite 54/55) ansehen, kommt Ihnen die Lebendige Demokratie dann naiv oder utopisch vor? Auch wenn Sie anfangs vielleicht noch skeptisch waren? Bevor ich die Qualitäten, die meiner Meinung nach eine Lebendige Demokratie gestalten, eingehender untersuche, lassen Sie mich einen grundlegenden Zweifel ansprechen, den ich bei so vielen Menschen wahrnehme:

GIBT ES GÜTE (IN) DER MENSCHLICHEN NATUR?

Trotz zunehmender Beweise für das Gegenteil gehen viele von uns davon aus, dass die Menschen die Aufgaben, die mit der Lebendigen Demokratie verbunden sind, nicht meistern können. Die meisten Leute wollen einfach in Ruhe gelassen werden, wird uns gesagt. So hat der Anführer des konservativen Flügels der Republikaner, Grover Norquist, seine Anti-Steuerbewegung die Lasst-uns-in-Ruhe-Koalition genannt. Ihm zufolge ist Lebendige Demokratie naiv, ja sogar gefährlich, da ihre Umsetzung eine Veränderung unserer ureigensten Natur erfordern würde – im besten Falle ein hoffnungsloser Vorschlag, schlimmstenfalls ein erzwungener Albtraum.

Das tatsächliche Verhalten der Menschen gibt den Skeptikern natürlich Recht, wie jeden Tag in den Medien zu sehen ist. Doch der Mensch ist erheblich komplexer, als diese reduzierte Betrachtungsweise uns Glauben machen will. Diesen Reichtum können wir jederzeit erkennen, *wenn wir unsere Augen dafür öffnen.*

> *Soweit mir bewusst ist, ist die [westliche] Gesellschaft die einzige auf dieser Erde, die sich selbst als von den Wilden abstammend ansieht, gekennzeichnet durch eine rücksichtslose Natur. Alle anderen glauben, dass sie von Göttern abstammen.*
>
> MARSHALL SAHLINS, BIOLOGE (41)

Der Weg scheint klar: Wir können uns die unnötige Debatte über die Güte der menschlichen Natur ersparen und uns stattdessen gleich auf innere Werte konzentrieren. Mit dieser Herangehensweise können wir die bewiesenen Faktoren, die das Schlechte in uns anspornen, fallen lassen und uns sogleich bewusst auf das konzentrieren, was die positiven Eigenschaften anspricht. Unsere eindeutig lebensbejahenden Bedürfnisse und Fähigkeiten: uns kooperativ, fair und effektiv zu verhalten und nach Sinn zu suchen.

Zunächst einmal sind wir kooperativ. Ungeachtet von Darwins missverstandenen Ansichten zum Überlebenskampf, lässt sich unser evolutionärer Prozess ebenso gut durch Kooperation erklären. Als menschliche Wesen haben wir in unserer frühen Stammesgeschichte gelernt, dass wir am besten in Gesellschaften gedeihen, die für alle funktionieren. Als Menschen sind wir einzigartig unter den Tieren mit unserem „ausgeprägten Teilen" von Nahrung. „Vor allem unter nicht verwandten Individuen", schreibt dazu Michael Gurven. Er gilt als Autorität in der Erforschung des Warenaustausches unter Jägern und Sammlern, so wie unsere frühen Vorfahren ihn betrieben haben. (42) Es gilt, außer in Zeiten extremer Not: Wenn einer isst, essen alle. Und je erfolgreicher der Jäger, desto lieber teilt er mit anderen. (43)

Kooperation, die die Aktivitäten, die ich Lebendige Demokratie nenne, in Schwung bringt, lebt teilweise von fest verankertem Einfühlungsvermögen, und das wird immer besser dokumentiert: „Studien zur Darstellung des Gehirns zeigen, dass wir bei der Frage ‚Wie fühlst du dich?' einen großen Teil derselben neuralen Schaltungen aktivieren wie bei der Frage ‚Wie fühlt sie sich?' Das Gehirn verhält sich fast identisch, wenn wir unsere eigenen Gefühle oder die anderer spüren", schreibt der Psychologe Daniel Goleman. (44)

Goleman schreibt weiter: Säuglinge schreien, wenn sie andere Babys schreien hören, aber nicht, wenn sie eine Aufnahme ihres eigenen Weinens hören. Und es besteht mit Sicherheit kein Grund zu der Annahme, dass wir Menschen *weniger* empathisch als Rhesusaffen sind, die bei einem Experiment auf ihr Fressen verzichtet, und in einigen Fällen bis zu zwölf Tagen gehungert haben, um einen anderen Affen vor einem elektrischen Schock zu schützen. (45)

Neurowissenschaftler haben mithilfe von Magnetresonanztomografie entdeckt: Wenn wir kooperieren, werden dieselben Teile unseres Gehirns angeregt wie die, wenn wir Schokolade essen! Dies zeigt eines sehr deutlich, sogar nach eingehender Betrachtung: Tief genetisch verankert genießen wir Kooperation. (46)

Der Mensch ist sich bewusst ..., dass seine eigenen Interessen mit dem Wohlstand der Gesellschaft verbunden sind und dass das Glück, vielleicht sogar der Erhalt seiner Existenz, auf dem Erhalt der Gesellschaft basiert.

ADAM SMITH, DIE THEORIE DER
ETHISCHEN GEFÜHLE, 1790 (47)

Zweitens trägt jeder von uns einen gewissen Sinn für Fairness in sich, denn wir haben gelernt, dass Ungerechtigkeit die Gemeinschaft zerstört, von der wir abhängig sind. Selbst der angebliche Pate der Geldgier, Adam Smith, hat diese Tatsache erkannt. Von allen sozialen Werten, schrieb Smith vor über zweihundert Jahren, sind wir „auf eine ganz besondere Weise an die Beachtung der Gerechtigkeit gebunden und ihr verpflichtet." (48) Wissenschaftler unserer Zeit konnten sogar bei Kapuzineräffchen einen messbaren Sinn für Fairness feststellen. (49)

Drittens sind wir Problemlöser. Die Prämissen der Oberflächlichen Demokratie reduzieren die Menschen darauf, Zuschauer, Konsumenten und Jammerer zu sein. Die Lebendige Demokratie sieht sie jedoch auch als *Macher.* Wie hätten wir auch die dominante Spezies werden können, wenn wir keine Problemlöser wären, die es genießen, die Auswirkungen ihrer Arbeit zu sehen?

Unser Bedürfnis, in der weiten Welt „eine Spur zu hinterlassen", wie Erich Fromm es einmal ausgedrückt hat, ist so groß, dass er die auf den Gedanken fokussierte Betrachtungsweise des Selbst von René Descartes aus dem 17. Jahrhundert neu durchdacht hat. Fromm kam zu dem Schluss: „Ich bewerkstellige etwas, also bin ich."

Viertens sind wir Sinngeschöpfe. Die Lebendige Demokratie ersetzt den einfachen Materialismus der Oberflächlichen Demokratie durch die Vorstellung, dass wir Menschen einen über das eigene Überleben hinausgehenden Sinn brauchen. Eine Möglichkeit, dieses Bedürfnis zu befriedigen, die wir lange praktiziert haben, ist es, gute Ahnen zu sein, die ihre Kinder und die Zukunft ihrer Kindeskinder fördern. Wenn wir „Demokratie leben", stillen wir einen Teil unseres Durstes nach einem Sinn, indem wir zu der Rettung unseres bedrohten Planeten beitragen und dabei die tief in uns liegenden Qualitäten – Empathie, Führungsverhalten und Mut – entwickeln.

Diese Sehnsucht nach einem transzendenten Sinn steht sicherlich auf der Stufe eines biologischen Instinktes. Vielleicht überrascht es Sie zu erfahren, dass bei Google von den vierhundert Millionen Seiten ungefähr dieselbe Anzahl aufgerufen wird, wenn Sie die Suchwörter „Sex" oder „Gott" eingeben.

EINE ÖKOLOGIE DER DEMOKRATIE: FÜNF QUALITÄTEN

Lebendige Demokratie ist, vielleicht aufgrund unserer überaus komplexen Natur, kein festes System. Weiter oben im Text habe ich sie stattdessen als ein *Konstrukt aus Systemqualitäten* beschrieben. Es ist wichtig, dass wir anfangen, diese Qualitäten zu benennen, denn uns Menschen fällt es schwer, etwas zu schaffen, das wir nicht mit Worten beschreiben können. Hier nun mein Versuch, die fünf Qualitäten zu beschreiben, die entscheidend sind für die Umsetzung der Demokratie in gelebte Praxis. Eine Praxis, die dazu in der Lage ist, scheinbar unüberwindliche Probleme zu lösen.

1 Dynamisch, niemals fertig

Lebendige Demokratie ist ein immerwährender Prozess, zu dem jede neue Generation das beiträgt, was sie in ihren eigenen Lektionen gelernt hat. Zwischen der Gründung der Vereinigten Staaten von Amerika und dem Jahr 2006 haben unsere fünfzig Bundesstaaten über sechstausend Verfassungsergänzungen auf ihrer Ebene verabschiedet. (51) Diese Dynamik bedeutet, dass die Lebendige Demokratie nicht auf die Wiedergutmachung einzelner Ungerechtigkeiten begrenzt ist; sie ist dazu in der Lage, noch umfassendere, fairere Wege der Entscheidungsfindung zu schaffen. Eine „lernende Demokratie" wäre eine weitere geeignete Bezeichnung, um zu beschreiben, was entsteht.

Demokratie ist ein Prozess, keine statische Bedingung:
Sie ist leicht verloren, aber nie ganz gewonnen.

RICHTER WILLIAM HASTIE (52)

Eine neuere „Ausrichtung" dieser Dynamik ist die „partizipatorische Finanzplanung", eine kürzlich entstandene Form der Bürgerbeteiligung mittels entscheidender Weichenstellungen im öffentlichen Bereich. Sie nahm ihren Anfang in Brasilien, wo die Reichen lange Zeit bestimmten, wie die städtischen Budgets zugeteilt wurden. Um diese Macht zu brechen, haben im Jahr 1990 Mitglieder der brasilianischen Arbeiterpartei, die jetzt zu den größten Parteien des Landes gehört, die partizipatorische Finanzplanung erdacht – einen Prozess, bei dem ein Fünftel des städtischen Budgets in mehreren Beteiligungsschritten konkreten Nachbarschaftsprojekten zugeteilt werden. (53)

In der Geburtsstadt dieser Bürgerfinanzplanung, der südbrasilianischen Stadt Porto Alegre, haben sich bis jetzt mehrere hunderttausend Bürger daran beteiligt. Ein Ergebnis ist der gestiegene Anteil der Ressourcen, der an die ärmeren Stadtteile geht und in Programme fließt, von denen die Armen profitieren.

Ein weiterer Vorteil, der daraus entstand? Es gibt einen bemerkenswerten Rückgang der Korruption unter den wachsamen Augen so vieler Bürger. Als ich 2003 eine Nachbarstadt von Porto Alegre besuchte, bewunderte ich das große, neue Gemeindezentrum und hörte von einer neuen Schule und einer neuen Klinik. Auf meine Frage, wie man sich das alles leisten könne, wurde mir von lächelnden Einwohnern gesagt, dass weniger Korruption mehr Kapital für die Gemeinde bedeutet. Zusammen mit dem neuen partizipatorischen System bedeutet das größere staatliche Effizienz: 1988 erhielt man für einen realen Dollar in Porto Alegre Dienstleistungen im Wert von drei Dollar, zehn Jahre später im Wert von sieben Dollar. (54)

Die partizipatorische Finanzplanung hat sich auf mehr als dreihundert brasilianische Städte ausgeweitet, und die Erfahrungen haben andere auf der ganzen Welt inspiriert, es selbst auszuprobieren, vom südafrikanischen Durban bis nach Saint-Denis in Frankreich. (55) Sie wird auch in einigen Städten der USA praktiziert, zum Beispiel in Portland (Oregon), Seattle (Washington), Birmingham (Alabama), Dayton (Ohio) und Saint Paul (Minnesota). Die Bürger engagieren sich auf verschiedenen offiziellen Wegen, um die öffentlichen Ausgaben zu lenken und so Verbesserungen für die Gemeinschaft zu erreichen.

Die Dynamik der Lebendigen Democratie – ihre andauernde Evolution – wird auch in den neuen, gesetzlich bindenden „Vereinbarungen zum Wohle der Gesellschaft" sichtbar, über die sie im folgenden Kapitel mehr lesen werden.

2 Von Werten geführt, nicht von Dogmen gelenkt

Schon das Wort „Werte" nervt viele Amerikaner; sie glauben, dass wir hoffnungslos gespalten sind, sodass man am besten nicht darüber spricht. In Wahrheit sind wir hoffnungs*voll* einig im Hinblick auf einige wesentliche Grundsätze, die tief verankerte Werte reflektieren. Fast neun von zehn US-Amerikanern sind für die Anhebung des staatlich garantierten Mindestlohns. Nahezu acht von zehn sagen, dass wir alles tun sollten, um die Umwelt zu schützen. Annähernd zwei von drei stimmen zu, dass unsere Regierung eine Gesundheitsfürsorge für alle sicherstellen sollte, selbst wenn das mit höheren Steuern verbunden ist. (56)

Diese Angaben spiegeln allgemeinere Werte wider, die die Dynamik der effektiven Demokratie durchziehen: Fairness, Einbeziehung der Bürger und gegenseitige Verantwortlichkeit. Mit „gegenseitiger Verantwortlichkeit" meine ich einfach, dass die Verantwortung von allen Seiten getragen wird. Mit dem Finger auf die da oben zu zeigen – auf den Präsidenten oder den Vorstandsvorsitzenden – reicht nicht aus, ebenso wenig reicht es, unsere Opferrolle zu beklagen.

Jack Shipley, ein sechsundsechzigjähriger Teilzeit-Farmer aus Oregon, hat mir geholfen, diese Lektion zu verstehen. Jack gehört zu den Leitern der Applegate Partnership, die vom Staat mit der Planung des Schutzes des Wassereinzugsgebiets für ein ca. achthundert Quadratmeilen großes Gebiet in Oregon betraut worden ist. „Die Umweltschützer kritisieren uns dafür, dass wir mit den Holzfällern reden", sagte mir Jack vor einigen Jahren. „Doch wie sollen wir Lösungen finden, wenn wir nicht alle Menschen mit einbeziehen, die Teil des Problems sind?" fragte er. Deshalb trugen die Mitglieder der Applegate Partnership an ihrer Kleidung einen Button mit einem durchgestrichenen Wort: Doch statt wie sonst war nicht „Kein" (NO) durchgestrichen, sondern das Wort „Die da" (THEY).

Wenn „die da" nicht schuld sind, stellen wir fest, dass alle Seiten handeln müssen. Das ist genau das, was passierte, als ein Plan vorgelegt wurde, mit dem alle einverstanden sein konnten.

Ein anderes Beispiel für praktizierte „gegenseitige Verantwortlichkeit", welches Fairness und das Einbeziehen verwirklicht, begann 1990 in Texas. Erschüttert durch die Schließung einer Fabrik der Firma Levi Strauss, durch die Tausend Menschen ihre Arbeit verloren, machten sich zwei kirchlich verankerte Gruppen aus San Antonio auf die Suche nach neuen Wegen, um die Not der arbeitslosen Arbeiter zu lindern.

Zwei große Bürgerinitiativen kümmern sich: die Communities Organized for Public Service (COPS), sie erreichen fünfzigtausend Familien in siebenundzwanzig Gemeinden, und ihre Schwester-Organisation Metro Alliance. Sie eruierten, dass neue und gut bezahlte Arbeitsplätze geschaffen wurden, die aber von den vielen schlecht ausgebildeten Arbeitern von San Antonio, von denen viele Lateinamerikaner waren, nicht übernommen werden konnten. Die Bürgerinitiativen hätten die großen Unternehmen leicht angreifen und als Rassisten beschimpfen können, weil sie kaum Einheimische einstellten. Stattdessen entschieden sie sich, die Rolle der Problemlöser zu übernehmen: Sie identifizierten den Mangel an qualifizierter Ausbildung als das wirkliche Problem.

Dann bildeten die Mitglieder der beiden Organisationen – von Hausfrauen über Busfahrer bis hin zu Pfarrern – ein Komitee, um selbst eine Lösung zu finden. Die Frucht ihrer Arbeit ist das Qualifizierungsprogramm QUEST (Quality Employment Through Skills Training). Inzwischen können sie sich mit zweitausend Absolventen rühmen, die für Tätigkeiten bereitstehen, die gehobene Qualifikationen erfordern und besser bezahlt sind. Achtzehn Monate nach dem Abschluss haben fast 80 Prozent der QUEST-Teilnehmer Jobs mit Stundenlöhnen, die um einiges über denen der Minimallohnjobs liegen, die viele von ihnen vorher hatten. (57) Vier weitere Städte haben das QUEST-Modell übernommen und zusammen insgesamt 5.500 Menschen ausgebildet.

Statt starren Dogmen zu folgen, entwickelt sich die Lebendige Demokratie auf der Basis allgemeingültiger Werte, wenn es den Bürgern gelingt, diese in das öffentliche Engagement zu bringen.

3 Erlernt, nicht automatisch

Es stimmt, dass Menschen von Natur aus freundliche Wesen sind, doch das heißt nicht, dass wir von Geburt an wissen, wie Demokratie effektiv funktioniert. Deshalb verstehen mehr und mehr Menschen auf der ganzen Welt das Leben von Demokratie nicht als Erbe, das wir übernehmen und verteidigen, sondern als angelernte Fähigkeit. Sie behaupten, demokratisches Verhalten könne und müsse ebenso bewusst vermittelt und praktiziert werden wie Lesen oder Kochen oder das Dribbeln mit einem Basketball.

Natürlich machen solche Dinge keinen Spaß, wenn wir nicht gut darin sind. Ich kann Ihnen sagen, es ist sehr langweilig, stundenlang erfolglos einem Tennisball hinterherzurennen. Doch wenn wir

Fähigkeiten einschließlich der gelebten Demokratie erwerben, kann unser Leben sehr viel lohnender werden. Besonders junge Leute begreifen das und weisen den Weg.

Im Frühjahr 2007 habe ich mich an der Universität Santa Cruz in Kalifornien mit Studenten getroffen, die ihren eigenen, erstaunlich erfolgreichen Kurs ins Leben gerufen haben: das Programm zur Erziehung zum nachhaltigen Leben. Nach vier Jahren ist dieser bereits von sechs kalifornischen Universitäten übernommen worden. Dreihundert eifrige Studenten haben sich allein in Santa Cruz eingeschrieben. „Wir hätten diesen Kurs nie ins Leben rufen können, wenn die acht Studenten, die ihn gegründet haben, nicht zusammen Kommunikation studiert hätten und wir uns nicht dazu verpflichtet hätten, das untereinander zu praktizieren", sagte mir die Initiatorin Aurora Winslade.

In Kapitel 5 begründe ich, weshalb Vertreter von Schulen, Firmen, öffentlichen Einrichtungen und gewählte Volksvertreter effektiv in demokratischen Fähigkeiten wie *aktivem Zuhören,* Konfliktbewältigung durch *Verhandlung* und *Mediation* sowie der *Betreuung durch Mentoren* und der *Reflexion von Erfahrungen* geschult werden sollten.

4 Macht kreierend, nicht kontrollierend

Unzählige politische Gespräche drehen sich darum, wer die Macht hat und wer sie verliert – als gäbe es eine bestimmte Menge zu verteilen (sollte das ein weiteres Beispiel für das Mangelbewusstsein sein?). Ausgehend von seiner lateinischen Wurzel „Posse" bedeutet das englische Wort für Macht – Power – „in der Lage zu sein" und somit einfach unsere Fähigkeit, zu agieren. Deshalb sollten wir vielleicht weniger über die Verteilung von Macht als über ihre Entstehung reden, denn das ist für die Lösung unserer Probleme wirklich wichtig.

Praktizierte Lebendige Demokratie verhilft zu mehr Macht, indem sie mehr Menschen befähigt, ihre Werte und Interessen zu vertreten. Sie vergrößert den Kreis der Problemlöser und erweitert die problemlösende Kompetenz, weil sie sich die Erfahrung und die Einsicht der Leute, die eng mit dem Problem befasst sind, zunutze macht. Kreativität wächst, wenn unterschiedliche Perspektiven aufeinandertreffen. Und die Bereitschaft, sich zu beteiligen, bringen die Menschen viel lieber ein, wenn sie sich damit identifizieren und ein wertvoller Bestandteil des Planes sind.

In einem erfolgreichen Kampf zur Dezentralisierung der Entscheidungsgewalt der Schule in Hammond, Indiana, gewann der Teilnehmer Patrick O'Rourke diese Erkenntnis von der sich ausweitenden Macht. Er schreibt, dass diese neue Konstellation „die Basis der Entscheidungsfindung auf eine Weise erweitert, die jeden bevollmächtigt ... Verwaltungsbeamte verlieren nichts, wenn Lehrer kreativer sind ... sie gewinnen etwas dabei. Jeder gewinnt." (58)

In Kapitel 4, *Unsichtbare Macht*, wird die Idee der generativen, relationalen Macht untersucht.

5   Überall, nicht isoliert

Zum Schluss vielleicht das Beste: Die Werte der Lebendigen Demokratie sind in allen Dimensionen unseres Lebens gegenwärtig, nicht nur im politischen Bereich. So ist es möglich, unser Inneres auf sie auszurichten. Die Bürger müssen sich nicht verleugnen und das Beste von sich zu Hause lassen, wenn sie sich ins öffentliche Leben begeben.

Was für ein Segen für die Gesundheit!

Beachten Sie bitte, dass ich unter öffentlichem Leben nicht nur das verstehe, was die Amtsträger bekleiden, sondern alle Rollen, die wir spielen – einschließlich der des Wählers, des Käufers, des Arbeitgebers, des Investors, des Sparers, des Arbeiters und des Ehrenamtlichen, wie in Idee 2 ausgeführt wird (s. S. 70). Die Werte der Lebendigen Demokratie lassen sich auf Politik und Wirtschaft ebenso anwenden wie auf Bildung, Aufgaben der Polizei, die Medien und mehr, wie im nächsten Kapitel erläutert wird. Das meine ich mit „überall".

Am schwierigsten zu greifen ist die entstehende Demokratie jedoch im Wirtschaftsleben. Die ökologische Weltsicht, aus der sich die Lebendige Demokratie herausgebildet hat, versetzt uns in die Lage, uns nicht als isolierte Atome, sondern als Knoten in einem Netzwerk von Beziehungen zu sehen. Handelsgesellschaften werden so zu einem von uns erschaffenen Weg, um Beziehungsnetzwerke zu organisieren. Das bedeutet, dass sie nicht *unabhängig von uns agieren können, keine unveränderbaren Monolithen* sind. Vieles verändert sich: Wir finden zu unserer eigenen Macht, zu der Vielzahl von Wegen, auf denen wir *bereits* Unternehmen gestalten, und können sie zu Zielen zurückführen, die dem Leben dienen.

Mit einer solchen Betrachtungsweise des wirtschaftlichen Lebens reagieren die Betriebe zwar auf die Zeichen des Marktes, aber mit Verantwortlichkeitsrichtlinien, die von den Bürgern gesetzt worden sind, angefangen bei Steuer- und Handelsgesetzen bis hin zu Umwelt- und Verbraucherschutz. Wir erkennen sowohl die formellen Wege an – repräsentiert durch die Regierungen – wie die informellen Einflüsse einschließlich unserer eigenen täglichen Entscheidungen und des organisierten Einsatzes, um den Markt fair und lebensfördernd zu gestalten. Wie Lizzie Magie uns versucht hat zu warnen, müssen wir Bürger die Regeln setzende Funktion des wirtschaftlichen Lebens ernstnehmen, wenn unsere Gesellschaft nicht wie ein Monopoly-Spiel am Ende des Abends enden soll: Der Spaß ist für alle vorbei, weil das gesamte Eigentum in den Händen eines Spielers gelandet ist.

Ist die Wirtschaft aber erst einmal in einer demokratischen Kultur verwurzelt, dann können die Käufer auch die Macht ihrer Entscheidung nutzen, um Impulse bezüglich gesunder und fairer Praktiken an die Hersteller zu geben, so wie es die wachsende Bewegung des fairen Handels, auf die ich im nächsten Kapitel eingehen werde, praktiziert.

EINE VORAUSSETZUNG FÜR ÜBERFLUSS, EINE SPIRALE DER HOFFNUNG

Im Gegensatz zu der Prämisse „Mangel" in der anfangs zitierten *Spirale der Machtlosigkeit* (linke Coverinnenseite) erzeugen diese fünf Qualitäten eine Spirale des menschlichen Wachstums und der menschlichen Zufriedenheit, die ich in der *Spirale der Ermächtigung* auf der rechten Innenseite des Covers versucht habe festzuhalten.

Hier heißt die Prämisse „Überfluss" – das heißt, wir können die Naturgesetze schätzen und genießen und können lernen, innerhalb eines sich selbst erneuernden ökologischen Systems zu leben. Wir entdecken, dass es für alle mehr als genug gibt, um gut zu leben.

Diese Erkenntnis hat bei mir zum ersten Mal wie ein Blitz aus heiterem Himmel eingeschlagen, als ich im Alter zwischen zwanzig und dreißig Jahren gelernt habe, dass es auf dieser Welt mehr als genug zu essen gab und immer noch gibt, dass wir dick und fett werden, obwohl nicht gerade alles sehr nahrhaft ist.

IDEE 2: Wir alle haben ein öffentliches Leben

BILDUNG

Student

Pädagoge

Eltern

Steuerzahler

Wähler / politischer Entscheidungsträger

Ehrenamtlicher

RELIGIÖSES LEBEN

Teilnehmer / Kirchgänger

Leiter

Mitwirkender / Träger

MEDIEN

Zuschauer / Leser

Online-Redakteur (Blogs etc.)

Meinungsmacher (Online-Kommentare etc.)

Beitragsleistender / Volontariat

Du

EHRENAMTLICHE ORGANISATIONEN FÜR KULTUR, SPORT, FREIZEITGESTALTUNG ETC.

Konsument / Schirmherr

Organisator / Teilnehmer

Mitglied

Träger

Leiter

Rechtsbeistand

Ehrenamtlicher

Mitarbeiter

Teamkollege

GEMEINDELEBEN

Beitragzahlender

Dienstleistungsnutzer (z.B. Polizei, Gerichte)

Regelnschaffender durch Bürgerorganisationen und politische Parteien

Steuerzahler

Wähler

Ehrenamtlicher

Rechtsbeistand

HUMAN- UND GESUNDHEITSFÜRSORGEDIENSTE

Klient

Patient

Empfänger

Konsument

Mitglied (z.B. ehrenamtliche Vereinigung, Gemeinde etc.)

Wähler / politische Entscheidungsträger

WIRTSCHAFTSLEBEN

Verbraucher

Arbeiter

Arbeitgeber

Sparer / Investor

Eigner

Wähler / politische Entscheidungsträger

Mtl. Verbrauch (z. B. Gas, Wasser etc.)

Mitglied (z.B. Gewerkschaft)

Berufspartnerschaften

Ich habe gelernt, dass wir die Knappheit, die wir fürchten, selbst schaffen. Weltweit wird zum Beispiel mehr als ein Drittel des Getreides und 90 Prozent des Sojas an Vieh verfüttert. (59) Zukünftige Generationen werden kopfschüttelnd fragen: Wurden zu Anfang des 21. Jahrhunderts wirklich 16 Pfund Getreide und Soja an das Vieh verfüttert, um *ein* Pfund Rindfleisch auf den Teller zu bekommen? Stimmt es wirklich, dass das Wasser, das zur Produktion dieses einen Pfundes Rindfleisch gebraucht wurde, für einen Menschen ein Jahr lang zum Baden ausgereicht hätte?

Ich habe gelernt, dass sich diese Irrationalität trotz der Ineffizienz und Gesundheitsschädlichkeit durchsetzte, weil Wirtschaftssysteme, die nur auf einer Regel basieren, Millionen von Menschen so arm machen, dass sie sich kein Essen kaufen können, aber das Getreide so billig halten, dass es wirtschaftlich rentabel ist, große Mengen davon an Vieh zu verfüttern.

Von der Nahrungsmittelproduktion einmal abgesehen ist die US-Wirtschaft „erstaunlich" verschwenderisch. Zu diesem Schluss kommen die Autoren von *Natural Capitalism*, da „nur sechs Prozent des reichen Materialflusses wirklich zu Produkten verarbeitet werden." (60)

Stellen Sie sich vor diesem Hintergrund den potenziellen Überfluss vor – vom gesundheitlichen Nutzen gar nicht zu reden –, wenn wir uns hin zu Fairness und Produktivität bewegen!

Ähnlicher Überfluss entsteht auch, wenn wir die Energieknappheit mit anderen Augen betrachten. Der deutsche Energieexperte und Träger des Alternativen Nobelpreises, Hermann Scheer, betont, dass uns die Sonne, der Wind, die Wellen, das Wasser und die Biomasse eine „tägliche Energiedosis", liefern, die 15.000-mal größer ist als alle den Planeten schädigende fossile und nukleare

Energie, die wir heute nutzen. Nur ein Fünftel der Windkraft allein würde, in Elektrizität umgewandelt, einer Stanford-NASA-Studie zufolge den Energiebedarf der gesamten Welt decken. (61)

Wäre uns die Fülle bewusst, würde das einen Fokus vom rauen und selbstzentrierten Wettbewerb untergraben und uns eine Neujustierung erlauben – nicht *auf* die Güte der menschlichen Natur, die allem Anschein nach die Komplexität negiert, sondern *ins* Herz der dem Menschen unbestreitbare innewohnenden Tugenden, einschließlich der tiefen positiven Bedürfnisse und Fähigkeiten, wie zuvor bereits erwähnt.

Jetzt kommt die *Spirale der Ermächtigung* in Fahrt. Wir gewinnen Vertrauen darin, dass wir lernen können, gemeinsam fundierte Regeln zu erarbeiten, die gesunde Gesellschaften fördern. Dann, wenn wir anfangen erfolgreich zu sein sowie das entsetzliche Gefühl der Bedrängnis abzustreifen und den Konflikt zu entspannen, der uns jetzt das Leben raubt, geben wir positiven Erwartungen hinsichtlich unserer Spezies Nahrung. Dann verflüchtigen sich die destruktiven Bilder in unseren Köpfen. Indem diese Fähigkeiten und Bedürfnisse – wie Fairness, Verbundenheit, Wirkungskraft und Sinn – Ausdrucksmöglichkeiten finden, gedeihen sie zu unserem Vorteil und führen zu weiteren kreativen Entscheidungsfindungen und Lösungen.

„Packen wir's an" muss keine mühsame Kraftanstrengung bedeuten. Aus dieser umfassenderen Sicht unserer eigenen Natur und die dadurch gebotenen Möglichkeiten könnte das „Anpacken" stattdessen ein aufregendes Abenteuer werden!

3 WIE SICH DEMOKRATIE ANFÜHLT

*So fühlt sich Demokratie also an. Ich wette, das habe
ich zwanzigmal in zwanzig total verschiedenen
Situationen gehört – Demokratie fühlt sich nicht fremd
an, wenn Menschen sie erfahren, doch Demokratie ist
ein Bedürfnis, von dem wir nicht immer wissen,
dass wir es haben.*

MARTHA McCOY

Martha leitet das „Zentrum für Alltägliche Demokratie", eine Gruppe aus Connecticut, die Zigtausenden von Amerikanern geholfen hat, ein Bedürfnis zu entdecken – *die Erfahrung der Demokratie* –, das so selten geworden ist, dass viele von uns vergessen haben, dass wir es haben.

Ihre Arbeit zeigt uns, was passiert, wenn Menschen sich wieder einsetzen. 1999 nahm ihr Zentrum in Kansas City die Arbeit mit einem breitgefächerten Bündnis von Bürgern auf, die darüber beunruhigt waren, dass die Qualität der Tests an den High Schools sank und die Hälfte der Schüler die Schule abbrachen. Dieses Versagen in der Schule, fanden Martha McCoy und ihre Mitstreiter heraus, stand im Zusammenhang mit dem Leben in einem Umfeld, in dem die Menschen sich unsicher, voneinander isoliert und machtlos fühlten. Sie beschlossen, etwas zu *tun*.

Deshalb begannen Ortsansässige aus allen Lebensbereichen – am Ende über 1.300 Menschen –, sich in Studienkreisen zu treffen, um Vertrauen zu schaffen und Lösungen zu finden sowie den bereits angelaufenen Reformprozess der Schule zu beschleunigen. Im Laufe von nur zehn Jahren stiegen die Abschlusszahlen um 70 Prozent. Spanisch sprechende Eltern starteten eine „Hausaufgabenhilfe". Bewohner von Sozialwohnungen gründeten einen Mieterverein und Jugendsportcamps und halfen so, die Nachbarschaft von zehn Drogenschwerpunkten zu befreien. Darüber hinaus arbeiteten über hundert junge Leute, darunter auch Schulabgänger, gemeinsam daran, die Innenstadt zu reinigen.

Martha und diese mutigen Leute aus Kansas sind Teil einer aufstrebenden ökologischen Demokratie, bei der Amerikaner entdecken, wie Lebendige Demokratie aussieht, schmeckt und klingt. Es geht nicht länger um eine ferne, feste Struktur. Sie erfahren, dass Demokratie „zu einem Teil von uns wird", und sie ein Teil von Demokratie. Ihre Aktionen und parallele Aktivitäten überall auf der Welt helfen, unseren Fokus von Demokratie als etwas, das wir haben – Wahlen, Parteien, einen Markt – weg zu lenken und hin zu einer komplexen, auf gegenseitigen Beziehungen beruhenden Demokratie, die täglich neu geschaffen werden muss.

Um Ihnen eine Vorstellung von dieser neuen Sicht (und Praxis) von Demokratie zu vermitteln, stelle ich ihnen neun ihrer vielen Dimensionen vor sowie einige Beispiele, wie unser Leben sich durch sie bereits verändert.

NEUN DIMENSIONEN: EINIGE KURZE EINDRÜCKE

1 Die Bürger holen sich ihre politische Macht aus den Klauen des konzentrierten Reichtums zurück.

Bürger des Staates New York haben, verärgert darüber, dass die beiden großen Parteien mehr die Interessen von Firmen als die der Menschen vertreten, die Abschottung des Zwei-Parteien-Systems durchbrochen. In nur zehn Jahren hat die arbeitende Bevölkerung des Staates ihre eigene Working Families Party (Arbeiterfamilien-partei) geschaffen. Diese konnte durch das in manchen US-Bundes-staaten mögliche „cross-endorsement" (etwa: Quer-Votum) Fuß fassen. Dieses Verfahren erlaubt es, kleine Parteien, deren Kandi-daten keine Chance haben, zu wählen, ohne dass diese Stimmen verlorengehen; sie können von der betreffenden Partei an Kandida-ten anderer Parteien weitergegeben werden. Die Arbeiterfamilien-partei unterstützte auf diesem Wege vornehmlich Vertreter der Demokratischen Partei und gewann so Einfluss. Es hat bereits dazu verholfen, dass sie zu Schlüsselreformen wie der Anhebung des ge-setzlichen Mindestlohnes um zwei Dollar pro Stunde beigetragen haben.

Innerhalb nur eines Jahrzehnts haben von der Graswurzel-bewegung ausgelöste Reformen unter dem Begriff „saubere Wah-len" den Einfluss privater Geldgeber bei der Parteienfinanzierung durch Spenden in Maine und Arizona spürbar zurückgedrängt (ein ähnliches Gesetz ist 2008 in Connecticut verabschiedet worden). In Arizona werden nun neun von elf staatliche Behörden von Personen geführt, die sich „sauber" wählen ließen, d. h., dass sie über anfäng-liche geringe Dollarbeträge, die für die Wahl benötigt werden und

von wenigen Bürgern stammen, kein weiteres privates Geld angenommen haben. Auf diese Weise gewinnen die Bürger wieder Vertrauen. Seit 1998 ist die Wahlbeteiligung in Arizona bei den
Präsidentenwahlen um über ein Viertel gestiegen. (62) Leute mit
vergleichsweise moderatem Einkommen wie etwa Lehrer können
nun – mit Aussicht auf Erfolg – bei Wahlen antreten.

Andere Staaten haben bestimmte Regeln „gesäubert", eine
Bewegung zur nationalen Durchsetzung sauberer Wahlen gewinnt
an Zuspruch. Das fordert uns heraus, abzuwägen, was es uns kostet,
wenn wir *nicht* handeln: Jeder amerikanische Haushalt finanziert
derzeit mit 1.600 US-Dollar jährlich Steuervergünstigungen, Förder-
mittel und andere Wohltaten für Firmen und spezielle Interessen
der Vermögenden mit – und das ist nur die Spitze des Eisbergs der
wahren Kosten privater Macht über die öffentlichen Haushalte. (63)

Klammert man, laut dem Ansatz für „saubere öffentliche Wahlen", den Einsatz von Großspendern aus, ließen sich mit nur sechs
Dollar pro Kopf die Kosten für alle Kampagnen für nationale Ämter abdecken. Eindeutig ein Schnäppchen.

Die Website der neuen Bewegung: just6dollars.org.

**2 Bürger streben danach, die Regierung zu ihrem Werkzeug
zu machen: Sie soll faire Standards setzen, Anhörungen zu
Fragen von öffentlichem Interesse einberufen und mehr –
somit ist die Regierung nicht mit der Last der
Schadensbegrenzung belastet.**

Nach dem Lehrsatz der Oberflächlichen Demokratie ist die „große"
Regierung der Popanz: Sie stiehlt *unser* Geld und unsere Privat-
sphäre. „Die Regierung ist nicht die Lösung unseres Problems, die
Regierung ist das Problem", warnte uns US-Präsident Ronald

Reagan in seiner ersten Amtsantrittsrede. Die Bürger sind soweit gebracht worden, dass sie fürchten, den großen, bösen Staat zu entfesseln, wenn sie sich für das einsetzen, was sie wünschen und für richtig halten, etwa das Ende der Armut und die Rettung der Umwelt. Deshalb ziehen sie sich zurück.

Es ist eine verrückte Ironie, dass diejenigen, die uns die Angst vor einer „Big Brother"-Regierung einjagen, sehr oft dieselben Leute sind, die die Regierung den privaten Interessen ausliefern … und sie so furchteinflößend *machen*.

Die Lebendige Demokratie basiert jedoch darauf, diese Täuschung zu durchschauen. Sie stützt sich auf Bürger, die die Regierung zu ihrem Werkzeug formen und ihr vertrauen. Das beginnt mit der Demaskierung des irreführenden Diskurses „großer" versus „kleiner" Regierungsapparat*. Was wirklich zählt, ist die Verantwortlichkeit der Regierung gegenüber den Bürgern.

> *Aufgabe der Regierung ist es, hohe Standards zu setzen, dafür zu sorgen, dass diese den Markt erreichen und dann die Standards weiter anzuheben.*
>
> THOMAS L. FRIEDMAN,
> THE NEW YORK TIMES (64)

Eine verantwortliche Regierung, die faire Standards und Regeln setzt, *reduziert* die Notwendigkeit, dass die „große" Regierung aufräumt, nachdem der Schaden bereits entstanden ist. Unter diesem

---

* In den USA geht die Debatte seit 30 Jahren, dass die Rechten den Linken „Big Government" vorwerfen (einen überdimensionierten Regierungsapparat im Sinne von Budget und Macht). Sie argumentieren, eine abgespeckte Version sei die Lösung (Anm. d. Lektors).

Gesichtspunkt sehen wir die Kosten für Aktionen der Regierung zur Beendigung von Armut und zur Rettung der Umwelt mit neuen Augen. *Wirklich teuer ist, dass unsere Regierung nichts tut.*

- Seit dem Jahr 2000 ist die Armut in den Vereinigten Staaten um fast eine Million Menschen pro Jahr gestiegen, sodass im Jahr 2008 über 37 Millionen US-Amerikaner in Armut leben, sehr viel mehr als die Gesamtbevölkerung Kanadas beträgt. (65) Wenn wir einmal dieses unbeschreibliche Leid außer Acht lassen, sowie das Potenzial, das der Gesellschaft entgeht, weil es wegen Armut nicht entwickelt werden kann, kommen wir zu folgendem Punkt: Es wachsen so viele amerikanische Kinder – fast jedes fünfte – in Armut auf, dass die dadurch verursachten jährlichen Kosten für unsere Gesellschaft durch verlorene wirtschaftliche Produktivität, höhere Gesundheitsausgaben und zunehmende Kriminalität nahezu 500 Milliarden US-Dollar betragen. (67) Allein für die Inhaftierung der fast zwei Millionen meist verarmten einsitzenden Menschen in den USA bezahlen wir so viel, dass wir ihnen eine Ausbildung an der Harvard Universität finanzieren könnten. (66)
Diese Summe entspricht nahezu unserem gesamten Verteidigungshaushalt!

- Ebenso ist der Preis für die Durchsetzung von Umweltschutzstandards ein Schnäppchen im Vergleich mit den benötigten zig Milliarden Dollar, die wir brauchen, um die einmal verursachten Schäden zu „reparieren".
Aus Sonderfonds finanzierte Reinigungsmaßnahmen verseuchter Gebiete haben die Steuerzahler bereits Dutzende

Milliarden Dollar gekostet, seit 1980 mit solchen Maßnahmen begonnen wurde. Und da die Regierung das Verursacherprinzip aufgegeben hat, dürften die Vereinigten Staaten der Umweltschutzbehörde zufolge in den nächsten dreißig Jahren bis zu 250 Milliarden Dollar für 350.000 solcher Grundstücke aufzubringen haben. (68) Eine von vier Personen unter uns lebt noch immer im Umkreis von vier Meilen zu solchen vergifteten Gebieten.

Nur eine verantwortungsvolle Regierung kann Armut und Umweltverseuchung, die Menschen und auch Demokratie tötet, verhindern. Dabei geht es nicht um Science fiction – wir wissen, wie es funktioniert. Erinnern Sie sich an den Krieg gegen die Armut in den 1960er-Jahren? – War das der Beweis, der von den Pessimisten behaupteten Untauglichkeit der Regierung? Faktisch haben die Amerikaner die Armutsrate in dieser Dekade um die Hälfte gesenkt. (69)

Das Nötige tun, um die Ursachen der Armut zu beseitigen – die Durchsetzung von Kartellgesetzen, der Schutz des Rechts von Arbeitnehmern, sich zu organisieren, die staatliche Garantie eines die grundlegenden Lebensbedürfnisse abdeckenden Minimallohns sowie das Entwickeln von Arbeitsmöglichkeiten, die Sicherstellung einer grundsätzlichen Gesundheitsfürsorge, garantierte qualifizierte Betreuung für alle Kinder – nichts davon bedarf einer großen Regierung.

Ebenso wenig würde es den Aufwand der Regierung überstrapazieren, Steuersätze wiedereinzuführen, die auf das Fairnessprinzip der Zahlungsfähigkeit ausgerichtet sind. Zumindest in einem der zurückliegenden Jahre bezahlten zweiundachtzig amerikanische

Top-Firmen überhaupt keine Steuern. (70) Und seit 1970 wurden die Steuersätze für das reichste Promille der Amerikaner um die Hälfte gesenkt. Die Steuersätze auf Dividenden und Kapitalgewinne – für die Reichen am wichtigsten – sind heute niedriger als die Sätze auf das Einkommen der meisten Familien der Mittelschicht. (71)

> *Die Bürger jeden Staates sollten gemäß ihrer Fähigkeiten zur Unterstützung der Regierung beitragen.*
>
> ADAM SMITH, WOHLSTAND
> DER NATIONEN, 1776 (72)

Überdies könnte die Rettung der Umwelt ganz einfach mit der Forderung an die Regierung beginnen, dass sie aufhört, die Zerstörung zu belohnen. Es kostet weder viel Geld noch viel Aufwand – nur Mut, nein zu sagen zu den Lobbyisten der fossilen Brennstoffe. Doch stattdessen wird mit Fördermitteln in einer geschätzten Höhe von 700 Milliarden Dollar zu umweltzerstörenden Praktiken wie Grundwasserverschmutzung, Kahlschlag der Wälder und Verbrennung fossiler Kraftstoffe ermutigt. (73)

Meine Absicht ist lediglich zu verdeutlichen, dass wir aufhören *können*, Angst zu verbreiten und unseren Herzen und unserem gesunden Menschenverstand folgen können. So kommt eine 2007 durchgeführte grundlegende Untersuchung zur Armut und ihrer Überwindung zu dem Schluss, dass man lediglich über zehn Jahre hinweg jährlich 90 Milliarden Dollar bräuchte, um die Armut in den Vereinigten Staaten zu halbieren. Allein schon die Zurücknahme der von der Bush-Administration durchgesetzten Steuersenkung für

Haushalte mit einem Einkommen von über 200.000 Dollar kann diese lebensrettende Richtungsänderung abdecken. (74)

Zu dem, was Bürger bereits tun, um die Regierung zu einem verlässlichen Werkzeug zu machen, gehört die erfolgreiche Einführung neuer Regeln, die die wirtschaftliche Logik, die Umweltzerstörung fördert, ersetzen.

- Eine dieser Regeln ist die „Verantwortung der Hersteller" für ihre Produkte, mithin das „Rücknahmegesetz", auf das ich in Kapitel 9 zu sprechen kommen werde. Es geht darum, dass Hersteller die Verantwortung für die Rücknahme und Wiederverwendung dessen übernehmen, was sie in die Welt setzen. Das funktioniert bereits in neunundzwanzig Staaten dieser Welt, sowie in Maine und Washington State. (75)

- Eine andere vernünftige Möglichkeit, die globale Erwärmung einzudämmen, die die Regierung nicht überlastet, ist die „Steuerverlagerung". Die Europäer haben begonnen, Steuern auf „Schlechtes" und nicht auf „Gutes" zu erheben, um die Bevölkerung zu umweltbewusstem Verhalten zu ermutigen. Schweden zum Beispiel hat die durchschnittliche Steuer jedes Haushalts um umgerechnet 1.100 Dollar befreit und sie vor allem auf Autos und Benzin verlagert.

Zusätzlich zum Trendsetter für faire Standards könnte eine verantwortliche demokratische Regierung auch als effizienter finanzieller Mittler dem Bürger dienen. Doch auch hier kann man leicht in Zweifel geraten. Es heißt, dass Versorgungsansprüche aus dem Sozialversicherungssystem und den stattlichen Gesundheitsfürsorgeprogrammen (Medicare und Medicaid) fast die Hälfte des staatlichen

Budgets auffressen. Und wir denken: Wahrhaftig, solche Leistungen einer „großen Regierung" bringen uns um.

Ansprüche? – Natürlich haben wir Anspruch, schließlich haben wir bezahlt. Doch „große Regierung"? Ich denke nicht.

Bei zweien dieser Programme fordert die Regierung unser Geld ein, verwaltet es und erlaubt uns, jede nachfolgende, in den Ruhestand gehende Generation zu unterhalten – ohne dieses Programm würden ungefähr 40 Prozent der Menschen heute in Armut leben. Doch hier kommt die wenig wertgeschätzte Wahrheit: Die Verwaltungskosten des Sozialversicherungssystems belaufen sich in den USA auf weniger als ein Prozent der Hilfsleistungen. Das ist ein kleiner Bruchteil von dem, was privat verwaltete Anlagensysteme verlangen. (77) Auch bei Medicare belaufen sich die Verwaltungskosten auf ungefähr zwei Prozent im Vergleich zu fast zwölf Prozent bei privaten Krankenkassen. (78) Genau das meine ich mit einer Regierung als „effizientem Mittler" für die Bürger. Wir sollten uns nicht blenden lassen und nicht die Notwendigkeit verpassen, jetzt das Sozialversicherungssystem zu überarbeiten, nur weil Präsident Reagan sowie seine Nachfolger die Gewinne dazu verwandten, um das Loch, das durch die Steuersenkungen für die Reichen entstanden war, auszugleichen.

Eine weitere, grundlegende und Standards setzende Aufgabe der Bürger in einer Lebendigen Demokratie ist die Unterscheidung, was der Markt bereitstellen sollte und was nicht – was ein Recht aller Menschen ist, weil es lebenswichtig ist.

- Grundschulbildung ist in den Vereinigten Staaten und anderswo auf der Welt ein historisches Grundrecht.

- Die meisten Industriegesellschaften haben auch die Gesundheitsvorsorge aus der freien Marktwirtschaft herausgenommen und sparen große Summen, während die Menschen eine Spitzen-Gesundheitsfürsorge erhalten. Die Franzosen erfreuen sich zum Beispiel einer zwei Jahre längeren Lebenserwartung als wir, während sie kaum die Hälfte dessen für die Gesundheitsfürsorge pro Person ausgeben, was wir in den Vereinigten Staaten bezahlen. (79)

- Für viele sollte auch ein bescheidener staatlicher Mindestlohn zu den „Rechten" gehören, da er die Wirtschaft mit Sicherheit nicht schwächt: Beispielsweise ist der Mindestlohn in Irland doppelt so hoch wie in den USA, während das Land uns im Pro-Kopf-Einkommen übertrifft (zur Information: Wenn unser Mindeststundenlohn mit den Gehältern der CEOs Schritt gehalten hätte, läge er jetzt bei 22,61 Dollar!).

Da immer mehr Menschen die Gefahren der globalen Erwärmung und der Armut auf der Welt erkennen, realisieren sie, dass die Rettung unseres Planeten – und auch das Bestehen eines funktionierenden Wirtschaftssystems – davon abhängt, dass die Bürger die Regierung aus den Händen von Privatinteressen zurückerobern. Wir können jeglichen vorhersehbaren Verstoß der Regierung hinter uns lassen und von unseren Mitbürgern in Maine und Arizona lernen, wie wir die Regierung dem Einfluss des Geldes entreißen, sodass sie zu einem wesentlichen, machtvollen Werkzeug zur Schaffung der Welt werden kann, die wir uns wünschen.

Zum Schluss eine Geschichte. Sie zeigt für mich eindringlich die Effektivität – und nicht die Kostspieligkeit – einer Regierung, in ihrer Rolle als gemeinnützige Institution, die einberuft und faire Standards setzt. Sie stammt aus Brasilien.

1993 erklärte die viertgrößte Stadt des Landes, Belo Horizonte, den Zugang zu gesunder Nahrung zum Menschenrecht. Diese veränderte Sichtweise verursachte großes Aufsehen. Ein neues Amt für Ernährungssicherung rief Führungskräfte aus der Geschäftswelt, der Kommune, den Gewerkschaften, dem religiösen Leben, der Universität und anderen Bereichen zusammen, die Dutzende von Kommunalpartnerschaften ins Leben riefen, um armen Menschen zu gesunder Nahrung zu verhelfen.

Die über den Tellerrand hinausschauenden Innovationen beinhalten Stände mit landwirtschaftlichen Erzeugnissen zu fairen Preisen in der Stadt, die von vierzig lokalen Bauern bestückt werden. „Restaurants" unter freiem Himmel, die täglich zwölftausend bezuschusste Mahlzeiten servieren, und von der Stadt gesponserte Radiosendungen, die die Käufer zu den preiswertesten Einkaufsmöglichkeiten der lebensnotwendigen Güter führen. Der Einfallsreichtum reichte bis zum so genannten „Grünkorb-Programm", das Krankenhäuser, Restaurants und andere Großeinkäufer direkt mit lokalen, kleinen, biologischen Erzeugern in Kontakt bringt. So wurden auch Dutzende von Gemeindegärten sowie vierzig Schulgärten zu „lebendigen Laboratorien" für den Unterricht von Naturwissenschaften und für ökologische Studien. (81)

„Wir zeigen, dass der Staat nicht alles bereitstellen muss; er kann unterstützen. Er kann Kanäle für Leute schaffen, um selbst Lösungen zu finden", erklärt Adriana Aranha, die Vorsitzende des Amtes, dessen Aufgabe die Bekämpfung des Hungers ist, und jetzige

Leiterin der nationalen brasilianischen Kampagne „Zero Hunger".
Die von der Stadt koordinierten Innovationen halfen, die Säuglings-
sterblichkeit, der beste Gradmesser für den Hunger, in nur einer
Dekade um 56 Prozent zu senken. Und die Kosten? – *Weniger als
zwei* Prozent des kommunalen Budgets, das entspricht einem Cent
pro Einwohner. (82)

3 Investoren, Sparer und Käufer lassen demokratische Werte in ihre täglichen wirtschaftlichen Entscheidungen einfließen.

Die Werte der Lebendigen Demokratie einschließlich Fairness und
Verantwortlichkeit wurden zu einer *Investiere-mit-einem-sozialen-
Zweck-Bewegung*, die innerhalb von zwei Jahrzehnten um das Drei-
undfünfzigfache auf zwei Billionen Dollar gewachsen ist. Aktien-
käufern wird langsam klar, dass sie eine positive Macht ausüben
können, indem sie bewusst die Unternehmen auswählen, die stärker
mit ihren eigenen Werten einhergehen, und indem sie ihren Aktienbesitz so einsetzen, äußern sie sich auf diese Weise zur Firmen-
politik.

Der Druck der Investoren auf die Unternehmen hat diverse
Auswirkungen gehabt, angefangen mit der Beendigung der Diskriminierung von Menschen aufgrund ihrer sexuellen Orientierung bei der
Kreditgesellschaft MBNA bis zu der Einstellung der Produktion
quecksilberhaltiger Thermometer der Firma J.C. Penney. (83) Kürzlich hat eine Gruppe von McDonalds-Aktienbesitzern Forderungen
von Farmarbeitern aus Flordia dem Unternehmen gegenüber unterstützt. Auch die Börsenaufsichtsbehörde (SEC) unterstützte sie, so
dass McDonalds schließlich nachgeben musste.

Während Regierungen, die den privaten Interessen verbunden sind, darin fehlschlagen, die Arbeiterrechte zu beschützen –

die Nationen mit den größten Volkswirtschaften der Welt, die USA und China, weigern sich, grundlegende internationale arbeitsrechtliche Abkommen zu ratifizieren –, treten Käufer und Produzenten für deren Schutz ein. Sie haben sich zusammengeschlossen, um eine Gesellschaft für Fairen Handel zu gründen. In dieser Gesellschaft stellt ein zertifiziertes Gremium sicher, dass die Hersteller faire Preise erhalten und umweltfreundliche Produktionstechniken anwenden. Herstellerkooperativen fair gehandelter Produkte erhalten zudem eine Prämie, die sie für soziale Leistungen wie etwa neue Schulen verwenden können.

Die Produkte aus fairem Handel werden mit einem Label zertifiziert, sodass die Käufer, die entschlossen sind, die Armut zu beenden, sie finden können. Der faire Handel hat bereits über eine Million Familien, die vom Kaffeeanbau leben, aus der Armut befreit. Die Bewegung umfasst inzwischen zwanzig Produkte und ist in fünfzig Ländern vertreten. In den Vereinigten Staaten werden zertifizierte Produkte aus fairem Handel von über dreißigtausend Einzelhandelsgeschäften einschließlich von Ketten wie Target, CostPlus, Starbucks und Costco geführt.

In Großbritannien kennt die Hälfte der Bevölkerung das Label für fairen Handel. (84) Es stimmt, dass die meisten Amerikaner noch nicht von dieser Bewegung gehört haben, doch 2005 erklärte der damalige französische Präsident Jacques Chirac ihren Gründer, den Priester Frans Van der Hoff, zum Ritter der französischen Ehrenlegion, um die Franzosen auf das transformierende Potenzial dessen aufmerksam zu machen, womit Van der Hoff vor über zwanzig Jahren begonnen hat.

4 Bürger setzen Wertmaßstäbe, Grenzen, innerhalb derer Unternehmen funktionieren

Auf eine bestimmte Weise bedeutet die Lebendige Demokratie eine Rückkehr der Unternehmen zu der von ihren Gründern ursprünglich vorgesehenen Rolle: Instrumente, die dem Wohle der Gesellschaft dienen. In diesem Licht betrachtet sind kraftaufwändige Kampagnen von Bürgern zur Verhaltensänderung der Unternehmensgiganten nicht als eine besondere Spezies von „Aktivismus", sondern als ein Kernstück der Demokratiebildung zu sehen. So forderte beispielsweise, 1997 das Regenwald-Aktions-Netzwerk (Rainforest Action Network) mit seinen damals nur fünfundzwanzig Mitarbeitern und einigen gewissenhaften Aktionären Home Depot* auf, nicht weiter Holz aus uralten, zum großen Teil unberührten Wäldern zu schlagen und anzubieten.

Einige haben vermutlich gespottet. Doch wer hätte geglaubt, dass die klugen Bemühungen der Mitglieder des Regenwald-Aktions-Netzwerks (diese gingen bis zum Gebrauch der hauseigenen Lautsprecheranlage zur Aufklärung der Kunden) das Unternehmen innerhalb von zwei Jahren davon überzeugen würde, die Verwendung von Holz alter Bäume zu beenden? Gleichfalls lösten sie damit eine Kettenreaktion unter den anderen großen Anbietern aus, die ebenfalls ein schlechtes Image verhindern wollten.

Und wer hätte geglaubt, dass 2003 trotz massiver Proteste von Big Tobacco zweihundert Bürgerinitiativen, die Weltgesundheitsorganisation und die Führer von sechsundvierzig afrikanischen Ländern den weltweit ersten Vertrag zum Gesundheitswesen ins Leben rufen würden: den Global Tobacco Treaty? Er verbietet den Tabak-

---

* Nach eigenen Aussagen die größte Baumarktkette der Welt (Anm. d. Lektors).

gesellschaften Werbung und die Einmischung in öffentliche Politik. Einhundertachtundvierzig Nation haben den Vertrag ratifiziert – nicht jedoch die Vereinigten Staaten. (85) Dennoch wurde mir die Bedeutung dieses Triumphes klar, als ich erfuhr, dass eine Milliarde Menschen bis zum Ende des Jahrhunderts durch Tabak ums Leben kommen werden, sollte der gegenwärtige Trend anhalten. (86) Kommunen schaffen zudem neue rechtliche Werkzeuge, die Grenzwerte setzen, innerhalb derer Firmen tätig sind.

2001 strebte das Staples Center in Los Angeles eine 70-Million-Dollar-Expansion in die Innenstadt an. Doch fünfundzwanzig Bürgerinitiativen konnten einen derart gewichtigen Beitrag dagegen halten, dass das erste große „Übereinkommen zur Begünstigung der Gemeinde" der Nation verfasst werden konnte. Hierbei handelte es sich nicht um diverse „Wohlfühlversprechen", sondern um gesetzlich bindende Abmachungen mit Unternehmen und Garantien von lokalen Verwaltungen, um Arbeitsplätze zur Sicherung der Existenz, erschwingliche Unterkünfte und die Berücksichtigung des Umweltschutzes bei der Expansion sicherzustellen.

> *Wir müssen Appetit machen auf gute Taten, freche Veränderungen und Ideen, auf die noch niemand gekommen ist.*
>
> **Jürgen Becker, Kabarettist**
>
> ■ *(s. Beitrag auf S. 232)*

Nach dem ermutigenden Sieg 2001 setzte eine Bürgerinitiative ihre Ziele höher: Einen Teil der Elf-Milliarden-Dollar-Expansion des internationalen Flughafens von Los Angeles, „eines der am dichtesten besiedelten Gebiete um einen Flughafen herum im ganzen Staat, in dem zudem die Ärmsten von Los Angeles leben", sagte mir Madeline Janis-Aparicio. Sie leitet die „Allianz für eine neue Ökonomie" in Los Angeles, eine 1993 gegründete Gruppe, die sich mit Forschung, Kommunikation und Organisation beschäftigt.

„Die Auswirkungen des Flughafens auf die Anwohner wurden immer schlimmer – es gab dort die höchsten Asthmaraten und so starken Lärm, dass man sein eigenes Wort nicht verstehen konnte", so Madeline. „Einige Schulen haben keine Fenster; sie sind wie Festungen – entsetzlich."

„Anfangs", so die Aktivistin weiter, „war der Fatalismus auf dem Vormarsch. ‚Wir können nichts tun' hatte Einzug gehalten, und wir nannten uns ‚Zusammenschluss der Besiegten'. Dennoch trafen sich die Gruppen – Arbeiter, Lehrer, Eltern, Nachbarschaftsvereine – weiter, und wir haben ein Jahr gebraucht, um Vertrauen aufzubauen. Die Menschen entwickelten das Gefühl, träumen zu können. Innerhalb von zehn Monaten haben wir genau untereinander ausgehandelt, welchen siebzig Forderungen wir Priorität geben würden. So trainierten wir die Leute in Verhandlungsführung. Und wir haben es geschafft!" – eine halbe Milliarde Dollar für gemeinnützige Projekte.

„Das bedeutet die Möglichkeit, eine ganze Schule umquartieren zu können und Millionenetats für Jobtrainings", sagte Madeline. „Das bedeutet, dass jeder einzelne Arbeitgeber, der den Flughafen auch nur anrührt, erst zur jeweiligen Gemeinde gehen muss, um Arbeitsplätze zu besetzen." Zu der Vereinbarung gehören auch Gelder zur Reduzierung von Fluglärm, Abgasen und Verkehr, außerdem stellt sie die weitere Überwachung der gesundheitlichen Auswirkungen des Flughafens auf die Anwohner sicher.

„All das ist aus der Gemeinde heraus entstanden, einiges davon durch Menschen, die zuvor nie mehr getan haben, als eine Ampel zu fordern, falls überhaupt", berichtete mir Madeline begeistert. Bürger wurden ausgebildet, Reden zu halten, Bürgerversammlungen zu organisieren und effektive Pressekonferenzen abzuhalten. Sie fanden ihre Stimme, um für die Gemeinde einzutreten.

Wenigstens ein Dutzend solcher Vereinbarungen über gemeinnützige Projekte sind so auf den Weg gebracht worden. In New York, Milwaukee und San Diego konnten sie bereits verwirklicht werden, berichtet Madeline weiter und ist überzeugt, dass sie „die Art der Flächennutzung und der ökonomischen Entwicklung verändern werden."

Bevor ich auf die nächste Dimension der Lebendigen Demokratie eingehe, lassen Sie mich einen kritischen Punkt in all dem Positiven anmerken: Diese Aufgabe – die Bürger setzen die Grenzwerte, innerhalb derer die Unternehmen sich bewegen – ist durch eine für die Allgemeinheit unsichtbare Veränderung während der letzten einhundertfünfzig Jahre bedeutend schwieriger geworden. Bedenken Sie, dass zur Zeit der Entstehung der Unternehmen im frühen 19. Jahrhundert keine Meinungsverschiedenheiten darüber bestanden, wer die Verantwortung trug: Die Unternehmen wurden von lokalen Regierungen beauftragt, den Bau einer Straße oder einer Brücke zu übernehmen. Doch in der Mitte des 19. Jahrhunderts nahm der Einfluss der Räuberbarone zu. Die Unternehmen erlangten selbst vom Obersten Gerichtshof anerkannte (Persönlichkeits-)Rechte – ordentliche Verfahren, freie Rede, Gleichbehandlung und mehr –, die sie in die Lage versetzten, dem Willen der Öffentlichkeit zu trotzen, beispielsweise um einklagbare Regeln abzublocken, die ihnen nicht gefielen, oder um das Ergebnis von Wahlen zu beeinflussen.

… auf dem Schlachtfeld erkämpfte Grundrechte
wie die Charta der menschlichen Freiheit wurden
von den Monopolisten zu ihrem eigenen Schutz
umfunktioniert.

SEYMOUR D. THOMPSON,
KANSAS BAR ASSOCIATION, 1892 (87)

Das Oxymoron – der Widerspruch in sich – „Unternehmenspersönlichkeit" entstand, um diese demokratievernichtende Vormachtstellung der privaten Macht darzustellen.

Im Gegenzug kämpft eine mannigfaltige Bürgerbewegung – einschließlich Republikanern, Demokraten, Liberalen und Progressiven – dafür, die Gewährung des grundrechtlichen Schutzes für Firmen, die als solche keine Menschen sind, rückgängig zu machen. Ende 2006 war die Stadtverwaltung von East Brunswick in Pennsylvania die achte lokale Regierung, die die angehäuften „Persönlichkeitsrechte" und gesetzlichen Privilegien abschaffte, die von den Unternehmen in Anspruch genommen wurden.

Und die vierte Kommune, die die Rechte der Natur rechtsgültig anerkannte. Vor kurzer Zeit wurde in St. Thomas Township, einer Kleinstadt mit knapp 5.600 Einwohnern, ebenfalls in Pennsylvania gelegen, die Demokratie durch ein Unternehmen auf eine Weise herausgefordert, die es jedem Amerikaner kalt den Rücken herunterlaufen lassen sollte. Ein Unternehmen drohte, die Stadt zu verklagen, falls ein gewählter Amtsträger sich in deren Genehmigungsantrag für einen Kalksteinbruch in der Nähe der dortigen Schule einschalten würde.

Warum? Das Unternehmen machte geltend, dass seine *grund-gesetzlich* verankerten Rechte verletzt würden, falls dieser Amtsträger mitentscheiden würde, weil er bei anderer Gelegenheit gegen den Steinbruch opponiert hatte. Es funktionierte: Der Amtsträger schwieg. Wenn Unternehmen sich mit Erfolg auf grundgesetzliche Rechte berufen können, und Staatsbeamten, die gewählt worden sind, um unsere Sichtweisen zu vertreten, einen Maulkorb anlegen können, haben wir die Demokratie selbst verloren. Jetzt verklagt eine Gruppe von Bürgern aus St. Thomas ihrerseits den Staat wegen dieses Verstoßes gegen das Grundgesetz. (89)

Doch gehen wir einen Schritt zurück.

Bei der Gründung der Vereinigten Staaten von Amerika waren im ersten Satz unserer Verfassung mit „Wir, das Volk" („We the people") reale Menschen gemeint. Unternehmen werden im gesamten Text nicht erwähnt; sie betraten die Bühne, um das Wohl von „uns, dem Volk" zu fördern. Als Beauftragte im Dienste der Menschlichkeit haben Unternehmen legitim kein ihnen *angeborenes* Recht; nur Menschen haben dies.

Unternehmen genießen zahlreiche gesetzliche Absicherungen, die wir, das Volk, ihnen zugestehen und aberkennen können – einschließlich beispielsweise der rechtlich begrenzten Haftung eines Unternehmens, des Insolvenzschutzes, ihrer scheinbaren Unsterblichkeit (da ihre Privilegien ihnen kaum aberkannt werden), und ein ganzes legales Gerüst, um ihre Verträge zu schützen. Diese juristischen Privilegien (von den hohen öffentlichen Fördergeldern ganz zu schweigen) zusätzlich zu der Beanspruchung eigener Grundrechte und Mittel, die denen der realen Menschen haushoch überlegen sind, bedeuten, dass Unternehmen unvermeidlich dazu

neigen, jedes politische Spielfeld der realen Menschen zu ihrem
Vorteil zu nutzen.

Doch Demokratie braucht gleiche Regeln auf dem Spielfeld.
Genau dafür kämpfen zum Beispiel die Bürger von Humboldt
County in Kalifornien. Dort haben Wal-Mart und der Abholzungs-
gigant Maxxam in den letzen Jahren jeweils Hunderttausende von
Dollar ausgegeben, um Wahlergebnisse zu beeinflussen und so ihre
Interessen zu fördern. Mitte 2006 hat eine Bürgerinitiative erreicht,
dass der Einsatz von Geldern von nicht ortsansässigen Unterneh-
men bei den Wahlen untersagt wurde. (90)

5   Gleichzeitig definieren einige Mega-Unternehmen den
    Nettogewinn sogar derart, dass Profit und das Gedeihen
    des Planeten auf einer Stufe stehen.

Zunehmend mehr Unternehmen wird klar, dass sie sich durch ihren
gesetzlichen Status nicht darauf beschränken müssen, engstirnig nur
nach direkten Gewinnen für Aktionäre und Vorstandsmitglieder zu
suchen, während sie uns allen Müll und alle Verwüstung zur Beseitigung hinterlassen. Einige stimmen den sich häufenden Beweisen
zu, dass verantwortliche Geschäftsführung im Durchschnitt höhere
Gewinne einbringt als ihre weniger ethischen Konkurrenten sie erwirtschaften. (91) Die 190 Unternehmen beispielsweise, die dem
World Business Council for Sustainable Development (Welthandels-
rat für nachhaltige Entwicklung) angehören, haben ihre erwarteten
Aktienkurse in den letzten Jahren um 15 bis 25 Prozent übertroffen.
(92)

An dieser Stelle kommt der Druck von Investoren und Käufern
zum Tragen, aber es sind auch einige richtige menschliche Wesen in
der Führung.

Betrachten Sie den Unterschied, den diese Individuen ausmachen können: General Electric, dessen früherer Vorsitzender Jack Welch einmal über Wissenschaftler, die sich mit dem Klimawandel befassen, gespottet hat und die verordnete Entsorgung von Giftmüll als gesetzeswidrig bezeichnet hatte, wird heute von Jeffrey Immelt geleitet, der erneuerbare Energien als „Geschäftsnotwendigkeit" betrachtet. Das Unternehmen hat, seit es 2002 in dieses Geschäft eingestiegen ist, seine Einnahmen aus Windenergie-Aktivitäten vervierfacht und angekündigt, seine Investitionen in saubere Energie bis 2010 zu verdoppeln. General Electric hat ebenfalls begriffen, dass Wirtschaft ein gleichberechtigtes Spielfeld braucht, um so agieren zu können, dass gute Geschäfte auch gut für den Planeten sind. Solche Regeln kann nur die Regierung sicherstellen, weshalb General Electric zu etwa einem Dutzend Unternehmen gehört, die sich der Bush-Regierung widersetzten und bundesstaatlich veranlasste CO_2-Emissionsbeschränkungen verteidigten.

Der wachsende Appetit der Amerikaner auf gesundes Essen und die Resonanz auf Unternehmenswerte hat Whole Foods Market dazu verholfen, von dem 1980 von John Mackey gegründeten kleinen Naturkostladen auf eine Kette von 195 Geschäften heranzuwachsen und kleinere Konkurrenten zu übernehmen.

Die Mission „Gesundes Essen – gesunde Menschen – gesunder Planet" zeigt sich darin, dass die Firma schwerpunktmäßig auf ökologisch erzeugte Lebensmittel und die Unterstützung örtlicher Bauern, den Einsatz erneuerbarer Energie und Tierschutzstandards setzt. Zu den Grundsätzen dieser Ladenkette gehört es, den Mitarbeitern ein Mitspracherecht zu geben: „Ich hätte überall als Angestellte arbeiten können, aber hier haben wir wirklich ein Mitbestimmungsrecht. Das Team entscheidet, wer eingestellt wird." sagte mir

Ende 2006 eine Kassiererin in Austin. Und während die Bezahlung der meisten Vorstandsvorsitzenden in den Himmel schossen, bekam Mackeys ab dem Jahr 2007 in dieser Funktion einen Dollar jährlich.

Gegen Gewerkschaften, die Arbeitern eine unabhängige Stimme erlauben, wehrt sich Mackey jedoch – 2003 bezeichnete er Gewerkschaften als „hochgradig unethisch". (93) Und 2007 klagte die Bundeshandelskommission gegen Mackey, weil er beim Versuch, seinen letzten großen Rivalen, Wild Oats, durch Aufkauf auszuschalten, fragwürdige Taktiken an den Tag lege.

Hier stellt sich nun die Frage für die Lebendige Demokratie: Können wir lernen, zwei anscheinend konträre Wahrheiten gleichzeitig beizubehalten? Können wir die so dringend benötigten positiven Aktionen von Unternehmen befürworten und gleichzeitig – ohne uns selbst etwas vorzumachen – erkennen, dass diese konzentrierte wirtschaftliche Macht und Möglichkeit, politischen Einfluss zu erkaufen, der Demokratie widersprechen, egal wie verantwortungsvoll die wirtschaftlichen Giganten werden?

6   Bürger entwickeln „lokale lebendige Ökonomien", indem sie für ihre heimische Wirtschaft eintreten, die ökonomische Macht verteilen, die Verschwendung von Energien reduzieren und gemeinschaftlichen Zusammenhalt aufbauen.

„Buy Local or Bye-Bye Local." (kaufe vor Ort oder die örtliche Wirtschaft geht den Bach hinunter). „Be a Local Lover." (liebe deine Umgebung). Solche Sticker sah man zeitweise in Bellingham, einer Stadt mit sechsundsiebzigtausend Einwohnern. Auf Schaufensterfronten, T-Shirts, Flyern und in der Zeitung dieser an der Küste des Staates Washington gelegenen Stadt findet man den Slogan: „Think Local, Buy Local, Be Local." (denke lokal, kaufe vor

Ort ein, sei deinem Ort verbunden). All das sind Zeichen des auf Nachhaltigkeit ausgerichteten Zusammenschlusses örtlicher Geschäfte *Sustainable Connections*, die 2003 die erste „Local first"-Kampagne starteten. „Gehört Ihr Laden einem Ortsansässigen? Seit Beginn der Kampagne bekommen immer mehr Gewerbetreibende diese Frage gestellt", sagte mir Michelle Long, die Geschäftsführerin von *Sustainable Connections*. Vorher sei diese Frage nie aufgekommen.

Heute haben mehr als fünfhundert an der Kampagne teilnehmende Geschäfte „Buy local"-Werbung in ihren Fenstern. Sie verteilen spezielle Dankeschön-Karten an die loyale Kundschaft und bieten ihren Kunden Couponhefte mit Preisnachlässen an für an der Kampagne ebenfalls teilnehmende Geschäfte.

Um die Kampagne zu starten, hat *Sustainable Connections* die Bürger zu einem Wettbewerb aufgerufen: Wer bekommt in einem Monat die meisten Kassenbons von örtlichen Geschäften zusammen? – Der große Gewinn? Einen Monat lang kostenloses Essen in Restaurants ortsansässiger Besitzer.

> Wir haben es in der Hand, die Regeln des Geldes demokratisch zu gestalten.
>
> **Christian Gelleri**
> **über den „Chiemgauer"**
>
> ■ (s. Beitrag auf S. 234)

Ein Dollar, der in einem Geschäft ausgegeben wird, das sich im Eigentum eines ortsansässigen Betreibers befindet, bewirkt für die wirtschaftliche Aktivität vor Ort dreimal mehr als ein Dollar, der in einer Ladenkette ausgegeben wird. (94) Gar nicht zu reden von dem sich entwickelnden Gemeinschaftsgefühl, wenn wir von Anbietern kaufen, die wir kennen, und von dem enormen Nutzen für die Umwelt durch kürzere Versorgungsketten. Inzwischen beteiligen sich fünfzig weitere Städte an der wachsenden Bewegung, lebendige lokale Wirtschaftsnetzwerke zu stärken.

Diese Ansätze mögen verträumt erscheinen, da die Globalisierung der Wirtschaft eines unserer Hauptthemen ist, doch fast sechzig Prozent des US-amerikanischen Bruttoinlandsproduktes wird noch immer mit lokalen Betrieben sowie durch Auftragsvergabe der Behörden an lokale Unternehmen erwirtschaftet, betont der Autor des Buches *Small Mart Revolution,* Michael Shuman.

7 Unternehmen, die die Lücke zwischen Besitzern und Arbeitern schließen, wachsen dann schnell, wenn die Märkte ohne Kontrolle durch auswärtiges Kapital herausragend arbeiten können.

Kooperativen (Genossenschaften) sind demokratisch geführte Unternehmen, in denen die Besitzer auch die Mitarbeiter der Betriebe oder die Nutzer von deren Diensten sind. Bei allen Varianten – vom Finanz- bis zum Wohnungswesen, über Landwirtschaft bis hin zur Fabrikation und mehr – ist die gerechte Verteilung der Verantwortlichkeiten sowie der Gewinne ein grundlegender Wert. Die Zahl der Mitglieder in Kooperativen hat sich über die vergangenen drei Jahrzehnte hinweg verdoppelt, weltweit bedeutet das heute einhundert Millionen Arbeitsplätze. Laut der in Genf ansässigen internationalen *Co-operative Allianz* ist das ein Fünftel mehr, als multinationale Unternehmen bereitstellen.

Über die Welt verteilt sind heute ungefähr achthundert Millionen Menschen Mitglieder in Kooperativen und übertreffen damit die Anzahl derer, die Anteile an öffentlich gehandelten Gesellschaften besitzen. (95) Drei der Top Vier vom Welt-Ökonomie-Forum (World Economic Forum) bewerteten weltweit konkurrenzfähigsten Ökonomien sind auch unter den vier weltbesten, in Bezug auf ihren

Anteil an durch Kooperativen beigesteuerte Verkäufe: Finnland, die Schweiz und Schweden. (96)

Sind Sie überrascht? Mich hat es sehr erstaunt. Doch wann haben Sie zuletzt etwas über Kooperativen im Wirtschaftsteil Ihrer Zeitung gelesen?

- In der Region Emilia Romagna in Italien werden über 30 Prozent des wirtschaftlichen Gewinns von einem Netzwerk von fünftausend unterschiedlichen Kooperativen erwirtschaftet, die Region gehört zu einer der reichsten Europas.

- In Kolumbien bietet die Gesundheitsfürsorge-Kooperative Saludcoop, der zweitgrößte Arbeitgeber der Nation, ihre Dienste einem Viertel der Bevölkerung an.

- In Kuwait werden achtzig Prozent der Verkäufe im Einzelhandel durch die Vereinigung der Verbraucher-Kooperativen getätigt.

- In Indien ist ein Netzwerk von über einhunderttausend dörflichen Milchwirtschaftskooperativen, die im Besitz von fast elf Millionen Mitgliedern sind, wesentlich daran beteiligt, dass Indien zum größten Milchproduzenten der Welt wird. (97)

Den Amerikanern ist *Organic Valley* näher. Es handelt sich dabei um eine Ende der Achtzigerjahre von einer Handvoll Milchbauern in Wisconsin gegründete biodynamische Milchkooperative, die darüber bekümmert waren, dass die Farmen ihrer Nachbarn kaputtgingen, weil die Gewinne überall hinflossen, nur nicht an die Bauern. Ich hätte niemals vorausgesagt, dass die Entschlossenheit dieser Milchbauern in zwei Jahrzehnten ein viele Millionen Dollar schweres Unternehmen hervorbringen würde, das sich im Besitz von über eintausend Landwirten aus fünfundzwanzig Staaten befindet. *Organic Valley* lebt immer noch von seinen demokratischen Werten, zu denen es auch gehört, dass die Gewinne an die Landwirte und die Landgemeinden zurückfließen.

8 In Tausenden von Schulen und Universitäten lernen Schüler Demokratie, indem sie sie praktizieren.

Schüler bewegen sich weg von der ehrenamtlichen Tätigkeit, bei der die Erwachsenen die Verantwortung tragen, und hin zu einem „Bürgerpraktikum", in dem sie lernen, mit Eigentum umzugehen. Am wichtigsten dabei ist, dass sie ihre eigene Macht erfahren, um wirkliche und dauerhafte Verbesserungen in ihren Gemeinschaften erwirken zu können. In *New England* lernen Grundschüler in vierzig Schulbezirken von der Wiederherstellung der Umwelt bis zur Verbesserung der Essensversorgung in ihren Schulen, indem sie im Rahmen der vom *Maine's KIDS Consortium* angeführten Bewegung selbst zu Lösern gesellschaftlicher Probleme werden.

„Mir wurde klar, dass ich Leben rettete. Das ist das Schockierende daran", sagte mir ein Sechstklässler in Maine, nachdem er die Leitung in einer öffentlichen Sicherheitskampagne von KIDS übernommen hatte. Das Erfahren der Macht als Problemlöser steigert die akademische Leistung von jungen Menschen. Im südlichen Ohio stieg der Prozentsatz der Grundschüler, die auf das weiterführende College gingen, in der *Federal Hocking High School* innerhalb von einem Jahrzehnt von zwanzig auf siebzig Prozent, nachdem sie so ihre Macht kennengelernt hatten. Hierzu gehörte auch gleiches Stimmrecht bei der Einstellung von Lehrern.

In lokalen Initiativen zur Verbesserung der Ernährungssituation tragen Schüler dutzender Colleges, von Santa Cruz bis Cornell, die Verantwortung und bringen die Erzeugnisse lokaler, nachhaltig und demokratisch betriebener Landwirtschaft in die Mensen der Schulen. Und in 164 amerikanischen Universitäten lernen Studenten, die Verantwortlichen dazu anzuhalten, Produkte für die Schulen nur von Unternehmen zu kaufen, bei denen faire Arbeitsbedingungen herrschen. (98)

> *Schule darf Demokratie nicht auf Schautafeln reduzieren, (...), sondern muss viel mehr Appetit auf real praktizierte Demokratie machen.*
>
> **Katja Kipping, MdB**
>
> ▪ *(s. Beitrag auf S. 255)*

9 Im Strafvollzug reduzieren gesellschaftlich verankerte Polizeiarbeit und Wiedereingliederungsmaßnahmen Kriminalität und heilen die Gesellschaft.

In siebenundvierzig Staaten helfen ehrenamtliche Bürgergremien bei der Festsetzung angemessener Auflagen für nicht-gewalttätige Straftäter, die begangenes Unrecht wiedergutzumachen haben, und betreuen deren Wiedereingliederung in die Gesellschaft. Dies führt zu großen Einsparungen für die Allgemeinheit. (99)

Bürgernahe Polizeiarbeit – Beamte und Bürger kooperieren bei der Verbrechensbekämpfung – nahm ihren Anfang in den Achtzigerjahren und verstärkte sich in der Amtszeit von US-Präsident Bill Clinton deutlich. Es geht dabei ebenso darum, Probleme nicht in Kriminalität ausufern zu lassen, wie auch Täter festzunehmen. In Cincinnati, Ohio, sind fast Tausend von der Stadt ausgebildete Ehrenamtliche, die sich Bürger auf Patrouille nennen, für vierundzwanzig Stadtteile zuständig. (100)

So verändern sich vom politischen über das wirtschaftliche Leben bis hin zur Bildung die Erwartungen an uns selbst und an andere, und die fünf Qualitäten der Lebendigen Demokratie, wie sie im vorigen Kapitel beschrieben wurden, sind zu erkennen. Hunderte von ähnlichen weiteren Geschichten – keineswegs unüberlegte Taten im Sinne von „Bereinigung", sondern Neuerungen, die die wahre Bedeutung von Demokratie vertiefen und mit Leben erfüllen – finden Sie in den Empfehlungen am Ende des Buchs.

WARUM JETZT? VIER REVOLUTIONEN

Wer kann mit Gewissheit sagen, warum solch dramatische Veränderungen im Gange sind? Hier die mir wahrscheinlichste Vermutung: Vier Revolutionen bringen Wind in die Segel der Lebendigen Demokratie.

1 Die Kommunikations-Revolution

Die heutige globale unmittelbare Kommunikation liefert uns die Erfahrung, dass wir einen Planeten miteinander teilen: Die Ereignisse vom 11. September 2001, das Leiden unserer Mitmenschen in Darfur, die Straßenkämpfe im Irak – wir erleben alles in Echtzeit.

Diese Revolution vervielfacht auch unsere Zugangsmöglichkeiten zu Wissen – und damit unsere Macht –, da sie uns hilft, das Paradigma der Knappheit aufzulösen. Möchten Sie eine Ausbildung der Weltklasse? Fünfundachtzig Prozent des Kursmaterials des *Massachusetts Institute of Technolgy* (MIT) ist jetzt durch dessen „Offenem Kursangebot" über http://ocw.mit.edu für jedermann auf der Welt frei zugänglich. Diese Homepage hat monatlich 1,5 Millionen

Besucher aus der ganzen Welt. Mit der explosionsartigen Zunahme der Zuhörerschaft bzw. Leserschaft der Professoren hat sich die Qualität des MIT-Unterrichts verbessert, beobachtet die ehemalige Projektleiterin für offene Kurse Anne Margulies. Weltweit folgen einhundertzehn Universitäten dem Beispiel des MIT und öffnen sich der Welt.

Dem Merkmal der Oberflächlichen Demokratie, dass in ihr die Kontrolle von oben nach unten verläuft, widerspricht diese Revolution, indem sie das Bedürfnis der Menschen, einen Beitrag zur Gesellschaft zu leisten und mit anderen zu kooperieren, berücksichtigt. Ein typisches Beispiel hierfür ist auch die verstärkte Nutzung des offenen Computer-Betriebssystems Linux, während die Programme der Firma Microsoft, die einen Anteil von neunzig Prozent am weltweiten Software-Markt hält und in der die Kontrolle ebenfalls von oben nach unten verläuft, auf immer mehr Ablehnung stoßen. Vor einigen Jahren entschied sich die Stadt München dafür, trotz der Appelle des Vorstandsvorsitzenden von Microsoft, Tausende Computer der Stadtverwaltung mit Linux zu versehen und sparte so Millionen Euros. Auch die brasilianische Regierungsverwaltung stellte um und sparte Millionen.

Der Gründer der Bewegung für offene Software, die Linux schuf, Richard Stallman, antwortete auf die Frage, weshalb er die geschützte, von oben nach unten kontrollierte Software-Welt verlassen hat: In dieser Welt „war der erste Schritt bei der Computernutzung der, zu versprechen, seinem Nachbarn nicht zu helfen. Eine zusammenarbeitende Gemeinschaft war verboten. Die von den Inhabern der geschützten Software gemachte Regel lautete: Wenn du mit deinem Nachbarn teilst, bist du ein Pirat." Deshalb schuf Stallman das Gegenteil: Software-Regeln und eine Software-Kultur, die zu gegenseitiger Hilfe und gegenseitigem Lernen ermutigten. Das Prinzip zieht Kreise.

Ein Paradebeispiel für die Entmystifizierung von Wissen – und die kollegiale Zusammenarbeit Freiwilliger, die ihren Beitrag leisten wollen – ist das Internet-Lexikon Wikipedia mit sieben Millionen Artikeln in 251 Sprachen. Das sind vierzehnmal so viele Einträge als in der Encyclopedia Britannica. Als das Magazin *Nature* die wissenschaftlichen Artikel in beiden auf deren Korrektheit überprüfte, fanden sich durchschnittlich vier Fehler bei Wikipedia und drei in der Encyclopedia Britannica. (101)

Die Kommunikations-Revolution – mit unabhängigen Nachrichtendiensten, die sich im Internet stark vermehren und unabhängigen Dokumentarfilmen in den Mainstream-Kinos – ermutigen die Bürger. Der Internetstratege Matthew Gross formulierte dem *National Public Radio* gegenüber die größte Veränderung für den Wahlkampf 2008 so: „Die Kandidaten haben keine Kontrolle mehr über die Botschaft." Denken Sie nur an Blogs, Handy-Videos, Podcasts und YouTube.

> *Die Möglichkeiten einer „Regierung des Volkes durch das Volk und für das Volk" sind heute im Vergleich zu Zeiten Abraham Lincolns, jedenfalls in den entwickelten Industriestaaten, größer geworden.*
>
> **Gregor Gysi, MdB**
>
> ▪ *(s. Beitrag auf S. 257)*

Die neuen Technologien erschweren Amtsträgern zudem Geheimhaltung, weil es leichter geworden ist, die Wahrheit zu verbreiten. Ein Beispiel hierfür ist Daniel Ellsberg.

Er wurde für meine Generation zum Helden, als er 1971 durchsickern ließ, was als die Pentagon-Papiere bekannt wurde: Streng geheime Akten, die die Lügen der Regierung im Zusammenhang mit dem Vietnamkrieg bewiesen. Er benötigte sechs Wochen, um heimlich siebentausend Seiten zu fotokopieren und leitete sie ausgewählten Redaktionen zu. Es dauerte ganze drei Monate, bis Auszüge daraus zunächst in der *New York Times* erschienen.*

Vergleichen Sie Ellbergs Einsatz mit dem des Finanzministers Paul O'Neill. Als er 2002 von Präsident George W. Bush gefeuert wurde, verließ er sein Büro mit einer CD-ROM, auf der 19.000 Dokumente gespeichert waren. Teile des enthüllenden Materials tauchten sofort anschließend im Internet auf. (102) Ein großer Unterschied!

Transparenz ist das neue Zauberwort, und die neuen Kommunikationswerkzeuge wandeln theoretisch zugängliche Informationen urplötzlich in praktisch *nutzbare* Informationen um. So kann man z.B. bei score.card.org unter Angabe seines Wohnortes nicht nur ersehen, welche Unternehmen die Stadt verunreinigen, sondern auch, was sie in das Wasser und die Luft ableiten. Als ich das getan habe, war ich schockiert: Ein Unternehmen, an dem ich regelmäßig beim Joggen vorbeikomme, rangiert unter den zwanzig größten Umweltverschmutzern des Landes. Dieser Internet-Service ist nur deshalb möglich, weil das 1986 verabschiedete Informationsfreiheitsgesetz die Offenlegung der Giftstoffe seitens der Unternehmen fordert. Diese Informationen wanderten in eine öffentlich zugängliche Online-Datenbank.

In den ersten sieben Jahren nach dem Start dieser Datenbank 1988 sank die Freisetzung der aufgelisteten Chemikalien seitens der Unternehmen um fünfundvierzig Prozent (103), innerhalb von fünfzehn Jahren verminderte sich die Menge der an den Standorten

---

* Diese mutige Aktion gilt als wesentlicher Schritt zur Beendigung des Vietnamkrieges (Anm. des Lektors).

gelagerten gefährlichen Chemikalien um fast sechzig Prozent. (104) In diesem Fall hat die nötige Transparenz allein zu dem größten, freiwilligen Umweltengagement in der Geschichte seitens der Unternehmen geführt – möglich gemacht durch die Revolution der Kommunikation.

2   Die Netzwerk-Revolution

Eng damit hängt die Tatsache zusammen, dass das Internet Bürgerkampagnen ermöglicht und globale Zusammenarbeit von Bürgerbewegungen ankurbelt. Für Einsteiger werden sie füreinander sichtbar: Die Website des Umweltschützers Paul Hawken wiserearth.org stellt über 100.000 Bürgerinitiativen in 243 Ländern vor; noch immer ein kleiner Teil der Gesamtzahl.

Ein kurzer Moment im Jahr 1999 signalisierte die kommenden Möglichkeiten: Es war die Geburtsstunde von *Indymedia*, das während der Bürgerproteste gegen die Welthandelsorganisation in Seattle gegründet wurde. Die weltweite Plattform unabhängiger Medienorganisationen hatte in der ersten Woche zwei Millionen Besucher und stellte die Besucherzahlen bei CNN in den Schatten. *Indymedia* ist mit einer Software erstellt worden, in der jeder veröffentlichen kann, das hat sich inzwischen auf ein Dutzend Länder ausgeweitet. Die jetzt in acht Sprachen verfügbare Website wird pro Tag 100.000-mal aufgerufen.

Die Macht der Bürger-Netzwerke zeigt sich erst langsam. „Flexible Netzwerke von Organisationen", wie sie von den Beteiligten genannt werden, setzten zum Beispiel 1997 den Vertrag zur Verbannung von Landminen durch und leisteten dem weltweiten Tabakvertrag von 2003 Vorschub, dem bereits erwähnten ersten Gesundheitsabkommen der Welt.

3 Die Revolution der menschlichen Würde

Die Ansicht, dass jeder Mensch einen ihm innewohnenden Wert hat und somit eine Stimme in unserer „Schicksalsgemeinschaft", ist immer noch neu, und die Konsequenzen dessen beginnen erst jetzt in unserer Spezies widerzuhallen. Die Gefahr ist groß, zu übersehen, wie neu und revolutionär dieser Wandel ist. Selbst in vielen der heutigen „alten Demokratien" haben die Frauen das Wahlrecht erst so spät bekommen, dass einige heute noch Lebende ohne Wahlrecht geboren wurden. Und einem UN-Bericht zufolge haben die Bürger in siebenundvierzig weiteren Ländern erst seit 1980 demokratische Rechte. (105)

Weitere Zeichen dieser Revolution? Der neue Internationale Gerichtshof. Mit seinen 104 Mitgliedsländern (zu denen die Vereinigten Staaten jedoch nicht gehören) verfolgt er zurzeit vier Fälle von Verbrechen gegen die Menschlichkeit, so auch gegen zwei Sudanesen wegen des Genozids im afrikanischen Darfur. Das Recht auf Nahrung, das für die menschliche Würde von essenzieller Bedeutung ist, ist jetzt auch in den Verfassungen von zweiundzwanzig Nationen verankert. Und in Europa haben jetzt Individuen, die ihre Menschenrechte verletzt sehen und in ihrem eigenen Land keine Gerechtigkeit erfahren, eine Stelle, an die sie sich wenden können. Es handelt sich dabei um den in Straßburg ansässigen staatenübergreifenden Europäischen Gerichtshof für Menschenrechte, vor dem auch jeder der sechsundvierzig Unterzeichnerstaaten klagen kann. Er besteht in seiner jetzigen Form seit 1998. Die Urteile reichen von der Bestätigung der Verantwortung des russischen Militärs für Folter an Tschetschenen bis zu einer Entschädigung für eine polnische Frau, die ihre Schwangerschaft nicht auf natürlichem Wege beenden sollte, weil Ärzte ihr sagten, dass die Entbindung sie arbeitsunfähig machen würde (was auch passierte).

Ich verstehe, wenn Sie es für müßig halten, in einer Welt, die gerade Völkermord erlebt, eine „Revolution der menschlichen Würde" zu fordern; oder in einer Welt, in der zwischen zwölf und siebenundzwanzig Millionen Menschen, fast die Hälfte davon Kinder, versklavt sind – d. h. mit Gewaltandrohung gezwungen werden, für wenig oder keinen Lohn zu arbeiten. Oder in der Menschenhandel ein boomendes Geschäft in der Größenordnung von 32 Milliarden US-Dollar ist. Doch der Anti-Sklaverei-Aktivist Kevin Bales sieht eine Veränderung: „Wir müssen die moralische Argumentation nicht gewinnen; niemand versucht mehr, etwas zu rechtfertigen." (106) Das ist eine Revolution.

4 Die ökologische Revolution

Der vierte Wind in den Segeln der Lebendigen Demokratie spricht auch unser Bewusstsein an – Ökologie ist in den letzten vier Jahrzehnten tief und mit nachhaltigem Effekt in unser Bewusstsein eingedrungen. Wir begreifen langsam, dass Ökologie keine von uns getrennte „Natur" ist, sondern wir und Schmetterlinge gemeinsam darin leben. Solch nette Metaphern werden plötzlich Wirklichkeit – und gar nicht mehr so nett, wenn uns klar wird, dass zum Beispiel an manchen Tagen fast ein Viertel der Schadstoffe in der Luft von Los Angeles von Kohlefabriken und Autos in China und Smog vom Kahlschlag in Asien herrührt. (107)

Das ökologische Bewusstsein sagt uns auch, dass es kein Nichts gibt, wohin wir gebrauchte Güter entsorgen können. Und es gibt auch kein Entkommen: Der Schaden, den wir anrichten, indem wir den Planeten aufheizen und Grundnahrungsmittel und Gesundheitsfürsorge für Milliarden verweigern, ist ein Schaden an unserem ökologischen und sozialen Gewebe, dem *keiner* entrinnen kann. Nun – genau hier liegt auch die Motivation.

Durch eine ökologische Brille betrachtet können wir unsere Macht auf neue Weise wahrnehmen, wie ich im nächsten Kapitel darlegen werde. Da Wechselwirkungen kein frommer Wunsch sind – *sondern Tatsache* –, kann keine einzelne Aktion isoliert und für sich abgeschlossen betrachtet werden. Jede Aktion verursacht Wellen, nicht nur nach unten durch hierarchische Bewegungen, sondern global nach außen durch miteinander verbundene Netze. Und wir wissen nie, was diese Wellen sein können. Vielleicht wird uns im Unterbewusstsein klar, dass all unsere Aktionen überall und jederzeit von Bedeutung sind.

Ja, jede Aktion zählt, aber wir müssen doch immer eine Wahl treffen, höre ich einen meiner Leser seufzen. Fange ich gleich in meinem eigenen Garten an, wie die Leute aus Kansas, mit denen ich das Kapitel begonnen habe? Oder engagiere ich mich auf nationaler Ebene und helfe zum Beispiel dabei, mit den Just6Dollar-Leuten den korrupten Zugriff des Geldes auf die Politik zu unterbinden? Oder was ist mit der Klimakatastrophe, das wäre dann auf globaler Ebene?

Lokal kontra national kontra global – so kommen wir nicht weiter. Die national und global bestehenden Regeln unserer Wirtschaft und Politik trennen und entmachten die Menschen lokal; doch viele von uns sind überzeugt, dass diese Regeln nur fairer werden können, wenn wir die Veränderung direkt in unserer eigenen Gemeinde erfahren. Es ist nicht die Frage „Huhn oder Ei?" – alles muss gleichzeitig passieren. So geschieht es auch. Die Herausforderung ist nicht „der Grad" unseres Engagements, sondern ob unsere Entscheidungen unsere Leidenschaft anfeuern und die Spirale der Machtlosigkeit umdrehen. Aufschluss hierzu finden Sie in Kapitel 9.

Doch woher sollen wir angesichts des unablässigen Schürens der Angst in unserer Gesellschaft und der von oben nach unten gerichteten Kontrolle in der Oberflächlichen Demokratie die Macht für diese radikale Durchsetzung des gesunden Menschenverstandes hernehmen? Um das herauszufinden, müssen wir vielleicht die Bedeutung von Macht noch einmal neu überdenken.

TEIL 2
KREATIVITÄT

4 UNSICHTBARE MACHT

*Die Leute denken „Macht" ... oh je, das ist
etwas Schlechtes. Aber Machtlosigkeit, das ist
wirklich etwas Schlechtes!*

MARGARET MOORE, BÜRGERINITIATORIN,
FORT WORTH, TEXAS

Ein Lehrer aus Massachusetts, den ich kannte, hat einmal seine
Zehntklässler aufgefordert zu sagen, was ihnen unmittelbar zu
dem Wort „Macht" einfällt. Sie nannten Geld, Eltern, Gewehre,
Tyrannen, Adolf Hitler und Mike Tyson. In meinen Workshops mit
Erwachsenen habe ich ähnliche Worte gehört, hinzu kamen die Be-
griffe Faust, Gesetz, Korruption und Politiker. Oft fällt auch das
Wort Männer.

Solange wir Macht als die Fähigkeit begreifen, jemand anderem
seinen Willen aufzuzwingen, gehört sie zu den Dingen, vor denen
man sich hüten muss. Macht kann manipulieren, nötigen und zerstören. Und solange wir davon überzeugt sind, selbst machtlos zu
sein, wird Macht immer einen negativen Beigeschmack haben.
Selbst der geschätzte Journalist Bill Moyers bestätigte kürzlich das
Bild der Macht als grundsätzlich negativ. „Je weiter man sich von
der Macht entfernt, desto näher kommt man der Wahrheit", sagte
er. (108)

Doch unter Macht meint nichts anderes als unsere Fähigkeit zu handeln. „Macht ist notwendig, um die Veränderung zu erreichen, die ich in meiner Gesellschaft will", hat Margaret Moore von den Vereinigten Gemeinden von Tarrant* (ACT) mit Sitz in Fort Worth zu mir gesagt. Ich bin vielen Amerikanern begegnet, die zur Macht im ursprünglichen Sinn des Wortes zurückgekehrt sind: „fähig sein". Aus dieser Perspektive betrachtet, hat jeder von uns Macht – und oft sehr viel mehr, als wir denken.

EINE WAHL, DIE WIR NICHT HABEN

Wir haben in der Tat nicht die Wahl, ob wir die Welt verändern wollen. Wenn wir die Erkenntnisse der Ökologie akzeptieren, dass wir in dicht miteinander verwobenen Netzwerken existieren, müssen wir auch akzeptieren, dass jede von uns getroffene Entscheidung Wellen schlägt, selbst wenn diese Entscheidung unbewusst erfolgt. *Die Entscheidung, vor der wir stehen, ist nicht die, ob wir die Welt verändern wollen, sondern wie wir die Welt verändern wollen.* Das bedeutet, dass unter öffentlichem Leben nicht einfach das zu verstehen ist, was Amtspersonen und andere „hohe Tiere" haben, wie ich in Kapitel 2 darzulegen versucht habe. Ein damit verknüpfter Beweis für unsere Macht ist so offensichtlich, dass wir ihn oft gar nicht sehen.

Menschen erscheinen, abhängig von der Kultur, in der sie leben, auf *total verschiedene* Punkte der „ethischen Skala". In Japan schlagen „nur" fünfzehn Prozent der Männer ihre Ehefrauen. In vielen anderen Ländern tut das über die Hälfte der Männer. Die Mordrate

---

* einem Bezirk in Texas (Anm. des Lektors).

ist in den Vereinigten Staaten viermal höher als in Westeuropa, Kanada, Australien und Japan.

Außerdem kann Verhalten sich schnell ändern. Deutschland hat sich innerhalb einer einzigen Generation von einem Land, in dem Millionen von Bürgern den Massenmord hingenommen haben, zu einer der respektiertesten Nationen der Welt entwickelt. Ein unvergleichbar weniger folgenreiches, aber trotzdem aufschlussreiches Beispiel: In nur einem Jahrzehnt, von 1992 bis 2002, stieg die Zahl der amerikanischen High-School-Schüler, die zugaben, mindestens einmal im Jahr bei einer Klassenarbeit gepfuscht zu haben, von einundzwanzig Prozent auf drei Viertel aller Befragten. (109)

> *Unsere Demokratie ist 1918 mühsam errungen und 1933 wieder zerstört worden. Die gewaltsame Machtergreifung durch die Nationalsozialisten hat gezeigt, wie wichtig für eine Demokratie Bürgerinnen und Bürger sind, die sie verteidigen und stärker machen.*
>
> **Edelgard Bulmahn, MdB**
>
> ■ *(s. Beitrag auf S. 260)*

Was sagen uns diese Unterschiede und die Schnelligkeit, mit der sich Verhalten ändert? Dass das Vorherrschen von Zusammenarbeit oder Brutalität, Ehrlichkeit oder Verrat größtenteils von der *Kultur* und nicht von unveränderlichen Aspekten der menschlichen Natur abhängt. Und da wir durch unsere täglichen Entscheidungen Kultur schaffen, übt jeder Einzelne auch enorme Macht aus.

Lassen Sie mich einige damit zusammenhängende, ermutigende wissenschaftliche Erkenntnisse untersuchen, die unsere Macht untermauern.

SPIEGEL IN UNSEREN HIRNEN

Die moderne Neurowissenschaft zeigt, dass unsere wechselseitige Abhängigkeit größer ist als wir uns je vorgestellt haben. In den frühen 1990er-Jahren studierten die Neurowissenschaftler die Gehirnaktivität von Affen, vor allem im Frontallappen des Gehirns, in Verbindung mit bestimmten Aktivitäten wie Greifen und Fressen. Sie stellten fest, dass bestimmte Neuronen bei bestimmten Aktivitäten Signale aussenden. Doch dann stießen sie auf etwas Unerwartetes: Genau die gleichen Neuronen leuchteten auf, wenn ein Affe nur *beobachtete*, wie ein anderer Affe diese Handlungen ausführte.

Der Spruch „Affe sieht's, Affe tut's" bekam plötzlich für mich eine ganz neue Bedeutung. Da wir ähnlich gestrickt sind wie unsere engen Verwandten, erlebt unser Gehirn, wenn wir jemanden beobachten, zumindest einen Teil von dem, was diese Person gerade erlebt, ebenfalls. Neuere, den Menschen betreffende Forschungen haben diese Erkenntnis bestätigt. (110)

> *[Unsere] innige Gehirn-mit-Gehirn-Vernetzung …*
> *befähigt uns, das Gehirn – und somit den Körper –*
> *von jedem, mit dem wir interagieren, zu beeinflussen*
> *und umgekehrt.*
>
> DANIEL GOLEMAN, SOCIAL INTELLIGENCE IN THE
> NEW SCIENCE OF HUMAN RELATIONSHIP (111)

„Spiegelneuronen" werden die für diesen Vorgang zuständigen „Nachäffer" genannt, deren Auswirkungen umwerfend sind. Jeder von uns schlüpft in die Haut des anderen, ob wir das wollen oder nicht.

Buchstäblich in jedem Moment erfahren und damit erzeugen wir einander mit. Für mich ist diese unsere „Beeindruckbarkeit" an sich eine Quelle der Hoffnung. Wir können sicher sein, dass unsere Handlungen und vielleicht auch unser Geisteszustand von anderen erfasst werden. Wir verändern jeden, der uns beobachtet. Das ist Macht.

Und wir wissen nie, wer uns beobachtet. Stellen Sie sich vor: Vielleicht hört uns gerade dann, wenn wir das Gefühl haben, außen zu stehen und nicht gehört zu werden, wir aber dennoch unangefochten weitermachen, jemand zu und beobachtet uns, dessen Leben sich dadurch für immer verändert.

Während mir dieser Gedanke durch den Kopf geht, sehe ich das Gesicht von Wangari Maathai vor mir, einer Kenianerin, die am Tag der Erde 1977 in Nairobi sieben Bäume zu Ehren von sieben lokalen Umweltschützerinnen gepflanzt hat. Anschließend saß sie über zwei Jahrzehnte hinweg immer wieder im Gefängnis, wurde aufgrund ihres Umweltaktivismus gedemütigt und geschlagen, doch ihre einfache Tat trat eine Bewegung in Gang, durch die aus diesen sieben Bäumen vierzig *Millionen* wurden, die überall von Bäuerinnen in Kenia gepflanzt wurden. Im Herbst 2004, als Maathai den Anruf erhielt, dass sie den Friedensnobelpreis bekommen hatte, waren ihre ersten Worte: „Ich hatte keine Ahnung, dass mir irgendjemand zuhört." Doch offenbar hörten ihr viele zu, angefangen von zehntausenden autodidaktischen Baumpflanzerinnen in Kenia bis hin zum Nobelpreiskomitee in Oslo.

Von hier aus blende ich zu einer Unterhaltung mit João Pedro Stédile zurück, einem der Gründer der größten und vielleicht effektivsten sozialen Bewegungen der südlichen Hemisphäre – der Bewegung der brasilianischen Landlosen. Durch diese Bewegung konnten einige der ärmsten Menschen dieser Welt fast zwanzig Millionen Morgen unbenutztes Landes für sich gewinnen. Während des brasilianischen Militärregimes in den frühen 1980er-Jahren war es riskant, auch nur einige wenige Leute zu versammeln. Wie ich von João Pedro erfuhr, haben ihn in dieser schwierigen Zeit Cesar Chavez und der Kampf der US-amerikanischen Farmarbeiter sehr motiviert. Ich wette, Chavez hat nie etwas davon erfahren.

Von nicht weniger großer Bedeutung ist die Tatsache, dass die Erkenntnisse der Neurowissenschaft uns Einblicke erlauben, wie wir uns selbst verändern und Macht geben können. Sie schlagen vor, dass wir die Gesellschaft derer suchen, denen wir am meisten ähnlich sein wollen. Wir werden ihnen mit Sicherheit ähnlicher. Es dürfte zu unseren wichtigsten Entscheidungen gehören, wen wir als Freunde und Partner wählen und mit wem wir Zeit verbringen. Und „Zeit zu verbringen" meint nicht nur den Kontakt von Angesicht zu Angesicht. Was wir im Fernsehen, in Filmen oder im Internet sehen, was wir lesen und uns daraus resultierend vorstellen, alles aktiviert die Spiegelneuronen in unserem Gehirn, die uns letztendlich formen.

Als Autorin der „Ökodiät" (orig.: *Diet for a Small Planet)* werde ich insbesondere damit in Zusammenhang gebracht, was wir in den Mund nehmen. Doch was wir in unser Gehirn aufnehmen, bestimmt gleichermaßen, wer wir werden. Also, warum entscheiden wir uns nicht für eine geistige Diät, die uns Macht gibt? Am Ende dieses Buches habe ich meine eigenen Menüvorschläge in der Rubrik *Literaturhinweise* aufgelistet.

MACHT IST KEIN SCHIMPFWORT

Macht ist eine Idee. Aber in unserer Kultur ist diese Idee erdrückend. Wir sind dazu erzogen worden, Macht als etwas Unabänderliches anzusehen – wir haben sie oder wir haben sie nicht. Doch

IDEE 3: Macht neu durchdacht	
MACHT IST	MACHT KANN SEIN
Die Nullsumme. Sie stärkt einige wenige Menschen auf Kosten von anderen. Sie teilt, was bereits existiert.	Gegenseitiges Expandieren. Sie baut Fähigkeiten aller Beteiligten auf. Sie ist kreativ, entwickelt neue Stärken und neue Möglichkeiten.
Eine einseitige Kraft: Du hast sie oder du hast sie nicht. Im Leben reduziert es sich auf Mächtige kontra Machtlose.	Eine Beziehung, die aus Geben und Nehmen besteht, eine wechselseitige Beziehung. Niemand ist vollkommen machtlos, weil die Handlungen eines jeden die der anderen beeinflussen.
Beschränkend, einschüchternd, furchteinflößend.	Befreiend.
Kontrollierend.	Gemeinschaftlich.
Rigide, statisch.	Dynamisch, kontinuierlich in Veränderung begriffen.
Leitet sich meistens aus Gesetzen, Status, Gewalt und Reichtum ab.	Leitet sich aus Beziehungen, Wissen, Erfahrung, Anzahl, Organisation, Kreativität, Vision, Beharrlichkeit, Disziplin, Humor und mehr ab.
Vor allem das, was ich jetzt sofort tun oder bekommen kann.	Ist auf die Schaffung und den nachhaltigen Erhalt der relationalen Macht über längere Zeit bedacht.

wenn unter Macht unsere Fähigkeit zu verstehen ist, zu handeln, sagt uns schon ein Moment des Nachdenkens, dass wir alleine nicht viel ausrichten können. So gesehen wird Macht zu einem gemeinsamen menschlichen Entwicklungsprojekt – zu *relationaler Macht*, was auch sehr viel mehr Spaß macht.

Der Begriff „relational" beinhaltet, dass Macht von vielen Menschen gleichzeitig entwickelt werden kann. Sie ist nicht länger ein brutales Nullsummenkonzept – je mehr für dich, desto weniger für mich. Der Machtzuwachs einer Person kann auch einen Machtzuwachs für andere bedeuten. In Idee 3 werden unsere eingeschränkte, negative Sichtweise der Macht und eine befreiende, relationale Sichtweise gegenübergestellt (s. Seite 119).

Ich möchte Ihnen eine Geschichte von relationaler Macht erzählen. In den 1970er-Jahren war die Umweltverschmutzung in Chattanooga, Tennessee, so schlimm, dass die Autofahrer am Mittag die Scheinwerfer einschalten mussten, um etwas sehen zu können.

Doch in den 1990er-Jahren verwandelte sich diese früher einmal so bezaubernde Stadt – die für ihre Dampfzüge („Choo-choo!") berühmt war – von einem rassisch geteilten hässlichen Entlein in einen Schwan und gewann internationale Auszeichnungen sowie den Neid ihrer Nachbarn.

Die Neugeburt der Stadt geschah zum Teil aus großen Investitionen in die kulturelle Erneuerung der Stadt heraus – dazu gehören unter anderem das weltweit größte Süßwasser-Aquarium, das jährlich über eine Million Besucher anlockt, ein renoviertes Theater, das jährlich eintausend ehrenamtliche Helfer einbezieht, und ein neuer Park am Fluss. Doch all das waren keine Ideen der Stadtväter.

Vor zwanzig Jahren befanden fünfzig beherzte, aber frustrierte Bürger, dass die alten Methoden der Entscheidungsfindung nicht funktionierten. Sie starteten zusammen mit ihren Mitbürgern – über Rassen- und Klassenunterschiede hinweg – ein zwanzig Wochen dauerndes Brainstorming, das sie „Visionssuche" nannten. Ihr Ziel war alles andere als bescheiden – sie wollten die Stadt bis zum Ende des Jahrhunderts retten. Ihr Projekt nannten sie Vision 2000. Sie arbeiteten vierunddreißig Ziele aus, bildeten Aktionsgruppen, bemühten sich um Geldgeber und krempelten die Ärmel hoch.

1992, auf halbem Weg, hatten die Visionäre bereits beachtliche fünfundachtzig Prozent ihrer Ziele erreicht. Der Smog war bekämpft, der Tourismus boomte dank des neuen Aquariums, die Kriminalitätsrate war gesunken und Arbeitsplätze und Haushalte mit geringem Einkommen waren im Aufstieg begriffen. Die Menschen wagten es wieder, nach Einbruch der Dunkelheit in der Innenstadt zu bleiben, und die aufpolierte Ufergegend war zu einem mit Eichen bepflanzten Ort geworden, der die Menschen anzog.

Doch das reichte den Bürgern von Chattanooga noch nicht. 1992 zog eine stadtweite Versammlung, während der ein Plan zur Schulreform entwickelt werden sollte, nicht nur die kleine Gruppe an, mit der man gerechnet hatte, sondern 1.500 Menschen, die mit 2.000 Vorschlägen aufwarteten. Inzwischen ist diese Vorgehensweise Teil der Stadtkultur geworden. 2002 nahmen dreihundert Menschen für die Planung eines Projektes im Hafengebiet an einer Charrette* teil, bei der die einzelnen Teams auf großen Papierrollen aufzeichneten, was sie verwirklicht haben wollten.

„Grundsätzlich ist inzwischen alles, was wir tun, jede größere Initiative in Chattanooga, mit der Beteiligung der Öffentlichkeit verbunden", sagt Karen Hundt, die für eine gemeinschaftliche Stadt-Land-Planungsagentur arbeitet. Von Atlanta bis West Springfield,

---

* ein öffentliches Planungsverfahren für Stadtumbau (Anm. des Lektors).

Massachusetts, von Bahrain bis Zimbabwe schreiben die Bürger die Chattanooga-Story ihren eigenen Bedürfnissen entsprechend um. Hier ist Macht kein unveränderlicher Kuchen, der aufgeschnitten wird. Sie wächst, indem die Bürger sich zusammentun und Beziehungen knüpfen, die für nachhaltige Veränderung wesentlich sind.

DIE UNTERSCHÄTZTEN QUELLEN RELATIONALER MACHT

Obwohl wir Macht gewöhnlich mit offiziellem Status, Reichtum oder Stärke assoziieren – alles nur wenigen zugänglich – bitte ich Sie, über folgende zwölf Quellen relationaler Macht nachzudenken, die jedem zugänglich sind (112):

- *Aufbau vertrauensvoller Beziehungen.* 3.500 Gemeinden – Katholiken, Protestanten, Juden und einige Evangelisten und Muslime – sind steuerzahlende Mitglieder von 133 landesweiten religiösen Netzwerken. Diese lokalen Verbände, deren Mitglieder annähernd drei Millionen Amerikaner ausmachen, lösen erfolgreich Probleme, die vom Umgang mit Hungerlöhnen bis hin zu Schulproblemen reichen. Ihre Stärke besteht in einer wie sie es nennen Eins-zu-eins-Strategie. Zu dieser gehören Gespräche unter vier Augen, die einfachen Leuten helfen, ihre Fähigkeiten zu entdecken, weil ihnen – endlich – jemand zuhört.

- *Fähigkeit zur Analyse von Macht und Eigeninteresse.* Einer dieser Verbände, Communities Organized for Public Service in San Antonio, analysiert Unternehmensinteressen, bevor er die Firmen miteinander in den Dialog über die Berufsausbildungsreform bringt.

- *Wissen.* Die Vereinigung *National People's Action* dokumentiert das rassistische „Redlining" der Banken bei der Vergabe von Darlehen und hilft bei der Umsetzung des bundesstaatlichen Reinvestitionsgesetzes der Gemeinden, durch das bereits über eine Milliarde Dollar in arme Viertel geflossen sind. Arbeiter der South Mountain Company kaufen die Gesellschaft und wenden Wissen aus ihrer direkten Erfahrung an, um sie profitabel zu machen und energiesparende Methoden zu integrieren.

- *Anzahl der Leute.* Die von einer Kirchengemeinde gestützte Stiftung für Industrieregionen ist in der Lage, Tausende von Menschen für öffentliche Aktionen zu mobilisieren, um bei den Gesetzgebern Aufmerksamkeit zu erlangen.

- *Disziplin.* Junge Leute aus dem Jugendaktionsprogramm – einem Vorläufer der landesweiten Organisation YouthBuild – verhielten sich auf einer Stadtratssitzung in New York so beeindruckend, dass die Amtsträger dazu bewegt wurden, der Bitte der Gruppe um Unterstützung stattzugeben.

- *Visionen.* Im Merrimack Valley Projekt in Massachusetts haben einige Betriebe die Vision der Bürger von der Verantwortlichkeit der Industrie gegenüber den gemeinschaftlichen Werten aufgegriffen und veränderten ihre Haltung.

- *Vielfalt.* Die Memphis' Shelby County Interfaith-Organisation arbeitet unterschiedliche Interessen farbiger und nichtfarbiger Schüler bei der Schulreform heraus und erhöht ihren Einfluss, indem sie sich bei den Verbesserungen in den Schulen von Memphis für beide Seiten einsetzt.

- *Kreativität.* Die Bürger von St. Paul haben ihr eigenes nachbarschaftliches Netzwerk entwickelt, damit die älteren Leute nicht in Pflegeheime müssen. Ganz normale Leute in San Antonio haben ein neues Berufsausbildungsprogramm entwickelt, das nationalen Modellcharakter erlangt hat.

> Demokratie beginnt in Elternhaus, Kindergarten und Schule.
> Denn Demokratie meint Selbstbestimmung in Freiheit, was ein gesundes Selbstbewusstsein und Selbstvertrauen voraussetzt.
>
> **Jürgen Stark,**
> **Autor und Journalist**
>
> ■ (weiter auf S. 241)

- *Beharrlichkeit.* Mitglieder von ACORN, einer 225.000 Mitglieder starken Organisation von Geringverdienern, haben eine ganze Nacht lang angestanden, um den bezahlten Banklobbyisten die Plätze in dem Kongressverhandlungssaal abspenstig zu machen, in dem über das kommunale Reinvestitionsgesetz debattiert wurde.

- *Humor.* Kentuckians for the Commonwealth inszenierten einen Sketch vor dem Staatskapitol. Die Mitglieder stellten die Gesetzgeber und ihr Vorsitzender einen Lobbyisten der Kohleindustrie im Bett dar. Unter den Bettdecken reichten sie große Geldsummen weiter. Sie erlangten die Aufmerksamkeit der Medien und konnten ihre Reform durchsetzen.

- *Chuzpe – Kühnheit.* Sechstklässler in Amesville, Ohio, glaubten der Umweltschutzbehörde nicht, dass sie, nachdem Gift in einen Bach geflossen war, den Schaden beseitigen würde. Sie machten sich selbst zum städtischen Kontrollteam für die Wasserqualität und haben den Job erledigt.

• *Beherrschung der Kunst der Demokratie.* Organisationen des Netzwerkes der Stiftung für Industrieregionen, über fünfzig landesweit, halten nach jeder öffentlichen Aktion oder jedem Treffen – oft noch direkt vor Ort – Besprechungen ab, während derer bewertet und reflektiert wird. Sie fragen: Wie ist es dir dabei ergangen? Wie war jeder einzelne Redner? Haben wir unsere Ziele erreicht? Ein erfahrener Organisator vermittelt das, was die Organisation als die „Universalien" des öffentlichen Lebens ansieht: zum Beispiel die relationale Macht.

JEDER TROPFEN ZÄHLT

Traurig genug, aber viele von uns bleiben trotzdem blind gegenüber einer so viel versprechenden Ausweitung der Möglichkeiten. Indem wir uns als machtlos betrachten, würdigen wir unsere Handlungen bloß als Tropfen in einem Fass, als sinnlos. Aber bedenken Sie: In einer regnerischen Nacht wird auch ein Fass schnell voll. Das Gefühl der Machtlosigkeit rührt *nicht* daher, dass wir uns als Tropfen sehen, es entsteht, wenn wir nicht das Fass sehen. Deshalb können wir, um die Gefühle von Machtlosigkeit auszumerzen, daran arbeiten, das Fass zu definieren und zu gestalten – *um bewusst einen Rahmen zu schaffen, der unseren Aktionen Sinn gibt.*

Dieses befriedigende Verfahren beginnt meiner Meinung nach in dem Augenblick, in dem wir erkennen, dass die zahlreichen Krisen unseres Planeten weder unabhängig voneinander noch zufällig sind. Sie resultieren zum großen Teil aus einer einseitigen und somit verzerrten Betrachtung unserer eigenen Natur, die uns dazu verleitet, unser Schicksal in die Hände von Kräften zu legen, die außerhalb unserer Kontrolle liegen – und hier vor allem in die der auf einer Regel basierenden Wirtschaft, die tiefe menschliche Empfindungen verletzt, gar nicht zu reden vom gesunden Menschenverstand. Unsere sich verschärfenden Krisen rühren auch aus der heute fehlenden Bereitschaft der Menschheit, die kleine Minorität unter uns zu identifizieren und geschickt zur Rede zu stellen, der es an empathischer Sensibilität zu fehlen scheint. In Kapitel 8 werde ich darauf noch eingehen.

Wie Sie inzwischen wissen, ist die Lebendige Demokratie für mich ein Gefäß, das unsere kreativen, positiven Taten enthält und ihnen Sinn gibt. Sie entspringt und befriedigt die gemeinsamen und zutiefst emotionalen sowie spirituellen Bedürfnisse der Menschheit. Deshalb stellt sich mir die Frage: Kann die Lebendige Demokratie in einer durch sektiererische Teilung zerrissenen Welt zu einer vereinigenden *bürgerlichen* Vision werden, die unsere religiösen und spirituellen Überzeugungen sich gegenseitig ergänzen lässt – zu einem zusammenführenden, die Seele befriedenden Weg aus dem derzeitigen Morast?

Natürlich weiß ich das nicht mit Sicherheit, aber ich denke: ja.

Ich frage mich oft, *was auch immer* die tatsächlichen Hemmnisse sind, die uns daran hindern, die globalen Katastrophen aufzuhalten: Gibt es eine bestärkendere Art zu leben, als die Demokratie zu seiner Lebensphilosophie zu machen?

In dieser Frage bin ich mir ganz sicher: nein.

5 DIE KUNST DER MACHT

Ich frage mich, ob die Amerikaner immer noch glauben, dass Freiheit gelernt werden muss und dass ihre Vorzüge die Mühe des Lernens wert sind. Oder haben uns zwei Jahrhunderte der Rhetorik zu dem Gedanken verleitet, dass Freiheit etwas „Natürliches" ist und als gegeben angesehen werden kann?

BENJAMIN BARBER, POLITOLOGE,
AUTOR VON STRONG DEMOCRACY (113)

Beim Zusammenbruch der Sowjetunion im Jahr 1989 haben sich Außenstehende über das schwindelerregende Tempo der Veränderungen, die dort vor sich gingen, gewundert. Die politischen Institutionen des Kommunismus, die ebenso rigide und unerschütterlich schienen wie die Mammutbauten aus Stahl und Beton, in denen sie untergebracht waren, brachen einfach in sich zusammen. Die Planwirtschaft machte der Marktwirtschaft Platz. Und die Welt feierte, als überall die Demokratie auszubrechen schien.

Doch im weiteren Verlauf der 1990er-Jahre, als die Euphorie sich legte, wurde klar, dass sich hinter den sehr sichtbaren strukturellen Veränderungen das tägliche Leben der Menschen auf vielerlei Art rapide verschlechterte. Selbst die Lebenserwartung sank.

Der KGB, der gefürchtete sowjetische Geheimdienst, löste sich nicht wirklich auf, er verwandelte sich in den russischen FSB, den viele als vom Staat sanktionierte Mafia erfahren haben.

Ähnlich lassen sich die tragischen Konsequenzen der amerikanischen Irak-Invasion betrachten, die angeblich erfolgte, um die „Demokratie einzuführen". Ohne die geringste Wertschätzung oder Beachtung der für das Funktionieren der Demokratie unerlässlichen Werte und Normen entfesselte die amerikanische Besetzung stattdessen einen Albtraum voll mörderischer Gewalt. Äußerlich können sich Institutionen dramatisch verändern, doch das allein reicht nicht. Noch etwas anderes ist vonnöten.

Doch was ist dieses andere?

Es ist nicht annähernd so eindeutig oder leicht erkennbar wie die Regierungsstrukturen oder die rechtskräftigen Regeln. Doch dieses andere scheint für die Demokratie ebenso wichtig (schließlich hatte die alte Sowjetunion hervorragende Gesetze … auf dem Papier). Ich nenne dieses andere, was außerdem gebraucht wird, die *Kultur der Demokratie.*

Wie im vorangegangenen Kapitel dargelegt, ist es die Macht der Kultur und nicht das Gesetz, woraus sich so vieles unserer sozialen Existenz erklärt – warum die Lebensqualität in Westeuropa unserer überlegen ist, obwohl das Pro-Kopf-Bruttoinlandsprodukt dort nur zwei Drittel dessen der Vereinigten Staaten ausmacht, um nur ein Beispiel zu nennen. (114) Oder weshalb in den USA viermal so viele Teenager schwanger werden wie in Frankreich und Deutschland. (115)

Kultur ist in hohem Grade eine Sammlung von Erwartungen. Wie verhalten wir uns untereinander? Was können wir von unseren Mitbürgern erwarten? Was erwartet die Gemeinschaft von uns?

Wie lauten die unausgesprochenen Regeln, von denen wir annehmen, dass sie bei unseren täglichen Interaktionen zugrunde liegen? Eine Kultur der Demokratie kann in gewissem Sinne als eine Kultur definiert werden, die Vertrauen aufbaut.

Liest man den vorhergehenden Satz, könnte die Reaktion verständlicherweise so aussehen: Vertrauen? – Vergessen Sie's. Der Verkauf von Schlössern, Gewehren und Sicherheitstoren boomt stattdessen. Es ist zweifellos richtig: Wo Angst geschürt wird, schrumpft das Vertrauen. Doch wenn wir nur einen Moment nachdenken, wird uns klar, dass Vertrauen noch immer allgegenwärtig ist. Vielleicht so allgegenwärtig, dass wir es genau wie im Fall der Kooperation gar nicht bemerken. Jedesmal, wenn wir Nahrungsmittel zu uns nehmen, legen wir unser Leben in die Hände einer Versorgungskette von Fremden. Jedesmal, wenn die Ampel grün wird und wir auf das Gaspedal treten, vertrauen wir Fremden, die uns auch großes Leid zufügen könnten.

Gesellschaften könnten ohne Vertrauen nicht funktionieren. Die Herausforderung heute besteht darin, Vertrauen neu zu schaffen und zu vertiefen, indem wir uns gemeinsam mit anderen verpflichten, eine Kultur zu schaffen, die allen gerecht wird.

DEMOKRATIE ALS KUNST

Die Menschen, denen Sie in diesem Buch begegnen und die aus allen Gesellschaftsschichten kommen, sind im Begriff, eine demokratische Struktur zu gestalten, die ihnen sehr viel mehr zu bieten hat. Gleichzeitig stärken sie ihre persönlichen Qualitäten, was sie wiederum effektiver macht, und Fertigkeiten, die diese sich selbst verstärkenden Verhaltensweisen ermöglichen, die ich als Kunst der

Demokratie bezeichne. In Idee 4 werden zehn von ihnen aufgelistet, und auf unserer Website finden Sie eine ausführlichere praktische Anleitung. (116)

IDEE 4: Zehn Künste der Demokratie

KUNST EINS: AKTIVES ZUHÖREN
Ermutigung des Redners und Suche nach Sinn

KUNST ZWEI: KREATIVE KONFLIKTLÖSUNG
Konfrontation anderer so, dass Wachstum gefördert wird.

KUNST DREI: MEDIATION
Begleitung der Interaktion, um Menschen in Konfliktsituationen zu helfen, einander zuzuhören

KUNST VIER: VERHANDLUNG
Problemlösung, die einige Schlüsselinteressen aller Beteiligten berücksichtigt

KUNST FÜNF: POLITISCHES VORSTELLUNGSVERMÖGEN
Neuentwurf einer unseren Werten entsprechenden Zukunft

KUNST SECHS: ÖFFENTLICHER DIALOG
Öffentliche Gespräche über Dinge, die alle betreffen

KUNST SIEBEN: ÖFFENTLICHE ENTSCHEIDUNGEN
Öffentliche Entscheidungsfindung, die es Bürgern ermöglicht, über Dinge mitzuentscheiden, zu deren Umsetzung sie beizutragen bereit sind

KUNST ACHT: FEIERN
Ausdruck von Freude und Dankbarkeit für das, was wir lernen und erreichen

KUNST NEUN: AUSWERTUNG UND REFLEXION
Auswertung und Implementierung der Lektionen, die wir durch Handeln lernen

KUNST ZEHN: MENTORING
Unterstützende Führung anderer beim Erlernen dieser Qualitäten des öffentlichen Lebens

Ich habe den Begriff „Kunst" mit voller Absicht gewählt in dem Versuch, die Idee der demokratischen Praxis zu etwas Wertvollem zu erhöhen. Kunst muss nicht etwas Exklusives bedeuten, worin nur die Talentierten Erfolg haben. Jeder von uns kann eine Kunst erlernen, nur gelingt das nicht mittels Routine oder vorgefertigten Rezepten. Bei jeder Kunst fügt ein Individuum seine ganz eigene Art hinzu, und die Ausübung erfordert nicht eine, sondern viele unserer Fähigkeiten.

Doch was am wichtigsten ist: Eine Kunst kann man erlernen. Und in der Tat, das Lernen hört nie auf.

DIE MACHT DES EINFACHEN ZUHÖRENS

Die erste Kunst der Politik oder des Managements alter Schule ist das Erstellen eines Programms, eines Plans oder einer Agenda und deren Vermittlung. Die erste Kunst der Lebendigen Demokratie ist das einfache Zuhören.

Aber ist das wirklich so einfach?

In seiner vollendeten Form heißt aktives Zuhören, sich in den anderen hineinzuversetzen und die Welt – wenn auch nur für einen kurzen Moment – mit dessen Augen zu sehen. Anschließend können wir in Verbindung zu unseren eigenen Interessen feststellen, wodurch gemeinsame Aktionen möglich werden.

Ich habe zuvor schon darüber berichtet, wie COPS (Communities Organized for Public Service), eine Bürgerinitiative in San Antonio, auf die Frustration über die hohen Arbeitslosenraten unter den Hispanoamerikanern reagiert hat. COPS-Mitglieder waren verärgert, weil die größten Arbeitgeber der Stadt Arbeitskräfte von außen holten, um Jobs zu besetzen.

COPS hätte einfach der Verärgerung eine öffentliche Bühne für den Protest verschaffen können. Stattdessen luden sie Führungskräfte der Firmen zu einem Gespräch ein. Die COPS-Mitglieder hörten zu. Sie hörten den Anliegen derer zu, die sie auch einfach als Gegner hätten betrachten können. Sie hörten sich die Frustrationen der Vorstandsvorsitzenden der Firmen an, die vor Ort keine qualifizierten Arbeitskräfte fanden. Die COPS-Mitglieder stellten ein gemeinsames Interesse mit den Führungskräften fest: Die Berufsausbildung in der Stadt muss besser werden. Von diesem Ausgangspunkt aus entwickelte COPS eine innovative Umstrukturierung der Berufsausbildungsprogramme der Stadt, die der Stadtrat einstimmig verabschiedete.

Aktives Zuhören fördert die Kreativität.

Aus genau diesem Grund setzt der emeritierte Englischprofessor Peter Elbow an der Universität von Massachusetts aktives Zuhören als Unterrichtsmittel ein. Er nennt es „das Glaubensspiel". Prof. Elbow glaubt, dass unsere Kultur das kritische Denken überbetont. Man hat uns dazu erzogen, in *jedem* Argument Schwachstellen zu finden. Durch dieses Vorgehen sieht selbst die *beste* Idee schlecht aus, sodass es vorkommt, dass eine kreative Idee mit weitreichenden Vorteilen nur deshalb ignoriert wird, weil sie dem konventionellen Wissen widerspricht oder schlecht vorgebracht wird.

Um dieses Risiko zu umgehen, meint Peter Elbow, können wir lernen, zu versuchen, (bewusst und diszipliniert) eine neue Idee als den bestmöglichen Vorschlag zu betrachten, um dann zu sehen, was wir gehört haben. (117) Erforderlich dafür ist eine besondere Art des aktiven Zuhörens: das zeitweilige Beiseitelassen von Zweifeln. Lassen wir die Tendenz, uns zuerst auf die Probleme zu konzentrieren, außen vor, wird Kreativität freigesetzt.

Aktives Zuhören verändert auch den Redner.

Wenn wir uns im privaten Bereich bei einem Freund einen Rat holen und dieser Freund einfach nur zuhört, sind wir oft verblüfft, dass wir die Antworten auf das Problem selbst haben. Vielleicht hatten wir sie schon die ganze Zeit, doch indem wir unsere Ideen formulieren, um uns einem anderen Menschen verständlich zu machen, „sehen" wir diese Antworten plötzlich zum ersten Mal.

Die gleiche Möglichkeit besteht im öffentlichen Leben. Beispielsweise basiert die Arbeit des Zuhör-Projektes in North Carolina zur Verbesserung der Gemeinde auf Hunderten von eingehenden Gesprächen unter vier Augen, die mit den Leuten in ihrem jeweiligen Zuhause geführt werden. Statt schnell Fragenkataloge abzuarbeiten, stellen die Organisatoren Fragen mit offenem Ausgang zu Werten und Anliegen. So klagte ein weißer Mann mittleren Alters, dass das größte Problem für ihn die lauten farbigen Teenager waren, die auf den Straßen herumhingen und Ärger machten.

Bei einer einfachen Befragung hätte ihn diese Bemerkung vielleicht zum Rassisten abgestempelt. Doch die Organisatoren hörten einfach zu. Sie argumentierten nicht. Während der Mann sprach, begann er von sich aus zu reflektieren. Am Ende des Gesprächs hatte er selbst das Problem seiner Nachbarn neu formuliert und neu verstanden: als ein Fehlen von angemessenen Freizeit- und Arbeitsmöglichkeiten für junge Leute.

Während wir uns unter Zuhören etwas Passives vorstellen, sagt uns diese Begebenheit, dass es viel mehr ist. Die einfache Handlung wirklichen Zuhörens kann den Redner tiefgreifend verändern.

KREATIVER UMGANG MIT KONFLIKTEN

Lebendige Demokratie bedeutet kontinuierlichen Wandel. Dies impliziert, zumindest in einem geringen Ausmaß, dass jemand denkt, wir könnten am Status quo feilen. Demnach schockiert es auch nicht sonderlich, dass jemand anderer sich kritisiert fühlt. Wandel bringt Konflikte mit sich. Und mir ist langsam klar geworden, dass eins der größten Hindernisse für die Lebendige Demokratie eine Eigenschaft ausmacht, die auch ich habe. Hmmmm.

Meine eigene Angst vor Konflikten ist ziemlich weit verbreitet, was zumindest ein persönlicher Trost ist. Während die Amerikaner in Scharen in Actionfilme strömen und an mit Melodramatik gespickten Soaps nur so kleben, verabscheuen die meisten von uns im richtigen Leben Konflikte. Ich bin überzeugt, dass mehr als die Angst eines verletzten Egos dahintersteckt; es geht vielmehr um die Urangst, den eigenen „Stamm" zu verlieren, „in die Wildnis" geschickt zu werden, wie ich in Kapitel 8 noch näher erläutern werde.

Unsere Aversion gegenüber Konflikten zeigt sich in der Haltung von Eltern, die mit ihren „guten Kindern" angeben, die „nie Probleme machen". Oder von Schuldirektoren, deren Extralob den Lehrern vorbehalten bleibt, die die gehorsamsten Klassen haben. Oder von Chefs, die klarstellen, dass Mitarbeiter, die „keinen Ärger machen", belohnt werden.

Die Angst, uns diesen Botschaften zu widersetzen, hält uns davon ab, so zu handeln, wie wir eigentlich möchten. Der kreative *Umgang* mit Konflikten ist ein Schlüssel, Gesellschaften zu schaffen, wie wir sie uns wünschen. Das wird an dieser Stelle ganz deutlich; deshalb bin ich auch so beeindruckt von niveauvollen Bürgerorganisationen, die den Menschen Demokratie als eine Kunst beibringen und sie darin anleiten.

Sie vermitteln ihnen, dass Konflikt Engagement bedeutet, dass dabei etwas wirklich Wichtiges passiert. Und das ist Öffnung, nicht Abschottung.

Die nationale Graswurzelbewegung ACORN betreibt beispielsweise ein Schulungsinstitut für ihre Mitglieder. Das große von Kirchengemeinden gestützte Netzwerk der Stiftung für Industrieregionen (Industrial Areas Foundation) probt ausgiebig vor jedem wichtigen öffentlichen Auftritt, damit der „ganz normale" Bürger sein Anliegen selbst vortragen kann und nicht professionelle Redner aus der Organisation.

In Massachusetts haben 2.000 Mitglieder der Lawrence Community Works ein eigenes Trainingsprogramm für ihre Mitglieder entwickelt, um so das Leben in die Stadt zurückzubringen, die früher einmal eine blühende Industriestadt war. Es nennt sich „Poder"-Institut (poder heißt auf Spanisch „in der Lage sein"). Die Direktorin der Organisation, Alma Couverthié, beschrieb mir die Motivation so: „Nachdem sich durch unsere Nachbarschaftskreise (eine Reihe von drei Abendessen, bei denen Nachbarn gemeinschaftliche Anliegen besprechen) immer mehr Menschen engagierten, wurde ihnen klar, dass sie bessere Methoden brauchten. Deshalb finden jetzt unsere Seminare über einen Zeitraum von sechs Monaten an jedem Samstagnachmittag statt. Bislang haben sechzig Leute den Kurs abgeschlossen."

Indem sie nutzt, was sie „Netzwerk-Organisation" nennt, konzentriert sich diese Vereinigung zur Entwicklung der Gemeinde nicht auf den Wiederaufbau von tatsächlichen Gebäuden und Strukturen. Sie sucht nach „organischen Verbindungen" unter den Menschen und fördert dann deren Stärkung und Ausbau. Aus diesen wechselseitigen Beziehungen resultiert der Wiederaufbau.

„Eingebettet in unseren Unterricht [der auf Paulo Freires *Pädago-gik der Unterdrückten* und anderem basiert] ist unsere Erkenntnis, dass Konflikte positiv genutzt werden können und für das Wachstum notwendig sind", betonte Alma Couverthié mir gegenüber.

Dann hat sie mir ihre Reaktion auf einen Workshop über Konflikte beschrieben, der von national anerkannten Trainern abgehalten wurde, die allerdings ihre Philosophie nicht teilten. „Der Leiter des Workshops erzählte uns, dass Konflikte um jeden Preis vermieden werden müssen. An diesem Punkt habe ich die Hand gehoben, um zu widersprechen", so Alma. „Schließlich bin ich einfach gegangen." Offensichtlich wusste Alma selbst, wie sie das, was sie lehrt, auch praktiziert.

In Des Moines, Iowa, machte Sally Riggs vor einigen Jahren die Bekanntschaft der *Bürger Iowas für die Gemeinschaft* (Iowa CCI), nachdem ihre Familie von einem rücksichtslosen Kreditgeber betrogen worden war. Sie war zunächst zögerlich, doch durch das Coaching gewann Sally Vertrauen und die nötigen Fertigkeiten.

„Vor den Treffen [mit der Kreditgesellschaft] fühlte ich mich gewöhnlich, als wäre ich krank, ich war schrecklich nervös. Doch das Proben bei den Treffen der Iowa CCI half. Wir sind in das Büro der Gruppe gegangen und haben in dem alten Versammlungsraum geübt, Argumente zu finden. Die beiden Trainer Joe und Tyler haben den Part der leitenden Angestellten übernommen. Sie haben uns all die Argumente an den Kopf geworfen, von denen sie angenommen haben, dass die Kreditgesellschaft sie einsetzen würde. Wir haben das so oft wie möglich geprobt, ein letztes Mal eine halbe Stunde vor dem richtigen Treffen. Es gab nicht viele Treffen, auf denen etwas zur Sprache kam, das wir nicht erahnt und auf dass wir uns nicht vorbereitet hatten."

All das sollte Sally bei ihrem großen Tag in Chicago zugute kommen. Als einer der leitenden Angestellten ihre Argumentation zu ignorieren schien, war Sally nicht sprachlos. Sie erinnert sich, gesagt zu haben: „Und wie würde es Ihnen gefallen, wenn Ihre fünf Jahre alte Tochter in Ihrem eigenen Zuhause nicht ans Telefon gehen kann, weil sie zu große Angst hat?"

Während sie bei früheren Treffen mit der Kreditgesellschaft immer vor Angst erstarrt war, trat nun, als eine ganze „Busladung" von anderen Opfern und hilfsbereiten Mitgliedern der Iowa CCI sich weigerte, das Büro eines der schlimmsten Kredithaie zu verlassen, eine Änderung ein. Die von der Geschäftsführung gerufene Polizei gab den verängstigten Hypothekenhaien zu verstehen, dass sie die Probleme der Leute besser in ihrem Büro lösen sollten. Das taten sie.

Natürlich fürchten wir uns vor Machtungleichgewichten. Wenn wir unserem Gegner unterstellen, dass er allein aufgrund seiner Position Macht hat, wie sollen wir diese ausbalancieren? Zwei Komponenten können uns dabei helfen: Die Macht, die uns unser Wissen verleiht und die Macht unserer Anzahl oder anders gesagt: die Stärke, mit der wir kommunizieren und die, die wir durch die Verbündeten an unserer Seite spüren.

KINDER LERNEN, DASS KONFLIKTE OKAY SIND

Während Schulkonflikte, die in brutale Gewalt ausarten, Schlagzeilen machen, entwickeln Tausende von Schulen Methoden, Gewalt entgegenzuwirken und Konflikte in Stärke zu verwandeln.

In einer Bewegung, die noch vor kaum zwanzig Jahren undenkbar gewesen wäre, trainieren Schüler und Lehrer, Differenzen unter

Gleichaltrigen zu schlichten. Das funktioniert so: Schüler melden sich freiwillig zu einem Mediationstraining – in der Regel fünfzehn Stunden mit intensivem Zuhören, Interpretieren, Neuformulieren und Rollenspielen. Die neuen Mediatoren bieten ihre Dienste an und ermutigen ihre Mitschüler, mit ungelösten Streitigkeiten zu ihnen zu kommen. In den Schulen melden sich oft sehr viel mehr Freiwillige als gebraucht werden.

„Ein Lehrer übernimmt normalerweise die Rolle des Weichenstellers", erklärte mir Richard Cohen, einer der Begründer der Bewegung. „Wenn ein Konflikt entsteht, wählt diese Person zwei Schüler-Mediatoren aus, die für die beiden Parteien richtig sein könnten. Einige Schulen haben mit dreihundert bis vierhundert Fällen pro Jahr zu tun, und ein ausgereiftes Programm erreicht zehn Prozent der Schülerschaft pro Jahr." In nur einem Jahrzehnt ist die Zahl der teilnehmenden Schulen von fünftausend auf zwischen zehn- und fünfzehntausend gestiegen.

„In einer neuen High School in Lincoln-Sudbury, Massachusetts, wurde sogar eine ganze Reihe mit Räumen für die Mediation eingeplant", berichtete Cohen. „So viel haben wir bereits erreicht.

Was ich an der Mediation liebe, ist, dass sie den Schülern die Verantwortung für einen für sie so wichtigen Teil des schulischen Lebens überträgt – für ihre wechselseitigen Beziehungen. Und dass alle Typen, nicht nur die besten Schüler, beteiligt sind."

Wir bringen den Kindern bei, dass Konflikte etwas Normales sind, dass es keinen Weg zu ihrer Vermeidung gibt, und dass sie durchaus positiv sein können.

RICHARD COHEN, GRÜNDER DER ASSOZIATION
FÜR SCHULMEDIATION

„Es ist nicht ungewöhnlich, dass ein durchschnittlicher Schüler ein besserer Mediator ist als ein Erwachsener. Effektivität hängt davon ab, Menschen gut einschätzen zu können, ihnen ein gutes Gefühl zu geben. Ein Siebzehnjähriger kann in hohem Maße über diese interpersonelle Intelligenz verfügen", erklärte Richard.

„Wir haben die Schüler gefragt, ob sie sich schon einmal jemandem näher gefühlt haben, *nachdem* sie einen Konflikt mit ihm ausgetragen haben. Da gehen viele Hände in die Höhe. Sie verstehen es. Wir lehren auch, dass Konflikte kooperativ und nicht immer nur wetteifernd gelöst werden können."

Wie die vielen Durchbrüche, die eine Kultur der Lebendigen Demokratie erschaffen, kann die Schulmediation inzwischen auf eine Reihe aufgezeichneter Fälle zurückblicken, die ihren Erfolg messbar machen. Ein Bericht aus dem Jahr 2003 zeigt, dass in mehr als neun von zehn Fällen durch Schulmediation eine Lösung erzielt werden konnte, und dass die Streitenden in fast ebenso hohem Maß ihre Zufriedenheit ausdrückten." (118)

Wenn wir die Kunst der Demokratie erlernen, wird uns vielleicht klar, dass Engagement nicht der Spinat ist, den wir essen müssen, um zum Dessert der persönlichen Freiheit zu kommen, wie man uns das beigebracht hat. Es fühlt sich eher an wie ein weiterer Aspekt des unendlichen persönlichen Wachstums, dass das Leben erst lebenswert macht. Oder, wie ein beherzter Bürger mir einmal gesagt hat: „Der Spaß an der Macht."

6 DIE SPRACHE DER DEMOKRATIE

Wir haben eine Sprache des Marxismus, und wir haben eine Sprache des Kapitalismus, aber wir haben keine Sprache der Demokratie. Und was wir nicht benennen können, können wir auch nicht erschaffen.

LAWRENCE GOODWYN, HISTORIKER

Immer wieder habe ich in diesem Buch die Kraft des Bezugsrahmens betont, die Linse, durch die wir die Welt interpretieren. Doch wie entsteht dieser Bezugsrahmen? Zum großen Teil durch die Sprache – die Worte und Metaphern, die wir jeden Tag benutzen.

Die Progressiven stöhnen, dass die Rechten über die vergangenen drei Jahrzehnte hinweg ihre eigene Sprache und somit ein Raster geschaffen haben, das in der Zielgruppe Resonanz findet. „Familienwerte", „lasst uns in Ruhe", „das ist euer Geld", „Steuer-und-Ausgaben-Liberale" – all diese Phrasen schaffen Bezugsrahmen, die eine Bedeutung haben. Dennoch gebrauchen viele Amerikaner, die angesichts dieser negativen Kräfte besorgt sind, Begriffe, die keine positiven Alternativen kommunizieren. Der Effekt ist sogar noch schlimmer: Diese Begriffe werden von anderen gehört und als das Gegenteil von dem verstanden, was der Redner sagen will.

„Packen wir's an!" sieht einen Großteil der Herausforderung darin, uns selbst zu disziplinieren, Worte zu finden und zu gebrauchen, die einen neuen Bezugsrahmen vermitteln, der ein Gefühl für Machbarkeit transportiert und den Menschen hilft, die Zeichen der Lebendigen Demokratie zu erkennen, die die Spirale der Ermächtigung anfeuern.

> *Wer von Politikverdrossenheit oder sogar Demokratieverdrossenheit redet, sollte die Frage beantworten, was er selber tut / tun könnte, um dem Gemeinwesen helfend zu dienen.*
>
> **Hans-Ulrich Klose**
> **Erster Bürgermeister der Freien und Hansestadt Hamburg a.D.,**
> **Vizepräsident des Deutschen Bundestages a.D.**
>
> *(s. Beitrag auf S. 255)*

Um zu erklären, warum ich Sprache als so wichtig empfinde, lassen Sie mich einige allgemein gebräuchliche, tödliche Begriffe herausgreifen und Alternativen dazu vorschlagen. Mein Ziel ist es, uns zum Nachdenken anzuspornen, zum Argumentieren und Definieren, damit wir zu Worten gelangen, die kommunizieren, was wir wirklich meinen.

GLOBALISIERUNG ODER GLOBALE UNTERNEHMERISCHE MACHT?

Für die meisten Amerikaner ist Globalisierung gleichbedeutend mit gutem indischen Essen, cooler Musik aus Mali und billigen Jeans aus China. Der Wirtschaftswissenschaftler Joseph Stiglitz definiert in *Die Schatten der Globalisierung* Globalisierung als „eine engere Integration der Länder und Menschen dieser Welt". (119)

Welcher vernünftige Mensch würde dem widersprechen?

Der Kolumnist und Pulitzer-Preisträger Thomas Friedman sagt, dass im derzeitigen Stadium der Globalisierung „die Welt von einem kleinen Format auf ein winziges Format schrumpft". (120) Die Entfernungen verringern sich, sagt er. Wie positiv! Und selbst für jene, die über die Nachteile der Verlagerung von Arbeitsplätzen ins Ausland klagen, ist die wachsende Verbundenheit der Welt miteinander nicht mehr zu stoppen.

Der Begriff *Globalisierung* fokussiert die Aufmerksamkeit jedoch ausschließlich auf den Bereich der Aktivität. Er lenkt uns von der Frage ab, wer diese Aktivität *kontrolliert* und damit von ihr profitiert. Mit anderen Worten übergeht das Wort Globalisierung ganz einfach die Frage nach der Macht. Die Verteidiger der Globalisierung geraten in Verzückung angesichts der wachsenden Abhängigkeit voneinander, die eine Gegenseitigkeit in den Machtbeziehungen suggeriert. In Wirklichkeit jedoch entsteht bei einer Ökonomie, die auf nur einer Regel basiert, eine sich verstärkende einseitige Abhängigkeit, also ein sich ausweitendes Machtungleichgewicht. Durch diese sind immer mehr Menschen gezwungen, mit den Konsequenzen von Entscheidungen zu leben, die von fernen Gremien globaler Unternehmen sowie von Entscheidungsträgern wie dem Internationalen Währungsfonds bis hin zur Welthandelsorganisation getroffen werden, die wiederum von Firmeninteressen dominiert werden.

Um die Machtfrage an die erste Stelle und damit ins Blickfeld zu rücken: Was wäre, wenn wir den Begriff Globalisierung konsequent mit „zentralisierender unternehmerischer Kontrolle" verbinden würden?

„Unternehmerische Globalisierung" oder „Globale unternehmerische Macht" – beide Begriffe drücken besser aus, was wirklich vor sich geht. Sie warnen den Zuhörer davor, dass die Macht der Regierungen, von denen 122 von 192 heute gewählt und somit zumindest den Bürgern nominell verantwortlich sind, der zentralisierten Unternehmensmacht weicht oder an sie abgegeben wird. Diese wiederum wird von nicht gewählten Gremien und Managern verwaltet, die bestenfalls den Aktionären gegenüber verantwortlich sind. Und was ist mit jenen Bewegungen, die der globalen Macht der Unternehmen entgegenwirken? Wie nennen wir sie?

In den Massenmedien spricht man von „Globalisierungsgegnern", was auf die meisten Menschen vermutlich instinktiv negativ und total sinnlos wirkt. Wir können aber klarstellen, dass unsere Vision die Essenz des Realismus ist; es ist die Globalisierung der Kontrolle durch Unternehmen, die unhaltbar ist. So lassen Sie uns besser als „pro-demokratische Verfechter" gelten. Oder, noch besser, identifizieren wir uns mit „Fürsprecher der Lebendigen Demokratie".

FREIER MARKT – FREIER HANDEL ODER FAIRER MARKT – FAIRER HANDEL?

Die Progressiven vom Internationalen Globalisierungsforum bis hin zu denen des Weltsozialforums wettern gegen die Politik des „freien Marktes". Doch das ist der falsche Feind. Der freie Markt ist nicht realer als der Weihnachtsmann.

„Nichts, absolut nichts auf dieser Welt wird auf dem freien Markt verkauft. Rein gar nichts! Ein freier Markt existiert nur in den Reden der Politiker."(121) Das sagte kein wütender Farmer, sondern der Vorstandsvorsitzende des Agrarindustrieriesen Archer Daniels Midland. Er sollte es wissen: Sein Unternehmen hat zusammen mit anderen, einschließlich Cargill und Tate & Lyle, über eine Milliarde US-Dollar gezahlt, um sich in Preisbindungsverfahren außergerichtlich zu einigen. (122)

Märkte sind fair oder unfair, aber sie sind nie „frei" oder „uneingeschränkt", das heißt, sie funktionieren von allein, ohne Regeln. Heute werden Marktregeln, von denen es so einige gibt, geschrieben, um den Interessen der globalen Unternehmen zu dienen: Der volle Text des Nordamerikanischen Freihandelsabkommens umfasst 1.700 Seiten. Offene, faire Märkte entstehen nicht aus einer interventionsfreien Haltung, sondern aus dem demokratischen Erarbeiten fairer Regeln.

Wie wir gesehen haben, konzentrieren die heutigen auf einer Regel basierenden Ökonomien – höchste Rendite des existierenden Reichtums, also für die Aktionäre, Vorstandsmitglieder, CEOs – unaufhaltsam Reichtum und Macht und unterminieren die wettbewerbsfähigen Märkte. Demokratie ist gefragt, wirklich Lebendige Demokratie, um Regeln zu schaffen und durchzusetzen, mit deren Hilfe Reichtum und Macht weit gestreut werden. Das reicht von progressiver Besteuerung über Mindestlohn bis hin zu einer Gesetzesauslegung, die Kartelle zurückdrängt, damit die Märkte fair und offen bleiben. Lebendige Demokratie ist gefragt,

> *Der Handel mit unter fairen Bedingungen hergestellten Waren aus Entwicklungsländern geht in Deutschland auf die Weltladen-Bewegung zurück, die ihren Anfang in den späten Siebzigerjahren nahm. Heute ist der Hauptimporteur (...) die größte Fair-Handelsorganisation Europas mit einem Umsatz von über 50 Millionen Euro und 180 festangestellten Mitarbeitern.*
>
> **GEPA**
>
> ■ *(s. Beitrag auf S. 243)*

d. h., Bürger beraten über gemeinsame Werte, um zunächst einmal zu entscheiden, was eine Marktware ist und was nicht.

Lassen Sie uns die Worte „freier Handel" und „freier Markt" aus unserem Sprachgebrauch verbannen. Und lassen Sie uns klarstellen, dass es nicht die Progressiven sind, die gegen den Markt sind. Dem ist nicht so. Vielmehr ist die Ideologie der Oberflächlichen Demokratie, die von weit rechts stehenden Kräften als das Evangelium angesehen wird, tödlich für den Markt. Die Konzentration des Reichtums, die die Oberflächliche Demokratie mit sich bringt, zerstört den Wettbewerb und verwehrt allen – bis auf den Begünstigten – den Zugang zum Markt.

RICHTLINIEN ODER STANDARDS?

Ich höre „Richtlinien" und erstarre: Ich denke an Restriktionen, Big Brother, Bürokratie und Unwirtschaftlichkeit. Andererseits stehen die meisten dem Begriff „Standard" positiv gegenüber, vor allem „hohen Standards". Wie wäre es, wenn wir jedes Mal, wenn wir als Bürger unsere Bedürfnisse nach sauberer Luft, sauberem Wasser und Boden artikulieren, von Standards sprechen statt von Richtlinien, um nur ein Beispiel zu nennen?

So wurden 2006 in Maine keine neuen „Richtlinien" verabschiedet, die die Elektronikhersteller verpflichteten, das Recycling von Fernsehern und Computerbildschirmen zu übernehmen, wie ich in Kapitel 9 darlegen werde. Nein, Maine setzte die Messlatte höher und entschied sich für höhere Standards, denen zufolge eine Industrie für den Lebenszyklus der Güter verantwortlich ist, die sie herstellt. Das klingt doch ganz anders, oder?

KONSUMENTEN ODER KÄUFER?

Der Begriff „Konsument" stellt für das klare Denken ein großes Handicap dar, ich meine für das Denken im Sinne von Kreisläufen. Das Wort legt fälschlicherweise nahe, dass das, was wir kaufen, aus dem Ökosystem verschwindet. Doch genau genommen konsumieren wir rein gar nichts. Es gibt kein „weg", wohin wir unsere Sachen werfen können. Das ist der Kernpunkt dessen, was das ökologische Bewusstwerden uns lehrt. Das Wort „Konsument" lässt uns jedoch weiter vor uns hinschlummern und die Augen vor den Konsequenzen unserer Entscheidungen verschlossen halten.

Korrektere Bezeichnungen wären „Käufer", „Erwerber" oder „Nutzer". Wenn wir diese Begriffe gebrauchen, werden wir daran erinnert, dass wir nur eine Zwischenstation in einem Umwandlungsprozess sind: Unsere „Sachen" bewegen sich von der Rohstoffgewinnung über die Verarbeitung weiter in ein anderes Stadium; dieses ist entweder die destruktive Umweltverschmutzung *oder* die Wiederverwertung und letztendlich die gesunde Integration des Materials zurück in das größere Ökosystem.

Das kritische Überdenken von Worten wie „Konsument" kontra „Käufer" oder „freier Handel" kontra „fairer Handel" erinnert uns daran, dass in einem einzigen Begriff eine ganze Weltsicht enthalten sein kann, entweder verblendend oder klärend. Ein Begriff kann uns in unserem Denken festhalten oder Möglichkeiten eröffnen. Versuchen Sie, mit den neuen Begriffen zu experimentieren, auf die Gefühle zu achten, die bei ihrem Gebrauch aufkommen. Erfinden Sie bessere, präzisere Begriffe, um mit bei der Entstehung mentaler Bezugsrahmen zu helfen, die dem Leben dienlicher sind.

Bei der Sprache der Demokratie geht es natürlich nicht nur um die Wahl spezifischer Worte, die besser ausdrücken, was wir meinen. Es geht darum, sich in Gesprächen für das zu engagieren, was uns am meisten beschäftigt, und das gegenüber Leuten, die vielleicht nicht unsere Ansichten teilen. Aus diesem Grund liebe ich auch das Motto der *Conversation Cafés*: „Keine Lust mehr auf Small Talk? Dann versuchen Sie es mit tiefschürfender Konversation." Details finden Sie auf der Homepage conversationcafe.org.

Meetup.com ist ein anderes großartiges Werkzeug, mithilfe dessen Menschen erreicht werden können, um die Fragen und Zugänge zu den Themen dieses Buches zu diskutieren. Das Zentrum für alltägliche Demokratie (everyday-democracy.org), auf das ich in Kapitel 3 eingegangen bin, hilft Gemeinschaften, Probleme durch Dialoge zu lösen. Um die reiche Welt des demokratischen Dialogs zu erkunden, ist die Nationale Koalition für Dialog und Überlegung bei thataway.org ein großartiger Ort.

Genießen Sie es!

IDEE 5: Der Weg zu einer Sprache der Demokratie

„Wie kräftig sind doch redliche Worte?" - Hiob 6:25

Weit verbreitete Begriffe	Verwirrende Begriffsinhalte	Alternativen, um genauer und wirksamer zu kommunizieren
Aktivist	Aufrührer, Extremist mit einer eigenen Agenda	Der engagierte Bürger, aktiver Bürger, selbstbewusster Bürger
Globalisierungskritik Globalisierungsgegner	Rückständig, egoistisch, isolationistisch	Pro-demokratisch, große Gemeinschaften befürwortend, gegen Unternehmenskontrolle, gegen ökonomische Konzentration
Staatsangehörigkeit	Bürde, Pflicht, langweilig	Öffentliches Engagement, gemeinschaftsbildend
Konventionelle Landwirtschaft	Klingt harmlos und zeiterprobt, obwohl beides nicht zutrifft	Von Chemie abhängige Landwirtschaft, Rohstoffagrikultur, Fabriklandwirtschaft
Konservative	Impliziert eine Hingabe an den Erhalt der Umwelt und Gemeinde	Weit rechts, anti-demokratisch (wenn das zutrifft)
Demokratie	Begrenzt auf Wahlen, Parlamente und Regierungen	Lebendige Demokratie: Eine Lebensform, bei der die demokratischen Werte Fairness, Einbezug und gegenseitige Verantwortlichkeit alle Dimensionen des öffentlichen Lebens durchziehen

Freier Handel	Impliziert das Fehlen von Regierungs-kontrolle, ein automatischer Mechanismus. Das gibt es nicht!	Unternehmen begünstigender Handel, unfairer Handel
Globalisierung	Impliziert Interdependenz, weiterreichende Möglichkeiten, freien Handel, billigere Waren	Globale Kontrolle durch Unternehmen, globales Unternehmertum, ökonomische Zentralisation, ökonomischer Feudalismus, steigender Abwärtstrend der globalen Löhne
Soziale Gerechtigkeit	Wird mit politisch weit links assoziiert, erzwungene Gleichheit	Fairness, faire Möglichkeiten, Freiheit
Liberal	Begünstigt einen großen aufwändigen Regierungsapparat	Progressiv, demokratisch
Mindestlohn	Trifft nicht die menschlichen Bedürfnisse	Armutslohn kontra Gehalt zum Leben
Nationalverschuldung pro Kopf	Bedeutungslos für die meisten Menschen	„Geburtssteuer"-Anteil an der Nationalschuld pro Neugeborenem (im Jahr 2005 in den USA 150.000 Dollar) (123)
Nicht profitorientierte Organisation	Verneinende Definition	Sozial begünstigte Organisation, Bürgerorganisation
Organische Landwirtschaft, niedriger Mitteleinsatz	Fokussiert nur auf das Fehlen von Dingen wie synthetische Pestizide und Düngemittel	Ökologische Landwirtschaft: Nutzt die Wissenschaft der Ökologie, um Produktivität und Qualität zu erhöhen, während sie die Umwelt aufwertet; wissensintensive Landwirtschaft

Protest, Demonstration	Einschränkend, defensiv	„Bürgerspflicht"; positive Maßnahme, um demokratische Werte zu verteidigen
Öffentliches Leben	Lediglich auf berühmte Persönlichkeiten und Regierungsvertreter beschränkt	Durch das, was jeder von uns einbringt als Käufer, Arbeiter, Angestellter, Eltern, Wähler, Investor und all den anderen Rollen, die wir täglich spielen, verbreiten sich unsere Ideen nach außen.
Vorschriften, Regularien	Big Brother, hierarchische Regierung, Ineffizienz	Standards schützen Eigentumsvielfalt, Wettbewerb, Gesundheit und die Umwelt; öffentliche Absicherung; Wertgrenzen, innerhalb derer der Markt der Gemeinschaft dient
Recht auf gleichgeschlechtliche Ehe	Konzentriert sich auf das Geschlecht	Freiheit zu heiraten, gleichberechtigte Heirat
Steuern	Last, Abzocke „unseres" Geldes	Zugehörigkeitsbeiträge für eine starke, gesunde Gesellschaft; „Preis der Zivilisation", wie der Richter Oliver Wendell Holmes jr. es einmal ausgedrückt hat
Wohlfahrtsstaat	Verweichlichung der Menschen, Bürokratie	Staat der fairen Chancen

TEIL 3
MUT

7 ERGREIFE DEN AUGENBLICK

*Auf dem Weg zur Universität, an der ich Wirtschaft
unterrichtete, ging ich 1974 an Menschen, die auf der
Straße verhungerten, vorbei. Ich fragte mich, was soll
das? Ich fühlte mich vollkommen leer ... Die Theorien,
die ich lehrte, waren für diese sterbenden Menschen
nutzlos. Mir wurde klar, dass ich den Menschen als
Mensch helfen konnte, aber nicht als Wirtschaftswissenschaftler. Deshalb habe ich mich entschlossen, erst
einmal Mensch zu werden ... Seither habe ich keine im
Vorhinein gefassten Ansichten mehr.*

DR. MUHAMMAD YUNUS, FRIEDENSNOBELPREISTRÄGER 2006
UND GRÜNDER DER GRAMEEN BANK, BANGLADESH (124)

Wie gesagt: Wir Menschen sehen häufig nur das, was wir erwarten zu sehen. Oft nehmen wir nicht einmal wahr, was nicht in unser Bild vom Funktionieren dieser Welt passt. Oje, wenn das stimmt, können Sie natürlich fragen, wie soll dann Veränderung überhaupt möglich sein? Sind wir da nicht in einer Art Selbstzerstörungsmodus erstarrt?

Nein, ich denke nicht. Aus meiner eigenen Lebenserfahrung und durch die außergewöhnlichen Menschen, die ich getroffen habe, weiß ich, dass sich bestimmte Einsichten zur Befreiung herauskristallisieren. Ich selbst bin Zeugin geworden, wie Menschen scheinbar

Unmögliches geleistet haben – sie haben das Raster erkannt, durch das sie jetzt mit neuen Augen sehen, um dann mit einer verbesserten Vision voranzuschreiten.

EINE ABWÄRTSSPIRALE

Doch bevor ich diese Möglichkeit näher untersuche, lassen Sie mich die sich selbst verstärkende, nach unten gerichtete Spirale in Erinnerung bringen, in der wir gefangen sind, den Teufelskreis der Oberflächlichen Demokratie, von dem ich glaube, dass wir lernen können, ihn wahrzunehmen und ihm zu entkommen. Folgen Sie dem Fluss der Spirale der Machtlosigkeit im linken Coverinnenteil, der erkennen lässt, dass unsere materialistische, wettbewerbsorientierte Kultur tiefe Bedürfnisse verleugnet, die wir alle haben. Ich erwähnte bereits unser Bedürfnis nach Fairness, nach sinnvollen Beziehungen mit anderen, nach Effektivität und Sinn.

Die meisten lernen zu verleugnen, dass wir diese Bedürfnisse unterdrücken; vielleicht ist es einfach zu schmerzhaft zuzugeben, wie viel von uns selbst wir aufgeben. Doch wenn diese Bedürfnisse unbefriedigt bleiben, können die meisten nicht einfach so tun, als hätten sie sie nicht. Sie versuchen stattdessen, sie auf eine weniger ideale Weise zu befriedigen, die sie in einen Kreislauf der Angst führt (siehe Idee 6).

Wenn wir unser Bedürfnis nach Verbundenheit nicht durch gemeinschaftliche Aktivitäten befriedigen können, probieren wir aufgrund unserer äußeren Getrenntheit das Nächstbeste, um uns dazugehörig zu fühlen: Wir kleiden uns nach der aktuellen Mode oder suchen uns eine Arbeit, von der wir annehmen, dass sie unseren Eltern gefällt oder uns Prestige verschafft.

Auch unser Bedürfnis nach Macht wird verdreht. Unter Macht verstehe ich, wie bereits erläutert, unsere „Fähigkeit zu handeln". Doch wenn wir das Gefühl haben, absolut nichts Positives bewirken zu können, streben wir nach Kontrolle. Wenn wir uns auf der Arbeit oder zu Hause herabgesetzt, nicht gehört oder gesehen fühlen, geraten wir in Versuchung, über irgendetwas Kontrolle ausüben zu wollen. Vielleicht über unser Kind oder unseren Partner. In ihrer extremsten Form ist die Antwort auf die Ausbremsung des angeborenen Bedürfnisses nach Macht: Gewalt.

Der Psychiater und Autor James Gilligan hat einen Großteil seines Arbeitslebens mit gewalttätigen Kriminellen gearbeitet. Er betont das tiefe menschliche Bedürfnis nach Akzeptanz und Macht und sagt, dass Gewalt oft der einzige Weg zu Respekt ist, den die Männer, die er behandelt, sehen können. Er zitiert einen gewalttätigen Gefängnisinsassen in seinem Kleinkrieg mit den Vollzugsbeamten: „Ich brauche meine Selbstachtung, und ich erkläre der ganzen Welt den Krieg, bis ich diese Achtung bekommen habe!" (125)

Nicht nur, dass die Ersatzwege, die uns zu unserem Ziel führen sollen, uns nicht befriedigen können, sie *verschlimmern* die Dinge auch noch. Suchtverhalten beim Essen kann unseren Körper zerstören, Suchtverhalten beim Einkaufen zerstört unser Ökosystem, und der Versuch, andere zu kontrollieren, führt zu Widerstand und Angst.

Der Teufelskreis wird schneller, je mehr wir uns anstrengen: Die Diskrepanz zwischen den inneren Bedürfnissen und der äußeren Realität wird größer. Je größer dieser Kluft, desto rigider halten wir an unseren Methoden fest, denn sie sind uns zumindest vertraut. Kein Wunder, dass es unmöglich erscheinen kann, sich aus diesem destruktiven Zyklus zu befreien, den ich im Angstkreislauf in der nun folgenden *Idee* 6 darzustellen versuche.

IDEE 6: Die innere Welt der lebendigen Demokratie

Erfahrung von Freude

in echteren Beziehungen und größerer Tiefe

Vermindern von Angst

durch das Kennenlernen neuer „Stämme" (Gleichgesinnter)

Erblicken der Möglichkeit

von lebensdienlicheren mentalen Vorstellungen und Nachgehen der Neugier

Finden von Zugängen

zum persönlichen Handeln, um kausale Muster in Richtung „Ja zum Leben" zu verändern

Kreislauf der
HOFFNUNG

Erkennen der Angst

als Signal von Mut und nicht als Urteil über das Versagen

Moment der Dissonanz / Moment der Gelegenheit

Wie reagiere ich darauf?

Erkennen der Unstimmigkeit zwischen inneren Bedürfnissen und der äußeren Realität

Unsere mentalen Vorstellungen bekommen Risse

Angst vor Ausstoßung aus der Gruppe

Erfahrung von Angst

eine Welt nach unserem Bedürfnis zu kreieren, die mehr unseren Werten entspricht

Kreislauf der
ANGST

Getrennt fühlen

von innerer Wahrnehmung für Fairness & Empathie und der „realen" Welt

Verleugnung

von unserem Bedürfnis nach Beziehungen und Tiefe, Verleugnung unserer Verleugnung!

Verschlimmerung der Krisen

Bürger bringen sich nicht ein; Gesellschaft & Umwelt degenerieren weiter

Suche nach Ersatz

Beziehungen durch Konsum; Tiefe durch Kontrolle und Gewalt

(In *Hoffnungsträger*, 2002, *You Have the Power*, 2004, und *Democracy´s Edge*, 2006, sind die Konzepte näher erläutert von Frances Moore Lappé und Richard Rowe, Small Planet Institute, www.smallplanet.org)

EIN HARTER SCHOCK

Manchmal haben wir jedoch Glück. Wir bekommen einen großen Helfer. Er kann wie ein Tritt in den Allerwertesten kommen oder, wie Muhammad Yunus aus Bangladesh es oben ausgedrückt hat, wie ein unsanfter Schock. Yunus bekam diesen in den frühen 1970er-Jahren, nachdem er nach einer Lehrperiode an einer Universität in Tennessee in sein vom Krieg erschüttertes Land, in dem die Menschen verhungerten, zurückgekehrt war, um zu lehren. Der Schock kam in dem Moment, in dem ihm klar wurde, dass seine Schultheorien nicht halfen, sondern vielleicht sogar schadeten.

Die Formulierung „Ergreife den Moment" bezieht sich bezeichnenderweise auf eine positive Gelegenheit, eine, die nicht ungenutzt bleiben sollte. Langsam ist mir jedoch klar geworden, dass so eine Gelegenheit wie ein unangenehmer Schock kommen kann, wie ein Missklang, der sich zum entsprechenden Zeitpunkt nicht wirklich gut anfühlt. Genau in diesen kostbaren Momenten, in denen wir wachgerüttelt, aus unserer Resignation oder Depression gerissen werden oder in denen wir eine vage Ahnung davon bekommen, dass das Leben noch mehr sein muss, können wir uns befreien.

Der Moment, in dem Dr. Yunus diesen Missklang wahrnahm, ließ ihn seine Lehrbuchtheorien vergessen und er begann, den armen Leuten zuzuhören. Er lernte, dass ihre Armut mit einer virtuellen Knechtschaft gegenüber den Geldverleihern gekoppelt war, und sein Aha-Erlebnis war die Erkenntnis, dass ein Kredit – für arme Leute unerreichbar – ihr Leben verändern würde. Die Banker lachten ihn aus. Doch dieser Moment des Missklangs war die Geburtsstunde einer internationalen Kleinkreditbewegung, die sich inzwischen auf sechzig Länder ausgeweitet und zig Millionen Menschen aus der Armut befreit hat.

Und sie hat Dr. Yunus den Friedensnobelpreis eingebracht.

Ich selbst erlebte einen solchen Moment des Missklangs, als ich im Alter von 26 Jahren in einer landwirtschaftlichen Bücherei saß und verblüfft war, dass der weltweit nachweisbare Überfluss an Lebensmitteln in krassem Widerspruch zu den Schlagzeilen und Lehrbüchern stand, die alle vor einer drohenden Lebensmittelknappheit warnten. Ich wollte der Welt sagen: Die Natur produziert keinen Hunger. Menschen tun das!

Ich kam mir vor wie der kleine Junge im Märchen, der aussprach, dass der Kaiser keine Kleider trug. Ich hatte Angst, richtige Angst – was, wenn ich eine Kommastelle falsch gesetzt hatte und alles dadurch falsch war? Wie konnte ich Recht haben und die großen „Experten" nicht? Für mich gar es keinen Weg mehr zurück. Ich konnte nicht schweigen.

Glücklicherweise sind wir nicht auf zufällige Erfahrungen angewiesen, um diese kostbaren Momente auszulösen. Wir können uns Menschen, Ideen und Ereignissen aussetzen, die einen inneren Missklang hervorrufen, dieses Gefühl, dass etwas einfach nicht mehr passt.

Ich denke dabei z. B. an ein Ehepaar, das mich im Herbst 2006 angesprochen hat und mich bat, ein Buch für ihre jüngste Tochter zu signieren. Wir hatten uns im Vorraum eines Ballsaals in einem prächtigen Hotel in Pittsburgh eingefunden, nachdem wir die Arbeit einer lokalen Sozialhilfeorganisation mit dem Namen Just Harvest und die der Vereinigten Stahlarbeiter gefeiert hatten.

Zunächst etwas schüchtern, erzählten sie mir, dass sie sich als Republikaner immer in einer „konservativen" christlichen Kirche zu Hause gefühlt hatten, doch vor einigen Monaten sei ihnen ein Licht aufgegangen: Sie hatten sich neuen Ideen geöffnet und plötzlich begriffen, dass die Bush-Regierung sich in der Irak-Frage über die Meinung der Amerikaner hinweggesetzt und unser Land in ein Desaster geführt hatte. Schweren Herzen hatten sie ihre neue Sicht der Dinge mit ihrem Pfarrer besprochen, der selbst ein entschiedener Verteidiger der Regierung war.

Der Pfarrer warnte das Ehepaar ernsthaft: Sprecht mit niemandem in der Gemeinde über eure Ansichten, man wird sich gegen euch stellen. Dieser „unsanfte Schock" führte zu einem Erwachen aus der Komfortzone. Die Eheleute mussten sich entscheiden, und sie entschieden sich für das Engagement, für die neuen Ideen und für neue Leute.

Während ich ihnen zuhörte, fühlte ich mich durch ihren Mut selbst ermutigt und freute mich, dass wir den Abend gemeinsam verbringen und eine Gruppe feiern konnten, die sich mit den Wurzeln des Hungers auseinandersetzte und die von der Kirche, der diese Leute bis vor Kurzem angehört hatten, möglicherweise als subversiv betrachtet worden wäre. Diese Familie erfuhr den Moment der Unstimmigkeit im Zentrum der inneren Welt der Lebendigen Demokratie (siehe Idee 6). Dann lösten sie sich aus ihrem einschränkendem Raster und waren frei, neue „Stämme" zu entdecken, was den Schmerz des Getrenntseins erleichterte und sie ermutigte, innerhalb des Kreislaufes der Hoffnung weiterzuwachsen.

In Momenten, wie ihn diese junge Familie erlebte, treffen wir alle Entscheidungen. Unterdrücken wir unser Unbehagen? Oder hören wir darauf und setzen uns mit dem Ende einer Verbindung auseinander und wagen den Sprung, der nötig ist, um die Welt auf eine neue Weise zusammenzusetzen?

Selbstverständlich gibt es diese Momente nicht nur einmal im Leben. Mit etwas Glück erleben wir viele solcher Momente, in denen wir auf unsere innere Weisheit hören, unseren Weg infrage stellen und die Welt mit neuen Augen sehen müssen. Unsere Herzen können geöffnet werden. Es mag weh tun oder es mag aufregend sein. Aber wir wissen, dass wir niemals mehr dieselben sein werden.

8 WANN ANGST HEISST: TU ES!

Die Gefahr liegt in der Weigerung,
die Angst zu sehen ... Mut ist sehr viel beglückender
als Angst und auf lange Sicht leichter.

ELEANOR ROOSEVELT (126)

In diesen Momenten der Unstimmigkeit kann Angst uns dazu verleiten, in den alten Gewohnheiten stecken zu bleiben, und so zur „emotionalen Seuche unseres Planeten" werden, wie der französische Philosoph Patrick Viveret sagt.

Um uns zu befreien, müssen wir verstehen, wie wir an diesen Punkt gekommen sind, und um das zu verstehen, müssen wir graben. Die Wurzeln dieser Seuche gehen tiefer als die Entschlossenheit unserer Regierung, einen einzigen verabscheuungswürdigen Angriff in einen Zustand des permanenten Kriegs zu wandeln oder die Absicht der Unternehmen, mit Werbung unsere Unsicherheiten erbarmungslos zu schüren. Um das zu verstehen, müssen wir in der Zeit zurückgehen. Weit zurück.

Vor Äonen von Jahren haben wir in eng miteinander verbundenen Stämmen gelebt, die sich unter größeren und stärkeren Arten durchsetzen mussten, und wir haben eine Lektion sehr gut gelernt:

Allein haben wir keine Chance. Die Verbannung bedeutete den sicheren Tod.

Über diese Äonen evolutionärer Erfahrungen hinweg haben die Menschen tief in sich verankert, dass unser Überleben von der „Dazugehörigkeit" zum eigenen Stamm abhängt. Die Erkenntnis der Wissenschaftler, dass wir den Schmerz der Ablehnung ebenso spüren wie einen physischen Schmerz, sollte uns nicht überraschen. Wir gedeihen durch die Anerkennung der anderen und fürchten die Demütigung mehr als alles andere. Deshalb fällt es den Menschen so schwer zu sagen: „Nein, das ganze Rudel steuert auf eine Katastrophe zu!" Wir haben Angst, ausgeschlossen zu werden. Deshalb halten wir den Mund.

Doch der Groß-Stamm dieser Welt steuert *direkt* auf die Victoria-Wasserfälle zu, mit seiner Luft- und Wasserverpestung, der Beschleunigung der Konzentration des Reichtums und mit der Produktion von noch mehr Waffen zur Massenvernichtung. In dieser Situation bedeutet die Distanzierung von dem Rudel Leben.

Und *dennoch* ruft das instinktiv Ängste hervor.

Doch erinnern Sie sich, dass Angst zum Teil eine Idee ist, und wir wissen, dass Ideen dem Instinkt überlegen sein können. Sie glauben mir nicht? Denken sie einmal an die „Ehrenmorde", bei denen Väter zu Mördern ihrer Töchter werden. Hier ist die Idee ganz offensichtlich einem ursprünglichen Instinkt überlegen, nämlich dem elterlichen Schutz der Nachkommen.

Doch konzentrieren wir uns wieder auf das Positive: Wir können die Idee der Angst neu definieren und unsere instinktiven Reaktionen neu gestalten. Basierend auf meinen eigenen Erfahrungen und vorliegender wissenschaftlicher Erkenntnisse bin ich zu der Ansicht gekommen, dass wir trotz unseres biologischen Erbes eine

Wahl haben, wie wir auf Angst reagieren. In der Tat könnte das vielleicht die wichtigste Wahl unseres Lebens sein.

Wir können lernen, Angst neu zu interpretieren und zwar nicht als Urteil, sondern als Signal. Während vor langer Zeit der Bruch mit dem eigenen Stamm den Tod bedeutete, bedeutet er unter den heutigen Umständen vielleicht das genaue Gegenteil – er könnte der einzige Weg zum Leben sein.

Mit dieser Einsicht können wir das Angstempfinden unseres Geistes neu interpretieren: Vielleicht will es uns gar nicht sagen, dass wir auf dem Holzweg sind, sondern dass wir genau da sind, wo wir sein sollten, dort, wo Wachstum möglich ist. Wir können Angst als bloße Energie ansehen, als ein Werkzeug, mit dem wir arbeiten können.

ANGST ALS REINE ENERGIE

Die Möglichkeit und die außerordentlich wichtigen Konsequenzen dieser neuen Interpretation von Angst wurden mir eines Abends im kenianischen Nairobi klar. Meine Tochter Anna und ich (die ganze Story können Sie in *Hoffnungsträger,* s. S. 269, nachlesen) machten dort die Bekanntschaft von Reverend Timothy Njoya. Er hat etwas getan, von dem ich bis zu dem Abend angenommen hatte, dass kein Mensch dazu in der Lage sei.

Da er trotz der wiederholten Drohungen der diktatorischen Regierung weiter seine pro-demokratische Botschaft predigte, erschienen eines Abends sieben bewaffnete Angreifer vor seiner Tür. Trotz allem, was er durchgemacht hatte, führte uns Reverend Njoya – ein schlanker und agiler Mann – spielerisch vor, was daraufhin passierte. Als er beschrieb, wie seine Finger scheibenweise abgeschnitten wurden und sein Bauch aufgeschlitzt wurde, lachte er in sich hinein! Und ich? Mir hämmerte das Herz wild in der Brust.

Dann erzählte er uns, wie er auf dem Boden liegend und in dem sicheren Glauben, sterben zu müssen, seine Schätze unter seinen Angreifern aufteilte – einer bekam seine Lieblingsbibel, ein anderer seine Bibliothek und so weiter.

Was?!, dachte ich im Stillen. *Wie kann das sein? Wie kann jemand anders als mit schierem Terror und lebenserhaltender Aggression auf eine solche Brutalität reagieren?* Also habe ich gefragt: „Aber, Reverend Njoya, warum hatten Sie keine Angst?"

Tief in seinem gepolsterten Sessel sitzend, das freundliche Gesicht über einem steifen weißen Priesterkragen, schwieg Reverend Njoya einen Moment. Dann sagte er: „Angst ist eine Energie, die aus unserem Inneren kommt, nicht von außen. Sie ist neutral. Deshalb können wir sie als Angst belassen oder in Paranoia, Euphorie oder was auch immer umwandeln." Er stand aus seinem Sessel auf.

„Stellen Sie sich einen Löwen vor", sagte er und ging in die Hocke. „Wenn ein Löwe eine Beute oder einen Feind sieht, spürt er zunächst Angst. Doch statt blind zur Verteidigung oder zum Angriff überzugehen, weicht er zurück." Reverend Njoya trat einen Schritt zurück, verlagerte das Gewicht auf das linke Bein und ging tiefer in die Hocke. „Der Löwe hält einen Moment inne und bündelt seine Energie. Dann setzt er zum Sprung an. Wir können das Gleiche tun. Wir können unsere hochkommenden Ängste zügeln, unsere Energie harmonisieren und in Mut umleiten." Sein ganzer Körper, sein ganzes Leben schien uns zu erzählen, dass das möglich ist. Reverend Njoyas Reaktion – diese Großherzigkeit angesichts von Brutalität – bewegte seine Angreifer so sehr, dass sie ihn ins Krankenhaus brachten, wo er von Ärzten gerettet werden konnte. Reverend Njoyas Fähigkeit, die Energie seiner Angst umzuleiten, rettete ihm das Leben.

Anna und ich lagen an diesem Abend in unseren Betten im Gästehaus noch lange wach und redeten, und seitdem habe ich oft über Reverend Njoyas Geschichte nachgedacht. Ich habe eines gelernt: dass ich nicht beten muss, damit meine Angst verschwindet und mich letztendlich in Ruhe lässt. Noch muss ich Reverend Njoyas Grad an Selbstbeherrschung erreichen, um zu erkennen: Ja, die Angst ist in mir und keine äußere Kraft. Ich kann mir die Energie der Angst zunutze machen und genau wie der Löwe, der sein Ziel in Augenschein nimmt, wählen, wo und was ich mit ihr machen will.

ANGST UND KONFLIKT

Da die Angst sich in unserer Kultur immer mehr ausbreitet, ist es nicht verwunderlich, dass viele von uns versucht sind, dem Konflikt auszuweichen und sich in Sicherheit zu bringen. „In Zeiten der Gefahr, in denen es keinen direkten Fluchtweg gibt, versucht das primitive Angstsystem [unseres Gehirns], jede unnötige Bewegung mit dem Argument auszuschalten, dass jemand, der sich still verhält, nicht bemerkt wird", schreibt Rush Dozier in *Angst*. (127)

Wenn wir niemandem in die Quere kommen, werden wir nicht bemerkt, das hofft zumindest unser primitives Gehirn. Denken Sie nur an das Kaninchen, das in Bewegungslosigkeit im Gras erstarrt.

Der damals 57 Jahre alte Willie Manteris, den ich 2003 in einem Café auf einem Flughafen getroffen habe, hat mir erzählt, dass er sich die meiste Zeit seines Lebens wie dieses Kaninchen verhalten hat. Willie hatte seinen Traum verwirklicht. Er besaß eine erfolgreiche Zahnarztpraxis in einem Vorort von Pittsburgh, ein großes Haus am Club House Drive, zwei aufgeweckte Kinder und eine Frau mit einem repräsentativen Job. „In meiner Familie waren Konflikte etwas Beängstigendes, Destruktives und Ärgerniserregendes, etwas, das um jeden Preis vermieden werden musste", sagte mir Willie, als wir uns in Porto Alegre, Brasilien, unterhielten. „Ich hatte mein Leben lang versucht, kein Aufsehen zu erregen. Konflikte waren das schlimmste Tabu, die schlimmste Angst."

Doch da wir beide, Willie und ich, uns auf dem Heimweg vom Weltsozialforum, der größten Versammlung von Bürgern, die nichts so sehr versuchten, wie Aufsehen zu erregen, befanden, musste ganz offensichtlich etwas mit Willie passiert sein.

Drei Jahre zuvor hatte Willie seine Zahnarztpraxis verkauft, um seinem Herzen zu folgen. „Die größte und mächtigste Angst war eine verborgene und unsichtbare: Ich trat aus der Konformität und Anonymität heraus, ließ die alten Rollen hinter mir, in denen ich mich sicher und wohl fühlte. Das bedeutete eine Definition meiner selbst: Wer ich wirklich war, wer ich in dieser Welt war. Es bedeutete das Risiko des Konflikts."

Und genau das riskierte Willie, als er begann, regelmäßig mit den Pastoren für den Frieden nach Mittelamerika zu reisen und sowohl Hilfsmaterial überbrachte, als auch den weitverbreiteten Missbrauch der Rechte der Eingeborenen infrage stellte. „Einer der Preise, den du für das In-der-Angst-verhaftet-bleiben zahlst, ist der, dass du nicht lernst, gesunden Widerspruch auszudrücken. Aus dem Schatten herauszutreten und die eigene Stimme zu erheben ist zu beängstigend. Politisch hat mich das den größten Teil meines Lebens in eine untergebene und passive Rolle gezwängt", resümierte Willie.

Die Konsequenzen des Verharrens in der Konfliktvermeidung, wie Willie es praktiziert hatte, sind folgenschwer. Die Angst vor Konflikten lässt kompetente Menschen oft stumm bleiben und hält sie davon ab, als stimmgewaltige Bürger, die sie sein könnten, an einer wirklichen Demokratie mitzuwirken.

Und was noch beunruhigender ist: Wenn wir Angst haben, nicht selbst mit Konflikten umgehen zu können, sind wir versucht, uns Autoritäten auszuliefern – „Machthabern", die führen. Als George W. Bush uns in den Krieg im Irak führte, fiel mir auf, dass er typischerweise davon sprach, was er, der Präsident, tun würde und kaum davon, was wir, die Bürger tun würden – womit er die Gefühle der Hilflosigkeit verstärkte, das Gefühl, nichts anderes tun zu können, als unser Schicksal in seine Hände zu legen.

Solange wir nicht das Gefühl haben, dass wir haben, was wir brauchen, um Konflikten selbst begegnen zu können, hoffen wir unbewusst, dass Autoritäten die Konflikte für uns lösen. Die burmesische Friedensnobelpreisträgerin Aung San Suu Kyi, die für ihren pro-demokratischen Heldenmut von einer militärischen Elite brutal behandelt und viele Jahre unter Hausarrest gestellt wurde, teilt diese Sorge:

„Nicht die Macht korrumpiert uns, sondern die Angst", schreibt Suu Kyi in *Der Weg zur Freiheit*. Die Angst, die Macht zu verlieren, korrumpiert die, die sie ausüben, und die Angst vor der Geißel der Macht korrumpiert die, die ihr unterworfen sind." (128)

WIE ES IST

Ich glaube, dass Aung San Suu Kyi nicht nur von der Angst spricht, brutalen Diktatoren entgegenzutreten, sondern von der noch umfassenderen Angst, sich der Schikane zu widersetzen. Meist ist diese Angst psychologisch begründet. Untersuchungen zeigen, dass die meisten Menschen sich der Mehrheit anschließen, selbst wenn sie *wissen*, dass die Mehrheit Unrecht hat und nicht mehr auf dem Spiel steht, als nicht im Einklang mit den anderen zu sein. Bevor Menschen einer offiziell erscheinenden Autorität trotzen, werden mehr als sechs von zehn gehorchen, selbst wenn das bedeutet, anderen Schmerzen zuzufügen, wie äußerst beunruhigende Studien zeigen. (129)

> *Demokratie lebt vom Mitmachen.*
> *... Wer nicht mitmacht, riskiert,*
> *dass dann die anderen das Sagen*
> *haben.*
>
> **Wolfgang Gerhardt, MdB**
> ■ *(s. Beitrag auf S. 263)*

Ich konzentriere mich gerne auf den Beweis, dass positive menschliche Qualitäten, die uns befähigen, „Demokratie zu leben" – einschließlich des Grundbedürfnisses nach Fairness und der Fähigkeit zur Empathie – gewissermaßen universell sind. Doch ich glaube auch, dass das Wort „gewissermaßen" in diesem Satz unserer Beachtung bedarf.

Meine eigene Lebenserfahrung und Experten auf dem Gebiet der Psychiatrie sagen mir, dass einer kleine Minorität von uns, hauptsächlich aufgrund von brutalen Erfahrungen in ihrer Jugend, empathische Sensibilität, die fast alle von uns als gegeben ansehen, fehlt. Das heißt, dass ihnen das Bewusstsein dafür fehlt.

Gerade weil die Fähigkeit zur Empathie so verbreitet ist, sehen manche Menschen nicht, dass ihnen in diesem Bereich etwas fehlt. (130) In ihrer extremsten Ausprägung habe ich diese Unfähigkeit in Form von Lügen ohne die geringsten Schuldgefühle erlebt, das Verletzen anderer ohne ein schlechtes Gewissen und das Einschüchtern anderer mit Befriedigung.

Das Fehlen oder die mangelhafte Ausprägung des moralischen Empfindens bei einigen Menschen ist ebenso wie das Fehlen oder die mangelhafte Ausprägung der Sehfähigkeit oder des Hörsinns kein Beweis, dass es sich hier um ein generelles Charakteristikum dieser Spezies handelt.

THOMAS JEFFERSON, 1814 (131)

Warum kommen wir auf diesen traurigen Aspekt zu sprechen? Das Letzte, das ich möchte, ist das Misstrauen zu erhöhen, das von unserem dominanten kulturellen Bezugsrahmen ausgeht. Aber ich weiß auch, dass wir unseren Planeten nicht heilen können, wenn wir das Leben nur so wahrnehmen, wie wir es uns wünschen, nicht wie es ist. Ich betrachte das, wonach ich strebe, als herzzentrierten *Realismus.*

Dazu gehört das Erlangen der Stärke, unsere Angst vor Konflikten anzunehmen, sodass wir gefährliche Funktionsstörungen benennen und uns und andere unterstützen können, effektiv ihren Schaden einzudämmen. Gruppen, die die Idee ernst nehmen, dass Demokratie zutiefst damit zu tun hat, „wie wir einander behandeln", legen ganz bewusst Richtlinien der Interaktion fest, denen sich ihre Mitglieder schon dadurch verpflichten, dass diese sie mit aufgestellt haben. Zu den Verbindlichkeiten gehören oft respektvolles Zuhören und konstruktives Feedback, beides wesentliche Aspekte der demokratischen Kunst (s. Kapitel 5).

Solche Verbindlichkeiten deutlich zu machen, bietet Schutz: klare Grenzen, die die Gruppe, wenn nötig, durchsetzen kann, sodass die Destruktivität einer kleinen Minorität nicht die gute Arbeit von vielen anderen zerstört. (132)

Herzzentrierter Realismus bedeutet die Erlangung erforderlicher Werkzeuge – einschließlich der Neudefinition von Angst –, um sich der Einschüchterung zu widersetzen, ungeachtet dessen, ob diese in unserem eigenen Heim oder im Weißen Haus stattfindet. Er bedeutet den Gewinn des Vertrauens, vor der Kritik des „Gruppendenkens" bestehen zu können, wie z. B. 2002 und Anfang 2003, als die US-Regierung unter George W. Bush falsche Beweise bezüglich der irakischen Bedrohung vorlegte und diejenigen einschüchterte, die diese in Frage stellten, um die Amerikaner dazu zu bewegen, die seit Langem bestehende Absicht der Regierung, in den Irak einzumarschieren, zu befürworten. Fast alle größeren Medien des Landes schlossen sich der Regierungsmeinung an, mit Ausnahme der beiden *Knight Ridder News Service*-Journalisten Jonathan Landay und Warren Strobel, die nach den Tatsachen forschten und dazu standen – trotz des eingestandenen Unwohlseins, sich außerhalb der Masse zu bewegen. (133)

Unsere Kultur bereitet uns nicht auf den Mut vor, der für die Lebendige Demokratie unerlässlich ist, doch die Psychologin Martha Stout von der Harvard Medical School hat einen vernünftigen Rat: „Trauen Sie Ihren Instinkten und Ängsten, vor allem dann, wenn sie sich auf Menschen beziehen, die behaupten, dass das Beherrschen anderer, Gewalt, Krieg oder sonstige Misshandlungen Ihres Bewusstseins die großartige Lösung sei." schreibt sie. „Tun Sie das auch, oder gerade dann, wenn alle um sie herum bereits aufgehört haben, die Autorität überhaupt infrage zu stellen …" Stellen Sie sich einmal vor: In Untersuchungen über Mitschuld an Brutalität hat sich gezeigt, wenn sich nur einige Menschen widersetzen, werden andere sich ihnen anschließen. (134)

Die Lebendige Demokratie ruft dazu auf, uns die Frage zu stellen: Selbst wenn eine kleine Minorität an einem Empathiedefizit leidet, können wir sie guten Gewissens verantwortlich machen? Ihre Macht, anderen zu schaden, ist immer umgekehrt proportional zu dem Mut der anderen, die letztendlich die Mehrheit ausmachen. Vielleicht ist es diese Erkenntnis, die wirklich bedeutet, als Spezies erwachsen zu werden.

Und das bedeutet, dass wir die Angst an sich neu definieren müssen, sodass wir sehen, was einige andere nicht sehen wollen und sagen, was sie möglicherweise nicht hören wollen.

ALTES GEDANKENGUT, NEUES GEDANKENGUT

Es ist ein außergewöhnliches Zeitalter: Wir, die wir heute leben, dürften die Ersten in der menschlichen Evolution sein, die in der Lage sind zu sehen, wie unsere Biologie uns nützt oder nicht nützt, um dann eine Wahl zu treffen: Wir können auf die alten, programmierten Arten reagieren: fliehen, kämpfen, erstarren – oder Angst einfach als Information betrachten. Es mag wohl eine Information sein, dass wir die Grenzen unseres Wachstums durch die Energie der Angst erweitern und sie so verfügbar machen für das Erreichen kreativer Ziele.

Wir müssen die Angst erforschen und nicht den Weg,
wie wir ihr entkommen.

JIDDU KRISHNAMURTI

Statt die Angst als etwas zu sehen, das uns der Macht beraubt, sehe ich sie heute als Hilfsmittel, das wir nutzen können, die Welt zu erschaffen, die wir wollen. Ich habe mir Reverend Njoyas Angreifer immer als sieben Schwertkämpfer vorgestellt, die in seiner Tür stehen, und mir ist klar geworden, dass wir alle, genau wie er, unsere sieben Schwertkämpfer treffen werden. Nur dass sie für uns die gefährlichen Ideen unserer Kultur über Angst verkörpern. In *Idee* 7 werden sieben einschränkende Gedanken über die Angst sieben neuen, befreienden Definitionen gegenübergestellt.

Jeder dieser Ideen ist ein Kapitel in meinem Buch *You Have the Power: Choosing Courage in a Culture of Fear* gewidmet, das ich zusammen mit Jeffrey Perkins geschrieben habe. Inzwischen glaube ich genau wie Reverend Njoya, dass wir diese Angreifer in das verwandeln können, das uns retten wird.

INNERER APPLAUS

Die Zukunft unseres angeschlagenen Planeten mag wirklich von solch einem mentalen Jiu Jitsu abhängen. Können wir lernen, Angst zu transformieren, indem wir ihren Sinn neu interpretieren? Das klopfende Herz, die zugeschnürte Kehle, die weichen Knie, all dies kann bedeuten, dass wir genau das tun, was unser wahres Selbst in diesem Moment am meisten will.

Ich erinnere mich, wie ich unter den Zuhörern gesessen habe, nachdem Al Gore in Boston „Eine unbequeme Wahrheit" vorgestellt hat. Der Film hat mich bewegt, aber ich war auch beunruhigt. Warum passte sein Lösungsrezept nicht zu dem Ausmaß des globalen Klimachaos? Warum betonte er nicht den wesentlichen Schritt: die Trennung von der Macht des konzentrierten Reichtums und

IDEE 7: Sieben Arten, Angst neu zu interpretieren

ALTES GEDANKENGUT	NEUES GEDANKENGUT
Angst bedeutet, dass ich in Gefahr bin. Etwas stimmt nicht. Ich muss flüchten und mich in Sicherheit bringen.	Angst ist reine Energie. Sie ist ein Signal. Sie bedeutet möglicherweise nicht: Stopp! Sondern: Tu es!
Wenn ich aufhöre zu tun, was ich gerade tue, bin ich verloren. Ich werde nie wieder anfangen.	Manchmal müssen wir innehalten, um unseren Weg zu finden.
Ich muss erst alles begreifen, bevor ich irgendetwas tun kann.	Wir müssen nicht glauben, dass wir etwas tun können, um es zu tun; allein die Entscheidung zu handeln beinhaltet Macht.
Wenn ich meinem Glauben entsprechend handele, wird es zum Konflikt kommen. Ich werde gedemütigt werden, ineffektiv sein und zurückgewiesen werden.	Konflikt bedeutet Engagement. Etwas Wichtiges passiert gerade. Es ist eine Öffnung, kein Ende.
Unsere größten Ängste sind unsere schlimmsten Feinde; sie ziehen uns herunter und halten uns zurück.	Unsere schlimmsten Ängste können unsere größten Lehrer sein.
Wenn ich wirklich ich selbst bin, bin ich ausgeschlossen. Wenn ich Beziehungen abbreche, bin ich für immer allein.	Um aufrichtige Beziehungen zu finden, müssen wir die Absonderung riskieren. Das neue Licht, das wir scheinen lassen, zieht andere an, und wir werden zu bewussten Wählern.
Ich bin nur ein Tropfen in einem Fass. Meine Bemühungen mögen dazu führen, dass ich mich besser fühle, aber ich kann nicht viel bewirken.	Jedesmal, wenn wir agieren, selbst wenn es mit Angst geschieht, schaffen wir anderen Raum, das Gleiche zu tun. Mut ist ansteckend.

Aus *You Have the Power: Choosing Courage in a Culture of Fear* von
Frances Moore Lappé and Jeffrey Perkins, Tarcher/Penguin 2004

unseren politischen Entscheidungsfindungen? Sobald mir diese Frage in den Sinn kam, begann mein Herz zu klopfen. Weil andere Fragesteller Al Gore mit Lob überschütteten, wurde mir klar, dass ich ziemlich allein dastehen würde, wenn ich den Mund aufmachte. Dann passierte etwas Neues. Sobald mir mein pochendes Herz in meiner Brust bewusst wurde, wusste ich, dass ich die Hand heben *musste*.

Mein Körper sagte mir etwas: nicht, dass ich ein Feigling war, sondern dass das, was ich zu sagen hatte, wichtig war. Das war der Moment, in dem mir klar wurde, dass ich mich entscheiden konnte, das Klopfen meines Herzens als einen geheimen „inneren Applaus" neu zu interpretieren, der mir sagte, dass ich genau da war, wo ich zu sein hatte. Übrigens habe ich Al Gore an diesem Abend nicht mit meiner Frage konfrontiert, aber ich bin trotzdem halbwegs zufrieden nach Hause gegangen, da ich wusste, dass ich nicht zurückgeschreckt wäre.

Lassen Sie uns die Vorstellung, „die Furcht zu überwinden", als Märchen entlarven. Indem wir uns selbst treu sind, riskieren wir immer die Trennung, und Trennung ist immer beängstigend. Doch wir alle können lernen, mit unserer Angst zu wachsen, während wir auf dem Weg ins Leben vorangehen.

9 VERNUNFT AM WERK

Für Pessimismus ist es viel zu spät,

dafür stehen die Dinge viel zu schlecht.

DEE HOCK, GRÜNDER VON VISA (135)

Selbst wenn mir eine Aufgabe gewaltig erscheint – das Aufräumen des Dachgeschosses oder das Schreiben eines Buchs –, finde ich die Energie, sie zu meistern, *wenn* ich die ersten Schritte sehen kann. *Wenn* ich sehen kann, wie eine kleine Handlung, das Aufsammeln einiger Schachteln oder das Schreiben eines Entwurfs von einer Seite Länge, Bezug zu meinem eigentlichen Ziel hat, z. B. einem Dachboden, auf dem ich wirklich etwas finde oder einem Buch, das mir hilft, Antworten zu finden, dann stärkt das meine Motivation. Ich fühle mich so lange überfordert, bis ich eine Idee habe, wie ich anfangen kann und ein Bild, wie sich aus diesem Anfang etwas entwickelt.

Wenn wir versuchen, zwischen unseren Leidenschaften und den Bedürfnissen dieser Welt einen Bezug herzustellen, aus dem sich wirklich etwas entwickelt, so ist meine Hoffnung für dieses Buch, dass das, was ich als befreiend erlebe, auch Ihnen helfen wird:

… dass, während die vorherrschenden Wertvorstellungen uns blind machen gegenüber Möglichkeiten für uns und unseren Planeten, wir unsere mentalen Rahmen aufbrechen können, um neu zu sehen.

… dass alles, was wir tun oder *unterlassen*, Wellen schlägt, sodass wir unsere Macht bewusst und präzise einsetzen können, um die kausalen Muster zu korrigieren, die heute unsere Welt in die Katastrophe führen.

… dass Angst uns in diesem historischen Moment nicht aufhält, da wir ihre Energie in eine Quelle von Einsicht und Stärke umwandeln können.

… und schließlich, dass niemand von uns alleine ist und dass wir den Fluss auch nicht erst zum Fließen bringen müssen. Millionen anderer Menschen aus diversen Kulturen laden uns bereits ein.

UNSERE VERNUNFT GELTEND MACHEN

Ich habe einmal gehört, wie Wahnsinn als die dauernde Wiederholung der gleichen Tat in der Hoffnung, dass etwas anderes dabei herauskommt, definiert wurde. (Diese Definition wird sowohl Benjamin Franklin wie Albert Einstein zugesprochen, ist jedoch vermutlich auf keinen der beiden zurückzuführen!) Ich habe in mich hineingelächelt, denn ich muss zugeben, dass auch ich manchmal dieser großartigen Illusion anheimfalle. Vielleicht geht es uns allen so.

Doch was die entscheidendsten Fragen unserer Zeit angeht, so müssen wir endlich einsehen, dass sowohl die Menschheit als auch die Erde selbst unsere Weigerung zu lernen nicht länger überleben.

Ich habe dieses letzte Kapitel „Vernunft am Werk" genannt, weil genau das vonnöten ist: Wir müssen unsere Vernunft einsetzen und so tief graben, bis die Muster sichtbar werden, die uns in diesem entsetzlichen Chaos gefangen halten. Ich glaube, dass wir aufhören können, „die gleichen alten Sachen" immer weiter zu wiederholen und zu erwarten, dass dabei etwas Besseres herauskommt. Indem wir aber die kausalen Muster verstehen, stehen wir auch Veränderungen begeistert – nicht unwillig – gegenüber.

Ich möchte Ihnen von einigen neuen Erkenntnissen erzählen, zu denen ich gekommen bin, während ich versucht habe, zu meiner Vernunft vorzudringen. Dieses Buch beginnt mit der in der Innenseite des Titelcovers aufgeführten gefährlichen, falschen Prämisse, die den Grundgedanken ausmacht: Es gibt nicht *genug* – nicht genug Güter und nicht genug Güte.

Und jetzt sagt man uns, dass es selbst an Zeit fehlt. Wir haben keine Zeit, die Menschen dazu anzuleiten, Lösungen zu finden und demokratische Fähigkeiten und Gesellschaften aufzubauen; der Planet hängt in den Seilen. Wir hören noch immer, dass hierarchische Strategien effizient sind, obwohl sie uns in dieses Chaos geführt haben und genau die Netzwerke der Kreativität und Verbindlichkeit unterdrücken, die für wirkliche Lösungen entscheidend sind. Wir hören noch immer, dass wir keine Zeit für Demokratie haben, obwohl unvorstellbar ist, wie wir unsere Beziehung zur Erde in Ordnung bringen wollen, ohne unsere Beziehungen untereinander in Ordnung zu bringen.

Der lähmendste Teil dieser Knappheitsbotschaft ist jedoch ihr Beharren auf einem Mangel in uns selbst. Ein übles Selbstbild beherrscht die dominierende Weltsicht. Diese geschrumpfte Betrachtung unseres Wesens wird nicht nur durch die dominanten politischen und ökonomischen Theorien sowie durch die unablässige Werbung bestätigt, sondern auch durch Verzerrungen in vielen unserer Weltreligionen. Die ersten beiden reduzieren uns auf wetteifernde Sammler, während Letztere vielleicht noch schlimmer sind – sie machen uns zu unreinen Sündern.

Von dieser Prämisse des Mangels ausgehend, *sind* wir erledigt. Wir sind eingesperrt in ein Glaubenssystem, das genau die Knappheit erschafft, die wir fürchten.

Mit dieser getrübten Sicht unserer selbst sind wir anfällig für vereinfachende soziale Dogmen, für die großartigen „Ismen", die uns ermutigen, unser Schicksal in die Hände unfehlbarer Gesetze zu legen, wie den mystischen „freien Markt" und weit entfernter Institutionen, den formalen „Fallen" der Demokratie, gar nicht zu reden von Diktatoren und Ayatollahs.

Hier im Westen, wo das Dogma Markt viele in seinen Bann zieht, lassen wir es zu, dass eine auf einer Regel basierende Wirtschaft (das Wirtschaftsleben wird angetrieben vom größtmöglichen Gewinn für bereits bestehenden Reichtum) sich etabliert, die unweigerlich Geld und Entscheidungsfindung in den Händen einer kleinen Minderheit konzentriert. Diese Konzentration zerstört mit Sicherheit, was uns unserer eigenen Aussage zufolge lieb und teuer ist: einen wettbewerbsorientierten Markt und eine politische Entscheidungsfindung, die dem Wohl des Volkes dient und diesem gegenüber verantwortlich ist.

Deshalb hängt das Überleben unseres Planeten davon ab, ob wir die Kehrtwende schaffen, ob wir uns, wie ich es in diesem Buch betont habe, nicht auf die Güte der menschlichen Natur, sondern auf den Reichtum *im* Menschen beziehen können.

Die Natur hat uns, wie sich herausstellt, genau mit dem ausgestattet, was wir brauchen, um diese große Wende zu vollziehen: unseren fest verankerten Bedürfnissen nach und den Fähigkeiten zu gesellschaftlichen Bindungen, Sinn, Fairness sowie mit einer Kraft, die allesamt über das tägliche Überleben hinausgehen. Wir sind darüber hinaus zutiefst kreative, lernende Wesen. „Glücklicherweise ist der menschliche Geist mit einer äußerst speziellen Besonderheit ausgestattet", schreibt der Radiologie- und Psychiatrie-Professor Andrew Newberg. „Er kann sein Glaubenssystem sehr viel schneller verändern als irgendein anderer Organismus auf diesem Planeten."

Die Herausforderung besteht darin zu glauben, dass eine neue, dem Leben dienlichere Weltsicht – zumindest möglicherweise – in der Entstehung begriffen ist. „Sehen ist Glauben", lautet ein charmanter Aphorismus, aber vielleicht ist er auch falsch. Was den Menschen angeht, wäre „Glauben ist Sehen" wohl richtiger. Wir müssen glauben, dass eine andere Art zu leben möglich ist, wenn wir wirklich sehen wollen, wie sie um uns herum Gestalt annimmt.

Vielleicht besteht die einzige Möglichkeit, das Neue zu sehen, darin, Teil des Neuen zu werden.

Als meine Tochter Anna und ich durch die Welt gereist sind, um *Hoffnungsträger* zu schreiben, haben wir beobachtet, dass die hoffnungsvollsten Menschen, die mit dem größten Gefühl für das Mögliche, in den seltensten Fällen auch die Begünstigsten waren. Was sie in ihrem Tun miteinander verband, war jedoch leicht zu erkennen: Sie gingen die größten Risiken ein; sie waren mit Herz und Seele engagiert.

> *Hoffnung ist nicht das, was wir in Beweisen finden.*
> *Sie ist das, was wir werden, wenn wir handeln.*
>
> MOTTO DES SMALL PLANET INSTITUTS

SCHUTZ

Bei der Geburt von etwas Neuem mitzuwirken, heißt, wie ich auf den ersten Seiten dieses Buches geschrieben habe, einen zentralen, das Ego befriedigenden Mythos zu verabschieden. Seit Äonen haben die Menschen mit dem Finger auf den bösen „anderen" gezeigt und behauptet, zu der Unmenschlichkeit des Täters selbst nicht fähig zu sein. Die Aufgabenstellung war somit klar: Befreit die Welt von den Übeltätern! Doch zu Beginn des 21. Jahrhunderts gerät nun dieses einfache, das Ego beschwichtigende Rezept unter Beweiszwang. Wenn wir zugeben, dass der Holocaust, Ruanda, Hiroshima und so viel anderes passieren konnte, kann die Menschheit auch der Wahrheit in die Augen sehen, dass diese entsetzlichen Taten von „ganz normalen Menschen" begangen wurden, die Unschuldigen Leid und Tod zugefügt haben.

Verständlicherweise haben die Menschen sich gegen dieses schmerzhafte Eingeständnis gewehrt. Doch es lohnt sich, den Mut aufzubringen und sich dieser Tatsache zu stellen. Befreit von der Idee, dass unser Elend von einem unverbesserlichen bösen „anderen" herrührt, können wir uns fragen: *Okay, wie genau sehen die Bedingungen aus, unter denen Brutalität mit an Sicherheit grenzender Wahrscheinlichkeit entsteht?* Wenn wir einigermaßen gewissenhaft die Bedingungen ausmachen können, die das Schlimmste in uns zu Tage treten lassen, können wir uns mit ihnen auseinandersetzen.

Sozialpsychologen und Kulturhistoriker sagen, dass diese Bedingungen nicht so schwer wahrzunehmen sind. (136)

Dazu gehören:

- extremes Machtungleichgewicht, das die kreativen Energien der Machtlosen ausbremst und die Menschlichkeit der Mächtigen verzerrt;

- Anonymität, die uns vor der Verantwortlichkeit schützt und eine Distanz zu unserer angeborenen Verbundenheit und Fürsorge schafft;

- negative Bezeichnungen, die andere entmenschlichen und zum Sündenbock machen;

- die Herrschaft von Ideologien, die unser natürliches Streben, zu hinterfragen und aus Erfahrung zu lernen, blockieren.

Klarheit gibt uns die Macht, die Welt zu erschaffen, die wir wollen. Sie befähigt uns, uns in dem Wissen für die Lebendige Demokratie zu entscheiden, dass ihre Qualitäten, Werte und Praktiken, wie sie in diesem Buch beschrieben werden, *jede* dieser vier den Missbrauch fördernden Bedingungen ausrotten wird. Wenn wir die Demokratie zu einer Lebenseinstellung machen, dann

> *Eine Lebendige Demokratie bedarf der ständigen Begleitung administrativen und politischen Handelns durch die Bürgerschaft.*
>
> **Willi Zylajew, MdB**
>
> *(s. Beitrag auf S. 265)*

- verteilen wir kontinuierlich Macht, indem wir Entscheidungsfindungsstrukturen wechselseitiger Verantwortlichkeit aufbauen und die Fähigkeiten fördern, diejenigen mit größeren Machtbefugnissen zur Rechenschaft zu ziehen;

- lösen wir Anonymität auf, indem wir die gemeinschaftlichen Bindungen und die Transparenz fördern;

- mindern wir die Wahrscheinlichkeit der Stereotypisierung und Dämonisierung anderer, indem wir unterschiedliche Menschen miteinander in Kontakt bringen und Kommunikationsfähigkeiten aufbauen;

- ersetzen wir absolutistisches Denken durch Kreativität, denn fortwährendes Lernen ist das Herz der Lebendigen Demokratie.

Daraus ergibt sich, dass das Erlernen der Demokratie uns vor dem Schlimmsten in uns schützt und das Beste in uns hervorbringt. Und wie sollen wir anfangen?

EINE WARNENDE GESCHICHTE ODER DIE GEFAHR DER GUTEN ABSICHTEN

Bevor ich diese Frage direkt beantworte, lassen Sie mich Ihnen eine Geschichte aus den 1970er-Jahren erzählen. Joe Collins und ich, beide gerade mal 30 Jahre alt, hatten uns durch unsere gemeinsame Empörung über den Welthunger, der zum ersten Mal internationale Aufmerksamkeit erregt hatte, kennengelernt. Wir waren fest entschlossen, ein Institut ins Leben zu rufen, das seine Stimme bei der Findung von Lösungen geltend machen sollte. (Letztendlich entstand daraus das Institut für Nahrungs- und Entwicklungspolitik, auch unter Food First bekannt.)

Wir hörten, dass vor allem öffentliche Stimmen, besonders die der religiösen Gemeinden, nach einer Hungerhilfe – dem Versand von Nahrungsmitteln zu geringen bzw. gar keinen Kosten an die hungernden Nationen – als moralische Antwort auf den Welthunger riefen: Wir haben reichlich, sie haben zu wenig, überführen wir also einen Teil unserer großen Vorräte an sie. Die amerikanischen Farmer fühlten sich wie Helden, als sie dieser Aufforderung nachkamen. Oberflächlich betrachtet: Wer könnte etwas dagegen einwenden? Diese einfache Logik bewegte die Gemüter.

Doch Joe und ich, tief in unsere Untersuchungen über die schlimmsten Hungerregionen der Welt „vergraben", erkannten erstaunliche Fakten: Viele dieser Länder produzierten genug, dass alle ausreichend zu essen gehabt hätten, nur waren viele Menschen zu arm, um dieses Essen zu kaufen. Darüber hinaus blieb ein großer Teil der potenziellen Produktionsmöglichkeiten ungenutzt. Es kam noch schlimmer: Wir fanden heraus, dass ein permanenter Import subventionierter Nahrungsmittel die lokalen Landwirte unterminiert, ihrer Märkte beraubt und die Ernährungsgewohnheiten von den lokal angebauten Lebensmitteln wegführt. Beides erschwert eine künftige Eigenverantwortlichkeit für die Deckung des Nahrungsbedarfs erheblich.

Natürlich ist die Bereitstellung kurzfristiger Lebensmittellieferungen für arme Länder absolut notwendig, um im Notfall Leben zu retten, doch können Nahrungsmittel in den meisten Fällen in der Region gekauft werden, sodass arme Landwirte im Umfeld davon profitieren. Innerhalb der Oberflächlichen Demokratie konnte die amerikanische Agrarindustrie diesen vernünftigen Lösungsansatz blockieren und verursachte so tödliche Verzögerungen bei der Linderung von Hungersnöten, indem sie die US-Regierung davon überzeugte, nur auf US-Lieferanten zurückzugreifen.

Erst jetzt beginnt sich diese Politik zu verändern. (137) So wurde „Nahrungsmittelhilfe" zu meinem persönlichen Codewort für „Gute Absichten reichen nicht. Sie können sogar das Gegenteil bewirken!"

KERNPUNKTE KONTRA ANSATZPUNKTE

Um genau das zu verhindern, dass „Hilfsaktionen" kontraproduktiv wirken, müssen wir auf die Grundursachen zurückgehen und uns immer wieder fragen: Wie unterbreche ich einen negativen Kreislauf, der Leiden mit sich bringt, und wie verstärke ich einen positiven, der zu neuen, dem Leben dienenden Regeln und Normen führt?

Für mich ist es zur Beantwortung dieser Frage hilfreich, zwischen „Kernpunkten" und „Ansatzpunkten" zu unterscheiden.

„Kernpunkte" sind erdrückend. Sie stürmen als verschiedene Probleme auf uns ein, massenweise. Wir hören von Kindersklaverei, Gewalt gegen Frauen, Hunger, HIV/AIDS, immer größer werdender Ungleichheit, Umweltverschmutzung und globaler Erwärmung, Konjunkturrückgang, ungenügenden Schulen ...

Ich fühle mich unter einem Berg von Problemen begraben, würde am liebsten aufgeben.

„Ansatzpunkte" sind etwas ganz anderes.

Ansatzpunkte können wir ausmachen, indem wir eine Kausalitätstheorie entwickeln. Auf diese Art eruieren wir Punkte, an denen wir ansetzen können, um den mörderischen Kreislauf zu stoppen. Oberflächlich betrachtet mögen sie wie unterschiedliche Probleme aussehen, doch es sind „Eingänge": ein Anfang, die *Spirale der Machtlosigkeit (*linkes Innencover) zu unterbrechen und in eine andere Richtung zu lenken. Sie sind bewusste Aktionen, die den Ursachenfluss stärken und die Spirale der Ermächtigung (rechtes Innencover) in Bewegung zu bringen.

Um diese Unterscheidungen klarer zu machen, lassen Sie mich fünf Kernpunkte mit fünf Ansatzpunkten vergleichen.

Ansatzpunkt 1: Rücknahme des Einflusses von Geld auf die Politik

Ein „Kernpunkt" ist die Notwendigkeit, einen mutigen Kandidaten für ein Amt zu wählen, der „die Sache anpackt". Da eine Hauptursache für Oberflächliche Demokratie die Macht des Geldes über die politische Entscheidungsfindung ist, ist für mich ein Ansatzpunkt die Abschaffung dieser Macht.

Lassen Sie mich Ihnen Marge Mead aus Sun City, Arizona, vorstellen. Marge, fast achtzig Jahre alt, Mutter von acht Kindern und Großmutter von zehn Enkelkindern, nahm mit zweiundvierzig an ihrem ersten Collegekurs teil und machte ihren Master mit einundfünfzig. Nach Jahren des Lehrens „war ich es müde, die Aufsätze der Studienanfänger zu korrigieren. Ich bin in den Ruhestand gegangen und mit meinem Mann hierher gezogen", sagte sie uns. Sie fühlte sich wie ein Fisch ohne Wasser, bis sie an einem Treffen des Demokratischen Clubs von Sun City teilnahm. Bald wurde Marge Vertreterin im Bezirksstaatskomitee. Sie trat der Frauen-Wähler-Liga bei.

1996 verreisten einige der Ligaführungskräfte den Sommer über und Marge wurde gebeten, sie in den anstehenden Meetings zu vertreten, um ein Gesetz zur „Säuberung" von Wahlkämpfen mitzugestalten. „Ich war ziemlich unwissend, was das Gesetz im Detail und was die Politik im Allgemeinen anging", sagte Marge.

Doch sie spürte ein starkes Engagement, wenn es um die korrumpierende Macht des Geldes ging. Sie fasste das Problem folgendermaßen zusammen: „Wahlkampfgeldgeber machen das nicht aus Altruismus. Sie betrachten ihr Geld nicht als Beitrag; sie betrachten es als Investition." (Und als eine gut klingende dazu.)

Deshalb ging Marge in Vertretung zu dem Treffen zur Reform der Wahlkampffinanzierung. Das Ziel waren „saubere Wahlen" in Arizona, also ein unabhängiges System öffentlicher Finanzierung. (Kandidaten, die auf öffentliche Mittel hoffen, müssen eine gewisse Anzahl kleiner „Eignungsbeiträge" von registrierten Wählern sammeln. Anschließend nimmt der Kandidat kein privates Geld an, und die Regierung stellt eine festgesetzte Summe für den Wahlkampf zur Verfügung. Wenn privat finanzierte Wahlkampfkandidaten mehr Geld zur Verfügung haben, können die „Saubere Wahlen"-Kandidaten zusätzliche öffentliche Mittel zur Verfügung gestellt bekommen.)

> Neben dem Element der direkt-demokratischen Verfahren zeichnet sich eine Lebendige Demokratie auch dadurch aus, dass die Repräsentation in den Parlamenten möglichst ausgeprägt ist.
>
> **Werner Hoyer, MdB**
> ■ (s. Beitrag auf S. 267)

„Ich bin hineingegangen und habe gefragt, ‚Wer führt hier Protokoll?'", berichtet Marge. „Naja, jeder von uns schreibt mal hier und mal da etwas auf." war die Antwort. „Da habe ich gesagt, ‚Jemand sollte Protokoll führen, denn das ist ein historisches Ereignis. Sie können sich nicht an alle Einzelheiten der Diskussion erinnern.' Dann haben sie gefragt, ‚Wollen Sie Protokoll führen?' Da ich früher Sekretärin war, konnte ich Stenografie und Schreibmaschine sehr gut. So wurde ich zu ihrer Sekretärin."

Marges Insistieren auf einem formalen Protokoll hat möglicherweise dazu geführt, was sie als „ihre letzte Inkarnation" bezeichnet: die einer „politischen Aktivistin" – einer Bürgeranführerin in einem kritischen Kampf für die Demokratie.

„Ich hatte gewaltigen Respekt", sagte sie uns. „Es war ein neues Konzept und ein sehr radikales dazu. Ich war überrascht über die Hingabe der anderen Koalitionsmitglieder. Zuerst war ich unsicher;

das Gesetz ist sehr kompliziert. Aber ich bin herumgereist und habe zu den verschiedensten Gruppen gesprochen. Ich bin zum Glendale Community College gegangen, wo ich unterrichtet hatte, und habe mit den Soziologiestudenten geredet. Es war sehr anregend, und ich bin immer zuversichtlicher geworden."

Um das Gesetz für „saubere Wahlen" zur Abstimmung zu bringen, musste die Koalition zehn Prozent der gesamten Wählerstimmen bei der letzten Gouverneurswahl bekommen – das waren 112.961 Unterschriften. „Als es zur Abstimmung kam (freiwillige Finanzierung der Bürger), hatten wir sagenhafte 51 Prozent", berichtete Marge.

Das Gesetz trat 1998 in Kraft. Wie vorherzusehen war, haben reiche Interessenvertretungen, die es gewohnt waren, die Aufmerksamkeit der Politiker zu kaufen, die „Saubere Wahlen"-Kampagne bekämpft, wo sie nur konnten. In Arizona haben Banken, Bauunternehmer und Firmenlobbyisten, die behaupten, selbst dagegen einzutreten, dass Steuergelder an Politiker fließen, eine halbe Million Dollar in dem Versuch ausgegeben, mittels einer zweifelhaft vorgebrachten Anfrage bezüglich der Wahl 2004 die „Saubere Wahlen"-Kampagne zu Fall zu bringen.

Es ist ihnen nicht gelungen.

Dennoch haben die „sauberen Wahlen" ihren Anfang nicht mit Oma Marge und ihren Verbündeten genommen. Maine kam ihnen zuvor. 1996 leitete der sechsundzwanzigjährige Politologe David Donnelly die Reform ein. Heute sind ungefähr achtzig Prozent der Volksvertreter in Maine auf „saubrem Weg" gewählt. „Ohne ‚saubere Wahlen' hätte ich nicht den Mut gehabt, es zu versuchen", sagt Deb Simpson, Kellnerin und alleinerziehende Mutter, ebenfalls aus Maine, die fünfundvierzig Jahre alt war, als sie im Jahr 2000 gewählt wurde. Heute sitzt sie im Vorsitz des Justizkomitees. In der Gewissheit, dass dieses Verfahren Kandidaten und Wähler anzieht und das Geld außen vor lässt, arbeiten die Bürger in fünfzehn Staaten an ähnlichen Gesetzen.

Ansatzpunkt 2: Ermächtigung von Kindern und Jugendlichen

Ein „Kernpunkt" ist das Schulversagen der Kinder und ihr Abrutschen in die Kriminalität, vor allem armer Kinder. Als wir tiefer gebohrt haben, um einen „Ansatzpunkt" zu finden, ist uns klar geworden, dass hinter diesen Problemen Gefühle von Machtlosigkeit, Hoffnungslosigkeit und ein mangelndes Selbstwertgefühl stehen.

> *Wer um die Stimmen der Wählerinnen und Wähler wirbt, muss sich auch deren Fragen stellen.*
>
> **Gregor Hackmack,**
> **Kandidatenwatch-Mitbegründer**
> ■ *(s. Beitrag auf S. 245)*

Genau diesen „Ansatzpunkt" hat mein Held Edgar Cahn gesehen. Vor knapp dreißig Jahren lag der damalige Professor der juristischen Fakultät nach einem Herzinfarkt auf der Intensivstation und war plötzlich auf die Hilfe anderer angewiesen. Er kam sich nutzlos vor und dachte über andere so genannte ausgemusterte Menschen nach – die Alten, die Jungen, die Kranken, die Armen. Er stellte sich vor, dass viele sich ebenso fühlten wie er. Sie wollten nicht wie hilflose Opfer behandelt werden und hungerten danach, etwas zur Gesellschaft beizutragen.

Der hagere, ernste, heute etwas über siebzigjährige Edgar führte ein bestechend einfaches Werkzeug ein: eine „steuerfreie" Währung. Mit dieser Währung konnten keine weiteren Dinge gekauft werden, man konnte sie aber einsetzen, um notwendige Hilfe zu bekommen und um „zu verdienen, indem man anderen half." Er nannte sie „Zeit-Dollar". Eine Stunde geleisteter Unterstützung erbrachte eine Stunde Unterstützung im Gegenzug ein – ob es sich nun um eine Fahrt zu einem Arzt handelte, die Reparatur einer undichten Leitung, ein warmes Essen zuzubereiten oder eine Stunde Nachhilfe. Für jeden geleisteten Dienst bekommt man „Zeit-Dollar", die man dann für alles Mögliche aus den Listen der Online-Zeit-Bank ausgeben kann. Der Schlüssel für Edgar ist, dass jede Unterstützung den gleichen Wert haben muss.

In Washington D. C., nutzte Edgar die „Zeit-Dollar"-Methode, als er den Gerichtshof für Jugendliche gründete, wo Richter über nicht gewalttätige jugendliche Straftäter urteilen. Ehemalige Straftäter arbeiten als Geschworene, um „Zeit-Dollar" zu verdienen, mit denen sie recycelte Computer kaufen können. Unter dem einen Viertel jugendlicher Straftäter in Washington D. C., die solchen Gerichtshöfen zugewiesen wurden, wurden nur 15 bis 17 Prozent wieder straffällig, ein Bruchteil der üblichen Rate an Wiederholungstätern. (138) Stellen Sie sich das revolutionäre Potenzial eines Jugendgerichtshofs in einer Stadt vor, in der mehr als die Hälfte aller jungen schwarzen Männer im Alter von achtzehn bis vierundzwanzig straffällig werden.

Edgars Methode findet auch Anwendung in Schulen. In dem Glauben, dass das Bedürfnis zu geben bei Kindern ebenso ausgeprägt ist wie bei Erwachsenen, hat er der Schulbehörde in Chicago gesagt: „Suchen Sie uns ein paar Fünf- und Sechsklässler, die bereit sind, ungefähr hundert Stunden jüngeren Kindern Nachhilfe zu geben, um sich einen recycelten Computer zu verdienen. Die Schulen haben uns die Sonderschulkinder und die Kinder mit Aufmerksamkeitsproblemen geschickt", berichtete Edgar.

Als aus den früheren „Schulversagern" Mentoren wurden, stieg die Anwesenheit an den Nachhilfetagen, und die Kämpfe nach der Schule hörten auf. Edgar: „Die Tutoren ließen niemanden ihre Schüler schlagen", berichtete Edgar.

Und dann ist da noch YouthBuild.

1978 wollte Dorothy Stoneman, eine frühere Grundschullehrerin aus Harlem, die damals in den Dreißigern war, ihren Teil dazu beisteuern, um Rassismus und Armut entgegenzuwirken, die ihren Schülern schadeten. Im Wissen um die eigene Kraft der jungen Leute stellte sie den Jugendlichen in Harlem geradeheraus die Frage: „Was würdet ihr zur Verbesserung eurer Gemeinde tun, wenn euch die Erwachsenen unterstützen würden?"

„Wir würden die Häuser wieder herrichten. Wir würden uns die leeren Gebäude von den Drogendealern zurückholen und das Verbrechen ausmerzen", antworteten sie. Gemeinsam mit Dorothy gründeten sie das, woraus später YouthBuild wurde, und renovierten eine Mietskaserne. Seitdem haben achtundsechzigtausend junge Leute, die in armen Gemeinden leben und vorher keine Zukunft sahen, durch YouthBuild siebzehntausend erschwingliche Unterkünfte hergerichtet, Abschlüsse nachgeholt (GED), im Baugewerbe Ausbildungen gemacht und die Kunst der Demokratie kennengelernt.

Die Mitglieder von YouthBuild erfahren sich nicht als Hilfsempfänger, sondern als mächtige Mitwirkende, betont Dorothy (die heute meine Freundin ist, was ich mit Stolz sage). Neben ihrer Bautätigkeiten helfen sie auch bei der Auswahl des Personals, der Kapitalbeschaffung und sind in die Leitung der nationalen Organisation einbezogen. Die Bewegung hat sich auf zweihundertsechsundzwanzig Orte ausgeweitet, ist fast in jedem Staat präsent und bekommt inzwischen Anfragen aus anderen Ländern, angefangen mit Südafrika und Marokko. Absolventen berichten Dorothy, dass sie „ohne YouthBuild vermutlich tot oder im Gefängnis" wären. Einer von ihnen: „Stattdessen baue ich Häuser, gehe aufs College und bewirke etwas."

„YouthBuild-Absolventen haben nicht nur Werkzeuge in der Hand, die *ihnen* ein besseres Leben ermöglichen", so Dorothy. „Sie sind zu Bürgern und Anführern geworden, die die Welt für uns alle besser machen."

Ansatzpunkt 3: Macht durch bewusstes Einkaufen

Welchen Salatkopf Sie heute auswählen oder wo Sie Ihr nächstes T-Shirt kaufen, scheint keine Entscheidung zu sein, die die Welt verändert. Und doch ist es so.

Die *Spirale des Machtentzugs* entsteht nicht allein durch Gesetze in Büchern, sondern auch durch die Prinzipien, die unsere täglichen Handlungen kreieren. Wenn wir chemisch gedüngte Nahrungsmittel kaufen, ist das das Signal an die Nahrungsmittelindustrie: Ja, ja mehr davon. Entscheiden wir uns stattdessen für biologisch angebaute Nahrungsmittel, regen wir die Produktion derselben an (warum glauben Sie, bietet McDonald's in Schweden Biomilch an, in Amerika aber nicht?). Stimmt, diese Stimmen vom „Markt" sind grob und einseitig – je mehr Geld jemand hat, desto stärker der Einfluss –, dennoch zeigt unser Handeln Wirkung.

Ich sage das nicht, um uns ein schlechtes Gewissen zu machen, sondern damit wir begreifen, welche Macht wir haben.

Dreiundsechzig Millionen Amerikaner sagen heute, dass ihre Kaufentscheidungen darauf basieren, wie sie die Welt beeinflussen, und vier von fünfen sagen, dass sie eine andere Marke nehmen würden, um etwas zu unterstützen, wenn Preis und Qualität gleich wären. Noch vor zehn Jahren war das kaum der Fall. Woher kommt dieser Wandel? Vielleicht lernen wir zu sehen, was bisher unsichtbar war. Wir können uns heute leicht die ökologischen Auswirkungen ausrechnen, die unsere täglichen Entscheidungen haben, zum Beispiel bei myfootprint.org.

Weitere neue Online-Werkzeuge schießen aus dem Boden. CoopAmerica bietet online seine nationalen Grünen Seiten über umweltfreundlich klingende Betriebe an. (139) Ein anderes Werkzeug ist Alonovo.com, das uns daran erinnert, dass „wir jedesmal einem Geschäft Macht geben, wenn wir einen Kauf tätigen." Die Betreiber der Homepage prüfen Hunderte von Produkte unter verschiedenen Aspekten – von sozialer Verantwortlichkeit und Umweltverträglichkeit bis hin zu fairen Arbeitsplatzbedingungen und der Ethik des Herstellers.

Weltweit sind die Verkäufe über die von mir in Kapitel 2 erwähnte Fair-Trade-Bewegung in nur einem Jahr, 2004, um 50 Prozent gestiegen. Es gibt sie jetzt in fünfzig Ländern, weil Millionen von Käufern nach dieser Kennzeichnung Ausschau halten, die garantiert, dass die Hersteller einen angemessenen Preis bekommen. Um nur ein Beispiel für diese Auswirkungen zu nennen: 2006 bekamen die Kaffeekooperativen in Ruanda, zu denen Witwen und Waisen des Völkermords von 1994 gehören, einen Fair-Trade-Preis für ihren Kaffe, der dreimal mal so hoch war wie derjenige, den die lokalen Händler ihnen boten.

Die grundlegende Veränderung, die dadurch entsteht, dass wir uns der Macht unserer Kaufentscheidungen bewusst werden, verdanken wir unter anderem einigen dynamischen, entschlossenen Menschen wie zum Beispiel Lina Musayev. Lina, jetzt sechsundzwanzig Jahre alt, studierte an der George Washington University, als ihr Leben sich 2002 während eines Führungskräftetrainings von *Oxfam America* für immer veränderte.

„Landwirte aus Guatemala kamen, um mit uns zu reden", erzählte mir Lina. „Wir hörten die wahre Geschichte von Fair Trade direkt von der Quelle. Ich wusste absolut nichts über die Kaffeekrise. Ich wusste nicht, dass fünfundzwanzig Millionen Menschen davon betroffen waren. Als ich von Fair Trade hörte, dachte ich: ‚Das ist unglaublich. Es funktioniert. Es macht wirklich einen Unterschied.' Am folgenden Tag gründeten meine Freundin Stephanie (*Faith Green*), die mit mir von der Georgetown University gekommen war, und ich *United Students for Fair Trade*.

Wir stehen uns sehr nahe. Wir waren ein Super-Team." Lina weiter: „Als die Uni wieder anfing, entschloss ich mich, von ganz unten anzufangen und eine Petition zu verfassen, aus der hervorging, dass die Studenten mehr Fair-Trade-Kaffee wollten. Zweitausend von zehntausend Studenten unterschrieben. Es hat funktioniert. Wir haben einen Brief an *Starbucks* geschrieben. Wir haben bei jedem Uni-Event, wie zum Beispiel bei den Lehrertreffen, Fair-Trade-Kaffee angeboten."

Ich habe Lina gefragt, welches Vorgehen ihr am erfolgversprechendsten erscheint, um Studenten anzusprechen. „Am wichtigsten ist es, dass die Landwirte selbst auf den Campus kommen. Wenn die Studenten den Landwirten zuhören, höre ich förmlich die Studenten sagen: ‚Oh mein Gott, das habe ich nicht gewusst!' Fast genau so, wie es mir ergangen ist!"

Nach drei Jahren verabschiedete die George Washington University eine Resolution, in der alle Verkaufsstellen auf dem Campus aufgefordert wurden, nur noch Fair-Trade-Kaffee zu verkaufen. In nur fünf Jahren hat sich die studentische Fair-Trade-Bewegung, die Lina und ihre Freundin Stephanie ins Leben gerufen haben, auf dreihundert Universitäten ausgeweitet, und ungefähr fünfzig verkaufen ausschließlich Fair-Trade-Kaffee auf dem Campus.

Lina und Stephanie werden wahrscheinlich Schwierigkeiten haben, Wirtschaft jemals wieder als den Austausch von Waren in anonymen Transaktionen zu betrachten. Sie helfen, einen neuen Maßstab zu setzen, eine Wirtschaft für Menschen – Menschen, die miteinander verbunden sind, auf faire Weise.

Ansatzpunkt 4: Bürger an Hersteller: „Du produzierst, du bist verantwortlich"

Ein „Kernpunkt" sind die Berge von Elektroschrott, vieles davon giftig, die die Mülldeponien überfüllen und das klimaschädigende Verbrennen von fossilen Brennstoffen für die Herstellung von Millionen neuer elektronischer Geräte jedes Jahr. Und nur sehr wenig davon wird recycelt.

Um einen PC-Monitor herzustellen, wird ein Zehnfaches seines Gewichts an fossilem Brennstoff gebraucht, während für Autos und Kühlschränke das Ein- bis Zweifache ihres Gewichts gebraucht wird. So trägt die jährliche Produktion von 130 Millionen Computern sowohl zur Verbreitung giftiger Chemikalien als auch zur Erderwärmung bei. Eine Möglichkeit, diesen „Kernpunkt" anzugehen, wären strengere Regeln zur Entsorgung alt gewordener Elektroartikel. Aber ein „Ansatzpunkt"?

Ein „Ansatzpunkt" verändert die dem Problem innewohnende Logik. Hierzu wurden 2006 Bürger von Maine aktiv, als ihr neues „Gesetz zur Produktverantwortlichkeit" in Kraft trat: Es schreibt vor, dass die Hersteller von bestimmten elektronischen Produkten auch die Verantwortlichkeit für deren Lebenszyklus übernehmen, einschließlich der Recyclingkosten.

Die Hersteller sind durch dieses Gesetz plötzlich motiviert, weniger giftige und mehr recycelbare Produkte herzustellen. „Der Versuch umzurüsten ist zu unwirtschaftlich, wenn die Produkte erst hergestellt sind. Wir haben nicht die Zeit. Wir müssen die Produkte nachhaltiger gestalten", sagt Pete Didisheim, Bereichsleiter Öffentlichkeitsarbeit des *Natural Resources Council of Maine (NGO)*. Er leitete eine Kampagne, die Maine zum ersten amerikanischen Staat machte, der die Produktverantwortlichkeit gesetzlich verfügt hat. Dieser Lösungsansatz ist in Europa sehr verbreitet und in neunundzwanzig Ländern im Gespräch.

Die Begeisterung für die Produktverantwortlichkeit der Hersteller erwachte bei Pete vor einigen Jahren, als er ein schockierendes Video sah, *Exporting Harm*. Er sah, wie ungeschützte Arbeiter in China ausrangierte Computer aus den Industrieländern auseinandernahmen und sich völlig unwissend tödlichem Blei, Cadmium und anderen Giften aussetzten. „Das ist die dunkle Seite unseres Informationszeitalters", berichtete er mir.

Also machte er sich zusammen mit dem Umweltrat von Maine an die Arbeit und fand legislative Unterstützer (einschließlich eines republikanischen Deponiebetreibers, der das Problem aus der Nähe gesehen hatte), um ein Gesetz einzuführen und zur Wurzel des Übels vorzudringen.

Vor Einführung dieses Gesetzes warfen die Bürger von Maine jedes Jahr ungefähr 100.000 Computer und Fernseher weg, von denen jeder ein ganzes Arsenal giftiger Materialien enthielt, einschließlich des tödlichen Quecksilbers und drei bis acht Pfund giftigen Bleis. Da ein Großteil des Abfalls in Maine verbrannt wird, verunreinigten viele schädliche Dämpfe diesen atemberaubend schönen Staat.

Heute übernehmen die Hersteller den größten Teil der Kosten für die Demontage von Computerbildschirmen und Fernsehern. Die Käufer müssen die Fernseher und Monitore zu einer Übernahmestation bringen, von wo aus sie an staatlich zugelassene Zentren gehen, die diese recyceln und den Herstellern die Kosten in Rechnung stellen – bis zu 48 US Cent pro Pfund.

„Es war ein schwerer Kampf", sagte Pete. Industrielobbyisten machten die größten Kraftanstrengungen, die es je in diesem Staat gegeben hatte. Doch durch das „Saubere Wahlen"-Gesetz gelang es ihnen nicht, das Gesetz zur Produktverantwortung der Hersteller durch Spendengelder zu Fall zu bringen. Alle großen Computerhersteller – IBM, Panasonic, Mitsubishi usw. – steckten zig Millionen Dollar in Fernsehwerbung und Anzeigenkampagnen gegen das Gesetz. Apple war entgegen seines progressiven Images am schlimmsten. Nur Hewlett-Packard unterstützte das Gesetz. Dort betrachtete man das Recyceln alter Computer als Geschäftsmöglichkeit."

> *Wir bekennen uns als Wirtschaftsunternehmen zu unserer besonderen Mitverantwortung für die Bewahrung der natürlichen Lebensgrundlagen.*
>
> **Aus dem Ehrenkodex des Bundesdeutschen Arbeitskreises für umweltbewusstes Management (B.A.U.M. e.V.)**
>
> ■ *(s. Beitrag auf S. 247)*

Die „Produktverantwortlichkeit" löst einen Dominoeffekt in der Elektronikindustrie aus, angefangen bei der Entwicklung von länger haltbaren, leichter recycelbaren und weniger giftigen Produkten bis hin zur Reduzierung fossiler Brennstoffe bei der Herstellung. Denn Recycling heißt, von Anfang an weniger zu produzieren.

Schon nach fünf Monaten hatten die Menschen in Maine durch das neue System Fernseher und Computermonitore mit einem Gewicht von fast 500 Tonnen dem Recycling statt der Müllverbrennung zugeführt.

Ein noch strikteres Gesetz wurde 2006 in Washington verabschiedet und ähnliche Gesetze wurden in einem halben Dutzend weiterer Staaten eingeführt.

Ansatzpunkt 5: Belohnen wir die „Erneuerbaren Energien"

Als Letztes ist ein dringlicher „Kernpunkt" die globale Erwärmung, die Gefahr durch die Atomenergie und der Bedarf an umweltschonenden, klimaschonenden, sicheren und erneuerbaren Energien. Doch wo ist der „Ansatzpunkt" in einer globalen Ökonomie, die von einer über drei Billionen Dollar schweren Ölindustrie dominiert wird?

Viele Menschen, die ihr Leben dem Ziel gewidmet haben, von den fossilen Brennstoffen fortzukommen, sagen, dass ein ganz einfaches politisches Instrument ausreichen würde.

Die „Einspeisevergütung" (Erneuerbare Energiegesetz – EEG) beschleunigt den Einsatz erneuerbarer Energietechnologien in über einundvierzig Ländern, Staaten und Provinzen. Deutschland und Spanien sind in diesem Bereich wegweisend.

Das Gesetz verpflichtet die Energieversorgungsunternehmen, Elektrizität von Anlagen, die Energie aus erneuerbaren Quellen gewinnen, zu einem vorgeschriebenen Preis zu kaufen, der so berechnet ist, dass er den Betreibern dieser Anlagen Profite sichert. Produzenten umweltfreundlicher Energie wird so ein guter Markt gesichert und das Investitionsrisiko liegt quasi bei Null. Selbst private

Haushalte, die Wind- oder Solarenergie erzeugen, werden auf diese Weise dazu angespornt. Während derzeit Milliardensummen aus öffentlichen Fördermitteln der Kohle-, Öl- und Atomindustrie zufließen, beginnt sich dennoch durch das Energiegesetz das stark einseitig besetzte Spielfeld zu korrigieren.

In Deutschland werden die Kosten auf alle Steuerzahler umgelegt, sodass durch das Gesetz nur Kosten in Höhe von ungefähr 1,50 Euro im Monat pro Haushalt anfallen. In Norddeutschland demonstrieren die siebenhundert Einwohner des Dorfes Jühnde* das Potenzial dieses Gesetzes. Die gesamte Energie wird zu hundert Prozent aus regenerativen Energiequellen einschließlich Landwirtschaftsabfällen bezogen, so der Autor einer der wenigen Bücher zu diesem Thema: Miguel Mendonca, *Feed-in Tariffs*. (140)

Das Erneuerbare Energiegesetz ist der Hauptgrund dafür, dass Deutschland inzwischen (2008) 15 Prozent seiner Elektrizität aus regenerativen Quellen gewinnt. Wenn dieser Trend sich weiter so entwickelt, könnten es theoretisch in 2050 100 % sein.

In der Nähe des spanischen Dorfes Milagro berichtete mir Miguel Mendonca von großen „Solarparks", zirka eine Fahrstunde von Pamplona entfernt. Einer davon gehöre, so Miguel „zu den größten Europas, mit der Fläche von fünfzig Fußballfeldern, mit Reihen von riesigen Solarpanelen. Der Park wird kooperativ, wie das bei solchen Einrichtungen mehr und mehr der Fall ist, von ungefähr siebenhundertfünfzig Besitzern betrieben. Steuervergünstigungen reduzieren die Investitionskosten pro Modul, und die Einspeisevergütung garantiert ein jährliches Einkommen. Was dazu geführt hat, dass es viele Investoren gibt."

---

* Siehe hierzu auch *Lebendige Demokratie geht überall!* von
Monika Griefahn MdB im Anhang dieses Buches (Anm. d. Lektors).

Milagros Bürgermeister Esteban Garijo hält das für eine brillante Idee: „An sonnigen Tagen kostet uns die Sonne gar nichts. Wir erzeugen nicht nur saubere Energie, die Stadt verdient auch noch Geld dabei."

Im nahen Pamplona investieren einige Anwohner jetzt in Solaranlagen, um Geld für ihren Ruhestand zu erwirtschaften. So unglaublich es vielleicht klingen mag, doch ein 1999 von dem damaligen Gouverneur George W. Bush unterzeichnetes, der Einspeisevergütung vergleichbares Gesetz hat Texas zu Amerikas Energiechampion gemacht. 2005 schloss Washington State sich an, und die Bürger von Wisconsin kämpfen hart darum.

Ein Hindernis für die erneuerbaren Energien ist der Mythos, dass sie nur einen kleinen Anteil an Energie liefern können, betont Miguel. Doch das ist falsch: „Wenn die fossilen und die Kernbrennstoffe morgen nicht mehr da wären, können Sie darauf wetten, dass die regenerativen Energien sehr schnell an ihre Stelle treten würden." (141) Als Motivation für ein sofortiges Handeln mag die Tatsache dienen, dass weltweit immer noch pro Woche ein umweltbelastendes Kohlekraftwerk gebaut wird.

Zusammenfassend kann man sagen, dass „saubere Wahlen" ein „Ansatzpunkt" sind, weil diese Strategie die Kontrolle des Geldes über die Regierungsaktivitäten stoppt. „Zeit-Dollar", Jugendlichen-Gerichtshöfe und YouthBuild sind „Ansatzpunkte", weil sie die nach unten gerichtete, auf der Innenseite des linken Covers abgebildete Spirale des Machtentzugs unterbrechen, indem sie auf positive Weise unsere falschen Ansichten verändern, die Grundlage jeder Oberflächlichen Demokratie sind.

Bewusstes Kaufverhalten, Fair Trade, Herstellerverantwortlichkeit und Gesetze für den Vorrang erneuerbarer Energien – sowie andere Strategien zur Integration von Unternehmen in die „Ökologie der Demokratie" – kehren die negative Spirale um. Wir lernen, dass die Marktwirtschaft kein unfehlbares Gesetz ist, das außerhalb unserer Reichweite liegt. Sie ist ein Werkzeug, das wir bewusst nutzen können, um unsere Werte zu manifestieren. Das ist das Vertrauen, das wir brauchen, um der *Spirale der Ermächtigung* (rechte Coverinnenseite) anzufeuern, die eine Welt schafft, in der das Beste in uns zum Tragen kommt.

EINE INTERNE CHECKLISTE

Ein freudvolles Leben, davon bin ich überzeugt, tritt ein, wenn wir an den Punkt kommen, an dem ein starker „Ansatzpunkt", der die Grundursachen betrifft, unsere tiefste Leidenschaft entfacht. Ich weiß, dass bei mir eine persönliche Revolution in Gang gesetzt wurde, als ich diesen Punkt erreichte: Mit Mitte zwanzig wurde klar, dass unsere täglichen Essgewohnheiten auf Ökologie und Fairness große Auswirkungen haben. Dafür bin ich auf ewig dankbar.

Um diesen Punkt zu finden ist der erste kritische Schritt möglicherweise die Erkenntnis, dass die negative Spirale tief in uns selbst ihren Anfang nimmt. Wenn das Gefühl des „Mangels" tief im Zentrum unseres Schmerzes lauert, und dieser Schmerz von uns nach außen projiziert wird und unsere Welt erschafft, dann können wir bei uns anfangen, das rückgängig zu machen: Wir können anerkennen, das genug da ist. Jetzt, in diesem Moment, können wir uns auf unsere Stärken und die unserer Lieben konzentrieren und auf die Möglichkeiten, die direkt vor unserer Nase liegen, um unsere Leistungsfähigkeit zu erhöhen und unser Bedürfnis nach Fairness, Kooperation, Wirkungskraft und Sinn zu befriedigen.

Das Erkennen dieser Kapazitäten kann die *Spirale der Ermächtigung* in Gang setzen und uns aus jeglicher Abwärtsdrehung ausbrechen lassen.

Denken Sie an etwas, womit Sie sich derzeit beschäftigen. Vielleicht sind Sie an der Schule Ihrer Kinder engagiert, damit diese den Schülern eine stärkere Selbstermächtigung geben kann, oder Sie schreiben eine E-Mail an die Zeitung und verleihen so der Ansicht Ihrer Gemeinde eine Stimme. (Denken Sie daran: Selbst wenn es nicht veröffentlicht wird, hat es jemand gelesen und die Belange eines Lesers wahrgenommen.)

Vielleicht unterstützen Sie ja den Bürgerfunk im regionalen Radio, oder Sie überlegen, was Ihre Kirchengemeinde für eine grundlegende Fairness in unserer Gesellschaft tun kann.

Eventuell haben Sie beschlossen, die Belastung, die Sie diesem Planeten zumuten, zu reduzieren, indem Sie weniger Fleisch essen, ihr Heim mit Solarenergie versorgen oder Aktien von einem lokalen Produktionsbetrieb kaufen. Oder Sie äußern sich jetzt endlich zu der Diskriminierung, die Sie an Ihrem Arbeitsplatz miterleben, oder machen Werbung für einen Kandidaten, der wirklich für die Belange der Bürger eintritt.

Denken Sie an das, was Sie schon immer tun wollten.

In jedem Fall können Sie Ihre Entscheidungen und Träume infrage stellen. Indem ich meinen eigenen Weg fand, ist eine Frage für mich zur Kernfrage geworden: *Wie erkenne ich Lebendige Demokratie, wenn ich ihr begegne?* Ich brauche eine Checkliste in meinem Kopf, die mir bei meinen Entscheidungen hilft. So ist *Idee 8* entstanden, die Checkliste für die Lebendige Demokratie, in der es um fünf wesentliche Fragen geht. Deren Beantwortung hilft mir abzuwägen, ob ein vorgegebener Denkansatz den destruktiven kausalen

Fluss unterbricht und die lebensfördernde *Spirale der Ermächtigung* vorantreibt. Ich hoffe, dass diese Fragen auch Ihnen helfen werden. Sie können selbstverständlich Ihre eigenen hinzufügen, und während Sie das ausprobieren, besuchen Sie bitte smallplanet.org.

Das vorliegende Buch basiert teilweise auf meine beiden anderen Bücher: *Hoffnungsträger* und *Democracy´s Edge*, in denen Sie Dutzende von „Ansatzpunkten" finden, die Ihnen helfen könnten, Ihre eigenen Leidenschaften mit tiefgreifenden Veränderungen zu verknüpfen. Lesen Sie, sprechen Sie mit anderen. Sehen Sie sich ein wenig um, und finden Sie heraus, was Sie begeistert.

DREISTE DEMUT

Ich erinnere mich an ein Fest, das ich in 1970er-Jahren gegeben habe. Dort tauchte ein Satz von einem Komikerfreund auf, bei dem sich alle gekringelt haben vor Lachen: „Nun ja, ich habe mir einmal überlegt, Lappés Branche beizutreten und zu versuchen, die Welt zu verändern." erzählte er todernst. „Ein Problem dabei hat mich jedoch davon abgehalten. Da kannst du dich wochenlang engagieren – und man sieht nicht die geringste Veränderung!"

Ja, natürlich haben wir alle gelacht. Jetzt ist mir jedoch klargeworden, dass mein witziger Freund die wirkliche Pointe möglicherweise verpasst hat.

Doch damals hätte ich mir die Welt niemals so vorstellen können, wie ich sie heute erlebe: Ich habe angenommen, dass die Dinge besser würden (wenn die Leute mir zuhörten, natürlich!), oder sie würden schlechter. Aber so ist es nicht gekommen. Die Dinge bewegen sich rasant in zwei Richtungen zur gleichen Zeit: Vieles wird sehr viel schlechter *und* vieles wird sehr viel besser. Die wirkliche

Herausforderung besteht darin, bei klarem Verstand zu bleiben in dieser Sowohl-als-auch-Welt: Beide Realitäten sind präsent.

Mir hilft dabei eine neue Art von Demut, die in mir heranwächst. Ich kann mir inzwischen all die positiven Entwicklungen ansehen und zugeben, dass ich ihnen, als ich im Alter meiner Kinder war, so gut wie keine Chancen auf Erfolg gegeben hätte. Das macht demütig.

Mir ist auch klar, dass die meisten Initiativen der Lebendigen Demokratie, denen Sie in diesem Buch begegnet sind, ihren Anfang bei einer einzelnen Person oder einer kleinen Gruppe von Menschen genommen haben und zu vielen der Durchbrüche, die mich am meisten inspirieren, ist es vor etwas mehr als dreißig Jahren gekommen. Einige sind auch neueren Datums. Historisch betrachtet ist das keine Zeit. Die Schnelligkeit ihres Wachstums, die Parallelität in den Erfahrungen legen nahe, dass wir naiv wären – schlicht und einfach dumm –, wenn wir das Potenzial dieser Initiativen unterschätzen würden.

All dies lässt mich zweimal über jegliches Urteil über die Zukunft nachdenken. *Es ist nicht möglich zu wissen, was möglich ist,* habe ich weiter vorn in diesem Buches geschrieben. So verstehe ich heute Demut. Der Glaube, Ergebnisse genau vorhersagen zu können, wie Zyniker das von sich behaupten, ist für mich zum Äußersten der Selbstüberschätzung geworden. Und weil das so ist, sind wir frei. Wir sind frei in der Annahme zu handeln, dass unser Tun, egal wie geringfügig es uns erscheinen mag, ein Wendepunkt sein kann, der zu tiefgreifenden Verschiebungen des Bewusstseins und der Kreativität führt.

WISSEN

Wir können keine Ergebnisse vorhersagen, doch einiges wird langsam klar, und diese Klarheit erschüttert uns: der Schock durch schmelzende Eiskappen und sterbende Pinguine, durch abgeholzte Regenwälder und Arten, die täglich ausgerottet werden, bevor wir sie auch nur gesehen haben, durch Kinder, die für den Völkermord

IDEE 8: Checkliste zur Lebendigen Demokratie
Zur Untersuchung und Identifizierung von kausalen Mustern und zur Auswahl von Zugängen

1. EXPANDIERE UND VERBREITE ICH MACHT?
- Entsteht durch mein Handeln neue Macht – ein größeres Bewusstsein und die Stärkung meiner eigenen Kapazitäten sowie die anderer? Reduziert es Machtungleichgewichte?
- Trägt mein Bemühen zu einer einmaligen Korrektur bei, oder führt es zu einer anhaltenden faireren und effektiveren Entscheidungsfindung?
- Geht die Verantwortlichkeit nur in eine Richtung, oder wird sie von mehreren Parteien getragen, die somit auch zur Verantwortung gezogen werden können?

2. REDUZIERE ICH DIE ANGST VOR VERÄNDERUNG UND DIE ANGST DER ANDEREN?
- Bin ich ein Beispiel dafür, dass Angst angesichts von Neuem okay ist?
- Ersetzt mein Bemühen eine Stereotypisierung durch Wertschätzung und begrüßt die Vielfalt?
- Helfe ich bei der Bildung von Gruppen und Verbindungen, die den Mut stärken, ohne andere auszuschließen?

3. LERNE UND LEHRE ICH DIE KUNST DER DEMOKRATIE?
- Lehrt und praktiziert mein Einsatz aktives Zuhören, den kreativen Umgang mit Konflikten, kontinuierliches Auswerten, Mentoring und andere für die Effektivität essenzielle Fähigkeiten?

4. ERSCHAFFE ICH EINE BEWEGUNG, DIE NACHHALTIG IST?

- Ist die Initiative mit einem innewohnenden Belohnungssystem ausgestattet, in dem es große Mengen an wirklichem Lernen, Humor, Schönheit, Festivitäten und Kameradschaft gibt?
- Ist sie weithin wahrnehmbar, sodass auch die Menschen außerhalb des inneren Kreises zum Handeln motiviert werden? (Vergessen Sie nicht unsere Spiegelneuronen!)

5. ERSETZE ICH EINSCHRÄNKENDE DENKSYSTEME DURCH SOLCHE, DIE IN DIE ERMÄCHTIGUNG FÜHREN?

- Helfe ich, die Kernannahme des „Mangels" durch die der „Fülle" zu ersetzen?
- Helfe ich, den Glauben an starre ökonomische Gesetze durch das Vertrauen in die menschliche Kreativität zu ersetzen?
- Helfe ich bei der Neu-Fokussierung auf die Güte „in" der menschlichen Natur – unser Bedürfnis nach Verbundenheit, Fairness und Effektivität –, die wir nutzen können, um unseren wunderbaren Planeten zu heilen?

bewaffnet sind und Kinder, die verhungern, obwohl wir über ein Drittel unseres Getreides an das Vieh verfüttern. All dieses Wissen setzt sich langsam durch, und mehr und mehr Menschen erkennen, dass die Zeit reif ist zu handeln. Wenn wir jetzt nichts tun, können wir zusehen, wie unser Schicksal besiegelt wird: Wir riskieren, zu den beschämendsten Vorfahren unserer Spezies zu werden, indem wir denen, die wir lieben, und denen, die sie einmal lieben werden, eine beschädigte Welt übergeben, die wir selbst herzzerreißend finden.

Dieser Schock kann uns für eine Energie öffnen, die jetzt noch in uns schlummert, eine reine, beschützende Wut, die wir transformieren können in eine unglaubliche Kraft für die Verteidigung dieser wunderschönen Erde im Belagerungszustand.

Sicher, es gibt vieles, das wir bezüglich unserer Erfolgschancen nicht wissen und nicht wissen können. Aber vieles *können* wir wissen: Die Menschheit begreift langsam die fundamentalen Gesetze der Natur und die fatalen Konsequenzen ihrer Missachtung. Statt Panik hervorzurufen, kann das Akzeptieren dieser von der Natur gegebenen Grenzen große Erleichterung hervorrufen. Wenn Kinder Grenzen brauchen, um sich sicher zu fühlen, geht es uns vielleicht nicht anders. Die Natur bietet uns wirkliche, keine willkürlichen Richtlinien, und wenn wir mit ihr im Einklang leben, weil wir selbst ein Teil der Natur sind, bringt uns das vielleicht auch in größeren Einklang mit anderen. Könnte dieser Wandel, dieses aufrichtige Vertrauen in die Gesetze der Natur, letztendlich die Klaue des von uns selbst geschaffenen Mangels lockern und uns zum ersten Mal wirklichen Überfluss erleben lassen?

Selbst Schöpfer sein – die in Zukunftswerkstätten entfachte Entdeckerfreude macht die Teilnehmer regelrecht high.

Robert Jungk (1913-1994), Autor, Friedensforscher und Begründer der Zukunftswerkstätten

■ *(s. Beitrag auf S. 250)*

Vielen wird langsam klar, dass wir weder die Natur noch unsere eigene Natur bekämpfen müssen. Wir können unserem tiefen, angeborenen Bedürfnis nach „Verbundenheit und Einflussnahme" vertrauen. Wir können unserer Fähigkeit vertrauen, mit Angst zu leben. Wir können sogar unserer Kapazität vertrauen, lang gehegte Weltanschauungen aufzugeben, um unsere Gesellschaft so zu strukturieren, dass sie uns vor dem Schlechten in uns schützt, während sie das Beste in uns freisetzt:

Denn in unserem tiefsten Inneren wissen wir, dass die wirklichen Probleme, mit denen unser Planet konfrontiert ist, nur durch Einfallsreichtum, Erfahrung und das Engagement – das ansteckende

Engagement – von Milliarden von uns gelöst werden können. Da wir all das wissen, ist es zumindest möglich, den größten Sprung zu wagen und den offenen und dynamischen Rahmen anzunehmen, den die Lebendige Demokratie uns bietet.

Auch auf diesem berauschenden Weg werden Sie verstehen, warum ich die Worte meines Freundes und gefeierten Naturfotografen Harold Feinstein immer in meinem Gedächtnis trage. Harold ist – im wörtlichen und im übertragenen Sinne – auf die Schönheit der Pflanzen konzentriert. In einem kürzlich geführten Gespräch, ob die Menschheit es schafft, lachte Harold nur: „Denk daran", sagte er, „das Leben liebt das Leben. Die Natur ist auf unserer Seite."

EINE EINLADUNG

Danke, dass Sie sich mit diesen Ideen beschäftigen. Wir vom Small Planet Institute laden Sie ein, unsere Website, smallplanet.org, als Werkzeug bei Ihrem Bestreben zu nutzen, die Welt auf eine Weise zu verstehen, die Ihnen Kraft gibt, und die Sie anspornt. Besuchen Sie dort den *Packen wir's an* - Teil, wo Sie am gemeinsamen Austausch teilnehmen können. In einem benutzerfreundlichen Format finden Sie dort auch die Referenzen zu diesem Buch (mit allen Links). Wir laden Sie zu Korrekturen, Aktualisierungen und Vorschlägen sowie weiteren Untersuchungen ein.

Im Jahr 2000 besuchten meine Tochter Anna Lappé und ich in Kenia ein Dorf der von der Friedensnobelpreisträgerin Wangari Maathai gegründeten Grüngürtel-Bewegung, in der Baumpflanzerinnen, sowohl mit der sich unkontrolliert ausbreitenden Wüste wie mit den ihre Macht missbrauchenden Autoritäten zu kämpfen hatten. Auf den weißen T-Shirts der Bewegung standen sieben Worte: „Für mich habe ich eine Wahl getroffen."

Diese Worte bewegen mich noch immer, denn die Entscheidung, etwas zu tun – für uns selbst, für unsere Lieben, für unseren Planeten – ist ein mutiger Schritt in einer Welt, die uns ansonsten lehrt, vor dem Risiko davonzulaufen. Nachfolgend finden Sie eine Anleitung zur Reflexion – für Gruppen oder für Sie persönlich –, die Ihnen hilft, die Ideen, die Sie hier kennengelernt haben, in Lebensentscheidungen umzuwandeln.

FRAGEN, UM GESPRÄCHE UND AKTIONEN ZU ENTFACHEN

KAPITEL 1: DIE WURZELN ERKENNEN

Als Gruppe fragen Sie sich:

- Wenn Sie das Wort „Demokratie" hören, an was denken Sie zuerst? Halten Sie die Antworten fest, und diskutieren Sie anschließend, was diese über das heutige Wesen der Demokratie aussagen.

- Stimmen Sie dem zu, dass unsere mentalen Bezugsrahmen zu einem großen Teil unsere Realität bestimmen? Welche Beispiele kommen Ihnen in den Sinn?

Als Gruppe denken Sie leise über die *Spirale des Machtentzugs* im linken Innencover dieses Buches nach. Teilen Sie sich anschließend in Zweier- oder Dreiergruppen auf, und diskutieren Sie:

- Wie würden Sie dieses Bild korrigieren, damit es Ihrer eigenen Wahrnehmung der unausgesprochenen Wertvorstellungen entspricht, die unsere Gesellschaft antreiben, und deren Konsequenzen?

Kommen Sie wieder als Gruppe zusammen, und teilen Sie Ihre Einsichten. Gehen Sie anschließend folgender Frage nach:

- Wie unterscheidet sich Frances Moore Lappés Betrachtung der Grundursachen von denen, die heute in unserer Gesellschaft weitgehend akzeptiert werden, vor allem von den Liberalen und den Progressiven? Nehmen Sie zum Beispiel die Ansicht, dass weit rechts stehende politische Kräfte die Schuld tragen oder Jeffrey Sachs' (*Das Ende der Armut*) Ansicht, dass die armen Leute im Ausland von dem bewährten, erfolgreichen wirtschaftlichen Modell des Westens ausgeschlossen sind.

Aktivitäten vor dem nächsten Gruppengespräch:

- Suchen Sie nach neuen Punkten, die Ihr Verständnis von der Krise der Oberflächlichen Demokratie reflektieren, und bereiten Sie sich darauf vor, diese mit den anderen zu teilen.

KAPITEL 2: MIT ANDEREN AUGEN

Als Gruppe teilen Sie die neuen Punkte, die Sie seit dem ersten Treffen gesammelt haben, den anderen mit. Überdenken Sie dann leise die *Spirale der Ermächtigung* im rechten Innencover, ausgehend von der Prämisse des „Überflusses". Teilen Sie sich in Zweier- oder Dreiergruppen auf, und fragen Sie sich:

- Reflektiert diese Spirale von Glaubenssätzen und ihren Konsequenzen Ihre Erfahrung der Welt? Untersuchen Sie, wie Sie sie verändern würden, um Ihr Verständnis eines positiven Kreislaufs zu reflektieren, der zu immer größerem Wohlbefinden führt.

- Was meint Lappé Ihrer Meinung nach mit „Überfluss"
  (dass wir noch einige Planten bräuchten, wenn die Menschheit den US-amerikanischen Umgang mit Ressourcen
  nachahmen würde)? Während Sie über diese positive
  Spirale nachdenken, kehren Sie zu der *Spirale des Machtentzugs* zurück und vergleichen Sie die beiden Spiralen,
  die von entgegengesetzten Prämissen ausgehen.

Führen Sie die Gruppe wieder zusammen, und teilen Sie die Einsichten aus den kleineren Gruppen allen mit. Überdenken Sie anschließend in Stille die *Idee 1*: Oberflächliche Demokratie kontra
Lebendige Demokratie, und fragen Sie sich:

- Sind Sie mit einer Definition von Demokratie, die die
  Oberflächliche Demokratie beschreibt, aufgewachsen?
  Wie sahen die Botschaften aus, was Demokratie von
  Ihnen erwartet?

- Lappé sieht die Lebendige Demokratie als fünf Künste,
  die eine Kultur durchdringen. Was meint sie damit, dass
  der Übergang zur Lebendigen Demokratie den Fokus von
  festen Institutionen zu einem Fokus auf dynamische
  Beziehungen verschiebt, die diese Werte reflektieren?
  Was fehlt, und was würden Sie ändern?

Aktivitäten vor dem nächsten Treffen:

- Steuern Sie ein Beispiel für Lebendige Demokratie bei,
  das Sie selbst erlebt oder von dem Sie gehört haben, und
  tauschen Sie sich über die Qualitäten, die Sie in diesem
  Beispiel finden, und die die Lebendige Demokratie
  reflektieren, mit den anderen aus.

KAPITEL 3: **WIE SICH DEMOKRATIE ANFÜHLT**

Sprechen Sie als Gruppe über Beispiele für Lebendige Demokratie, die Sie erlebt oder von denen Sie gelesen haben. Bilden Sie anschließend Zweier- oder Dreiergruppen, und diskutieren Sie:

- Welche Geschichten in diesem Buch haben Sie am meisten überrascht und interessiert? Was ist Ihrer Meinung nach am wichtigsten für die Gesundung unserer Gesellschaft?

- Was macht diese Initiativen effektiv? Wie stimmen sie mit den entscheidenden Qualitäten der Lebendigen Demokratie überein, die in Kapitel 2 behandelt wurden – oder auch nicht?

Führen Sie die Gruppe zur Diskussion wieder zusammen:

- Diskutieren Sie, welche Dimensionen der Lebendigen Demokratie, die in diesem Kapitel erwähnt wurden, in unserer Gesellschaft bereits sichtbar sind und welche sich mit der größten Wahrscheinlichkeit etablieren werden.

- Sehen Sie sich die „vier Winde in den Segeln" der Lebendigen Demokratie an, die die Autorin erwähnt. Sammeln Sie anschließend gemeinsam Ideen: Welche großen Veränderungen, die die kontinuierliche Entstehung Lebendiger Demokratie ermöglichen, hat sie versäumt zu erwähnen?

Aktivitäten vor dem nächsten Gruppengespräch:

- Bitten Sie Freunde und Familienmitglieder, Ihnen zu sagen, woran sie bei dem Wort „Macht" zuerst denken. Betrachten Sie Quellen der Macht in Ihrem eigenen Leben.

KAPITEL 4: **UNSICHTBARE MACHT**

Denken Sie als Gruppe in Stille über *Idee 3: Überdenken von Macht* nach. Dann beantworten Sie:

- Welche Antworten haben Sie erhalten, als Sie andere gebeten haben, sich zu dem Wort „Macht" zu äußern?
- Teilen Sie die negativen Assoziationen zu Macht, die Lappé als weitverbreitet ansieht? Warum oder warum nicht? Stimmen Sie dem zu, dass sie uns einschränken können?

Behandeln Sie anschließend in Zweier- oder Dreiergruppen eines oder beide der folgenden Themen:

- Ermutigen Sie sich gegenseitig, von einem Moment in Ihrem Leben in der Gesellschaft zu erzählen, in dem Sie sich als sehr machtvoll erlebt haben. Warum? Woher kamen diese Gefühle der Wirksamkeit?
- Fordern Sie sich gegenseitig auf, eine Vermutung über die Grenzen Ihrer jeweiligen Macht zu benennen. Fragen Sie: Wie könntest du diese Grenzen neu gestalten, um deine Macht zu erkennen?

Führen Sie die Gruppe wieder zusammen, teilen Sie die Höhepunkte aus den jeweiligen kleinen Gruppen, und beantworten Sie, wenn es die Zeit erlaubt, folgende Frage:

- An welchen Beispielen heutiger sozialer Initiativen sind Sie interessiert – angefangen in Ihrer Gemeinde bis hin zur globalen Ebene? Wie bauen diese Initiativen relationale Macht auf oder auch nicht?

Aktivitäten vor dem nächsten Gruppengespräch:

- Suchen Sie nach Beispielen in den Nachrichten, die Ihre Ansicht von Macht klären, herausfordern oder vertiefen, und nach Wegen zur Stärkung Ihrer eigenen Macht.

KAPITEL 5: DIE KUNST DER MACHT

Denken Sie als Gruppe in Stille über *Idee 4* nach: *Zehn Künste der Demokratie*. Überlegen Sie dann gemeinsam:

- Welche dieser Fertigkeiten betrachten Sie als die größte Herausforderung? Warum?
- Sprechen Sie über einzelne Geschichten der Teilnehmer, die diese Kunst effektiv einsetzen.
- Welche dieser Fertigkeit/en möchten Sie im Einsatz in Ihrer Familie oder an Ihrem Arbeitsplatz oder in anderen Interessenverbänden am ehesten verbessern?

Fragen Sie sich in Zweier- oder Dreiergruppen, je nach dem Interesse der Teilnehmer für die einzelnen Fertigkeiten:

- Denken Sie über Gelegenheiten nach, die sich Ihnen derzeit in Ihrem Leben bieten, um bewusst ein oder zwei Fertigkeiten zu entwickeln. Teilen Sie die Belohnungen miteinander, von denen Sie glauben, dass Sie sie nach Optimierung dieser Fähigkeiten erhalten werden.
- Benennen Sie einen ersten Schritt, den sie unternehmen wollen, und entscheiden Sie sich für einen Partner, der das gleiche Ziel verfolgen möchte.

- Führen Sie die Gruppe wieder zusammen, und teilen Sie die Diskussionshöhepunkte aus den kleineren Gruppen miteinander.

Aktivitäten vor der nächsten Sitzung:

- Wählen Sie eine Kunst aus, die Sie verbessern wollen, und denken Sie darüber nach, wie Sie sie praktizieren. Laden Sie sich zur Einstimmung den Leitfaden *Doing Democracy, Ten practical Arts* herunter: www.democracysedge.org/handbook.pdf.

- Ein oder mehrere Teilnehmer melden sich vielleicht freiwillig, um das *Doing Democracy*-Handbuch durchzusehen und bei der nächsten Diskussion Geschichten und Lektionen vorzutragen.

KAPITEL 6: DIE SPRACHE DER DEMOKRATIE

Laden Sie als Gruppe diejenigen ein, die *Doing Democracy: Ten Practical Arts* durchgesehen haben, besprechen Sie mit Ihnen, was ihnen am nützlichsten erschienen ist. Bevor Sie *Idee 5: Zu einer Sprache der Demokratie hin* überdenken, bitten Sie eine Person, nur die Worte in der linken Spalte vorzulesen. Anschließend nennen die Teilnehmer die ersten Worte, die ihnen in den Sinn kommen. Eine weitere Person schreibt diese unzensierten Antworten auf.

Anschließend diskutieren Sie in der Gruppe:

- Was implizieren diese allgemein gebräuchlichen Worte? Was assoziieren die Teilnehmer mit ihnen? Wie formen sie unser Denken, ohne dass uns dies bewusst ist?

Führen Sie die Gruppe wieder zusammen, denken Sie in Stille über *Idee 5* nach, und diskutieren Sie:

- Stimmen Sie Lappés Ansicht über die Wichtigkeit einer bewussten Wahl neuer Begriffe zu?
- Welche allgemein gebräuchlichen Worte, die sich auf soziale Problemlösungen beziehen, erleben Sie als besonders blockierend für Dialog und Verständnis?

In Zweier- oder Dreiergruppen:

- Sammeln Sie alle Begriffe, die Sie als äußerst problematisch empfinden, und suchen Sie nach Alternativen. Notieren Sie sich, was Sie der größeren Gruppe mitteilen möchten.
- Wählen Sie einen oder mehrere Begriffe aus, die Sie vor dem nächsten Treffen mit Freunden testen wollen.
- Führen Sie die Gruppe wieder zusammen, um sich über alternative Worte und die Gedanken zur Macht der Sprache auszutauschen.

Aktivitäten vor dem nächsten Treffen:

- Testen Sie die neu ausgewählten Begriffe vor dem nächsten Treffen.
- Bringen Sie zum nächsten Treffen einem Begriff aus den Medien mit, der Macht entzieht.
- Schreiben Sie Briefe an einen Journalisten oder einen Redakteur, der sich einer entmachtenden Sprache bedient hat, und lesen Sie die Briefe der Gruppe vor.

KAPITEL 7: ERGREIFE DEN AUGENBLICK

Denken Sie in Stille in der Gruppe über *Idee 6: Die innere Welt der Lebendigen Demokratie* nach.

- Klingt die nach unten gerichtete Spirale der Angst glaubhaft? Haben Sie sich oder andere schon einmal in einem solch negativen Kreislauf erlebt?
- Klingt die nach oben gerichtete Spirale glaubhaft? Was meint Lappé mit „umarmen Sie die neuen Stämme"? Und wie ist das möglich, ohne in neuen Formen des „Gruppendenkens" verhaftet zu sein?

Tauschen Sie sich in Zweier- oder Dreiergruppen aus

- über Momente der Dissonanz in Ihrem Leben und über Entscheidungen, die Sie als Folge ihres Nachklangs getroffen haben.
- Diskutieren Sie, was die Entdeckung der „Spiegelneuronen" für die Nutzung dieser Momente des Missklangs bedeuten kann, um sich aus der „Verhaftung" in den Klauen der Angst heraus- und zu der Begrüßung neuen Lebens hinzubewegen.

Als Gruppe untersuchen Sie:

- Was ist, ganz praktisch gesehen, nötig, damit Sie und die Ihnen nahestehenden Menschen sich leichter aus der Spirale der Angst in Richtung der Spirale der Hoffnung bewegen können?

Aktivitäten vor dem nächsten Treffen:

- Diskutieren Sie mit Ihren Lieben Momente der Dissonanz in Ihrem Leben, und wohin das dabei Gefühlte Sie gebracht hat.

- Integrieren Sie in Ihre Informationsaufnahme eine neue Quelle für positive Entwicklungen und mutige Aktionen.

KAPITEL 8: WANN ANGST HEISST: TU ES!

Denken Sie als Gruppe in Stille über *Idee 7: Sieben Wege zum Umdenken von Angst* nach. Betrachten Sie in Zweier- oder Dreiergruppen die sieben alten/neuen Gedankenmuster, und überlegen Sie:

- Warum meint Lappé, dass unser Umgang mit Angst vielleicht die kritischste Entscheidung in unserem Leben ist? Untersuchen Sie, warum Sie dem zustimmen oder nicht.

- Welcher der sieben Gedanken ruft bei Ihnen die stärkste Resonanz hervor? Sprechen Sie über Geschichten, die bei diesem Gedanken aufsteigen.

- Glauben Sie, dass Sie lernen können, Angst als ein Signal anzusehen und nicht als Urteil? Welchen Unterschied würde diese Veränderung in Ihrem Leben jetzt bedeuten?

Führen Sie die Gruppe wieder zusammen, und diskutieren Sie:

- Wie wird Angst für politische und wirtschaftliche Zwecke missbraucht? Wie versuchen Sie, dieser Manipulation (erfolgreich!) zu entgehen?

- Wer und was könnte Ihnen dabei helfen, aus einem von Angst geführten Verhalten in Ihre Macht zu kommen?

In *Idee 7* wird das Finden Gleichgesinnter, die Sie in Ihren neuen Einsichten bestärken, als ein Schlüssel hingestellt. Diskutieren Sie, was das für Sie bedeuten könnte.

• Berichten Sie von einem ermächtigenden Moment, in dem Sie gelernt haben, dass Angst Sie nicht stoppen muss.

Aktivitäten vor dem nächsten Treffen:

• Machen Sie sich Ihre Ängste bewusst, die Sie blockieren, halten Sie sie schriftlich fest. Dann die Momente, in denen Ihnen klar wird, dass Sie trotz dieser Angst „aufrecht" weitergehen können.

KAPITEL 9: VERNUNFT AM WERK

Diskutieren Sie als Gruppe Lappés Unterscheidung zwischen „Kernpunkten" und „Ansatzpunkten".

• Ergibt das einen Sinn für Sie?

• Welche anderen wichtigen „Ansatzpunkte" können Sie jetzt in Ihrem Land oder in Ihrer Gemeinde erkennen?

In Zweier- oder Dreiergruppen:

• Überdenken Sie *Idee 8: Checkliste zur Lebendigen Demokratie*. Sprechen Sie über einige der wichtigsten Entscheidungen, die Sie jetzt treffen, um entsprechend Ihrer Werte zu leben, und wenden Sie die Fragen der Checkliste darauf an. Sprechen Sie auch über Aktionen, die Sie in Betracht ziehen, und untersuchen Sie, wie diese der *Spirale der Ermächtigung*, die im rechten Innencover abgebildet ist, Kraft geben.

Führen Sie die ganze Gruppe wieder zusammen, und besprechen Sie, wie Sie als Gruppe oder in Zweier- und Dreiergruppen in Verbindung bleiben können, um eine kontinuierliche Unterstützung bei den von Ihnen angestrebten Veränderungen zu erfahren. Sind die Teilnehmer Mitglieder größerer Initiativen oder Verbände, wählen sie aus:

- Wählen Sie mindestens einen „Ansatzpunkt" aus, der sich dazu eignet, von der größeren Gruppe weiterbearbeitet zu werden, und entscheiden Sie, wie Sie den Vorschlag einführen.
- Wählen Sie einen Teilnehmer oder ein Team aus, um die Schlüsselerkenntnisse aus dieser Arbeit für die eigene Organisation zusammenzufassen.

Denken Sie zum Schluss als Gruppe darüber nach, was Sie aus *Packen wir's an!* gelernt haben, und tauschen Sie sich darüber aus, welche *spezifischen* Botschaften Sie vorantreiben wollen.

Zögern Sie nicht, mir ein Feedback zukommen zu lassen, durch das das Buch gewinnen kann. Vorschläge sind mir immer herzlich willkommen, und Ideen von Lesern werde ich in zukünftige Ausgaben gern integrieren.

FRANCES MOORE LAPPÉ
(info@smallplanet.org)

BEISPIELE AUS DEUTSCHLAND –
UND EINE SIZILIANISCHE AUSNAHME

MONIKA GRIEFAHN:
LEBENDIGE DEMOKRATIE GEHT ÜBERALL!

In meinem langjährigen Engagement für Nachhaltigkeit habe ich besonders deutlich gespürt, welchen Unterschied es macht, ob Menschen ihre gemeinsamen Angelegenheiten selbst in die Hand nehmen, oder ob sie lieber alle Verantwortung für das Gemeinwesen komplett – an Politik, Wirtschaft, Medien – delegieren. Als Umweltministerin in Niedersachsen habe ich eine simple Wahrheit an der eigenen Haut gespürt: Vernünftigste und konsensfähigste politische Initiativen – in meinem Fall z. B. Gesetzesvorschläge zur Verbesserung der Raumluft[1] und zum Verbot von Weichmachern in Kunststoffspielzeug[2] bleiben vergeblich, solange es nicht engagierte und handlungsfähige Gruppen von Menschen vor Ort gibt, die diese Angelegenheiten buchstäblich zu ihren eigenen machen. Aus meinen Jahren bei Greenpeace weiß ich, was alles möglich ist, wenn Menschen gemeinsam Ziele definieren und sich die organisatorischen Strukturen aufbauen, die nötig sind, um diese Ziele zu erreichen.

Demokratie ist die Voraussetzung für Freiheit, aber eben für die Freiheit zum Handeln. Wird sie nicht als Gestaltungsspielraum und -auftrag verstanden, sondern auf das Recht zur Abgabe einer Stimme reduziert, dann verkommt Politik zu einem Wettlauf um

---

[1] Es ging besonders darum, Menschen an Büroarbeitsplätzen vor giftigen Ausdünstungen von Druckern usw., die zu erheblichen Gesundheitsschäden führen können, zu schützen.

[2] Inzwischen haben Medien das Thema zum Teil massiv aufgegriffen, und es sind Verbesserungen – besonders im Blick auf die Sensibilisierung der Eltern/ Käufer – erreicht worden.

Quoten, und es entsteht genau das, was Frances Moore Lappé mit Leidenschaft bekämpft: Oberflächliche Demokratie.

Was alles geht, sobald Menschen die Möglichkeiten, die sich in Demokratien eröffnen, tatsächlich tatkräftig nutzen, zeigt z. B. die wachsende Zahl von Bioenergiedörfern. Jühnde in Niedersachsen hat zuerst gezeigt, was im Interesse aller erreicht werden kann, wenn Bürgerinnen und Bürger sich gemeinsam auf den Weg machen. Auf der Homepage des ersten deutschen Bioenergiedorfes ist zu lesen, dass das Dorf „seinen Wärmebedarf und Strom selbst über nachwachsende Rohstoffe deckt. Die Energieanlage besteht aus einer Biogasanlage und einem Biomasseheizwerk. Ein Nahwärmenetz bringt die Heizenergie zu den Haushalten. Das besondere daran: Das ganze Dorf macht mit. Zirka siebzig Prozent der Häuser werden angeschlossen, deren Energieversorgung mithin auf umweltschonende Technik umgestellt. Landwirte, die Gemeinde und Verbraucher haben sich in einer Genossenschaft organisiert und ihre Energieversorgung selbst in die Hand genommen. Unterstützt durch wissenschaftliche Begleitforschung des Interdisziplinären Zentrums für Nachhaltige Entwicklung (IZNE) in Göttingen sollen Erkenntnisse für die Übertragbarkeit dieses Modells gewonnen und ein Leitfaden für die Umstellung anderer Dörfer entwickelt werden.“[3] Das Beispiel machte rasch Schule, besonders auch deshalb, weil Jühnde die Entwicklung von Netzwerken und den Wissenstransfer zwischen Gleichgesinnten ausdrücklich verfolgt.

So besitzen auch die Bürger von Lieberhausen in Nordrhein-Westfalen ein Biomasseheizwerk, das fast das gesamte Dorf mit Heizwärme versorgt. Es wird von ehrenamtlichen Helfern aus dem

---

[3] http://www.bioenergiedorf.de/con/cms/1/wissenstransfer/

Dorf in eigener Regie betrieben. Die Lieberhausener haben wie die Jühnder dafür gesorgt, dass andere Menschen, die nach Wegen zur Nutzung alternativer Energien suchen, vom Erfolg des Biomasse-heizwerks erfahren. So hat der Ortsbeirat von Oberrosphe sich im Dezember 2005 auf den Weg nach Lieberhausen gemacht. Auf seiner Website lassen sich die Schritte nachlesen, die der Ortsbeirat unternommen hat, um gemeinsam mit Bürgerinnen und Bürgern das Ziel Selbstversorgung im Bioenergiedorf zu erreichen: Im Januar 2006 gründete er eine erste Arbeitsgruppe mit dem Ziel, Informationen für Möglichkeiten zur Umstellung von Oberrosphe auf alternative Energien zu sammeln. Nachdem bereits in der ersten Arbeitsgruppe über den Ortsbeirat hinaus fünf Bürger beteiligt waren, erklärten im Mai 2006 auf einer Bürgerversammlung spontan 40 Bürgerinnen und Bürger ihre Bereitschaft, bei den konkreten Recherchen zu Technik, Finanzen und Rechtsformen sowie bei der Öffentlichkeitsarbeit tatkräftig mitzuwirken. Es fanden mehrere Informationsveranstaltungen und Informationsfahrten nach Lieberhausen und Jühnde statt. Parallel wurden Kontakte zu den wichtigsten Partnern in Politik und Wirtschaft geknüpft. Bereits seit 2008 findet die hundertprozentige Selbstversorgung mit erneuerbaren Energien statt.

Mir liegen diese Beispiele von auch im übertragenen Sinne Lebendiger Demokratie nicht nur wegen des Nutzens in Klimafragen am Herzen, sondern auch, weil sie Unabhängigkeit von Energiekartellen bedeuten und deshalb auch Elemente von Wirtschaftsdemokratie enthalten.

Meiner Meinung nach kann man in Deutschland nicht über gelebte Demokratie sprechen, ohne daran zu denken, dass hier der Absturz in das furchtbarste Gegenteil von Demokratie stattgefunden hat. Es geht deshalb immer auch darum, dass es allein für den Erhalt der Demokratie existenziell notwendig ist, sie vor Ort zu leben. Beispielhaft für vielfältiges Engagement von Bürgerinnen und Bürgern, das von der Gewerkschaftsjugend über Politikerinnen und Politikern, Künstlerinnen und Künstler bis zu Wirtschaftsmagnaten wie Christian Flick alle gesellschaftlichen Schichten und Gruppen umfasst, seien hier „Potsdam gegen Rechts", „Brandenburg gegen Rechts" und die „Stiftung Toleranz"[4] genannt. Alljährlich findet in Potsdam am Vorabend des 1. Mai in Zusammenarbeit vieler engagierter Menschen „Rock gegen Rechts" statt. Die „Stiftung Toleranz" fördert jährlich mehrere hundert Projekte und kann sich dabei auf ein großes und engmaschiges Netz von Vereinen, Verbänden und Aktivisten stützen, die die Beförderung einer Kultur der Demokratie und Toleranz in die eigenen Hände genommen haben. Es ist in Deutschland nicht immer leicht, sich mit den symbolischen Mitteln von Kunst und Kultur gegen die leider auch physische Gewalt von rechts zu wenden.

Aber es ist viel leichter als beispielsweise in Kolumbien. Fernando Rendón, der Initiator des Internationalen Poesie-Festivals in Medellín, sagt über sein Land: „Kolumbien ist das Opfer eines terroristischen Komplotts, und Poesie ist die universelle Sprache, die das Rätsel entziffert. Der Terrorismus ist staatsgesponsort, und Poesie ist der Traum und die Antwort auf die ewigen Herausforderungen eines großartigen Menschen."[5] Mit diesem Geist und solchem Anspruch ist es ihm gelungen, trotz und gerade wegen der besonders grauenhaften Situation in Medellín, Mistreiter zu finden,

---

4 http://www.stiftung-toleranz.de/download/flick_de.pdf
5 http://www.rightlivelihood.org/festival.html

die mit ihm gemeinsam seit Beginn der 1990er-Jahre das Poesie-Festival organisieren. Es steht unter dem Motto: „... um zu zeigen, wie Kreativität, Schönheit, freier Ausdruck und Gemeinschaftlichkeit gegen tief eingegrabene Furcht und Gewalt blühen und diese überwinden können."

Wir haben uns in der Jury für den Right Livelihood Award 2006 nicht nur wegen des Mutes, der mit dem Internationalen Poesie-Festival Medellín seit anderthalb Jahrzehnten an den Tag gelegt wird, dafür entschieden, ihm den Alternativen Nobelpreis zu verleihen, sondern vor allem wegen seines Erfolgs. Es ist tatsächlich gelungen, die Gewalt in Medellín signifikant zurückzudrängen, das Selbstbewusstsein der Menschen zu stärken und Frieden und Toleranz im Innern vieler Menschen zu säen und zu verankern.

Medellín beweist wie Jühnde und viele andere Beispiele auf der Welt: Lebendige Demokratie funktioniert und hilft unter allen Umständen – wenn man nur will und etwas tut.

Monika Griefahn ist Mitbegründerin der deutschen Sektion von Greenpeace, war deren Geschäftsführerin und von 1984 bis 1990 im internationalen Vorstand der Organisation. Anschließend war sie im Kabinett von Ministerpräsident Gerhard Schröder zunächst parteilose Umweltministerin des Landes Niedersachsen. 1998 wurde sie für die SPD in den Deutschen Bundestag gewählt und war zeitweise Vorsitzende des Ausschusses für Kultur und Medien. Monika Griefahn ist Vizepräsidentin und Jury-Mitglied der Right Livelihood Award Foundation in Stockholm, die jährlich den Alternativen Nobelpreis vergibt.

DACHVERBAND DER KRITISCHEN AKTIONÄRINNEN UND AKTIONÄRE

Der Dachverband der Kritischen Aktionärinnen und Aktionäre ist die zentrale Stelle für zirka 5.000 Kleinaktionärinnen und Kleinaktionäre, die ihm die Stimmrechte ihrer Aktien übertragen haben, um so soziale und ökologische Verantwortung wahrzunehmen. Es geht ihnen – im Gegensatz zu vielen anderen Aktionärsvereinigungen – nicht um die Höhe der Dividende, vielmehr treten sie für eine Unternehmenspolitik ein, die sich am Allgemeinwohl orientiert und Frieden, Gerechtigkeit und Umweltschutz anstrebt bzw. realisiert.

Die „Kritischen" forder(t)en den Ausstieg von Siemens und den Stromkonzernen aus allen Atomgeschäften, in den Aktionärshauptversammlungen von BASF, Bayer und Schering streiten sie gegen giftige Pestizide, riskante Experimente mit der Gentechnik und Exporte gefährlicher Arzneimittel. Den Vorständen von Mercedes Benz und Rheinmetall verweigern sie wegen fortgesetzter Rüstungsproduktion die Entlastung. Von Deutscher Bank, Dresdner Bank und Commerzbank forderten sie die Schuldenstreichungen für die ärmsten Länder des Südens. Auf den Hauptversammlungen der Deutschen Post AG und der Deutschen Telekom AG kritisierten sie Arbeitsplatzvernichtung und Lohndumping. Und quer durch alle Branchen kämpfen die „Kritischen" um bessere Beschäftigungschancen für Frauen und Behinderte.

Bei einigen Hauptversammlungen konnte der Dachverband sogar eigene Tagesordnungspunkte einbringen, weil ihm von Erbengemeinschaften die Stimmrechte aus umfangreichem Aktienbesitz übertragen wurden. In anderen Hauptversammlungen stellten die Kritischen Aktionärinnen und Aktionäre eigene Kandidatinnen und Kandidaten für die Wahl zum Aufsichtsrat auf.

Konkrete Erfolge – am Beispiel des ehemaligen Konzerns DaimlerChrysler (heute „Mercedes Benz"), der über eine hohe Beteiligung am europäischen Luft- und Raumfahrtkonzern EADS an Rüstungsgeschäften beteiligt ist, sind:

- öffentliche Stellungnahmen Prominenter (u. a. der Schauspielerin und „Tatort-Kommissarin" Ulrike Folkerts) dahingehend, dass sie keinen Mercedes mehr fahren werde, solange Mercedes Benz nicht aus der Produktion von Minen und Streubomben sowie französischer Atomraketen aussteigt;

- die Weigerung des UN-Kinderhilfswerks UNICEF, Mercedes Benz wegen dieser Beteiligung in seine Sponsorenliste aufzunehmen bei gleichzeitiger Streichung aus der Lieferantenliste;

- dass der Konzern aus dem als „Global Climate Coalition" getarnten Anti-Klimaschutz-Bündnis der Industrie aussteigen musste;

- dass Mercedes Benz – wenn auch viel zu spät – als erster deutscher Automobilkonzern die serienmäßige Einführung des Rußpartikelfilters in seine Fahrzeuge ankündigte und

- das Unternehmen eine Kommission zur Aufklärung des Schicksals verschwundener Mercedes-Betriebsräte während der argentinischen Militärdiktatur eingesetzt hat.

Die Kritischen Aktionärinnen und Aktionäre geben sich nicht der Illusion hin, Abstimmungsmehrheiten in Hauptversammlungen erzielen zu können. Doch sie stellen Öffentlichkeit für rücksichtslose Geschäftspraktiken her und setzen Manager unter Druck. Da die Konzerne auf positives Image angewiesen sind, führt dies zu Veränderungen. So setzt die Schering AG ihre Arbeiter in Peru nicht mehr giftigem Formaldehyd und schädlicher UV-Bestrahlung aus, die Deutsche Bank widerrief eine Kreditzusage für ein Projekt in Griechenland, bei dem mithilfe hochgiftigen Zyanids Gold gewonnen werden sollte.

Da vieles darauf hindeutet, dass die Regelungsfähigkeit des Staates gegenüber so genannten „Global Player"-Unternehmen noch weiter abnehmen wird, wird die sich herausbildende Zivilgesellschaft als Korrektiv umso wichtiger. Die Kritischen Aktionärinnen und Aktionäre verstehen sich als Teil dieser Bewegung.

www.kritischeaktionaere.de

JÜRGEN BECKER, FRANZ MEURER, MARTIN STANKOWSKI: VON WEGEN NIX ZU MACHEN – WERKZEUGKISTE FÜR WELTVERBESSERER

So heißt das Buch, das der bekannte Kabarettist und Moderator der WDR-Sendung Mitternachtsspitzen Jürgen Becker, sein Kollege Martin Stankowski, der auch als Journalist arbeitet, und der katholische Pfarrer Franz Meurer, der in einem sozialen Brennpunkt sozial und seelsorgerisch tätig ist, nicht nur miteinander geschrieben, sondern im wahrsten Sinne des Wortes zusammen gemacht haben. Ein Jahr lang haben sie sich dazu freitags um 10 Uhr zum Frühstück im Pfarrhaus getroffen, haben eigene Ideen entworfen und ebenso Ideen anderer geprüft, teils verworfen, aber auch weitergeforscht und immer wieder diskutiert: „Was nützt die Idee und wem? Wer kann sie umsetzen? Allein oder mit anderen? Ist es utopisch oder lächerlich? Und wenn einer es macht: Reibt es ihn auf?"

Weiter aus dem Vorwort: „Man kann etwas tun! Es lohnt sich! Und vor allem: Was sonst?!" Die Stimmung ist den drei sozial engagierten Autoren zufolge eindeutig: „So geht es nicht weiter! Die so genannte Marktwirtschaft zeigt längst ihre hässlichen Seiten, grenzt aus, schüchtert ein, produziert nicht nur Arme, sondern zerstört auch deren Würde. Früher haben wir über gesellschaftliche Utopien gestritten und über kollektive Methoden der Gesellschaftsveränderung nachgedacht. Aber es genügt eben nicht, die hässlichen Verhältnisse anzuprangern und sie vom Kopf auf die Füße stellen zu wollen: Wir müssen es selbst tun."

Die Grundidee zur Werkzeugkiste für Weltverbesserer kam aus England, das Autoren-Trio hat sich in Deutschland und speziell Köln nach weiteren Möglichkeiten umgesehen. Außerhalb der Rhein-Metropole haben sie den „Panter-Preis" der Tageszeitung taz ebenso als Ideenpool entdeckt, wie den Wettbewerb der Hamburger Körber-Stiftung „USable", bei dem es um die Frage geht, ob Beispiele bürgerschaftlichen Engagements in den USA auf deutsche Verhältnisse übertragbar sind.

Studierende der Internationalen Design-Schule Köln haben die Gestaltung des Buches übernommen, was gleichzeitig dazu führte, dass die Autoren Anregungen und Kritik von Menschen einer jüngeren Generation mit ganz anderen Lebenserfahrungen erhielten und in das Buch einfließen ließen. Dass Arbeits- und Obdachlosenzeitungen die ihnen wichtigen Beispiele aus dem Buch ohne Berücksichtigung irgendeines Copyrights veröffentlichen dürfen, ist bei dem Projekt eine Selbstverständlichkeit. Ein Internetportal zur Weiterentwicklung ist in Vorbereitung.

Das Vorwort des überaus empfehlenswerten Bandes endet so: „Das Buch soll Appetit machen, wie uns das üppige Frühstück im Pfarrhaus. Nicht nur auf Ideen, die in diesem Buch stehen, Appetit auf alles, was besser ist. Ran an den Speck!"

Jürgen Becker, Franz Meurer, Martin Stankowski, „Von wegen nix zu machen. Werkzeugkiste für Weltverbesserer". Köln 2007
www.koerber-stiftung.de

CHRISTIAN GELLERI: DER „CHIEMGAUER" (CHM)

Der Chiemgauer ist das Vorbild für eine wachsende Zahl weiterer Regionalwährungen in Deutschland. Man erhält ihn zum Kurs von 1:1 gegenüber dem Euro an über 40 Ausgabestellen. Über 300.000 CHM sind in Umlauf, 600 Unternehmen und 170 Vereine benutzen und akzeptieren ihn als Zahlungsmittel.

Drei Prozent des Umtauschwertes – inzwischen schon über 100.000 CHM – werden zur Förderung gemeinnütziger Einrichtungen eingesetzt. Neben Musik-, Sport- und Kulturvereinen kommt so auch das Bürgersolarkraftwerk Prien in den Genuss dieser Unterstützung.

Der CHM hat einen „eingebauten" Negativzins, verliert vierteljährlich zwei Prozent an Wert, was für die jeweiligen Zahlungsempfänger aber keinen Verlust bedeutet. Er eignet sich also keineswegs zum Spekulieren und Horten. Der CHM wird zügig ausgegeben, jüngsten Erhebungen zufolge dreimal schneller als der Euro. Das befördert regionale Kreisläufe und stärkt die regionale Wirtschaft.

Die Idee des umlaufgesicherten Geldes geht auf Silvio Gesell zurück. Der Hauptvorteil solchen Geldes ist, dass sich keine Liquiditätsblasen aufbauen. Wenn das Geld nämlich in kurzfristigen Geldanlagen oder bar herumliegt, stagniert oder verschwindet Wirtschaftsleistung, Fähigkeiten und Talente bleiben ungenutzt. Dabei gäbe es genügend dringende, z. B. ökologisch sinnvolle Dinge zu tun wie zum Beispiel die Dämmung von Häusern, die Ausstattung mit Solarzellen und -kollektoren, der Einbau von Pellets-Heizungen, die Ausstattung von Autos mit umweltschonenden

Motoren etc. Auch der Sozial- und Medizinbereich benötigt dringend bessere personelle und mithin finanzielle Ausstattung.

Erfolgreich erprobt wurde die Idee bereits 1932 in Wörgl in Tirol. Innerhalb kürzester Zeit sank die Arbeitslosigkeit um 25 Prozent. Zwei der großen Ökonomen des 20. Jahrhunderts, John Maynard Keynes und Irving Fisher, befürworteten eine Liquiditätsgebühr, um Finanz- und Liquiditätskrisen zu überwinden.

Während die große Politik der Oberflächlichen Demokratie die großen Banken rettet und dem verbrannten Spekulationskapital Steuergelder hinterherwirft, greifen Regionalwährungen im Sinne der Lebendigen Demokratie zum Instrument der gemeinwohlorientierten und genossenschaftlichen Selbsthilfe. Neue bahnbrechende Ideen wie das umlaufgesicherte Geld können über diesen Weg durch ein selbstorganisiertes Lernen und Wirtschaften in kleinen Schritten zu einer gesamtwirtschaftlichen Lösung heranwachsen.

www.chiemgauer.info
www.regiogeld.de

LEOLUCA ORLANDO:
„DER KARREN BRAUCHT ZWEI RÄDER" –
DURCH LEBENDIGE DEMOKRATIE ZURÜCK ZU RECHT
UND KULTUR

Die Knüppel, die Leoluca Orlando als Oberbürgermeister der Stadt Palermo, des Zentrums der sizilianischen Mafia, bei seinem Kampf gegen diese immer wieder aus der Hauptstadt Rom zwischen die Beine geworfen bekommen hat, hätten ihn und seine Mitstreiter leicht das Leben kosten können. Nach den ermordeten Untersuchungsrichtern Giovanni Falcone und Paolo Borsselino sollte Orlando dem Willen einiger Mafia-Bosse zufolge zur nächsten „prominenten Leiche" werden. Dass es dazu nicht gekommen ist, hat damit zu tun, dass es der von ihm gegründeten Bewegung La Rete (ital.: das Netz) und anderen Menschen mit Zivilcourage auf dem Wege Lebendiger Demokratie gelungen ist, die Hoheit über das öffentliche Leben aus den verbrecherischen Händen der Mafia zu befreien, es weg von der alles lähmenden Korruption in eine Richtung, in der das Volk der wirkliche Sourverän ist, zu lenken. Diese Phase ging als „Frühling von Palermo" in die Geschichte Siziliens ein – und dauert, wenn auch unter Schwierigkeiten, an. Das nachfolgend in Auszügen dokumentierte Gespräch mit dem Politiker führte Jürgen Streich im Herbst 2002 in Hannover.

JS: Sie haben als Oberbürgermeister von Palermo und in anderen politischen Funktionen die damals alles beherrschende und zu jeder Gewalttat bereite Mafia entscheidend zurückgedrängt. Was war Ihr Konzept?

Orlando: Es war die Partnerschaft aller aufrichtigen gesellschaftlichen Kräfte. In Sizilien gibt es das Bild des Karrens, der zwei funktionierende Räder braucht, um geradeaus fahren zu können. Das eine Rad symbolisiert das Recht, das andere die Kultur. Wenn diese nicht zusammenwirken, kommt der Karren vom Weg ab. Er kann sogar einen Totalschaden erleiden. Wenn nur die Kultur funktioniert, kann es passieren, dass wir zum Beispiel wunderbare Konzerte veranstalten, diese aber zu Ehren der übelsten Mafia-Bosse, deren Macht wir dann stärken. Funktioniert nur das Recht, kann es wie im Deutschland der Dreißigerjahre geschehen, dass die Menschen sich den Gesetzen – welchen auch immer – entsprechend verhalten, so dass das Recht selbst verbrecherisch wird, weil eben der Respekt vor den Menschenrechten ebenso auf der Strecke bleibt wie der Respekt vor dem Individuum.

JS: Sie sind also der Ansicht, dass Recht und Kultur sich gegenseitig befruchten und nötigenfalls auch korrigieren?

Orlando: Genau. Der Karren muss manchmal auch Hindernisse umfahren. Das gelingt nur, wenn beide Räder sich unterschiedlich schnell drehen – aber eben kontrolliert. Mal muss das eine gebremst werden, mal das andere. Oder eines muss beschleunigt werden.

JS: Wie haben Sie diesen Karren in Palermo und schließlich in ganz Sizilien so zielgerichtet und energiegeladen auf den Weg bringen können?

Orlando: Indem ich versucht habe, alle Kräfte zusammenzuführen und auf ein Ziel einzuordnen: Nämlich das, dass die Menschen ihr Leben und damit ihre Kultur und ihr Recht selbst bestimmen. Dass beides nicht von eigennützigen und verbrecherischen Kräften diktiert werden darf.

JS: Können Sie Beispiele nennen?

Orlando: Die Mafia beherrschte das gesamte Bauwesen. So war das Teatro Massimo seit 1979 wegen angeblicher Renovierungsarbeiten stillgelegt, damit natürlich ein wesentlicher Teil des kulturellen Lebens. Wir haben alles darangesetzt, das Theater auf dem Wege privater Finanzierung zum Jahrestag seines hundertjährigen Bestehens wieder zu eröffnen. Es ist uns gelungen. Die Berliner Philharmoniker sind aufgetreten. Es war ein unvergesslicher und symbolträchtiger Tag.

JS: In Ihrer politischen Autobiografie „Ich sollte der Nächste sein" schreiben Sie, dass die Mafia auch das Erziehungssystem beherrschte.

Orlando: Weil sie wusste, dass ihr Schlüssel zur Macht darin bestand, die Menschen unwissend zu halten. Es gab kaum noch reguläre Schulen. Die Kinder und Jugendlichen wurden in privaten Räumen, die größtenteils wiederum von Mafiosi angemietet werden mussten, so unterrichtet, wie die Cosa Nostra es wollte. Meine Mitstreiter und ich haben erreicht, dass es wieder richtige Schulen gibt.

JS: Überhaupt haben Sie einen Schwerpunkt Ihrer Arbeit auf die Situation von Kindern und Jugendlichen gelegt.

Orlando: Sie sind unsere Zukunft und haben das Beste verdient, das es auf dieser Welt gibt. Die Mafia wollte die Erinnerung der Menschen an die wunderschöne multikulturelle und tolerante Geschichte Siziliens in Vergessenheit geraten lassen. Denkmäler verfielen. Inzwischen haben Jugendliche Patenschaften über Denkmäler übernommen. Sie kümmern sich um deren Restauration und die Wieder-Bekanntmachung ihrer jeweiligen Bedeutung.

JS: Haben Sie die Medien bei Ihrer Kampagne benutzt?

Orlando: Zunächst sind die Medien von der Mafia benutzt worden. Es gab in Palermo eine einzige Tageszeitung. Und raten Sie mal, auf wessen Seite die stand! Ich habe ihr auch in Wahlkämpfen solange kein Interview gegeben, bis es eine zweite – unabhängige! – Zeitung gab. Da einigte ich mich mit der ersten auf ein Experiment: Kinder konnten jeden Tag beschreiben, was sie bewegt, welche Probleme sie haben. Und ich als Oberbürgermeister habe immer am selben Tag handschriftlich geantwortet und den Brief an das jeweilige Kind überbringen lassen. So lernten die Kinder, dass die Anti-Mafia nicht lediglich eine andere Macht ist, sondern ein Herz hat und sich um ihre Belange kümmert.

JS: Stichwort Öffentlichkeit. Sie selbst waren höchst gefährdet, mussten stark bewacht werden und wohnten in Polizeikasernen. Nun nehmen Sie wieder am öffentlichen Leben teil.

Orlando: Ja, die Bürger schützen mich. Zum Beispiel, indem tausende Frauen Palermos einen Aufruf an die Mafia unterschrieben haben, mir kein Haar zu krümmen, weil sie andernfalls eine Kampagne gegen diese Verbrecher organisieren würden.

JS: Sie sind auch Abgeordneter in Rom und später des Europaparlamentes geworden.

Orlando: Weil mir bis heute wichtig ist, dass wir, nachdem Sizilien so lange die Krankheit exportiert hat, nun, da es mächtige Mafia in vielen Ländern Europas gibt, die Therapie verbreiten.

JS: Angenommen, alle Staaten der Welt würden sich partnerschaftlich zusammenschließen, und Sie würden Präsident. Was würden Sie anstreben?

Orlando: Unter anderem dürften Städte, Gemeinden und Regionen nicht mehr verpflichtet sein, einem Staat anzugehören. Sie müssten frei wählen dürfen, ob sie das sein oder lieber selbstständig eine Stimme im großen Chor darstellen wollen, über dem als gemeinsame Verwaltung die Vereinten Nationen stehen müssten. (...)

Der 1947 geborene Juraprofessor **Leoluca Orlando** war Mitglied des sizilianischen, des italienischen und des EU-Parlamentes. Nach seiner Zeit als Oberbürgermeister von Palermo wurde er Präsident des Sizilianischen Renaissance-Institutes, das sich mit Partnerorganisationen im Ausland „für die Wiedererlangung von Legalität und Kultur auf demokratischer Basis" einsetzt. Die bisher errungenen Erfolge, heißt es auf der Homepage des Institutes, „wären ohne die aktive Teilnahme und das Engagement von Bürgern aller Schichten der Gesellschaft nicht möglich gewesen."
www.sicilianrenaissance.info

JÜRGEN STARK: DIE MUSIK-„SCHOOLTOUR"

Seit mehr als zehn Jahren gibt es in Deutschland das Modellprojekt „SchoolTour", welches mehr „Musik und Kreativität" für alle Schulen und Schüler fordert – und selbst effektiv vormacht und umsetzt. Diese Projektwochen an allgemeinbildenden Schulen in Deutschland werden von national und international renommierten Künstlern unterstützt. Referenten aus den Bereichen Musik- und Filmproduktion, Eventmanagement, Moderation und Medien, sowie Tanz und Choreografie vermitteln den Schülerinnen und Schülern eine Woche lang praxisorientierte Einblicke und leiten die Schüler zu aktivem Musizieren an. So entstehen während der jeweiligen Projektwoche vier bis fünf Schülerbands, die unter professioneller Anleitung beim Abschlussfest der jeweiligen Woche zum ersten Mal live auf der Bühne stehen, und mit erstaunlichem kreativen und musikalischen Potenzial selbst komponierte Musikstücke aufführen (eine CD mit all den Songs und dem Film gibt es auch noch!).

Was daran ungewöhnlich ist: Die Animation und pädagogische Begleitung hin zu einer souveränen Persönlichkeit, die schon nach einer knappen Woche auf der Bühne steht, eigene Songtexte singt, moderiert, tanzt oder den selbst gedrehten Film vorführt, steht ansonsten kaum auf dem Lehrplan. „Persönlichkeitsbildung" kommt im Fächerkanon der Schulen eher als Option vor, es gibt auch kaum einflussreiche Kreise, die dieses von Bildungspolitik und Schulen fordern. Warum auch? Die Schüler sollen Wissen aufsaugen wie ein Schwamm, sollen „funktionieren", sollen im Unterricht zwar gut „mündlich" mitarbeiten, doch der kreative Prozess und die

Entdeckung der Selbstdarstellung, die freie Interpretation des Wissens – all das kommt selbst an den Gymnasien in der Regel viel zu kurz.

Der Weg von der selbst entfalteten Kreativität hin zum kritischen Demokratiebürger ist kurz, denn wer die Welt nicht nur verstehen, sondern auch formen und mitgestalten will, der entdeckt den kulturpolitischen Raum als Anreiz zur umfassenden Selbstentfaltung. Die von immer langweiliger, einfältiger und visionsloser Parteipolitik okkupierte Gesellschaft in den Händen leitend angestellter Berufspolitiker nimmt derartige Zusammenhänge schon lange nicht mehr wahr. Umso wichtiger wird daher eine musisch inspirierte Bildungspolitik für eine bessere Gesellschaft von morgen!

Eine rein funktionale Wahlkabinendemokratie, telemedial überinszeniert und inhaltlich eher auf Verwaltung denn Gestaltung, geschweige denn auf das aktive Mitwirken der Bürgermassen fixiert, Parteien mit sinkenden Mitgliederzahlen und immer niedrigere Wahlbeteiligungen – all das sind auch Ergebnisse eines falschen Lernens. Wer nur „funktioniert" und konsumiert, wer sowohl Politik als auch sein Leben eher passiv gestaltet, wer am Stammtisch über „die da oben" schimpft, um sich dann letztlich nur als Opfer von Politikverwaltung und Superbehörden wahrzunehmen, als ausgeplünderten Steuerbürger, der hat jede Chance zur kulturpolitischen Mitwirkung längst abgeschrieben. Der singt kein eigenes Lied und geht – statistisch gesehen – immer seltener zur Wahl.

Jürgen Stark, Autor und Journalist, ist Projektleiter der „SchoolTour", dessen Ableger „DeutschTour" 2008 auch erstmals in Zusammenarbeit mit dem Goethe Institute in den USA an High Schools gastierte.
www.myspace.com/schooltour

FAIRER HANDEL:
DIE GEPA-FAIR HANDELSGESELLSCHAFT UND ANDERE

Die GEPA-Fair Handelsgesellschaft mit Sitz in Wuppertal und mehreren Filialen im Bundesgebiet hat ungefähr 150 Handelspartner in Lateinamerika, Afrika und Asien. Die Produkte – von Kaffee, Tee, Honig und anderen Nahrungsmitteln über Gebrauchswaren bis hin zu Kunstgegenständen – werden von inzwischen über 800 Weltläden und 6.000 Aktionsgruppen, in denen sich über 100.000 Menschen engagieren, sowie mittlerweile auch zahlreichen Supermärkten vertrieben. Auch die Zahl der Firmen- und anderen Kantinen, in denen fair gehandelte Lebensmittel angeboten werden, steigt kontinuierlich. So wird beispielsweise in den Kantinen des Deutschen Bundestages seit 1993 fair produzierter und gehandelter Kaffee getrunken. Wo sich der für „normale" Konsumenten jeweils nächstgelegene Weltladen befindet, lässt sich per Mausklick auf der unten angegebenen Homepage der GEPA feststellen.

Im Gesellschaftervertrag der GEPA von 1989 heißt es: „Ziel der GEPA ist, die Lebensbedingungen der Menschen – besonders in Ländern der ‚Dritten Welt' – zu verbessern, die in der regionalen Wirtschafts- und Sozialstruktur sowie der Weltwirtschaft benachteiligt sind. Sie will als verlässliche Partnerin den Produzenten / Produzentinnen ermöglichen, unter menschenwürdigen Bedingungen am nationalen und internationalen Marktgeschehen teilzunehmen und für sich aus eigener Kraft einen angemessenen Lebensunterhalt sicherzustellen."

Über die GEPA importierte Waren erhielten gute bis beste Urteile von Ökotest und Verbraucherzentralen und wurden mit angesehenen Preisen ausgezeichnet. Sie bestehen inzwischen im wahrsten Sinne im Wettbewerb, denn die Palette reicht bis hin zu ohne Kinderarbeit hergestellte und fair gehandelte Fußbälle, die internationalen Regeln entsprechen. So signierte im Oktober 2008 die gesamte Mannschaft des Profiklubs 1. FC Köln und dessen Präsident Wolfgang Overath, Weltmeister von 1974, anlässlich des 25-jährigen Jubiläums des Eine-Welt-Ladens Frechen einen solchen Ball, damit dieser im Sinne des Mottos „Fair geht vor" versteigert werden konnte, was gute Resonanz in der Presse fand. Der Erlös hieraus ging an die so genannte Esel-Initative in Berlin, die Frauen in armen Regionen der Welt Lastentiere finanziert, damit sie sich eigene Existenzen aufbauen können.

Sehr engagiert hinsichtlich fairen Handels ist auch die Deutsche Welthungerhilfe, die seit November 2008 von der Oberbürger-meisterin der Stadt Bonn, Bärbel Dieckmann, und dem ehemaligen Bundesumweltminister und Direktor des UN-Umweltprogramms, Prof. Klaus Töpfer, geleitet wird.

www.gepa.de
www.esel-initiative.de
www.welthungerhilfe.de

ABGEORDNETEN- / KANDIDATENWATCH.DE

Über die überparteiliche und unabhängige Internetplattform Abgeordnetenwatch und ihren Ableger Kandidatenwatch können Bürgerinnen und Bürger Volksvertreter bzw. Kandidaten online befragen. Fragen und Antworten sind dort ebenso wie das Abstimmungsverhalten der Abgeordneten bei wichtigen Parlamentsentscheidungen einsehbar. Es handelt sich dabei um ein gemeinnütziges Projekt der Parlamentwatch GmbH und wird in Kooperation mit den Vereinen Mehr Demokratie und der gemeinnützigen GmbH BonVenture betrieben. Es soll sich mittel- bis langfristig durch Förderkreise, den Verkauf von Profilseiten von Abgeordneten und Kandidaten und auf Wunsch ausblendbare Onlinewerbung finanzieren. Die Parlamentwatch GmbH hat sich per Satzung verpflichtet, sämtliche Gewinne, falls diese anfallen, gemeinnützigen Organisationen zu spenden.

Alle Fragen an die Abgeordneten bzw. Kandidaten werden von einem Moderationsteam auf beleidigende Aussagen hin überprüft, auf Volksverhetzung, Diskriminierungen, Fragen zum Privatleben oder Anfragen, die unter die Schweigepflicht fallen, bevor sie online gestellt werden. Wird eine Frage aufgrund eines Verstoßes gegen den Kodex nicht freigeschaltet, wird der Politiker dennoch über den Vorgang informiert. Darüber hinaus haben sich Betreiber des Projektes zu strikter Überparteilichkeit und Neutralität verpflichtet. Die Abgeordneten der Hamburgischen Bürgerschaft sind vor diesem Hintergrund bereits als „gläserne Abgeordnete" bezeichnet worden.

Innerhalb von anderthalb Jahren seit dem Start von Abgeordnetenwatch im Bundestagswahlkampf 2005 sind über 15.000 Fragen gestellt und zu achtzig Prozent beantwortet worden. Täglich greifen über 10.000 Besucher auf die Seite zu, auch Journalisten informieren sich über die Internetplattform. Medienpartner des Projekts sind die Onlineausgaben des Spiegel, der Süddeutschen Zeitung, des Stern, der Welt, der Frankfurter Rundschau und des Tagesspiegels.

Die Wurzeln von Abgeordnetenwatch liegen in Hamburg, wo das Projekt bei der Wahl zur Hamburgischen Bürgerschaft im Dezember 2004 seinen Anfang nahm. Vorausgegangen war ein erfolgreicher Volksentscheid zur Reform des Wahlrechts, das den Bürgerinnen und Bürgern fortan mehr Möglichkeiten bei der Auswahl der Kandidaten einräumte. Auf dem Wege des Online-Dialogs konnten sie nun ihre Politiker besser kennenlernen, um bei der nächsten Wahl eine kompetente Entscheidung treffen zu können.

Inzwischen können über Abgeordnetenwatch und Kandidatenwatch deutsche Politiker und Bewerber fürs Europaparlament über den Bundestag und zahlreiche Landtage bis hin zu manchen Beszirksvertretungen befragt werden.

www.abgeordnetenwatch.de
www.kandidatenwatch.de
www.bonventure.de

DER B.A.U.M. e.V.

Der B.A.U.M. e.V. wurde 1984 als erste überparteiliche Umwelt-
initiative der Wirtschaft gegründet und ist heute mit rund 450 Mitgliedern europaweit die größte ihrer Art. Der Arbeitskreis hat seine
Hauptgeschäftsstelle in Hamburg im Haus der Zukunft, einem international anerkannten Kompetenzzentrum für nachhaltiges Wirtschaften. Er unterstützt die ihm angehörenden Unternehmen in
allen Fragen des unternehmerischen Umweltschutzes und nachhaltiger Entwicklung. Großer Wert wird dabei auf die Vernetzung von
Unternehmen, Kommunen und privaten Haushalten gelegt.
Darüber hinaus konnte die B.A.U.M.-Idee durch die Gründung von
mittlerweile 26 Schwesterorganisationen in anderen Ländern international verbreitet werden. Deren Aktivitäten werden durch das
bereits 1990 von B.A.U.M. e.V. initiierte International Network for
Environmental Management (INEM) koordiniert. Die Spannbreite
seiner Mitglieder reicht von großen, teils weltweit agierenden
Branchenführern über Umweltministerien, öffentlichen Einrichtungen bis hin zu mittelständischen und kleinen Firmen.

Die Mitglieder von B.A.U.M. e.V. führen ihre Unternehmen
nach den in einem Ehrenkodex festgelegten Richtlinien für umwelt-
bewusstes Management. Darin heißt es:

- „Wir ordnen den Umweltschutz den vorrangigen Unter-
nehmenszielen zu und nehmen ihn in die Grundsätze zur
Führung des Unternehmens auf. Ihn zu verwirklichen ist
ein kontinuierlicher Prozess.

- Wir sehen Umweltschutz als wichtige Führungsaufgabe an und stellen sicher, dass er in allen betrieblichen Funktionen und auf allen Ebenen in konkrete Ziele und Verhaltensregeln umgesetzt wird.

- Wir betrachten Umweltschutz als Linienverantwortung. Die Fachkompetenz wird durch Einsetzung von Umweltschutzbeauftragten oder Umweltausschüssen so organisiert, dass eine umfassende Information und Einbeziehung in alle Entscheidungen sichergestellt ist.

- Wir geben uns periodisch detaillierte Rechenschaft über den Stand des Umweltschutzes im Unternehmen, um Schwachstellen zu erkennen, die notwendigen Maßnahmen zu veranlassen und erreichte Fortschritte zu dokumentieren.

- Wir informieren unsere Mitarbeiter ausführlich über Umweltaspekte, motivieren sie zu umweltbewusstem Verhalten auch im privaten Bereich und legen in unseren Bildungsmaßnahmen einen besonderen Schwerpunkt auf den Umweltschutz.

- Wir nutzen die Forschung und Entwicklung verstärkt zur ständigen Verbesserung der Umweltverträglichkeit unserer Produkte und Verfahren. Wir setzen dabei Rohstoffe, Energie, Wasser und sonstige Güter so sparsam wie möglich ein und berücksichtigen die gesamte Lebenszeit der Produkte einschließlich ihrer Entsorgung.

- Wir beziehen alle Marktpartner in unsere Bemühungen um verbesserten Umweltschutz ein. Wir erarbeiten mit unseren Lieferanten spezielle Umweltstandards, informieren und beraten den Handel und klären unsere Verbraucher über den umweltschonenden Umgang mit unseren Produkten und deren Entsorgung auf.

• Wir sind zum offenen Dialog mit allen gesellschaftlichen Gruppen bereit, stellen den Medien umweltrelevante Informationen zur Verfügung und arbeiten mit Behörden, Verbänden und anderen Institutionen im Umweltschutz zusammen.

• Wir verstehen die gesetzlichen Bestimmungen als Mindestanforderungen und streben im gesamten Unternehmen ein höheres Maß an Umweltschutz an."

Zu den aktuellen Projekten von B.A.U.M. e.V. zählen neben vielen anderen Forschung an und Realisierung von Klimaschutz bis hin zur weiteren Verminderung des CO_2-Ausstoßes auch im Öffentlichen Personennahverkehr, Solarenergie und Heizungssanierung sowie der Einsatz umweltfreundlicher Büromaterialien. Insbesondere aber kämpft von B.A.U.M. e.V. um immer weitere Verbreitung des Umweltschutzgedankens in mehr Unternehmen und andere Institutionen einschließlich Schulen.

www.baumev.de
www.inem.org
www.haus-der-zukunft-hamburg.de

DER ZUKUNFTSWERKSTÄTTEN-VEREIN e.V.

Im Sinne des Bestsellerautors (u. a. „Heller als tausend Sonnen", „Der Atomstaat"), Friedens- und Zukunftsforschers sowie Trägers des Alternativen Nobelpreises Robert Jungk engagiert sich der in Köln beheimatete Zukunftswerkstätten-Verein e.V. für eine Gesellschaft, in der alle Menschen unabhängig von Status und Beruf, Alter, ethnischer oder religiöser Zugehörigkeit als Expertinnen und Experten in eigener Sache agieren. Mit seiner Arbeit orientiert er sich an einem positiven Zukunftsbild, in der Zukunft aktiv gestaltbar und beeinflussbar ist. Den Menschen zu ermöglichen, sich nicht gegeneinander zu entfalten, sondern eigene Potenziale kreativ zu nutzen, um sich neue gemeinsame Lösungen, Kooperationen und Handlungen zu erschließen – dafür setzen sich Zukunftswerkstätten und der Verein ein.

Der Zukunftswerkstätten-Verein greift gesellschaftlich brisante Themen auf und fördert Möglichkeiten, Methoden und Konzepte einer demokratisch und emanzipatorisch wirkenden Zukunftsgestaltung. Er stärkt öffentlichkeitswirksam das Konzept Zukunftswerkstatt als Instrument der Beteiligung und Partizipation durch: eigene Projekte, Seminare und Fachforen; Publikationen, Beratung und Präsentationen zur Wirksamkeit und Umsetzung; Zusammenarbeit auf nationaler und internationaler Ebene mit Einrichtungen und Institutionen mit verwandten Zielsetzungen.

Zu den Aktivitäten des Vereins gehört die Durchführung beispielgebender Zukunftswerkstätten wie die unter dem Motto „Ums Menschsein geht's. – Wie kann es unter heutigen sozialpolitischen

Bedingungen gelingen?" Weiterhin gibt der Verein einen Reader zu den Mitgliederaktivitäten heraus, berät bei Haus-, Diplom- und Masterarbeiten und präsentiert der Öffentlichkeit erfolgreiche Zukunftswerkstatt-Prozesse. Es besteht eine enge Zusammenarbeit mit Einrichtungen und Institutionen mit verwandten Zielsetzungen wie der Robert-Jungk-Bibliothek für Zukunftsfragen in Salzburg, dem Netzwerk Zukunft Berlin, der Zukunftswerkstatt Jena und dem Haus am Maiberg in Heppenheim, dessen Zielsetzung die politische und soziale Bildung ist.

Mitglieder des Vereins engagieren sich in gesellschaftspolitischen Zusammenhängen für die Etablierung von Teilhabe und Beteiligung von Betroffenen, zum Beispiel im Kontext von Fragen des demografischen Wandels, in Bürgerbeteiligungsverfahren von Kommunen, in bildungspolitischen Prozessen, Organisationsentwicklungen, ökologischer Technikentwicklung und der Demokratisierung Europas.

Zukunftswerkstatt ist ein Moderations- und Problemlösungskonzept, das die Lebendige Demokratie fördert. Aus Veränderungswillen und Handlungsbedarf heraus ist es für Kommunen, Verbände, Bildungseinrichtungen, Teams und Gruppen, selbst für Unternehmen unabdingbar, die jeweils innewohnenden Kräfte zu nutzen, um Zukunft zu gestalten.

Das Konzept Zukunftswerkstatt zeichnet sich dadurch aus, dass die Teilnehmenden ihre Themen und Anliegen inhaltlich selbst bearbeiten und mit Leben füllen. Insofern haben gerade die Moderatorinnen und Moderatoren eine besondere Verantwortung in ihrer Rolle als Prozessbegleitung: Sie geben der Zusammenarbeit in Gruppen eine zielführende und zugleich an den Bedürfnissen der

Teilnehmenden orientierte Struktur. Sie erschließen mit ihrem Engagement oft verborgene Talente und Fähigkeiten der Teilnehmenden. Sie sprechen Veränderungskompetenzen sowohl auf der analytischen und rationalen als auch auf der emotionalen und künstlerisch-gestaltenden Ebene an. Der Dreierschritt Kritik-Phantasie-Verwirklichung sprengt Alltagsdenkmuster. Aus dem anfangs inhaltlich offenen Prozess entstehen gemeinsame Arbeitsergebnisse, die konstruktiv, zielgerichtet und wirkungsvoll in Projekt- und Arbeitsgruppen umgesetzt werden können. Zukunftswerkstätten eignen sich für Menschen jeden Alters, Bildungshorizontes und jeder Tätigkeitsebene. Die Praxis reicht – in Gruppen von sechs bis zu 200 Personen – von Impulssetzungen mit einer einzelnen Zukunftswerkstatt bis zu umfangreichen Prozessen mit mehreren aufeinander aufbauenden Werkstätten. Beispielsweise gibt es eine permanente Zukunftswerkstatt in Zusammenarbeit mit myself e.V. (Sitz in Stuttgart) der sich die gegenseitige Förderung am Arbeitsmarkt sowie den Einsatz für ein bedingungsloses Grundeinkommen zur Aufgabe gemacht hat.

Weitere in Zukunftswerkstätten bearbeitete Themen sind der Kampf gegen Rassismus, Nationalismus und Antisemitismus, Friedenspädagogik, Frauenförderung, Integration, Ehrenämter, Eltern und Schule, Lebensgestaltung Jugendlicher im Kosovo und vieles mehr. Dabei arbeiten die Zukunftswerkstätten mit Gewerkschaften, Volkshochschulen und Institutionen wie dem Roten Kreuz zusammen.

Schon diese wenigen Beispiele zeigen: Zukunftswerkstätten sind in allen gesellschaftlichen Bereichen angekommen. Dafür sorgen nicht zuletzt Vereinsmitglieder mit ihrem hohen Engagement für Qualität und Weiterentwicklung des Konzepts. Federführend haben Mitglieder des Vereins an der Intensivierung der Verwirklichungsphasen gearbeitet, um Gruppen für die Zeit nach der jeweiligen Zukunftswerkstatt zu befähigen, ihre Projekte und Vorhaben selbstverantwortlich weiterzuführen.

Der Verein sieht große Potenziale in der Einbringung des methodischen Vorgehens auf europäischer Ebene und bereitet dazu entsprechende Aktivitäten vor.

www.zwverein.de
www.zukunftswerkstaetten-verein.de
www.jungk-bibliothek.at
www.netzwerk-zukunft.de
www.zw-jena.de
www.haus-am-maiberg.de
www.myself.ev.de

BUNDESTAGSABGEORDNETE ZU FRAGEN DER LEBENDIGEN DEMOKRATIE

Für „Packen wir's an!" sind knapp über einhundert Bundestagsabgeordnete angeschrieben worden, um herauszufinden, wie sie als gewählte Parlamentarier zur Lebendigen Demokratie stehen. Allen wurden dieselben Fragen gestellt:

- Wie lässt sich derart lebendige Demokratie, die vom Volk als Souverän wirklich gestaltet wird, schaffen, stärken und verbreiten? – Weltweit, in Europa und Deutschland?

- Welche konkreten Schritte kennen Sie, schlagen Sie vor oder haben Sie möglicherweise selbst initiiert bzw. unterstützt, bei denen „das Volk" Lebendige Demokratie praktiziert?

- Haben Sie Hinweise auf weitere solcher Aktivitäten?

Viele der Volksvertreter antworteten gar nicht, einige lehnten, auch auf Nachfrage ohne Begründung, eine Beantwortung ab. Manche baten aufgrund von Arbeitsüberlastung um mehr Zeit, was zuletzt nicht mehr mit dem Redaktionsschluss dieses Buches zu vereinbaren war. Die Fragen hatten ihnen drei Monate lang vorgelegen.

Einige Abgeordnete, die antworteten, gingen viel zu tief in die Theorie, wobei es bei Lebendiger Demokratie doch um Praxis geht. Wieder andere machten in erster Linie Werbung für die Politik ihrer jeweiligen Partei. Dennoch blieb eine Essenz interessanter Gedanken. Solche sind nachfolgend in Auszügen dokumentiert.

HANS-ULRICH KLOSE:

Die Bereitschaft, Beiträge zu leisten (Zeit zu opfern und Verantwortung zu übernehmen), nimmt ab, wofür es viele Gründe gibt: Individuelle Trägheit und Unwilligkeit sich zu binden als Folgen von „Spaßgesellschaft" und Individualisierung. Davon können nicht nur Parteien, sondern auch Gewerkschaften, Kirchen, ja sogar Sportvereine ein Lied singen.

Wer von Politikverdrossenheit oder sogar Demokratieverdrossenheit redet, sollte die Frage beantworten, was er selbst tut / tun könnte, um dem Gemeinwesen helfend zu dienen. Mein lange verstorbener Vater formulierte es so: „Wenn du nicht willst, dass rote oder braune Banausen (er meinte Stalinisten und Nazis) es tun, mach' es selbst." Daran halte ich mich, redend und handelnd. Andere könnten / sollten es auch tun.

Der 1937 geborene Jurist ist Mitglied der SPD-Fraktion

KATJA KIPPING:

Hannah Arendt sagte einst, der politische Raum entstamme nicht der Natur, sondern ist eine kulturelle Leistung, eine Konstruktion, die ständig mit Leben erfüllt werden müsse. Politik, die Demokratie befördern möchte, muss an dieser Erkenntnis anknüpfen. Leider erlebe ich im Parlament nur zu oft, wie diese Erkenntnis ignoriert wird und die politische Klasse stattdessen einen Feldzug gegen das Öffentliche führt. Letztlich beteiligt sie sich damit aktiv an der Demontage der Demokratie.

Schule darf Demokratie nicht auf Schautafeln reduzieren, die auswendig gelernt werden müssen, sondern muss viel mehr Appetit auf real praktizierte Demokratie machen. Dazu gilt es, die Kompetenzen der Schulkonferenz zu stärken und z. B. ein Recht auf Schulstreik einzuführen. Politik darf zudem nicht länger als Magd des Marktes in Erscheinung treten, sondern muss gestaltend gegenüber der Wirtschaft auftreten. Mehr Wirtschaftsdemokratie und eine Offensive fürs Öffentliche gemäß dem Motto Wir e.V. statt Ich-AG können hier helfen. Eine Sozialpolitik, die Arme zunehmend ausgrenzt, ist antidemokratisch. Mein Abgeordnetenbüro ist ein offenes Büro unter dem Dach der Wir-AG. Soll heißen: Es dient nicht nur für Sprechstunden und zur Aktenaufbewahrung, sondern unterstützt politische Gruppen, die selbstbestimmt Politik machen wollen.

So habe ich beispielsweise sehr intensiv in Dresden für die Einführung eines Sozialtickets gekämpft, damit auch arme Menschen mobil sein können – eine wichtige Voraussetzung für politische Teilhabe.

Aktivitäten für Lebendige Demokratie kenne ich jede Menge. Einige Beispiele: Da sind Erwerbslosentreffs, die aus den Montagsdemos entstanden. Da ist die Initiative LobbyControl gegen undemokratischen Lobbyismus. Da sind vielfältige Bürgerbegehren, z. B. gegen Privatisierungen. Da ist die Initiative Courage, die sich gegen die Ausweitung der Neonazis in Sachsen einsetzt. Da sind die vielen Initiativen, die zum Europäischen Sozialforum mobilisieren und somit helfen, dass eine europaweite Gegenöffentlichkeit entsteht, ohne die ein Europa der gelebten Demokratie undenkbar ist. All diese Initiativen leisten einen unverzichtbaren Beitrag zur Füllung des politischen Raums mit Leben.

Die 1978 geborene Slavistin und Literaturwissenschaftlerin Katja Kipping ist Mitglied der Fraktion der Linkspartei

GREGOR GYSI

Lebendige Demokratie bedeutet solidarischen Dialog in der Gesellschaft, die Möglichkeit, Interessenkonflikte offen auszutragen. Neben den Parteien und Vereinigungen müssen die Bürgerinnen und Bürger selbst als Vertreterinnen und Vertreter ihrer eigenen Interessen handeln können.

Lebendige Demokratie ist nur möglich, wenn alle Menschen tatsächlich Einblick in Entscheidungsprozesse haben und diese auch beeinflussen können. Elementare Voraussetzungen sind:

- umfassende Transparenz von Entscheidungsprozessen (einschließlich der Entscheidungsvorbereitung),

- ein umfassendes und unbedingtes Recht auf Informationen,

- verbindliche Beteiligungsrechte,

- umfassende Informationen der Bürgerinnen und Bürger über ihre Rechte,

- die Beseitigung aller Barrieren, die Menschen direkt oder indirekt von Entscheidungsprozessen in Politik und Gesellschaft ausschließen.

Notwendig ist eine Weiterentwicklung der bestehenden Institutionen der repräsentativen Demokratie wie auch eine breitestmögliche Einführung von Formen der direkten Demokratie auf kommunaler, Landes-, Bundes- und EU-Ebene. Es geht also um eine Verbindung beider Prinzipien, nicht um eine Ersetzung des einen durch das andere.

Zentral dafür ist die Schaffung von Rahmenbedingungen für die Selbstorganisation von Bürgerinnen und Bürgern. Die Bewahrung bzw. Neuschaffung öffentlicher Räume, die für alle Menschen zugänglich sind und Veränderungen in den Parteien und zivilgesellschaftlichen Organisationen sind zwei Richtungen, die dabei zu verfolgen wären. Armutsfeste soziale Sicherungssysteme und hohe Bildung für alle sind weitere zentrale Bedingungen. Armut und fehlende Bildung sind entscheidende Barrieren für die Beteiligung an gesellschaftlichen Prozessen. Demokratisierung der Schule, d. h. ihre Öffnung in die Gesellschaft und die Demokratisierung der sozialen Sicherungssysteme, sind unter dem Gesichtspunkt der Verbreiterung von Demokratie wichtige Elemente des Umbaus des politischen Systems.

Die Verfassungen aller 16 Bundesländer sehen Volksabstimmungen in unterschiedlicher Ausprägung vor. Vor allem auf kommunaler Ebene haben Bürgerinitiativen, Bürgerbegehren und Bürgerentscheide Bedeutung erlangt. Die damit verbundenen Möglichkeiten gilt es auszubauen und zu verbessern.

Auch auf Bundesebene bedarf es einer Ergänzung des repräsentativ-demokratischen Systems um Möglichkeiten direktdemokratischer Elemente. Über Volksinitiativen, Volksbegehren und Volksentscheide sollen die Bürgerinnen und Bürger auf politische Prozesse direktere Einflussmöglichkeiten erhalten. (...)

Eine besondere Form direkter Bürgerbeteiligung ist der in verschiedenen deutschen Großstädten – z. B. in Potsdam und Köln sowie auch im Berliner Stadtbezirk Lichtenberg – praktizierte „Bürgerhaushalt". Dabei kommt der Haushalt des Gemeinwesens unter direkter Beteiligung der Bürgerinnen und Bürger zustande.

Der 1948 geborene Rechtsanwalt Gregor Gysi ist Vorsitzender der Fraktion Die Linke

KONRAD SCHILY:

Ich plädiere – insbesondere auf europäischer Ebene – für die Einführung direktdemokratischer Instrumente. Auf diese Weise könnten die großflächigen normativen Rahmenbedingungen der Europäischen Union auf regionaler Ebene vor dem Hintergrund des Modells einer „Einheit in Verschiedenheit" auf die Bedürfnisse der Menschen vor Ort umgesetzt werden. Das „klassische Konfliktmuster der industriellen Moderne, die Auseinandersetzung zwischen mehr oder weniger stabilen Interessengruppen", wird dabei eine immer geringere Rolle spielen. An seine Stelle tritt ein themenzentrierter, vor allem auf der Ebene regionaler Öffentlichkeiten kommunizierter und von ziviler Bürgerskepsis getragener Meinungsbildungsmodus. Die konkrete Ausgestaltung von Politik könnte im Rahmen direktdemokratischer Verfahren an diejenigen Menschen delegiert werden, die aufgrund ihrer unmittelbaren Betroffenheit vor Ort ein hohes Maß an Verantwortung und Einsatzbereitschaft in den Ausgestaltungsprozess einbringen und in ihren Sachentscheidungen umsetzen werden.

Wichtige Voraussetzung dafür, dass direkte Demokratie in Europa funktionieren kann, ist eine europäische Öffentlichkeit. Solange die Medien Politik weiterhin aus einer nationalstaatlichen Perspektive betrachten, haben wir hier noch Nachholbedarf. Erst wenn wir lernen, die Dichotomie* Europas – die Nationalstaaten –

---

* von griech. dĭchŏtŏmos, bedeutet die Aufteilung in zwei Strukturen oder Mengen, die nicht miteinander vereinbar sind bzw. einander genau entgegengesetzt sind (Anm. des Lektors).

wirklich zu überwinden, kann das Mittel der direkten Demokratie in vollem Umfang seine gestalterische Kraft entwickeln.

Der 1937 geborene Medizinprofessor, Mitbegründer und zwischenzeitliche Präsident der Universität Witten / Herdecke ist Mitglied der FDP-Fraktion

EDELGARD BULMAHN

Demokratie lebt von der Unterstützung, Erneuerung und Teilhabe durch diejenigen, die in ihr leben. Sie ist ohne das Engagement der Bürgerinnen und Bürger, der Entschlossenheit und dem Willen, sich einzumischen und mitzugestalten, nicht denkbar.

Wenn wir eine Demokratie pflegen und erhalten wollen, müssen alle in ihr lebenden Bürger Demokratie erfahren. Eine wichtige Grundlage stellt die Erziehung zu mündigen Bürgern, zu Freiheit, Kritikfähigkeit und Engagement dar. Ein qualitativ hochwertiges und gerechtes Bildungssystem ist eine der wichtigen Voraussetzungen für eine Lebendige Demokratie. Bildung ermöglicht die selbstbestimmte Teilhabe an der Gesellschaft und eröffnet die Möglichkeit, persönliche Interessen und Bedürfnisse zu erkennen, zu formulieren und sich an der Entwicklung und Gestaltung der Gesellschaft aktiv und effektiv zu beteiligen.

Die Bildungschancen in unserem Land sind jedoch in einem hohen Maße ungleich verteilt und zu stark von der sozialen Herkunft abhängig. Dieser Missstand muss verändert werden, denn eine Spaltung einer Gesellschaft in diejenigen, die informiert und in der Lage sind zu gestalten und denjenigen, die es nicht sind, verstößt gegen demokratische Grundprinzipien.

Für eine größere Demokratisierung unserer Gesellschaft müssen Elemente der direkten Demokratie unbedingt ausgeschöpft werden. Dazu gehört die Möglichkeit der Volksabstimmung ebenso wie beispielsweise die Verbreitung von Volksbegehren und Bürgerbeteiligungen. Die direkte Mitsprache der Bürger und Bürgerinnen dient der Verbindung von aktivierendem Staat und aktiver Zivilgesellschaft. Diese direktdemokratischen Elemente sollten die parlamentarische Demokratie ergänzen, und zwar nicht nur in Gemeinden und Ländern, sondern auch auf Bundesebene.

Gerade Europa braucht mehr direkte Demokratie! Viele Entscheidungen werden auf europäischer Ebene getroffen. Insbesondere mit Blick auf den europäischen Verfassungsprozess wird klar, dass das Gebäude „Europa" für die Bürger oftmals zu abstrakt und die Politik weit entfernt scheint.

Durch mehr Partizipation entsteht mehr Identifikation. Eine demokratische Gesellschaft benötigt stetige Deliberation, Diskussion und Einmischung. Direkte Demokratie bedeutet auch Kommunikation – zwischen Bürgern, Interessensgemeinschaften, Politikern und dem Gesetzgeber. Und sie bedeutet gemeinsames Handeln, welches identitätsstiftend und vertrauensbildend wirkt.

Die 1951 geborene Lehrerin Edelgard Bulmahn ist Mitglied der SPD-Fraktion

PETER DANCKERT

Das beste Beispiel Lebendiger Demokratie ist die Gründung von Bürgerinitiativen, die aus persönlicher Betroffenheit heraus mit viel Engagement um die Umsetzung sehr verschiedener Forderungen kämpfen. In meinem Wahlkreis gibt es zahlreiche Bürgerinitiativen und Vereinigungen, die sich neu gegründet haben. Die Anlässe sind unterschiedlicher Art: Die einen kämpfen gegen den Bau einer

Erdgasleitung direkt durch ihre Stadt, die anderen machen sich Sorgen um den im Zusammenhang mit dem Ausbau des Flughafens Schönefeld entstehenden Fluglärm, wieder andere kämpfen für Maßnahmen zur Reduzierung von Bahnlärm, für den Erhalt einer Buslinie oder den Bau einer Lärmschutzwand. Genau an solchen Stellen treffen Menschen aufeinander, die ihre persönlichen Interessen vertreten und dazu beitragen, ihr Umfeld positiv zu gestalten. Anders gesagt: Sie leben Demokratie. Durch den Zusammenschluss haben die Bürgerinnen und Bürger die Chance, etwas zu bewegen und positive Veränderungen in ihrem Umfeld herbeizuführen. Durch das Engagement in Bürgerinitiativen kommen die Bürgerinnen und Bürger unmittelbar mit der Politik in Berührung. In einem konkreten Fall in Groß Köris hat sich ein Mitglied einer Bürgerinitiative für die Wahl zur Bürgermeisterin aufstellen lassen und ist prompt gewählt worden.

Seit Jahren verzeichnen die Parteien einen Rückgang an Jungmitgliedern. Die Gründe hierfür sind vielfältig und teilweise den Parteien selbst zuzuschreiben, teilweise sind diese im Wandel jugendlicher Beteiligungskultur zu suchen. Unstrittig ist, dass die Parteien als Orte des politischen Engagements den Anschluss an die Jugend verloren haben. Gleichzeitig ist ein Abwärtstrend bei der Teilnahme von Jungwählern bei Bundestags-, Landtags- und Kommunalwahlen zu beobachten. Anlässlich der Kommunalwahlen in Brandenburg am 28. September 2008 habe ich gemeinsam mit der Vorsitzenden des Kreisverbandes der CDU und des Vorsitzenden des Kreisverbandes Die Linke die 99 Jugendfeuerwehren im Landkreis Dahme-Spreewald angeschrieben und dazu aufgerufen, dass sich möglichst viele über 16-Jährige entschließen, auf den Listen der demokratischen Parteien im Landkreis zu kandidieren. Leider hat

lediglich der Kreisjugendfeuerwehrwart für die Stadtverordneten-
versammlung in Luckau kandidiert, ist aber auch gewählt worden.

Der 1940 geborene promovierte Rechtsanwalt und Notar Peter Danckert
ist Mitglied der SPD-Fraktion

WOLFGANG GERHARDT

Demokratie braucht Spielregeln. So wie es gilt, die Unterdrückung
berechtigter Interessen einer Minderheit durch die Rücksichtslosig-
keit einer Mehrheit zu verhindern, so gilt es aber auch, Position zu
beziehen und sich einzubringen, um in demokratischen Bahnen die
Auffassungen und Positionen der Mehrheit erkennbar und nachvollziehbar zu machen. Diese Spielregeln sind im System der repräsentativen Demokratie gegeben. Ob diese Demokratie „lebendig"
ist und lebendig gestaltet wird, hängt von den Bürgerinnen und
Bürgern ab.

Der Auffassung, dass es derzeit nur eine „Oberflächliche Demokratie" gebe, die sich „auf das Wahlrecht und das auf einer einzigen Regel basierende Marktgesetz (beschränke), demzufolge
Wohlstand – dort, wo er bereist besteht – zu Lasten der Allgemeinheit weiter vermehrt wird", widerspreche ich in beiden Komponenten der Aussage ausdrücklich. Der unter anderem von der
Friedrich-Naumann-Stiftung für die Freiheit im Jahresrhythmus
herausgegebene Report „Economic Freedom of the World" stellt
eindeutig heraus, dass ein direkter Zusammenhang zwischen wirt-
schaftlicher Freiheit, politischen Rechten und Bürgerrechten besteht. Studien belegen eindeutig, dass diejenigen Länder, in denen
in den letzten Jahren die wirtschaftliche Freiheit zugenommen hat,
auch höhere wirtschaftliche Wachstumsraten vorweisen können.

Auch zeigt sich, dass in freien Wirtschaften die Einkommensunterschiede geringer sind als in unfreien. Lebenserwartung und Alphabetisierungsquote liegen in freien Ländern höher als in unfreien. Die Frage nach der wirtschaftlichen Freiheit ist also entscheidend für den „Wohlstand der Nationen".

Lebendige Demokratie funktioniert dann, wenn sie im klassischen Sinne als eine Art „Graswurzel-Demokratie" angelegt ist, wenn sie also unter hoher Bürgerbeteiligung auf allen Ebenen, von den Kommunen bis zur Bundesebene, stattfindet. Die Politik ist immer ein Balanceakt zwischen Ideen, Unterstützung und Institutionen. Nach demokratischen Grundsätzen ist „die Politik" der Ort, an dem auf den jeweiligen Ebenen über alle die Gemeinschaft betreffenden Dinge entschieden wird. Im Interesse einer im allgemeinen Sinne Lebendigen Demokratie ist es unbedingt erforderlich, dass diese Entscheidungen der politisch Handelnden in enger Rückkoppelung mit den von ihnen vertretenen Menschen vorbereitet, diskutiert und getroffen werden. Dazu muss die Beteiligung der Bürgerinnen und Bürger an politischen Entscheidungen durch mehr Möglichkeiten für Bürgerentscheide, Bürgerbegehren und Bürgerbefragungen auch auf Landes- und Bundesebene gestärkt und ausgebaut werden. Durch eine aktive mündige Bürgerschaft, durch Teilnahme vieler an politischen Entscheidungsvorgängen im Wege von Diskussion, Einmischung und Verlautbarung wird die Demokratie für den Einzelnen erfahrbar und gestaltbar – also lebendig.

Viele politik- und gesellschaftswissenschaftliche Analysen zeigen, dass die Zeit unreflektierter Politikverdrossenheit vorbei ist und die Menschen sich wieder mehr um Wege bemühen, mitzumachen statt in den Politikstreik zu gehen. Stattdessen richtet sich das Augenmerk zunehmend auf die Umstände, unter denen Politik gemacht wird. Stichworte sind hier der Einfluss von Interessengruppen oder Lobbyvertretungen, die oftmals den freien Blick der politisch Handelnden auf die Ansätze zur Problemlösung verstellen. Auch hier gilt: Die Wahrnehmung demokratischer Mitwirkungsmöglichkeiten ist immer besser als die voreilige Abgabe von Verantwortung. „Packen wir's an!" ist da schon der richtige Ansatz.

Der 1943 geborene promovierte Erziehungswissenschaftler, Germanist, Politologe und Staatsminister a.D. Wolfgang Gerhardt ist Mitglied der FDP-Fraktion und Vorsitzender der FDP-nahen Friedrich-Naumann-Stiftung

WILLI ZYLAJEW

In der Lebendigen Demokratie, in Staat und Gesellschaft, hängt alles mit allem zusammen. Ein Gestalten verlangt Kenntnisse, Fähigkeiten und einen Überblick zu den Auswirkungen der Gestaltung von Teilbereichen auf das gemeinsame Ganze. Dies gilt regional, national und international.

Täglich sind sicherlich ein bis zwei Stunden allein für die halbwegs ausreichende Information über Sachverhalte, Entscheidungsräume, Auswirkungen usw. erforderlich. Wir müssen das Volk bitten, sich diese Zeit zu nehmen, eigene Vorstellungen und Erwartungen in der Bürgerschaft mehrheitsfähig zu machen, den Schutz von Minderheiten und die Grundrechte zu beachten und die so entstandenen Positionen bindend an die Mandatsträger heranzutragen.

Wir müssen die friedliche Diskussions- und Streitkultur ausbauen. Beginnend in der Schule, ein Leben lang, muss die Bereitschaft zur Auseinandersetzung mit Mitmenschen kultiviert und praktiziert werden. In den vergangenen Jahren hat sich der Trend zum Engagement für rein eigendienliche Partikular-Interessen verfestigt. Da funktioniert die Teilhabe – allerdings überwiegend nur für ein Anliegen, oft ohne Rücksicht auf die Interessen anderer Mitmenschen. Geradezu brutal werden von Einzelnen, von Gruppen und Verbänden deren Interessen und Anliegen in den Fokus gestellt. Die Botschaft „Mein Wohl vor Allgemeinwohl" wird ungeniert propagiert. Hier ist ein Wandel notwendig. Dafür werbe ich sehr.

Für den einzelnen Abgeordneten gibt es zunächst die Möglichkeit, Mitbürgerinnen und Mitbürger vorbildlich an den eigenen Entscheidungsprozessen zu beteiligen. Weiterhin müssen wir mit Geldmitteln und Personalstellen alle Einrichtungen stützen, die einen Beitrag zur Stärkung der Vitalisierung unserer Demokratie leisten. Konkret gilt dies für außerschulische Bildungseinrichtungen, Schulen und Hochschulen, öffentliche Medien und dergleichen. Ich wirke in einer Reihe von Vereinen und Organisationen mit, die diese politische Teilhabe vermitteln und praktizieren. Dies ist ein mühsames und nicht ersetzbares Handeln. Eine breitere Mitwirkung auch durch finanz- und personalstarke gesellschaftsrelevante Organisationen wie Kirchen, Gewerkschaften, Arbeitgeberverbände usw. wäre erstrebenswert.

Leider ist das Bewusstsein für diese Arbeit überschaubar. Finanzmittel, z. B. für politische Bildung, werden reduziert, Einrichtungen geschlossen. Die Gründe hierfür sind neben der Finanzknappheit vielfach die uneffizienten Ergebnisse solcher Angebote. Verkrustete Strukturen der Bildungsträger, unattraktive Didaktik, unsaubere Arbeitsweisen verlangen nach einer Neuausrichtung der Stärkung der Lebendigen Demokratie.

Man darf nicht verkennen: Eine Mischung aus der Trägheit breiter Schichten der Bevölkerung, wenig begeisternden Beispielen von einseitigen Gruppenaktivitäten und dem Interesse zur „ungestörten" Machtausübung von Bürokraten und Mandatsträgern sind Hemmnisse für ein vitaleres demokratisches Leben. Dies gilt in Deutschland, Europa und der Welt.

Mündige Bürgerinnen und Bürger sind der Garant für ein besseres demokratisches Geschehen.

Der 1950 geborene diplomierte Sozialarbeiter Willi Zylajew ist Mitglied der CDU-Fraktion

WERNER HOYER

Eine lebendige Demokratie bedarf zweier Elemente: zum einen direkter Mitwirkungsmöglichkeiten der Bürger und zum anderen wirklich repräsentativer Parlamente, die die Interessen der Bürger vertreten. Der sachlichen Komplexität ist es geschuldet, dass wir in einer repräsentativen Demokratie leben. Eine rein rousseauistische Form der Demokratie ist in der heutigen Welt nicht handhabbar. Dies soll allerdings nicht bedeuten, dass die Bürger in keiner Weise direkt am politischen Willensbildungsprozess beteiligt werden sollten. Gerade auf kommunaler Ebene verfügen die Bürger über die Sachnähe, die die Grundlage für gute politische Entscheidungen vor Ort ist. Aber auch auf Landes- und Bundesebene können plebiszitäre Elemente die repräsentative Demokratie bereichern. Insbesondere Entscheidungen, die von grundlegender Bedeutung sind, sollten vom Volk direkt getroffen werden. In diesem Zusammenhang ist beispielsweise an eine Direktwahl des Bundespräsidenten zu denken.

Neben dem Element der direktdemokratischen Verfahren zeichnet sich eine lebendige Demokratie auch dadurch aus, dass die

Repräsentation in den Parlamenten möglichst ausgeprägt ist. Dazu muss man das politische System stärker dem Bürgerwillen öffnen. Dies kann unter anderem dadurch erreicht werden, dass Bürger Kandidatenlisten durch Kumulieren (Verteilen mehrerer Stimmen auf Kandidaten derselben Listen) und Panaschieren (Verteilen mehrerer Stimmen auf Kandidaten unterschiedlicher Listen) beeinflussen können.

Zusammenfassend gilt, dass eine gute Demokratie ein lernendes System sein muss, das sich stetig fortentwickelt.

Der 1951 geborene promovierte Volkswirt Werner Hoyer ist Mitglied der FDP-Fraktion

ANHANG

WEITERE TITEL VON FRANCES MOORE LAPPÉ
NACH DEN PRINZIPIEN DES SMALL PLANET INSTITUTES

**Die Öko-Diät. Wie man mit wenig Fleisch gut isst
und die Natur schont**
Frances Moore Lappé

**Hoffnungsträger. Ein Internationaler Reiseführer
zu grünen Initiativen**
Frances Moore Lappé und Anna Lappé

Zukunft ist möglich. Wege aus dem Klima-Chaos
Herausgeber: Herbert Girardet, mit einem Kapitel von
Frances Moore Lappé

**Vom Mythos des Hungers. Die Entlarvung einer Legende.
Niemand muss hungern**
Frances Moore Lappé, Joseph Collins und Peter Rossett,
mit Luis Esparza

You Have the Power: Choosing Courage in a Culture of Fear
Frances Moore Lappé and Jeffrey Perkins

**Democracy's Edge: Choosing to Save Our Country
by Bringing Democracy to Life**
Frances Moore Lappé

Grub: Ideas for an Urban Organic Kitchen
Anna Lappé and Bryant Terry

LITERATURHINWEISE

Nach den Prinzipien des Small Planet Institutes

Anatomie der menschlichen Destruktivität
   Erich Fromm

Erd-Demokratie. Alternativen zur neoliberalen Globalisierung
   Vandana Shiva

The Great Turning: From Empire to Earth Community
   David Korten

Hoffnung in der Dunkelheit
   Rebecca Solnit

Mindfulness
   Ellen Langer

The Next Form of Democracy
   Matt Leighninger

Öko-Kapitalismus: Die industrielle Revolution des 21. Jahrhunderts, Wohlstand
   im Einklang mit der Natur
   Paul Hawken, Amory Lovins, L. Hunter Lovins

On Violence
   James Gilligan

The Small-Mart Revolution: How Local Businesses Are Beating the Global
   Competition
   Michael H. Schuman

Starke Demokratie – Über die Teilhabe am Politischen
   Benjamin Barber

The Third Side
   William Ury

Lebensnetz. Ein neues Verständnis der lebendigen Welt
   Fritjof Capra

US-Magazine zum Thema Lebendige Demokratie

Adbusters Magazine – Kanada
   E-Mail: info@adbusters.org, www.adbusters.org

Ode Magazine – The Netherlands
   E-Mail: ode@odemagazine.com, www.odemagazine.com

New Internationalist – GB
   www.newint.org

Resurgence Magazine – GB
   www.resurgence.org

Sojourners Magazine – USA
    www.sojo.net
Utne Magazine – USA
    www.utne.com
WorldWatch Magazine – USA
    www.worldwatch.org/pubs/mag/
Yes! Magazine – USA
    www.yesmagazine.org

Internetseiten

www.alonovo.com

www.attac.de

www.conservationcafe.org

www.ecofair-trade.com

www.everyday-democracy.org

www.ewg.org – Environmental Working Group

www.grist.org – Environmental News and Commentary

www.gnn.tv – Guerrilla News Network

www.foodfirst.org – The Institute for Food and Development Policy (Food First)

www.iatp.org – Institute for Agriculture and Trade Policy

www.indymedia.de

www.libertytreefdr.org – Liberty Tree Foundation for the Democratic
    Revolution

www.livingeconomies.org – Business Alliance for Local Living Economies

www.mcplanet.com

www.meetup.com

www.myfootprint.org

www.neweconomics.org – New Economics Foundation

www.smallplanet.org

www.thataway.org

www.ucsusa.org – Union of Concerned Scientists

www.utopia.de

www.wiserearth.org – Wiser Earth

www.worldchanging.org – World Changing, Change Your Thinking

www.worldfuturecouncil.org – World Future Council

ANMERKUNGEN

Vorwort zur deutschen Ausgabe:

1 Howard Schneider, „Greenspan: Regret over this ‚credit tsunami', Former Fed Chairman Alan Greenspan took some blame for the crisis and predicted more turmoil," *Star Tribune*, October 23, 2008. http://www.startribune.com/business/33196929.html

2 Peter S. Goodman, „The Reckoning: Taking Hard New Look at a Greenspan Legacy", *The New York Times*, October 10, 2008. http://www.nytimes.com/2008/10/09/business/economy/ 09greenspan.html?_r=1&dbk=&pagewanted=print

3 „Baby come back: U.S. infant mortality ranking falls," *Scientific American* online, October 15, 2008, http://www.sciam.com/blog/60-second-science/ post.cfm?id=baby-come-back-us-infant-mortality-2008-10-15. „Poor Marks for US Education", Bootie Cosgrove-Mather, CBS News, November 26, 2002, http://209.85.173.132 search?q=cache:JfEH6Cd9AtUJ: www.cbsnews.com/stories/2002/11/26/world main530872.shtml+U.S.+ world+rank+in+education&hl=en&ct=clnk&cd=3&gl=us&client= firefox-a; For gini coefficient measures of inequality, see U.N. and other data collected here: http://en.wikipedia.org/wiki List_of_countries_by_income_equality

4 For civilian death estimates, see http://www.iraqbodycount.org/ and Lancet: http://www.thelancet.com/journals/lancet/article/ PIIS0140673606694919/fulltext, Prof. Gilbert Burnham MD, Prof Riyadh Lafta MD, Shannon Doocy PhD, Les Roberts PhD, „Mortality after the 2003 invasion of Iraq: a cross-sectional cluster sample survey," *The Lancet*, Volume 368, Issue 9545, pp., 1421–1428, 21 October 2006. Conclusion: „Original of post-invasion deaths, 601, 027 (426.369–793.663) were due to violence, the most common cause being gunfire." The majority were civilian.

5 Francis Fukuyama, „The End of History and the Last Man", *The National Interest*, Issue 16, summer 1989. And in 1992, a book published by Avon Books, New York.

6 Thomas L. Friedman, „Time of the Turtles", *The New York Times*, August 15, 1998, A13.

7 Paul Krugman, „The Return of Depression Economics and the Crisis of 2008" (New York: Norton), 14.

Anmerkungen ab Teil 1

1 "Suicide Prevention," World Health Organization,
http://www.who.int/mental_health/prevention/suicide/suicideprevent/en/;
see also, „Depression",
http://www.who.int/mental_health/management/depression/definition/en/.

2 William Easterly, „Wir retten die Welt zu Tode", (Campus Verlag GmbH,
Frankfurt 2006).

3 Erich Fromm, „Anatomie der menschlichen Destruktivität", (Reinbek:
Rowohlt Tb, 1996).

4 Alexis de Tocqueville, „Über die Demokratie in Amerika", Kapitel 14,
(Reclam, Ditzingen 1985), Englisches Original: Alexis de Tocqueville:
Democracy in America, Chapter 14: http://xroads.virginia.edu/~hyper/
detoc/1_ch14.htm

5 Jeffrey Gold, "Wal-Mart, Toys 'R' Us Rivalry 'a Little More Cutthroat",
Seattle Post-Intelligencer, November 23, 2003, Business section.,
http://seattlepi.nwsource.com/business/150216_toyshowdown28.html

6 Peter Barnes, „Kapitalismus 3.0, Ein Leitfaden zur Wiederaneignung der
Gemeinschaftsgüter", (VSA, Hamburg 2008).

7 Office for Social Justice, Archdiocese of St. Paul and Minneapolis,
based on Census Bureau figures and analysis by Princeton economist
Paul Krugman, http://www.osjspm.org/101_income_facts .aspx#6

8 "CEO Pay Charts", United for a Fair Economy, accessed on January 3,
2007. CEO "lunchtime" comparison: Bob Herbert, "Working for a
Pittance," The New York Times, July 3, 2006, citing the Economic Policy
Institute, Washington, D.C.

9 House Committee on Financial Services Democrats, "How Workers are
Faring in the Real Bush Economy: A Report Prepared by the Democratic
Staff of the House Financial Services Committee, September 22, 2006,"
http://financialservices.house.gov/ReportJobsWagesSept06.html.

10 Paul Krugman, "The Great Wealth Transfer, "Rolling Stone,
November 30, 2006, http://www.rollingstone.com/politics/story/12699486/
paul_krugman_on_the_great_wealth_transfer

11 Forbes Magazine, "The Richest Americans," http://www.forbes.com/lists/
2006/54/biz_06rich400_The-400-Richest-Americans_land.html. $1.25
trillion total. Estimate of income of the world's poorest is based on one
billion living on less than a dollar a day and three billion living on less than
two dollars a day. For China $2.225 trillion GDP:, see "The World
Factbook," The United States Central Intelligence Agency, https://
www.cia.gov/cia/publications/factbook/print/ch.html

12 David Woodward and Andrew Sims, "Growth Isn't Working: the
Unbalanced Distribution of Benefits and Costs from Economic Growth,"
The New Economics Foundation, http://www.neweconomics.org/gen/
z_sys_publicationdetail.aspx?pid=219, 3, 17

13 A Survey of the World Economy: "More Pain than Gain", The Economist, September 14, 2006, 15.

14 Jeffrey Sachs, „Das Ende der Armut" (Siedler Verlag, München 2005).

15 James K. Galbraith, "Mission Control," Mother Jones, November/December 2006, 34.

16 Bill Vorley, Food Inc.: "Corporate Concentration from Farm to Consumer", (London: U.K. Food Group), 11.

17 For seed facts: "Global Seed Industry Concentration 2005," Communiqué Issue 90, ETC Group, September-October, 2005, 3. For media facts, see Ben Bagdikian, The New Media Monopoly. (Boston: Beacon Press, 2004.) See also Granville Williams, "The Global Network for Democratic Media," Mediachannel.org , http://www.mediachannel.org/ownership/chart.shtml. For gasoline facts, see: "Public Citizen, Mergers, Manipulation and Mirages: How Oil Companies Keep Gasoline Prices High, and Why the Energy Bill Doesn't Help", March 2004.

18 Paul Krugman, "The Great Wealth Transfer", Rolling Stone, November 30, 2006, http://www.rollingstone.com/politics/story/12699486/paul_krugman_on_the_great_wealth_transfer

19 Office for Social Justice, Archdiocese of St. Paul and Minneapolis, based on Lawrence Mishel, et al., "The State of Working America", 2002/2003, (Washington D. C.: The Economic Policy Institute, 2003), http://www.osjspm.org/101_income_facts.aspx#7

20 Jeffrey H. Birnbaum, "The Road to Riches is Called K Street", Washington Post, June 22, 2005.

21 President Franklin Delano Roosevelt, speech to Congress about dangers of monopoly, April 29, 1938. http://www.presidency.ucsb.edu/ws/index.php?pid=15637

22 Tobi Mae Lippin. "Chemical Plants Remain Vulnerable to Terrorists: A Call to Action," Environmental Health Perspectives 114, no. 9 (2004): 114.

23 Associated Press. "U.S. food safety inspections languishing," February 26, 2007. http://fsrio.nal.usda.gov/news_article.php?article_id=4110

24 Andrew C. Revkin and Matthew Wald, "Material Shows Weakening of Climate Change Reports", The New York Times, http://select.nytimes.com/search/restricte/darticle?res=F30A10FD3C540C738EDDAA0894DF404482

25 "Large Majorities Believe Big Companies, PACs, Media and Lobbyists Have Too Much Power and Influence in Washington", Harris Interactive, April 10, 2002, http://www.harrisinteractive.com/news/allnewsbydate.asp?NewsID=447

26 Ori Brafman / Rod Beckstrom. „Der Seestern und die Spinne", (Wiley-VCH Verlag, Weinheim 2007).

27 Christopher R. Browning, „Ganz normale Männer: Das Reserve-Polizei-
bataillon 101 und die ‚Endlösung' in Polen", (Reinbek: Rowohlt Tb 2002).

28 ebenda, xvii, 38.

29 ebenda, xv, 47.

30 ebenda, 225-26.

31 ebenda, 184-85.

32 Philip G. Zimbardo, „A Situationist Perspective on the Psychology of Evil:
Understanding How Good People Are Transformed into Perpetrators", in
The Social Psychology of Good and Evil: Understanding our Capacity for
Kindness and Cruelty, hrsg. von Arthur Miller (New York: Guilford, 2004,
revised July 25, 2003), 21-50.

33 Sarah Anderson et al., "Executive Excess 2006: Defense and Oil Executives
Cash in on Conflict," United or a Fair Economy, August 30, 2006,5.

34 Sandra Jordan, "Old Women Step Forward as 'Martyrs,'" The Observer,
December 12, 2006, 27.

35 Beatriz Stolowicz, "The Latin American Left: Between Governability and
Change," in Daniel Chavez and Benjamin Goldfrank, eds. (London: Latin
American Bureau, 2004), The Left in the City, citing Desarrollo más allá
de la economía, Inter-American Development Bank, September 2000, 180.

36 Andrew Newberg and Mark Robert Waldman, "Why We Believe What We
Believe: Uncovering Our Biological Need for Meaning, Spirituality, and
Truth" (New York: Free Press, 2006), 8-9; Michael Bratton and Wonbin
Cho, "Where is Africa Going? Views from Below, A Compendium of
Trends in Public Opinion in 12 African Countries, 1999-2006," Working
Paper No. 60, The Afrobarometer Network, May 2006, 17. http://
www.washingtonpost.com/wp-srv/world/documents/AfropaperNo60.pdf

37 Albert Camus, Weder Opfer noch Henker, (Diogenes Verlag: Zürich
2006).

38 Thomas L. Friedman, "Time of the Turtles", The New York Times, August
15, 1998, A13.

39 Barry Lopez, "Imperative", Orion, January/February 2007, 39.

40 Stephen Breyer, Active Liberty (New York: Alfred Knopf, 2005), 21.

41 Marshall Sahlins, "The Use and Abuse of Biology" (Ann Arbor: University
of Michigan Press, 1976), 100.

42 Michael Gurven, "To Give or Not to Give: The Behavioral Ecology of Food
Transfers", Behavioral and Brain Sciences 27 (2004): 543-583.

43 Michael Alvard, "Good Hunters Keep Smaller Shares of Larger Pies",
Open Peer Commentary, accompanying Michael Gurven, "To Give or Not
to Give: The Behavioral Ecology of Food Transfers", Behavioral and Brain
Sciences 27 (2004): 543-583.

44 Daniel Goleman, Soziale Intelligenz: „Wer auf andere zugehen kann, hat
mehr vom Leben", (Droemer/Knaur, München 2008)

45 ebenda, 55.

46 Natalie Angier, "Why We're So Nice: We're Wired to Cooperate",
    The New York Times, July 23, 2002.

47 Adam Smith, D. D. Raphael, A. L. Maxfie, „Theorie der ethnischen
    Gefühle", (Felix Meiner Verlag, Hamburg 2004).

48 ebenda, pt. 2, sec. 2, ch. 1, 80.

49 Sarah F. Brosnan and Frans B.M. de Waal, "Monkeys Reject Unequal Pay",
    Nature 423 (2003):297-299.

50 Erich Fromm, Anatomie der menschlichen Destruktivität, (Reinbek:
    Rowohlt Tb, 1996).

51 John J. Dinan, "The American State Constitutional Tradition" (Lawrence:
    University Press of Kansas, 2006), 1.

52 William H. Hastie, zitiert in: "The Great Quotations", hrsg.von George
    Seldes (New York: Pocketbooks, 1967), 265.

53 Gianpaolo Baiocchi, "Participation, Activism, and Politics: The Porto
    Alegre Experiment," in Deepening Democracy, ed. Archon Fung and Erik
    Olin Wright (New York: Verso, 2003), 47--50.

54 Gianpaolo Baiocchi, "Porto Alegre: The Dynamism of the Unorganized",
    in The Left in the City, ed. Daniel Chavez and Benjamin Goldfrank
    (London: Latin American Bureau, 2004), 53.

55 Gianpaolo Baiocchi, "Militants and Citizens: The Politics of Participation
    in Porto Alegre" (Stanford, Calif.: Stanford University Press, 2005). And
    personal communication, Gianpaolo Baiocchi, March 11, 2005.

56 "Beyond Red vs. Blue: Republicans Divided about Role of Government–
    Democrats by Social and Personal Values, Part Six", Pew Research Center,
    May 10, 2005, http://people-press.org/reports/display.php3?ReportID=242

57 Laura E. Jesse, "Extra $1 million is pushed for Project Quest," San Antonio
    Express-News, August 31, 2006.

58 "Shared Decision Making at a School Site: Moving Toward a Professional
    Model," American Educator (Spring,1987): 17.

59 Janet Raloff, "Global Food Trends," Science News 163, no. 22 (2003),
    http://www.sciencenews.org/view/generic/id/3902/title/Global_Food_Trends

60 Paul Hawken, Amory Lovins und L. Hunter Lovins, „Öko-Kapitalismus:
    Die industrielle Revolution des 21. Jahrhunderts, Wohlstand im Einklang
    mit der Natur", (Der Riemann Verlag 2000).

61 Herman Scheer, „Energieautonomie: Eine neue Politik für erneuerbare
    Energien", (Kunstmann, München 2005); Cristina L. Archer and Mark Z.
    Jacobson, "Evaluation of Global Wind Power", Journal of Geophysical
    Research, Vol.110, D12110, June 30, 2005, 1.
    http://www.stanford.edu/group/efmh/winds/2004jd005462.pdf

62 Clean Elections Institute, Inc., http://www.azclean.org

63 Micah L. Sifry and Nancy Watzman, "Is That a Politician in Your Pocket?" Washington on $2 Million a Day (Hoboken, N. J.: Wiley, 2004), 19.

64 Thomas L. Friedman, "The Power of Green", The New York Times Magazine, April 15, 2007, 71

65 "From Poverty to Prosperity: A National Strategy to Cut Poverty in Half", Center for American Progress, Washington, D. C., April, 2007, citing the Canadian population at 33 million, http://www.americanprogress.org/issues/2007/04/poverty_report.html

66 Michael Myser, "Inside the $37 Billion Prison Economy", CNN Money, December 6, 2006, http://money.cnn.com/magazines/business2/business2_archive/2006/12/01/ 8394995/index.htm?postversion=2006120608; James J. Stephen, "State Prison Expenditures, 2001", 3, http://www.ojp.usdoj.gov/bjs/pub/pdf/spe01.pdf; for Harvard tuition 2001-2002

67 Harry J. Holzer et al., "The Economic Costs of Poverty in the United States: Subsequent Effects of Children Growing Up Poor" (Center for American Progress, Washington, D.C., January 2007,) 1. http://www.americanprogress.org/issues/2007/01/pdf/poverty_report.pdf

68 U.S. Environmental Protection Agency, Office of Solid Waste and Emergency Response, Technology Innovation Office, Cleaning Up the Nation's Waste Sites: Markets and Technology Trends, EPA 542-R-96-005, September 2004.

69 "From Poverty to Prosperity", 8-9.

70 Dan Ackman, Corporate Taxes Continue to Plummet", first published by Forbes.com, Sept 23, 2004.

71 Paul Krugman, "Gilded Once More", The New York Times, April 27, 2007, A27.

72 Adam Smith, „Wohlstand der Nationen, Eine Untersuchung seiner Natur und seiner Ursachen" (Dtv, München 2003).

73 Lester Brown, „Plan B 2.0 – Mobilmachung zur Rettung der Zivilisation", (New York: Homilius, Werder 2007).

74 "From Poverty to Prosperity," 5.

75 Sam Cole, "Zero Waste – On the Move Around the World: U.S. Communities, Retailers, and Other Countries Begin to Implement Producer Responsibility", Eco-Cycle, www.ecocycle.org/zero/producer.cfm

76 Lester Brown, „Plan B 2.0 – Mobilmachung zur Rettung der Zivilisation", (Homilius, Werder 2007).

77 Greg Anrig, Jr., "Ten Myths about Social Security", The Century Foundation, January 26, 2005, http://209.85.165.104/search?q=cache:zCjW_ZpfPvMJ:www.socsec.org/ publications.asp%3Fpubid%3D507+administrative+cost+social+security+ compared+private+insurance&hl=en&gl=us&ct=clnk&cd=5

78 Medicare and Health Care Chartbook, Committee on Ways and Means, U.S. House of Representatives, U.S. Government Printing Office, February 27, 1997, 138, http://www.access.gpo.gov/congress/house/ways-and-means/

79 France spends $3,159 per person with a longevity of 80.3 years, and the U.S. spent $6,102 per person in 2004 on health care with a life expectancy of 78 years. "OECD in Figures 2006-2007: Health Spending and Resources", Organization for Economic Co-operation and Development, October, 2006, http://www.oecd.org/topicstatsportal/0,2647,en_2825_495642_1_1_1_1_1,00.html
Martin Gaynor and Deepti Gudipati, "Health Care Costs: Do We Need a Cure", The Heinz School Review 3, no. 2 (2006).

80 "Taking on Poverty", Center for American Progress, Washington, D.C., April, 2007, http://www.americanprogress.org/issues/2007/04/poverty_event.html; for GDP per capita, see CIA World Factbook, https://www.cia.gov/library/publications/the-world-factbook/index.html

81 These programs I learned about firsthand from the program's director Adriana Aranha on my visit to Belo Horizonte in 2000. The specifics of forty farmers and twelve thousand meals daily come from an email communication dated July 6, 2006, from Michael Jahi Chappell, mjahi@umich.edu, doctoral candidate at the University of Michigan studying Belo Horizonte.

82 Communication via email from graduate student Flavia Andrade, citing original data obtained in the official Website of the Brazilian government (www.datasus.gov.br) which shows infant mortality rate in Belo Horizonte at 15.9 per thousand in 2003; in 1993, infant mortality in Belo was 36.4/1000.

83 See CERES, the seventeen-year-old coalition that launched the Global Reporting Initiative (GRI), the de facto international standard used by over 850 companies for corporate reporting on environmental, social, and economic performance, http://www.ceres.org; also http://www.globalreporting.org.

84 James O'Nions, "Fairtrade and Global Justice", Seedling Magazine, July 2006, http://www.grain.org/seedling/?type=64
See also http://www.fairtrade.net and http://www.transfairusa.org

85 Corporate Accountability International, http://www.stopcorporateabuse.org/cms/page1111.cfm

86 "A Billion Will Die from Smoking", BBC News, October 4, 2005. quoting Professor Richard Peto, Oxford University, Oxford, England.

87 Jack Beatty, "Age of Betrayal: The Triumph of Money in America", 1865-1900 (New York: Alfred A. Knopf, 2007), 148.

88 Community Environmental Defense Fund, http://www.celdf.org/PressReleases/EastBrunswickStripsSludgeCorporationsofRigh/tabid/407/Default.aspx
Democracy Unlimited of Humboldt County, http://www.duhc.org/index.html

89 Transcript of the PBS NOW program on this case,
    http://www.pbs.org/now/transcript/transcriptNOW107_full.html

90 Daniel McLeod, "Ballot Initiative, Democracy Unlimited: Daniel McLeod
    Interviews Kaitlin Sopoci-Belknap", Z Magazine Online, December 2006.

91 Marjorie Kelly, "Holy Grail Found: Absolute, Definitive Proof That
    Responsible Companies Perform Better Financially", Business Ethics,
    Winter 2005.

92 Andrew W. Savitz, "The Triple Bottom Line" (San Francisco: Jossey-Bass,
    2006), 31.

93 Daniel Gross, "Latte Laborers Take on a Latte-Liberal Business",
    The New York Times, April 8, 2007, Week in Review, 5.

94 "Unchaining for One Day Means Millions for Communities", American
    Independent Business Alliance, November 10, 2004, http://amiba.net/
    Unchained_national_release.html, zitiert aus: "The Economic Impact of
    Locally Owned Businesses vs. Chains: A Case Study in Midcoast Maine,"
    Institute for Local Self-Reliance, September 2003,
    http://www.newrules.org/retail/midcoaststudy.pdf

95 The logic of this estimate: The International Cooperative Alliance reports
    800 million cooperative members worldwide. Considering the combined
    population of the EU and the U.S. is less than this number, and assuming
    that at the very most half of the people in these two regions own corporate
    shares, one can assume as many as several hundred additional million
    shareholders in the rest of the world and still arrive at less than 800 million.

96 ICA Digest, International Cooperative Alliance, March 2007, 5, Issue 54.
    http://www.ica.coop/publications/digest/54-digest.pdf

97 Examples from International Cooperative Alliance except for India, which
    is from: Cooperatives in Social Development, Report of the Secretary-Ge-
    neral, United Nations General Assembly, A/60/138, July 21, 2005, 6, citing
    Verghese, Kurien, "India's milk revolution: investing in rural producer
    organizations", a paper presented at the World Bank conference "Scaling
    up poverty reduction: a global learning process and conference", Shanghai,
    May 25-27, 2004.

98 "WRC Affiliated Colleges and Universities", Workers Rights Consortium,
    http://www.workersrights.org/as.asp

99 Gordon Bazemore and Maria Schiff, Juvenile Justice Reform and
    Restorative Justice: Building Theory and Policy from Practice, (Portland,
    Oregon: Willan Publishing, 2004), 376-378.

100 Citizens On Patrol Program (COPP):
    http://www.cincinnati-oh.gov/police/pages/-9496-/;
    Citizen Observer:
    http://www.citizenobserver.com/cov6/app/group.html?id=174

101 Jim Giles, "Internet Encyclopaedias Go Head to Head", Nature 438
    (December 15, 2005): 900ff.

102 Alasdair Roberts, "Blacked Out: Government Secrecy in the Information Age" (New York: Cambridge University Press, 2006), 73.

103 Archon Fung and Dara O'Rourke, "Reinventing Environmental Regulation from the Grassroots Up: Explaining and Expanding the Success of the Toxics Release Inventory", Environmental Management 25, no. 2 (2000): 115. http://www.archonfung.net/papers/FungORourkeTRI00.pdf

104 Andrew W. Savitz with Karl Weber, "The Triple Bottom Line" (San Francisco: Jossey-Bass, 2006) 210.

105 United Nations Development Programme 2002, Human Development Report 2002 (New York: Oxford University Press, 2002), 10.

106 For 12 million estimate, International Labour Organization, A Global Alliance Against Forced Labor, 2005; for 27 million and Bales, see Susan Llewelyn Leach, "Slavery is Not Dead, Just Less Recognizable", Christian Science Monitor, September 1, 2004, http://www.csmonitor.com/2004/0901/p16s01-wogi.html.

107 Thomas L. Friedman, "The Power of Green", The New York Times Magazine, April 15, 2007, 49, citing the Environmental Protection Agency.

108 Bill Moyers Journal, PBS, April 27, 2007.

109 Josephson Institute of Ethics, "2002 Report Card: Survey Documents Decade of Moral Deterioration: Kids Today Are More Likely To Cheat, Steal and Lie Than Kids 10 Years Ago", http://www.josephsoninstitute.org/Survey2002/survey2002-pressrelease.htm

110 Daniel Goleman, „Soziale Intelligenz: Wer auf andere zugehen kann, hat mehr vom Leben", (Droemer/Knaur, München 2008), 4. Citing, for the discovery of mirror neurons: G. di Pelligrino et al., "Understanding Motor Events: A Neurophysiological Study", Experimental Brain Research 91 (1992): 176-80.

111 Daniel Goleman, „Soziale Intelligenz: Wer auf andere zugehen kann, hat mehr vom Leben", (Droemer/Knaur, München 2008).

112 For more on the arts of democracy mentioned here, see the Small Planet Institute's downloadable document: "Doing Democracy: Ten Practical Arts", http://democracysedge.org/handbook.pdf

113 Benjamin Barber, "America Skips School", Harper's Magazine, November, 1993.

114 Jeremy Rifkin, „Der europäische Traum. Die Visionen einer leisen Supermacht", (Campus Verlag; Frankfurt/M. 2005)

115 Martha Meana and Lea Thaler, "Teen Sexuality and Pregnancy in Nevada", in Shalin, Dmitri, ed. The Social Health of Nevada: Leading Indicators and Quality of Life in the Silver State (University of Nevada, Las Vegas, 2004), http://www.unlv.edu/centers/cdclv/healthnv/teensex.html

116 See the Small Planet Institute's downloadable document: "Doing Democracy: Ten Practical Arts", http://democracysedge.org/handbook.pdf

117 See "Suggestions for Using the Believing Game", excerpted from "Conflict in Context: Understanding Local to Global Security" by Gayle Mertz and Carol Miller Lieber, Educators for Social Responsibility, 2001.

118 Nancy A. Burrell, Cindy S. Zirbel and Mike Allen, "Evaluating Peer Mediation Outcomes in Educational Settings: A Meta-Analytic Review", 21 (2003): 7-26.

119 Joseph Stiglitz, „Die Schatten der Globalisierung", (Goldmann 2007).

120 Thomas L. Friedman, "Small and Smaller", The New York Times, March 4, 2004, A29.

121 Quoted in Dan Carney, "Dwayne's World", Mother Jones, July-August 1995, http://www.motherjones.com/news/special_reports/1995/07/carney.html

122 "Power Hungry: Six Reasons to Regulate Global Food Corporations", ActionAid International, 2005, 4, http://www.actionaid.org.uk/wps/content/documents/power_hungry.pdf.

123 Nicholas D. Kristof, "A Glide Path to Ruin", The New York Times, June 26, 2005, http://www.nytimes.com/2005/06/26/opinion/26kristof.html?ex=1277438400&en=50db1771c7550c4c&ei=5090&partner=rssuserland&emc=rss

124 Muhammad Yunus, personal communication, July 2000, Dhaka, Bangladesh.

125 James Gilligan, "Violence: Reflections on a National Epidemic" (New York: Vintage Books/Random House, 1997), 105-107.

126 Eleanor Roosevelt, "Fear, the Great Enemy", in You Learn by Living (Harper & Brothers Publishers, New York, 1960), 29-30, 41.

127 Rush W. Dozier, Jr., „Angst. Zerstörungstrieb und schöpferische Kraft", (Europa Verlag Hamburg, Hamburg 1998).

128 Aung San Suu Kyi, „Der Weg zur Freiheit" (Lübbe, Bergisch Gladbach 1999).

129 Andrew Newberg, "Why We Believe What We Believe: Uncovering Our Biological Need for Meaning, Spirituality, and Truth" (New York: Free Press, 2006), 146.

130 Martha Stout, Der Soziopath von nebenan. (Springer, Heidelberg 2006).

131 Thomas Jefferson in a Letter to Thomas Law, Thomas Jefferson Writings, ed. Merrill D. Peterson (New York: The Library of America/Liberty Classics, 1984), 337-338.

132 See, for example, the work of Marshall Rosenberg on "nonviolent communication", http://www.cnvc.org

133 "Buying the War", Bill Moyers Journal, PBS, April 25, 2003.

134 "An Interview with Martha Stout", BookBrowse, http://www.bookbrowse.com/author_interviews/full/index.cfm?author_number=1097
Stanley Milgram, „Das Milgram – Experiment. Zur Gehorsamsbereitschaft gegenüber Autorität", (Reinbek: Rowohlt Tb, 1997).

135 Dee Hock, „Die chaordische Organisation: Vom Gründer der VISA-Card" (Schäffer-Poeschel, Stuttgart 2008).

136 Philip G. Zimbardo, "A Situationist Perspective on the Psychology of Evil: Understanding How Good People are Transformed into Perpetrators", in The Social Psychology of Good and Evil: Understanding our Capacity for Kindness and Cruelty, ed. Arthur Miller (New York: Guilford, 2004, revised July 25, 2003), 21-50.

137 Celia W. Dugger, "Even as Africa Hungers, Policy Slows Delivery of U.S. Food Aid", The New York Times, April 7, 2007, A1, 7.

138 Personal communication from Carolyn Dallas, Executive Director, Time Dollar Youth Court, Washington, D.C., January 18, 2005. For more information on time-dollar-type services, contact Time Dollar Youth Court, 409 East Street N.W., Building B, Washington, DC 20001, tel. (202) 508-1612, zfowlk@cs.com, http://www.timebanks.org

139 CoopAmerica Green Pages, http://www.coopamerica.org/pubs/greenpages/

140 Miguel Mendonca, "Feed-In Tariffs, Accelerating the Deployment of Renewable Energy" (London: Earthscan, 2007), 45./
Herman Scheer, „Energieautonomie: Eine neue Politik für erneuerbare Energien", (Kunstmann, München 2005).

141 ebenda, Mendonca, xiv.

Hans Jecklin

Plädoyer für eine Weltgemeinschaft

Hans Jecklin propagiert einen neuen Anfang – einen Wandel zur
Einen Welt, die aus einem neuen Bewusstsein schöpft.

*„Das Buch von Hans Jecklin kommt aus einer tiefen Erfahrung
und das gibt ihm seine Bedeutung."*

Willigis Jäger

Hans Jecklin: Eine Welt oder keine | 184 Seiten | ISBN 978-3-89901-128-9

J.Kamphausen   www.weltinnenraum.de

Alexandra Hildebrandt /
Jörg Howe
(Hrsg.)

Verantwortung

Vorbilder übernehmen Verantwortung

Sie verlassen die eigene Komfortzone und überschreiten Grenzen:
Die neuen „Andersmacher" treten an, um die Wirtschaft zu verändern.
Sie denken quer und probieren aus. Und wenn sie scheitern, fangen sie
von vorne an. Ein Buch mit Vorbildern – darunter der Musikmanager
Tim Renner und der Babykosthersteller Claus Hipp – für alle, die
Corporate Social Responsibility und nachhaltiges Wirtschaften ernst neh-
men und nach Wegen suchen, das Prinzip Verantwortung im
Unternehmen zu etablieren.

Hildebrandt/Howe (Hrsg.): Die Andersmacher | 274 Seiten | ISBN 978-3-89901-159-3

J.Kamphausen   www.weltinnenraum.de

Sie schwammen gegen den Strom
Widersetzlichkeit und Verfolgung rheinischer Protestanten im „Dritten Reich"

W0059027

Inhalt

Die „Illegalen"

Engagierte Gemeindeglieder

Vorwort

In jüngster Zeit hat sich die öffentliche Aufmerksamkeit durch Bücher und Filme wieder verstärkt auf die Zeit des Nationalsozialismus gerichtet. Der Ruf nach einem „Schlussstrich" unter die Vergangenheit ist schwächer geworden. Täter wie Opfer wurden in Biografien dargestellt – manchmal von nachgeborenen Mitgliedern ihrer Familien.

Auch in der Evangelischen Kirche im Rheinland ist im letzten Vierteljahrhundert die Aufarbeitung der Vergangenheit intensiviert worden. Frühere Darstellungen der 1934 entstandenen „Bekennenden Kirche" als einer Bewegung des Widerstandes hielten sorgfältiger Überprüfung nicht stand. Theologen wie Karl Barth, der 1935 aus Deutschland ausgewiesene „Vater der Bekennenden Kirche", oder der 1945 als Verschwörer hingerichtete Dietrich Bonhoeffer waren eher die Ausnahme. „Widersetzlich" handelten jedoch auch in der Kirche nicht wenige Menschen.

Das vorliegende Buch bietet viele Literaturhinweise, die die Forschungsarbeit der vergangenen Jahrzehnte deutlich machen. Dabei geht es schärfer als zuvor auch um die Schuld der offiziellen „nazifizierten" Kirche, vor allem ihrer Leitung, aber auch um das teilweise Versagen der Bekennenden Kirche.

1980 hat die Landessynode der Evangelischen Kirche im Rheinland der Erneuerung des Verhältnisses von Christen und Juden einen neuen Weg gewiesen und jeder Form von Antijudaismus und Antisemitismus eine klare Absage erteilt. Das war ein theologischer Befreiungsschlag. In nachfolgenden Synodaltagungen wurde selbstkritisch kirchliche Schuldverflochtenheit benannt: Im Zusammenhang der Verfolgung und Ermordung von Männern und Frauen jüdischer Herkunft, von homosexuell Liebenden, Zwangssterilisierten und Euthanasie-Opfern, Sinti und Roma sowie Zwangsarbeiterinnen und Zwangsarbeitern, die nicht selten auch im kirchlichen und diakonischen Bereich „eingesetzt" wurden. Die Evangelische Kirche im Rheinland hat dazu Forschungsarbeiten und Veröffentlichungen veranlasst, auf die in diesem Buch hingewiesen wird.

Die Kirchenleitung selbst hatte die systematische Aufarbeitung aller Personalakten des Konsistoriums in Auftrag gegeben, um das Handeln der damaligen Kirchenbehörde aufzuklären; Verantwortliche wurden benannt, alle Benachteiligten gewürdigt. Dieser methodische Ansatz ließ alle diejenigen unberücksichtigt, die nicht als Theologinnen und Theologen in den Personalakten des Konsistoriums geführt wurden. Das Buch stellt deshalb eine notwendige Fortführung der oben genannten Arbeit dar, um der Menschen zu gedenken, die z. B. als Gemeindeglieder oder im Schuldienst der Nazibarbarei widersprachen oder ihr widerstanden. Einzelne haben dafür mit ihrem Leben bezahlt. Das gilt auch für Theologen, die in keinerlei Dienstverhältnis zur damaligen Kirche standen.

Die vorliegende Veröffentlichung erlaubt es, bestimmte Profilierungen und Schwerpunktsetzungen vorzunehmen, die bei einer Aufarbeitung der konsistorialen Akten aus der Zeit des „Dritten Reiches" nicht möglich sind.

In entsprechenden Ausschüssen und Kommissionen haben Frauen und Männer ein hohes Maß an persönlichem Engagement und vielfältigem Sachverstand eingebracht. Das vorliegende Buch ist ein Gemeinschaftswerk von 17 durch wissenschaftliche Forschungsarbeit oder kirchliche Praxis ausgewiesenen Autorinnen und Autoren. Zu ihnen gehört die 93-jährige Theologin und „widersetzliche" Zeitzeugin Ilse Härter. Kurz vor Drucklegung des Buches wurde ihr von der Kirchlichen Hochschule Wuppertal aufgrund ihres Lebenswerkes die Ehrendoktorwürde verliehen. Seitens der rheinischen Kirche möchte ich ihr dazu sehr herzlich gratulieren.

Das Buch enthält – teilweise bisher kaum bekannte – Portraits von evangelischen Christinnen und Christen aus der rheinischen Kirche, die im „3. Reich" nicht geschwiegen, angesichts der Verfolgung jüdischer Menschen nicht weggesehen haben. Neben Pfarrerinnen bzw. Pfarrern und Vikarinnen bzw. Vikaren werden Menschen verschiedener Berufe vorgestellt, die gegen die deutsch-christliche Verfälschung des Evangeliums protestierten, z. B. Rechtsanwälte, die im Auftrag der Bekennenden Kirche für „illegale" Theologinnen und Theologen eintraten, die sich der nazifizierten Kirchenleitung versagten oder widersetzten. Das erschütternde Schicksal von Christinnen und Christen jüdischer Herkunft wird ebenso vor Augen gestellt wie die Zivilcourage derer, die das Unrecht des NS-Regimes beim Namen nannten, sich Repressionen widersetzten und dafür massive Benachteiligungen – auch ihrer Familien –, Gefängnis- oder KZ-Haft in Kauf nahmen.

Angesichts des maßlosen Unrechts und unsäglicher Leiden mag diese Form des Gedenkens gering erscheinen, als Zeichen des Respekts gegenüber Opfern und Überlebenden darf es vielleicht dennoch angesehen werden – und als Mahnung an uns alle, angesichts von geschehenem und erneut geschehendem Unrecht nicht wegzusehen.

Ich wünsche dem Buch eine weite Verbreitung in kirchlichen Kreisen, Gemeinden und Schulen – und weit darüber hinaus.

Düsseldorf, 27. Januar 2006,
am Gedenktag für die Opfer des Nationalsozialismus

Nikolaus Schneider,
Präses der Evangelischen Kirche im Rheinland

Einleitung

Günther van Norden

Warum dieses Buch? Gibt es nicht schon genug Veröffentlichungen über die Nazi-Zeit und die Kirche? Muss das immer wieder aufgewärmt werden? Sollte man nicht allmählich einen Schlussstrich ziehen? Diese Fragen sind verständlich. Sie geben einem bestimmten Verdruss Ausdruck, der von manchen Menschen, auch in christlichen Gemeinden, geteilt wird. Es ist richtig, dass wir in Büchern und Fernsehfilmen viel erfahren über „große Täter" wie Hitler, Goebbels oder Speer, ebenso über die großen Widerstandskämpfer wie Bonhoeffer oder Stauffenberg. Doch es gibt viele „einfache" Menschen, die in Staat und Kirche unterdrückt und verfolgt wurden. Auch an sie soll erinnert werden.

Das Geheimnis der Befreiung und die Quelle der Erlösung

Viele sagen: Nur Gegenwart und Zukunft zählen. Das, was vergangen ist, soll auch vergangen sein. Dass dies vorschnelle Sätze sind, wissen alle, die darüber nachgedacht haben: Sie wissen, dass sie so sind, wie sie geworden sind, nicht nur durch ihre Gaben und Talente, sondern durch ihre Lebensumstände, durch das, was sie seit ihrer Kindheit an Wissen und Fühlen, Vor-Urteilen und Eindrücken mehr oder weniger bewusst und unreflektiert aufgenommen und an Erfahrungen erlebt haben. Woher komme ich, wieso bin ich so, wie ich bin?

So stoßen wir immer auf die Frage nach der Vergangenheit. Mit Gewissheit lässt sich sagen: Die Befindlichkeit eines Menschen hängt davon ab, wie er mit seiner Vergangenheit umgeht, ob er sie verdrängt oder verarbeitet. Das gilt auch für die Befindlichkeit einer Gruppe, eines Volkes, einer Gesellschaft. Darum hat Johann Baptist Metz für eine „anamnetische Kultur" plädiert[1], die – wie

---

1 Johann Baptist Metz, Für eine anamnetische Kultur, in: Hanno Loewy (Hg.), Die Grenzen des Verstehens. Eine Debatte über die Besetzung der Geschichte, Reinbek 1992, S. 35–41.

13

das etwa eine gute Anamnese in der Psychotherapie vermag – durch bewusstes Erinnern überhaupt erst dazu befähigt, sich der Gegenwart zu stellen, die also durch die Erhellung des Gestern das Heute aufklärt. Es ist im Grunde die alte Einsicht, die im 16. Jahrhundert im galiläischen Safed formuliert wurde: „Das Vergessen verlängert das Exil. Die Erinnerung aber ist das Geheimnis der Befreiung und die Quelle der Erlösung"[2].

Auch die Kirche ist so, wie sie geworden ist, geprägt von belastenden und befreienden Ereignissen ihrer Geschichte. Auch die belastenden muss sie konkret benennen, um sich von diesem Ballast der Kontinuität zu befreien. Schuld muss benannt werden, um frei werden zu können. Der Theologe und Widerstandskämpfer Dietrich Bonhoeffer formulierte schon 1940 ein Schuldbekenntnis:

Die Kirche bekennt ihre Furchtsamkeit, ihr Abweichen, ihre gefährlichen Zugeständnisse […]. Sie hat dadurch den Ausgestoßenen und Verachteten die schuldige Barmherzigkeit oftmals verweigert. Sie war stumm, wo sie hätte schreien müssen, weil das Blut der Unschuldigen zum Himmel schrie. […] Die Kirche bekennt, die willkürliche Anwendung brutaler Gewalt, das leibliche und seelische Leiden unzähliger Unschuldiger, Unterdrückung, Haß, Mord gesehen zu haben, ohne ihre Stimme für sie zu erheben, ohne Wege gefunden zu haben, ihnen zu Hilfe zu eilen. Sie ist schuldig geworden am Leben der schwächsten und wehrlosesten Brüder Jesu Christi.

Dietrich Bonhoeffer, Ethik. Dietrich Bonhoeffer Werke, Bd. 6, Gütersloh 1998, S. 129f.

Mangelndes Schuldbewusstsein und selbstbewusste Rechristianisierungs-Ideologie

Die Kirche war 1945 zu einem solchen Schuldbekenntnis nicht fähig. Ihre damalige Schulderkenntnis war eine völlig andere, sie war nicht konkret wie die Dietrich Bonhoeffers, sondern geschichtsphilosophisch-theologisch: Der Nationalsozialismus sei eine Folge des „Abfalls von Gott", eine Folge der Säkularisierung, die seit der Aufklärung und der Französischen Revolution die Vernunft und die gottlose Humanität an die Stelle Gottes gesetzt und den autonomen Menschen zum Maß aller Dinge

---

2 Vgl. Micha Brumlik, Trauerrituale und politische Kultur nach der Shoah in der Bundesrepublik, in: Loewy [Anm. 1], S. 191–212.

erklärt habe. Die Kirche habe sich auf sich und ihre Theologie zurückgezogen und die Welt sich selbst überlassen. So hätten sich im Prozess der Säkularisierung als Ersatz für die entgleitende Religion Ideologien wie Liberalismus, Sozialismus, Demokratismus, Kommunismus und Nationalsozialismus gebildet. In diesen gottfernen Mächten seien die satanischen Gewalten lebendig geworden, dämonische Kräfte, die in einem Endzeit-Inferno die gottlose Welt in den Abgrund reißen. Dies sei, so meinte man, eine zentral christliche, biblische Schau des gerade erlebten Weltgeschehens. Die eigene Schuld sei also ein Stück der Weltschuld, das eigene Schicksal eine Folge des Säkularisierung. Die Christen in Deutschland hätten nicht „mit Fleisch und Blut" zu kämpfen gehabt, sondern mit Dämonen, „mit den bösen Geistern unter dem Himmel" (Paulus).

Jetzt – nach 1945 – müsse man aus dieser Entwicklung die Konsequenz ziehen, die verderbliche Säkularisierung aufzuhalten. Heinrich Held formulierte diesen Gedanken so: „Wir haben alle Zweige des kulturellen, künstlerischen und wissenschaftlichen Lebens in die Humanitas entlassen. Jetzt stehen wir vor dem Ergebnis der Säkularisierung. Wir sind in die Verantwortung gerufen, diese Säkularisierung wieder rückgängig zu machen." Dies könne nur geschehen durch eine starke Verkirchlichung besonders des Ausbildungswesens, das im Laufe der Zeiten völlig zersplittert sei, aber nun wieder „zentral ausgerichtet" werden müsse. „Wir müssen uns heute bemühen, alles wieder in den Raum der Kirche hineinzustellen." Aus dieser konservativen Vision einer Rechristianisierung der Gesellschaft ist auch der engagierte Kampf der Kirche um Bekenntnisschulen, konfessionelle Lehrerbildung etc. zu verstehen. Nur eine solche Verkirchlichung konnte, dies war die tiefe Überzeugung und aufrichtige Hoffnung vieler führender Kirchenrepräsentanten auch der BK, die Schäden der Säkularisierung seit der Französischen Revolution beheben, die durch die Übersteigerung der menschlichen Vernunft und die Autonomieerklärung des Individuums über Europa gekommen seien; Schäden des „Abfalls von Gott", die sich in den liberalen und demokratischen Systemen ebenso zeigten wie in den Dämonien der Macht des Nationalsozialismus und Kommunismus. Der Theologe Hans Asmussen hatte in seiner Einführungsrede zur Barmer Theologischen Erklärung schon 1934 von den Erscheinungen gesprochen, die „seit zweihundert Jahren die Verwüstungen der Kirche" vorbereitet hätten, und Joachim Beckmann konnte noch 1969 einen Wert von Barmen darin sehen, dass hier

„dem Geist der Aufklärung und des Nationalismus abgesagt" worden sei[3].

Aufgrund dieser theologischen Deutung, der Einbettung der historischen Entwicklung und des Individuums in den großen, weltgeschichtlichen „Abfall von Gott" brauchte man sich mit der spezifischen, konkreten deutschen Schuld, ihrer Erkenntnis und ihrer Annahme nicht auseinander zu setzen. Karl Barth, der „Vater der Bekennenden Kirche", hat diese Deutung der Geschichte ebenso spöttisch wie ernsthaft zurückgewiesen. Spöttisch, indem er von den „Allotria" sprach, mit denen deutsche Theologen die Dämonologie betrieben, und ernsthaft, indem er sie vor ihrem „geschichtsphilosophischen und religiösen Tiefsinn" warnte, mit dem sie sich in die „allgemeine Sündennacht" zurückzögen, „in der alle Katzen grau sind". Barth bezeichnete das als Fluchtversuch und forderte von den Christen in Deutschland die nüchterne politische Analyse eines christlichen Realismus. Der christliche Deutsche müsse lernen, in der Wahrnehmung seiner politischen Verantwortlichkeit weniger tiefsinnig als vielmehr klar, begründet und konkret zu reden und zu handeln. „Das politische Leben in Deutschland krankt an dem Überfluss von Metaphysik, der von allen Seiten in diesen praktischen Bereich hineingetragen wird. Die christlichen Deutschen sollten – gerade in höchster christlicher Grundsätzlichkeit – die ersten sein, dies fleißig zu unterlassen"[4].

Abgesehen von diesen theologischen Deutungsversuchen gab es – auch in der Rheinischen Kirche – in den Jahren nach 1945, außerhalb des Kreises der Verfolgten, zwei Positionen des Umgangs mit der Vergangenheit. Die einen gingen von der Erfahrung aus, im „Dritten Reich" wirtschaftlich relativ gesichert, moralisch anständig gelebt und als Christen im großen Ganzen unbehelligt in der absoluten Konzentration auf Bibel und Bekenntnis, ohne nach links oder rechts zu blicken, das Evangelium vom Opfertod Jesu und seiner Auferstehung Sonntag für Sonntag von der Kanzel gehört oder gepredigt zu haben. Sie hatten keinen Terror erfahren, hatten ja den Staat in seinen Aktionen nicht gestört und waren also auch von ihm nicht gestört worden. Sie gingen 1945 davon

3 Günther van Norden, Die rheinische Provinzialkirche 1945/46, in: ders./Heiner Faulenbach, Die Entstehung der evangelischen Kirche im Rheinland in der Nachkriegszeit (SVRKG 134), Köln 1998, S. 26.
4 Vier Fragen an Karl Barth und seine Antwort. Sonderabdruck aus dem Nachrichtendienst der Pressestelle der Ev. Kirche der Rheinprovinz, 13. Folge, Düsseldorf, 10.8.1946. Neu abgedruckt in: K. Barth, Offene Briefe 1945–1968, Zürich 1984, S. 94–107.

aus, das vergangene System sei grundsätzlich akzeptabel gewesen – allerdings abgesehen von einigen Fehlern seit 1938/39, besonders gegenüber den Juden. Von einer Schulderfahrung oder -erkenntnis war da nicht die Rede. Ein frommer rheinischer Pfarrer, der sich in der Zeit des Kirchenkampfes weder zur Bekennenden Kirche noch zu den Deutschen Christen gehalten hatte, sprach für viele: Die Kirche sei ihrem Bekenntnis treu geblieben, sie habe sich nicht den Mächten der Zeit angepasst. Nie habe sie ihr Bekenntnis zum Herrn der Kirche ersetzt durch das Bekenntnis zu Führer und Reich. Die Stunde der Umkehr und Erneuerung sei für die Kirche immer gegeben und durchaus nicht speziell „in dem Gericht, das über den nationalsozialistischen Staat ergangen ist. Dasselbe, was wir früher und zuletzt verkündigt haben, verkündigen wir heute und morgen".[5] Warum also sollten sie Schuld bekennen?

Die andere Position vertraten jene Christen, die zwar auch in ihrer großen Mehrheit keine terroristische Verfolgung erfahren hatten, die aber nachträglich die Realität so darstellten, als habe der Staat Christen und Juden gleichermaßen, wenn auch unterschiedlich stark verfolgt. Aus dieser Sicht war eben auch die Kirche verfolgt worden. Warum also sollte sie Schuld bekennen?

Kontinuität ohne radikale Erneuerung

Die evangelische Kirche vertrat 1945 und in den folgenden Jahren mit der Mehrheit ihrer Repräsentanten diese Auffassung, dass auch sie verfolgt worden sei. Die Realität ist aber sehr viel differenzierter: Außer den Christen jüdischer Herkunft wurden nur diejenigen Mitglieder der Kirche verfolgt, die sich den Anmaßungen der nazifizierten kirchlichen und staatlichen „Obrigkeiten" nicht unterwarfen und in christlicher Verantwortung versuchten, sich der Vernichtung der Menschlichkeit, wenn auch angstvoll und oft nur in verhüllter Sprache, zu widersetzen. Sie hatten, um es mit einem Wort von Karl Barth auszudrücken, ihre Verantwortung für die Welt begriffen. Die Kirche hingegen erfuhr mehrheitlich in ihrer pseudotheologisch unpolitischen Konzentration auf Bibel und Bekenntnis den Terror der Unterdrückung kaum. Ein anderer Teil – gerade der herrschenden Behördenkirche – hatte

5 Zit. in Günther van Norden, Die rheinische Provinzialkirche 1945/46, in: ders./Faulenbach [Anm. 3], S. 24.

sich in schändlicher Kumpanei mit Staat und Gestapo verbündet. Das, was die Kirche in den ersten Jahren nach 1945 an „Schuldbekenntnissen" aussprach, klang also floskelhaft abstrakt. Die Schuldfrage wurde in einem traditionell theologischen Muster vorgetragen, das eine Vertiefung in die politische Konkretion nicht ermöglichte: Die Kirche war nicht in der Lage, ihr Versagen zu erkennen angesichts der Verfolgung all derer, die nicht der primitiven politischen und gesellschaftlichen Norm entsprachen, die die Nationalsozialisten ständig lauthals verkündeten. Sie hat in ihrer Mehrheit geschwiegen, eine Minderheit hat gejubelt, und nur wenige haben protestiert. Die Vernichtungslager Auschwitz und Bergen-Belsen wurden zwar zur Kenntnis genommen, aber noch nicht als Katastrophe des Christentums begriffen. Stattdessen wiederholte die Kirche, wie etwa 1946 in ihrem „Wort an die Gemeinden", stereotyp die altkirchlichen, moralisierenden Wendungen der Sündenbekenntnisse (Laster, Schande, Aberglaube, Wahrsagerei, Taumel von Vergnügungen, Missachtung von Eltern und Alten, von Scham, Zucht, Reinheit und ehelicher Treue usw.). Auch die Stuttgarter Schulderklärung vom Herbst 1945 ist durch dieses Muster geprägt. Immerhin stand hier auch der Satz: „Durch uns ist unendliches Leid über viele Völker und Länder gebracht worden." Aber gerade dieser Satz war es auch, der das evangelische Kirchenvolk zu einem Protestschrei sondergleichen veranlasste. Martin Niemöller und wenige andere haben das leidvoll erfahren müssen.

Neuorientierung

Jedoch gab es im Anschluss an Karl Barth und Martin Niemöller auch schon ziemlich früh die Kräfte in der Kirche, die sich nicht konform zum vorherrschenden gesellschaftlichen Trend einer national-konservativen Wertevorstellung verhielten. Zwei Jahre nach Stuttgart bekannten führende Protestanten im „Darmstädter Wort" mit den Sätzen „Wir sind in die Irre gegangen" konkret die Schuld von Christen an dem Irrweg der Kirche in der Vergangenheit.

Wir sind in die Irre gegangen
2. Wir sind in die Irre gegangen, als wir begannen, den Traum einer besonderen deutschen Sendung zu träumen, als ob am deutschen Wesen die Welt genesen könne. Dadurch haben wir dem schrankenlosen

Gebrauch der politischen Macht den Weg bereitet und unsere Nation auf den Thron Gottes gesetzt. […]

3. Wir sind in die Irre gegangen, als wir begannen, eine ‚christliche Front' aufzurichten gegenüber notwendig gewordenen Neuordnungen im gesellschaftlichen Leben der Menschen.

Das Bündnis der Kirche mit den das Alte und Herkömmliche konservierenden Mächten hat sich schwer an uns gerächt. […] Wir haben das Recht zur Revolution verneint, aber die Entwicklung zur absoluten Diktatur geduldet und gutgeheißen.

4. Wir sind in die Irre gegangen, als wir meinten, eine Front der Guten gegen die Bösen, des Lichtes gegen die Finsternis, der Gerechten gegen die Ungerechten im politischen Leben und mit politischen Mitteln bilden zu müssen. […]

5. Wir sind in die Irre gegangen, als wir übersahen, dass der ökonomische Materialismus der marxistischen Lehre die Kirche an den Auftrag und die Verheißung der Gemeinde für das Leben und Zusammenleben der Menschen im Diesseits hätte gemahnen müssen. Wir haben es unterlassen, die Sache der Armen und Entrechteten […] zur Sache der Christenheit zu machen.

Das Darmstädter „Wort des Bruderrates der Evangelischen Kirche in Deutschland zum politischen Weg unseres Volkes" vom 8.8.1947, zit. in: Van Norden, Jahrhundert, S. 280ff.

Die beiden BK-Repräsentanten der neuen rheinischen Kirchenleitung, Heinrich Held und Joachim Beckmann, haben diese Erklärung massiv unterstützt und in den rheinischen Gemeinden bekannt gemacht. Die rheinische Landessynode beschloss am 18. November 1950 eine Erklärung, die sich gegen eine Beteiligung der Bundesrepublik am Wettrüsten wandte. Als im Januar 1952 Martin Niemöller einer Einladung der Russisch-Orthodoxen Kirche folgte, gehörten Beckmann und Held zu der kleinen Beratergruppe, die zusammen mit dem westfälischen Präses Ernst Wilm und dem Theologie-Professor Hans Iwand die Reise vorbereitete. Das war ein erster Durchbruch durch die erstarrten Fronten des Kalten Krieges. In dem von der Rheinischen Pfarrerbruderschaft initiierten „Düsseldorfer Wort" vom 8. Dezember 1954 wandten sich Persönlichkeiten der Evangelischen Kirche gegen die Aufrüstung der Bundesrepublik. Von den 27 Unterzeichnern kamen 13 aus dem Rheinland, darunter Beckmann, Held – inzwischen Präses –, die Religionspädagogin Ilse Peters und die Bonner Theologie-Professoren Helmut Gollwitzer und Hans Iwand. Der Brief spielte bei der Bundestagsdebatte am 16. Dezember 1954 eine erhebliche Rolle. In dieser politisch aufgewühlten Zeit, in der die

Gräben des gegenseitigen Misstrauens unüberwindbar schienen, lud Präses Held eine Delegation der Russisch-Orthodoxen Kirche ins Rheinland ein. Dem Besuch der russischen Delegation im März/April 1955 folgte im August/September die erste Reise rheinischer Abgeordneter in die Sowjetunion. Hier ist wohl einer der ersten Schritte der Verständigung und Versöhnung zu sehen, die nach den Reisen Niemöllers (1952) und Gustav Heinemanns (1954) von der Rheinischen Kirche ausgingen.Alle diese Aktionen trafen allerdings nach wie vor auf den entschiedenen Widerstand der Mehrheit im deutschen Protestantismus. Die Kontinuität eines kaum erschütterten nationalen Selbstbewusstseins verhinderte noch einen befreienden Neuanfang, verhinderte lange Zeit eine offene Auseinandersetzung mit der nationalsozialistischen Vergangenheit.6 Der Kampf der Kirche gegen die Entnazifizierung ist dafür ein Beispiel. Die mentale Kontinuität ermöglichte auch die personelle Kontinuität in der Kirche. Nach kurzer Karenzzeit erhielten fast alle belasteten Nazi-Pfarrer neue Pfarrstellen. Belastete Konsistorialbeamte wurden wieder eingestellt. Es dauerte Jahre, bis die Notwendigkeit von Wiedergutmachung überhaupt ins Bewusstsein kam und schließlich eine „Theologie nach Auschwitz" den Weg zum Judentum öffnete. Immerhin zeigen diese Aktionen, dass hier Entwicklungen eingeleitet und in Gang gesetzt wurden, die zu einer Distanzierung von alten, fest gefügten, oft nicht reflektierten Vorstellungen im Bereich des Politisch-Ethischen führten.

Dieser Neuorientierung will auch unser Buch dienen. Es sollen exemplarisch Männer und Frauen genannt werden, die in der Zeit des Nationalsozialismus unter der Herrschaft von Partei und Staat, aber auch unter der Herrschaft der nazifizierten Kirche gelitten haben. Es werden Protestanten aus der rheinischen Kirche genannt, die Bedrückung und Verfolgung ausgesetzt waren, nicht um sie zu Widerstandskämpfern, Märtyrern und Heroen zu stilisieren, sondern um an sie zu erinnern und sie zu ehren. Sie hatten es gewagt, an dieser oder jener Stelle mit unterschiedlichen Mitteln gegen den „braunen Strom" zu schwimmen, die einen durch ein offenes Wort, die anderen durch eine helfende Tat, die einen mit mutiger, die anderen mit ängstlicher Widersetzlichkeit. Im Unterschied dazu ließen sich viele im Strom treiben. Nicht wenige

6 Günther van Norden, Befreiung der Kirche? Kirche der Befreiten? Der schwierige Neubeginn der evangelischen Kirche im Jahre 1945, in: Evangelische Theologie 5/1995, S. 457–474.

schwammen auch kräftig mit dem Strom, einem Strom, der nicht plötzlich – 1933 – da war, dessen Quellen vielmehr schon vorher existierten und der jetzt mächtig und trübe und dreckig angeschwollen war.

Die widersetzlichen Christen waren wie die anderen Glieder der Kirche. Die meisten von ihnen wurden damals verschwiegen – sie dürfen nicht länger verschwiegen werden. Viele hat man vergessen – aber sie sollten nicht vergessen werden. Es handelt sich bei ihnen um Christen und Christinnen jüdischer Herkunft, um „illegale" junge Theologen und Theologinnen, die sich dem nazifizierten Kirchenregiment verweigerten, um engagierte Gemeindeglieder und auch um Vikarinnen und Pfarrer.

Wir würden uns freuen, wenn dieses Buch Diskussionen in Kirchengemeinden anregen oder verstärken würde, darüber hinaus auch bei allen interessierten Menschen, die die Erhellung der Vergangenheit um unserer Gegenwart und Zukunft willen für wichtig halten.

Christen und Christinnen jüdischer Herkunft

Einleitung
Sigrid Lekebusch

Verfolgung – 1933 bis 1945[1]

Die Verfolgung der jüdischen Bürgerinnen und Bürger erfolgte nach einer langen Periode, in der sich die Juden in Deutschland assimiliert und emanzipiert glaubten. Noch bis in die dreißiger Jahre des zwanzigsten Jahrhunderts hinein haben viele Juden immer wieder beeindruckend ihre unauflösliche Bindung an Deutschland und ihre tiefe Verbundenheit mit ihrem Deutschtum betont. Die weitgehend empfundene „deutsch-jüdische Symbiose" zerrann in der Brutalität des Nationalsozialismus zu einer Illusion.

Statt einer diskriminierten Minderheit ein nahezu gleichberechtigter Teil des deutschen Volkes geworden zu sein – ein solches Gefühl war lange Zeit prägend gewesen und hatte weit reichende Auswirkungen auf den Zusammenhalt innerhalb der jüdischen Gemeinschaft und auf die Bindung an die jüdische Religion gehabt. Schon im 19. Jahrhundert kam es zu Austrittswellen und wachsenden Taufwünschen. Die Lösung aus der Synagogengemeinde und die Konversion in eine der christlichen Kirchen waren für viele oft die letzte Konsequenz einer starken Anpassung und auch Identifikation mit der sie umgebenden Kultur. Häufig waren Eheschließungen zwischen einem jüdischen und einem christlichen Partner Anlass für den jüdischen Partner, aus der Synagogengemeinde auszutreten und sich der Kirche des Partners oder der Partnerin anzuschließen. In den 1920er Jahren und 1932/33 verstärkte sich angesichts des wachsenden Antisemitismus die Tendenz, mit einer Konversion auch die jüdische Her-

---

1 Zum Folgenden vgl. die Veröffentlichungen zu diesem Thema, u.a. Eberhard Röhm/Jörg Thierfelder, Juden – Christen – Deutsche, Bd. 1–4/1, Stuttgart 1990–2004; Lekebusch, Not und Verfolgung.

kunft zu verdrängen. Austritte aus der Synagogengemeinde und Konversionen erreichten 1933 nochmals einen Höhepunkt.

Aufgrund dieser Entwicklung fühlten sich die meisten Christen jüdischer Herkunft in der christlich-bürgerlichen Gesellschaft integriert und dem Judentum völlig entfremdet. Weil ihre Vorfahren vor langer Zeit schon konvertiert waren, erfuhren manche Betroffene erst durch den obligatorischen „Ariernachweis", dass sie jüdische Vorfahren hatten.

Alle Christen und Christinnen jüdischer Herkunft waren in den zwölf Jahren der Verfolgung unterschiedlichen Repressalien ausgesetzt. Die Diskriminierung begann am 1. April 1933 mit dem reichsweit organisierten öffentlichen Boykott jüdischer Geschäfte. Eine Woche später folgte das „Gesetz zur Wiederherstellung des Berufsbeamtentums" mit seinem „Arierparagraphen", der für die „Nichtarier" die Entlassung aus dem Staatsdienst bedeutete. All dies traf auch die Christen jüdischer Herkunft sogleich in voller Schärfe. Rechtsanwälte, Notare und Ärzte verloren ihre Zulassungen. Offizielle Proteste kirchlicher Institutionen gegen die staatlichen Maßnahmen wurden zu dieser Zeit nicht laut.

Bis 1935 wurden die Christen jüdischer Herkunft immer stärker ausgegrenzt und diskriminiert. Der wirtschaftliche Boykott der Betriebe und Firmen, die von „Nichtariern" geleitet wurden, trieb diese durch rücksichtslose Schikanen und Behinderungen in den Konkurs, wobei Menschen entweder ihre Stellungen verloren oder als Eigentümer aufgeben mussten. Andere retteten ihr Eigentum durch den Notverkauf an einen „arischen" Nachfolger. Bis 1936 hatten drei Viertel der Christen jüdischer Herkunft ihre Stellung oder ihre Firma verloren. „Nichtarische" Kinder wurden von der Klassengemeinschaft ausgegrenzt. Sie waren dem Spott der Klassenkameraden ebenso ausgesetzt wie den antisemitischen Anfeindungen vieler Lehrer. Aus den höheren Schulen wurden sie verdrängt, durften auch nicht studieren.

Mit dem 1933 gegründeten „Reichsverband christlich-deutscher Staatsbürger nichtarischer oder nicht rein arischer Abstammung e.V." (RNC) begannen die von Kirche und Gesellschaft im Stich gelassenen Menschen, sich selbst zu organisieren und die dringend nötigen Kontakte untereinander auf verschiedenen Ebenen herzustellen. Neben Stellenangeboten, rechtlicher Beratung, karitativer Unterstützung und Sprachkursen für eine Auswanderung sollten Rundschreiben den verstreut lebenden Menschen in ihrer Isolation Zuspruch und Unterstützung bieten.

1935 setzte mit den „Nürnberger Gesetzen" eine neue Phase der Verfolgung ein. Das „Gesetz zum Schutze des deutschen Blutes und der deutschen Ehre" samt Erlassen und Ergänzungen unterteilte die Menschen in „Arier", „Juden" und „Mischlinge". Für viele Christen jüdischer Herkunft verlief nun eine Trennlinie mitten durch die Familie. „Mischlinge", die einer Kirche angehörten, blieben von einigen Repressalien verschont, die den „jüdischen" Elternteil in voller Schärfe trafen. „Nichtarier" durften kein Geschäft mehr führen, ja nicht einmal mehr ein Radio besitzen oder ein Haustier halten. Die eklatanten Eingriffe in die Privatsphäre gingen noch weit darüber hinaus. Das „Blutschutzgesetz" enthielt detaillierte Heiratsvorschriften. Zusammenleben oder Eheschließung zwischen einem „jüdischen" auch christlicher Konfession und einem „arischen" Partner galt als Rassenschande und konnte mit Einweisung in ein Konzentrationslager bestraft werden. „Mischlinge" mussten um eine Ehegenehmigung nachsuchen – die in der Regel nicht erteilt wurde. Bei Verstoß drohte auch hier Gefängnis oder Deportation.

Mit der „Reichskristallnacht" (1938) setzte eine Phase noch stärkerer Verfolgung ein. Tausende wurden verhaftet und kamen in Gefängnisse oder Konzentrationslager. Viele wurden erst entlassen, wenn die Angehörigen eine Ausreisegenehmigung oder Einwanderungserlaubnis vorweisen konnten. Voller Verzweiflung versuchten die Familien im bürokratischen Dschungel die erforderlichen Papiere zu besorgen, das Geld für die Reise, die Reichsfluchtsteuer, die Judenvermögensabgabe oder noch ausstehende Steuerzahlungen zu beschaffen. Damit setzte nochmals eine Fluchtbewegung größten Ausmaßes ein, die diesmal vor allem auch die getauften „Nichtarier" und die in „Mischehen" Lebenden erfasste.

Diese späte Flucht ist typisch für die Christen jüdischer Herkunft. Flucht und Emigration gehörten über Jahrhunderte hinweg zu den Traditionslinien des Judentums. Die Erinnerung daran war bis in die Zeit des Nationalsozialismus hinein lebendig. Allerdings reagierten 1933 zunächst vor allem rein jüdische Familien auf die Diskriminierungen mit einer frühzeitigen Emigration. Die Partner aus „Mischehen" schienen lange Zeit weniger bedroht. Sie fühlten sich durch den nichtjüdischen Teil der Familie gebunden, der ja offiziell nicht gefährdet war. Andererseits glaubten sie auch, durch Kirchen-Zugehörigkeit angemessen geschützt zu sein. Erst durch den Novemberpogrom und die damit verbundenen zahllosen Verhaftungen und Deportationen der männlichen „Juden", gleich welcher Herkunft und Konfession, wurden sie aufgeschreckt und

flüchteten in Scharen. Alle angrenzenden und die meisten außereuropäischen Länder hatten bürokratische Barrieren für eine Einreise aufgebaut, so dass viele versuchten, illegal einzuwandern.
Die Hilfsorganisationen in diesen Ländern – konfessionelle wie auch weltliche – gerieten dadurch an die Grenze ihrer Belastbarkeit. Da Frankreich und die Niederlande ab 1940 zu den besetzten Gebieten gehörten, waren die dorthin geflohenen Menschen, die sich zunächst sicher gefühlt hatten, erneut in einer verzweifelten Lage. Sie kamen in Sammellager, von denen aus sie in die Konzentrationslager des Ostens transportiert wurden. Auch die in Deutschland verbliebenen Menschen gerieten in die Vernichtungsmaschinerie, die mit den systematischen Deportationen begonnen hatte. Die Christen jüdischer Herkunft mit drei oder mehr „jüdischen" Großeltern und diejenigen, die nicht durch einen „arischen" Ehepartner „privilegiert" waren, trugen das Stigma des Judensterns und wurden sogleich in die frühen Deportationen einbezogen. Für die „jüdischen" Partner einer „Mischehe"[2] und für die „Mischlinge" begann der endgültige Ausschluss aus der „Volksgemeinschaft" im September 1944. Sie wurden in verschiedene Arbeitslager verschleppt. Während die „Mischlinge" dort blieben, wurden die „volljüdischen" Personen im Februar 1945 nach Theresienstadt deportiert.

In einigen Gegenden des Deutschen Reiches blieben die „Mischehepartner" zwar von einem Aufenthalt in Arbeitslagern verschont, aber im Februar 1945 ereilte auch sie das Schicksal Theresienstadt – die Vorstufe zur Vernichtung auch dieser Gruppe. Für die NS-Täter war das nur eine Frage des Zeitpunkts. Das Ende des Krieges – am 9. Mai befreiten sowjetische Truppen das Lager – verhinderte die weiteren Transporte von Theresienstadt in die Vernichtungslager.

Kirchliche Reaktionen

Neben latentem Antisemitismus und tradiertem Antijudaismus lähmte die Zersplitterung der Evangelischen Kirche die Entschlusskraft kirchlicher Gremien und verhinderte ihre Solidarität

---

2 In der Einstufung der „Mischehen" gab es einen qualitativen Unterschied, der sich für die Menschen als lebensbedrohend erweisen konnte: „Privilegiert" waren die Familien, die christlich getaufte Kinder hatten; ohne den Zusatz „privilegiert" wurden die kinderlosen Ehen behandelt; vgl. Lekebusch, Not und Verfolgung, S. 68.

mit den Christen und Christinnen jüdischer Herkunft. Schon die Diskussionen um den staatlichen Arierparagraphen und einige Monate später die Forderung der „Deutschen Christen" nach Übernahme dieses Paragraphen in die Kirche zeigen die Zerrissenheit der Kirche – symptomatisch für die folgenden Jahre des Kirchenkampfes. Schon damals konnte weder ein einheitliches theologisches Votum formuliert noch ein Handlungskonzept entworfen werden. Die verschiedenen Gruppen, die DC, die sich etablierende BK[3], theologische Fakultäten und auch Einzelpersonen meldeten sich mit Schriften, Vorträgen und Flugblättern zu Wort, die je nach Standpunkt ihr Verhältnis zu den „Nichtariern" und den Christen jüdischer Herkunft erklärten. Zu den wenigen Verteidigern des alttestamentlichen Volkes, die auch das zeitgenössische Judentum einschlossen, zählten Dietrich Bonhoeffer und Hans Ehrenberg. Andere wehrten sich zwar gegen eine Übertragung des staatlichen Arierparagraphen auf die Kirche, erklärten aber unter Berufung auf das 13. Kapitel des Paulus-Briefes an die Römer, das Gewaltmonopol und somit die Behandlung der jüdischen Menschen müsse dem Staat überlassen bleiben. Für die Deutschen Christen war damit die Diskussion entschieden. Ihre Thesen erreichten mit der Berliner Sportpalast-Kundgebung am 13. November 1933 und der Rede des Gauobmanns Reinhold Krause, der das Alte Testament als Judenbuch mit Hurengeschichten verunglimpfte, ihren fatalen Höhepunkt.

Doch über Anwendung oder Ablehnung des Arierparagraphen in der Kirche hinaus musste das Verhältnis zu den „nichtarischen" Gemeindegliedern grundsätzlich bestimmt werden. Die Brisanz lag in der eindeutigen theologischen Prämisse, die Taufe gründe die Gemeinschaft der Glieder der Gemeinde Jesu Christi. Zeitgenössisch formuliert: Die Taufe hebt jeden Rasseunterschied auf und verpflichtet zur Solidarität unter den Getauften. Doch durch verschiedene Faktoren wie den virulenten Antisemitismus oder das lutherische Verständnis der „Zwei-Reiche-Lehre" wurde diese Grundwahrheit entweder abgeschwächt oder sogar verneint.

Aus Protest gegen den kirchlichen Arierparagraphen gründete Martin Niemöller den „Pfarrernotbund" und der BK-Pfarrer Karl Immer den „Coetus reformierter Prediger".[4] Diese beiden Gre-

---

3 Zum Spektrum der verschiedenen Einstellungsmuster vgl. Günther van Norden, Protestantismus im Nationalsozialismus, in: Hans Erler/Ansgar Koschel (Hg.), Der Dialog zwischen Juden und Christen. Versuche des Gesprächs nach Auschwitz, Frankfurt/New York 1999, S. 127–139.
4 Vgl. dazu Sigrid Lekebusch, Die Reformierten im Kirchenkampf. Das Ringen

mien traten in den folgenden Jahren wiederholt an die Öffentlichkeit. Dabei ging es ihnen vor allem um die Verteidigung des reformatorischen Bekenntnisses und die Abgrenzung gegenüber deutsch-christlichen kirchlichen Gremien. Die Solidarität mit den Geächteten wurde ein Aspekt unter vielen und geriet im Laufe der Jahre trotz fortschreitender Verfolgung zu einer Randerscheinung. Aus all dem hörten die verfolgten Juden und Christen jüdischer Herkunft die Erklärungsnot der evangelischen Kirche – und eben deren mangelnde Solidarität.

Lebten die Christen jüdischer Herkunft in einer Landeskirche oder Gemeinde, die von DC dominiert wurden, standen sie nicht nur einem feindlichen Staat, sondern auch Gremien gegenüber, die die staatliche Gesetzgebung noch verschärften. Nach dem kirchlichen „Arierparagraphen" wurde der Ausschluss der „Judenchristen" vorangetrieben. Amtshandlungen jeder Art an ihnen wurden untersagt. Dazu gehörte die Taufe eines jüdischen Konvertiten ebenso wie die Beerdigung auf christlichen Friedhöfen und schließlich auch der Besuch des Gottesdienstes. Die Christen und Christinnen jüdischer Herkunft wurden aus der Gemeinde und der Kirche systematisch ausgegrenzt.

Viele dieser Menschen – obwohl von der Kirche verlassen – hielten dennoch an ihrem Glauben fest. So war Frieda Lindemeyer angesichts der Deportation in der Lage, fern jeglicher Anklage ihren nach England geflohenen Kindern einzuschärfen: „Meine größte Bitte ist: Verlernt nicht das Beten und vergesset Euren Herrgott nicht!"[5] Letztlich blieb es einzelnen überlassen, für die Verfolgten einzustehen.[6] Schon im August 1934 hatten Marga Meusel und Charlotte Friedenthal vom Evangelischen Bezirkswohlfahrtsamt der Inneren Mission in Berlin-Zehlendorf eine kirchliche Hilfsstelle für die Christen jüdischer Herkunft gefordert. Doch weder diese ersten Appelle noch die folgenden von Marga Meusel und

des Reformierten Bundes, des Coetus reformierter Prediger und der reformierten Landeskirche Hannover um den reformierten Weg in der Reichskirche (SVRKG 113), Köln 1994, S. 57 ff.

5 Christian Moß (Hg.), „… wir leben doch in Gedanken nur mit Euch …". Briefe von Georg und Frieda Lindemeyer 1937–1941. Dokumente der Verfolgung von Christen jüdischer Herkunft in Düsseldorf (Schriften des Archivs der EKiR), Düsseldorf 2002.

6 Nach der Reichspogromnacht (1938) gab es einige Pfarrer, die ihren Protest in die Predigt zum Buß- und Bettag kleideten. Vgl. dazu van Norden, Kirchenkampf, S. 205ff.

Dr. Elisabeth Schmitz verfassten[7] Denkschriften, worin sie die Not der entrechteten und diskriminierten Gemeindeglieder schilderten und die mangelnde Solidarität der Kirche beklagten, konnten die BK zu einer durchgreifenden Maßnahme bewegen. Erst 1938 begann das „Büro Grüber" mit seiner „Hilfsstelle für die evangelischen Rasseverfolgten" und einem Netz an Zweigstellen im Deutschen Reich seine Arbeit. Im Rheinland bot der unerschrockene Gottfried Hötzel in Düsseldorf-Heerdt den Verfolgten seine Hilfe an und nach seinem Tod übernahm sein Amtskollege Hans Balke diese Aufgabe.[8] Ansprechpartner in Mülheim war Pfarrer Paul Biermann. Mittelpunkt der Hilfsstelle in Köln war das Haus des ehemaligen „Westdeutschen Vereins für Israel". Pfarrer Hans Encke und Moritz Weisenstein betreuten die Verfolgten. Trotz eigener Bedrohung weigerte sich Weisenstein zu fliehen. Seine Aufgabe sah er in der Fürsorge auch für den letzten seiner Leidensgenossen. Bis 1941 – bis zur Schließung des Büros durch die Gestapo – wurden das „Büro Grüber" und seine Zweigstellen zum Synonym für Hilfeleistungen aller Art. Danach wurde die Arbeit von den meisten illegal fortgesetzt.

Die mangelnde Solidarität, die inzwischen unbestrittene Tatsache, dass die Hilfsmaßnahmen der Institution Kirche für ihre verfolgten und geächteten Gemeindeglieder allzu spät und auch da nur zaghaft einsetzten, ist nicht zu tilgen. Mit dem Benennen der Christen und Christinnen jüdischer Herkunft soll in diesem Buch ein mahnendes Zeichen gesetzt werden.

---

[7] Es ist inzwischen erwiesen, dass die Denkschrift „Zur Lage der deutschen Nichtarier", die bisher Marga Meusel zugeschrieben wurde, von Elisabeth Schmitz verfasst wurde. Vgl. Dietrich Meyer, Elisabeth Schmitz, in: Heike Köhler /Dagmar Herbrecht/Dagmar Henze/Hannelore Erhart, Dem Himmel so nah, dem Pfarramt so fern. Erste evangelische Theologinnen im geistlichen Amt, Neukirchen-Vluyn 1996, S. 187–269.

[8] Dazu und zum Folgenden vgl. Hartmut Ludwig, Als Zivilcourage selten war. Die evangelische Hilfsstelle „Büro Pfarrer Grüber", ihre Mitarbeiter und Helfer im Rheinland 1938 bis 1940, in: Ginzel, Mut zur Menschlichkeit, S. 29–54; van Norden, Kirchenkampf, S. 212–216.

„Ich sah sie nie wieder"
Die Schicksalswege von Johanne und Erna Aufricht

Johanne und ihre Schwester Erna (Ernestine) Aufricht, 1876 und 1882 in Budapest geboren, entstammten einer ungarisch-jüdischen Familie. Die evangelisch christliche Prägung erhielten sie nach dem frühen Tod ihrer Mutter in einem Budapester Internat. Zwei deutsche Lehrerinnen, die im Diakoniewerk Kaiserswerth ausgebildet worden waren, hatten einen entscheidenden Einfluss auf die Entwicklung der Kinder. 1887 wurden Johanne und Erna mit Einverständnis des Vaters getauft. Gleichzeitig gingen alle Rechte an der Erziehung der beiden Kinder an die Heimleiterin des Pensionats über. Von diesem Zeitpunkt an hatten die Schwestern keinen Kontakt mehr zu ihrer Familie. 1898 stellte die 16-jährige Erna einen Antrag auf Aufnahme in die Diakonissenschule von Kaiserswerth. Gemeinsam mit ihrer Schwester wurde sie im Mutterhaus als Lehrerin ausgebildet, 1903 wurden beide gemeinsam als Diakonissen eingesegnet. Nach ihrem Examen war Erna Aufricht an verschiedenen Schulen der Einrichtung und den damit verbundenen Heimen tätig.

Ohnmächtige Einsprüche aus Kaiserswerth

Bis 1942 blieb die jüdische Abstammung der Schwestern unentdeckt. Ob es ein Fragebogen war, in den Johanne Aufricht wahrheitsgemäß ihre Herkunft eingetragen hatte, oder ein von der Gestapo abgefangener Brief von Erna Aufricht an einen ungarischen Pfarrer, hinter dem Spionage vermutet wurde, kann nicht mehr geklärt werden. Doch von diesem Zeitpunkt an gerieten beide ins Visier der Behörden. Der erste Termin zur Deportation im Februar 1942 konnte noch abgewendet werden. Stattdessen erhielten die Schwestern die strenge Auflage, das „Anstaltsgelände" nicht zu verlassen. Der Aufschub dauerte nur bis zum 13. Juli 1942. Der endgültige Abtransport vom Schlachthof in Düsseldorf war für den 20. Juli angesetzt. Einsprüche gegen diese Maßnahme von Seiten der Kaiserswerther Anstalt waren vergeblich.

Von drei Diakonissen begleitet, traten Erna und Johanne Aufricht den schweren Gang zum Schlachthof an. „In Düsseldorf nahmen wir Abschied von unserer Mutter Elisabeth, Schwester Alwine und Schwester Martha. Der letzte Gruß, der letzte Blick war wie ein Sonnenstrahl ins Elend hinein. Sie kehrten um, aber

wir mussten durch das furchtbare Tor, durch das schon Tausende
vor uns gegangen waren."

Die Schwestern waren Vollwaisen und als solche in jungen Jahren in
das Mutterhaus gekommen, Erna war noch nicht 18 Jahre alt. Sie haben
fast 40 Jahre dem Mutterhaus treu gedient. Darum wage ich, an Sie, Herr
Reichsmarschall, mit der Bitte heranzutreten, das Los der Schwestern doch
wenigstens dahin zu erleichtern, daß sie etwas Beziehungen zum Mutterhaus haben dürfen. [...]
Selber bin ich Gemeindeschwester hier in Elberfeld. Ich bin nicht
weichlich, doch gewöhnt, zu helfen. Darum erlaube ich mir, diesen für
mich bisher ungewöhnlichen Weg einzuschlagen. Ich weiß, daß Sie meine
Bitte nicht ungut aufnehmen, Herr Reichsmarschall. Gott wird Sie dafür
segnen! Mit einem Herzen voll treuer Liebe zu Volk und Vaterland und in
treuer Fürbitte für den Führer, sowie für alle, die des Landes Geschicke zu
leiten haben, grüße ich Sie, Herr Reichsmarschall.

Aus einem an Reichsmarschall Hermann Göring gerichteten (ohne „Heil Hitler" unterzeichneten) Brief der Elberfelder Diakonisse Mathilde Lips v. 10.8.1942, Hauptstaatsarchiv
Düsseldorf, RW 58 Nr. 52298, zit. in: Günther van Norden/Paul Gerhard Schoenborn/Volkmar
Wittmütz (Hg.), Wir verwerfen die fasche Lehre. Arbeits- und Lesebuch zur Barmer Theologischen Erklärung und zum Kirchenkampf, Wuppertal-Barmen 1984, S. 179.

Vernichtet – gerettet

Bei der Ankunft in Theresienstadt erhielt Erna Aufricht die Re-
gistriernummer VII/1 24 und ihre Schwester VII/1 25, was die bei-
den als Hinweis auf die tröstlichen Psalmen 24 („Die Erde ist des
Herrn") und 25 („Nach Dir, Herr, verlangt mich") interpretierten.
„Bitter war der Anfang. Erna und ich kamen mit 138 Leuten in ein
Metzgerhaus, das früher nebst dem Laden fünfzehn bis zwanzig
Menschen beherbergt hatte; jetzt wurde jedes Eckchen, auch der
Stall, ausgenutzt. Wir bekamen ein Zimmer mit zehn Düsseldorfer
Frauen, das heißt, wir bekamen vier Wände und eine elektrische
Lampe. Im ganzen Zimmer war eben nichts, nicht einmal ein Na-
gel. Den ersten Nagel haben wir uns um ein Butterbrot erstanden.
So lagen wir nun monatelang auf der Erde und deckten uns mit
unsern Mänteln zu. Später bekamen wir eine Drittel-Matratze. Wir
beide erhielten den Auftrag, Hausdienst zu tun. Dankbar waren
wir, beisammen bleiben zu dürfen."
Neben der verordneten Arbeit übernahmen beide vom ersten
Tag an seelsorgerische und karitative Aufgaben. „Jeden Morgen

lasen wir die Losung. Die Frauen hörten zu. Bei den vielen Leuten, die so eingepfercht waren, hatten wir bald mehrere Patienten. [...] Alle liebten Erna. Die gütige, liebevolle Schwester, so nannte man sie. Zu jeder Zeit war sie bereit, irgend einem eine kleine Freude zu machen." Sie überstanden Elend, Krankheit und einen Unfall. Johanne Aufricht brach sich im Dezember 1942 ein Bein, und ihre Schwester erkrankte zur selben Zeit an Typhus, der gefürchteten Lagerkrankheit. Ein erster Deportationsbefehl für Erna im August 1944 konnte wegen ihres schlechten Gesundheitszustands abgewendet werden. Doch im Oktober erfolgte der endgültige Bescheid. Alle Bemühungen der sechs Jahre älteren Schwester, sie begleiten zu dürfen, waren vergeblich.

„Ich brachte Erna zu den andern in die Kaserne, wo sie zu Tausenden versammelt waren. Auf einer Pritsche eng beieinander sitzend beteten wir mit schmerzvollen Herzen: ‚Jesu, geh voran!' ‚Bis morgen Erna!' ‚Ja, Gott mit Dir!' Ich sah sie nie wieder. Der Transportzug war in der Nacht abgefahren." Die Deportierte starb am 19. Oktober 1944 im Vernichtungslager Auschwitz.

Trotz Nachkriegswirren konnte ihre Schwester Johanne noch im Sommer 1945 „krank und elend" von Theresienstadt nach Kaiserswerth geholt werden, wo sie nach ihrer Genesung bis zu ihrem Tod am 18. August 1963 im Kreise der anderen Diakonissen lebte. *SL*

Ruth Felgentreff, Ist verpflichtet den Judenstern zu tragen. Eine Dokumentation über Johanne und Erna Aufricht, Wuppertal 1973.

An der Wurzel des Glaubens
Wahrheitssuche und Leidensweg des Pfarrers Ernst Flatow

„Flatow hat in seinem Äußeren und in seinem Wesen so in die Augen springend diejenigen Merkmale an sich, die von dem Volke der jüdischen Rasse eigen angesehen werden." Mit dieser Begründung wurde Ernst Flatow (1887–1942) im Jahr 1933 von seiner rheinischen Kirchenbehörde – dem Konsistorium – als untragbar für die Arbeit eines Geistlichen erklärt.

Der Sohn eines Berliner jüdischen Fabrikanten wuchs in einem liberalen, gebildeten, bürgerlichen und begüterten Elternhaus auf. Das Erziehungsprinzip seines Vaters beschrieb er als „strenge Wahrhaftigkeitsethik". Während der ersten zwei Jahre seiner Gymnasialzeit in Berlin nahm er mit dem Einverständnis seiner Eltern am evangelischen Religionsunterricht teil. Nach eigener Aussage hatte die Passionsgeschichte bereits in der Vorschule auf ihn einen derart tiefen Eindruck gemacht, dass er schon in der Quinta die Diskriminierungen seitens eines antisemitischen Lehrers in dem Bewusstsein hinnahm, „daß Unrecht leiden besser sei, als Unrecht tun". Eine Konsequenz dieser frühen Beschäftigung mit dem Christentum war seine Weigerung, an der von den Eltern gewünschten „Einsegnung", Bar-Mizwa, teilzunehmen – mit der Begründung: er könne „noch keinem bestimmten Bekenntnis Treue geloben".

Die kaufmännische Lehre, die er auf Wunsch des Vaters begonnen hatte, konnte er nach Fürsprache der Mutter wieder abbrechen und im Fürstenwalder Gymnasium die restlichen Schuljahre nachholen. 1907 legte er seine Reifeprüfung ab.

Die Suche nach Wahrheit und Sittlichkeit

Ernst Flatows Studienzeit war geprägt von intensiver Identitätssuche. Parallel zu seiner Militärzeit in Straßburg begann er mit dem Jurastudium und besuchte außerdem kunsthistorische Lehrveranstaltungen. Diese Doppelbelegung zeigt sein wissenschaftliches Streben nach einer umfassenden Welterkenntnis, das für die nächsten Jahre bestimmend bleiben sollte. Das Jurastudium hatte er begonnen, „weil die Idee der absoluten Wahrheit und Sittlichkeit" sein Denken beherrschte. Doch er war enttäuscht von diesem Studium, das stärker am „geltenden Recht" als an „Rechtsprinzipien" ausgerichtet sei. Deshalb wechselte er zur Nationalökonomie, um parallel dazu philosophische und philologische Vorlesungen zu hören. Sein Verlangen nach strenger wissenschaftlicher Beweiskraft und Allgemeingültigkeit wurde auch in der Nationalökonomie enttäuscht. So kam es, dass er 1910 nach Freiburg zu Heinrich Rickert ging, um Philosophie zu studieren. Die Bilanz nach sechs Semestern lautete: „Die Idee einer objektiven Wahrheit ließ mich einerseits nicht los, während andererseits die völlige Isolierung der Erkenntnis vom erlebenden Subjekt meinem religiösen Bedürfnis nicht genügte."

Den letzten Schritt des langen Weges vollzog er 1913. „Hatte einst die Passionsgeschichte mein Gefühl, dann der ethische Geist Kierkegaards meinen Willen bestimmt, so gewann nun erst durch eine christliche Geschichtsphilosophie mein Denken die Möglichkeit, im Glauben an den in die Geschichte eingegangenen Gott auch dem eigenen historischen Dasein eine Beziehung auf Gott zuzutrauen. So war der Anschluß an die historische Gemeinschaft der Kirche dieses Gottes der gewiesene Weg für mich, den ER aus starrem Individualismus zur Gemeinschaft, aus der Idee zum Leben erlöst hatte."

Am 8. August 1913 ließ sich der gerade 26-Jährige von dem bekannten Lutherforscher Prof. Gustav Kawerau in Berlin taufen. Wenn vor seinem Bekenntnis zum Christentum seine jüdische Herkunft offensichtlich keine Rolle gespielt hatte, so entdeckte er nun seine Liebe zu Israel und zum Alten Testament. Er war jetzt stolz darauf, „zur Wurzel des Glaubens zu gehören und nicht eines der aufgepfropften Reiser zu sein".

Bis 1914 studierte er in Berlin und in Erlangen bei Friedrich Brunstäd, der mit seiner Untersuchung und der Darstellung „der wahren oder gültigen Religion und der religiösen Wahrheit" das Forschungsinteresse Flatows traf. Nach dem Krieg, an dem Flatow von 1914 bis 1918 in einem Grenadier-Regiment teilnahm, zwangen ihn finanzielle Probleme, sein Studium zu unterbrechen und sich eine Arbeit zu suchen. Die Tätigkeit als Oberlehrer im „Rauhen Haus" in Hamburg bezeichnete er als „seiner Ausbildung förderlich". Mit Hilfe eines Stipendiums setzte er 1925 sein theologisches Studium in Rostock fort.

Er war bereits 38 Jahre alt, als er Hilfsprediger in Köln-Ehrenfeld wurde. Seine Arbeit dort konfrontierte ihn mit dem sozialen Elend der zwanziger Jahre, das ihn nicht wie einige andere Amtskollegen zu politischen Konsequenzen, sondern zu mehr Seelsorge und zur Suche nach „den zentralen Wahrheiten des Evangeliums" trieb.

Dass er sich nach dem Zweiten Theologischen Examen mit seinen vielseitigen Begabungen und dem tiefen wissenschaftlichen Interesse auf eine Krankenhaus-Pfarrstelle bewarb, war für seine Umgebung überraschend. Dennoch war er in dieser Stellung so erfolgreich, dass ihm von der Kirche aufgrund seiner Verdienste die Pensionsberechtigung eines Pfarrers eingeräumt wurde, auf die er als ein von der Stadt Köln angestellter Pfarrer keinen Anspruch gehabt hätte.

Drangsalierung und Deportation

Trotzdem erhielt Ernst Flatow wegen seiner jüdischen Herkunft schon im März 1933 – noch vor dem staatlichen Gesetz zur Wiederherstellung des Berufsbeamtentums vom 7. April 1933 –

von der Stadt Köln seine Entlassung, die am 30. Juni 1933 endgültig wurde. Alle Versuche, ein kirchliches Pfarramt zu erhalten, schlugen fehl, so dass Flatow selber im November 1933 seine vorläufige Versetzung in den Ruhestand beantragte, jedoch betonte, er wolle damit nicht sein Anrecht auf ein kirchliches Amt aufgeben. Doch seine Weiterbeschäftigung wurde vom Konsistorium mit dem Hinweis auf „diejenigen Merkmale, die von dem Volke als der jüdischen Rasse eigen angesehen werden", als „kirchlich unzumutbar" abgelehnt. Dass er sich von seiner Frau getrennt hatte, war in den Augen der kirchlichen Obrigkeit ein weiterer Makel. Aufgrund seiner Teilnahme am Ersten Weltkrieg hätte er allerdings nach damals geltendem NS-Recht zu diesem Zeitpunkt weder entlassen noch pensioniert werden dürfen. Erst 14 Monate später erhielt er die Pensionsbezüge, die ihm einen bescheidenen Unterhalt sicherten. Da ihm als Jude auch die Fertigstellung seiner Dissertation verwehrt war, widmete er sich seinen vielseitigen geistigen Interessen und pflegte rege Kontakte mit befreundeten Theologen. 1938, als die Bedrohung auch für die Christen jüdischer Herkunft unübersehbar wurde, hätte er fliehen können. Er und Ilse Breslauer, eine wegen ihrer jüdischen Herkunft aus dem württembergischen kirchlichen Dienst entlassene Jugendleiterin, hatten ein Visum für England. Doch auf der gemeinsamen Reise stieg er an der Grenze bei Aachen aus dem Zug. Er sah sich nicht in der Lage, Deutschland zu verlassen.

Von nun an lebte er bei verschiedenen Freunden an wechselnden Orten. Hermann Lutze in Wuppertal beherbergte ihn ebenso einige Monate wie Freunde in Berlin. Als die Situation für die Gastgeber immer gefährlicher wurde, fand er in den Hoffnungstaler Anstalten im brandenburgischen Lobetal bei Pfarrer Paul Gerhard Braune Unterschlupf. Dort hatte eine Gruppe Christen jüdischer Herkunft Zuflucht gefunden. Doch mit dem Deportationsbefehl im April 1942 kam für ihn und seine Leidensgenossen der Transport nach Warschau. Dort ist er an Entkräftung gestorben. *SL*

Hans Prolingheuer, Ausgetan aus dem Land der Lebendigen. Leidensgeschichten unter Kreuz und Hakenkreuz, Neukirchen 1983, S. 149 bis 207; Lekebusch, Not und Verfolgung; Rauthe, Gegner, S. 177ff.; Eberhard Röhm/Jörg Thierfelder, Juden – Christen – Deutsche. Ausgegrenzt, Bd.1, 1933–1935, Stuttgart 1990; Hans-Joachim Barkenings, Spuren im Warschauer Ghetto, in: Leonore Siegele-Wenschkewitz (Hg.), Christlicher Antijudaismus und Antisemitismus (Arnoldshainer Texte 85), Frankfurt 1994, S. 111f.

„Wir bekennen uns zur volkhaften Grundlage aller Kirchenmusik"
Kein Amt für Musikdirektor Julio Goslar

Aus der Familie eines jüdischen Tuchhändlers in Siegen stammend, sollte Julio Goslar (1883–1976) eigentlich Rabbiner werden. Doch seine Liebe zur Musik war so groß, dass er gegen den Willen seiner Eltern in Köln ein Musikstudium begann. Nach seinem Examen 1912 arbeitete er als Chor- und Orchesterleiter, als Konzertpianist, Organist, Klavierlehrer, Komponist und sogar als Musikwissenschaftler. 1914 ließ er sich taufen und entwickelte eine immer engere Bindung an die evangelische Kirche. 1921 wurde er als Organist an die Lutherkirche in Köln-Nippes berufen. Parallel zu dieser Erwerbstätigkeit leitete er erfolgreich den „Volkschor Köln", der mit Aufführungen der Werke von Händel, Beethoven und Haydn im ganzen Rheinland bekannt wurde und ihm den Ehrentitel „Musikdirektor" einbrachte.

Aber weder dieses Engagement noch seine Ehe mit der „arischen" Kölnerin Christel Waimann und die Geburt seines Sohnes, der evangelisch getauft wurde, konnten seine Herkunft vergessen machen. Die nun folgenden Geschehnisse tragen die klassischen Facetten eines Dramas, in dem Zivilcourage und Beistand, Intrigen, Lügen, Verrat, Verlassenheit, Not und schließlich *gerade* noch *eben* eine glückliche Rettung vorkommen.

Sogleich 1933 forderten die deutsch-christlichen Presbyter in Nippes Goslars Entlassung. Mit dem Hinweis auf seine Teilnahme im Ersten Weltkrieg und das ihm verliehene Frontkämpfer-Ehrenzeichen konnte er diesen Angriff abwehren. Doch 1935 wurde von verschiedenen Seiten verstärkt Druck ausgeübt. In einer Rede brandmarkte der Staatskommissar Hans Hinkel die evangelische Kirche, die noch immer einen „Juden auf der Orgelbank" dulde. Wenige Tage später erhielt Goslar die Mitteilung seines Ausschlusses aus der Reichsmusikkammer, was einem Berufsverbot gleichkam. Nachdem der angebliche „Rassenskandal" in Nippes auch noch durch „Das schwarze Korps" aufgegriffen wurde, verlangte der Evangelische Oberkirchenrat in Berlin vom Konsistorium in Düsseldorf einen Bericht und Vorschläge, wie die Sache zu regeln sei. Friedrich Geß, BK-Pfarrer in Köln-Nippes, nun zur Stellungnahme aufgefordert, argumentierte in zwei Richtungen. Er strich die Verdienste und das Können des Kirchenmusikers heraus, gab zu bedenken, dass eine Entlassung wegen seiner Kriegsteilnahme unrechtmäßig sei, ihn außerdem in große Not stürzen würde, teilte aber gleichzeitig – um staatlichen Sanktionen zuvorzukommen – Goslars vorläufige Beurlaubung bei vollem Lohnausgleich mit. Mit seiner folgenden Frage nach der generellen Rechtmäßigkeit staatlicher Eingriffe in die kirchliche Selbstverwaltung sprach er eines der grundsätzlichen Probleme des Kirchenkampfes an. Wenn – wie in diesem Fall – die Kirche gezwungen werden sollte, bestehende Verträge aufzulösen und „getaufte Christen" aus ihren Ämtern zu entfernen, konnte es im „Kompetenzwirrwarr" des NS-Staates geschehen, dass sogar deutsch-christliche Oberkirchenräte auf solche Eingriffe des Staates neuralgisch reagierten. So erhielten die BK-Anhänger die Unterstützung der deutsch-christlichen Behörde. Während nun die kirchlichen Juristen die Rechtmäßigkeit des Einspruchs anerkannten und verfügten, Goslar müsse wieder eingestellt werden, hatte der NS-Staat mit den „Nürnberger Gesetzen" die nächste Phase der Verfolgung eröffnet.

Dadurch ermutigt beantragten die deutsch-christlichen Presbyter von Köln-Nippes, endlich die Entscheidung der Reichsmusikkammer auszuführen. Mit einem offiziellen Schreiben blieb jedoch die kirchliche Behörde in Berlin dabei: Goslars Beurlaubung wurde aufgehoben. Dies betrachteten einige DC-Presbyter als einen deutlichen Affront und antworteten demonstrativ mit ihrem Austritt aus dem Presbyterium. Aber die deutsch-christliche Behörde stellte sich nicht auf die Seite dieser Presbyter, sondern bestätigte die Verfügung: Julio Goslar dürfe weiterhin als Organist beschäftigt bleiben, allerdings solle er sich auf gottesdienstliche Tätigkeit beschränken.

Neue Angriffe

Obwohl seit dem Rücktritt der DC-Presbyter eine Mehrheit von BK-Presbytern die Gemeinde führte, gaben sich die drei verbliebenen DC-Anhänger nicht geschlagen. Sie wechselten die Taktik. Mit Verleumdung und ehrenrührigen Verdächtigungen sind in dieser Zeit häufig Personen, gegen die es keine gesetzliche Handhabe gab, in Misskredit gebracht worden. Dies traf auch Julio Goslar. Es wurde das Gerücht ausgestreut, er habe ein außereheliches Verhältnis und aus dieser Verbindung auch ein Kind.

Anfangs versuchte das Presbyterium, die Angelegenheit zu ignorieren. Doch nach permanentem Insistieren der DC-

Presbyter wurden die Anschuldigungen untersucht. Der DC-Kirchmeister legte ein Papier vor, das die unumstößlichen Beweise liefern sollte, während Pfarrer Friedrich Müller ein von der betroffenen Frau unterzeichnetes Papier vorwies, das die Affäre als unwahr bezeichnete. Im Bewusstsein seiner Schuldlosigkeit beantragte Goslar bei der vorgesetzten Kirchenbehörde eine Prüfung der Vorgänge. Zusätzlich wollte das Presbyterium die Angelegenheit noch durch die Gestapo untersuchen lassen, damit die „rechtswidrigen Machenschaften seitens der Polizei" unterbunden würden.

Fatalerweise publizierte der „Stürmer" den Fall. Mit dem üblichen tückischen Vokabular „Jud bleibt Jud", da helfe auch keine Taufe, diffamierte das Blatt die Gemeinde und ihren Organisten. Die Kampagne des „Stürmer" hatte zwar keinerlei Wahrheitsgehalt, es lagen auch keine neuen Gesetze vor, aber die Atmosphäre veränderte sich. Die Solidarität des Bekenntnispresbyteriums zerfiel. Von den Kämpfen zermürbt, überreichte Julio Goslar am 22.10.1936 der Nippeser Gemeinde sein Kündigungsgesuch mit der Bitte, die Entlassung in einer tragbaren Form zu gestalten.

Bis zum März 1937 wurde ihm eine monatliche Unterstützung zugesagt. Seine Bemühungen, sich eine neue berufliche Existenz aufzubauen, waren vergeblich, denn er war – wie er schrieb – „sowohl von arischer wie als Christ auch von jüdischer Seite zur Zeit grundsätzlich" ausgeschaltet. Seine berechtigte Frage an das Konsistorium nach „der Einheit des Leibes Christi", die für alle Getauften gelte, mündete in die Überlegung: „Wo aber bleibt bei solchen Eingriffen auf Grund leiblicher Merkmale die gebotene Gemeinschaft der Heiligen, ja auch nur die Gemeinschaft von Brot und Wein? Wird ein rassisch eingestelltes Gemeindeglied noch mit einem Judenchristen aus einem Becher Wein trinken?"

Nach dem Tod von Friedrich Geß konnte Goslar auch bei seinem Nachfolger Ludwig Fuckel mit Unterstützung rechnen. 1943, als der 60-jährige Julio Goslar schon schwere Zwangsarbeit leisten musste, startete Fuckel eine besondere Hilfsaktion: Das Arbeitsamt stimmte zu, dass Goslar als kirchliche Hilfskraft für das Gemeindeamt tätig sein konnte. Allerdings wurde die Auflage, der „Sternträger" dürfe keinen Publikumskontakt haben, nicht erfüllt. Das Presbyterium reagierte kleinmütig und ängstlich. Es habe grundsätzlich nichts gegen die Einstellung eines „Nichtariers", da aber die Bedingungen nicht erfüllt werden könnten, solle Goslar dem Arbeitsamt wieder zur Verfügung gestellt werden.

1943 verlor die Familie bei einem Bombenangriff ihr Zuhause. Sie wurde in eines der „Judenhäuser" eingewiesen, aus dem sie 1944 fliehen konnte. Dass sie in der Illegalität überleben konnte, verdankte sie einigen Menschen, die trotz eigener Gefährdung immer wieder halfen. Dazu gehörten ebenso der Gemeindeamtsleiter der Gemeinde Köln-Nippes, Fritz Fuchs, wie das katholische Ehepaar Schieffer, das die Flüchtlinge auf ihrem Bauernhof im Norden von Köln versteckte. 1945 hoffte Goslar, sein Amt wieder erhalten zu können. Er durfte zwar seinen Nachfolger, Helmut Kahlhöfer, vertreten, erhielt jedoch eine Absage auf seine Bitte, das gebrochene Arbeitsverhältnis wieder herzustellen. Erst als die alliierte Militärregierung mit Zwangsmaßnahmen drohte, nahm Kahlhöfer eine Stelle in Barmen-Gemarke an und wurde dort erfolgreicher Leiter der Kantorei. Julio Goslar konnte 1951 bei seiner Pensionierung auf ein – wenn auch von staatlichen und kirchlichen Stellen erheblich gefährdetes – erfolgreiches Wirken in der Gemeinde zurückblicken. Er starb am 22. Januar 1976 im Alter von 92 Jahren. *SL*

Hans Prolingheuer, Berufsverbot für einen Kirchenmusiker, in: ders.: Ausgetan aus dem Land der Lebendigen. Leidensgeschichten unter Kreuz und Hakenkreuz, Neukirchen-Vluyn 1983, S. 99–145.

„Von einem Juden lassen wir uns nicht das Evangelium predigen"
Verfolgung und Exil der Familie des Pfarrers Peter Katz

Im Jahre 1933 wollten Kirchenälteste in Hechingen mit einem Beschwerdebrief an den Superintendenten Hans Seeliger den dort tätigen Pfarrer Peter Katz aus dem Amt drängen. Die Argumente waren fadenscheinig. Anschuldigungen wie Unpünktlichkeit und Unverständlichkeit seiner Predigten erwiesen sich als unrichtig, andere gravierende Pflichtverletzungen wie eine angebliche Unterschlagung als unwahr. Deshalb bedurfte es, um Katz zu vertreiben, der weitergehenden Unterstützung des deutsch-christlichen Superintendenten, dem dieser Theologe jüdischer Herkunft ein Ärgernis war.

Vertreibung trotz günstiger Zeugnisse

Peter Katz (1886–1962), Sohn eines Mannheimer Arztes, wurde mit zwei Jahren getauft und studierte nach dem Abitur in Zürich, Berlin und Göttingen klassische Philologie und Theologie. 1915 wurde er im badischen Ziegelhausen ordiniert.

Als Pfarrer in Hechingen übte er 1931 sein Amt „in gutem Einvernehmen mit Gemeinde und Vereinen" aus, wie er selbst schrieb. Doch 1933 stellte der Gemeindekirchenrat wie oben angeführt plötzlich den Antrag auf Versetzung des Pfarrers mit der Begründung, er habe „durch vielfaches Versagen das Vertrauen der ganzen Gemeinde verloren".

Wie belanglos diese „Vergehen" für eine Beeinträchtigung seiner Amtsführung waren, offenbarte der juristische Oberkonsistorialrat Walter Siebert: „Wir verkennen nicht, dass die Stellungnahme der kirchlichen Körperschaften ihm gegenüber in erster Linie durch seine jüdische Abstammung begründet ist. Der Superintendent nimmt in scharfer Form gegen Pfarrer Katz Stellung. Auf Grund seiner Darlegung haben wir Pfarrer Katz veranlaßt, sich bis auf weiteres von seinem Pfarramt beurlauben zu lassen. [...] Ein weiteres Verbleiben des Pfarrers Katz in seiner bisherigen Stellung scheint uns trotz der vielen günstigen Zeugnisse, die er vorlegt, nicht möglich zu sein."

Symptomatisch für den Vorgang der Vertreibung war, dass einer der Initiatoren der Kampagne, das „damals noch einzige Mitglied" der DC in seiner Gemeinde, selbstsicher „die Alleinverantwortung" „vor Gott und der Gemeinde" übernahm. Im September bat er den Evangelischen Oberkirchenrat in Berlin, endlich ein Schlusswort in der Sache zu sprechen und Katz zu entfernen. Realer Hintergrund für dieses Vorgehen war der Satz: „Von einem Juden lassen wir uns nicht das Evangelium predigen!"

Peter Katz versuchte Fürsprecher zu finden. In einem Empfehlungsschreiben stellte Professor Emanuel Hirsch, der sich selbst als „standhaften Kämpfer für eine nationalsozialistische Erneuerung des evangelischen Kirchentums" bezeichnete, in der herkömmlichen Terminologie und dem unheilvollen Verständnis der damaligen Zeit fest, Katz sei zwar als „Vollblutjude mit vielen Merkmalen seiner Rasse" belastet, doch in der „unsympathischen Haut" sitze doch „ein rechter Kerl". Schließlich habe er seit 1918 eine „nationale Kampfeshaltung im Deutschen Sinne eingenommen".

Da Peter Katz sich beharrlich weigerte, um seine Beurlaubung zu bitten, wurde er im Februar 1934 zwangsweise in den Ruhestand versetzt. Seine Position in Hechingen war derart belastend und unhaltbar geworden, dass er beschloss, nach Koblenz umzuziehen, um sich dort einer wissenschaftlichen Arbeit über den „rheinischen Unionskatechismus in Vergangenheit, Gegenwart und Zukunft" zu widmen. Die Übersiedlung war für den 1. Juli 1934 geplant. Doch die Gemeinde wollte früher über das Pfarrhaus verfügen, weil schon ein neuer Pfarrer benannt war. Die entsprechende Räumungsklage konnte Katz nur durch eine Sicherheitsleistung abwenden. Anderenfalls hätte die fünfköpfige Familie auf der Straße gestanden.

Das gekürzte Einkommen – Peter Katz erhielt ein Ruhestandsentgelt, das nicht dem Gehalt eines aktiven Pfarrers entsprach –, die mit dem Umzug verbundenen Kosten sowie die durch eine Krankheit entstandenen Schulden stürzten ihn in finanzielle Not. Seine entsprechenden Eingaben mit der Bitte um Unterstützung und die ihm zustehenden Beihilfen blieben ungehört.

Die folgenden Jahre waren geprägt durch den Kampf gegen die kirchliche Bürokratie. Gefangen im Zickzack-Kurs kirchlicher Gesetzgebung und dem Kompetenzwirrwarr zwischen EOK in Berlin, dem Konsistorium der Rheinprovinz und dem Provinzialkirchenausschuss, erhielt Peter Katz in der einen Instanz die Bestätigung, dass er zu Unrecht aus seinem Pfarramt entfernt worden sei und die erhobenen Vorwürfe niemals geprüft worden seien, um dann in der Folge durch Verzögerungen weder sein Gehalt noch einen Arbeitsplatz zu erhalten. Die kirchlichen Stellen drängten weiterhin auf freiwillige Pensionierung und weigerten sich trotz mehrerer Zusagen, ihm die ausstehenden Zahlungen anzuweisen. Über einen längeren Zeitraum wurde er vom Pfarrernotbund der BK unterstützt, was ihn aber sehr belastete.

Trotz alledem richtete er sich in Koblenz in seinem neuen Lebensbereich ein und hätte sich vermutlich auch trotz zunehmender Schwierigkeiten nie von Deutschland getrennt. Doch die Ereignisse im Herbst 1938 und der gleichzeitige Schulverweis seiner Tochter wegen „nichtarischer" Abstammung gaben ihm den letzten Anstoß, das Angebot des Bischofs von Chichester anzunehmen und nach England zu emigrieren. Allerdings zog er kurz darauf den Antrag auf Übersiedlung zurück, weil er in England über kein Einkommen verfüge und nicht die Gastfreundschaft der englischen Kirche in Anspruch nehmen wolle. Offensichtlich ließ er sich dann doch von der Notwendigkeit des Exils überzeugen, denn im Mai 1939 kam er mit seiner Frau und den drei Kindern in England an. Noch acht Jahre war er von den Zuwendungen des „Komitees für nicht-arische Christen" der Kirche von England abhängig. Die Kinder lebten in verschiedenen Internaten. Die Familie nannte sich in England in Anlehnung an den Geburtsnamen der Mutter „Walter". Nach dem Krieg lehrte Peter Katz-Walter an der Universität von Cambridge. Aufgrund seiner wissenschaftlichen Arbeit wurde ihm gegen Ende seines Lebens die Ehrendoktorwürde der Universität Heidelberg verliehen. Er starb in Cambridge am 25. März 1962. *SL*

Lekebusch, Not und Verfolgung; Rauthe, Gegner, S. 239ff.; Adolf Vees, Das Hechinger Heimweh. Begegnungen mit Juden, Tübingen 1997.

„Alle, die mitlaufen, machen sich mitschuldig"
Die Verfolgung und Ermordung des Studienrats Otto Kneip

„Muss ich denn das Letzte tragen, was die Welt zu bürden hat – muß ich von dem Bitterwasser auch die letzten Tropfen trinken, die im Satz des Trunkes haften – Gallebitter ist der Trank!" Dies schrieb Otto Kneip (1892–1941) am 9. November 1938 angesichts der Grausamkeiten des Novemberpogroms.

Die Tochter, Gudrun Kneip, beschreibt ihren aus Kreuznach stammenden Vater als einen vielseitig interessierten Menschen, der als unterhaltsamer Gesellschafter in einem großen Freundeskreis sehr geschätzt wurde. Er dichtete, malte und komponierte, konnte nach Gehör Melodien nachspielen und improvisieren.

Schon früh hatte er den Wunsch, seine künstlerische Begabung in eine Berufslaufbahn münden zu lassen. Ebenso wie er durch den Besuch der evangelischen Schulen und des evangelischen Religionsunterrichts, an dem er gegen den Willen der Eltern teilnahm, schon früh den Wunsch geäußert hatte, sich taufen zu lassen. Die Eltern gehörten zwar nicht dem strenggläubigen Judentum an, versuchten aber dennoch, ihren Sohn durch einen Aufenthalt in Amerika von Berufswunsch und Konfessionswechsel abzubringen. Heimweh und ein tiefes Zerwürfnis mit dem orthodoxen jüdischen Verwandten, bei dem er lebte, trieben ihn wieder nach Deutschland. Mit seiner Volljährigkeit erklärte er den Austritt aus der Synagogengemeinde. Zwei Jahre später, 1914, bevor er sich als Freiwilliger zum Kriegsdienst meldete, ließ er sich taufen. Ob dies zu einer Trennung von seiner Familie führte oder ob er – wie die Tochter vermutet – keinen Kontakt mehr zum Judentum haben wollte, lässt sich nicht mehr klären. Sicher ist aber, dass Otto Kneip ein Konvertit aus tiefer Glaubensüberzeugung war und sein Beispiel die Konversion seiner Schwester bewirkte.

Ein deutsch-konservativer Studienrat

Mit seiner Heirat, der Geburt einer Tochter und der Ernennung zum Studienrat verlief sein Leben bis 1933 in bürgerlichen Bahnen. Die Familie führte mit einem großen Freundeskreis ein offenes Haus. Durch seine ehrenamtlichen Tätigkeiten in unterschiedlichen Vereinen gewann er vielseitige Sympathien. Er gehörte der Deutschnationalen Partei an, war Mitglied im Kyffhäuserbund und dem Stahlhelm, bis diese Gruppierungen von der SA übernommen wurden.

Seine deutschnationale Geisteshaltung ließ ihn die nationale Revolution begrüßen, doch angesichts der ersten Verfolgungen im April 1933 formulierte er fast beschwörend sein Bekenntnis zu Deutschland:

An die Heimat

Ich liebe Dich seit ich geboren,
denn Du nur bist mein Heimatland.
Das Schicksal hat Dich auserkoren,
ich bin Dir treu mit Herz und Hand. [...]
Der Sturm, der übers Land hinbrauset,
er rüttelt, doch er bricht mich nicht;
so oft man – Heimat – an Dir zauset',
tat ich treu-deutsch stets meine Pflicht!

Sein Frontkämpfereinsatz im Ersten Weltkrieg schützte ihn 1933 vor der ersten Entlassungswelle. Das Ministerium für Wissenschaft, Kunst und Volksbildung selbst lehnte seine Zwangspensionierung ab. Offensichtlich blieb auch danach seine Abstammung im persönlichen Umkreis weitgehend unbekannt, denn das Flugblatt, mit dem die Deutsche Lebens-Rettungs-Gesellschaft zu ihrer Abschlussfeier im Oktober 1933 einlud, enthält neben den Grußworten – im Tenor der Zeit abgefasst und mit „Heil Hitler" unterzeichnet – ein dreistrophiges Gedicht von ihm. 1935 nahm er noch erfolgreich an einer Wehrsportübung teil und durfte Unterricht in diesem Fach erteilen. Dieser für einen „jüdischen" Lehrer unübliche Einsatz sollte sich einige Jahre später als verhängnisvoll erweisen. Nach den Nürnberger Gesetzen wurde er als „Volljude" zum 1. Januar 1936 mit 40 Jahren in den vorzeitigen Ruhestand versetzt. Die Tochter, nunmehr „Mischling ersten Grades", die bis dahin nichts von der jüdischen Herkunft ihres Vaters gewusst hatte, wurde, um ihre Abstammung zu verbergen, in einer Internatsschule in Bad Godesberg angemeldet. Dort lebte sie in einem christlichen Umfeld ohne Diskriminierung, denn nur wenige Lehrerinnen kannten ihre Herkunft. Allerdings litt sie selber so sehr unter dem Bewusstsein, ausgeschlossen zu sein, dass sie sich von allen Aktivitäten fernhielt. Hinzu kam die wachsende finanzielle Not. Die geschmälerten Einkünfte, die geringen Pensionsbezüge des Vaters erlaubten keine größeren Ausgaben.

Zuflucht zu Gedichten und Gebeten

Um das Haushaltsbudget der Familie zu verbessern, malte und verkaufte Otto Kneip Bilder, fertigte Möbelstücke an und schnitzte kleinere Skulpturen. Die Aufträge hierzu verschaffte ihm Helmut Klingbeil, seit 1937 BK-Pfarrer in Düsseldorf, der für ihn Ansprechpartner und Helfer wurde.

Außerdem wurde für ihn die Möglichkeit, sich in Gedichten und Gebeten mitzuteilen, ein wachsendes Bedürfnis. Vor 1933 prägten seine Treue zum deutschen Vaterland und sein Stolz, dazu zu gehören und sich im Krieg bewährt zu haben, seine Niederschriften. Danach werden die Beschwörungen an das Vaterland, ihn nicht zu verstoßen, immer intensiver. Ein düsterer, depressiver Ton durchzieht nun die Gedichte und Gebete. Sie lassen die zunehmende Einsamkeit, Hoffnungslosigkeit und wachsende Verzweiflung erkennen. Zuflucht und Halt gab ihm sein tiefer Glaube. Aus den Jahren der Verfolgung existiert kein Gedicht ohne eine Anrufung Gottes, den Dank an den Herrn und das Vertrauen in seine Allmacht.

Gott, mein Gott, was soll nun werden,
man nahm mir ein großes Ziel;
wie lang wird auf dieser Erden
noch getrieben falsches Spiel? […]

Gott, mein Gott, Du lässest leiden,
prüfst so hart, doch läßt bestehn.
Willst das Ende mir bereiten?
Gut, dann laß es bald geschehn. (25. Mai 1936)

Die brutale Ermordung im KZ Groß-Rosen

Otto Kneips vielfache Bemühungen, nach Amerika auszuwandern, scheiterten immer wieder an der Quote. Als aussichtsreicher erwies sich die Vermittlung eines Bekannten, der ihm eine Arbeitsstelle in Amerika mit einem Pfarrer als Bürgen verschaffen konnte. Doch die notwendigen Anträge und Unterlagen erreichten auch das Wehrbereichskommando, das ihn aufgrund seiner Wehrsportausbildung als Geheimnisträger einstufte und die Ausreise nicht genehmigte. Stattdessen wurde er zur Zwangsarbeit verpflichtet. Als er wegen Krankheit um Aufschub bat, wurde ihm das als Arbeitsverweigerung ausgelegt. Die bei der darauf angesetzten Hausdurchsuchung beschlagnahmten Privatbriefe boten einen Grund, ihn wegen „Heimtücke" und „Wehrkraftzersetzung" anzuklagen. Die entsprechende Passage in einem Brief lautete: „Wir werden von infernalen Kräften regiert, und alle, die mitlaufen, machen sich mitschuldig."

Nach dreimonatiger Untersuchungshaft in Düsseldorf wurde er in das KZ Sachsenhausen und von dort aus nach Groß-Rosen überstellt. Am 15. Oktober 1941 erhielt Wilhelmine Kneip die Nachricht, ihr Mann sei in Groß-Rosen gestorben. Seine Urne könne sie gegen Zahlung von 5 RM erhalten.

1953 wurde in einem Prozess ein ehemaliger Aufseher des Konzentrationslagers verurteilt, weil Otto Kneip von ihm wegen nicht „rechtzeitigen" Grüßens derart mit Tritten und Schlägen traktiert worden war, dass er noch in derselben Nacht, am 8. Oktober 1941, an den Verletzungen gestorben war. *SL*

Lekebusch, Not und Verfolgung, S. 214–220; Mensing/Rathke, Mitmenschlichkeit, S. 68ff.

Ermordet in Minsk
Der Existenzkampf von Georg und Frieda Lindemeyer
und das Überleben ihrer Kinder

„Wir vertrauen fest auf Gott und hoffen, daß er uns wie bisher an seiner Hand führt und daß er auch uns alle fünf wieder zusammenführt. Mit heißen Küssen Euer Vater." Dies sind die letzten Zeilen von Georg Lindemeyer (1887–1942), die er am 9. November 1941 an seine in England lebenden Kinder schrieb. Der Sproß einer jüdischen Familie wurde nach dem Tod seines Vaters, eines Wuppertaler Textilhändlers, und der Wiederverheiratung seiner Mutter mit dessen evangelischem Geschäftspartner 1892 getauft und evangelisch erzogen.

Seine Referendarzeit leistete er bei Justizrat Arnold Lewinsky in Berlin, lernte dort dessen Tochter Frieda kennen und lieben. Mit der Heirat und dem Amtsantritt am Amts- und Landgericht siedelte das junge Paar 1915 nach Düsseldorf um.

Bei der Geburt des ersten Kindes gab es schwere Komplikationen. Als das Leben von Mutter und Kind gefährdet schien, ließ sich auch Frieda Lindemeyer taufen. Einige Tage nach der Geburt starb das Kind. Trotz des in lebensgefährdender Krise entstandenen Taufentschlusses entwickelte die Mutter eine tiefe Verbundenheit zum protestantischen Glauben. Die drei folgenden Kinder wurden ebenfalls getauft und im evangelischen Glauben erzogen.

Entlassung aus dem Staatsdienst

Das bürgerliche Familienleben endete jäh: Aufgrund des Arierparagraphen vom 21. April 1933 wurde Georg Lindemeyer aus dem Staatsdienst entlassen und versuchte nun auf unterschiedlichen Wegen, für den Unterhalt der Familie zu sorgen. Er erteilte Fremdsprachenunterricht und schrieb Fachartikel in juristischen Zeitschriften. Eine Rechtsanwaltspraxis konnte er nur eingeschränkt betreiben, da jüdische Anwälte keine „arischen" Mandanten vertreten durften. Als der finanzielle Rahmen 1935 immer enger wurde, versuchte auch Frieda Lindemeyer mit einer Art Vertretertätigkeit zum Familieneinkommen beizutragen.

Georg Lindemeyer war literarisch interessiert und gebildet. Er sprach mehrere Sprachen und verfügte über ein tiefes Wissen der deutschen Literatur, verfasste Abhandlungen, Romane, Dramen und Tragödien. Diese vielseitigen Interessen halfen ihm, in den letzten Jahren die erzwungene Untätigkeit zu ertragen. Überdies engagierte sich das Ehepaar im „Reichsverband christlich-deutscher Staatsbürger nicht-arischer oder nicht rein arischer Abstammung e. V.", dem späteren Paulusbund. Der Kreis der Leidensgenossen milderte ihre zunehmende Isolierung und Ausgrenzung, vor allem nach der nun beginnenden Trennung von ihren Kindern. Weil sich deren Möglichkeiten einer qualifizierten Schul- und Berufsausbildung ständig verschlechtert hatten, vermittelten die Eltern sie nach England. 1937 meldeten sie Tochter Edith in der Stoatley Rough School in Surrey an, einer 1934 gegründeten Schule, die vor allem deutsche Flüchtlingskinder aufnahm. Zwei Jahre später kam ihr Bruder Wolfgang nach England, der eine Schule in Brackley/Northants besuchte. Nach der Pogromnacht entschloss sich auch Eva-Maria zur Flucht nach England.

In den folgenden Jahren stand immer wieder auch für die Eltern die Frage einer Emigration im Raum. Trotz aller Anstrengungen bot sich keine konkrete Perspektive, und schließlich war mit Kriegsbeginn eine Flucht nicht mehr möglich. Georg Lindemeyer wurde zur Zwangsarbeit herangezogen, und ab 1941 musste das Ehepaar den Judenstern tragen.

Die Deportation

Anfang November 1941 kam der Befehl, sich am Schlachthof in Düsseldorf-Derendorf zum „Transport in den Osten" einzufinden. Die letzten verbliebenen Freunde, unter ihnen Ilse Peters, die der Anlass der Denunziation gegen Pfarrer Gottfried Hötzel (s. Biogramm Hötzel) gewesen war, nahmen an dem Gottesdienst teil, der am Vorabend der Deportation in der Wohnung Lindemeyer für eine kleine Gruppe von Leidensgenossen gefeiert wurde.

Angesichts der drohenden Deportation hatte Frieda Lindemeyer immer wieder den Freitod erwogen. In ihrem letzten Brief an die Kinder in England schrieb sie am 8. November 1941: „Morgen müssen wir unter grausamsten Bedingungen unser altes Heim verlassen und werden in die Fremde getrieben. Unser Ziel soll Minsk sein. Nun müssen wir alles verlassen, was uns lieb war, und ohne einen Pfennig in die Fremde gehen. In unserem Alter wirklich keine Kleinigkeit. Nach schweren inneren Kämpfen habe ich mich entschlossen, Vati nicht allein zu lassen, obgleich ich doch so gern schlafen gehen würde, wenn ich wüßte, daß mir kein Wiedersehen mit Euch mehr beschieden ist. Ich will durchhalten und bete zu Gott, daß er mir die Kraft gibt, all das Schreckliche zu ertragen, was Er uns schickt. [...] Ich bete zu Gott täglich und stündlich, daß er mich erhalten und beschützen möge und die Stunde doch einmal kommen möge, da wir uns wiedersehen! [...] Jetzt ist die letzte Nacht vorüber. Nun geht's hinaus. Auch da wollen wir sagen: mit Gott! Betet für uns, wie unsre Gebete nur für Euch zum Himmel gehen."

Georg und Frieda Lindemeyer wurden im November 1941 deportiert und gelten seit 1942 als in Minsk verschollen. *SL*

Lekebusch, Not und Verfolgung, S. 124; Christian Moß (Hg.), „...wir leben doch in Gedanken nur mit Euch ...". Briefe von Georg und Frieda Lindemeyer 1937–1941, Dokumente der Verfolgung von Christen jüdischer Herkunft in Düsseldorf (Schriften des Archivs der EKiR), Düsseldorf 2002.

Antisemitismus in Altenkirchen
Die Zermürbung des Pfarrers Theodor Maas

„Als Deutscher Christ gestatte ich mir, Ihnen mit diesem Schreiben das mehr wie merkwürdige Verhalten des hiesigen evangelischen Pfarrers Maas zu schildern. Voranschicken möchte ich, dass Maas Judenstämmling ist." Dieses Schreiben war der Beginn einer Kampagne gegen Theodor Maas, ausgelöst von einem Nachbarn, der mit falscher Namensschreibweise immer wieder neue Denunziationen gegen den Pfarrer vorbrachte.

Der gebürtige Breslauer Theodor Maas (1882–1943) war der Sohn eines jüdischen Kaufmanns, der nach dem Krieg 1872 „aus innerer Überzeugung zum Christentum" konvertierte. Seine Mutter stammte aus einem evangelischen Pfarrhaus. Christlich-national geprägt, war er der Deutschnationalen Volkspartei (DNVP) beigetreten und hatte nach eigener Aussage auch „die nationale Erhebung" begrüßt, insbesondere den Tag von Potsdam.

An diesem Tag im März 1933 hatte sich das konservative Deutschland, repräsentiert durch den Reichspräsidenten Paul von Hindenburg, mit den nationalsozialistischen, von Hitler fanatisierten Massen verbündet. Dieses Ereignis fand in weiten Kreisen der evangelischen Kirche einen positiven Widerhall. Es war auch für Theodor Maas Anlass, eine zustimmende Predigt zu halten. Danach wurde jedoch die Ariergesetzgebung der Auslöser, sich von nun an vor politischen Äußerungen zu hüten.

Obwohl er seit 1921 als anerkannter und geschätzter Pfarrer in Altenkirchen tätig war, wurde ihm die Amtsausübung immer mehr erschwert. 1934 konnte er eine Verleumdung noch erfolgreich abwehren und erhielt sogar die Unterstützung des Ortsgruppenleiters der NSDAP, der ihm bescheinigte, dass er niemals gegen die Partei „Stellung genommen" habe. Auch das Konsistorium stellte sich in diesem Fall – sogar im Auftrag des Reichsbischofs – hinter den angegriffenen Pfarrer.

Treibende Kraft einer weiteren Kampagne war sein Amtsbruder Ludwig Heckenroth, Superintendenturverwalter der Kreisgemeinde Altenkirchen und Parteimitglied. Dieser versuchte wiederholt, Maas aus dem Amt zu drängen. Aber weder die Hinweise auf angebliche parteifeindliche Äußerungen noch die „nichtarische" Abstammung hatten beim Konsistorium den gewünschten Erfolg. Stattdessen wurde Heckenroth selber, da gegen ihn vielfältige Beschwerden vorlagen, in Pension geschickt.

Er gab jedoch auch dann noch nicht auf. Im Juni 1939 suchte er den Konsistorialpräsidenten Walter Koch auf, um weiter gegen den „Juden" Maas zu agitieren. Koch versprach, mit dem Landrat zu verhandeln, doch nach Kriegsbeginn – „in diesen schwierigen Zeiten" – verfolgte er die Angelegenheit nicht weiter. Auch der Koblenzer Regierungspräsident hatte zwar gegen verschiedene Pfarrer wegen deren „politisch unzuverlässiger Haltung" Maßnahmen ergriffen, Maas aber davon ausgenommen. Diese partiellen Erfolge verhinderten nicht die schleichende Ausgrenzung. Wie Zeitzeugen berichten, war aus dem verehrten Pfarrer der verachtete „Jude" geworden. Nach einem Brandsatz, der sein Arbeitszimmer verwüstete, und eingeschlagenen Fensterscheiben im Pfarrhaus, konnte er sich auch nicht mehr bei den Kindern im kirchlichen Unterricht durchsetzen. In der Gemeinde wurde er mit Steinen beworfen und nachts in abgelegene Dörfer zu angeblich Hilfesuchenden bestellt. Zudem schwand die Unterstützung des Konsistoriums. Eine Pensionierung wurde nicht mehr ausgeschlossen. Die wachsenden Verfolgungen, Diskriminierungen und Demütigungen untergruben seinen Gesundheitszustand.

Am 3. März 1943 starb Theodor Maas plötzlich auf einer Autofahrt. Selbst die Beerdigung, die unter großer Anteilnahme stattfand, benutzten seine Widersacher noch zu Hasskundgebungen.

SL

Lekebusch, Not und Verfolgung, S. 163–165, 406; Rauthe, Gegner, S. 281f.

Die Religionspädagogin der Bekennenden Kirche
Berufsverbot für Ilse Peters und ihre Nachkriegskarriere

Johanna Helene Elisabeth Peters (1893–1980), genannt Ilse, wurde als ältestes Kind eines Gymnasiallehrers in Bad Kreuznach geboren. Die Mutter Ida, geborene Cohen, entstammte einer jüdischen Familie, doch hatten die Großeltern Cohen ihre Kinder bereits evangelisch taufen lassen und sich 1881 ebenfalls zur Taufe entschlossen.

Ilse Peters wuchs in Düsseldorf auf, besuchte dort die Schule und studierte nach dem Abitur Theologie, Deutsch und Geschichte. 1917 bestand sie das Erste Staatsexamen für das Lehramt an Gymnasien. Nach zweijährigem Referendariat und Zweitem Staatsexamen wurde sie Lehrerin an einem Essener Lyzeum. Ihre wissenschaftliche und schulpraktische Qualifikation machte das neu gegründete Religionspädagogische Institut in Berlin auf sie aufmerksam. Man bat sie dort um ihre Mitarbeit bei der Erstellung von Lehrplänen für das Schulfach Religion.

Als das preußische Kultusministerium die herkömmlichen Volksschullehrer-Seminare aufgab und Pädagogische Akademien errichtete, erhielt Ilse Peters 1929 einen Ruf an die evangelische Pädagogische Akademie Dortmund. 1933 wandelten die Nationalsozialisten diese Akademien in „Hochschulen für Lehrerbildung" um und entließen einen großen Teil der dort Lehrenden. Auch Ilse Peters war von dieser Maßnahme betroffen. Sie wurde an ein Berliner Gymnasium versetzt und wenige Monate später, unter Hinweis auf das „Gesetz zur Wiederherstellung des Berufsbeamtentums", entlassen.

Sie kehrte in ihr Elternhaus in Düsseldorf-Oberkassel zurück. Nach den „Nürnberger Gesetzen" war sie als Halbjüdin stigmatisiert und damit praktisch ohne Aussicht, erneut eine angemessene Stelle zu finden. Sie eröffnete in ihrem Elternhaus eine Pension, um aus deren Einkünften ihren Lebensunterhalt zu bestreiten. Pfarrer Gottfried Hötzel beschäftigte sie unentgeltlich in seiner BK-Gemeinde, zunächst in der Jugendarbeit und im Kindergottesdienst, dann auch im Evangelischen Frauenbund, wo sie bei den Zusammenkünften jede Woche für die Bibelarbeiten verantwortlich war. Daneben hielt sie Vorträge in benachbarten Gemeinden, oft unter Beobachtung der Gestapo. So sprach sie zum Beispiel im Februar 1940 in der Gemeinde Remscheid über Glauben und Aberglauben. Die Sommer 1938 und 1939 konnte sie bei einer Freundin als Krankenpflegerin in der Schweiz verbringen. Ein Bruder emigrierte nach Indonesien, sie und die übrigen Geschwister blieben in Deutschland. 1940 starb die Mutter.

Schon in den Dortmunder Jahren hatte Ilse Peters sich mit der dialektischen Theologie beschäftigt und die Kritik Karl Barths am liberalen Kulturprotestantismus, aber auch an Pietismus und engem Dogmatismus für den Religionsunterricht fruchtbar zu machen versucht. 1936 berief Superintendent Martin Albertz sie in die „Schulkammer" der BK. Dort verfasste sie, zusammen mit der Vikarin Klara Hunsche, den ersten „Altersstufen-Lehrplan" für einen von der Kirche verantworteten Religionsunterricht, wie ihn die BK plante. Vermutlich arbeitete sie auch mit an einem der Entwürfe einer „Denkschrift zur Neuordnung des Bildungswesens". In ihrem Manuskript erhielt – ganz gegen den Zeitgeist – das Alte Testament für das Schulfach Religion eine besondere Bedeutung, weil das Neue Testament „nur unter Rückbeziehung auf das Alte Testament richtig zu verstehen" sei.

Das Kriegsende erlebte Ilse Peters mit ihrem Vater im Siegener Land. Schon im Oktober 1945 öffneten Pädagogische Akademien in der britischen Besatzungszone ihre Tore und boten eine viersemestrige Ausbildung zum Volksschullehrer an. Ilse Peters wurde als Dozentin für das Schulfach Religion an die Akademie Kettwig berufen. Dort lehrte sie bis zum Ende des Wintersemesters 1957/58.

Daneben wirkte sie mit in vielen Kommissionen und Ausschüssen, etwa bei der Erstellung von Lehrplänen und Lehrbüchern des Faches. Sie war Mitglied der rheinischen Landessynode und von 1957 bis 1965 stellvertretendes Mitglied der rheinischen Kirchenleitung. 1980 starb sie in einem Hildener Altersheim. *VW*

Christine Reents, Gegen das Vergessen: Ilse Peters (1893–1980) als erste Professorin für Religionspädagogik und Mitgestalterin der Konzeption der Evangelischen Unterweisung, in: MEKGR 45/46 (1996/97), S. 529–568.

„Ich bin wieder frei, bin frei!"
Gefährdung und Bewahrung
der Essener Familie Rappaport

Vaterland.

Nichts kann mich von Dir trennen,
Geliebtes Vaterland;
Ich muss Dich doch nennen,
Wenn Du dich abgewandt.

Dies schrieb Philipp Rappaport (1879–1955) im Jahre 1940, als Diskriminierung und Entrechtung der jüdischen Bürgerinnen und Bürger einen vorläufigen Gipfel erreicht hatten. Er wurde als siebtes Kind des jüdischen Kaufmanns Adolf Rappaport und seiner Ehefrau Alma, geb. Naumann in Berlin geboren. Mit anderthalb Jahren verlor er seinen Vater. Um die große Kinderschar zu versorgen, eröffnete die Mutter erst in Bad Kösen und 1926 in Nordhausen eine Pension. Wenig später heiratete sie den christlichen Hauslehrer Rothe und ließ sich mit allen Kindern – darunter noch vier aus der zweiten Ehe – evangelisch taufen. Ein Kind starb im Babyalter. Die nunmehr zehnköpfige Kinderschar wuchs ohne Kontakt zur jüdischen Lebenswelt auf. Gerda Altpeter, Philipp Rappaports Tochter, schreibt über ihn: „Er lebte in einer evangelisch-christlichen Umgebung, die dem deutschen Vaterland mit herzlicher Liebe und verantwortlichem Pflichtgefühl verbunden war."

Das Ende einer preußischen Laufbahn

Bis 1933 verlief Rappaports Leben gradlinig. Er studierte in Berlin Architektur, wurde 1904 als Regierungsbauführer in den preußischen Staatsdienst übernommen und 1912 zum Dr. Ing. promoviert. Am Ersten Weltkrieg nahm er freiwillig teil und wurde an dessen Ende als Offizier mit dem Eisernen Kreuz ausgezeichnet. 1920 wurde er als „Staatskommissar für die Errichtung von Bergmannswohnungen im Ruhrkohlenbezirk" nach Essen versetzt. Wenig später folgte die Ernennung zum Oberregierungsrat und 1932 zum kommissarischen Verbandsdirektor.
1921 heiratete er Gertrud Moser aus Hiddesen bei Detmold. In den folgenden Jahren wurden die vier Kinder Hans-Albrecht, Eberhard-Ewald, Werner-Karl und Gerda geboren, denen die El-

tern in einem gastfreundlichen Haus eine unbeschwerte Jugend bieten konnten.

In diese bürgerliche Welt brach 1933 der Nationalsozialismus ein. Philipp Rappaport wurde zwangspensioniert. Seine Dienstwohnung musste er aufgeben. Das daraufhin im Essener Stadtwald errichtete Haus blieb in den folgenden Jahren wichtigster Schutz und unentbehrliches Zentrum der Familie. Trotz Frontkämpfereinsatz und besonderer Verdienste während des Ersten Weltkriegs wurde Rappaport Ende 1933 entlassen. Zwar konnte er noch bis 1937 als Baufachmann arbeiten, zuletzt in einer Wuppertaler Lackfabrik, doch danach war jede Hoffnung auf Beschäftigung aussichtslos.

„So stirbt man langsam hier ab"

Das Jahr 1938 stellte für Philipp Rappaport einen vorläufigen Höhepunkt seiner persönlichen Belastung dar. Hellsichtig nahm er die zunehmenden Verschärfungen wahr, litt unter einschneidenden Beschränkungen und seiner persönlichen Untätigkeit. In den Erinnerungen der Kinder ist der Vater zwar der helfende, umsichtige und allseits fürsorgliche Familienvorstand, doch ab August 1938 zeichnet sich in seinen Briefen eine zunehmende Mutlosigkeit und Verzweiflung ab: „Mir geht es seelisch auch etwas klapprig. Das völlige Nichtstun geht arg an die Nerven. […] Es geht kaum eine Woche hin ohne neue Auflagen. Bald ist es die Paßsperre, die jede Freiheit hindert; bald die Vermögenskontrolle, deren Endziel nicht abzusehen ist; bald die kriminelle Melde- oder Kennkarte, bald der neue Zuname. Und was ist es in den nächsten Wochen; voraussichtlich allerhand Sperren für Theater, Gaststätten, vielleicht sogar Eisenbahn usw. Schließlich bleibt einem das Häuschen, wenn es einem bleibt. Wer weiß denn, was da alles noch ausgebrütet wird. – So sage ich mir täglich hundert Mal, wenn du doch fortgegangen wärest, solange es möglich war. Ich weiß sicher, daß dieses Grübeln falsch ist, und daß man so richtig gehandelt hat, wie man konnte. Aber die Gedanken lassen sich nicht befehlen. Es ist auch finanziell recht schwierig für mich; ich muß jeden Pfennig überlegen, und doch reicht es eigentlich nie so recht.

Es fehlt eben eine wenn auch kleine Nebeneinnahme. Und ist die Pension nach allen Geschehnissen hundertprozentig sicher? Aber für meinen Beruf ist sicher in Europa nichts zu machen; und weitere Ziele würden eine restlose Auflösung der Familie bedeuten. Also kommt dergleichen erst in Betracht, wenn es hier gar nicht mehr geht; und das kann man zur Zeit nicht behaupten. Wir erwägen all diese Dinge immer wieder; aber das Ergebnis ist immer das gleiche. So stirbt man langsam hier ab und wartet gemächlich auf das Ende" (Brief vom 25.8.1938).

Nach der Reichspogromnacht, am 12. November 1938, einen Tag nach dem Geburtstag des nun 16-jährigen Sohnes Eberhard-Ewald schrieb der Vater: „Der arme Kerl hatte keinen schönen Geburtstag. In der Nacht wurden leider auch bei uns einige Scheiben eingeworfen, und Ebis Bett war übersät mit Glasscherben. Es ist ein Wunder, dass ihn nichts getroffen hat. […] Was mich erschüttert, ist nicht dieser Sachschaden, sondern die Tatsache als solche. Man sagt sich unwillkürlich, was geschieht das nächste Mal! […] Man kann wirklich die Zukunft nicht voraussehen. […] Ich bin mittlerweile dankbar, daß man mich unberührt gelassen hat. Aber ein schönes Gefühl ist das nicht."

Die Einsamkeit wurde immer bedrückender, die Unsicherheit immer bedrohlicher. So versuchte Philipp Rappaport wie viele andere, sich mit dem Gedanken an eine Emigration abzufinden. „Ob und wie ich überhaupt herauskomme, ist mir noch unklar. Noch unklarer, was ich dann anfange und wovon ich lebe." Offensichtlich verhinderte das verständliche Sicherheitsbedürfnis des nunmehr 60-Jährigen, dass er mit mehr Nachdruck seine Auswanderung betrieb. Hinzu kam die unauflösliche innere Verbundenheit mit seiner Heimat.

Trotz immer restriktiverer Maßnahmen blieb Rappaports Haus ein Hort der Harmonie. So empfanden es rückblickend die Kinder. Sie erlebten ihren Vater von einer ganz anderen Seite als zu Zeiten seiner Berufstätigkeit. Intensiv widmete er sich ihrer schulischen Betreuung. Der Werdegang der vier Geschwister spiegelt in seinen Facetten die Stellung der „Mischlinge" wider. Einerseits wurden sie als „arisch" eingestuft. Während Hans-Albrecht 1939 noch das Abitur ablegen und bis 1941 an der Technischen Hochschule in Braunschweig studieren konnte, wurde Eberhard-Ewald geraten, die Schule zu verlassen. Wenigstens erhielt er noch eine Lehrstelle bei einer Essener Firma. Beide Brüder wurden 1941 sogar noch zur Wehrmacht eingezogen. Andererseits waren die Kinder eben jüdischer Abstammung: Gerda und Werner-Karl mussten 1942 die Schule verlassen, und die älteren Brüder wurden im selben Jahr als „wehrunwürdig" aus der Wehrmacht entlassen. Statt einer Berufsausbildung blieb den jüngeren Kindern nur die Chance, Hilfstätigkeiten auszuüben. Normale Attraktionen für Heranwachsende waren ihnen verwehrt. Rückblickend bemerkte Gerda Rappaport: „Ich fühlte mich wie ein Borkenkäfer, unwert des normalen Lebens."

In diesen Jahren war Pfarrer Wilhelm Busch Ratgeber und Helfer für die Familie. Als Philipp Rappaport im September 1944 den Deportationsbefehl erhielt, fragte er ihn, ob ein Christ „gegenüber dem Staat ungehorsam" sein dürfe, wenn er ohne Grund zum Tode verurteilt werde. Als frommer Lutheraner hielt sich Busch an Paulus – an das 13. Kapitel des Römerbriefs. Ungehorsam gegenüber dem Staat sei nur erlaubt, wenn es um den Glauben gehe. Hier aber ging es nicht um den Glauben, sondern um das Leben. Im Arbeitslager im Kreis Holzminden blieb Rappaport bis Februar 1945. Danach wurden die jüdischen Menschen nach Theresienstadt deportiert. Rappaport konnte fliehen und nach Essen zurückkehren. Dort nahm ihn BK-Pfarrer Heinrich Held in Essen-Rüttenscheid auf und versteckte ihn.

Es war unter den Verfolgten und in der Bekennenden Kirche allgemein bekannt, daß Pfarrer Held von Rüttenscheid ein echter Held war. Er vertrat die reformierte Auffassung, dass ein Christ gegenüber einem ungerechten Staat aktiven Widerstand leisten dürfe. Er half den Verfolgten und bot ihnen Unterkunft.

Gerda Altpeter, Dem Holocaust entronnen. Biographische Rückschau einer Christin jüdischer Herkunft aus Essen mit einem Anhang ausgewählter Briefe (Schriften des Archivs der EKiR Bd. 8), Düsseldorf 1995.

Aufschwung nach langer Leidenszeit

Nach der Zerstörung des Heldschen Hauses fand Rappaport bis Kriegsende im Pfarrhaus von Helmut Neuse in Essen-Haarzopf Zuflucht. Die Erlösung nach langer Leidenszeit verarbeitete er in einem Gedicht, dessen letzte Strophe seine tiefe Befreiungserfahrung spüren lässt:

All mein Glücksgefühl soll münden
In den einz'gen Jubelschrei,
Der soll aller Welt verkünden:
Ich bin wieder frei, bin frei!!

Nach dem Krieg war Philipp Rappaport als Direktor des Ruhrsiedlungsverbandes maßgeblich am Wiederaufbau beteiligt. An seinem 70. Geburtstag wurde er von der Landesregierung zum

Professor und von der Technischen Hochschule Aachen zum Dr. Ing. ehrenhalber ernannt. Frei fühlten sich nun auch die Kinder. Hans-Albrecht konnte allerdings erst 1948 nach einer schweren Tuberkulose-Erkrankung sein Ingenieurstudium fortsetzen. Nach der Promotion als Landesbaudirektor in Essen trat er in die Fußstapfen seines Vaters. Tragischerweise verstarb er 1963 an den Folgen eines Autounfalls. Bruder Eberhard wurde Kaufmann. Als begeisterter Sportler engagierte er sich in Sportvereinen und betreute den kirchlichen Verein Weiglehaus. Doch 1980 begann sein Leiden an der Parkinsonschen Krankheit, die ihn 1990 ans Bett fesselte. Werner holte 1950 die Reifeprüfung nach, wurde Elektrotechniker und engagierte sich als Presbyteriums-Vorsitzender. Auch Gerda konnte in einem Sonderkurs das Abitur nachholen und studierte in Wuppertal Theologie. Dort lernte sie ihren Mann kennen, mit dem zusammen sie in Leukerbad/Schweiz eine Pfarrstelle übernahm.

Philipp Rappaport starb kurz vor seinem Geburtstag im Alter von 75 Jahren in Essen. *SL*

Lekebusch, Not und Verfolgung, S. 179–193.

Vertrauensmann des „Büros Grüber"
Moritz Weisenstein, Märtyrer der Bekennenden Kirche

Für den 1844 gegründeten „Westdeutschen Verein für Israel" war Moritz Weisenstein (1876–1944) der Inbegriff eines Missionars, der aufgrund seines gelebten Glaubens und seiner Lebensgeschichte überzeugte. Seine Lebensaufgabe sah er in der Bekehrung seiner jüdischen Brüder und Schwestern.

Der in Wien geborene Sohn jüdischer Handelsleute ging nach seiner Schulzeit auf eine Weltreise, an deren Ende er sich in einem Hamburger Missionshaus taufen ließ. In den nächsten Jahren folgte die Ausbildung zum Diakon in einem schlesischen Brüderhaus, anschließend die Arbeit als Stadtmissionar sowie als Herbergsvater in Schlesien und Westpreußen, bis er schließlich 1925 als Judenmissionar in den Dienst des „Westdeutschen Vereins für Israel" trat. Das Haus in Köln, Moltkestrasse 80 – Vereinszentrale und Wohnung der Familie – bot satzungsgemäß jüdischen Menschen, die durch ihren Konversionswunsch in finanzielle Bedrängnis gerieten, kostenlos Obdach. Diese Funktion erfüllte das Haus auch in den dreißiger Jahren mit anderen Vorzeichen.

Obwohl die Judenmission bis 1935 offiziell nicht verboten war, häuften sich für Weisensteins Arbeit ab 1933 die Schwierigkeiten und Behinderungen. Im August 1933 erhielt er in Lemgo für einen Missionsgottesdienst Predigtverbot. Die Kollekte wurde ihm dennoch ausgehändigt. Aus Furcht vor solchen Maßnahmen blieben weitere Einladungen aus – und damit auch die Einnahmen für den Verein.

Die Unterstützung der „Nichtarier"

Im April 1935, noch vor Bekanntgabe der Nürnberger Rassengesetze, löste die Gestapo den „Westdeutschen Verein für Israel" auf. Im September wurde Moritz Weisenstein dann vom Vereins-Vorsitzenden entlassen. Jetzt machte sich jeder strafbar, der weiterhin den aufgelösten Verein unterstützte oder als Mitglied beteiligt war. Obwohl das staatstreue Konsistorium diese Verfügung den Gemeinden in vollem Wortlaut mitgeteilt hatte, fanden sich unerschrockene Kölner Unternehmer, die Weisenstein jahrelang weiterhin mit bedeutenden Summen unterstützten.

Nachdem der Versuch, in den Betheler Anstalten Arbeit zu finden, gescheitert war, engagierte sich Weisenstein als Vertrauensmann des Büros Grüber für seine Leidensgenossen und stellte das Haus in der Moltkestraße, das er noch weiter bewohnen konnte, als Anlaufstelle für sie zur Verfügung. Seine Kinder konnten in den folgenden Jahren ins benachbarte Ausland fliehen. Er selber lehnte das ab. Seine Aufgabe sah er trotz zunehmender Verfolgung und Diskriminierung in Köln in der Betreuung der „Nichtarier".

Als 1944 im Zuge der „Septemberaktion" alle im Rheinland noch lebenden „Volljuden" und „Mischlinge" in verschiedenen Sammelstellen interniert wurden, um anschließend in Arbeitslager im ganzen Reich deportiert zu werden, wurde auch Moritz Weisenstein mit seiner nichtjüdischen Ehefrau verhaftet. Er erhielt den Befehl, sich mit seiner Frau ins „Judenlager" nach Köln-Müngersdorf zu begeben. Ein mitfühlender Mensch trug dem Herzkranken den Rucksack. Elisabeth Weisenstein wurde nach einigen Tagen aus dem Lager und aus Köln ausgewiesen, doch ihr Mann starb dort am 7. Oktober 1944 im Alter von 69 Jahren. Sein Grabstein befindet sich auf dem evangelischen Friedhof in Köln-Mülheim.

Das Lebenswerk von Moritz Weisenstein soll respektiert und geachtet werden, auch wenn die Rheinische Landeskirche „nach Auschwitz" und nach einem förmlichen Beschluss der Landessynode von 1980 die Judenmission aus grundsätzlich-theologischen Erwägungen ablehnt. *SL*

Hartmut Ludwig, Als Zivilcourage selten war. Die evangelische Hilfsstelle „Büro Pfarrer Grüber", ihre Mitarbeiter und Helfer im Rheinland 1938 bis 1940, in: Ginzel (Hg.), Mut zur Menschlichkeit, S. 29–54; Lekebusch, Not und Verfolgung, S.56ff.; Eberhard Röhm/Jörg Thierfelder: Juden – Christen – Deutsche. Bd. 1, 1933–1935: Ausgegrenzt, Stuttgart 1990, S. 293–296; Mensing/Rathke, Mitmenschlichkeit, S. 129ff.

Die „Illegalen"

Einleitung
Ilse Härter

Nachdem es 1934 in der rheinischen Kirche durch den Machtzuwachs der DC zur Kirchenspaltung gekommen war, wurden die jungen Theologen und Theologinnen, die sich der BK anschlossen, vom Konsistorium wie auch von den politischen Stellen als „Illegale" angesehen. Sie galten als „Gesetzwidrige", die nicht die Genehmigung des Konsistoriums zur Übernahme eines Pfarramtes erhielten. Nur das Konsistorium war staatlicherseits als legal anerkannt.

Es ergaben sich fünf Gruppen von „Illegalen":

1. Theologinnen und Theologen, die beide Examen noch beim Konsistorium oder – in einigen Fällen – das Erste Examen noch an der Fakultät einer Universität abgelegt hatten. Einige waren schon in eine Gemeinde eingewiesen worden. Sie hatten sich aber 1934 der BK angeschlossen. Konsequenz: Das Konsistorium strich sie aus der Liste der Hilfsprediger und besoldete sie auch nicht mehr. Sie waren nun darauf angewiesen, dass der rheinische Bruderrat der BK für sie eine neue Arbeit fand. *Zu dieser Gruppe gehörten 39 Männer und drei Frauen.*

2. Eine weitere Gruppe hatte das Erste Examen noch beim Konsistorium oder einer Fakultät abgelegt, das Zweite Examen aber bei der Prüfungskommission der rheinischen BK. Konsequenz: Sie waren ebenfalls nach Streichung aus der Kandidatenliste des Konsistoriums auf die Hilfe der BK angewiesen. *Es waren 85 Männer und elf Frauen, von denen zwei heirateten.*

3. Zur dritten Gruppe gehörten die „völlig Illegalen", die beide Examen bei der BK abgelegt hatten. Dem Konsistorium waren sie in der Regel unbekannt. *Zu dieser Gruppe gehörten 163 Männer und zwölf Frauen, von denen vier allerdings wegen Heirat nur das Erste Examen abgelegt hatten.*

4. Eine neue Situation ergab sich seit August 1937 durch den „Himmler-Erlaß", der Ausbildung und Prüfungen durch die BK

bei Strafe untersagte. Dennoch wurde bis 1941 insgeheim weiter geprüft. Als Examensarbeiten der Gestapo in die Hände fielen, kam es im Rheinland 1939 zu Verhören und Verhaftungen. Der rheinische Bruderrat riet deshalb ab 1942 den wenigen, die noch die erste Prüfung bei ihm abgelegt hatten, das Zweite Examen in der lutherischen Landeskirche von Württemberg oder in der reformierten lippischen Landeskirche abzulegen. Mit diesen Kirchen hatte er eine entsprechende Vereinbarung ausgehandelt. *17 Männer und eine Frau gingen diesen Weg.*

5. Schließlich gab es noch eine Gruppe, die das Erste Examen bei der BK, das Zweite Examen dann beim Konsistorium abgelegt hatten. *Diese Entscheidung wurde von 17 Männern getroffen.*

Da die Dahlemer Bekenntnissynode im Oktober 1934 ausdrücklich die BK und nicht die DC-kontrollierten Konsistorien zur Rechtsnachfolgerin der DEK erklärt hatte, sahen wir „Illegalen" die Illegalität eher bei denen, die sich dem Konsistorium unterstellt hatten. Diese an sich richtige Sicht machte uns zwar ein gutes Gewissen, hatte aber negative Auswirkungen für uns. Das Konsistorium mit dem NS-Staat im Rücken verfügte über Kirchensteuern und andere Einnahmen und nutzte seine Macht. Die BK war auf Spenden ihrer Mitglieder angewiesen, wovon vor allem die große Schar der jungen Theologen und Theologinnen unterhalten werden musste.

Unser entschiedener Weg in die BK führte in eine ungesicherte Zukunft – für die Männer ohne Aussicht auf eine offizielle Pfarrstelle und reguläre Besoldung. Zeitweilig gab es etwa 343 Theologen und 27 Theologinnen, von denen neun zwischen 1936 und 1942 „illegale" Hilfsprediger heirateten. Zwei von ihnen wurden sehr bald Kriegerwitwen.

Wer wie die meisten nicht aus einem vermögenden Elternhaus stammte, musste ein bescheidenes Leben führen. Obendrein mussten wir alle im Lehrvikariat noch monatlich 40 Reichsmark an den rheinischen Rat zahlen. Doch durch Kriegs- und Nachkriegsjahre mit Besatzung, durch Inflation, Weltwirtschaftskrise und Arbeitslosigkeit waren wir bereits an ein solches Leben gewöhnt. Die meisten von uns waren anspruchslos aufgewachsen. Wir haben bei unserer Entscheidung für die BK gewusst, dass uns kein unbeschwertes Dasein bevorstand. Dabei war es für uns meist allein lebende Frauen leichter als für junge Pastoren mit Frau und Kind.

BK-Vikare und Pastoren, die Gottesdienste und Amtshandlungen durchführten, waren in besonderer Weise der Kontrolle der Gestapo und damit auch Verhaftungen ausgesetzt, zumal es verboten war, die Kollekten der BK abzukündigen und die Fürbitten-liste Verhafteter im Gottesdienst zu verlesen. Einige der jungen Theologen hatten „Notpfarrämter" von kleinen Gemeinden inner-halb von Gemeinden mit DC-Pfarrern. Sie hatten keine kirchlichen Gebäude zu ihrer Verfügung.

Die „Bruderschaft rheinischer Hilfsprediger und Vikare" der BK

Bereits im März 1934 hatten sich im Rheinland auf Anregung von Bernhard Heiermann junge, gegen das nazifizierte Konsisto-rium opponierende Theologen und Theologinnen zur „Bruder-schaft rheinischer Hilfsprediger und Vikare" zusammengeschlos-sen. Diese je länger je mehr verschworene Gemeinschaft geriet immer mal wieder in Gegensatz zur Pfarrerbruderschaft, wenn sie diese als zu lahm empfand. Während dauernd betont wurde, dass die „Barmer Theologische Erklärung" eine innerkirchliche Ange-legenheit sei, schloss das „Barmer Bekenntnis", wie wir es auch nannten, für nicht wenige von uns „Illegalen" politische Konsequenzen mit ein – ein Nein zum totalitären Hitler-Staat. Diese Bruderschaft („Schwestern eingeschlossen") erwies sich als eine Art „Stoßtrupp" in der rheinischen BK. Sie bezog bei allen anstehenden Problemen mündlich oder schriftlich eindeutig Stellung und erinnerte den rheinischen Bruderrat und die Pfarrerbruderschaft immer wieder an ihre Verantwortung. Wir hatten ja nichts zu verlieren, während die regulär bezahlten Pfarrer ihre Position aufs Spiel setzten, wenn sie mit Wort oder Tat das Missfallen des Konsistoriums erregten. Das musste eine Reihe von ihnen mit üblen Konsequenzen erfahren.

Die Vikarinnen

Aufgrund des 1. „Vikarinnengesetzes" vom Mai 1927 – im Rheinland ab Oktober 1928 verbindlich – mussten Theologinnen mit der Heirat aus dem Dienst ausscheiden. Außerdem verwehrte es uns Frauen den Weg ins Pfarramt, und überdies wurden wir ge-ringer besoldet. Es blieb nur die Möglichkeit der Arbeit in einem Frauenverband oder der Mitarbeit in Gemeinden, in einem Jugend-verband oder gelegentlich in einem Frauengefängnis. Deswegen standen wir weniger im Licht der Öffentlichkeit als die „jungen

Brüder". Wohl gab es Kontrollen und Verbote im Blick auf die Jugendarbeit, besonders auf Freizeiten und Jugendtagen, die von Parteistellen genehmigt werden mussten, was auch für die Männer galt. Allerdings kam es 1937 zur einzigen – zweiwöchigen – Verhaftung einer rheinischen Vikarin: Hanna Bölte war von einer Schülerin angezeigt worden, weil sie im Religionsunterricht an der Berufsschule geäußert hatte, man müsse Gott mehr gehorchen als den Menschen. Es kam jedoch zu keinem Prozess, und sie schied nach der Haftentlassung wegen ihrer Heirat aus dem Dienst aus.

Wir Frauen – wie wohl auch die unverheirateten Männer – hatten meist nur einen Wohnraum, nicht selten ohne Heizmöglichkeit, und an fließendes Wasser war gar nicht zu denken. Wir wurden unterschiedlich bezahlt. Zum Beispiel erhielt ich nach meinem 1939 abgelegten Zweiten Examen 1940 erst 50 Reichsmark und blieb eine Belastung für meine Eltern. Sicher wurden nicht alle in gleicher Weise mit solchen Einschränkungen fertig. Doch ich erinnere mich nicht, dass sich eine der Frauen bei den gelegentlichen Treffen beklagt hätte. Dazu war die Situation in Kirche und Staat viel zu brennend. Mag sein, dass es eine Versuchung für einige darstellte, als das Konsistorium uns Theologen und Theologinnen 1938 die „Legalisierung" unserer Examen anbot und uns mit der Aussicht auf reguläre Besoldung von der BK wegzulocken versuchte. Aber das bedeutete: Anerkennung dieser Behörde und die Verpflichtung, den Eid auf Hitler abzulegen. Dies war ihnen vorher verschwiegen worden. Nur wenige Frauen haben sich „legalisieren" lassen.

Nach 1945 dauerte es 30 Jahre, bis die volle Gleichstellung der Theologinnen mit den Theologen mit der Berufsbezeichnung „Pfarrerin" in der Rheinischen Kirche erreicht wurde. Zwar waren sie schon in den 1950er Jahren finanziell gleichgestellt worden – jedoch mit dem Titel „Vikarin", der sie auf eine Stufe mit den noch in der Ausbildung befindlichen „Vikaren" stellte. Der pfarramtliche Dienst wurde Theologinnen erst 1963 – mit Einschränkungen – ermöglicht.

Karl-Adolf Bauer (Hg.), Predigtamt ohne Pfarramt? Die „Illegalen" im Kirchenkampf, Neukirchen-Vluyn 1993; Joachim Beckmann/Hans Prolingheuer, Zur Geschichte der Bekennenden Kirche im Rheinland (SVRKG 63), Köln 1981; Scherffig, Junge Theologen; Dagmar Herbrecht, Ilse Härter, Hannelore Erhart (Hg.), Der Streit um die Frauenordination in der Bekennenden Kirche, Neukirchen-Vluyn 1997. Von Ilse Härter publizierte Kurzporträts von allen im Folgenden vorgestellten Theologinnen finden sich in: Hannelore Erhart (Hg.), Lexikon früher evangelischer Theologinnen, Neukirchen-Vluyn 2005.

Vor politischen und kirchlichen Oberen schrak sie nicht zurück

Der Kampf ums Pfarramt und die politische Disziplinierung der Vikarin Ina Gschlössl

In der rheinischen Kirche gab es die Besonderheit von vier gemaßregelten Theologinnen, die zusammen in Marburg studiert hatten, denen in Köln bereits 1933 gekündigt wurde und die sich später der BK anschlossen.

Ina Gschlössl (1898–1989) hatte 1932 für den von Leopold Klotz herausgegebenen Sammelband „Die Kirche und das Dritte Reich" einen scharfsinnigen Artikel geschrieben, der zeigt, dass es schon in jener Zeit möglich war, die nationalsozialistische Bewegung zu durchschauen.

Mit welch entsetzlichem, unmenschlichem Fanatismus wird der Judenhaß den Menschen beigebracht, man denke nur an Hitlers Buch, das in der Beziehung fast unüberbietbar sein dürfte, an die Parteiversammlungen, auf denen in unglaublicher Weise gehetzt wird und gedroht. [...] Würde man auch noch versuchen, dergleichen in großen Versammlungen als in der Hitze des Gefechts unterlaufen zu entschuldigen–, in einem Buch ist das nicht zu entschuldigen bei dem Führer einer Partei, die sich für die einzige Beschützerin des verfolgten Christentums hält. Wer heute hetzt, mit Gewalttat droht, der hat sich morgen mit der Schuld für Totschlag und alle Rohheit belastet. [...]
Was hat unsere evangelische Kirche zu erwarten, wenn sie in Blindheit gegen ihren Auftrag bedenkenlos all diese heidnisch-religiösen, politischen, weltlichen Strömungen ungefragt und unkritisiert in sich einmünden lässt? Doch eine schlimme Bedrohung ihrer christlichen Substanz, eine Verkürzung ihres tiefsten Gehalts, die nie und nimmer ausgeglichen oder gut gemacht werden kann.
Ina Gschlössl, Die Kirche und der Nationalsozialismus, in: Leopold Klotz (Hg.), Die Kirche und das Dritte Reich. Fragen und Forderungen deutscher Theologen, Bd. 2, Gotha 1932, S. 55ff.

Ina Gschlössl stammte aus einem kleinbürgerlichen Kölner Elternhaus. Sie engagierte sich als Jugendleiterin bei den Wandervögeln in Köln und studierte dort nach dem Abitur Volks- und Sozialwissenschaft, wandte sich dann aber der Theologie zu und legte in Marburg 1927 das Fakultätsexamen ab.

An der Fakultät war für sie der enge Kontakt mit Theologieprofessoren wie Paul Tillich wichtig, dem sie auch politisch nahe stand. Etwa 1928 wurde sie SPD-Mitglied – bei Theologinnen damals eine Seltenheit.

Seit der Gründung des „Verbandes Evangelischer Theologinnen" 1925 hatte sie das uneingeschränkte Pfarramt für Frauen angestrebt, gehörte dabei aber mit acht weiteren Kolleginnen zu einer Minderheit, da der Verband lediglich ein besonderes Frauenamt befürwortete. Weil sich die neun Frauen mit ihrer Forderung nach Gleichberechtigung bei den anderen nicht durchsetzen konnten, traten sie aus dem Verband aus und gründeten 1930 die „Vereinigung Evangelischer Theologinnen".

Im Mai 1927 versuchte Ina Gschlössl in Köln in den kirchlichen Dienst zu kommen. In diesem Monat wurde in Berlin das 1. „Vikarinnengesetz" beschlossen, das auch für Frauen kirchliche Examina und ein Vikariat vorsah. In der rheinischen Kirche sollte es jedoch erst im Oktober 1928 verbindlich werden. Deshalb wurde sie vom Kölner Presbyterium zu ihrer großen Enttäuschung „in die Berufsschule abkommandiert", also in den Dienst der Stadt Köln abgeschoben. Den Religionsunterricht führte sie dennoch engagiert durch. Zum Presbyterium und zur Pfarrerkonferenz hielt sie keinen Kontakt.

Auch im Religionsunterricht nahm sie kein Blatt vor den Mund. Das wurde ihr 1933 zum Verhängnis: Eine Schülerin zeigte sie an, vor allem, weil sie Hitlers Judenpolitik kritisiert hatte. Daraufhin wurde sie sofort aus dem städtischen Dienst entlassen. Begründung: Sie habe am 3. Juli 1933 „ungeziemende Bemerkungen über den Herrn Reichskanzler und andere Staatsmänner gemacht und sich über die Judenfrage in einer Art und Weise ausgelassen, die jedes Verständnis für den nationalen Standpunkt vermissen läßt."

An sich hätte sie jetzt in ein Vikariat eingewiesen werden können. Aber ihr war klar, dass sie beim Kölner DC-Presbyterium keine Chance mehr hatte. So zog sie es vor, „abzutauchen" und bei einer Arzt-Familie ihren bescheidenen Lebensunterhalt durch Unterrichtung und Betreuung eines behinderten Kindes zu verdienen. Ab Januar 1938 beschäftigte sie der Kölner BK-Pfarrer Hans Encke ohne Besoldung als Fürsorgerin im Rahmen der Inneren Mission. Dazu gehörte die Betreuung der vom NS-Regime zum Tode verurteilten Frauen im Kölner Gefängnis „Klingelpütz". Außerdem kümmerte sie sich um jüdische Menschen, deren Lage immer katastrophaler wurde.

1945 beauftragte Hans Encke – jetzt Superintendent – sie mit der Organisation des Religionsunterrichts an berufsbildenden Schulen, dessen Gesamtleitung ihr übertragen wurde.

Der Kampf ums Pfarramt ging in diesen Jahren weiter. Das Rheinische Kirchengesetz von 1950 knüpfte an den Stand von 1927 an und beschränkte die Tätigkeit von Theologinnen weiterhin auf Arbeitsfelder wie Jugend-, Frauen- und Kinderarbeit, Krankenhausseelsoge und Schuldienst. Ina Gschlössl konnte dennoch gelegentlich Gottesdienste halten und Amtshandlungen vornehmen. Als ab 1963 auch Frauen Pastorinnen werden und mit einigen Einschränkungen in Gemeindepfarrämter berufen werden konnten, kam diese Regelung für sie zu spät. 1966 trat sie in den Ruhestand. Noch kurz vor ihrem Tod am 20. Januar 1989 betonte sie mir gegenüber, wie bitter enttäuscht sie immer noch darüber war, dass man ihr in Köln den Weg in die kirchliche Gemeindearbeit versperrt hatte. *IH*

Dagmar Henze, Ina Gschlössl – Eine Theologin im Widerstand gegen die Werte ihrer Zeit, in: Susi Hausamann, Nicole Kuropka u. Heike Scherer (Hg.), Frauen in dunkler Zeit. Schicksal und Arbeit von Frauen in der Kirche zwischen 1933 und 1945, Köln 1996 (SVRGK 118), S. 37ff.; Dagmar Henze, Ina Gschlössl, in: Köhler u.a., Dem Himmel so nah, S. 47ff.; Ilse Härter, Vor politischen und kirchlichen Oberen schreckte sie nicht zurück. Ina Gschlössl wird 90 Jahre, in: Junge Kirche 49 (1988), Heft 11, S. 606–609; Annabelle Pithan, Ina Gschlössl, in: MEKGR 54 (2005), S. 377; Rauthe, Gegner, S. 197f.; Ilse Härter, in: Erhart (Hg.), Lexikon, S. 144.

Ein solidarisches Leben
Annemarie Rübens' Engagement in Deutschland und Uruguay

Die in Banfield (Argentinien) geborene Annemarie Rübens (1900–1991) stammte aus einem großbürgerlichen Elternhaus. Ihr Vater kam aus streng katholischem Milieu, war aber ohne engere Bindung zur Kirche. Die bewusst evangelische Erziehung durch ihre Mutter bewog sie, Theologie zu studieren, wie sie mir als 90-Jährige sagte. Sie wollte wissen, „was richtig ist".

1909 siedelte die Familie nach Köln über. Nach dem Abitur arbeitete Annemarie 1921 als Landwirtschafts- und Gärtnerlehrling im Sauerland. Danach studierte sie in Köln Wirtschafts- und Sozialwissenschaften und begann anschließend ihr Theologiestudium in Marburg, das sie 1927 mit dem Fakultätsexamen abschloss. Anderthalb Monate später wurde sie Vikarin beim Kölner Pfarrer Georg Fritze. Sie traf damit auf einen Gesinnungsgenossen, der – wie die rheinischen Religiösen Sozialisten insgesamt – schon Ende der zwanziger Jahre das Pfarramt für Frauen gefordert hatte.

Die zweite Hälfte des Gemeindevikariats verbrachte Annemarie Rübens bei Pfarrer Hans Encke in Köln-Riehl. Dann folgte ein Jahr Arbeit für alte Menschen in den „Riehler Heimstätten". In dieser Zeit trat sie in die „Bruderschaft Sozialistischer Theologen" und die SPD ein.

1930/1931 wurde sie nebenamtliche Religionslehrerin an den Stadt-Kölnischen Berufsschulen für Arbeiterinnen und gewerbliche Hausangestellte. 1932 legte sie das Zweite Theologische Examen vor dem Konsistorium ab, das sich dann freilich weigerte, ihr eine bezahlte Tätigkeit als Vikarin zuzuweisen. Erst auf Druck von Kölner Frauenverbänden schuf die Kirche dort im März 1933 eine Stelle als Gemeindevikarin für sie, wie sie im Theologinnengesetz vorgesehen war. Ihre Dienstanweisung wirkte durch ihre Vielfalt allerdings eher wie ein Flickenteppich. Neben überbezirklicher Arbeit schloss sie auch nebenamtlichen Berufsschulunterricht mit ein.

Im Zuge der hemmungslosen Propaganda gegen die „Linke" in Kirche und Staat im Sommer 1933 fühlte sich auch das Kölner Presbyterium gestärkt, gegen die sozialistische Vikarin vorzugehen. Sein Vorsitzender Pfarrer Karl Köhler – später auch schärfster Verfolger der Kölner Pfarrer Fritze und Flatow und des Kirchenmusikers Julio Goslar – erreichte Annemarie Rübens' Entlassung. Man beanstandete ihre „Haltung zur politischen Neuordnung". Dabei mag neben ihrer jetzt verbotenen SPD-Mitgliedschaft auch eine Predigt in den „Riehler Heimstätten" eine Rolle gespielt haben, in der sie vor „der Flut des Hasses gegen unsere jüdischen Volksgenossen" gewarnt hatte. Die Entlassung wurde auf den 15. Oktober 1933 festgesetzt. Bis dahin galt sie als beurlaubt.

Ihr war nach der Kündigung bewusst, dass sie bei ihrer politischen Gesinnung auf die Dauer nicht in Deutschland bleiben könnte. Im August 1933 setzte sie sich bei Nacht und Nebel mit dem Fahrrad nach Holland ab. In einer von einem Pfarrer geleiteten Volkshochschule arbeitete sie dann in der Gärtnerei. Die Adresse hatte sie von Pfarrer Fritze. Nebenbei gab sie Nachhilfeunterricht in Latein und Griechisch. Auf die Dauer war das keine Lösung.

Engagement in Uruguay und in der Friedensbewegung

Ein in Uruguay zu Wohlstand gekommener jüngerer Bruder von ihr motivierte sie, 1936 dorthin zu emigrieren. Doch er starb noch vor ihrer Ankunft, hinterließ ihr aber sein Auto und ein Flugzeug, durch dessen Verkauf sie in der Nähe einer Waldenser-Siedlung ein kleines Gebäude mit Grundstück erwerben konnte. Hier nutzte sie ihre gärtnerische Erfahrung und verkaufte selbst angebautes Gemüse und Blumen. Daneben nahm sie in ihrem Haus Kinder jüdischer Emigranten der Gruppe „Anderes Deutschland" auf. Nach 1945 verließen viele der zuvor geflüchteten Juden Uruguay. Annmarie Rübens Versuch, in Deutschland wieder eine ihr gemäße Arbeit zu finden, scheiterte. Die diktatorische Entwicklung in ihrer von Großgrundbesitzern und Militär unterdrückten Wahlheimat forderte sie Anfang der 1960er Jahre zu neuem Engagement und zur Solidarität mit der sozialrevolutionären Befreiungsbewegung der „Tupamaros" heraus: Jetzt nahm sie die Kinder verhafteter oder getöteter Kämpferinnen und Kämpfer der Tupamaros bei sich auf. 1979 wurde sie deshalb aus Uruguay ausgewiesen und kehrte nach Deutschland zurück.

In Göttingen engagierte sie sich fortan in der Friedensbewegung. Dort starb die 90-Jährige am 8. Mai 1991.   IH

Ilse Härter, Die Kölner „konzertierte Aktion" von 1928/29 zur Abänderung des Vikarinnengesetzes vom 9. Mai 1927, in: Querdenken. Beiträge zur feministisch-befreiungstheologischen Diskussion, Pfaffenweiler 1992, S. 247ff.; Köhler u.a., Dem Himmel so nah, S. 117ff.; Rauthe, Gegner, S. 330ff.; Ilse Härter, in: Erhart (Hg.), Lexikon, S. 321.

Widerständig, solidarisch, emanzipiert
Die BK-Theologin Aenne Schümer, verh. Traub

Die in Magdeburg geborene Aenne Schümer (1904–1982) stammte aus einem politisch geprägten Elternhaus. Ihr Vater, Professor Georg Schümer, war nach dem Studium von Theologie, Deutsch und Latein Gymnasialdirektor geworden. Er war Mitglied des Preußischen Landtags, gehörte erst der „Deutschen Demokratischen Partei" an und wechselte 1923 zur SPD. Als Pazifist gründete er in Magdeburg die Ortsgruppe der 1892 auf Anregung von Bertha von Suttner ins Leben gerufenen Deutschen Friedensgesellschaft, deren Bundesvorstand er ebenso angehörte wie dem Präsidium der „Deutschen Liga für Menschenrechte". Der Remilitarisierung Deutschlands versuchte er nach dem Ersten Weltkrieg entgegenzuwirken, und er widersprach der „Dolchstoß-Legende", nach der die revolutionären Linken der „siegreichen Armee" in den Rücken gefallen wären. Das alles trug dazu bei, dass er sogleich nach Inkrafttreten des NS-Gesetzes zur „Wiederherstellung" des Berufsbeamtentums 1933 entlassen wurde und zeitweilig in Untersuchungshaft kam. Tragisch war, dass die kleine BK-Gemeinde in Magdeburg einen politisch so „belasteten" Mann nicht in ihre Reihen aufzunehmen wagte.

Sein Sohn Wilhelm, wie seine Schwester Aenne ebenfalls Theologe, war fest entschlossen, den Kriegsdienst zu verweigern. Erst durch den Druck einiger wohlmeinender Militärs und der Gschwister, die Repressalien gegen den schwer kranken Vater befürchteten, erklärte er sich schweren Herzens zum Sanitätsdienst bereit.

Es ist wichtig, Aenne Schümer vor diesem familiären Hintergrund zu sehen. Den Entschluss, Theologie zu studieren, fasste sie als 18-jährige Schülerin unter dem Eindruck eines Vortrages von Karl Barth. Wie ihre Freundinnen Ina Gschlössl und Annemarie Rübens studierte sie in Marburg, machte dort 1928 ihr Fakultätsexamen und wurde Mitglied im „Verband Evangelischer Theologinnen" wie auch der SPD. Nach kurzem Vikariat in Magdeburg kam sie 1929 ins Rheinland und war bis 1933 Vikarin an Berufsschulen, zuerst in Düsseldorf, dann in Köln. Zwischendurch legte sie beim Konsistorium das Zweite Theologische Examen ab und bestand zusätzlich noch ein Examen als Mittelschullehrerin.

Als das DC-Presbyterium Annemarie Rübens wegen ihrer politischen Einstellung kündigte, sahen es Aenne Schümer und ihre Freundin Elisabeth von Aschoff als ihre Christenpflicht an, sich mit ihr solidarisch zu erklären. Denn auch sie gehörten beide zur SPD. Schon am 27. Juli 1933 erhielt sie die Mitteilung, sie sei ab 1. August aus politischen Gründen entlassen. Damit gab es für sie auch keine Möglichkeit mehr, im Schuldienst beschäftigt zu werden. Ohne Verdienst blieb ihr nur die Möglichkeit, sofort Köln zu verlassen und nach Hause zurückzukehren. Sie überließ es Elisabeth von Aschoff, gegen diesen Entscheid, der sie beide betraf, noch anzugehen.

Vermittlungsversuche des Kölner Superintendenten Georg Klingenburg schlugen fehl. Das Konsistorium strich Aenne Schümer deshalb von der Liste der Kandidatinnen. In den nächsten Jahren folgte eine Reihe unterschiedlicher Tätigkeiten. 1934 wurde Aenne Schümer Assistentin zuerst in der pädagogischen Abteilung des „Deutschen Akademischen Austauschdienstes" in Berlin, dann kurzfristig in einer Devisenüberwachungsstelle. 1939 fand sie dort Arbeit beim Gesamtverband der Deutschen Evangelischen Sonntagspresse. Danach gelang es ihr endlich, in Berlin Arbeit in einer BK-Kirchengemeinde im „roten Wedding" zu finden, später als Krankenhausseelsorgerin.

Von August 1941 bis Februar 1942 war sie bei der Firma Siemens & Halske dienstverpflichtet, wobei sie abends noch in der Gemeinde tätig war. In ihrer Berliner Zeit hatte sie mit dem BK-Pfarrer Helmut Traub zusammengearbeitet. Die beiden heirateten 1946 und zogen in Traubs württembergische Heimat. In Stuttgart leitete Aenne Traub 1951 in der reformierten Gemeinde ihres Mannes die Diakonie. Daneben gab sie Religionsunterricht an einer privaten Kunstschule. Ab 1969 lebten beide in Bietigheim im Ruhestand. Sie starb dort am 19. September 1982.   *IH*

Andreas Traub, Aenne Traub, geb. Schümer. Vereinzelte Spuren, Bietigheim 1997 (Selbstverlag); Jürgen Schäfer/Matthias Schreiber, Kompromiß und Gewissen. Der Weg des Pastors Wilhelm Schümer im Dritten Reich, Waltrop 1994; Rauthe, Gegner, S. 354ff.; Ilse Härter, in: Erhart (Hg.), Lexikon, S. 405.

Verbindlich und konsequent
Die Vikarin und Pfarrfrau Elisabeth von Aschoff, verh. Bizer

Für Elisabeth von Aschoff (1904--2004), Tochter eines Oberregierungsrates in Melsungen, aufgewachsen in Koblenz und Magdeburg, gilt Ähnliches wie für ihre drei Freundinnen Ina Gschlössl, Annemarie Rübens und Aenne Schümer: Fakultätsexamen in Marburg, Mitgliedschaft im „Verband Evangelischer Theologinnen", Eintritt in die SPD. 1929 wurde sie ebenfalls Vikarin bei Pfarrer Fritze in Köln und arbeitete nebenamtlich in der Berufsschule.

Ihre „Monatsstunde" Religionsunterricht in einer praktisch unüberschaubaren Vielzahl von Klassen hat meine Mutter wohl durch „Erzählen" spannender Geschichten gestaltet. Er war für sie vor allem ein Angebot an die Schülerinnen, sich in Notlagen an sie zu wenden. Im Kölner Milieu machte sie praktisch Sozialarbeit und Krisenintervention. Schülerinnen aus schwierigen Familienverhältnissen wandten sich auch nachts an sie. [...] Aus ihrer eigenen Jugendbewegtheit hat sie sich bis ins höchste Greisenalter ein emphatisches Verständnis für die Probleme des Jugendalters bewahrt.

Prof. Dr. Christoph Bizer, Sohn von Elisabeth Bizer, geb. Aschoff, in einem Brief vom 5.2.2002 an Simone Rauthe, vgl. Rauthe, Gegner, S. 112ff.

Im Sommer 1933 stellte die Stadt Köln die Zahlungen für den nebenamtlichen Religionsunterricht ein. Sie war aber bereit, ihn weiter zu belassen, wenn die Kirche ihn bezahlen würde. Aber offensichtlich verlangte sie dann eine Loyalitätserklärung gegenüber Hitler. Dazu war Elisabeth von Aschoff auf keinen Fall bereit. Als dann noch ihrer Freundin Annemarie Rübens 1933 vom Kölner Presbyterium wegen ihrer politischen Einstellung gekündigt wurde, erklärte sie sich zusammen mit Aenne Schümer mit ihr solidarisch. Das hatte für sie dieselben Folgen. Sie verhandelte dann noch eine Zeit lang mit dem Kölner Superintendent Georg Klingenburg. Da sie sich formal verbindlich zeigte, meinte er, von ihr politische Abstinenz fordern zu können. Sie fügte jedoch sofort hinzu: „Ich möchte ebenso wenig Zweifel daran lassen, dass ich ein Verbot solcher aus Gewissensgründen notwendigen Kritik nicht werde einhalten können." Ebenso machte sie deutlich, dass sie kein Angebot einer Tätigkeit annehmen könne, das nicht in gleicher Weise auch ihren Freundinnen gemacht werde. Der Superintendent lavierte. Einerseits wusste er um den Wert der Arbeit dieser Frauen, andererseits konnte er ihre von ihnen nicht aufgegebene sozialdemokratische Gesinnung nicht akzeptieren. So schob er im Dezember 1933 die Entscheidung dem Konsistorium zu und gab der Hoffnung Ausdruck, dass die Vikarinnen „auf einem kirchlichen Gebiet, auf dem sie unbelastet ihre Arbeit neu beginnen können, sich unter geeigneter Leitung zurechtfinden würden". Es handele sich ja „wirklich um tüchtige, sehr selbstlose, charaktervolle Persönlichkeiten, die aus ehrenwerten kirchlichen Familien" stammten, nun allerdings „Irrwege" betreten hätten.

Es kam, wie es kommen musste: Elisabeth von Aschoff wurde schließlich zusammen mit Annemarie Rübens und Aenne Schümer aus der Liste der Kandidatinnen gestrichen. 1934 heiratete sie den Pfarrer Ernst Bizer und zog mit ihm in seine württembergische Heimat nach Tailfingen. Dort arbeitete sie in der Gemeinde mit. Beide gehörten der BK-nahen „Kirchlich-theologischen Sozietät" an. 1945 siedelten sie nach Bonn um, wo Ernst Bizer Theologieprofessor wurde. Elisabeth Bizer wandte sich wieder dem Religionsunterricht zu. Sie starb am 20. Mai 2004 im Alter von 99 Jahren. *IH*

Rauthe, Gegner, S. 112ff.; Ilse Härter, in: Erhart (Hg.), Lexikon, S. 36.

Zwischen zwei Stühlen
Die standhafte Theologin Emmi Bach, verh. Mühlen

Die gebürtige Bonnerin Emmi Bach (1909–2003) gehörte zu den drei rheinischen Vikarinnen, die sich 1934 mit drei rheinischen Vikaren solidarisierten, die aufgrund einer im ostpreußischen Predigerseminar Klein-Neuhof abgegebenen Erklärung gegen die DC-geprägte Reichskirchenregierung aus dem Seminar ausgeschlossen und vom rheinischen Konsistorium nicht länger „verwendet" worden waren. Insgesamt 83 Mitglieder der „Bruderschaft rheinischer Hilfsprediger und Vikare" der BK solidarisierten sich mit den drei Gemaßregelten, darunter Emmi Bach.

Konfliktfähig und unerschrocken

Emmi Bach hatte 1933/34 nach ihrem Ersten Examen in Düsseldorf an einer gewerblichen Berufsschule für Mädchen gearbeitet. Nun entließ das Konsistorium sie aus dem Berufsschuldienst. Offizielle, aber nie schriftlich mitgeteilte Begründung: ihre Mitgliedschaft in der Bruderschaft der Hilfsprediger und Vikare sowie die von ihr mitgetragene Solidaritätserklärung. Als das Konsistorium merkte, wie viele Theologen und Theologinnen ihm durch Streichungen aus der Kandidatenliste verloren gingen, versuchte es, sie zurückzuholen. So erhielt auch Emmi Bach im September 1934 ein entsprechendes Schreiben. Der Schönheitsfehler: Von den „Rebellen" wurde Gehorsam dem Konsistorium gegenüber und Austritt aus der „Bruderschaft rheinischer Hilfsprediger und Vikare" der BK verlangt. Nach einem Jahr der Bewährung sollte dann über die Zulassung zum Zweiten Examen und dann auch eine endgültige Verwendung entschieden werden. Für Emmi Bach kam das nicht in Frage. Sie wurde von dem Düsseldorfer BK-Pfarrer Albertus Elbrechtz in verschiedene Arbeitszweige der Gemeinde eingeführt. Darüber hinaus war sie wöchentlich für zwei Stunden in der ehemaligen Mütterschule der Frauenhilfe tätig, die inzwischen allerdings vom nationalsozialistischen Deutschen Frauenwerk übernommen worden war. Hier sollte sie den Müttern vom Evangelium her Hilfe für ihr Familienleben geben – ohne sich auf (kirchen-)politische Diskussionen einzulassen. Eines Tages schlich sich hier die Pressereferentin der NS-Frauenschaft ein. Emmi Bach wollte deshalb einer Frage aus dem Hörerinnenkreis nach den Zielen der DC ausweichen. Doch die Referentin bohrte nach und erhob zugleich schwere Vorwürfe gegen die BK: Zu einer BK-Versammlung seien 30 000 Teilnehmer geströmt. Das beweise zur Genüge, dass es nicht um kirchliche, sondern politische Dinge gehe. Emmi Bach widersprach, stellte einiges richtig. Daraufhin wurden die beiden Stunden gestrichen.

Nach dem Zweiten, bei der BK abgelegten Examen arbeitete sie von 1935 bis 1938 in einem evangelischen Mädchenheim in Ratingen. Dort unterrichtete sie Mädchen ohne Volksschulabschluss in den Fächern Religion, Deutsch und Geschichte. Bei halbjährigen Prüfungen waren Vertreterinnen der NS-Frauenschaft anwesend, die mit der Zeit merkten, dass sie politisch nicht „gleichgeschaltet" war. Wieder kam es zu einer Konfrontation mit einer Parteifunktionärin. Resultat: Die Gaufrauenschaftsleitung stellte Emmi Bach vor die Wahl, entweder der NS-Frauenschaft oder dem NS-Lehrerbund beizutreten. Da für sie beides nicht in Frage kam, kündigte sie. Danach war sie drei Monate lang arbeitslos.

Gemeindearbeit der Pfarrfrau

Von 1939 bis 1943 arbeitete sie bei der Evangelischen Frauenhilfe in Duisburg. 1940 heiratete sie den BK-Hilfsprediger Karl Mühlen. Im August 1943 übernahm sie kriegsbedingt einige Monate lang eine eingeschränkte Pfarrdienstvertretung in Oberbantenberg. Sie durfte Gottesdienste und Amtshandlungen durchführen, aber keine „Sakramente verwalten". Konfirmanden zu unterrichten war ihr gestattet, doch für die Konfirmation wurde ein Nachbarpfarrer herbeigeholt. Sie durfte dabei predigen, aber nicht die „Einsegnung" durchführen, die als „kirchenleitender Akt" galt, der den Frauen verboten war.

Vor der Geburt ihres ersten Sohnes gab sie die Arbeit im Frühjahr 1944 auf. 1946 kam ihr Mann aus britischer Kriegsgefangenschaft zurück und wurde Pfarrer in Duisburg-Meiderich. Ähnlich wie Elisabeth Bizer arbeitete sie hinfort ehrenamtlich in der Gemeinde ihres Mannes bis zu seiner Pensionierung im Jahres 1974. Danach zogen beide nach Bad Neuenahr, wo Emmi Mühlen am 19. März 2003 starb. *IH*

Emilie Mühlen, geb. Bach, Bericht über meine Erlebnisse im Kirchenkampf 1933–1945 (1983), im Privatbesitz von Ilse Härter; Erhart (Hg.), Lexikon, S. 271; Rauthe, S. 115.

Auf Gegenkurs
Ilse Härters Kirchenkampf-Erfahrungen

Geboren wurde ich am 12. Januar 1912 in Asperden am Niederrhein. Mein Vater, Alfred Härter, war Telegrafenbeamter. Bei ihm und meiner Mutter Flora, geb. Derksen, erfuhr ich gleichberechtigte Partnerschaft. Schwierig wurde es, als mein idealistisch gesinnter Vater 1932 gegen den Protest unserer Mutter und von uns drei Töchtern in die NSDAP eintrat. Erst 1938 gab er zu, dass wir mit unserer Sicht des Nationalsozialismus Recht hatten. Er wollte die Partei verlassen, doch dazu kam es wohl nicht mehr, denn kurz darauf starb er nach schwerer Krankheit. Aus der Kirche auszutreten hatte er abgelehnt, als man das von ihm verlangte. Deswegen – und auch aufgrund der Einstellung seiner Frau und seiner Töchter – war er nicht mehr befördert worden. In meiner Entscheidung für die BK hat er mich nicht behindert.

Da ich beide Examen bei der BK abgelegt hatte, gehörte ich objektiv betrachtet zu den Geschädigten, denen der Weg zu einer normal dotierten Arbeit in der Kirche versperrt war. Doch mich belastete das nicht, da ich dem Konsistorium auf seinem Weg nicht folgen wollte. Ich hatte auch keinerlei Vorstellung von dem, was mir dabei entging. Mein bisheriges Leben war aufgrund der Zeitverhältnisse so bescheiden verlaufen, dass mich mein karges Dasein in der BK nicht belastete.

Nur keine Angst zeigen!

Wir waren nicht wie Kommunisten oder Sozialdemokraten zum politischen Widerstand erzogen worden. Mit dieser Notwendigkeit wurde ich 1934 als Studentin in Königsberg konfrontiert. Die Studenten wurden schon ab 1933 zu militärischen Übungen gezwungen. Für uns Studentinnen gab es ab 1934 Pflichtkurse mit „Schießen und Blinken, Funken, Winken". Beides wollte ich auf keinen Fall mitmachen. Ich ging zur NS-Studentenschaft und erklärte, die Partei verhöhne immer die russischen „Flintenweiber". Mit diesen Kursen sei man auf der gleichen Linie. Ich aber wolle mich nicht zum „Flintenweib" ausbilden lassen. Außerdem sei mir jetzt schon – trotz guter Prüfungen – der Gebührennachlass gestrichen worden. Ich müsse darum mein Studium so schnell wie möglich beenden, um meinen Vater nicht länger finanziell zu belasten. Auch deshalb würde ich mich nicht an diesen Pflichtkursen beteiligen.

Meine Weigerung blieb folgenlos – man unternahm nichts gegen mich!

Nach meinem Ersten Examen arbeitete ich in der reformierten BK-Gemeinde Elberfeld. Im zweiten Vikariatsjahr war ich dort vor allem in der Mädchenarbeit tätig. Da hatte ich die erste Begegnung mit der Gestapo, die im Kreis der älteren Mädchen gelegentlich zur Kontrolle aufkreuzte. Doch sie konnte uns nichts anhaben: Wir saßen stets vor der offenen Bibel – das war erlaubt. Konkrete politische und kirchenpolitische Aspekte, die wir beim Lesen alttestamentlicher Texte bedachten, bekamen die Herren nicht mit. Keine in meinen Kreisen wäre auf den Gedanken gekommen, eine Anzeige zu erstatten – wir waren eine verschworene Gemeinschaft. Da meine Arbeit nicht in derselben Öffentlichkeit stattfand wie die meiner predigenden jungen Kollegen, wurde ich glücklicherweise nur einmal in die Gestapo-Zentrale vorgeladen. Das war nach dem Zweiten Examen im März 1939. Der Grund: Seit dem „Himmler-Erlaß" vom August 1937 war es der BK bei Strafe verboten, Theologen auszubilden und zu prüfen. Sie tat es dennoch. Der Gestapo waren nun unsere Prüfungsarbeiten in die Hände gefallen, wovon wir bei der mündlichen Prüfung in Kleinstgruppen keine Ahnung hatten. Da auf den Arbeiten nur Namen, aber keine Adressen standen, fand man uns erst nach einiger Zeit. Wer dann bei der Vorladung Aussagen über das Examen verweigerte, wurde verhaftet. Da ich in diesem Jahr drei Monate krank bei meiner Mutter in meinem Heimatort Asperden am Niederrhein gelegen hatte, wurde ich als letzte erst nach Kriegsbeginn vorgeladen. Ich wusste inzwischen, worum es ging, und konnte mich entsprechend verhalten. Während des Verhörs habe ich mich dann selbst über meine schlagfertigen Antworten gewundert. Nach Verweigerung jeder Aussage zum Ersten oder Zweiten Examen dachte ich: Jetzt droht dir Gefängnis. Zu meiner Überraschung ließ man mich gehen, fügte jedoch hinzu, „nach dem siegreichem Kriegsende würde uns allen der Prozess gemacht". Jetzt würden die Zellen für „Defätisten" – Kriegsgegner – gebraucht.

Belohnte Hartnäckigkeit

Schwierigkeiten mit einem Konsistorium ergaben sich für mich erst 1941 bei meiner Arbeit in Berlin-Wannsee. Im Auftrag der Berliner BK sollte ich in dieser Gemeinde, die dem Konsistorium unterstand, eine Notgemeinde organisieren. Zur „Tarnung" arbeitete ich auch in der „regulären" Gemeinde mit. Als das Konsistorium von meiner Existenz erfuhr, verlangte es von mir den „Führereid" und den „Ariernachweis". Beides war für mich kirchlich und politisch unmöglich. Mit den „jungen Brüdern" im Rheinland hatte ich von Anfang an gegen diesen Eid gekämpft. Mein Schwager hatte in der Hannoverschen Landeskirche den Eid ebenfalls verweigert und wurde nicht mehr beschäftigt. Und hätte ich den „Ariernachweise" erbracht, hätte ich mich damit zum „Edelmenschen" stempeln lassen und der Einstufung jüdischer Menschen als „Untermenschen" nicht widersprochen. Ihnen hätte ich dann – auch in der Gemeinde – nicht mehr ins Gesicht sehen können.

Der BK-Präses Kurt Scharf und der Generalsuperintendent Otto Dibelius versuchten mich nun dazu zu bewegen, mich der 1938 geleisteten Eideserklärung der Brandenburger Pfarrer anzuschließen – obwohl Hitler an solchem Pfarrereid gar nicht mehr interessiert war. Ein wochenlanges Hin und Her führte zu nichts. Ich blieb bei meiner Ablehnung. Erst später erfuhr ich, dass der von den DC abgesetzte Generalsuperintendent die Notgemeinde übernehmen wollte, wenn ich sie gesammelt hätte. Dies wurde unmöglich, da mir gekündigt wurde. Ich hatte – im Gegensatz zu meinem Schwager in der hannoverschen Landeskirche – das Glück, dass ich von der BK aufgefangen wurde.

Ab August 1941 wurde ich mit der Vertretung des verhafteten Kreispfarrers von Fehrbellin beauftragt, zu meiner großen Freude mit vollem pfarramtlichen Dienst. Präses Scharf hatte mich darüber informiert, dass alle Vertretungspfarrer in Fehrbellin verhaftet worden waren, weil sie die Kollekten der BK abgekündigt und die Fürbittenliste verlesen hatten. Es war für mich klar, beides auch im Gottesdienst beizubehalten. Am ersten Sonntag hatte ich die mitschreibenden Männer gleich entdeckt, die mich nach dem Gottesdienst mit der Frage konfrontierten, ob ich berechtigt sei, den Gottesdienst zu halten. „Ich bin voll qualifizierte Theologin!" antwortete ich. Darauf ließen mich die Männer in Ruhe. Danach sagte ich zur Pfarrfrau: „Die Antwort kam einfach so aus mir heraus. Wenn die wüßten, daß ich völlig ‚illegal' bin!"

Unbegreiflicherweise geschah mir im Gegensatz zu meinen Vorgängern monatelang nichts. Die Klärung kam erst gegen Jahresende, als in einer NS-Zeitung ein Artikel gegen das „verlogene Ausland" erschien, das behauptet hätte, in Brandenburg würden reihenweise Pfarrer verhaftet. Es war typisch für die NS-

Propaganda, erst einmal Verhaftungen zu stoppen – und dann zu dementieren.

Auch das nächste Ereignis verlief gnädig. Im November 1941 wurde ich – mutmaßlich nach einer anonymen Anzeige aus der Wannsee-Gemeinde – wegen angeblicher Arbeitslosigkeit zum Reichshauptarbeitsamt in Berlin zitiert. Ich konnte die ältere Amtsangestellte jedoch mit der Fülle von mir in Fehrbellin zu leistenden Arbeiten, besonders der Betreuung eines Umsiedlerlagers, beeindrucken und entging so der staatlichen Dienstverpflichtung.

Während des Krieges übernahm ich noch zwei pfarramtliche Vertretungen in Württemberg und dann eine Patronatspfarrstelle in der Mark Brandenburg. Dort wurde gegen Ende 1944 beanstandet, dass ich nicht für den „Führer" und „unseren Sieg" betete. Ich erklärte dem Urheber des Geredes, warum mein Gebet alle Obrigkeiten und den Frieden für alle Völker einschließe. Dieser Vorgang blieb wohl nur deshalb folgenlos, weil bereits Flüchtlingstrecks bei uns durchzogen und somit Siegeshoffnungen schwanden.

Nach einer Beerdigung bei heftigem Schneesturm erkrankte ich an einer schweren Bronchitis und Herzinsuffizienz. Da alle Krankenhäuser für Soldaten beschlagnahmt waren, schickte mich ein Truppenarzt zu meiner Schwester in den Solling. Erst 1946 wurde ich nach einer Operation wieder einsatzfähig. Weil in Brandenburg zunächst die heimkehrenden Pfarrer eingesetzt werden mussten, war ich danach in Leverkusen sechseinhalb Jahre lang in einem gymnasialen Schulpfarramt tätig. Dem schlossen sich 20 Jahre Leitung des Berufsschulpfarramts und des synodalen Jugendpfarramts im Kirchenkreis Elberfeld an. Seit 1972 bin ich pensioniert und widme mich Themen der Entwicklungsgeschichte des Theologinnen-Berufs. *IH*

Hartmut Ludwig, Befreiung von einem christlichen Frauenbild. Zum 80. Geburtstag von Pfarrerin Ilse Härter, in: Junge Kirche, Zeitschrift europäischer Christinnen und Christen 5/1992, S. 273ff.; Köhler u.a., Dem Himmel so nah, S. 43ff.; Heike Köhler, Frauen von gestern als Vorbilder für morgen: Die Theologin Ilse Härter, in: Lidwina Meyer (Hg.), Wie kann Gestern morgen besser werden? Loccumer Protokolle 28/03, Pößneck 2005, S. 191–202; Erhart (Hg.), Lexikon, S. 151.

Die „Legalisierung einer Illegalen"
Der seltsame Sonderweg der Vikarin Cornelia Weyrauch

Die gebürtige Elberfelderin Cornelia Weyrauch (1912–1968) wuchs in Düren auf, wo ihr Vater als Oberstudiendirektor tätig war. Beide theologische Examen legte sie – 1937 und 1939 – gegen den Willen ihrer Eltern bei der BK ab. Danach war sie in Wuppertal-Wichlinghausen tätig, ehe sie im Mai 1943 vom Rheinischen Rat der BK in Sien/Nahe zur Vertretung des eingezogenen Pfarrers eingesetzt wurde. Der Nachbarpfarrer behielt allerdings die Leitung der Gemeinde und den Vorsitz im Presbyterium. Dazu beanspruchte er die Verwaltung der Sakramente und die Durchführung der Konfirmation. Die Einsegnung der Konfirmanden wurde von den männlichen Kollegen als „kirchenleitender Akt" verstanden, der einer Theologin nicht zustehe. Außerdem war dieser Pfarrer ein Gegner der von Cornelia Weyrauch vertretenen Frauenordination.

Ein männlich-theologischer Schildbürgerstreich

In der gesamten BK hatte es ab 1940 eine Diskussion über die Frauen-Ordination gegeben, die im Oktober 1942 auf der 11. BK-Synode der „Altpreußischen Union" in Hamburg vorläufig beendet wurde. Man entschied, Theologinnen sollten nur für den Dienst am weiblichen Teil der Gemeinde ordiniert werden. Ein äußerst fragwürdiges Ergebnis langjähriger Debatten!
Cornelia Weyrauch war bekannt, dass der Brandenburger Bruderrat aus Protest gegen diesen fragwürdigen Ordinationsbeschluss BK-Präses Kurt Scharf gebeten hatte, die Vikarinnen Hannelotte Reiffen und Ilse Härter uneingeschränkt zu ordinieren. Dies geschah auch. Außerdem wusste sie, dass nach jener Synode ein Ausschuss eingesetzt worden war, der für die Feier dieser „amputierten" Ordination ein entsprechendes Formular abfassen sollte. In diesem Ausschuss saßen nur 14 Männer – keine Theologin. Der altpreußische Rat der BK hatte ferner beschlossen, dass keine eingeschränkte Ordination erfolgen dürfe, ehe ein entsprechendes Formular beschlossen sei. Das war ab Oktober 1943 der Fall. Der Vertrauensmann der BK an der Nahe hatte in dieser Sache offensichtlich nicht den rechten Durchblick. Er wusste nicht, dass das bisher vorliegende Ordinationsformular nur ein erster Entwurf war. Auch bezweifelte er hartnäckig, dass in jenem Syno-

den-Ausschuss keine Theologin präsent gewesen sei. Das war der Beginn aller Schwierigkeiten.

Das Konsistorium als zweifelhafter Nothelfer

Für den Nachbarpfarrer kam, wie gesagt, Sakramentsverwaltung ohne volle Ordination nicht in Frage. Gespräche von Cornelia Weyrauch mit dem Rheinischen Rat halfen da nicht weiter und führten zu gegensätzlichen Beurteilungen. Verwirrend war, dass einer ebenfalls an der Nahe arbeitenden Kollegin gestattet wurde, was man ihr untersagt hatte.

Der Konflikt eskalierte, als es im Frühjahr 1944 um die Konfirmation der von ihr unterrichteten Kinder ging. Der Nachbarpfarrer verwies auf die Hamburger BK-Beschlüsse, deren Ausführungsbestimmungen uns Theologinnen die Konfirmation nicht erlaubte. Doch dagegen rebellierte jetzt das Presbyterium, das dieses Verbot für die geschätzte Vikarin nicht hinnehmen wollte. Konsequenz vieler Überlegungen: Es schrieb dem Rheinischen Rat, es könne ihn nicht mehr als geistliche Leitung anerkennen. Prompt stellte dieser daraufhin die Zahlung für die Vikarin ein.

Damit blieb dem Presbyterium nur der zweifelhafte Weg zum nazifizierten Konsistorium. Das aber bedeutete für Cornelia Weyrauch: „Legalisierung" ihrer bei der BK abgelegten Examen – und Nachprüfung beim Konsistorium. Wie üblich wurde sie danach gefragt, ob sie schon einmal von der Gestapo vernommen worden sei. Sie erwähnte zwei Vorladungen, von denen ihr eine noch bevor stand. Der Grund für letztere: Sie war in Sien angezeigt worden, weil sie im Gottesdienst die Liste der Verhafteten der BK verlesen und die Zahl der Verhafteten häufiger genannt hatte. Nach diesem zweiten Verhör in Koblenz teilte sie dem Konsistorium mit, sie sei nur schriftlich verwarnt worden.

Die Bemerkung im konsistorialen Abschlußbericht, „im Blick auf ihr Treueverhältnis zu Führer, Volk und Reich" bestehe kein Zweifel, kann nur verwundern. Hatte sie sich um der „Legalisierung" willen – anders als vorher – etwa staatsloyal geäußert?

Das Konsistorium ließ sie bis zum Oktober 1945 voll pfarramtlich in Sien weiter arbeiten. Nach dem Krieg war sie an Gymnasien in Wiesbaden und Mainz tätig, wo sie am 11. März 1968 sehr früh verstarb. *IH*

Köhler u.a., Dem Himmel so nah, S. 159ff.; Erhart (Hg.), Lexikon, S. 437.

Nebukadnezar und Adolf Hitler
Die „heimtückischen" Predigten des Hans Karl Hack

Essen-Kray, 1937. Die evangelischen Christen haben sich hier mehrheitlich der BK angeschlossen. Das überwiegend nazifizierte Presbyterium hat ihnen gestattet, ihre Gottesdienste am Samstagabend in der Kirche zu feiern. Im April kommt der in Mülheim geborene Hans Karl Hack (1908–1990) als Hilfsprediger zu ihnen. Sein Erstes Theologisches Examen hatte er 1934 vor dem Konsistorium in Koblenz und sein Zweites Examen nach Vikars-Tätigkeit in verschiedenen Gemeinden vor dem Prüfungsausschuß der BK abgelegt. So wurde er ein „Illegaler", dem das regime-treue Konsistorium, dem er sich verweigert hatte, die „Rechte des geistlichen Standes" aberkannte.

Mit knappen, von der BK zur Verfügung gestellten Monatsbeträgen und ohne Dienstwohnung beginnt Hack seine Arbeit in Essen-Kray. Die beiden „rechtmäßigen" Pfarrer – einer von ihnen „Deutscher Christ" – beteiligen ihn an den Gottesdiensten und Amtshandlungen der Gesamtgemeinde. Er heiratet und wird „illegal" ordiniert. Im Juni 1937 beginnt er über das biblische Buch Daniel zu predigen, in dem der babylonische König Nebukadnezar „als Geißel Gottes" geschildert wird, der das Volk Israel drangsaliert.

Mit Blick auf erkennbare Spitzel in der Kirchenbank sagt er gelegentlich: „Für die, die mitschreiben, spreche ich jetzt besonders langsam." Anspielungen auf das „Dritte Reich" bleiben bei ihm nicht aus. Am 12. September erläutert er Nebukadnezars in den Untergang führende Eroberungssucht:

Die Völker der Erde rüsten auf, dass sie in Waffen starren, weil sie meinen, auf diese Weise sich untereinander Respekt zu verschaffen. Gehören wir nicht auch zu denjenigen, die behaupten, die Aufrüstung wäre notwendig? Dabei wissen wir, dass unsere Aufrüstung dahin führen muss, dass unser eigenes Volk in Not gerät.

Hans Karl Hacks Predigt v. 12.9.1937, Archiv der EKiR, Düsseldorf, Best. 51.

Wenige Tage später wird Hack verhaftet. Bei der Gestapo begegnet er seinem Amtsbruder Heinrich Held, der ebenfalls über das Buch Daniel gepredigt hatte (Held wird 1948 erster rheinischer Nachkriegs-Präses werden). „Frau Held und meine Frau hatten miteinander verabredet", so erinnert er sich 1993 in einem Bericht, „daß sie sich möglichst jeden Tag um die Mittagszeit auf der Straße vor dem Gefängnis trafen. Wir Männer konnten ihnen dann schnell zuwinken." Im November wird er überraschenderweise entlassen, doch wenig später vor einem Sondergericht in Dortmund verhört – „korrekt und höflich", so Hack. Er kann in Kray weiterarbeiten, überwacht von Spitzeln, die im Haus des Amtskollegen Oskar Fuchs ein und aus gehen. Fuchs ist Gauleiter der „Deutschen Christen" in Essen und Träger des Goldenen Parteiabzeichens.

Im Mai 1938 feiert das Ehepaar Hack die Geburt eines Sohnes. „Die Bekennende Gemeinde", so erinnert sich der glückliche Vater, „nahm lebhaften Anteil an unserer Familie. Wir haben heute noch Zettel, in die Geld eingewickelt war und die man in den Klingelbeutel geworfen hatte mit der Aufschrift ‚Milch für die Wöchnerin!' Bergleute schütteten uns Kohle und Holz in den Keller. Lebensmittel und Fleisch wurden uns ins Haus gebracht, ohne dass wir eine Bestellung aufgegeben hatten."

Staatliche Strafen

Im August 1939 muss Hack erneut vor dem Sondergericht erscheinen. Dieses Mal ist er wegen Vergehens gegen das „Heimtückegesetz" angeklagt. Ihm wird vorgehalten, dass er bereits im Verlauf früherer Tätigkeiten durch ein Redeverbot und zwei – wenn auch eingestellte – Ermittlungsverfahren auffällig geworden sei. Zeugen werden aufgeboten, von denen allerdings ein Steuersekretär, ein Architekt und ein Bauunternehmer trotz ihrer NSDAP-Mitgliedschaft erklären, er habe im Gottesdienst nichts als die Wahrheit verkündet.

Zwei Stunden lang werden seine Predigten vorgelesen. Im von BK-Mitgliedern besetzten Zuhörerraum herrscht gespannte Aufmerksamkeit. „Nebukadnezar", so ein Zitat, „nimmt die Jugend des Volkes Gottes in Beschlag für sich … Die Knaben sollen wissen: daß wir lernen, was wir essen und trinken, wie wir gekleidet sind, das alles verdanken wir Nebukadnezar." Der Staatsanwalt wirft Hack vor, mit solchen Sätzen gegen den „Führer" gehetzt zu haben. Hack entgegnet, er habe aktuelle Vergleiche nur benutzt, um seinen Zuhörern die Worte der Bibel zu erläutern. Wirklich? „Der Angeklagte", so der Staatsanwalt, „erinnert hier ganz offensichtlich an Sprüche, wie sie auf vielen Baustellen, besonders an der Reichsautobahn, auf Spruchbändern angebracht sind, wie: ‚Daß wir hier bauen, verdanken wir dem Führer.'"

Von kleinen Nebukadnezars, von Größenwahn und Selbstverherrlichung sei im Buch Daniel ebenfalls nicht die Rede, und die Ideale des Nationalsozialismus habe er mit dem Götzenbild Nebukadnezars in Verbindung gebracht. Seine den öffentlichen Frieden gefährdenden Predigten seien insgesamt geeignet, „das Vertrauen des Volkes zur politischen Führung zu untergraben". Außerdem werde in einer von ihm verlesenen Kanzelabkündigung der Bekennenden Kirche die Verhaftung des KZ-Häftlings Pfarrer Niemöller als „Unrecht" hingestellt. Auch dadurch werde der öffentliche Friede gefährdet.

Immerhin konzediert das Gericht, die inkriminierten Predigtaussagen seien nur „beiläufig" gefallen, und verurteilt Hack „lediglich" zu einer achtmonatigen Gefängnishaft, die er wegen einer in diese Zeit fallenden Amnestie nicht antreten muss.

Konsistorialer Verfolgungseifer

Das Konsistorium fühlt sich indes zu weiteren Strafmaßnahmen angespornt: Es entfernt Hack aus dem Kandidatenstand der staatstreuen Kirche. Begründung: „In Ihren Predigten haben Sie, wenn auch nur mittelbar, aber doch für jeden Hörer verständlich, das Vorgehen des heutigen Staates und seines Führers als satanisch bezeichnet, ihm Jugendverführung, Willkürherrschaft und Gewalt, Selbstverherrlichung und Götzendienst und andere Sünden vorgeworfen." Er habe sich einer schweren Verletzung „der jedem deutschen Geistlichen obliegenden Treuepflicht gegenüber Führer, Volk und Reich und zugleich einer unerhörten Achtungsverletzung gegenüber dem Staatsoberhaupt unseres Reiches schuldig" gemacht.

Das Konsistorium beauftragt deshalb das Presbyterium, ihm das Betreten kirchlicher Räume in Kray zu verbieten. Hack verzichtet daraufhin von sich aus, um der BK-Gemeinde Repressalien zu ersparen. Für einige Wochen findet er mit seiner Arbeit Zuflucht in einem Ladenlokal. Doch dann verbietet ihm die Gestapo auch die Nutzung „profaner" Gebäude. Um einer drohenden Ausweisung aus der Rheinprovinz zu entgehen, übernimmt er im März 1940 die kriegsbedingte Vertretung einer Pfarrstelle in Stuttgart.

1942 wird Hack Soldat und gerät 1944 in französische Kriegsgefangenschaft. Nach seiner Entlassung und kurzer Diaspora-Arbeit im Allgäu kehrt er 1946 als Pfarrer nach Essen-Kray zurück, wechselt 1950 nach Unterbarmen und 1958 nach Aldenhoven. Von 1964 bis 1972 ist er zugleich Superintendent des Kirchenkreises Jülich. 1974 tritt er in den Ruhestand, den er noch 26 Jahre lang genießen kann. 1990 stirbt Hans Karl Hack in Bonn. *KS*

Hans Karl Hack, Erinnerungen an die Gemeindearbeit in Essen-Kray 1937–1940, in: Kirche im Revier (1993), Heft 1, S. 16–25; Rauthe, Gegner, S. 200ff.

Wider den deutsch-christlichen Kadavergehorsam
Der unbeirrbare Weg des BK-Theologen Bernhard Heiermann

Der gebürtige Düsseldorfer Bernhard Heiermann (1907–1957) geriet bald nach Beginn seines Theologiestudiums in große finanzielle Schwierigkeiten. Seine Mutter starb 1929 und sein Vater versuchte nach einem Konkurs, sich als Zeitungsverkäufer durchzuschlagen. Als der Sohn nach beiden beim Konsistorium mit besten Noten absolvierten Examen besoldeter Hilfsprediger in Hilden wurde, kam er erstmals aus allen finanziellen Nöten heraus.

Bereits im Februar 1934 denunzierte man ihn beim Konsistorium, weil er in seinem ersten Gottesdienst in Hilden für die vom Dienst suspendierten Pfarrer Friedrich Graeber, Heinrich Held und Joachim Beckmann gebetet hatte. Sie hatten im Gottesdienst dagegen protestiert, dass Pfarrer mit jüdischen Vorfahren aus dem Amt gejagt werden sollten. Ihr Delikt: „Missbrauch des Gottesdienstes zum Zweck kirchenpolitischer Auseinandersetzungen."

Das nationalsozialistisch gesinnte Presbyterium in Hilden war entrüstet, besonders weil Heiermann erklärte, er werde weiter für Gemaßregelte beten, auch wenn ihn das sein Amt kosten solle. Das sei seine Gewissens- und Bruderpflicht. Er bekannte sich zum Pfarrernotbund und dessen Auffassung, der Reichsbischof und sämtliche Deutschen Christen seien Irrlehrer. Im April 1934 wurde er daraufhin als Hilfsprediger entlassen. Seine geplante Hochzeit musste er aufschieben, seine Verlobte unterstützte ihn aber in seiner kompromisslosen Haltung. Es half ihm nichts, dass die Kirche voll gewesen war, wenn er gepredigt hatte, auch nicht, dass sich 488 Hildener Gemeindeglieder in einem Brief an das Konsistorium für ihn eingesetzt hatten.

Heiermann ließ sich nicht beirren und predigte trotz seiner Entlassung zunächst weiter in Hilden.

Die Herren des Konsistoriums befanden sich in einem Dilemma: Heiermann hatte beide Examina bei ihnen abgelegt und war bereits ordiniert – man konnte ihn also nicht einfach los werden. Also wurde ein Verfahren wegen „Widersetzlichkeit gegen die Kirchenleitung" gegen ihn eröffnet. Seine angestrebte Wiederverwendung wurde wegen „Beharrens in seiner Widersetzlichkeit" abgelehnt.

Inzwischen hatte sich die Lage weiter zugespitzt: Heiermann merkte immer mehr, dass viele Hilfsprediger und Vikare in einer ähnlichen Lage waren, wenn sie sich zur BK hielten. Sie wurden gemaßregelt und unter Druck gesetzt. Deshalb hatte er bereits im März 1934 zur Gründungsversammlung der „Bruderschaft rheinischer Hilfsprediger und Vikare" nach Barmen-Gemarke eingeladen, wo Karl Immer BK-Pfarrer war und wo wenig später auch die „Barmer Theologische Erklärung" verabschiedet wurde. Die jungen Leute wollten in enger Verbindung mit der rheinischen Bekenntnissynode und dem Bruderrat alle die Fragen gemeinsam besprechen, die sich aus dem Kampf der BK gegen das DC-Kirchenregiment ergaben. Von Anfang an wurde deshalb dafür gesorgt, dass es überall gewählte Vertrauensleute gab, dass jeder, dem ein Gespräch mit dem Superintendenten oder der Kirchenleitung bevorstand, beraten wurde und dass nach solchen Gesprächen dem Vertrauensmann berichtet wurde.

Das wurde umso nötiger, weil der DC-Reichsbischof Ludwig Müller ein Seminar für alle jungen Theologen eingerichtet hatte, um sie im Sinne der NS-Ideologie auszubilden. Dessen Leiter verlangte gleich zu Beginn „bedingungslosen Gehorsam gegenüber der Reichskirchenregierung und dem Herrn Reichsbischof". Otto Kühler, Richard Sauerbier und Friedrich Fünderich – drei Rheinländer – weigerten sich. Sie wurden aus dem Seminar ausgeschlossen, und die rheinische Kirchenleitung teilte ihnen mit, sie könnten nicht länger im Kirchendienst verwendet werden. Die Bruderschaft solidarisierte sich mit ihnen.

Bernhard Heiermann führte die Geschäfte der neu gegründeten Bruderschaft, verfasste die Protokolle, leitete die Sitzungen und verschickte Einladungen und Rundbriefe. Er sah sich nie als Einzelkämpfer oder gar Leiter mit Weisungsbefugnissen. Ihm lag stets am Herzen, dass die Bruderschaft ihre Beschlüsse einvernehmlich fasste und er sie nur ausführte. Die sehr präzisen Formulierungen stammten aber von ihm. Auf jeden Fall waren die jungen Theologen und Theologinnen sehr erfolgreich: Ende 1934 gab es bereits 150 Mitglieder. Die irritierte Kirchenleitung glaubte der Bruderschaft ihre Stoßkraft nehmen zu können, indem sie gegen Bernhard Heiermann ein förmliches Disziplinarverfahren anstrengte. Ihr Ziel: die „Entziehung der Rechte des geistlichen Standes".

Der Kandidat ist [...] hinreichend verdächtig, der kirchlichen Obrigkeit grundsätzlich den Gehorsam verweigert und andere Kandidaten der Theologie und des Pfarramts zu gleicher Gehorsamsverweigerung aufgefordert zu haben, indem er die Bruderschaft rheinischer Hilfsprediger und Vikare organisierte und führte, insbesondere im Namen dieser Bruderschaft sich mit den von dem Evangelischen Konsistorium gemaßregelten Kandidaten Dr. Kühler, Sauerbier und Fünderich solidarisch erklärte und mit einem Rundschreiben vom 28.6.34 an die Mitglieder der Bruderschaft diese aufforderte, in den neu errichteten Bezirksseminaren Vertrauensmänner zum Zwecke der Berichterstattung zu bestellen und Verpflichtungserklärungen gegenüber der Kirchenbehörde nicht ohne Beratung durch die Bruderschaft abzugeben.

Aus der Einleitung des Disziplinarverfahrens des Evangelischen Konsistoriums gegen den Kandidaten Bernhard Heiermann vom 19.7.1934, zit. in: Rauthe, Gegner, S. 208f.

Die Sätze zeigen: Die Kirchenleitung meinte, wenn sie den Rädelsführer maßregelte, verlöre die Bruderschaft an Schlagkraft. Sie irrte sich. Heiermann hatte zwar durch seinen Einsatz und auch durch seine schnörkellosen und sachlichen Formulierungen die Bruderschaft in ihrer Frühphase geprägt. Doch sie arbeitete auch ohne ihn weiter, als er wenig später das Rheinland verließ.

Sie irrte sich auch, wenn sie meinte, den Hilfsprediger durch finanzielle Austrocknung zum Nachgeben zu bringen – obwohl die BK nur geringe Zuwendungen zahlen konnte. Das Verfahren gegen ihn wurde kurioserweise durch juristische Komplikationen verschleppt und 1935 schließlich eingestellt.

Heiermann konnte von Juni 1934 bis Oktober 1935 vertretungsweise als Hilfsprediger der BK in Barmen-Gemarke arbeiten. Danach ging er zur westfälischen Kirche und wurde BK-Pfarrer in Dortmund. Bei seiner Haltung blieb er und verweigerte 1938 den „Treueid" auf den „Führer". Nach dem Krieg kehrte er ins Rheinland zurück, wurde Pfarrer in Lennep, dann in Elberfeld. Dort starb er am 31. Januar 1957 im Alter von nur 49 Jahren.   WW

Bernhard Heiermann, „Man muss Gott mehr gehorchen als den Menschen", in: ders., Heute, so ihr seine Stimme hören werdet, so verstockt euer Herz nicht, Oberhausen 1990; Scherffig, Junge Theologen, Bd. 1; Rauthe, Gegner, S. 208f.

Der BK-Theologe und der „braune" Dekan
Die Drangsalierung des Düsseldorfer Doktoranden Hans Hellbardt

„Sie sind mit dem heutigen Tag aus Ihrer derzeitigen Stellung entlassen." So endete am 20. Juli 1934 ein Schreiben des rheinischen Konsistoriums an den Düsseldorfer Vikar Hans Hellbardt (1910 bis 1944), ein Leitungsmitglied der BK-nahen „Bruderschaft rheinischer Hilfsprediger und Vikare". Hauptgrund: „Widersetzlichkeit gegen die Kirchenbehörde." Hellbardt hatte sich samt 84 weiteren „jungen Brüdern" der BK mit den Predigtamts-Kandidaten Kühler, Sauerbier und Fünderich solidarisiert, die die von „Deutschen Christen" geprägte Reichskirchenregierung nicht anerkannt hatten. Zehn Tage später konnte er im Auftrag der rheinischen BK als Vikar in Düsseldorf-Derendorf weiterarbeiten.

Aufgrund einer DC-kritischen Veröffentlichung erwuchsen ihm neue Schwierigkeiten an der Theologischen Fakultät der Bonner Universität. Nachdem er dort im Februar 1934 eine theologische Doktorarbeit bei Professor Gustav Hölscher – einem Freund Karl Barths – im Fach Altes Testament erfolgreich abgeschlossen hatte, verhinderte der Dekan, Professor Emil Pfennigsdorf, die Verleihung der entsprechenden Urkunde.

Karl Barths Widersacher

Im Jahr zuvor hatte sich Karl Barth, Professor an der Bonner Fakultät, geweigert, die Hörer seiner Vorlesungen mit „Heil Hitler!" zu begrüßen. Studenten folgten seinem Beispiel. Dekan Pfennigsdorf zeigte ihn daraufhin beim Rektor der Universität an, der Barth nun den Gruß befahl – vergeblich. Barth seinerseits beschwerte sich über den Befehl bei Dr. Bernhard Rust, dem Preußischen Minister für Wissenschaft, Kunst und Volksbildung, der sich zu dieser Zeit noch scheute, den weltberühmten Schweizer Theologen und „Vater der Bekennenden Kirche" zu disziplinieren oder gar seines Amtes zu entheben. Dessen Bonner Studenten folgten mit Veröffentlichungen und öffentlichen Auftritten mutig seinem Beispiel.

Daraufhin beklagte der Dekan dem „hochzuverehrenden Reichsminister" gegenüber studentische Angriffe auf den Führer der theologischen Fachschaft, der „die Einführung der theologischen Jugend in den nationalsozialistischen Geist mit viel Hingabe und Geschick sich hat angelegen sein lassen". Doch schuldig seien weniger die „irregeleiteten Schüler" des Professors als vielmehr Barth selbst.

„Barth hat von jeher auf dem Standpunkt gestanden, daß das Christentum seine Kraft im Abwehrkampf gegen den National-sozialismus erweisen müsse." So kommentierte der Dekan Barths schließlich doch erreichte Amtsenthebung in einem von den Deutschen Christen dominierten Blatt. Dem ferneren Wirken Barths an einer deutschen Hochschule seien „auch von der reli-giösen Seite her schwerwiegende Bedenken entgegenzusetzen". Eifrig denunzierte Pfennigsdorf danach noch Barths Auftritte in kirchlicher Öffentlichkeit.

Hellbardts Verfolger

Hans Hellbardt wurde 1935 Hilfsprediger in Bad Godesberg. Nach wie vor war er einer der Gegner der NS-treuen Kirchenführer. Als der Staat „Kirchenausschüsse" als Leitungsorgane der evangeli-schen Kirche einsetzte, sprach er recht drastisch von einem „erneu-ten Versuch des Teufels, die Kinder Gottes zu verschlingen". Auch jetzt wurde Pfennigsdorf nicht müde, ihn vom nahen Bonn aus zu observieren. Ohne im Besitz der Promotionsurkunde zu sein, be-zeichne er sich als Licentiat und führe den entsprechenden Titel, klagte der Dekan dem Düsseldorfer Konsistorium – das für den Hilfsprediger der BK gar nicht mehr zuständig war. Nun stellte die von der BK geleitete Kirchliche Hochschule Wuppertal ihn als Do-zenten ein. Um weiteren Schwierigkeiten aus dem Weg zu gehen, verzichtete er auf den ihm zustehenden Titel. Daraufhin erreichte ihn im Juli 1937 die Mitteilung, der Reichskirchenminister wolle auf ein Strafverfahren vorläufig verzichten.

Von der Einleitung eines Strafverfahrens gegen den Pfarrer Hellbardt in Wuppertal-Elberfeld wegen unberechtigten Führens eines akademischen Grades hat der Reichs- und Preußische Minister für Wissenschaft, Erzie-hung und Volksbildung vorläufig Abstand genommen, da Hellbardt auf Vorhalt davon Abstand genommen hat, den akademischen Grad, der ihm nicht zusteht, zu führen. Ich ersuche ergebenst, dies dem Pfarrer Hellbardt durch das Konsistorium der Rheinprovinz zu eröffnen.

Vom Evangelischen Oberkirchenrat in Berlin am 26. Juli 1937 dem Düsseldorfer Konsis-torium übermittelte Nachricht des Reichskirchenministers vom 8. Juli 1937.

Im Januar 1939 wurde Hellbardt in Köln Mitarbeiter bei der „Deutsch-Morgenländischen Gesellschaft", einer 1845 gegründeten Vereinigung deutscher Orientalisten, deren Forschungsbereich sich auf die Sprachen und Kulturen des Orients, Asiens und Afrikas erstreckte. Da das NS-Regime die Gleichschaltung aller akademischen Vereinigungen erzwang, löste sich die Gesellschaft 1940 (für die nächsten acht Jahre) auf. Bereits im Dezember 1939 wurde Hellbardt zur Wehrmacht eingezogen und Leutnant in einer Nachrichteneinheit. Am 1. September 1944 starb er in Toulon/Frankreich in US-amerikanischer Kriegsgefangenschaft. Seine umfangreichen wissenschaftlichen Veröffentlichungen zum Alten Testament wurden 1988/1989 veröffentlicht.   *KS*

Hans-Joachim Boecker, Auslegung des Alten Testaments bei Hans Hellbardt, in: MEKGR 37/38 (1988/1989), S. 595–606; Heiner Faulenbach, Die kirchenpolitische Bestrafung des BK-Theologen Hans Hellbardt, in: ders. (Hg.), Standfester Glaube. Festschrift für F. J. Goeters, Köln 1991 (SVRKG 100), S. 401–429; Rauthe, Gegner, S. 212ff.

„Durch meine Predigten wurde ich kriminell"
Das gefährdete Leben des jungen Theologen Eduard Hesse

„Da trat Elia zu allem Volk und sprach. Wie lange hinkt ihr auf beiden Seiten? Ist der Herr Gott, so wandelt Ihm nach. Und das Volk antwortete ihm nichts" (1. Könige 18,21). Mit derartigen deutlich auf die Gegenwart ausgelegten Bibel-Texten fiel der BK-Vikar aus Wuppertal auf, der 1936 in der reformierten Gemeinde in Breslau hochpolitische Reihen-Predigten über den Propheten Elia hielt. „Durch diese Predigten wurde ich kriminell", so der 92-jährige Eduard Hesse (geb. 1912) in einem Gespräch am 18. Mai 2005 (FM). Bald lud ihn die Gestapo vor, und er sollte die Predigten schriftlich einreichen. Die BK berief ihn im Gegenzug aus dem gefährlich gewordenen Dienst in Breslau ab und schickte ihn in ein Vikariat nach Gebroth im Hunsrück. Dort wurde er nach knapp 14 Tagen im Pfarrhaus verhaftet.

In Einzelhaft als „Politischer"

Im Gefängnis in Bad Kreuznach kam er bald in Einzelhaft als „Politischer", der andere Zellenkameraden „vergiften" könne. Ohne förmliche Begründung wurde er sechs Monate lang festgehalten. Im Mai 1938 hieß es dann: „Du kannst deine Sachen packen und gehen." Auch dazu kein Wort der Begründung. Er predigte weiter wie bisher, blieb aber erstaunlicherweise unbehelligt.

Erst später kam er vor ein Sondergericht in Breslau, wo ihm unter Ausschluss der Öffentlichkeit, aber im Beisein des BK-Rechsanwalts Dr. Karl Mensing wegen der Elia-Predigten der Prozess gemacht wurde. In ihrem Urteil bemühten sich die drei Richter um Rechtspflege ebenso wie um NS-politische „Korrektheit": „Die Predigten sind 1. textgemäß, 2. schriftgemäß, 3. bekenntnisgemäß und 4. verständlich für das Volk. Deshalb ist der Prediger gefährlich und muß bestraft werden." Hesses Entgegnung: „Sie sprechen nach Ihren Ausführungen ein Urteil nicht über mich, sondern über das Wort Gottes. Davor muß ich Sie dringend warnen." Er wurde verurteilt, aber die Strafe wegen des Amnestieerlasses nach dem Anschluss Österreichs ausgesetzt. So galt er noch nicht einmal als „vorbestraft".

Verschont blieb er auch beim „Abenteuer" des Zweiten Examens, das unter äußersten Vorsichtsmaßnahmen an anonymen Orten stattfand. Denn seit dem „Himmler-Erlass" von 1937 war es der BK streng verboten, Examina abzuhalten. Trotz aller Bemühungen bekam die Gestapo Wind von dem Vorgang. Zwei Freunde wurden verhaftet, doch Eduard Hesse blieb unbehelligt.

In seiner ersten Hilfspredigerstelle in Duisburg-Meiderich unterrichtete Hesse illegal eine Konfirmandengruppe. Damals nahm er an der Beerdigung des im KZ ermordeten Pfarrers Paul Schneider in Dickenschied teil, und davon erzählte er den Kindern. Das kam der Gestapo zu Ohren. Darum ließ die BK ihn „unter Grund gehen": Er wurde landwirtschaftlicher Hilfsarbeiter in einer Betheler Anstalt in Oldenburg. Nach kurzer Zeit holte ihn auch dort die Gestapo zum Verhör, ließ ihn aber zunächst wieder laufen. Im Juni 1940 wurde er zur Wehrmacht eingezogen.

Himmelfahrtskommandos

Bei den Panzerjägern in Braunschweig wusste man wohl etwas von seiner Vorgeschichte. Bei der Frage „Wer hat Abitur und will Offizier werden?", schwieg er – und wurde vom Chef zur Rede gestellt. Seine Antwort: „Ich kann die NS-Lehre nicht vor Untergebenen vertreten, da ich Pastor der Bekennenden Kirche bin." Nun gab es Druck: Er wurde ständig zu Drecksarbeiten und später nach Flandern zur Vorbereitung eines Angriffs auf England abkommandiert.

1941 wurde er vom Sondergericht Düsseldorf vorgeladen, wo man ihm wegen der Meidericher Ereignisse den Prozess machte. Wieder konnte ihn Rechtsanwalt Mensing begleiten. Diesmal war die Öffentlichkeit zugelassen, einige aus der früheren BK-Gemeinde waren anwesend. Kurz nach der Verlesung der Anklage beschuldigte der Staatsanwalt – ein engagierter Katholik – den Ortsgruppenleiter der Meidericher NSDAP der Amtsanmaßung. Der hatte hochgemut einen Haufen seiner „Vernehmungsprotokolle" dem Hohen Gericht vorgelegt. Das wurde ihm jetzt angekreidet. Er wurde scharf verwarnt, sich nie wieder in Rechte der Justiz einzumischen – und wieder ließ man Hesse laufen.

Dann kam der Angriff auf Russland, wovon sogar die beteiligten Truppen überrascht wurden, zu denen Hesse in einer Vorausabteilung gehörte. Auffällig oft wurde er bei gefährlichen Himmelfahrtskommandos eingesetzt. Vor Moskau fragte ihn eines Tages ein Kamerad von der Schreibstube: „Was hast du denn ausgefressen? Da ist ein Schreiben von der Gestapo Düsseldorf: Du sollst nicht wiederkommen." Aber Hesse überlebte alle Gefahren. Nach der Befreiung stellte sich 1945 heraus, dass er rechtskräftig verurteilt und die Strafe nur in den Kriegswirren nicht vollstreckt worden war.

„Der Tod ist der Sünde Sold"

Im Dezember 1943 – sein Bruder Helmut war wegen seines Eintretens für die Juden im KZ Dachau gestorben, Vater Hesse saß noch dort wegen seiner Predigten – heiratete er die Witwe seines im Februar 1942 gefallenen Bruders Theodor, Friederike, geb. Rooßinck, die alle schweren Wege aus Überzeugung mitging.

Sehr lebhaft erinnert sich Hesse an den Predigtdienst, zu dem er auch in den Kriegsjahren gerufen wurde. In Flandern schon gab es bei einem „Rohrkrepierer" vier tote Kameraden, zu deren Beerdigung er einen Text aus dem Römerbrief des Apostels Paulus (6,23) wählte: „Der Tod ist der Sünde Sold; aber die Gabe Gottes ist das ewige Leben in Christo Jesu, unserem Herrn." Die subversive Kritik an Hitlers Angriffskrieg wurde sehr gut verstanden. Sie führte zu Auseinandersetzungen mit dem Chef. Auf einem Hauptverbandsplatz vor Moskau blieben am Karfreitag 1942 die Soldaten dem Gottesdienst fern, den der Regimentspfarrer hielt, und setzten beim Lagerkommandanten durch, dass Hesse zu Ostern predigte – in einem überfüllten Saal zu einem Text aus dem Lukasevangelium (24,5): „Was sucht ihr den Lebendigen bei den Toten? Nicht hier ist er, sondern erweckt wurde er." Eduard Hesse blickt dankbar auf viele Bewahrungen in den Jahren des Krieges zurück: in Todesgefahr, bei 60 Grad Kälte vor Moskau, verwundet, ausgehungert, immer bedroht, unbeachtet von der amtlichen Kirche. Doch bis heute weiß er sich tief getrennt von den „Verrätern" – wie er sie nennt – unter den leitenden Brüdern der BK, die zu immer neuen Kompromissen bereit gewesen seien und die nach 1945 einigen für den Irrweg der Kirche verantwortlichen Männern den Weg in die neue Kirchenleitung ebneten.

Er hat als einziger der vier Söhne Hermann Albert Hesses, die wie der Vater BK-Theologen waren, den Krieg überlebt. Nach 1945 war er sieben Jahre lang Pfarrer in Herford und 26 Jahre in Hörstgen. Heute lebt er mit seiner Frau in Döttesfeld im Westerwald. *FM*

Ein Blutzeuge der Bekennenden Kirche
Helmut Hesses kompromissloser Weg

27 Jahre alt war Helmut Hesse (1916–1943), als er am 8. Juni 1943 in Wuppertal-Elberfeld verhaftet wurde. Er kam nicht wieder frei. Am 24. November 1943 starb er im KZ Dachau.

Ein kurzes, ungemein reiches und tapferes Leben lag hinter ihm. In Bremen als jüngstes von fünf Kindern geboren, wuchs er als Sohn des Pfarrerehepaars Martha und Hermann Albert Hesse in eine Welt hinein, die von der Not der Kriegs- und Nachkriegszeit geprägt war. Im Hause Hesse herrschte eine strenge wie fröhliche Atmosphäre, die ebenso bestimmt war von der erzieherischen Autorität und theologischen Kompetenz des ostfriesischen reformierten Vaters wie von der Güte und Frömmigkeit der schwäbischen pietistischen Mutter. Als die reformierte Gemeinde Elberfeld den promovierten Theologen („Lizentiaten") Hermann Albert Hesse zu einem ihrer zehn Pastoren berief, zog die Familie ins Wuppertal, wo Helmut Ostern 1935 das Abitur machte. Ein halbes Jahr zuvor war er in die SA eingetreten, wie viele Deutsche durchaus angetan vom nationalsozialistischen Wollen Adolf Hitlers, so wie er es verstand. Als aber der Nazi-Reichstag am 15. September 1935 einstimmig jubelnd die beiden Gesetze beschloss, die die deutschen Bürgerinnen und Bürger jüdischer Herkunft aus der deutschen „Volksgemeinschaft" ausschlossen und in ekelhafter Form diskriminierten, war dies vermutlich der Grund dafür, dass der junge Hesse im Oktober den Antrag auf Entlassung aus der SA stellte. Zeitgleich begann er sein Studium der Theologie, wie zuvor schon seine drei Brüder Theodor, Eduard und Friedrich Wilhelm. Die Schwester Margrit verlobte sich mit einem Theologiestudenten. Alle waren wie der Vater Mitglieder der BK. Im Wintersemester 1939/40 machte er das Erste Examen bei der rheinischen BK.

Damit begann die Reihe seiner unbotmäßigen, politisch kritischen Predigten zumeist über Texte des von Christen so genannten Alten Testamentes. Die erste über Gottes Auftrag an Jona: „Mache dich auf und gehe in die große Stadt Ninive und predige wider sie! Denn ihre Bosheit ist mir bekannt."

Groß-Ninives Sünden

Die Predigt des Jona solle, so sagt der junge Vikar, die Weltmacht Ninive wie eine Belagerung blockieren, und er fragt die Gemeinde in Marxloh: „Armer, kleiner Jude Jona! Wahrlich, womit willst du Groß-Ninive belagern?" Das war sehr gewagt im Jahre 1941, als die Deutschen jüdischer Herkunft gezwungen wurden, einen großen gelben Stern auf ihrer Kleidung zu tragen, davon zu sprechen, dass ein Jude, ein armer, geschlagener Jude, die große, bedeutende Weltmacht belagern sollte. Er sollte sie, so fuhr Hesse in seiner Predigt fort, mit der Ankündigung des Gottesgerichtes belagern. Diese Strafpredigt des Jona sei heute in Deutschland der laute, grimmige Bußruf der Kirche gegen die Sünde der Obrigkeit, der Bußruf der Gemeinde Jesu Christi, „die Sünden Groß-Ninives Sünden zu nennen: […] Darum bitte Gott, dass dich nicht Angst und Menschenfurcht zum stummen Hunde machen, wo dir die Sünde Groß-Ninives begegnet. Und wir wollen danken für jedes geschenkte, offene Bekenntnis. Predige auch du", rief er der Gemeinde zu, „wider Groß-Ninive zum Zeugnis über sie. Oder willst du dich durch stillschweigendes Zusehen beteiligen an dem Mißbrauch, den man mit dem Namen des ‚Allmächtigen' treibt, an Gotteslästerung und Sabbatschändung, an dem Mord wehrloser Geschöpfe des lebendigen Gottes? Siehst du nicht, wie alle Gebote Gottes verlacht werden? Predige wider Ninive." So sein öffentlicher Aufruf an die Gemeinde im Jahre 1941, sich den Verbrechen des Regimes zu widersetzen.

Helmut Hesse meldete sich bei der rheinischen BK zum Zweiten Examen. Da diese wegen der Gefahr einer Verhaftung der Prüfer und der Kandidaten keine Prüfungen mehr durchführte, hatte sie mit den der BK nahe stehenden Kirchenleitungen von Lippe und Württemberg vereinbart, dass die BK-Kandidaten bei den Prüfungsämtern dieser Landeskirchen ihr Examen machen könnten. So wies die rheinische BK-Leitung Helmut Hesse an, die Prüfung in Lippe abzulegen. Obwohl die brandenburgische BK-Synode sich bereit erklärt hatte, ihn zu prüfen, weigerte sich der Rheinische Rat, ihn dorthin zu überweisen. Der Weg nach Lippe aber war – wie der Rat wusste – für den jungen Vikar unmöglich: Die vom „Dritten Reich" anerkannten Kirchenleitungen, wie die von Lippe und Württemberg, stünden nicht voll zu dem 1934 auf der BK-Synode von Dahlem beschlossenen Notkirchenregiment. Helmut Hesse beantragte deshalb beim BK-Presbyterium der reformierten Gemeinde Elberfeld, hier das Zweite Examen ablegen zu können – und widersetzte sich damit der Anweisung des Bruderrates.

Der schutzlose Dissident

Die Prüfung wurde im April 1943 vom Presbyterium und drei theologischen Beisitzern durchgeführt, Vater Hesse ordinierte ihn anschließend unter Assistenz zweier BK-Pastoren. Die rheinische BK-Kirchenleitung reagierte prompt, erschreckend hart und beschämend unversöhnlich: Sie schied Helmut Hesse als Kandidaten der Bekenntnissynode aus! Damit war er isoliert, hatte den Rückhalt der BK verloren, einer immerhin beachtlichen Gruppierung, die – zumal im Wuppertal – von großen Teilen der Bevölkerung unterstützt wurde. Eine beachtliche Gruppe, auf die auch die Machtorgane des Staates, gerade jetzt im Kriege, Rücksicht nehmen mussten. Da die BK sich aber von Hesse getrennt hatte, war das jetzt nicht mehr nötig.

In der Nacht vom 29. zum 30. Mai 1943 bombten alliierte Flugzeuge Barmen und Ronsdorf in Schutt und Asche. Strafgericht Gottes? Vater Hesse deutete es so in seiner Sonntagspredigt. Strafgericht wofür? Seit November 1941 waren die letzten jüdischen Bürger in den Osten deportiert worden. Helmut Hesse hatte einige von ihnen bis zuletzt betreut. Eine jüdische Frau hatte vier Tage vor ihrer Deportation geschrieben: „Der liebe Gott wird seine schützende Hand über uns halten." Er tat es offenbar nicht: Sie wurde in Minsk ermordet. Helmut Hesse steht am 6. Juni 1943 vor der Gemeinde und liest Teile aus dem „Münchner Laienbrief" vor, den evangelische Christen an den bayerischen Landesbischof Hans Meiser gerichtet hatten. Sie wollten ihn bewegen, den Brief zu unterzeichnen und damit die Solidarität mit den Juden zu seiner eigenen Sache zu machen. Der Bischof unterschrieb nicht. Doch der Brief wurde in vielen deutschen Gemeinden verbreitet, in Elberfeld auch von Helmut Hesse.

Als Christen können wir es nicht mehr länger ertragen, daß die Kirche in Deutschland zu den Judenverfolgungen schweigt. Was uns dazu treibt, ist das einfache Gebot der Nächstenliebe. [...] Die Kirche hat jedem Antisemitismus in der Gemeinde zu widerstehen. Dem Staat gegenüber hat die Kirche die heilsgeschichtliche Bedeutung Israels zu bezeugen und gegen jeden Versuch, das Judentum zu vernichten, Widerstand zu leisten. Jeder Nichtarier, ob Jude oder Christ, ist heute in Deutschland der unter die Mörder Gefallene."

Aus dem Münchner Laienbrief, Ostern 1943, zit. in: Markus Wurster, Der Münchner Laienbrief (1943), in: Günther van Norden/Volkmar Wittmütz (Hg.), Evangelische Kirche im Zweiten Weltkrieg, (SVRKG 104), Köln 1991, S. 77–102.

Am 8. Juni wurden er und sein Vater verhaftet, bis zum 12. November verhört und dann nach Dachau transportiert. Eine schwere Nierenerkrankung hatte ihn schon seit langem gequält und geschwächt. Jetzt erhielt er im KZ keine Medikamente mehr und wurde auf diese Weise rasch, am 24. November 1943, ermordet. Zwei seiner älteren Brüder waren schon vor ihm gestorben: Friedrich Wilhelm 1941, Theodor 1942, „gefallen" für einen Staat, der jetzt den Bruder umbrachte.

Heute erinnert in Wuppertal-Elberfeld ein Haus der Diakonie an ihn.   GvN

Helmut Hesse, Mein Leben in Verbindung mit der Geschichte meiner Familie, Druckerei Köhler, Elberfeld 1934; Walter Beltz, In memoriam Helmut Hesse, in: Friede und Freiheit. Zeitschrift der Evangelisch-reformierten Kirche in Sachsen, Jg. 58 (2003), H. 2, S. 5–8; Eduard Hesse, Aus dem Leben und Sterben von Helmut Hesse, in: MEKGR 29 (1980), S. 269–278; Günther van Norden, Helmut Hesse – ein Bekenntnispfarrer, den die Bekennende Kirche nicht ertrug, ebd., S. 241–268; Mensing/Rathke, Mitmenschlichkeit, S. 99f; Annkathrin Amelsberg, Helmut Hesse – Spuren eines Märtyrers der Bekennenden Kirche. Darstellung, Dokumente, Bilder, Berlin 2006.

„Sollen wir K. weiter beobachten?"
Werner Koch, mutiger Bekenner und KZ-Überlebender

„Berichtet wird im Grunde über eine nie ganz abgerissene Kette von Bewahrungen. [...] Wir sollten uns möglichst so verhalten, als ob die Rettung nur von uns abhinge, den Bürgern, Christen und Nichtchristen." Mit diesen widersprüchlich scheinenden Sätzen charakterisiert der in Hagen geborene Werner Koch (1910 bis 1994) seine 1982 erschienene Autobiographie, in der er seine Kirchenkampf-Erfahrungen schildert. Er wusste, dass es gefährlich war, ausländische Rundfunk- und Zeitungskorrespondenten – vor allem in den USA und der Schweiz – mit Nachrichten über die BK zu versorgen. Trotzdem sah er aber seit Beginn der Nazizeit genau dies als seine Aufgabe an. Er beherrschte mehrere Fremdsprachen, hatte durch Studienaufenthalte in verschiedenen Ländern auch Beziehungen, die er nutzen konnte, unter anderem zu Karl Barth. Gefährlich war das für ihn wie auch für seine Braut und spätere Frau Dita. Sie wusste, was er tat, und unterstützte ihn, indem sie etwa bei Einkäufen brisante Briefe über die niederländische Grenze schmuggelte.

Korrespondent für die Bekennende Kirche

Sein Erstes Theologisches Examen absolvierte er 1934 beim Konsistorium, das den 23-jährigen Vikar jedoch alsbald entließ, weil er sich dazu bekannte, Mitglied der „Bruderschaft rheinischer Hilfsprediger und Vikare" zu sein. Dass er nun keine Bezüge mehr erhielt, traf ihn nur wenig, denn er konnte in das „illegale", von Dietrich Bonhoeffer im pommerschen Finken-walde geleitete Predigerseminar wechseln. Von dort aus entwickelte er eine ausgedehnte Korrespondententätigkeit für die BK. Seine Lage spitzte sich allerdings zu, als die BK 1936 Adolf Hitler eine sehr deutlich formulierte Denkschrift überreichte. Darin wurde das staatlicherseits betriebene Bespitzeln und Aushorchen beim Namen genannt und kritisiert, ebenso die Existenz von Konzentrationslagern und die Führer-Verehrung „in einer Form, die allein Gott zukommt". Der Wortlaut der brisanten Schrift gelangte u.a. durch den mit Koch zusammen arbeitenden Vikar Ernst Tillich an die internationale Presse. Er erschien in vielen ausländischen Zeitungen, zum Beispiel in der New York Herald Tribune und in den Basler Nachrichten. Die BK sah sich entgegen ihrer ursprünglichen Absicht gezwungen, die Gemeinden durch eine Kanzelabkündigung auszugsweise über die Denkschrift zu informieren. Im Oktober 1936 wurden Ernst Tillich und Friedrich Weißler, der Büroleiter der Kanzlei der BK in Berlin, verhaftet, später auch Werner Koch. Weil aber Korrespondententätigkeit auch 1936 noch keinen Gesetzesverstoß darstellte, konnte man sie nicht vor Gericht stellen. Stattdessen kamen sie in das Konzentrationslager Sachsenhausen mit dem erklärten Ziel, sie so umzuerziehen, dass sie sich nicht mehr „staatsfeindlich" betätigten.

Das gerettete Leben

Koch musste hier erleben, dass Friedrich Weißler von einem SS-Mann buchstäblich zu Tode getrampelt wurde. Weil er jüdischer Herkunft war, war er der SS besonders verhasst. So wurde ein Jude zum ersten Märtyrer der Bekennenden Kirche. Dass Koch selbst ein ähnliches Schicksal erspart blieb, führt er in seiner Autobiographie darauf zurück, dass Weißlers Tod international für Aufsehen gesorgt hatte. Es gab sogar eine Untersuchung der Todesumstände. Die SS behandelte Koch nun zwar mit Vorsicht, dennoch war er schlimmen Demütigungen ausgesetzt und geriet auch mehrmals in Lebensgefahr. Nach fast zwei Jahren wurde er aus dem KZ entlassen.

Während des Zweiten Weltkriegs war er als Soldat zwar einigermaßen geschützt, rechnete aber auch jetzt ständig mit weiteren Repressalien, bis er im März 1945 nach England desertierte. Nach dem Krieg arbeitete er zunächst als Lagerpfarrer in einem englischen Kriegsgefangenen-Lager und danach als Mitarbeiter deutscher Programme beim Londoner Rundfunk. Von 1947 bis 1969 war er in Deutschland an verschiedenen Orten als Pfarrer tätig, kurzzeitig auch als Religionslehrer. 1972 promovierte er in Paris über Gustav Heinemann, den ehemaligen Rechtsanwalt der BK (und späteren Bundespräsidenten), mit dem er befreundet war. Er engagierte sich u.a. in der deutsch-niederländischen Organisation „Nooit meer/Nie wieder", deren Vorsitzender er lange war. In dieser Funktion setzte er sich dafür ein, dem „Langemarck-Platz" in Nordhorn einen unbelasteten Namen zu geben.

Werner Koch starb 83-jährig in Emlichheim an der niederländischen Grenze. WW

Werner Koch, Sollen wir K. weiter beobachten?, Stuttgart 1982; Rüdiger Weyer, Kirche – Staat – Gesellschaft in Autobiographien des Kirchenkampfes, Waltrop 1997, S. 160–170; ders., Koch, Werner, in: Biographisch-Bibliographisches Kirchenlexikon, Bd. 23, Nordhausen 2004; Rauthe, Gegner, S. 247f.

Von der BK bis zur Ökumene
Benjamin Locher, erfolgreicher Kämpfer an vielen Fronten

Als fünftes von zehn Kindern wurde Benjamin Locher (1909 bis 1987) in Elberfeld geboren. Der Vater war Schweizer Herkunft, die Mutter, Egberdina geb. Oberman, Holländerin. Vater Gottfried Locher war Pfarrer der Niederländisch-reformierten Gemeinde in Elberfeld, die im 19. Jahrhundert von dem holländischen Theologen Hermann Friedrich Kohlbrügge als freie Gemeinde gegründet worden war. Der staatsnahen preußischen Kirche mit ihrer „Zwei-Reiche-Lehre" und ihrem Bündnis von „Thron und Altar" stand sie distanziert gegenüber – eine Grundeinstellung, die auch Benjamin Lochers Leben prägen sollte. Die Familie führte trotz bescheidener finanzieller Verhältnisse ein offenes Haus, reich an Gästen und Ereignissen.

Die Ablehnung der „Legalisierung"

Nach Studienjahren, vor allem bei Karl Barth in Bonn, absolvierte Locher 1933 sein Erstes Theologisches Examen beim Konsistorium, arbeitete danach als Vikar in Gummersbach und London und wurde 1936 Hilfsprediger in Oberhausen. Inzwischen hatte er sich der BK zugewandt und legte bei ihr sein Zweites Examen ab. Danach studierte er in Utrecht und predigte aushilfsweise in der Deutschen Gemeinde in Amsterdam. Dort lernte er auch seine spätere Frau Cornelia van Bruggen kennen.

1937 wurde er in Elberfeld Studieninspektor am Reformierten Predigerseminar. Zu seinen Aufgaben gehörte die Versendung der Rundbriefe an die „Bruderschaft rheinischer Hilfsprediger und Vikare", die an offener Kritik gegenüber dem Nazi-Regime nichts zu wünschen übrig ließen. Sie gelangten gelegentlich in die Hände der Gestapo, doch Locher wurde nur einige Male kurzfristig verhaftet.

Angesichts der zunehmenden Zahl „illegaler" BK-Theologen versuchte das Konsistorium, sie durch einen Kompromiss mit dem Rheinischen Rat wieder an sich zu binden und damit zu „legalisieren". Damit verbunden wurde von ihnen verlangt, den Eid auf den „Führer" abzulegen. Der Rheinische Rat der BK empfahl ihnen nun, gemeinsam die Legalisierung zu beantragen, um dadurch zu einem regulären Pfarramt mit geregelter Besoldung zu kommen. Locher verfasste ein Memorandum und forderte den Rat auf, sein Ansinnen zurückzuziehen. Wenn jemand sich legalisieren lassen müsse, dann sei es das illegale Konsistorium.

Subversiver Widerstand

1940 wurde er als Soldat in Bulgarien und danach auf der griechischen Insel Chios stationiert. Er erhielt einige Orden und war am Ende des Krieges Oberfeldwebel. Gefangenschaft blieb ihm danach erspart. 1946 konnte er endlich seine holländische Braut Cornelia van Bruggen nach neunjähriger Verlobungszeit in der Schweiz heiraten. Erst Monate später kam sie nach schwierigen Reisen durch die verschiedenen Besatzungszonen in Elberfeld an. Bejamin Locher wurde nun „ordentlicher" Pfarrer. Ein besonderer Schwerpunkt seiner Arbeit bestand in der Organisation von Einkehrtagen und Freizeiten, die er für Mitglieder von „Schüler-Bibelkreisen" auf der Nordsee-Insel Baltrum durchführte. Später gab er diese Arbeit an seine Nachfolger weiter. Generationen von Jugendlichen wurden auf diese Weise nachhaltig geprägt.

In einem zu seinem 75. Geburtstag von seiner Familie zusammengestellten Erinnerungsbuch kommt eine Griechin von der Insel Chios zu Wort, die ihn nach seiner Pensionierung aufsuchte, um ihm „für seine Freundlichkeit, sein Verständnis und alle Hilfe zu danken, die er ihnen in den schweren Zeiten des Krieges entgegengebracht hat". Seine Töchter Aukelina Immer-Locher und Katharina Merkelbach-Locher erzählten mir [HK], er sei im Haus dieser griechischen, zum Widerstand gehörenden Familie einquartiert gewesen. Als die Widerstandsgruppe von Chios aufflog, habe er wider besseres Wissen vielen Mitgliedern bezeugt, sie seien nicht beteiligt gewesen. Weil er diese Aussage gemacht habe, kam es zu zahlreichen Freisprüchen. „40 Personen – auch mein Bruder und ich – leben nur durch Ihre Güte. Wir

werden nie aufhören, an Sie zu denken mit großer Dankbarkeit."
So ist im Brief der Griechin zu lesen. Lange schwieg Locher über
seine Zeit in Griechenland. „Meine Hilfe war wie ein Tropfen auf
den heißen Stein, ich hätte viel mehr tun müssen, um zu helfen",
sagte er seinen Töchtern erst in den letzten Lebensjahren.

Nachdem Benjamin Locher zwölf Jahre lang Dozent für Altes
Testament am Seminar für Gemeindepflege und Kirchenmusik in
Elberfeld gewesen war und von 1958 bis 1970 das „Seminar für
Kirchliche Dienste" in Düsseldorf geleitet hatte, stellte ihn die
Rheinische Kirche als Kirchenrat für besondere Aufgaben frei. Er
setzte sich nachdrücklich für das Antirassismusprogramm des
Ökumenischen Rates der Kirchen (ÖRK) ein, nahm an den großen
Tagungen des ÖRK teil und informierte danach Gemeinden und
Synoden über deren Ergebnisse. Viele Jahre lang war er auch Mit-
glied des Zentralausschusses des ÖRK. Die Ökumene war recht
eigentlich sein „Zuhause".

Ich hatte das Privileg, in den fünfziger Jahren bei ihm Prakti-
kantin und zwei Jahre lang Gemeindehelferin zu sein, viele interessante Menschen kennen zu lernen und 1953 mit ihm die weg-
weisende Wuppertaler Tagung „Christen und Juden" zu
organisieren. Die von jahrhundertelangem Antisemitismus Abschied nehmende Erklärung der Rheinischen Landessynode von
1980 („Wir bekennen die bleibende Erwählung des jüdischen Volkes als Gottes Volk") wäre ohne seine Mitwirkung kaum denkbar
gewesen.

Benjamin Locher starb am 18. Mai 1987 in Düsseldorf.   *HK*

Scherffig, Junge Theologen, Bd. 3, S. 235 ff u.a.

Das Unrecht ließ ihn nicht los
Pastor Klaus Lohmann, Marine-Offizier und Zeitzeuge

November 1938. Der in Trier wirkende Hilfsprediger Klaus
Lohmann (1910–2002), Pastorensohn aus Koblenz, der als Schüler
von Karl Barth den Weg in die BK gefunden hatte, ist einer der
wenigen Theologen, die nach der Reichspogromnacht zur Solidarität mit den Juden aufzurufen wagten. Er bezeichnet sie von der
Kanzel aus als „Christi Brüder und somit auch unsere Brüder"
und sagt, dass „alle Völker sich vor Gott verantworten müssen".
Er ruft: „Wehe uns Christen, wenn wir uns an der Judenverfol-

gung der Welt beteiligen!" Die Gestapo schreibt mit. Endlose Verhöre folgen, bis man ihn freilässt. „Ich werde laufen gelassen – für wie lange?", schreibt er in sein Tagebuch. Ein Dutzend Verfahren wird ihm angehängt. Die Einberufung zur Kriegsmarine rettet ihn vor weiterer Verfolgung.

Anfang Mai 1945 befindet er sich auf dem Marine-Begleitboot „Buea" in der Geltinger Bucht bei Flensburg. Am 5. Mai wird hier die teilweise Kapitulation bekannt gegeben. Einen Tag später stehlen sich einige Matrosen von Bord, um ihren Familien beizustehen. Sie werden aufgegriffen, drei von ihnen in einem Schnellverfahren ohne Verteidigung wegen „Fahnenflucht" zum Tode verurteilt und an Bord hingerichtet – nach Kriegsende! Klaus Lohmann ist Augenzeuge. Er begleitet die Verurteilten in den letzten Minuten ihres Lebens und schmuggelt die Briefe an ihre Angehörigen hinaus. Von diesem Moment an führt er jahrelang Tagebuch. „Ich werde das Gesicht Ihres Sohnes nicht vergessen, mit seinen kindlichen und reinen Gesichtszügen", schreibt der 36-Jährige Ende 1945 an die Mutter des erschossenen Alfred Gail. „Auch wir Kameraden waren innerlich aufs Tiefste erregt und empört, hatten als Soldaten aber keine Möglichkeit des Einspruchs."

Die Ereignisse lassen ihn nicht los. Mit seinen Aufzeichnungen gelingt es ihm, drei Prozesse gegen diejenigen in Gang zu setzen, die die „Deserteure" noch nach der Kapitulation erschießen ließen. Mehrfach tritt er als Zeuge der Anklage auf, „ein aschblonder Mann mit feinen Gesichtszügen und tiefer, gütiger Stimme", wie eine Prozessbeobachterin notiert.

Doch Selbstzweifel bleiben bei ihm nicht aus. Gehört er letztlich als „mitbelasteter Zeuge nicht auch zu diesen Angeklagten"? 1953 bittet er im letzten Verfahren sogar um Milde für die Angeklagten – bei ehemaligen Nazi-Richtern.

Ich habe mir überlegt, was geschehen wäre, wenn ich, wie geplant, nach meinem Abitur 1929 zur Reichsmarine gekommen wäre, ob ich dann nicht genauso verblendet gewesen wäre. Die Offiziere hatten wohl nicht genügend Kraft, sich dem Zwang zu entziehen.

Ich bin in der zweiten Schwurgerichtsverhandlung vom Vorsitzenden gefragt worden, warum ich als Angehöriger der Bekennenden Kirche nicht alles versucht habe, um die Exekution zu verhindern. Darauf muß ich antworten: Solch eine Frage konnte nur jemand stellen, der sich in unsere seelische Verfassung damals nicht hineindenken konnte.

Aussage des Pfarrers Klaus Lohmann im dritten Prozess gegen die sieben für die Exekution der Marine-„Deserteure" verantwortlichen Männer, Frühjahr 1953.

Der Prozess endet mit Freisprüchen für alle Angeklagten. Die Mutter des erschossenen Soldaten Alfred Gail nimmt sich danach das Leben.

„Die Vergangenheit ist ein Stück unseres Lebens"

Nach 1945 wird Klaus Lohmann Pfarrer in Bergneustadt, in Düsseldorf und zuletzt in Bad Godesberg, dort auch mit Dienst an einem Krankenhaus. Die Erinnerung an sein Plädoyer für Milde im letzten Prozess lässt ihn nicht los. „Ich hätte für Recht plädieren sollen", schreibt er 1995 in einem Brief an einen Amtsbruder: „Wir noch Lebenden sollten den Mut haben, die Dinge von damals im rechten Licht zu sehen. Nur dann hat das Wort von der Vergebung Gültigkeit."

Lohmanns Frau Ursula fragt ihren Mann gelegentlich, warum er nicht doch über seine mutige Begleitung der Verurteilten hinaus gegen deren Hinrichtung protestiert habe. Dafür sei er zu feige gewesen, meint er. Als junger Familienvater habe er als Märtyrer nicht getaugt, habe aber wenigstens aus dem Geschehen von damals Lehren für sein Leben gezogen.

Am 25. Februar 2002 stirbt Klaus Lohmann. Seine Tagebücher hat er dem Archiv der Evangelischen Kirche im Rheinland (EKiR) und dem Schriftsteller Walter Kempowski vermacht, der ihn in seinen „Echolot"-Bänden als Zeitzeuge zu Wort kommen lässt. Ursula Lohmann übergibt dem Archiv der Evangelischen Kirche im Rheinland im Jahr 2005 alle restlichen Dokumente und Aufzeichnungen, die die Zeitzeugenschaft ihres verstorbenen Mannes deutlich machen. In Trier werden ein evangelisches Gemeindezentrum und eine Straße nach ihm benannt. *KS*

Klaus Lohmann, Zeitgenosse im Zwischendeck, Bonn 1982;

Vermisst in Stalingrad
Das kurze Leben des Bruderschafts-Sprechers Erhard Mueller

„Die in Barmen 1934 gefallene Lehrentscheidung darf in keinem Punkt verharmlost werden. Sie wird wieder und wieder gegenüber der Irrlehre, in welcher Gestalt sie auch unter uns auftreten mag, praktiziert werden müssen." Dieser Satz von Erhard

Mueller (1909–1943) könnte als Motto über seinem kurzen Leben stehen. Der gebürtige Aachener legt sein Erstes Examen im März 1934 beim Konsistorium ab, wendet sich dann aber der BK zu und wird deshalb von der nazifizierten Kirchenbehörde „wegen Widersetzlichkeit" schon im August wieder entlassen.

Einen Monat später wird er zusammen mit Bernhard Heiermann und Hans Hellbardt in die Leitung der von Heiermann gegründeten „Bruderschaft rheinischer Hilfsprediger und Vikare" gewählt. 1935 vertritt er den in „Schutzhaft" verbrachten Pfarrer Oskar Reif in Veldenz an der Mosel. Da er hier im Einverständnis mit der Gemeinde, aber gegen den Willen des Konsistoriums arbeitet, wird er von der Gestapo verhaftet und aus Veldenz abgeschoben. Wieder einmal hat sich die elende Kumpanei zwischen Konsistorium und staatlichem Machtorgan bewährt!

Im Frühjahr 1936 macht Mueller sein Zweites Examen bei der BK und wird Hilfsprediger in Köln, Düsseldorf und Hilden, wo er im März 1937 zum Pfarrer der dortigen BK-Notgemeinde gewählt wird. Das DC-Presbyterium, das seine Arbeit entschieden ablehnt, untersagt der Notgemeinde die Benutzung der Kirche und aller kirchlichen Gebäude. Zunächst können ihre Gottesdienste und Veranstaltungen in der Turnhalle des Kaiserswerther Lyzeums stattfinden, deren Lehrerinnen sich fast alle zur BK halten. Doch als das Konsistorium deshalb dem Diakoniewerk Kaiserswerth finanzielle Konsequenzen androht, endet die Gastfreundschaft. Die Gemeinde richtet sich nun in Eigenarbeit einen Lager-Schuppen für Gottesdienste, Sitzungen und Gruppenarbeit her. Von 600 eingeschriebenen Gemeindemitgliedern mit „grüner Karte" besuchen über 200 sonntäglich den Gottesdienst, und viele beteiligen sich aktiv an der Gemeindearbeit. Rund 300 Kinder besuchen den Kindergottesdienst. Bei „Jugendsonntagen" wird auch die Verbindung zu andern BK-Gemeinden gepflegt. Wenn Erhard Mueller wegen vielfältiger Verpflichtungen – besonders in der „Bruderschaft rheinischer Hilfsprediger und Vikare" – abwesend ist, wird er im Gottesdienst oft von Studienrat Helmut Lauffs vertreten, einem für die Gemeinde unverzichtbaren Mitarbeiter.

Nach der Pogromnacht von 1938 wagt Mueller – wie nur wenige andere – die Gräuel des 9. November zu benennen und zu verurteilen. Er wird denunziert und entgeht einer Verurteilung nur deshalb, weil der „Führer" am Vorabend des von ihm geplanten Krieges mit einer Amnestie für Entspannung an der Heimatfront sorgen will. Das Verfahren gegen Mueller wird eingestellt.

Die Verweigerung des „Führer-Eides"

Seit dieser Zeit fordert das Konsistorium die „illegalen" Hilfsprediger, Vikarinnen und Vikare verstärkt auf, sich „legalisieren" und besolden zu lassen – unter der Bedingung, dass sie den – vom Staat gar nicht verlangten – Eid auf den „Führer" Adolf Hitler leisten. Erhard Mueller und Wolfgang Scherffig, sein Mitstreiter in der Bruderschafts-Leitung, lassen sich wie viele andere nicht ködern und nehmen die dadurch bedingten finanziellen Nachteile weiterhin in Kauf.

Immer wieder kritisieren sie die BK-Pfarrerbruderschaft und den „Rheinischen Rat", wenn sie dem Konsistorium gegenüber zu kompromissbereit schienen. Als Mueller in den Beraterkreis des Rheinischen Rates aufgenommen wird, kann er diese Kritik auch auf direktem Wege anbringen. Im Juni 1940 wird er eingezogen. Wie die meisten BK-Theologen zieht er offensichtlich ohne tief greifende Zweifel in den Angriffskrieg gegen Russland und kann in einem vor Stalingrad geschriebenen Feldpostbrief darüber berichten, wie „der Russe" sich dort „mausig" mache:

Seit Wochen schon liegen wir in der Steppe an der vielgenannten Trümmerstadt, die noch immer ein Schlachtfeld ist. Unsere Lage ist seit Wochen insofern ernst, als sich der Russe nun auch im Rücken unseres weit vorgeschobenen Frontabschnitts mausig macht und unsere rückwärtigen Verbindungen unterbrach. Post bekommen wir seitdem nicht mehr und manches andere ist knapp geworden, aber es besteht kein Grund zur Klage, und wir sind durchaus der guten Hoffnung, daß von außen her unser Umringer wiederum zum Umringten gemacht wird. Bis auf eine leichte Verwundung durch Granatwerfersplitter bin ich in der oft unvorstellbaren Hölle der Materialschlacht unversehrt geblieben. Viele Gräber schlossen sich über Brüder und Kameraden. Es ist aber der Eine da, der die Gräber auftun wird. […]
Aus einem Erdbunker in verschneiter Steppe grüßt Euch in brüderlicher Verbundenheit.
Letzter Feldpostbrief des 33-jährigen Hilfspredigers Erhard Mueller aus Russland an seine Gemeinde v. 6.12.1942 (2. Advent), Archiv der Ev. Kirche im Rheinland, Az. 52 M 231.

Mit einer festen Ordnung für die Gemeinde hatte er für die Zeit seiner Abwesenheit vorgesorgt. In seinem letzten Urlaub kann er mit seiner jungen Frau im Kreise der Gemeinde noch Hochzeit feiern. Seit 1943 wird er in Stalingrad vermisst, 1953 für tot erklärt. *HK*

Scherffig, Junge Theologen, Bd. 3, S. 121–124 u.a.; Helmut Lange: Der Kampf um die Kirche in Hilden 1933 bis 1945, in: Günther van Norden (Hg.), Zwischen Bekenntnis und Anpassung, Köln 1985, S. 366–381.

„Quo vadis, Germania!"
Albrecht Nicolaus' Reflexionen über den NS-Staat und die „Bestie Krieg"

Zwischen „Vätern" und „Söhnen" in der BK gab es Gemeinsamkeiten und Spannungen. Je deutlicher die Konsequenzen der Synoden von „Barmen" und „Dahlem" 1934 umgesetzt wurden, umso enger waren beide verbunden. Fingen die „Väter" aber an, Vorbehalte aufzubringen, reagierten die „Söhne" oft sehr massiv. Albrecht Nicolaus (1914–1941) aus Essen-Werden gehörte zu den jungen Theologen, die sich bereits als Studenten für die radikale BK entschieden und durch politische Analyse auf Distanz vom NS-Staat drängten. Nachdem Karl Barth die Bonner Professur 1935 entzogen worden war, gingen in jedem Semester mehrere Studenten und Studentinnen nach Basel, um ihn zu hören – Nicolaus im Sommersemester 1937 und Wintersemester 1937/38. Seine spätere Frau Margot Nicolaus schrieb am 3. April 1946 an Karl Barth, in seinem letzten Brief habe Albrecht am Tage vor seinem Tode „ganz besonders der durch Ihre Arbeit vermittelten Erkenntnisse [gedacht], die ihm und mir in mancherlei Feuerproben immer kostbarer geworden sind". Die Basler Zeit habe zu einer „tiefgreifenden Verwandlung seines Wesens" geführt.

Im Dezember 1938 schrieb Albrecht Nicolaus an englische Freunde im Blick auf die Lage nach dem Münchener Abkommen vom September 1938: „Ich kann Euch meine wahren Gefühle darüber, was sich in Deutschland, Europa und anderswo ereignet, nicht schreiben. Aber es kann eine allgemeine Meinung in ganz Deutschland, vielleicht auch in Eurem eigenen Lande sein, daß der im September erhaltene Friede im Frühjahr leicht dahin sein kann. Ich vergegenwärtige mir mit tiefer Demut und Bedauern den Beitrag meines eigenen Landes beim augenblicklichen Stand der Dinge. Andererseits erwähne ich meine wachsende Enttäuschung über die Politik englischer und französischer Staatsmänner und Anderer. Es ist eine Politik von Männern, die über die Erhaltung des Friedens wachen, während sie Freiheit und Unabhängigkeit verlieren. Es liegt etwas Feigheit in der stürmischen Freude so vieler, die den Krieg für eine kleine Weile aufgeschoben fühlen. Ist es nicht sonderbar, dass je länger desto mehr der Einfluss einer Eigenart des germanischen Geistes wächst? In der ganzen Welt entdecken die Völker einen neuen Glauben in ihrem nationalen ‚Gott', in ihrer Macht, Waffen, Rasse, Blut und Boden. Ich bewundere die Bereitschaft der Welt um uns herum, allen Gattungen Flüchtlingen zu helfen, und ich weiß sehr gut von meinen eigenen Freunden, wie ratlos sie in diesem Lande sind, aber dieselben Nationen sind auf dem Wege, ihre Zahl zu vergrößern durch Vorbereitungen für einen kommenden Krieg."

Wenn wir diese Einschätzung mit dem vergleichen, was damals von Bischöfen und selbst von der Leitung der radikalen BK geäußert wurde, wird man ihre Klarheit wohl eher mit Karl Barths Brief an seinen Prager Freund Josef Hromádka vom 19. September 1938 auf eine Stufe stellen müssen. Die Gestapo hat den Brief von Albrecht Nicolaus abgefangen und den Absender, der nicht angegeben war, ermittelt. Aus ihrer Sicht war der Brief „nichts anderes als eine infame Verleumdung und Verächtlichmachung aller Deutschen und als ein Verbrechen im Sinne des § 90f Reichsstrafgesetzbuch" zu werten.

Nicolaus hatte inzwischen das Erste Theologische Examen abgeschlossen und war Vikar in Braunfels an der Lahn geworden. Über die Gestapo-Ämter Düsseldorf, Essen, Frankfurt a. M., Braunfels wurde er verfolgt, beobachtet und am 18. September 1939 in Schutzhaft genommen. Vor der beantragten Überführung in ein KZ rettete ihn wohl nur, dass der Brief inzwischen als „abwehrmäßig ohne Interesse" eingeschätzt wurde. Am 4. November 1939 wurde er ins Gefängnis nach Frankfurt am Main überführt. Hier spielte offenbar nicht mehr der Brief, sondern Nicolaus' Prüfung vor dem Bruderrat eine Rolle. Nicolaus weigerte sich, dazu Fragen zu beantworten. Die BK schickte ihre Rechtsanwälte Paul Schulze zur Wiesche (Düsseldorf) und Ludwig Metzger (Darmstadt) nach Frankfurt. Wahrscheinlich haben sie Nicolaus dazu bewegt, einzulenken. Nachdem er am 23. Dezember 1939 sich zur Vernehmung bereit fand, wurde er aus der Haft entlassen.

Von April bis November 1940 war er Soldat. Im Oktober 1940 heiratete er Margot Eickhoff aus Berlin. Von November 1940 bis Januar 1941 legte er das Zweite Theologische Examen vor dem Bruderrat der BK ab und wurde im März 1941 in Essen-Werden ordiniert. Im Mai 1941 wurde er erneut zum Kriegsdienst eingezogen. Am 20. Juni 1941, zwei Tage vor dem Überfall auf die Sowjetunion, schrieb er seiner Frau:

„Aber heute mache Dich auf einen recht langen Brief gefaßt, der den Rest meines Papiers kostet, denn die Umstände sind selten günstig, vor allem der eine, daß die Bestie Krieg noch nicht ausgebrochen ist. Um es gleich zu sagen: sie tobt so unbändig in ihrem Käfig, daß niemand das Risiko ihrer Bewachung mehr übernimmt. […] Ist das Ende jetzt näher? Uns? Mir? Oder beginnt jetzt der Anfang vom Ende? Können wir auch England am Bug oder an der Wolga schlagen? – Phantastische Strategie, nur haltbar auf dem Hintergrund einer Welteroberungsidee –: Also sprach Roosevelt… Gott aber hat das letzte Wort. Psalm 2: ‚Der im Himmel thronet, lachet ihrer und der Herr spottet ihrer' – ‚ihrer', das sind wir! ‚Du sollst sie mit einem eisernen Szepter zerschlagen. Wie Töpfe sollst du sie zerschmeißen' – ‚sie' – das sind wir! Wir Edelmenschen, wir Herrenmenschen, und ich bin ein Soldat Adolph Hitlers, des Führers dieser Herrlichen. […] Aber was für ein Soldat bin ich denn? Gott allein weiß, wie zerrissen das Herz eines Christen in diesem Krieg auf dieser Seite ist. ER allein aber läßt mich ebenso felsenfest wissen, daß ich so und ewig nur von seiner Gnade leben kann. […] Das ist meine Rettung im Vergehen, und wenn ich eine Hoffnung für unser Land habe, dann diese, daß es, wenn es ‚zerschmissen' ist – und Gott lässt sich nicht spotten, so wahr er der HERR HERR ist – wisse, Gott selbst hat es getan, um es noch einmal und hoffentlich endgültig in unbegreiflich harter Gnade aus seinen grenzenlosen Träumen zu wecken (diese Träume kosten zu viel Blut, zu viel unschuldiges Blut), und wenn es IHM gefällt, einen neuen Anfang mit ihm zu machen. Schütze Albrecht Nicolaus, bist du total verrückt geworden? Ja, wo bin ich denn, wo? Ich stehe an den Toren Rußlands und soll fanatisch begeistert sein und siegen, siegen, siegen um jeden Preis, – wenn aber die Zensur diesen Brief liest, bin ich morgen liquidiert: ein Saboteur am Siege, ein elender Verräter. Quo vadis, Germania!"

Am 16. Juli 1941 fiel Albrecht Nicolaus bei Rzadkowka im Bezirk Kiew. HL

Akte 1738 der Gestapo Düsseldorf (A. Nicolaus) in: Hauptstaatsarchiv Düsseldorf; Gefangenenakte A. Nicolaus des Untersuchungsgefängnisses und Karteikarte der Staatspolizeistelle Frankfurt am Main in: Hessisches Hauptstaatsarchiv Wiesbaden; 1 OB 018 (A. Nicolaus) 52 N 092 (Arbeiten zu beiden Prüfungen), Bruderratsprotokolle, Handakten Schlingensiepen (6 HA 002) Nr. 53–64 (Margot Nicolaus), Auskünfte Ulrich Dühr im LKA Düsseldorf.

Konsequent und nicht käuflich
Udo Röhrigs Standfestigkeit gegenüber konsistorialen Verlockungen

Juli 1940. Ein BK-Rundbrief berichtet von einem Theologen, der schwer verwundet aus dem Frankreich-Feldzug nach Deutschland zurückkehrte. Udo Röhrig (1911–1979), zuvor Hilfsprediger in Köln und Mitglied der „Bruderschaft rheinischer Hilfsprediger und Vikare", hat seine rechte Hand verloren. Jetzt liegt er im Reservelazarett im sächsischen Zwickau. Ein mitleidiger BK-Pfarrer fragt beim Konsistorialpräsidenten Walter Koch nach, ob Röhrigs Zweites Examen, das er bei der BK abgelegt hat, nicht auf unbürokratische Weise legalisiert werden könnte. „Mit großer Teilnahme habe ich von seiner schweren Verwundung Kenntnis genommen," antwortet Koch. „Daß es gerade der rechte Arm (!) ist, den er verloren hat, ist besonders betrüblich. Hoffentlich überwindet er innerlich das schwere Schicksal; die Ausübung des Pfarramtes ist ja glücklicherweise auch in diesem Fall möglich." Unter der Voraussetzung einer ordnungsgemäß durchgeführten Legalisierung, so Koch, würde die konsistoriale Finanzabteilung „in einem solchen Falle von der Einholung der staatspolitischen Unbedenklichkeitserklärung absehen." Ein einmaliges, so bisher noch nicht unterbreitetes Angebot! Doch Koch hat noch mehr anzubieten: „Darüber hinaus würde ich gerne bereit sein, dem Schwerverletzten eine einmalige Unterstützung aus besonderen Mitteln zuzuwenden, die in wenigen Tagen angewiesen werden könnte." Doch der von dieser Nachricht erfreute BK-Pfarrer hatte nicht in Röhrigs Sinn gehandelt. Der gehört zu jenen „jungen Brüdern", die dem Konsistorium die „geistliche Leitung" absprechen. Kochs Angebot will er nicht annehmen, da das Konsistorium die Verkündigung des Evangeliums behindere. Es sei unrechtmäßig eingesetzt. Das vor den Prüfungsorganen der BK abgelegte Examen würde durch eine erneute Prüfung vor dem Konsistorium für ungültig erklärt. Das sei nicht einzusehen. Außerdem: Warum sollte er aufgrund einer Kriegsverletzung, eines politischen Geschehens also, eine kirchliche Sonderstellung erhalten? Das könne er nicht verstehen. Er könne eine Legalisierung nur akzeptieren, wenn alle BK-Hilfsprediger und -Vikare ohne Auflagen in den Dienst der Kirche übernommen würden. Auch nehme er die schon beim hilfreichen Amtsbruder deponierte Sonderzuwendung von 300 Reichsmark nicht an.

Das präsidiale Mitgefühl des alten Frontoffiziers

Konsistorialpräsident Koch ist ob dieser Antwort ehrlich betrübt. Damit abfinden will er sich freilich nicht. Im Januar 1941 verfasst er ein fünfseitiges Schreiben, in dem er die geistliche Leitung des Konsistoriums betont und die geltende kirchliche Ordnung als rechtmäßig erklärt. Der Hilfsprediger Röhrig könne nicht beweisen, dass sich die Organe der BK in stärkerem Maße auf die Bibel berufen könnten als die des Konsistoriums. Gleichzeitig muss er einräumen, dass ihm – anders als der BK – durch die Bindung an den NS-Staat praktisch die Hände gebunden sind: die Übernahme aller Hilfsprediger und Vikare ohne Auflagen sei deshalb nicht möglich. Umso eifriger versucht er, Röhrig erneut für die Annahme der Sonderzuwendung zu gewinnen: „Wir waren stets, sowohl bei Prüfungen wie auch bei sonstiger Festsetzung der Rechtsverhältnisse der uns anbefohlenen Theologen, aufs ernstliche bemüht, der besonderen oder allgemeinen Lage der einzelnen Rechnung zu tragen. Hier dürfte also Ihr Gewissen unbeschwert sein, auch in der Annahme der Ihnen zugedachten Beihilfe."

Doch der 1894 geborene Konsistorialpräsident Dr. jur. Walter Koch ist nicht nur staatlich kontrollierter kirchlicher Vorgesetzter, er ist auch treues NSDAP-Mitglied – und alter Frontkämpfer aus dem Ersten Weltkrieg. Und als der zieht er nun zu guter Letzt alle Register: „Gerade an Ihrer schweren Verwundung herzlich teilzunehmen und Ihnen gerade als Glied der Kirche und als Präsident der Kirchenbehörde die vaterländische und deutsche Verbundenheit mit Ihnen zum Ausdruck zu bringen, war mir, zumal als altem Frontoffizier des Weltkriegs – ein herzliches Bedürfnis, dessen Ablehnung von Ihrer Seite nicht endgültig sein sollte."

Offensichtlich kann Röhrig weder Kochs Legitimation seiner eigenen Tätigkeit noch seine Kriegsbegeisterung nachvollziehen. Er bleibt bei seiner Ablehnung.

Ich halte es für eine vordringliche Pflicht der Kirchenbehörden, gerade jetzt im Kriege darüber zu wachen, daß die Pfarrer unserer Landeskirche eine einwandfreie Haltung gegenüber dem Führer, dem Staat und der Notwendigkeit der Kriegsführung bekunden. Ebenso wie die im Felde und unter den Waffen stehenden Geistlichen unserer Kirche treu ihre vaterländische Pflicht erfüllen, so dürfen auch die daheim gebliebenen Pfarrer in der Treue zu Führer und Staat sich von keinem anderen Volksgenossen übertreffen lassen. Daraus ergibt sich m. E. weiter die unbedingte Pflicht der Kirchenbehörden, im Interesse des Ansehens der Kirche und des Pfarrerstandes sowie im Interesse der Reichsverteidigung (!), Pfarrer und Kandidaten, die sich hiergegen vergehen, zur Rechenschaft zu ziehen, um diese Haltung der Kirche auch nach außen hin sichtbar werden zu lassen.

Aus einem Schreiben des rheinischen Konsistorialpräsidenten Walter Koch an den Evangelischen Oberkirchenrat in Berlin, verfasst am 15.3.1940 im Zusammenhang eines gegen einen rheinischen BK-Pfarrer angestrengten Disziplinarverfahrens, zit. in: Rauthe, Gegner, S. 272.

Der Weg in die Berufsschularbeit

Von 1943 bis 1951 wirkt Röhrig als BK-Hilfsprediger und -Pfarrer im Süden der Rheinprovinz. 1951/1952 trifft ihn ein kirchliches Disziplinarrecht anderer Art: Wegen Ehescheidung wird er zuerst beurlaubt und dann in den Wartestand versetzt. Die Arbeit in der Gemeinde ist ihm als geschiedenem Pfarrer nun verwehrt. Er findet aber einen guten Weg in die Berufsschule: Von 1953 bis 1960 erteilt er in Essen Religionsunterricht als Schulpfarrer. In dieser Zeit bildet er sich pädagogisch weiter und arbeitet danach bis 1967 als Ausbildungsleiter für Gewerbe- und Handelsschullehrer am Studienseminar in Frankfurt am Main. Dort zieht es ihn dann doch wieder in den kirchlichen Dienst zurück: Nach einer Pfarrstellenvertretung in Wiesbaden wird er 1969 wieder rheinischer Pfarrer in Kirchberg. Seinen Altersruhesitz in Kludenbach, einem kleinen Ort im Hunsrück, kann er nur kurz genießen. Am 16. März 1979 stirbt er, zwei Jahre nach seiner Pensionierung, im Alter von 68 Jahren. *KS*

Rauthe, Gegner, S. 325ff.

Ein starkes Paar
Der „fanatische BK-Pfarrer" Horst Thurmann und seine mutige Frau Magdalene

---

Thurmann ist hier als fanatischer BK-Pfarrer bekannt und bereits unliebsam in Erscheinung getreten. Am 17.11.1937 hat er in der Kirche zu Tiefenbach/Kreis Wetzlar die Erklärung der Bekennenden Kirche über das Buch „Protestantische Rompilger" von Alfred Rosenberg zur Verlesung gebracht. Ehe er die Schrift verlas, erklärte er, daß es zwar verboten sei, diese zu verlesen. Er müsse es aber trotzdem tun. Das Verhalten des Thurmann hat in den Gemeinden Leun und Tiefenbach erhebliche Unruhe hervorgerufen.

Gestapo-Akte, Personalbogen v. 16.9.1939, Hauptstaatsarchiv Düsseldorf.

Denunziationen

Erstmals war Horst Thurmann (1911–1999) im Jahr 1935 als Vikar im Saarland der Gestapo unangenehm aufgefallen, weil er im Gottesdienst für die Juden gebetet habe, wie ein deutschchristlicher Presbyter der Polizei meldete. Beim Verhör redete er sich mit der kirchlich unanfechtbaren Behauptung heraus, er habe ein altes Agendarium benutzt, das die Fürbitte für „Heiden, Juden und Mohammedaner" enthielt.

Zwei Jahre später sammelte er als Mitglied in Dietrich Bonhoeffers Predigerseminar Finkenwalde mit zwei anderen Kandidaten bei einer Bekenntnisversammlung für die BK eine Kollekte ein. Die Gestapo beschlagnahmte das Geld und leitete gegen die Kandidaten ein Verfahren wegen Verstoßes gegen das Sammlungsgesetz ein. Die Folge: eine Haftstrafe von drei Monaten, die aber unter eine Amnestie fiel.

Im Jahre 1940 arbeitete Thurmann als Hilfsprediger in Euskirchen vor allem im kirchlichen Unterricht. In einem Gespräch informierte ihn ein Soldat über den von der SS in einem polnischen Dorf verübten grausamen Mord an etwa 80 jüdischen Menschen. Als die Mutter eines Kindes ihm provozierend erklärte, der kirchliche Unterricht sei eigentlich unwichtig und nur, weil „der Führer" ein „positives Christentum" vertrete, sei das gut, weil alles, was „der Führer" tue, gut sei, erwiderte Thurmann, kein Mensch sei vollkommen. Aber die Frau wiederholte ihren Satz so bestimmt, dass er ihr jetzt von der Judenermordung berichtete und fragte: „Ist solche Tat des Führers auch gut?" Die Frau erzählte dies empört ihrem Mann, der ebenso empört zur Gestapo lief und ihn anzeigte.

Verbrechen Nr. 2: Eine andere Nationalsozialistin rühmte Thurmann gegenüber die Sittlichkeit der SS als Kennzeichen der hohen Sittlichkeit der nationalsozialistischen Erziehung. Auch diesmal schwieg er nicht. Um die Notwendigkeit christlicher Unterweisung zu unterstreichen, erklärte er der Frau, die SS sei bestrebt, rassisch hochwertige Kinder ohne eheliche Bindung zu zeugen. Dagegen betone der Religionsunterricht das christliche Ehe- und Sittlichkeitsverständnis. Auch in diesem Fall verständigte der Ehemann die Polizei.

Verbrechen Nr. 3: Eine Mutter entschuldigte das Fernbleiben ihres Kindes vom kirchlichen Unterricht mit dem Hinweis, die Erziehung in der Hitlerjugend sei so hochwertig, dass sie keiner Ergänzung bedürfe. Thurmann entgegnete, in der Hitlerjugend sei der Wert der Familie herabgesetzt und elterliche Anweisungen würden oft lächerlich gemacht. Hingegen dürfe der Wert der christlichen Familie keinesfalls beeinträchtigt werden, denn das Kind müsse zu einer christlichen Persönlichkeit erzogen werden. Die Frau rühmte daraufhin den Nationalsozialismus, der Kinderreichtum propagiere. Thurmann wiederholte, die Kinder sollten Christen werden – nicht Kanonenfutter! Wieder wurde er sogleich denunziert. Die vierte Anzeige kam von einem Gemeindeglied, das behauptet hatte, Deutschland werde ganz gewiss den Krieg gewinnen. Thurmann erwiderte, für einen Christen liege die Zukunft allein bei Gott.

Kann man sagen: Das waren nur theologische Urteile, keinesfalls politische? So wird ja heute in weiten Kreisen der evangelischen Kirche die Widersetzlichkeit der BK bewertet.

Verhaftung und KZ

Am 11. März 1940 wurde Thurmann verhaftet und blieb über acht Monate im Untersuchungsgefängnis. Das Sondergericht in Bonn verurteilte ihn am 4. Dezember 1940 wegen Verstoßes gegen das Heimtückegesetz zu sechs Monaten Gefängnis unter Anrechnung der Untersuchungshaft. Er sei, so urteilte es, zwar nicht vorbestraft, doch „die gehässigen Ausfälle gegen die Staatsführung" könnten nicht mit einem Übereifer aus religiöser Überzeugung entschuldigt werden. Er habe sein Amt als Seelsorger gröblich missbraucht.

Immerhin, er hätte jetzt entlassen werden müssen, aber die Staatspolizei in Berlin verhängte am 4. Februar 1941 „Schutzhaft". Thurmann gefährde durch sein Verhalten die Sicherheit des Volkes und des Staates. Er habe sich über „die Maßnahmen und Einrichtungen des Nat. Soz. Staates abträglich und verhetzend und bezgl des Kriegsausgangs für Deutschland defaitistisch" geäußert, in die Bevölkerung Unruhe getragen und das Vertrauen zur Staatsführung untergraben.

Drei Monate später wurde er als erster rheinischer Pfarrer in das KZ Dachau und dort in den Block 26 eingeliefert, in dem sich bereits eine große Anzahl deutscher katholischer und evangelischer Pfarrer befand. Unentwegt bemühte sich seine mutige Verlobte Magdalene Splettstößer um Hafterleichterungen. Sie fuhr nach Berlin ins Reichssicherheitshauptamt und erreichte hier, dass den Pfarrern ab Mitte November 1942 Lebensmittelpakete ins KZ geschickt werden konnten, die sie vor dem sonst drohenden Hungertode bewahrten. Durch ihr ständiges Drängen erwirkte sie sogar die Erlaubnis, ihren Verlobten am 10. März 1942 im Standesamt Dachau zu heiraten, und beantragte danach beim Reichsführer der SS die Freilassung ihres Mannes. Ein SS-Obersturmführer aus dem Persönlichen Stab Himmlers antwortete am 19. Mai, das Gesuch werde bearbeitet. In Thurmanns Gestapo-Akte steht in seinem 2. Personalbogen unter dem 8. Februar 1943, die Ehefrau habe erneut das Reichssicherheitshauptamt gebeten, ihr und ihrem Mann „die Möglichkeit zur Familiengründung zu geben und ihren Mann zu diesem Zwecke vierzehn Tage bis drei Wochen aus dem KZ in Dachau zu beurlauben". Der Kinderwunsch mag die NS-Ideologen beeindruckt haben. Jedenfalls konnte die Hochzeitsreise nach der kirchlichen Trauung am 11. September 1943 tatsächlich stattfinden. Sie lebten eine kurze Zeit im Glück der Liebe und mit dem Entsetzen vor der Rückkehr in das „Höllenlager".

Hier war Thurmann wieder wie andere unmenschlichen Arbeitsbedingungen ausgesetzt. In seinem Bericht über das Lager schreibt er, dass die Häftlinge in dem berüchtigten Sommer und Herbst 1942 auf kaltem Wege durch Erdarbeiten, Barackenbau, Kohlentransport und vor allem durch Hunger erledigt werden sollten.

Einige Wochen nach der Einlieferung Thurmanns kam der Hilfsprediger Erich Schiefelbein aus Aachen ins Lager. Im November 1943 folgten Vater und Sohn Hesse aus Wuppertal und im Dezember 1944 Heinrich Schmitz aus Wesel. In Dachau gab es etwa 440 deutsche und österreichische katholische und evangelische Theologen. Die Zahl der letzteren belief sich auf 37. Von ihnen überlebten sieben das KZ nicht, unter ihnen Helmut Hesse. Die meisten wurden Anfang April 1945 entlassen, einige – darunter Thurmann – am Ende des Monats befreit.

Die deutschen Pfarrer waren in „Block 26" untergebracht. Sie trugen wie die „politischen Verbrecher" einen roten Stoffwinkel auf ihrer Häftlingskleidung. Das habe, so schrieb Thurmann am

4. März 1982 an den Verfasser (GvN), durchaus seine „Berechtigung" gehabt und widerlege „die Fama, die Bekennende Kirche hätte keine Widerstandsphänomene nachzuweisen". Im April 1945 erlebte er als letzter rheinischer Pfarrer die Befreiung aus Dachau.

Am Sonntag, den 29.4., wird es morgens jubelnd weitergesagt, auf der Hauptwache des Lagers wehe die weiße Fahne. Wer kann da noch an der gewonnenen Sache zweifeln? […] So ist es auch am Nachmittag um 5 Uhr, als der Stubenälteste uns erklärt, daß soeben der erste nordamerikanische Soldat das Lager betreten habe. […] Nun gibt es kein Halten mehr. Mit beispiellosem Jubel stürzen die Häftlinge den Soldaten entgegen.

Horst Thurmanns Bericht über seine Haft im KZ Dachau, 6.7.1945, in: van Norden, Jahrhundert, S. 248–253.

Nach der Befreiung nahm Thurmann 1946 ein Pfarramt in Elberfeld an, obwohl er wie Fritz Langensiepen erhebliche Bedenken gegen den Neuanfang der Kirche als Volkskirche hatte. 1950 wurde er dann aber – auf eigenen Antrag – in den Wartestand versetzt, weil er die Säuglingstaufe ablehnte und nicht bereit war, sie zu vollziehen. Auch hier blieb er standfest – und wurde so Vordenker einer biblisch begründeten Tauf-Auffassung, die der Erwachsenentaufe den Vorzug gab. In der Praxis kam es Jahrzehnte später zu einem Kompromiss: Das Taufalter wurde in der rheinischen Kirche freigegeben.

Die reformierte Gemeinde Elberfeld übertrug Thurmann die Verwaltung einer Krankenhauspfarrstelle, weil er hier nicht zu taufen brauchte. 1958 stimmte schließlich die Kirchenleitung der Übernahme der Pfarrstelle zu, ohne dass Thurmann seine theologische Überzeugung geändert hatte. Er wurde 1980 pensioniert und starb am 23. September 1999 in Wuppertal. *GvN*

Heinrich Bauer, In Memoriam Horst Thurmann, in: Transparent, Zeitschrift für die kritische Masse in der Rheinischen Kirche, 58/2000, S. 13 bis 19; Simone Rauthe, Pfarrerblock 26. Evangelische Geistliche aus dem Rheinland im Konzentrationslager Dachau, in: MEKGR 51 (2002), S. 319 bis 336.

Wanderer zwischen den Welten
Hermann Zieglers abenteuerlicher Lebensweg

„Wir haben jetzt bei Juden gesungen. Das darf niemand erfahren. Erzählt es auch euren Eltern nicht. Ich habe keine Sehnsucht nach dem KZ", sagte Pastor Hermann Ziegler nach einem Adventssingen mit jungen Leuten im Jahr 1938. Diese Sätze erhellen die lebensgefährliche Situation, die das NS-Regime heraufbeschworen hatte, die aber Ziegler nicht davon abhalten konnte, jüdischen Familien immer wieder zu helfen und Menschen zur Mithilfe zu gewinnen.

Hermann Ziegler (1906–1945) wurde in Kärnten in einem frommen Elternhaus geboren. Seine Familie wechselte wenig später nach Bad Godesberg. Dort wuchs er im „Godesheim", einem Waisenhaus und Erziehungsheim auf, das sein Vater gegründet hatte.

Schrankenlose Hilfe, extremes Engagement

Nach seinem 1931 vor dem Konsistorium abgelegten Ersten Theologischen Examen wird Hermann Ziegler Vikar beim Kölner Superintendenten Georg Klingenburg. Die weiteren Stationen: Reformiertes Predigerseminar Elberfeld, Vikariat bei Hermann Albert Hesse, Zweites Examen beim Konsistorium. Hitlers „Machtergreifung" erlebt er in Elberfeld. Als spontane Reaktion auf die brutalen Ausschreitungen der Wuppertaler SA gegen Kommunisten tritt er demonstrativ der Kommunistischen Partei bei und kümmert sich um Familienangehörige von Ermordeten. Er setzt sich auch für jüdische Menschen ein und hilft ihnen bei der Auswanderung. Für die nazifizierten Kirchenoberen wird er dadurch unbequem, und der Staat schiebt den geborenen Kärntner 1934 nach Österreich ab. Ironie der Geschichte: Der deutschnational gesinnte Ziegler, der den Anschluss Österreichs an das Deutsche Reich befürwortet, schließt sich dem Widerstand gegen das autoritäre Regime des Bundeskanzlers Engelbert Dollfuß an – und tritt in die österreichische SS ein. Zieglers politischer Zickzackkurs macht deutlich, dass ihn – wie die meisten Theologen – die tiefer reichenden politischen und gesellschaftlichen Grundfragen nicht beschäftigt haben. Sie legitimieren ihr Denken und Tun im Wesentlichen mit dem Hinweis auf „Bibel und Bekenntnis".

Ziegler organisiert eine spektakuläre Befreiungsaktion von inhaftierten Südtirolern, wird dabei angeschossen und gefangen genommen. Aus einem Lager bricht er zweimal aus und setzt sich nach Deutschland ab. Seine NS-Gesinnungsfreunde haben Dollfuß inzwischen – am 25. Juli 1934 – im Bundeskanzleramt erschossen.

Im Frühjahr 1935 erholt sich Hermann Ziegler bei seinen Eltern in Godesberg von Verwundungen und Strapazen. Hier begegnet er Mitgliedern der „Bruderschaft rheinischer Hilfsprediger und Vikare", die gelegentlich ihre BK-Freizeiten im Godesheim verbringen. Er schließt sich der BK an und arbeitet wieder in Elberfeld, zuerst als Hilfsprediger, dann als Pastor in der Reformierten BK-Gemeinde im Briller Viertel. Er wohnt in verschiedenen Wohnungen, zeitweise in einem alten bergischen Haus, in dem er Verfolgten kurzfristig Asyl bietet. Die BK-Gemeindeveranstaltungen finden ebenfalls in Privathäusern und öffentlichen Sälen statt.

Ziegler ist – nach dem Bericht von Zeitzeugen – ein überzeugender Prediger, guter Seelsorger und beeindruckender Gesprächspartner der BK-Jugend. Unermüdlich hilft der ehemalige Nationalsozialist jetzt Opfern des NS-Staatsterrors, besonders auch jüdischen Menschen. Andere kann er ebenfalls dazu motivieren.

Die Gestapo wird auf ihn aufmerksam. Er wird mehrmals verhaftet, bleibt aber – anders als sein im KZ ermordeter Freund Helmut Hesse – erstaunlicherweise ungeschoren. 1939 wird er zum Militär eingezogen. Am Ende des Krieges wird seine Einheit von der Ostfront nach Italien verlegt. Beim Überqueren des Po versucht er – schwimmend – einen angeschossenen Kameraden zu retten und wird dabei selbst schwer verwundet. Am 28. April 1945 stirbt er in einem Lazarett in Soncino/Lombardei – nur eine gute Woche vor dem Waffenstillstand.

Im September 1945 richtet das ahnungslose Konsistorium ein Schreiben an seine Heimatadresse. Darin heißt es: „Danke, für die Opfer, die Sie gebracht haben, um der Geltung von Schrift und Bekenntnis willen. Ihr Dienst in der Gemeinde Elberfeld bestand zu Recht. Die Kasse wird zahlen. Gottes Segen für Sie und Ihren Dienst."
HK

Ludwig, Zivilcourage, S. 29–54.

Engagierte Gemeindeglieder

Einleitung
Volkmar Wittmütz

In unseren Biogrammen über Menschen, die sich in den zwölf Jahren der NS-Diktatur von den Deutschen Christen und der von ihnen beherrschten nazifizierten Kirche abwandten und den Weg zur BK fanden, ist die Gruppe engagierter Gemeindeglieder dem äußeren Anschein nach die zahlenmäßig geringste. Doch dieser Eindruck täuscht, tatsächlich ist sie die weitaus umfangreichste. Die BK ist zu keinem Zeitpunkt nur eine Ansammlung von „eigensinnigen" Theologen und Theologinnen gewesen, sondern immer „Kirche", das heißt Gemeinschaft aller gläubigen Christen. Die Gemeinden der BK hätten nicht existieren und wirksam werden können, wenn nicht von Anfang an zahlreiche engagierte Gemeindeglieder im Widerstand gegen die Irrlehren der DC und in der Widersetzlichkeit gegen antichristliche und menschenfeindliche Aktivitäten des Staates und der Partei mitgewirkt hätten.

Anders als die anderen, die gegen den braunen Strom schwammen, sind diese Gemeindeglieder aber keine fest umrissene Gruppe. Es waren Männer und Frauen, Junge und Alte, Verheiratete und Unverheiratete. Handwerker und Kaufleute gehörten ebenso dazu wie Akademiker und Arbeiter, Selbständige und abhängig Beschäftigte. Die von uns getroffene Auswahl ist in keiner Weise repräsentativ; denn die systematische Erforschung solcher Biographien hat erst in jüngster Zeit begonnen. Dass unter den engagierten Gemeindegliedern so viele Juristen auftauchen, hat auch damit zu tun, dass der Widerstand der BK gegen die DC und die von ihnen bestimmte Kirche zunächst vor allem juristisch, also vor deutschen Gerichten, ausgetragen wurde. Denn die Theologen und Theologinnen, die sich zur BK hielten, widersetzten sich damit ihrer kirchenleitenden Behörde, dem Konsistorium, und brauchten dafür den Beistand beherzter Rechtsanwälte.

Bei den Gemeindegliedern war das anders. Sich der BK anzuschließen, war für sie zunächst noch keine Handlung des Widerspruchs oder gar der Widersetzlichkeit gegenüber der Kirchenleitung. Für den christlichen Glauben und die Überzeugungen der Gemeindeglieder spielten kirchenleitende Beamte und Behörden damals eine ebenso geringe Rolle wie heute die Synode oder das Landeskirchenamt. Die Kirchenbürokratie wurde damals und wird heute von vielen Gläubigen noch nicht einmal wahrgenommen. Auch die Entscheidung für die DC lässt nicht von vornherein auf eine nationalsozialistische Gesinnung schließen. Zahlreiche engagierte Gemeindeglieder, die später die BK massiv unterstützten, hatten sich nach der „Machtergreifung" im Januar 1933 zunächst den DC angeschlossen, weil sie von dieser Bewegung eine Belebung der Volksfrömmigkeit, eine Vertiefung des christlichen Glaubens und eine Intensivierung der Kirchlichkeit in Deutschland erwarteten. Erst im November 1933 öffneten sich ihnen die Augen, als in einer großen DC-Kundgebung im Berliner Sportpalast deren Redner Reinhold Krause die „Befreiung vom Alten Testament mit seiner jüdischen Lohnmoral, von diesen Viehhändler- und Zuhältergeschichten" und einen „arischen Christus" forderte.

Von einer Widersetzlichkeit gegen die herrschende politische Ordnung konnte bei den meisten engagierten Gemeindegliedern anfänglich keine Rede sein. Die BK war ihrem Selbstverständnis nach keine Organisation des Widerstandes, sondern rechtmäßige Kirche. Gerade ihre führenden Repräsentanten hoben zu Beginn des „Dritten Reiches" immer wieder ihre Loyalität gegenüber dem NS-Staat hervor, ja lobten diesen Staat dafür, dass er angeblich Deutschlands Ehre nach dem „Schmachfrieden" von Versailles wieder hergestellt hatte.

Doch rasch entwickelte sich die BK zu einem Stachel im Fleisch des Staates, weil sie sich dessen totalitärem Druck widersetzte. Sie wollte sich nicht gleichschalten lassen wie alle anderen Organisationen. Sie hielt an der Besonderheit und Eigenständigkeit der Kirche gegenüber allen staatlichen Ansprüchen, auch an dem verpflichtenden Ethos des christlichen Glaubens im täglichen Leben der Menschen unverrückbar fest.

Etliche NS-Organisationen wie die SA oder die SS schmähten die BK wegen dieser Haltung und pöbelten sie an. Auch die staatliche Polizei verdächtigte sie bald staatsfeindlicher Umtriebe. Die Gestapo observierte die Pfarrer der BK, beobachtete einige von ihnen auf Schritt und Tritt, sammelte belastendes Material gegen sie und klagte sie an. Mutige Rechtsanwälte wie Gustav Heinemann, Paul Schulze zur Wiesche oder Karl Mensing verteidigten sie, was für ihren beruflichen Werdegang im deutschen Justizwesen, auch ihrem Ansehen bei staatlichen Stellen, in der Öffentlichkeit und nicht zuletzt bei ihren Kollegen schädlich war. Und es gab damals auch noch deutsche Richter, die nicht das „gesunde Volksempfinden" zur Grundlage ihrer Urteile machten, sondern die bestehenden Gesetze anwandten.

In dieser Situation öffentlichen und staatlichen Drucks auf die BK und einer Stigmatisierung ihrer Gemeinden ließen sich die engagierten Gemeindeglieder nicht einschüchtern und hielten ihrer Kirche trotz allem die Treue. Dadurch wurden sie wie ihre Gemeinden zu gesellschaftlichen Außenseitern. Gelegentlich machten sie sogar die Erfahrung eigener Verfolgung durch die Gestapo, wurden verhört und angeklagt wie der Remscheider Fabrikant Gustav Adolf Theill, dessen kritische Äußerungen über die DC der Polizei zugetragen wurden.

Manchmal ging das Engagement einiger Glieder der BK weiter. Um ihres christlichen Glaubens willen brachen sie staatliche Gesetze, zum Beispiel jene, die jede Beziehung zu jüdischen Bürgern oder während des Krieges auch zu Zwangsarbeitern, vor allem jede Hilfe für diese und andere Verfemte, unter strenge Bestrafung stellten. Die BK kann sich insgesamt nicht rühmen, hier klar und eindeutig gesprochen und gehandelt zu haben. Sie ließ es oft an Unterstützung fehlen, gerade auch dort, wo dies möglich gewesen wäre. Vor allem mangelte es ihr an Verständnis für jene Gemeindeglieder, die – wie Martin Gauger oder Georg Maus – konsequent in der Nachfolge Jesu lebten und handelten.

So ist unsere Berichterstattung über engagierte Gemeindeglieder in rheinischen BK-Gemeinden kein Loblied auf die BK, sondern vielmehr ein Hinweis auf den Mut, die Tatkraft und die Treue Einzelner angesichts des Versagens vieler.

Karl Barths Verteidiger und Freund
Der Bonner Rechtsanwalt und BK-Jurist Otto Bleibtreu

1934 droht Karl Barth, dem berühmten Theologie-Professor, Sozialdemokraten und „Vater der Bekennenden Kirche", die Vertreibung von seinem Bonner Lehrstuhl, weil er den Beamteneid auf den „Führer" nur mit einem Zusatz („soweit ich es als evangelischer Christ verantworten kann") ablegen will. Am 20. Dezember soll vor der Kölner Dienststrafkammer ein Dienststrafverfahren gegen ihn eingeleitet werden. Gerichtsassessor Otto Bleibtreu (1904–1959) teilt der Kammer mit, Barth habe ihn zu seinem Verteidiger bestellt. „Zur Erläuterung dieses Wunsches darf ich bemerken", fügt er hinzu, „daß Herr Prof. D. Barth mich aus gemeinsamer kirchlicher Arbeit in der evangelischen Gemeinde in Bonn – deren größerer Gemeindevertretung ich ebenso wie er angehöre – näher kennt und aus diesem Grunde Wert darauf legt, sich am morgigen Termin meines juristischen Beistandes zu bedienen."

Der junge Anwalt, 1904 als Sohn eines Greifswalder Universitätsprofessors geboren, kann nicht verhindern, dass Barth seines Amtes enthoben wird. Die Wellen in der Öffentlichkeit schlagen hoch. Christliche Kreise protestieren auch in England und Amerika. Im Januar 1935 lässt der Kammervorsitzende daraufhin die „vielfach in der Presse erschienene Behauptung", Barth sei wegen seiner Haltung gegenüber dem Beamteneid entlassen worden, offiziell als falsch erklären: „Professor Barth mußte vielmehr wegen einiger politisch bedenklicher Äußerungen, wegen Verweigerung der Leistung des deutschen Grußes in der Vorlesung an der Universität und wegen seiner für einen deutschen Beamten und Jugenderzieher nicht tragbaren Ablehnung des neuen Staates entlassen werden."

Pastorale und kirchenpolitische Ängste

Bleibtreu legt nach Rücksprache mit dem Reichsbruderrat der BK eilends Berufung ein: In der mündlichen Verhandlung sei es ausschließlich um die Beamteneidfrage gegangen. Dem zur Erholung in der Schweiz weilenden Karl Barth teilt er mit: „Wie ja vorauszusehen war, entspricht das Urteil in seiner schriftlichen Begründung leider der veröffentlichten Zeitungsnotiz." Barth erwidert ihm, er habe das „mit Kopfschütteln über so viel Unredlichkeit zur Kenntnis genommen" und sogar im ersten Moment überlegt, den Kampf aufzugeben. Die Diskussion weitet sich aus, beschäftigt Kirchenführer und Minister, sogar den „Führer", der einen Kirchenkampf vermeiden will. Aus Angst vor weiterer Politisierung lehnt es die Führung der BK ab, Barths Verteidigung mit zu übernehmen. Bleibtreus Kollege Dr. Paul Schulze zur Wiesche, Leiter der Rechts- und Verwaltungsabteilung der Rheinischen Bekenntnissynode, bedrängt sie. Barth sei schließlich „für die Freiheit der Kirche gegenüber dem Totalitätsanspruch des Staates eingetreten", taktische Erwägungen „müßten vollkommen ausscheiden"!

Doch der Reichsbruderrat bittet den nach wie vor von ihm hochgeschätzten Barth, der mittlerweile öffentliches Redeverbot hat, seine Verteidigung „auf eigene Verantwortung" zu führen.

Bleibtreu will Zeit gewinnen, bittet die Dienststrafkammer im Blick auf weitere Verhandlungen um Prozessverlängerung und schickt dem Berliner Oberverwaltungsgericht im März eine umfängliche Berufungsbegründung. „Es will dem Angeschuldigten schwer in den Sinn", heißt es darin, „daß er durch gewissenhafte Erfüllung des ihm als Theologen erteilten Auftrags seine Amtspflichten verletzt, ja, daß er sich dadurch sogar der Achtung, des Ansehens und des Vertrauens, die sein Beruf erfordert, unwürdig gezeigt haben soll."

Dabei ist auch der Dienststrafkammer an sich gewiß nicht unbekannt gewesen, daß es sich bei dem Angeschuldigten um einen Mann handelt, der nicht nur eine jahrzehntelange makellose Amtstätigkeit als Pfarrer und Universitätsprofessor hinter sich hat, sondern auch um einen der hervorragendsten Theologen der Gegenwart, dem die evangelische Kirche mehr als irgend einem anderen Kirchenlehrer die Zurückführung auf ihre wirklichen Grundlagen zu verdanken hat, um einen Gelehrten von Weltruf, der zum Ruhme der deutschen Universitäten, an denen er gewirkt hat, Großes beigetragen hat, und vor allem um einen akademischen Lehrer, zu dem sich die studierende Jugend in einer das normale Maß übersteigenden Zahl drängt und der von dem großen Kreis seiner Schüler geliebt und verehrt wird wie selten ein Hochschuldozent.

Zitat aus Otto Bleibtreus Berufungsbegründung gegenüber dem Preußischen Oberwaltungsgericht (Dienststrafsenat) vom 14. März 1935.

Am 14. Juni 1935 geschieht in Berlin das fast Unglaubliche: Das Oberverwaltungsgericht hebt Barths Amtsentlassung auf. Barths Reaktion: „Es gibt noch Richter in Berlin!" Doch der NS-Staat reagiert blitzschnell. Der Freigesprochene wird aufgrund des „Gesetzes zur Wiederherstellung des Berufsbeamtentums" in den Ruhestand versetzt.

Die Abschiebung des unerwünschten Ausländers

Von der Führung der BK, die sich mehrheitlich eher zaghaft und zögerlich für ihren Mentor eingesetzt und die Frage einer BK-internen Dozentur verschleppt hatte, ist Barth herb enttäuscht. Aus verschiedenen Gremien tritt er aus, auch aus dem Bonner Presbyterium. „Soweit ich sehe, müssen Sie nun an meine Stelle in das Presbyterium", schreibt er aus der Schweiz seinem treuen Freund und Anwalt Otto Bleibtreu. „Genieren Sie sich auch persönlich nicht, ruhig die nötigen Schritte zu tun, wenn man je versuchen sollte, Sie zu übergehen. Sie können und wissen längst genug, um Presbyter zu werden, und werden das dort nun so klein gewordene Fähnlein mit allem Anstand vertreten."

Im September wird Bleibtreu von Barth zu einem Erholungsurlaub in die Schweiz eingeladen, im Oktober will er einem Vortrag seines verehrten Freundes in Wuppertal zuhören. Doch Barth kommt in Polizeigewahrsam, und Bleibtreu reist nach Köln, um dort den Schweizer Generalkonsul zu alarmieren. Mit gemischten Gefühlen sieht er den Freund bei seiner Ankunft im Kölner Hauptbahnhof auf dem gegenüberliegenden Bahngleis im D-Zug in Richtung Basel fahren – in Begleitung eines Gestapo-Beamten. Ein amtliches Dokument über die Abschiebung des unerwünschten Ausländers wurde nicht erstellt.

„Sie werden sich lebenslänglich dessen freuen dürfen, daß Sie in dieser Angelegenheit eine gute und saubere Klinge geschlagen haben", hatte Barth im Juni an den Freund und Anwalt geschrieben. Innerhalb dieser Weltordnung habe er „sein Bestes aufs Beste getan unter dem Beifall der Engel im Himmel".

Nach Kriegsdienst und Gefangenschaft wird Otto Bleibtreu 1946 Landgerichtsrat bzw. Landgerichtsdirektor am Bonner Landgericht, 1948 Ministerialdirektor und 1953 SPD-Staatssekretär im Justizministerium von Nordrhein-Westfalen. Sein protestantisches Engagement setzt er in der Evangelischen Kirche im Rheinland fort. 1956 wird er Mitglied der Landessynode, ein Jahr später stellvertretendes Mitglied der Kirchenleitung. Ebenfalls 1956 wird er Chef der Düsseldorfer Staatskanzlei, 1958 jedoch von der CDU-Regierung in den Wartestand versetzt. 1959 betraut ihn Berlins Regierender Bürgermeister Willy Brandt mit der Leitung der Staatskanzlei. Otto Bleibtreu stirbt noch im selben Jahr, am 6. Juni, im Alter von 54 Jahren. *KS*

Hans Prolingheuer, Der Fall Karl Barth. Chronologie einer Vertreibung 1934–1935, Neukirchen-Vluyn 1977.

„Rechtskräftig" vorbestraft
Die jahrzehntelang verweigerte Rehabilitation des Diakons Ernst Eisele

„Der Jugendwart Ernst Eisele und Pfarrer Hartmut Seynsche [...] werden angeklagt, böswillig gehässige und hetzerische Äußerungen über leitende Persönlichkeiten des Staates und der NSDAP, über ihre Anordnungen und die von ihnen geschaffenen Einrichtungen gemacht zu haben, die geeignet sind, das Vertrauen des Volkes zur politischen Führung zu untergraben." So lautete die Anklage des Dortmunder Sondergerichtes, das den Essener Diakon Ernst Eisele 1938 nach dem „Heimtücke-Gesetz" anstelle einer Gefängnisstrafe von zwei Monaten zu einer Geldstrafe von 250 RM verurteilte.

„Ein Generalangriff auf die junge Seele"

Was war geschehen? Als Jugendwart der Gemeinde Essen-West hatte Ernst Eisele (1907–1998) im Auftrag des Pfarrers Hartmut Seynsche mit Rundbriefen den Kontakt zu Mitgliedern des evangelischen Jungmännerwerks Essen-West gepflegt, die zur Wehrmacht oder zum Landjahr einberufen worden waren. In einem der Briefe an die jungen Männer bei der Wehrmacht schreibt er über die Jungen im Landjahr, „der Angriff Satans" habe sich „dadurch unheimlich verschärft, daß er jetzt 14-jährige Knaben fast ein Jahr lang in ganz besonderer Weise bearbeiten kann. So sehr man die Pflege von Zucht und Dienst begrüßt, so außerordentlich ist die Gefahr, den Glauben an den lebendigen Herrn über Bord zu werfen und anderen Götzen zu dienen. [...] Mir scheint, als ob gerade im Landjahr ein Generalangriff auf die junge Seele geführt wird, der für ein ganzes Jungenleben entscheidend wird." Es verwundert nicht, dass das Gericht Ernst Eisele nicht abnahm, solche Sätze seien rein religiös gemeint.

Weiter wurde ihm zur Last gelegt, dass er die strikte Begrenzung für die kirchliche Jugendarbeit ignorierte, die von Parteiorganen kontrolliert und nur als Beschäftigung mit der Bibel geduldet wurde. Wenn Ernst Eisele trotzdem darüber hinaus mit den Jungen Spiel und Sport und andere sinnvolle Beschäftigungen betrieb, war der Konflikt vorprogrammiert. Wenn er Jugendsonntage mit über 150 regelmäßigen Teilnehmern sowie Freizeiten und

Heimabende veranstaltete, die sehr beliebt waren, musste er ständig mit Kontrollen und Anzeigen rechnen. So führte eine anonyme Anzeige zu der Anklage, die ihm große Angst vor einer Verhaftung einjagte. Die Angst war berechtigt, denn ein Verstoß gegen das „Heimtückegesetz" konnte KZ oder sogar Todesstrafe zur Folge haben. Die Angst steigerte sich während des länger als ein Jahr dauernden Prozesses. Sie sollte ihn nie ganz verlassen. In seinen letzten Lebensjahren führte sie zu einer schweren psychischen Erkrankung, an deren Beginn er sich von schwarzen Männern bedroht sah, die ihn abholen wollten. Vor dem Gefängnis blieb er bewahrt. Das Gericht räumte ein, es handele sich um einen „milden Fall", eine Geldbuße reiche aus. Aber die Strafe von 250 RM war bei einem Monatseinkommen von 171 RM hart genug. Außerdem war er nun vorbestraft, was sich noch als sehr folgenschwer erweisen sollte. Weiterer Verfolgung entging er 1940 dadurch, dass er als Sanitäter in die Wehrmacht eintrat. Während seiner Kriegsgefangenschaft in England wurde er zum Predigt- und Seelsorgedienst ordiniert und wirkte bis zu seiner Entlassung 1948 als Pastor unter den Gefangenen.

Als er in seine Essener Gemeinde zurückkehrte, hoffte er, seine langjährigen Erfahrungen und seine Ordination zum Pfarrdienst würden von seiner Kirche anerkannt. Doch weil er vorbestraft war, wurden ihm die Ordinationsrechte durch den Essener Superintendenten verweigert. Bis zu seinem 90. Geburtstag wurde er nicht rehabilitiert. Seine kirchliche Personalakte wies ihn bis dahin als „rechtskräftig Vorbestraften" aus.

Eine „Ehrenerklärung" nach 59 Jahren

Erst zum Dietrich-Bonhoeffer-Gedenkjahr 1996 wurde der Skandal der fehlenden Rehabilitation der „Verfolgten des Naziregimes" von der gleichnamigen Organisation publik gemacht. Zunächst wurde Bonhoeffer rehabilitiert. Danach lenkten verschiedene Gruppen den Blick auch auf die weniger prominenten Betroffenen, die zum großen Teil bis heute nicht rehabilitiert sind. Auf Initiative der „Solidarischen Kirche im Rheinland" wurde Ernst Eisele 1997 an seinem 90. Geburtstag durch den damaligen Präses Manfred Kock eine „Ehrenerklärung" der Kirchenleitung und des Stadtkirchenverbandes Essen überreicht, in der es heißt:

121

Sie sind in der Zeit des Nationalsozialismus[...] aufgrund Ihrer unbeugsamen Haltung in der Nachfolge Jesu Christi das Opfer politischer Verfolgung und der NS-Justiz geworden. Sie haben staatliches und in der Folge auch kirchliches Unrecht erlitten. [...] Dennoch haben Sie sich in der Kriegsgefangenschaft zum Dienst der Verkündigung und Seelsorge ordinieren lassen, nach ihrer Rückkehr nach Essen den kirchlichen Dienst als Jugendwart, Gemeindediakon und Religionslehrer [...] bis zu Ihrem Eintritt in den Ruhestand versehen.

Die Ev. Kirche im Rheinland dankt Ihnen für Ihre Treue zur Kirche Jesu Christi, für Ihr aufrechtes Zeugnis in Zeiten der politischen und kirchenpolitischen Anfechtung, für Ihren mutigen Dienst an der Jugend unter dem Nationalsozialismus.

Ihrer Bereitschaft, dafür Verfolgung, die Schmach eines Unrechtsurteils, die Gefährdung von Leib und Leben zu ertragen, bekundet die Ev. Kirche im Rheinland Anerkennung und Respekt.

Im Vorgriff auf eine staatliche Regelung zur Rehabilitierung aller Opfer des NS-Unrechts erklärt die Ev. Kirche im Rheinland alle auf staatlicher Unrechtsprechung der NS-Zeit gründenden kirchlichen Maßnahmen gegen Sie für nichtig. Sie wird eine entsprechende Korrektur Ihrer Personalakte vornehmen.

Ehrenerklärung der Kirchenleitung der EKiR von Präses Manfred Kock an Diakon Ernst Eisele, überreicht am 27.12.1997. Dokument im Besitz von Sibylle Eisele.

Für Ernst Eisele kam die Rehabilitation, auf die er sein Leben lang warten musste, fast zu spät. Er war 1997 ein schwer kranker Mann, der seit Jahren zunehmend unter Ängsten, Depressionen und Verwirrtheit litt, wahrscheinlich zum Teil Spätfolgen der Drangsalierungen. Er starb ein halbes Jahr später am 12. Juli 1998. Für seine Witwe Sibylle und die fünf Söhne – davon drei aus der Ehe mit seiner in den Notzeiten an Tuberkulose gestorbenen ersten Frau – war die Ehrenerklärung eine Genugtuung, wenn sie auch in ihr ein Wort der Entschuldigung vermissten. Sibylle Eisele setzt sich tatkräftig dafür ein, dass der Rehabilitationsprozess in der Evangelischen Kirche im Rheinland fortgesetzt wird und die vielen Namenlosen, die Verfolgung und Verurteilung auf sich genommen haben, bekannt und anerkannt werden. *FM*

Andreas de Kleine, Kirche entdeckt „im Jahr 52 danach" vergessene NS-Opfer, in: Transparent, Zeitschrift für die kritische Masse in der Rheinischen Kirche, Nr. 48, 1997, S. 14ff.

Kriegsdienstverweigerer und „Staatsfeind"
Der konsequente Weg des Kirchen-Juristen und Widerstandskämpfers Martin Gauger

„Wenn einmal der Nebel sich zerteilt hat, in dem wir leben, dann wird man sich fragen, warum nur einige, warum nicht alle sich so verhalten haben", schrieb Martin Gauger (1905–1941) am 25. April 1940 im Abschiedsbrief an seinen Bruder Siegfried. Mit Nebel meinte er das Unrecht dieses Krieges. Sei das erkannt, werde man fragen, warum ihn nicht alle ablehnten. Er sei der Aufforderung zur Musterung nicht gefolgt. Da Kriegsdienstverweigerung mit dem Tod bestraft werde, wähle er den Freitod: „Ich soll dem Krieg dienen, den ich doch aus tiefster Seele ablehne. Ich halte ihn für keinen Verteidigungskrieg, sondern für einen Angriffskrieg. […] Kann ich mich an einem Krieg beteiligen, der alles zerstört, was mir teuer ist? Ich kann es nicht."

Dieser Abschiedsbrief erinnert in seiner klaren Einschätzung der Situation und Konsequenz an ein Ereignis im August 1934: Als Hindenburg starb, nutzte Hitler die Gelegenheit, die Diktatur zu festigen, indem er auch das Amt des Reichspräsidenten übernahm. Ein Volksentscheid am 19. August verlieh dem Akt Scheinlegalität. Zu denjenigen, die nach den Erfahrungen des „Röhmputsches" dafür plädierten, die Ämter getrennt bestehen zu lassen, gehörte Martins Vater, Joseph Gauger, Direktor der Evangelischen Gesellschaft in Wuppertal-Elberfeld. Weil er in dem Wochenblatt „Licht und Leben" seine Sicht begründet hatte, wurde er – trotz seiner 68 Jahre – am 14. August in „Schutzhaft" genommen und die Zeitschrift für acht Wochen verboten. Am Tag nach dem Volksentscheid wurde das Gesetz über den Treueid der Beamten auf Hitler verkündet. Martin Gauger, Gerichtsassessor in Mönchengladbach, erklärte am 24. August, diesen Eid aus Gewissensbedenken nicht leisten zu können. Er wurde mit sofortiger Wirkung beurlaubt und aus dem Staatsdienst entlassen. „Der Verlust meines Amtes geht mir erbärmlich nahe, obschon ich froh bin, den Eid nicht geleistet zu haben", schrieb er, denn er würde „das unschuldig vergossene Blut von Kahrs, Klauseners usw. auch über mein Haupt gekommen glauben, wenn ich jenen uneingeschränkten Eid der Treue und des Gehorsams gegenüber jemandem geleistet hätte, der seinerseits an kein Recht und kein Gesetz gebunden ist."

Der gebürtige Elberfelder Martin Gauger wuchs in einer vom schwäbisch-altpietistischen Gemeinschaftschristentum geprägten Familie auf. Von 1924 bis 1930 studierte er Rechts- und Wirtschaftswissenschaft in Tübingen, Kiel, London, Berlin und Breslau. Danach war er Gerichtsreferendar in Velbert, Elberfeld und Düsseldorf und 1934 Assessor in Wuppertal und Mönchengladbach. Die Verweigerung des Eides warf ihn aus einer glänzenden Laufbahn. In den folgenden Monaten schrieb er viele vergebliche Bewerbungen und eine hochaktuelle juristische Dissertation über „Bekenntnis und Kirchenregiment in ihrer Beziehung zueinander", die er im Februar 1935 in Münster vorlegte. Als sie 1936 erschien, wurde sie sofort als „schädliches und unerwünschtes Schrifttum" beschlagnahmt.

In der Dissertation wies er nach, dass eine Kirchenleitung, die Irrlehre verbreite, auch juristisch nicht rechtmäßig sei. Mit dieser Begründung hatte die BK auf der Dahlemer Synode im Oktober 1934 an Stelle der Deutschen Christen eine eigene Kirchenleitung eingesetzt. Die Familie Gauger gehörte in Elberfeld zur lutherischen Bekenntnisgemeinde. Der reformierte Präses der rheinischen Bekenntnissynode, Paul Humburg, vermittelte Martin Gauger im Januar 1935 eine Anstellung in der Rechtsabteilung der Vorläufigen Kirchenleitung der BK in Berlin. Joseph Gauger hatte Bedenken, dass in diesem Gremium unter Vorsitz von Landesbischof August Marahrens der Einfluss der Bruderräte zurückgedrängt werde. Martin versuchte seinen Vater zu beruhigen: „Ich nehme zu dem ‚Streit' […], ob Bruderrat oder Bischöfe, gar nicht Stellung. Flor, Fiedler und mich interessiert nur der Sieg der bekennenden Kirche und die Niederlage der Deutschen Christen. Der organisatorische Aufbau im einzelnen kümmert uns nicht."

Nach den Beschlüssen der Bekenntnissynoden von Barmen und Dahlem ging es nicht um den Sieg der BK, sondern um ihre bekenntnisgebundene Neuordnung. Als es darüber im Herbst 1935 zu heftigen Auseinandersetzungen kam, verteidigte Gauger die Position von Marahrens gegen den bruderrätlichen Flügel um Martin Niemöller. Humburg schrieb Gauger am 31. Dezember 1935, der gemeinsame Weg sei auseinander gegangen, „weil Sie nach meinem Empfinden zu behördlich eingestellt waren und zu bischöflich, und zu wenig Kenntnis hatten von der lebendigen Gemeinde und von dem, was ein wirklicher Presbyter ist". Gauger war es offenbar unmöglich, diesen Rat Humburgs zu bedenken. Sein Dissens zu den Bruderräten wurde immer größer. Als die BK im Februar 1936 während der 4. Bekenntnissynode der DEK in Bad Oeynhausen auseinander brach, wurde Gauger leitender Jurist des lutherischen Flügels, des „Rates der Evangelisch-Lutherischen Kirche Deutschlands".

Im März 1936 schrieb er seinen Eltern: „Ich muß sagen, daß ich, wenn ich irgend die Wahl hätte, den Kirchendienst, der ja immer mehr ein kirchenpolitischer Dienst geworden ist, aufgäbe. Das Recht ist für die Auseinandersetzung immer bedeutungsloser geworden." Wegen der Eid-Verweigerung sei er aber für Staat und Industrie nicht tragbar. Auf dem kirchlichen Posten könne er auch nicht bleiben: „Die Landeskirchen werden sich meiner ganz gern noch zwei bis drei Jahre bedienen und mich dann mit den besten Segenswünschen auf die Schutthalde werfen." So erschreckend die Diagnose ist, war sie doch realistisch. Dazu hat Gauger aber selber beigetragen. Er war einerseits ein exzellenter Jurist, andererseits bewahrte er sich Unabhängigkeit.

Die staatsloyale Haltung der lutherischen Bischöfe hatte auf Seiten des Staates nicht die erhoffte Anerkennung zur Folge. Als deutlich wurde, dass auch der Lutherrat als illegal bezeichnet wurde, meinte Gauger: „Damit ist unser Versuch, […] mit dem Staat ins Reine zu kommen, offiziell als gescheitert erwiesen. Wir werden […] mit ganz genau demselben Prädikat versehen wie die Dahlemiten: wir sind Staatsfeinde."

Aus dieser Erkenntnis zog er die Konsequenz, dass die staatsloyale Haltung nicht weiterführe. Als Minister Hanns Kerrl der Kirchenführerkonferenz im Mai 1939 fünf „Grundsätze für eine den Erfordernissen der Gegenwart entsprechende neue Ordnung der DEK" zur Unterzeichnung vorlegte, setzte Gauger alle Hebel in Bewegung, um das zu verhindern. Mit Marahrens' Unterschrift verlor – in Gaugers Sicht – der Lutherrat seine Existenzberechtigung. Gaugers Rücktritt lehnte Bischof Meiser ab. Seither sei er „sehr reizbar" gewesen und habe sich von persönlichen Gesprächen zurückgezogen, erinnerte sich Paul Fleisch. Das war nicht nur eine Folge der lutherischen Kirchenpolitik, die er nun weitgehend ablehnte. Der Berliner Gefängnispfarrer, Harald Poelchau, ein Freund der Familie Gauger, hatte ihn mit dem Widerstand in Verbindung gebracht. Die Beziehungen zu Personen und Kreisen können hier nicht nachgezeichnet werden. Durch Poelchau lernte Gauger auch Hermann Stöhr, den Stettiner evangelischen Kriegsdienstverweigerer kennen. Als sein Entschluss, den Kriegsdienst zu verweigern, im Lutherrat bekannt wurde, hatte Bischof Meiser nichts Eiligeres zu tun, als das Dienstverhältnis zu lösen.

Doch Gaugers Versuch, sich am Abend des 25. April 1940 das Leben zu nehmen, scheiterte. In seiner Not ging er zu Poelchaus, die ihn versteckten, bis sein Bruder Joachim kam. Gemeinsam überlegten sie die Flucht über die Niederlande nach England. Dafür musste er Anfang Mai den Rhein durchschwimmen. Am Tag danach besetzte die deutsche Wehrmacht die Niederlande. Da er nicht mehr nach England fliehen konnte, versuchte er, nach Deutschland zurückzukehren, um in die Schweiz zu gelangen. Durch Schüsse in die Beine hinderten deutsche Soldaten ihn am 19. Mai an der weiteren Flucht. Seit dem 22. Mai 1940 wurde er in der Strafanstalt Düsseldorf-Derendorf gefangen gehalten. Als er am 9. Juni 1941 in das KZ Buchenwald verlegt wurde, bemühten sich seine Mutter und sein Bruder Siegfried, die lutherischen Bischöfe Meiser und Wurm zu gewinnen, sich für einen Prozess einzusetzen, um Martin aus den Fängen der Gestapo zu befreien und der Justiz zu unterstellen. Das hätte vielleicht sein Leben retten können. Aber die Bischöfe lehnten es ab, sich für einen Staatsfeind einzusetzen. Am 14 Juli 1941 wurde Gauger mit jüdischen und politischen Häftlingen in die „Euthanasie"-Anstalt Sonnenstein bei Pirna transportiert und ermordet. *HL*

Bernhard Heinrich Forck, und folget ihrem Glauben nach, 1949, S. 49 bis 57; Annedore Leber, Das Gewissen steht auf, 1954, S. 108–110; Kurt Schnöring, in: Wuppertaler Biographien, 14. Folge 1984, S. 17–20; Hartmut Ludwig, „Wir sind Staatsfeinde", in: Lutherische Monatshefte 1995, Nr. 9, S. 26–29; Mensing/Rathke, Mitmenschlichkeit, S. 66ff.

Verzweifelter Wagemut um der KZ-Opfer willen
Der bekennende Christ und subversive Grenzgänger
Kurt Gerstein

Am 20. August 1942 trifft im Korridor des Schlafwagens Warschau–Berlin der SS-Obersturmbannführer Kurt Gerstein (1905 bis 1945) auf den schwedischen Diplomaten Baron Göran von Otter. Unter Tränen und äußerst erregt schildert er ihm die unmittelbar vorher von ihm miterlebten grausamen Massenmorde im KZ Belzec. Auch über die Ermordung Geisteskranker im Reich berichtet er und fleht den Schweden an, das im Ausland bekannt zu machen.

Dieser außergewöhnliche, höchst umstrittene Einzelkämpfer gegen den Hitlerstaat ist eigentlich erst durch Rolf Hochhuths Schauspiel „Der Stellvertreter" 1964 bekannt geworden. Er hatte in seinem kurzen Leben in Deutschland viele Wohnsitze, doch Kindheit, Jugend und starke Freundschaften verbanden ihn mit Saarbrücken. Gerstein, als sechstes von sieben Geschwistern in Münster geboren, entstammt einer nationalkonservativen, bürgerlichen Familie. Der Vater war Landgerichtspräsident und wurde 1911 nach Saarbrücken versetzt. Kurt besuchte hier die Grundschule und ab 1915 das Ludwigsgymnasium. Als der Vater 1919 von den Franzosen aus dem Saargebiet ausgewiesen wurde, schlossen sich weitere Schulzeit und Abitur in Halberstadt und Neuruppin an.

Frommer Protest und BK-Engagement

Schon früh zeichnet sich sein Außenseitertum ab. Ein Mitschüler: „Er existierte eigentlich nur noch von den mildernden Umständen, die man seiner Exzentrizität, seinem Witz und dem unbestreitbar Genialen in seinen Einfällen zubilligte." So hisst er 1917, mitten im Krieg, auf dem Generalkommando der Reichswehr in Saarbrücken die weiße Fahne. Später kann er mit einer Gruppe Jugendlicher schon mal Schaufenster von Apotheken beschmieren, wenn dort für Kondome geworben wird. Bei einem neuheidnischen Theaterstück in Hagen protestiert er durch Zwischenrufe und wird anschließend von der HJ verprügelt. Durch die Schülerbibelkreise findet er in den zwanziger Jahren zu einem sehr persönlichen Glauben. Gerstein wird ein engagierter, freilich auch moralisch rigoroser Jugend- und Freizeitleiter. Obwohl selbst körperlich eher ungelenk, fasziniert er Jugendliche außerordentlich. Zweifellos neigt er zum Exzentrischen und liebt große Auftritte, aber er ist auch ein aufrichtiger, kompromissloser Gottsucher. Besonders geht es ihm um „Ehre und Reinheit" des Geschlechtslebens. Als Reichsbischof Ludwig Müller 1934 die Evangelische Jugend in die HJ einverleiben lässt, protestiert er in einem Telegramm: „Kirche stirbt von Bischofshand. In Scham und Trauer über solche Kirche: Gerstein, Diplom-Ingenieur."

1933 war Gerstein, wie der Vater und seine Brüder, in die NSDAP eingetreten. Das Studium von Mathematik, Physik und Bergbau hatte er mit dem Examen als Bergassessor abgeschlossen. Als er 1936 zur Vorbereitung des Bergmannstages als Beamter der

Saargrubenverwaltung wieder nach Saarbrücken kommt, in die Stadt seiner Jugend, ist er hocherfreut. Er vertieft die schon einige Jahre zuvor über die Jugendarbeit entstandene Freundschaft mit den Brüdern Egon und Helmut Franz und deren Eltern, auch seine Kontakte zur BK. Der inzwischen längst Widerständige zu Staat und Partei nutzt seine Tätigkeit für die Saargruben gleichzeitig, um massenhaft Predigten und Protestliteratur der BK zu verschicken, teilweise an hochgestellte Juristen. Alles auf eigene Kosten, wie er überhaupt großzügig mit seinem Geld umging. Gersteins Tätigkeit wird entdeckt. Die Gestapo verhaftet ihn im September 1936 in seinem Saarbrücker Dienstzimmer und findet in seiner Wohnung Tausende versandfertige Umschläge. Wegen „der Planung eines konzentrierten, systematischen und organisierten literarischen Massenangriffs gegen den NS-Staat" sitzt Gerstein für sechs Wochen, zunächst in U-Haft in der Alexanderstraße, dann im Gefängnis Lerchesflur ein. Er wird aus der Partei ausgeschlossen, als Beamter bei den Saargruben entlassen und kann seine weitere Laufbahn vergessen. In Tübingen nimmt er ein Medizinstudium auf – inzwischen hat er geheiratet –, kommt aber 1938 wieder für zwei Wochen ins KZ Welzheim bei Stuttgart.

Eine subversive SS-„Karriere"

Vergeblich bemüht er sich, seinen Parteiausschluss aufheben zu lassen, weil der ihm seine berufliche Zukunft verbaut. Auch finanziell ist er am Ende. In diese Zeit fällt sein Entschluss, sich bei der SS zu bewerben. Mit dazu beigetragen hat die Ermordung seiner geisteskranken Schwägerin Bertha Ebeling, Tochter eines Alt-Saarbrücker Pfarrers, in der Tötungsanstalt Hadamar. Von diesem Augenblick an, so Gerstein später, „beschloß ich, auf jeden Fall den Versuch zu machen, in diese Öfen und Kammern hineinzuschauen, um zu wissen, was dort geschieht." Das bei Gersteins politischer Vergangenheit Unglaubliche gelingt. Im März 1941 erreicht ihn sein Stellungsbefehl zur SS-Grundausbildung im Haus der Familie Franz in Saarbrücken. Sein Freund Helmut ist entsetzt: „Ich sagte ihm, ich hielte dieses Unternehmen für ein wahnsinniges Gott-Versuchen, für eine Provokation des Schicksals." Auch der Saarbrücker BK-Pfarrer Otto Wehr rät ab: „Meinen sehr starken Bedenken gegen diesen Plan, in das Lager der dämonischen Mächte hineinzugehen, begegnete er mit leidenschaftlicher Entschlossenheit." Gerstein macht eine schnelle „Karriere" bis ins Hygiene-Institut der Waffen-SS, wo er mit dem Blausäurepräparat „Zyklon B" zu tun bekommt. Eben dies führt ihn im August 1942 auf jene Dienstreise nach Polen. Es geht damals darum, die Tötung der Menschen durch Dieselmotor-Abgase auf die Vergiftung durch „Zyklon B" umzustellen. In Belzec wird er Zeuge des grauenhaften Geschehens, das er später in seinem Bericht schildert, der zu den erschütterndsten Zeugnissen des Holocaust gehört. Von dem Augenblick, als der Zug der Nackten in die Todeskammern geht, schreibt er: „Ich bete mit ihnen. Ich drücke mich in eine Ecke und schreie laut zu meinem und ihrem Gott. Wie gern wäre ich mit ihnen in die Kammern gegangen. Sie hätten dann einen uniformierten SS-Offizier bei ihnen gefunden. Die Sache wäre als Unglücksfall aufgefaßt worden. Noch also darf ich nicht. Ich muß noch zuvor künden, was ich hier erlebe."

Wie der schwedische Diplomat erfahren bald auch andere durch ihn von den Verbrechen in Polen. Sehr enttäuscht ist er darüber, dass er in der Berliner päpstlichen Nuntiatur abgewiesen wird. Aber Otto Dibelius, Otto Wehr und nicht wenige Freunde berichten später von den Gesprächen. Egon Franz: „Ich sehe noch sein schmerzvoll verzogenes Gesicht vor mir, als er sagte: ‚Es ist fast unmöglich, daran zu glauben, daß Christus auch für diese SS-Rabauken gestorben ist, und doch ist es so.'"

Der ungeklärte Tod am Fensterkreuz

Die restlichen Kriegsjahre lebt Gerstein in nervöser Spannung, zumal nichts geschieht und das Ausland schweigt. Obwohl er jetzt weiß, was damit geschieht, muss er weiter „Zyklon B" beschaffen. Er sagt später, alle gelieferten Sendungen habe er unschädlich gemacht oder umgeleitet.

In den letzten Kriegstagen fährt er von Berlin zu seiner Familie nach Tübingen und stellt sich in Reutlingen den französischen Truppen. Im Rottweiler Arrest schreibt er seinen Bericht. Kurz vorher, im März, hatte ihn sein Saarbrücker Freund Helmut Franz noch einmal getroffen. Der hatte ihn gefragt, wie er es wohl anstellen wolle, den Besatzungsmächten klar zu machen, dass seine SS-Mitgliedschaft immer nur vorgetäuscht gewesen sei. Doch Gerstein war ganz zuversichtlich. Seine Kontakte zu Widerstandskreisen und sein detaillierter Bericht, so hatte er gemeint, würden ihn schon als glaubhaft ausweisen. Doch es kommt ganz anders.

Die Franzosen klagen ihn als Kriegsverbrecher an, schaffen ihn außer Landes, und am 25. Juli 1945 findet man Kurt Gerstein im Pariser Militärgefängnis Cherche-Midi am Fensterkreuz erhängt vor. Zwar ist die Befürchtung, er könne dort einem „Kameradenmord" zum Opfer gefallen sein, nie verstummt und auch nicht ganz abwegig. Doch ist auch ein Suizid glaubhaft, weil er daran zerbrochen ist, seine Lauterkeit nicht nachweisen zu können. Zur Summe seines Lebens erinnert Helmut Franz an Dietrich Bonhoeffers Äußerung: „Die letzte, verantwortliche Frage ist nicht, wie ich mich heroisch aus der Affäre ziehe, sondern wie eine kommende Generation weiterleben soll." Genau dies, meint Franz, hat sich in Gersteins Geschick realisiert.   *HDO*

Pierre Joffrey, Der Spion Gottes. Kurt Gerstein – ein SS-Offizier im Widerstand, Berlin 2002; Jürgen Schäfer, Kurt Gerstein – Zeuge des Holocaust. Ein Leben zwischen Bibelkreisen und SS, Bielefeld 1999; Bernd Hey/Matthias Rickling/Kerstin Stockhecke, Kurt Gerstein – Widerstand in SS-Uniform, Bielefeld 2000; Helmut Franz, Kurt Gerstein – Außenseiter des Widerstandes gegen Hitler (Nachdruck der vergriffenen Ausgabe von 1964. In beschränkter Anzahl noch über den Autor H. Franz, Postfach 1260, 66578 Schiffweiler erhältlich); Rolf Hochhuth, Der Stellvertreter, Reinbek bei Hamburg 1963, S. 228–274.

Ein Zufluchtsort für die Bekennende Kirche
Die Villa des Barmer Fabrikanten Willy Halstenbach

Der Wuppertaler Fabrikant Carl Wilhelm Halstenbach (1886 bis 1958) ist vor allem als Eigentümer eines geräumigen Hauses bekannt geworden, der „Villa Halstenbach". In uneigennütziger Weise hat er deren Räumlichkeiten der BK für ihre Begegnungen, Sitzungen, Gespräche und Veranstaltungen zur Verfügung gestellt. Dadurch erhielt die BK einen Schutzraum vor den unmittelbaren Nachstellungen der Gestapo, den sie nahezu unbegrenzt nutzen konnte.
Halstenbach war der Sohn eines „Posamentiers", eines Webers, der Borten, Schnüre, Fransen und andere textile Besatzartikel zum Verzieren von Kleidung und textilen Wand- und Fensterdekorationen herstellte. Der Großvater, ein Maurer aus dem Oberbergischen, hatte sich nach 1870 in Barmen niedergelassen. 1923 hatte Halstenbach das Haus Am Diek 47 von der Witwe Auguste des

Kommerzienrates Louis Lekebusch gekauft. Errichtet worden war das Fachwerkhaus bereits 1807, und verschiedene Anbauten waren ihm im Laufe der Zeit hinzugefügt worden.

Das Unternehmen Halstenbach & Co stellte elastische Gewebe her und versuchte sich auch mit Erfolg im Maschinenbau. In seiner Freizeit widmete sich der musisch begabte Unternehmer der Malerei. Bevorzugte Sujets waren Portraits, unter anderem von Persönlichkeiten der BK, und Küstenlandschaften aus Holland, der Heimat seiner Frau.

Wie sein Vater wurde auch Willy Halstenbach Mitglied in kirchlichen Gremien, vor allem im Presbyterium seiner Gemeinde Barmen-Gemarke. Von 1927 bis zu seinem Tode wirkte er im Vorstand der Evangelistenschule Johanneum, und 1934 wurde er in das Moderamen des Reformierten Bundes gewählt.

Abschied von der deutsch-christlichen Illusion

Den nationalen Aufbruch begrüßte Halstenbach zunächst. Er wurde Mitglied bei den „Deutschen Christen", weil er deren volksmissionarische Arbeit unterstützte. Als August Jäger im Juni 1933 zum Staatskommissar für die evangelischen Kirchen der Altpreußischen Union ernannt wurde und in jeder Gemeinde ebenfalls einen staatlichen Kommissar einsetzte, zeigte Halstenbach Bereitschaft, in seiner Gemeinde als Kommissar zu amtieren. In langen Gesprächen mit den Barmen-Gemarker Pastoren Harmannus Obendiek und Karl Immer konnte er überzeugt werden, dass diese Maßnahme eine Vergewaltigung der Kirche darstellte. Er verließ die DC und schloss sich der entstehenden BK an. Im November 1933 finden wir seinen Namen zusammen mit 452 anderen aus Gemarke unter einer Entschließung, die gegen die Irrlehre der DC gerichtet war. Im März 1934 gehörte er zu den Veranstaltern eines rheinisch-westfälischen Gemeindetages „Unter dem Wort", der 25 000 Christinnen und Christen in die Dortmunder Westfalenhalle führte.

Als die Gemeindehäuser und die Pastorate der Wuppertaler BK-Pfarrer immer häufiger von der Gestapo durchsucht wurden und die Sitzungen des Bruderrates und anderer Gremien der BK immer öfter polizeilich beobachtet, später verboten und gesprengt wurden, lud Halstenbach die Repräsentanten der BK in seine Villa ein. Zahlreiche Treffen fanden dort statt, wobei sich der Hausherr, seine Frau und seine sechs Kinder als großzügige Gastgeber zeigten. Diese Gastfreundschaft barg Gefahren für Halstenbach, denn in unmittelbarer Nachbarschaft war die örtliche Verwaltung des Reichsluftschutzbundes untergebracht, und dort veranstaltete die Barmer SA ihre manchmal wüsten Gruppenabende.

In besonderer Weise ist die Villa Halstenbach mit der Gründung der Kirchlichen Hochschule Wuppertal verbunden. Halstenbach war Mitglied des Ausschusses, der die Gründung der Hochschule in Barmen vornahm, später auch des Kuratoriums. In seinem Haus fanden die letztlich vergeblichen Verhandlungen statt, um Karl Barth als theologischen Lehrer in Deutschland zu halten, und als die Gestapo im Oktober 1935 Barth nach einem Besuch in Barmen kurzzeitig verhaftete und mit dem Zug über die Schweizer Grenze abschob, zahlte Halstenbach ihm den Zuschlag für eine Eisenbahnfahrkarte zweiter Klasse. Ein Jahr darauf war Barth erneut Gast in der Villa Halstenbach, wo im Kreis führender Persönlichkeiten der BK sein 50. Geburtstag gefeiert wurde und er als Geschenk ein Portrait erhielt, das Willy Halstenbach gemalt hatte.

1937 wurde die Lehrtätigkeit der Hochschule verboten, doch sie arbeitete weiter in der Illegalität, und in der Villa Halstenbach fanden Vorlesungen statt und wurden Prüfungen abgenommen. Im Kriege beherbergte das Haus die Vortragenden des „Eckart"-Kreises, einer Gruppe von Leuten, die die Begegnung deutscher Dichtkunst mit christlichem Glauben suchten. Initiiert hatte die Treffen der Wuppertaler Pfarrer Hermann Lutze, als Gäste kamen Rudolf Alexander Schröder, Otto Gmelin, August Winnig, Hanna Stephan und Albrecht Goes. Nach den Lesungen traf man sich in kleinerem Kreis in der Villa Halstenbach. Schröder erschien 1943 ein zweites Mal, seine Lesung hinterließ einen tiefen Eindruck bei den Hörern in der vorher durch zwei Bombenangriffe zerstörten Stadt. Zwischen dem Dichter und dem Fabrikanten entwickelte sich ein freundschaftliches Verhältnis, insbesondere nach dem Tod des ältesten Sohnes an der Ostfront, zu dessen Gedenken Schröder eigens ein Gedicht verfasste.

Eine Keimzelle der CDU

Rudolf Alexander Schröder besuchte Wuppertal auch nach dem Krieg und war, ebenso wie andere, Gast in der Villa zu so genannten „Halstenbach-Abenden". Im Hause Halstenbach hatten sich bereits am 4. Juni 1945 die Bevollmächtigten des Preußischen Bruderrates für den Westen zu ihrer ersten Sitzung nach dem Krieg getroffen. Auch das Kuratorium der Kirchlichen Hochschule hatte seine Arbeit mit einer Zusammenkunft in der Villa wieder aufgenommen.

Es ist noch der Erwähnung wert, dass Willy Halstenbach sich für eine „Anhebung des musikalischen Niveaus" der Gottesdienste in Gemarke einsetzte und die Gründung der Kantorei Barmen-Gemarke mit dem Kantor Helmut Kahlhöfer durchsetzte, der im Gartenhaus der Villa Quartier bezog. Schließlich soll nicht vergessen werden, dass am 17. August 1945 in der Villa eine „evangelische Tagung" mit 17 Teilnehmern, unter ihnen Robert Pferdmenges, Gustav Heinemann und Otto Schmidt, stattfand. Nach einem kurzen Vortrag des Pfarrers Hermann Lutze zum Thema „Der Christ und die Politik" fiel die Entscheidung für eine christliche Partei, die CDP. Im September fuhren neun Wuppertaler zur Gründungsversammlung der rheinischen CDP nach Köln. Wenig später nannte sich die neue Partei CDU.

Willy Halstenbach erlag nach kurzer Krankheit 1953 einem Schlaganfall.   VW

Rainer Hendricks, Villa Halstenbach. Geschichte eines Hauses und der Fabrikantenfamilien Mittelsten-Scheid, Lekebusch und Halstenbach, Schwelm 1996.

„Die Menschen sind nicht Gottes Marionetten"
Gustav W. Heinemanns BK-Engagement und (kirchen-)politische Karriere

Der Jurist Dr. Gustav W. Heinemann in Essen sah sich gleich 1933 zu Protesten gegen unrechtmäßiges Vorgehen herausgefordert. Als der Essener Anwaltsverein am 2. Mai 1933 mit einer Mehrheit von 43 Stimmen den Ausschluss der Anwälte jüdischer Herkunft beschloss, stimmte er mit vier Kollegen dagegen. Ebenso protestierte er in seiner Kirchengemeinde Essen-Altstadt gegen drei Kirchmeister der „Deutschen Christen", die in einem rechtlich unzulässigen Verfahren gewählt worden waren: „Diese Wahl ist null und nichtig." Als im Herbst Pastor Friedrich Graeber von der rheinischen Kirchenleitung seines Amtes enthoben wurde, gab er in einem Brief seiner Bestürzung über dieses Vorgehen Ausdruck: „Ein Mann, der wie Pastor Graeber so viele Menschen durch Wort und Tat zur evangelischen Kirche geführt hat, verdient wahrlich eine andere Behandlung!" Er setzte sich auch Ende 1933 für den zwangsbeurlaubten Pastor Wilhelm Busch ein, der gegen die Eingliederung der evangelischen Jugend in die HJ protestiert hatte.

Um nicht vom Strom der Mehrheit mitgerissen zu werden, war Gustav Heinemann (1899–1976) in den Folgejahren um ein Doppeltes bemüht: um die theologische Klärung der eigenen Position und die Sammlung gleichgesinnter Christen.

So war er Friedrich Graeber behilflich, als der im Mai 1933 die Gemeinschaft der „Freien Evangelischen Presbyterianer" gründete. Heinemann übernahm hier den Posten des Schatzmeisters und mietete für die Gottesdienste den städtischen Börsensaal an. Gegen das Vertrauen auf den „Führer" und gegen den „ungeistlichen Einheitsfimmel", die auch in der Kirche beherrschend geworden waren, setzte er den Kernpunkt reformatorischen Glaubens, „daß es nur und ausschließlich eine Bindung an die Schrift, aber niemals und in keiner Weise eine Bindung an Menschen gibt". So nahm er im Mai 1934 an der Barmer Synode teil und begrüßte die sechs Thesen, die dort verabschiedet wurden; sie blieben ihm Maßstab für sein ganzes Leben, und er beobachtete kritisch, ob die Kirchen „die immer wiederkehrenden Versuche abwehren, sich für fremde Zwecke oder Interessen einspannen zu lassen". Heinemann trat 1935 dafür ein, die Kirchenausschüsse abzulehnen, mit denen die BK gefügig gemacht werden sollte. 1937 übernahm er den Vorsitz des Essener CVJM. Ihm schien nötig, dass „gegenüber dem Ansturm des organisierten Anti-Christentums enger zusammengehört, was zu Christus hält". Er legte den jungen Mitgliedern biblische Texte aus und zog die Kirchengeschichte zum Vergleich mit der Gegenwart heran.

Im Keller des Hauses Heinemann wurde ein Nachrichtenblatt vervielfältigt, das die Mitglieder der BK über den Stand des Kirchenkampfes ins Bild setzte. In die Öffentlichkeit hinein wirkten Bittgottesdienste, in denen die Namen von Inhaftierten genannt wurden. Als in Berlin der Prozess gegen Pastor Martin Niemöller lief, der geheim gehalten werden sollte, übermittelte Heinemann Nachrichten darüber an seinen Freund Ernst Lemmer, der sie ans Ausland weiterleitete.

Heinemann scheute sich nicht, auch innerhalb der Bekennenden Kirche eine eigene Position gegen eine Mehrheit zu vertreten. Als 1936 auf der Bekenntnissynode von Bad Oeynhausen die Lutheraner darauf drängten, Lutheraner und Reformierte sollten getrennt beraten, trat Heinemann als Sprecher der Unierten auf und bestand auf einer gemeinsamen Verhandlung. Sein Ziel war es, die Gemeinden selbständiger zu machen und gegenüber den staatlichen Angriffen flexibel zu reagieren. Als sich die Bruderräte der BK seinen Vorschlägen verschlossen, trat er nach monatelanger Überlegung im Frühjahr 1939 von seinen Ämtern in der BK zurück und begründete diesen Schritt in einem ausführlichen Grundsatzpapier.

Er blieb der BK aber dadurch verbunden, dass er verfolgten Menschen Hilfe leistete. Dazu gehörte auch die Unterstützung von Juden und Christen jüdischer Herkunft. Seine jüngste Tochter Barbara Wichelhaus in Köln erinnert sich heute:

„Am 10. November 1938 nahm mich mein Vater bei der Hand zum Besuch bei Fräulein Knoch und Fräulein Marten. Die beiden alten Lehrerinnen wohnten in der Nähe, waren Glieder unserer Kirchengemeinde und hielten sich zur Bekennenden Gemeinde. Sie stammten aus jüdischen Familien. Wir trafen zwei verängstigte Frauen; am Vorabend waren jüdische Geschäfte verwüstet und jüdische Synagogen niedergebrannt worden. Der Besuch sollte harmlos aussehen. Wohl deshalb nahm mein Vater mich mit. Ich war fünf Jahre alt.

Zu den jüdischen Bekannten meines Vaters gehörte der damalige Landgerichtsdirektor Dr. Hermann Ferse. Er gehörte zum Vorstand der jüdischen Gemeinde in Essen und wollte sich nicht zur Auswanderung entschließen. Im November 1941 wurde der jüdischen Gemeinde die Deportation angekündigt. Am Vorabend des Transportes besuchte mein Vater das Ehepaar Ferse in dem den Juden zugewiesenen Judenhaus. Ferse bat ihn, sich für seine Pensionsansprüche einzusetzen. Außerdem bat er um eine Taschenlampe. Am nächsten Tag wurden er und seine Frau mit den anderen Juden nach Minsk deportiert. Sie kehrten nicht zurück. Sie wurden dort umgebracht.

Im Herbst 1944 wurden die letzten der rassisch Verfolgten aus den westlichen Industriegebieten abtransportiert, um im Bergland zwischen Weser und Leine die Kriegsproduktion fortzusetzen. In Essen tauchten über 50 Betroffene unter. Einzelne Glieder der Bekennenden Gemeinde und auch meine Eltern wollten diese Menschen unterstützen, die in Ruinen, Kellern und Friedhöfen hausten, auch in der Rüttenscheider Kirche und in den Kellern der benachbarten Pfarrhäuser von Heinrich Held und Johannes Böttcher. Es entstand ein Netz, in dem Abschnitte von Lebensmittelkarten, haltbare Naturalien oder Nahrungsmittel aus Sonderrationen nach Luftangriffen gesammelt und an geheim gehaltenen Orten niedergelegt wurden.

Meine Eltern haben ihre Mitwirkung in der Essener Bekennenden Gemeinde als gemeinsame Aufgabe verstanden. Sie haben privat und öffentlich das Thema Judenhilfe selten zur Sprache gebracht. Sie wußten, daß sie ungenügend war." Als Mitglied des Rats der EKD unterschrieb Gustav Heinemann im Oktober 1945 in Stuttgart die Schulderklärung, in der es hieß: „Mit großem Schmerz sagen wir: Durch uns ist unendliches Leid über viele Völker und Länder gebracht worden." Es belastete Heinemann, dass dieses Schuldbekenntnis in Kirche und Volk nur von wenigen aufgenommen wurde. Er wünschte, dass es „nicht aus dem Bewußtsein unserer Gemeinde verschwände. Nach meiner Überzeugung wird Gott uns keinen Weg in eine neue Freiheit schenken, wenn wir nicht in voller Bereitschaft durch die Tür dieser Erklärung hindurchgehen, ein jeder auf seine Weise." Ihm blieb die Erklärung der „Dreh- und Angelpunkt" seines Denkens.

Heinemanns Fundament, von dem aus er nach 1933 und auch nach 1945 zu widersprechen wagte, war sein Glaube an die Heilstat Jesu Christi und an die Weltherrschaft Gottes. Im Kriege tröstete er Glieder des CVJM: „Je größer die Zahl der Unbekannten in der gegenwärtigen Kriegsrechnung ist, um so deutlicher mag uns der einzig wirklich bekannte Faktor bewußt werden: ‚Gott regiert die Welt'." Als er Kandidat für das Amt des Bundespräsidenten war, stellte ihm ein Interviewer 1968 Fragen nach seinem Glauben. Als er ihm Dorothee Sölles Satz entgegenhielt: „Wie man nach Auschwitz den Gott loben kann, der alles so herrlich regieret, das weiß ich auch nicht" – erwiderte Heinemann: „Die Menschen sind nicht Gottes Marionetten. Gott läßt uns eine eigene Entscheidung offen. Auschwitz ist mit anderen Worten nicht eine Tat Gottes, sondern eine Tat von Menschen, die aus eigener Entscheidung handelten." Auf die Nachfrage, wie sich diese Erkenntnis für ihn als Politiker auswirke, antwortete er: „Gottes Weltregiment bleibt, auch wenn Mitspieler ausscheren. Welt und Menschheit bleiben in Gottes Hand. Damit ist uns eine große Hilfe der Orientierung gegeben."

Nach 1945 wirkte Heinemann auf kirchlicher wie auf politischer Ebene. Er war bis 1961 Mitglied des Rats der EKD und 1949–1955 Präses der EKD-Synode. 1945 gründete er in Essen die CDU mit, wurde Oberbürgermeister der Stadt und 1949 im ersten Kabinett Adenauer Bundesinnenminister. Von diesem Amt trat er 1950 aus Protest gegen die geplante Aufrüstung der Bundesrepublik zurück. Über die „Gesamtdeutsche Volkspartei"(GVP) versuchte er, auf einen Ausgleich zwischen Ost und West hinzuarbeiten, doch scheiterte die GVP an der Fünf-Prozent-Klausel. Als Mitglied der SPD (seit 1957) formulierte Heinemann das Godesberger Programm mit, wurde 1966 in der Großen Koalition Bundesjustizminister und setzte wichtige Reformen in Gang. 1969–1974 war er Bundespräsident. Er starb am 7. Juli 1976 in Essen. *DK*

Werner Koch, Heinemann im Dritten Reich. Ein Christ lebt für morgen, Wuppertal 1972; Diether Koch, Heinemann und die Deutschlandfrage, München 1972; Jörg Ettemeyer, Gustav W. Heinemanns Weg im evangelischen Kirchenkampf 1933–1945, Heidelberg (Diss. theol.) 1993.

„Er beugte sich nicht der Macht und dem allgemeinen Geschwätz"
Karl Hermann, Schulprofessor und Leiter der BK-Gemeinde Koblenz

Der Gründung einer Bekennenden Gemeinde in Koblenz standen große Widerstände entgegen. Im Presbyterium der Gesamtkirchengemeinde hatten die Deutschen Christen eine Mehrheit und unter ihnen besonders die so genannten Thüringer mit Pfarrer Rudolf Wolfrum.[1] Diese Gruppe setzte die Gesamtgemeinde unter erheblichen Druck, so dass keine der vorhandenen Gemeinden, aber auch keiner der Pfarrer bereit waren, sich der BK anzuschließen. Außerdem konnten die DC verhindern, dass einer neu entstehenden Bekenntnisgemeinde kirchliche Räume zur Verfügung gestellt wurden. Da entschloss sich Karl Hermann (1871 bis 1940), ein wegen seiner pädagogischen Fähigkeiten hoch geachteter Schulprofessor am Kaiserin-Augusta-Gymnasium, die Gründung einer Bekenntnisgemeinde in die Hand zu nehmen. Er verschickte Einladungen zu einem Treffen und entschied sich, an der Barmer Bekenntnissynode 1934 teilzunehmen.

Seine Herkunft und Lebensgeschichte prädestinierten ihn nicht unbedingt für ein Engagement in der BK. In seinen Lebenserinnerungen schrieb er, dass er „im Idealismus die geistige Atmosphäre fand, die meinem eigenen Empfinden näher war als das kirchliche

---

1 Karl Hermann, Lagebericht, 18.7.1938: „Schon weil Koblenz auch eine feste Bastion der Thüringer ist". Verweise ohne Seitenzahlen beziehen sich auf unveröffentlichte Texte Hermanns.

Christentum". Aber eine Begegnung mit der Theologie Karl Barths Mitte der zwanziger Jahre brachte eine Änderung mit sich: Sie sei „eine in ihrer Nüchternheit, Folgerichtigkeit und Unbedingtheit ungemein eindringliche Lehre, hart in ihrem Aufräumen mit vielem, woran das fromme Herz der Gewohnheitschristen hängt, großartig in ihrer umfassenden Weltsicht und aktuell nicht nur in der gegenwärtigen historischen Situation, sondern auch in ihrer Kritik an den Gegenwartsschäden der Kirche, in ihrem Abrechnen mit dem Weg, den die Kirche seit den Tagen der Reformation genommen hatte."

Der Schriftsteller Gerhard Nebel, ein Schüler Hermanns, hat ihn und seine theologische Entwicklung so beschrieben:

Er war ein Kulturprotestant Harnackscher Prägung, der die Bibel ausschließlich als historisches Dokument und mit philologischen Methoden behandelte. [...] Das war vor Karl Barth und vor der Luther-Renaissance, die mit dem Namen Karl Holls verknüpft ist. Derselbe Hermann nun war nach 1933 verwandelt, er schloß sich der Bekennenden Kirche an, stellte sein Haus für die illegalen Prüfungen der jungen Theologen zur Verfügung, erduldete Haussuchungen und Verhöre. Derselbe Umbruch in seiner politischen Gesinnung – vorher, ein hartnäckig sich erhaltender und besprochener, nie zum Gezänk absinkender Gegensatz gegen mich, ein wilhelminischer Patriot, vielleicht sogar in sofern ein Nationalist, [...] stellte er sich gegen den Nationalismus, als dieser zur Macht gekommen war. Er rühmte danach am deutschen Volkscharakter die Offenheit, die Weichheit, das Vermögen, Fremdes aufzunehmen, er verabscheute Hitler so, daß er im zweiten Weltkrieg, dessen Anfang er noch erlebte, die Niederlage des Vaterlandes dem Sieg des dämonischen Demagogen vorzog.

Gerhard Nebel, Alles Gefühl ist leiblich. Ein Stück Autobiographie, hg. von N. Riedel (Marbacher Bibliothek 6), Marbach 2003, S. 34f.

Die Veranstaltungen der Bekenntnisgemeinde waren so gut besucht, dass schließlich nur noch die größten Räume in Koblenz die Teilnehmer fassen konnten. Dafür lassen sich zwei Gründe nennen. Die DC und vor allem Pfarrer Wolfrum erregten durch ihr anmaßendes und gelegentlich gewaltsames Auftreten großen Widerwillen bei vielen evangelischen Christen, was sie nach etwas anderem Ausschau halten ließ. Und der Versuch des NS-Staates, den Kirchenkampf durch fast völliges Totschweigen in den Medien auszutrocknen, weckte im Gegenteil den Wunsch nach besserer Information, die man sich bei der BK erhoffte. Darum hat Hermann über Jahre hinweg detaillierte „Berichte zur Lage" bei den Versammlungen der BK erstattet, die diesem Wunsch entgegenkamen, zugleich aber auch Sympathie für die BK weckten und die Bereitschaft, sich ihr anzuschließen. Er wandte sich entschieden gegen die Auffassung der DC, dass es außer Christus noch andere Quellen der Offenbarung gebe. Er sah sie im Grunde in der Nähe der „Deutschen Glaubensbewegung". Darüber hinaus hoffte er, dass die BK zu einer Erneuerung der evangelischen Kirche in Deutschland überhaupt führen werde, wodurch das Erbe des 19. Jahrhunderts überwunden, Christus wieder zum alleinigen Zentrum werden und die Gemeinden als Herzstück der Kirche mehr in den Mittelpunkt gerückt würden. Und er erhoffte sich, dass der Glaube an Jesus Christus ein „Eckstein" im Bau eines neuen Deutschland werden würde.

Hausdurchsuchungen und Verhöre

Der Zustrom von Menschen zur BK und ihr reges geistliches Leben weckten Argwohn und heftige Gegenwehr. Die Behinderung von Veranstaltungen durch Verweigerung von kirchlichen Räumen wurde schon genannt. Bald wurden auch mündliche und schriftliche Verleumdungen durch die DC ausgestreut. Hermann musste sich gegen den Vorwurf wehren, die BK sei ein Hort der Reaktion, ihr kirchliches Aushängeschild sei Tarnung für politischen Widerstand, sie stehe in Wirklichkeit dem Bolschewismus nahe. Besonders traf ihn der Vorwurf mangelnder Vaterlandsliebe. Gelegentlich eskalierte der Kirchenkampf durch den Versuch von Pfarrer Wolfrum, Veranstaltungen der BK für die DC zu nutzen oder die Kanzel zu usurpieren, wenn ein auswärtiger Pfarrer der BK einen Gottesdienst halten sollte. Insgesamt waren diese Angriffe zwar lästig, aber angesichts der Tatsache, dass die DC zunehmend an Mitgliedern und Gottesdienstbesuchern verlor, nicht sehr gefährlich.
Bedrohlicher waren Beobachtung und Eingriffe staatlicher Stellen, vor allem der Gestapo. Ihre Vertreter nahmen an den Veranstaltungen der BK teil, wo sie gelegentlich von Hermann direkt begrüßt wurden, um die Anwesenden vor ungeschickten Äußerungen zu warnen. Gefährlich waren Hausdurchsuchungen und Verhöre bei der Polizei, wie Nebel sie geschildert hat. Bei den Hausdurchsuchungen wollten die Beamten die Kartei der Gemeindemitglieder finden. Einmal konnte das nur knapp verhindert werden. Als die Gestapo klingelte, begab Hermann sich zur Haustür, sprach mit

den Beamten und hielt sie eine kleine Zeit im Hauseingang auf, während seine Frau ein Versteck suchte. Ihr fiel in der Eile nur der Uhrenkasten ein, der, wie sie aus dem Märchen vom Wolf und den sieben Geißlein wusste, ein sicherer Ort ist. Die Kartei wurde nicht gefunden. Hermann war sich dessen bewusst, dass noch ganz andere Gefahren drohten. Der junge Hermann Loh, der eine Zeit lang als Vikar der Bekenntnisgemeinde in Koblenz zugeteilt gewesen war, wurde kurze Zeit danach ins Gefängnis eingeliefert. Hermann war letztlich wohl bereit, diese Konsequenzen auf sich zu nehmen, wenn es sein sollte. Er war – so Gerhard Nebel – „ein Exempel des Eigenseins, der Furchtlosigkeit – er beugte sich weder der Macht noch dem allgemeinen Geschwätz, sondern hielt sich nur an das, was er als Wahrheit erfuhr."

Grenzen der Furchtlosigkeit

Doch wusste er auch, dass furchtlosem Eintreten für die Wahrheit Grenzen gesetzt sein können. Einmal schreibt er: „Wer kann denn von uns aus mit wirklich gutem Gewissen den Vers singen: ,Nehmen sie den Leib, Gut, Ehr, Kind und Weib, lass fahren dahin', wo Opportunitätsgründe uns täglich vom Handeln nach unserer innersten Überzeugung abhalten. So zeigt, ganz zugespitzt einmal gesagt, das Konzentrationslager uns täglich unsere Sündhaftigkeit." Wie schnell eine solche Situation eintreten konnte, habe ich, sein Enkel, mit ihm erlebt. Es muss ein oder zwei Tage nach der Reichspogromnacht gewesen sein, ich war acht Jahre alt, als mein Großvater uns besuchte. Wir wohnten in Bonn in der Bennauerstraße, an deren Ende eine Synagoge stand bzw. gestanden hatte. Wir beide machten einen Spaziergang und gingen an der noch rauchenden Ruine vorbei, die gerade abgerissen wurde. Ich erzählte ihm unaufhörlich, was mir gerade einfiel, bis ich merkte, dass er nicht antwortete. Ich blickte zu ihm auf und sah, wie Tränen über sein Gesicht liefen. Das blieb mir unvergesslich, aber ich erinnere mich auch, dass weder er noch ich ein Wort dazu sagten. Karl Hermann starb am 9. November 1940 – zwei Jahre nach der von ihm erlebten Reichspogromnacht. Die Beteiligung an seiner Beerdigung war groß und ein eindrucksvolles Zeichen für sein Wirken im Kirchenkampf. *HP*

Gerhard Nebel, Alles Gefühl ist leiblich. Ein Stück Autobiographie, hg. von N. Riedel (Marbacher Bibliothek 6), Marbach 2003.

Sie versteckten die Verfolgten
Erinnerungen an Klara und Anna Herzog (Essen-Rüttenscheid)

Das habe ich wirklich nicht gewusst, dass die „Herzoginnen" in den letzten Kriegsmonaten eine Jüdin in ihrer Wohnung versteckt hielten, die auf diese Weise der Deportation entgehen und die grauenhafte Zeit der Judenverfolgung in Deutschland überleben konnte. Die jüngst verstorbene Alma Hoch, geb. Sahm (1918 bis 2003), eine frühere Konfirmandin meines Vaters, des Pfarrers Heinrich Held, berichtete es mir, als ich sie vor wenigen Jahren besuchte. Ich wollte sie wiedersehen, die unserer Familie so zugetan war, und ihre Erinnerungen an meinen Vater und an die damalige Zeit abfragen, die ich als Jugendlicher miterlebt hatte, vor nun mehr als zwei Generationen – an ein Damals, dessen miterlebte Wirklichkeit bei mir schon stark verblasst ist und bei den Nachgeborenen bald gänzlich ins Reich des Vergessens zu versinken droht.

Fluchthilfe für die Verfolgten

Alma berichtete es mir, als ich ihr erzählte, dass ich auf der Suche nach den Spuren der Versteckaktionen für jüdische Bürgerinnen und Bürger war, die Pfarrer Johannes Böttcher und mein Vater unternahmen, als die letzten von ihnen noch im Herbst 1944 verschleppt werden sollten, als das bittere Ende des Krieges sich für sie schon befreiend abzeichnete.

Meine Mutter hat zu dieser Fluchthilfe später die folgenden stichworthaften Notizen gemacht: „Sept. 1944 neue Aktion gegen bisher verschonte Juden, die arisch verheiratet und zur christlichen Kirche gehörten. Es kam Befehl an einem Sonntagmittag, dass sie sich am Abend zum Abtransport einzufinden hätten. Sofort wurden alle Betroffenen besucht, Zuflucht angeboten. Manche fügten sich dem Befehl – wie Herr Professor Dr. Heinrich Reisner, der spätere Leiter des Hauses der Technik (am Essener Hauptbahnhof). Andere nahmen die gebotene Hilfe an. Im Keller der Rüttenscheider Reformationskirche wurden ca. 10 Juden untergebracht, nach Zerstörung der Kirche nahm Pastor Böttcher sie in das Pfarrhaus nebenan, wo sie sich im Heizungskeller ohne Licht u. Wasser aufhielten. Für Essen, Brot und Rauchwaren sorgten die Gemeindeglieder, die Lebensmittelkarten opferten. Im Pfarrhaus Reginenstr. 47 nahm Pastor Held einen Dortmunder Landgerichtsrat (Hans Werner Perls) in seine Familie auf für mehrere Monate, ebenso im Febr. 1945 einen vom Lager entflohenen Essener Herrn (Dr. Philipp Rappaport). Durch Bürgschaft von Pastor Held konnte der schwer erkrankte Professor Dr. Ing. Reisner Ende 1944 in ein Berliner Krankenhaus und später in Hausarrest überführt werden."

An dieser aus dem späteren Erinnern gegebenen Darstellung sind gewiss bei genauerer Prüfung einige Einzelheiten zu korrigieren und zu ergänzen. Aber der Sachverhalt selbst ist zweifellos zutreffend. Ich entsinne mich aus Erzählungen meines Vaters, dass einige der zum Abtransport Befohlenen ihn davon verständigten. Darauf habe er ihnen einen nächtlichen Treffpunkt genannt, wo er ihnen Geld geben wolle, damit sie sich durchschlagen könnten. Er muss ihnen wohl zugesagt haben, oder sie hatten das Zutrauen, dass er ihnen bei der Flucht, beim Untertauchen und beim Verstecken behilflich sein werde. Eines dieser Verstecke fand sich offensichtlich bei den Herzoginnen. So nannten wir in unserer Familie die beiden Schwestern Klara (1883–1961) und Anna Herzog (1887–1966). Sie wohnten in der damaligen Horst-Wessel-Straße, die heute wieder wie vor ihrer nationalsozialistischen Umbenennung Klarastraße heißt. Ihre Wohnung lag im Erdgeschoss eines Hauses zwischen der Julienstraße und dem Rüttenscheider Markt. Es gab einen engen freundschaftlichen, fast familiären Kontakt zwischen ihnen und unserem Pfarrhaus. Ich bin des Öfteren in ihrer Wohnung gewesen, wohl der Botengänge für die BK wegen, in der die Herzoginnen mit Entschiedenheit engagiert waren.

„Klare Gegnerinnen der nationalsozialistischen Weltanschauung"

Dass sie ihre Tür für eine flüchtige Jüdin geöffnet und ihr Unterschlupf bis zum Kriegsende gewährt haben, kann ich natürlich nicht mehr nachprüfen. Mir ist auch nicht bekannt, dass sie Aufzeichnungen darüber hinterlassen haben. Es muss daher bei der mündlichen Überlieferung bleiben. Ich halte sie freilich für durchaus zuverlässig, nicht nur weil Alma Hoch für mich eine glaubwürdige Quelle ist – wie sollte sie sich eine solche Geschichte ausdenken? –, sondern vor allem, weil die beiden Herzoginnen von einem Menschenschlag waren, dass man ihnen so etwas zutrauen kann.

Eigentlich weiß ich nicht viel von ihnen. Sie waren unverheiratet. Die jüngere Schwester Anna war Studienrätin, nach meiner

Erinnerung für Deutsch und Religion, in ihrem Fach kompetent und mit einer spürbaren persönlichen Autorität ausgestattet. Man merkte, dass sie von ihren Schülerinnen etwas verlangte, und konnte fast ein wenig Angst vor ihr haben. Die andere Schwester, Klara, hatte weit weniger strenge Züge und führte den Haushalt. Sie entstammten einer Kaufmannsfamilie. Ihr Bruder war seit 1923 Pfarrer in Velbert. Dorthin zogen sie kurzfristig bei Kriegsende, als ihr Haus von Bomben getroffen worden war. Die versteckte Jüdin, so wusste Alma Hoch zu berichten, war nach dem Ende der Schrecken sobald wie möglich in die Vereinigten Staaten ausgewandert, hatte noch einmal geschrieben und dann nichts mehr weiter von sich hören lassen. Das neue Leben dort nahm sie wohl ganz gefangen.

Anna und Klara Herzog müssen klare Gegnerinnen der nationalsozialistischen Weltanschauung und des von ihr geprägten Staatswesens gewesen sein. Wenn ich mich recht erinnere, verwahrten sie in ihrer Wohnung Beiträge und Kollektengelder der Bekennenden Gemeinden, Kassen, die illegal geführt werden mussten, weil sie weder in die Hände der staatshörigen Kirchenbehörde noch in die der Gestapo fallen sollten. Sie fuhren mit unserer Familie im Juli 1944 in den Sommerurlaub auf den Witthof bei Tuttlingen. Dort lasen wir älteren Kinder mit der Studienrätin Anna Herzog Schillers „Wilhelm Tell", der in jenen Jahren nicht mehr im Lehrplan für die Gymnasien vorkam, weil seine Freiheitsbotschaft als politisch gefährlich galt. Sie konnte sich darüber regelrecht empören und wollte uns heranwachsende Kinder, ganz sicher mit Willen und Wissen meines Vaters, in das Denken einer Freiheit einführen, die sich vor den Diktatoren nicht beugt. Es war gerade in dem Monat, in dem das Attentat gegen Hitler scheiterte. Die Nachricht davon erreichte uns in Singen am Hohentwiel, auf einer unserer Ferienwanderungen. Auch mir, dem sechzehnjährigen Luftwaffenhelfer, war klar, dass mit diesem unglücklichen Ausgang des Anschlags das bevorstehende harte Ende von Krieg und Gewaltherrschaft nur noch weiter hinausgezögert wurde.

Übrigens hat mir unsere damalige Rüttenscheider Organistin Dorothea von Boyneburgk (1913–2002), selbst Tochter eines „halbjüdischen" Vaters, vor ihrem Tod bei einem meiner Besuche erzählt, dass eine Jüdin in jenen Monaten auch verschwiegen hoch oben unter dem Dach des Gemeindezentrums Ernst-Moritz-Arndt-Haus an der Julienstaße 39 in Essen-Rüttenscheid gelebt hat, ohne dass sie sagen könnte, wer es gewesen ist. Auch davon hatte ich nichts gewusst. Das war ja damals gut so. Aber ich habe keinen Grund, daran zu zweifeln. Ich vermute, dass mein Vater einer Reihe der Juden, die von der Deportation bedroht waren, Verstecke genannt oder gar zugewiesen hat.

HJH

Heinz Joachim Held, Zuflucht unter den Trümmern der Reformationskirche. Hilfe für jüdische Mitbürger in letzter Minute, in: Essener Beiträge (Beiträge zur Geschichte von Stadt und Stift Essen), 115. Bd., 2003, Essen, S. 187–251.

„Auch Dr. Goebbels kann Jesu Gebot nicht aufheben"
Der Leidensweg des Lehrers Georg Maus

„Petrus hat den Herrn nicht vor dem Hohen Rat, sondern vor einer armseligen Magd verleugnet. Unsere besondere Gefahr als Schulmeister besteht darin, den Herrn vor kleinen Schulkindern zu verleugnen." Georg Maus (1888–1945) hat nach dieser von ihm selbst formulierten Richtschnur gehandelt.

Studienrat an vielen Schulen

Gemeinsam mit vier jüngeren Geschwistern wuchs er in den bescheidenen Verhältnissen eines ländlichen Pfarrhaushaltes auf. Nach einem glänzenden Abitur entschied er sich für ein Theologiestudium. Das ungezwungene Studentenleben in Marburg kostete ihn sein Stipendium, das ihm gestrichen wurde, weil er den Auflagen nicht nachkam. Ebenso scheiterte sein Versuch, nach fünf Semestern das Erste Theologische Examen abzulegen. Trotz seiner Bemühungen, in Bethel und in Göttingen das Studium erfolgreich zu beenden, schaffte er auch im zweiten Anlauf die Prüfung nicht. Wegen dieser Misserfolge entschied er sich für das Lehrerstudium mit den Fächern Deutsch und Geschichte. Nach der Unterbrechung durch den Militärdienst und den vierjährigen Frontdienst legte er 1920 die Prüfung für das Lehramt an den Höheren Schulen ab. Ein Jahr des Vorbereitungsdienstes, des Referendariats, wurde ihm erlassen, so dass er als verheirateter Mann mit 33 Jahren 1921 die pädagogische Prüfung ablegen konnte. In den folgenden elf Jahren unterrichtete er an zwölf verschiedenen Schulen, von einer Privatschule in Braunfels bis hin zu Gymnasien, Oberrealschulen und Realschulen in Betzdorf, Köln-Mülheim, Wetzlar, Koblenz und Düsseldorf. Die erste feste Anstellung erhielt er 1936 in Wuppertal am Hindenburg-Realgymnasium (heute Gymnasium Bayreuther Straße). Hier blieb er bis zu seiner Versetzung 1943 nach Idar-Oberstein.

Über die Gründe für den außergewöhnlich häufigen Stellenwechsel kann nur spekuliert werden. Maus, der ab 1933 im privaten Bereich deutlich gegen das NS-Regime Stellung nahm, war wohl auch schon in den zwanziger Jahren kein angepasster Lehrer gewesen. Die wenigen Quellen berichten von einem ungewöhnlichen Unterrichtsstil, von einem Lehrer, der für seine Unterrichtspraktiken sowohl von Schülern wie auch von Eltern kritisiert wurde. Er war offensichtlich ein unbequemer Lehrer, ein Mensch, der einen eigenen Weg ging. Auf den Fotos aus dieser Zeit wirkt er ernst, grübelnd und sorgenvoll.

1933 engagierte sich Georg Maus sogleich in der BK, erst in Düsseldorf und nach dem Umzug nach Wuppertal auch in Elberfeld. In den theologischen Diskussionen mit seinem Freund und Kollegen Helmut Lauffs soll er jede Form politischer Opposition abgelehnt haben. Das Wort der Bibel war seine Maxime und die Bibelarbeit die geeignete Methode, um die Deutschen Christen und den Nationalsozialismus zu bekämpfen. In diesem biblizistischen Sinne vermisste er ein radikales Wort der BK. Ungeachtet seiner deutlichen Aversion gegen den Nationalsozialismus fühlte sich Maus nicht zum politischen Widerstand berufen. Deutlich wird die Ambivalenz von Standhaftigkeit in Glaubensfragen und schwankender Haltung bei Alltagsentscheidungen in der Frage um die Mitgliedschaft beim NS-Lehrerbund. War der Beitritt 1933 noch opportun und der Austritt nach Kriegsbeginn 1939 aus Überzeugung geschehen, so erklärte er im Oktober 1943 auf eine Anfrage nach den Motiven seines Austritts: „Falls meine vorgesetzte Behörde es fordert, bin ich bereit, die Austrittserklärung zurückzuziehen."

„Ein bibelgläubiger Christ"

Beim Angriff auf Elberfeld im Juni 1943 verlor die Familie Maus ihren Hausstand. Da auch das Gymnasium zerstört war, wurde Georg Maus im September 1943 nach Idar-Oberstein versetzt. Der Empfang durch den Direktor ließ nichts Gutes ahnen. Ihm wurde bescheinigt, dass man ihn eigentlich nicht benötige. Die Atmosphäre im Ort war mit der von der BK dominierten in

Wuppertal nicht zu vergleichen. Nicht nur war in Idar-Oberstein seit vier Jahren Religionsunterricht weder erteilt noch offensichtlich vermisst worden, darüber hinaus machte nun der nationalsozialistische Einfluss auch vor der Schultüre nicht Halt. Im Religionsunterricht wurde der fromme Lehrer Maus häufig von den Kindern mit Fragen konfrontiert, die das Verhältnis von Glauben und staatsbürgerlichem Verhalten betrafen: ob es recht sei, „zwecks Erlangung eines guten Postens in der Partei aus der Kirche auszutreten", ob ein Soldat aufgrund seines christlichen Bekenntnisses tapferer sei als ein aus der Kirche ausgetretener und ob „die Verdrängung der Juden aus dem Reiche" zu missbilligen sei. Seine wiederholte Forderung, die Bibel, den Glauben als Richtschnur zu nehmen, führte zwar in Idar-Oberstein zu Irritationen, erfüllte jedoch nicht den Tatbestand einer strafbaren Handlung. Der eigentliche Auslöser für seine Verhaftung war die Diskussion um die Feindesliebe. Ausgehend von einer Missionsgeschichte, in der die „primitiven Völker" durch den Einfluss der Missionare bewegt wurden, auf Blutrache und Stammesfehden zu verzichten, antwortete Maus auf die Schülerfrage, ob dies auch für die Engländer gelte, die die deutschen Städte bombardierten: „Jesus Christus hat das gesagt, und ich kann davon nichts zurücknehmen. Auch Dr. Goebbels kann Jesu Gebot nicht aufheben!"

In seiner Stellungnahme zu dem Vorgang bescheinigte der Direktor Georg Maus, ein „bibelgläubiger Christ" zu sein, der die „Weltanschauung des Nationalsozialismus" als „eine ihm fremde Welt" empfinde. Mit dieser Einstellung finde er bei den Kindern nicht das von ihm gewünschte Verständnis. Der Versuch des Direktors, damit den Vorgang zu verharmlosen, verfing nicht. Am 6. Mai 1944 wurde Georg Maus im Unterricht verhaftet und ins Gefängnis nach Koblenz gebracht.

Der Tod auf dem Weg zum KZ

Nach mehrwöchiger Untersuchungshaft, während der die Angehörigen immer wieder versuchten, durch Beziehungen und Fürsprache eine Freilassung zu erreichen, kam aus Berlin die Nachricht, der Prozess gegen Maus werde vor dem 6. Senat des Volksgerichtshofs (zuständig für Straftaten wie Defätismus, Wehrkraftzersetzung, Wehrdienstentziehung, Wirtschaftssabotage u.a.) stattfinden. Alle verhängnisvollen Äußerungen kamen dort nochmals zur Sprache. Gleichzeitig wurde aber betont, dies alles reiche nicht zu einer Verurteilung – bis auf die Auslegung des Bibelworts „Liebet Eure Feinde". Damit habe Maus die Schülerinnen einem „schweren seelischen Zwiespalt" ausgesetzt, „der die Gefahr politischer Abirrung in sich schloß". Da er zudem versäumt habe, einen Ausgleich zwischen Bibelwort und den Anforderungen in der Kriegsituation herzustellen, habe er den Tatbestand der Wehrkraftzersetzung erfüllt. In der Anklageschrift wurde dem Angeschuldigten zwar „eine tief religiöse, ernste und wahrhaftige Persönlichkeit" bescheinigt. Auch habe er sich nicht von staatsfeindlichen Gedanken leiten lassen. Insofern sei seine Straftat als minder schwerer Fall anzusehen. Dennoch führte der Prozess zu einem – allerdings für die damalige Rechtssprechung durchaus moderaten – Urteil von zwei Jahren Gefängnis, wobei die Untersuchungshaft von sechs Monaten angerechnet wurde.

Gleichwohl bedeutete es für Georg Maus trotz allem das Todesurteil. Gegen Ende des Krieges wurden die Gefangenen von Berlin aus in eines der Konzentrationslager verbracht. Unterernährt, herzkrank und geschwächt durch nicht ausgeheilte Verletzungen durch einen Bombenangriff in Koblenz, überstand er die Strapazen des Transports nicht. Bei Hochstadt verstarb er am 14. Februar 1945 und wurde auf dem dortigen Friedhof beerdigt.

1960 veranlasste der „Volksbund Deutsche Kriegsgräberfürsorge e.V." die Umbettung in die KZ-Ehrengedenkstätte in Flossenbürg. Das Grab von Studienrat Georg Maus befindet sich im Feld L, Reihe 1 b, Nr. 4950. *SL*

Klaus Loscher/Udo Hahn, Ich habe nicht verleugnet. Georg Maus: Leben und Wirken eines Religionslehrers im Dritten Reich, Wuppertal 1987.

Der unentbehrliche Anwalt
Karl Mensings Kampf um das Recht
und die Freiheit der Verkündigung

Als die Evangelisch-theologische Fakultät der Universität Bonn ihm 1949 die Ehrendoktorwürde verlieh, bekannte der Jurist und Rechtsanwalt Karl Mensing in seinem Dankschreiben freimütig: „Ich war völlig überrascht und hatte nicht entfernt daran gedacht, dass der Dienst, den ich in unserer Kirche tun durfte, so hoch gewertet werden würde. Der Herr Dekan hat bei der Weihnachtsfei-

147

er der kirchlichen Hochschule Wuppertal zum Ausdruck gebracht, dass die Verleihung auch erfolgt sei in Anerkennung meiner Tätigkeit als Verteidiger von Dienern der Kirche vor den staatlichen Gerichten in der Zeit des Kirchenkampfes. Ich war bis zum Jahre 1933 niemals Strafverteidiger gewesen, wusste mich nun aber durch die Angriffe auf die Kirche und durch die Verfolgung ihrer Diener gerufen, auch diese Seite der gerichtlichen Tätigkeit auszuüben. Dass ich es tun durfte, hat mich beglückt, und das war Lohn genug. Ich bitte aber, wiederholen zu dürfen, was ich schon bei jener Weihnachtsfeier dem Herrn Dekan sagte, dass ich nämlich die hohe Auszeichnung durch die Fakultät, soweit sie wegen meiner anwaltlichen Tätigkeit während des Kirchenkampfes mir zuteil werde, nur stellvertretend auch für die anderen bereits heimgegangenen evangelischen Juristen annehmen könne, die in der gleichen Weise gedient und dabei zum Teil Schweres erlitten haben." Und so erinnerte Mensing in seinem späteren Aufsatz über die BK und die Gerichte in den Jahren 1933–1945 neben noch lebenden Juristen und Anwälten wie Hermann Ehlers oder Paul Schulze zur Wiesche vor allem an Horst Holstein, Wilhelm Flor, Erhard Fiedler, Friedrich Justus Perels und Martin Gauger.

Wie aber sah sein Weg im „Dritten Reich" aus, und wie kam er zu dieser Ehrung?

Anwaltspraxis und kirchliche Ämter

Der gebürtige Koblenzer Karl Mensing (1876–1953) hätte im Anschluss an das Studium der Rechts- und Staatswissenschaften und die Promotion gerne die akademische Laufbahn eingeschlagen, wurde daran aber durch seine finanzielle Lage gehindert. So ließ er sich nach dem Assessordienst und seiner Heirat 1903 als Rechtsanwalt in Wuppertal-Elberfeld nieder. Nach einer bewussten Hinwendung zum Glauben und zur Evangelischen Kirche wurde er 1920 Mitglied der Gemeindevertretung und des Presbyteriums der Reformierten Gemeinde Elberfeld und übte 1921–1933 das Amt des Kirchmeisters aus. Mensing gehörte in dieser Zeit dem Synodalvorstand des Kirchenkreises Elberfeld, der rheinischen Provinzialsynode, der altpreußischen Generalsynode, dem altpreußischen Kirchensenat, dem Vorstand des Evangelisch-Kirchlichen Hilfsvereins im Rheinland und dem Reformierten Bund an.

Bereits im Oktober 1932 wandte er sich angesichts bevorstehender Kirchenwahlen deutlich gegen die Einflussnahme politisch-weltanschaulicher Gruppen auf die kirchlichen Körperschaften. Nach der 1933 einsetzenden nationalsozialistischen und deutsch-christlichen Gleichschaltung der rheinischen Kirche und ihrer Gemeinden beherzigte er, was er schon 1926 in einem Vortrag auf dem Essener Kirchentag über die inneren Aufgaben der Gemeindekörperschaften gefordert hatte: „Die Gemeindekörperschaften [...] dürfen in grundsätzlichen Fällen nicht davor zurückschrecken, auch vor der Öffentlichkeit ihr ‚Es ist nicht recht!‘ deutlich hören zu lassen. Das darf unser Volk von seiner selbständig gewordenen Kirche und ihren Gemeinden geradezu erwarten!"

Wenn auch die BK, ihre Gemeinden und ihre Leitungsgremien dieses kritische Wort und Wächteramt damals viel zu oft vermissen ließen, hat Mensing jenen Anspruch doch im Rahmen seiner Möglichkeiten zu erfüllen versucht. In den Jahren 1933–1945 war er neben Paul Schulze zur Wiesche bedeutendster Anwalt, Gutachter und Rechtsbeistand der BK im Rheinland, für deren entrechtete Pfarrer, Gemeinden und Institutionen er sich unermüdlich und entschieden einsetzte. Er war Mitglied im Rheinischen Rat und Bruderrat, im preußischen Bruderrat, in der Verfassungskammer der Vorläufigen Leitung der Deutschen Evangelischen Kirche (DEK), im Rechtsausschuss der altpreußischen BK und im »Harzburger Kreis« der Juristen der BK. Ferner war er Abgeordneter auf rheinischen und altpreußischen Bekenntnissynoden sowie auf der 4. Bekenntnissynode der DEK in Bad Oeynhausen 1936. Außerdem gehörte er dem Kuratorium des Predigerseminars und der Theologischen Schule Elberfeld (der späteren Kirchlichen Hochschule Wuppertal) an und wirkte dort nebenamtlich als Dozent für Kirchenrecht.

Vom Verteidiger der BK zum Verfassungsjuristen der EKD

Im Juni 1937 wurde er vorübergehend inhaftiert wegen Teilnahme an „illegalen" theologischen Prüfungen und an Beschlüssen des altpreußischen Bruderrats, und man brachte ihn zum Verhör nach Berlin in die Gestapo-Zentrale. Auch sonst machte er unliebsame Erfahrungen mit dem NS-Regime. „Die Staatspolizei", so Mensing, „führte nämlich genau Buch über diejenigen Juristen, die als Verteidiger der Bekennenden Kirche auftraten. Es ist mir wiederholt begegnet, daß, wenn man zum ersten Mal als solcher an einem Gericht auftrat, am Schluß der Verhandlung ein Herr auf einen zutrat, sich als zur Staatspolizei gehörig auswies und um den Namen bat. Wie es mir denn auch einmal widerfahren ist, daß die Staatspolizei von mir wissen wollte, wie ich in den Besitz eines gewissen Verteidigungsmaterials gekommen sei, und ich Mühe hatte, die Herren unter Hinweis auf meine amtliche Pflicht zur Verschwiegenheit wieder los zu werden."

Besonders charakteristische Fälle, in denen Mensing agierte, waren das Verfahren um die zwangsweise Auflösung und Räumung des Elberfelder Predigerseminars und der verlorene Prozess um die freigewordene Pfarrstelle in der saarländischen Gemeinde Fechingen. Außerdem verteidigte er Pfarrer der BK in Strafverfahren wegen verbotener Kollekten und Sammlungen, wegen „heimtückischer" Äußerungen in Predigten, Missachtung des „Kanzelparagraphen" (§ 130a StGB) und Teilnahme an „illegalen" theologischen Prüfungen. Trotz der Vielzahl der Fälle waren seine Schriftsätze nicht nur brillant formuliert, sondern enthielten auch umfangreiches Argumentationsmaterial. Im Disziplinarverfahren gegen Bernhard Heiermann argumentierte er so überzeugend, dass das Konsistorium das Verfahren schließlich einstellte.

Im September 1941 erteilte ihm der Rat der Evangelischen Bekenntnissynode im Rheinland die Lizenz und den Auftrag, „für die Dauer der gegenwärtigen Notzeit in den Predigtdienst in der Gemeinde mit einzutreten", den er immer wieder gerne übernahm und wofür er sogar noch die hebräische Sprache erlernte. Im Oktober 1944 wurde er zum Predigthelfer ordiniert. Aufgrund seines Alters und einer schweren Erkrankung blieb ihm die Einberufung zum Militärdienst erspart, und gemeinsam mit seiner Familie überlebte er den Zusammenbruch und das Kriegsende glücklich.

1945 trat Mensing in die Leitung der Evangelischen Kirche im Rheinland ein und beteiligte sich am allgemeinen kirchlichen Neuaufbau, u.a. im Rechtsausschuss der Treysaer Kirchenkonferenz. 1946 berief man ihn in die Verfassungskommission und den Ordnungsausschuss der Evangelischen Kirche in Deutschland (EKD). 1948–1953 wirkte Mensing als juristischer Oberkirchenrat in Düsseldorf. Als einer der angesehensten Juristen der EKD und geschätzter Fachmann in Fragen der Kirchenordnung trat er für eine stärkere Ausrichtung des Kirchenrechts am Bekenntnis und einen am Gemeindeprinzip orientierten Aufbau der Kirche ein. Sein im Mai 1946 gemeinsam mit Otto Wehrhahn vorgelegter Erstentwurf einer Ordnung der EKD nahm im Gegensatz zu späteren Entwürfen die Barmer Theologische Erklärung auf. Mensing starb am 2. Januar 1953 in Wuppertal-Elberfeld. *GM*

Karl Mensing, Die inneren Aufgaben der Gemeindekörperschaften, in: RKZ 76 (1926), S. 257–259; ders., Die Bekennende Kirche und die Gerichte in den Jahren 1933–1945, in: RKZ 93 (1952), S. 148–152, 181–184, 202–204, 224–228 und 239–243; Herwart Vorländer, Kirchenkampf in Elberfeld 1933 bis 1945. Ein kritischer Beitrag zur Erforschung des Kirchenkampfes in Deutschland, Göttingen 1968; Wilhelm Niemöller, Die Bekennende Kirche im Rheinland vor dem Sondergericht, in: MEKGR 25 (1975), S. 13–64; Hartmut Aschermann/Wolfgang Schneider, Studium im Auftrag der Kirche. Die Anfänge der Kirchlichen Hochschule Wuppertal 1935 bis 1945, Köln 1985; Gerd Mönkemeier, Art. Karl Mensing, in: BBKL 5 (1993), Sp. 1271f.

Christlicher Glaube oder Rosenbergs Mythus?
Die mutige Arbeit des Druckereibesitzers
Hermann Niedlich

Die Erfassung der vielen Broschüren und Flugschriften, mit denen die BK öffentliche Wirkung erzielte, fehlt bisher. Der NS-Staat wollte sie durch Pressegesetze u.a. unterbinden. Der reformierte Pastor Karl Immer aus Barmen-Gemarke wurde „Pressebischof" der BK genannt, weil er erfinderisch und mutig für die Veröffentlichung vieler Schriften sorgte. Dafür arbeitete er öfter mit dem Kommissionsverlag Emil Müller in Wuppertal-Barmen zusammen. Offenbar waren diesem Verlag auch Grenzen gesetzt, so dass noch nach anderen Wegen gesucht werden musste. Berichte von Bekenntnissynoden, Vorträge, Predigten, Erklärungen hätten die Gemeinden nicht erreicht, wenn es nicht mutige Drucker gegeben hätte, die dafür Kopf und Kragen riskierten.

Die Druckerei F. W. Köhler in Wuppertal-Elberfeld wurde bereits in der zweiten Hälfte des 19. Jahrhunderts gegründet. In der dritten Generation wurde sie von Hermann Niedlich (1878–1951) geleitet. Seine Mutter war eine Tochter des Gründers. Die Firma beschäftigte etwa 70 Arbeitnehmer und soll monatlich zwei Millionen Blätter in die kirchliche Öffentlichkeit gebracht haben. Dazu gehörten die „Reformierte Kirchenzeitung", „Unter dem Wort", „Licht und Leben" und „Gotthardbriefe".

Hermann Niedlich gehörte zur Evangelisch-reformierten Gemeinde in Elberfeld und stand vom Beginn des Kirchenkampfes an in vorderster Reihe derer, die sich den Eingriffen des NS-Staates in die Kirche widersetzten. Er gehörte vor 1933 zum Presbyterium seiner Gemeinde und ab 1934 zum Bekenntnispresbyterium und dem Bruderrat der Bekenntnisgemeinde. In seinem Hause wurden die Kollekten der BK gezählt und verwaltet, die der Staat zu beschlagnahmen versuchte. Niedlich druckte das Berichtsheft der zweiten Bekenntnissynode der ApU, die am 4./5. März 1935 in Berlin-Dahlem den Entwurf des Wortes „Die Kirche und der totale Weltanschauungsstaat" beraten hatte. Pfarrer Heinrich Vogel (Dobbrikow) erläuterte der Synode in einem theologischen Grundsatzvortrag „Wort Gottes oder Mythus" den Text des Wortes an die Gemeinden. Da allen die Brisanz des Themas deutlich war, wurde vereinbart, das Wort ziele nur auf das „Neuheidentum" der Deutschen Glaubensbewegung. Reichsinnenminister Wilhelm Frick ließ sich nicht täuschen und notierte: „Es handelt sich m.E. hier um einen heimtückischen Angriff auf Staat und Volk, der strafrechtliche Sühne fordert." Um die Verlesung der Kanzelerklärung am 17. März 1935 zu verhindern, wurden 715 Pfarrer und Presbyter, die sich dem Verbot nicht beugten, für eine knappe Woche verhaftet. Weil die Gestapo das Berichtsheft bzw. die noch nicht verteilten Exemplare beschlagnahmte, druckte Niedlich Vogels Referat noch unter den Titeln „Wider die falschen Götter" und „Ich bin der Herr dein Gott!". Da die Gestapo-Beamten diese Titel nicht suchten, blieben sie von einer Beschlagnahme verschont.

Der Betrieb wurde in den folgenden Jahren durch die Gestapo erheblich beeinträchtigt. Günter Jacobs Vortrag „Kirche oder Sekte", Hans Asmussens Broschüre „Her zu uns, wer dem Herrn angehört", Hermann A. Hesse Schrift „An die Gemeinden und Einzelmitglieder des Reformierten Bundes" wurden beschlagnahmt.

Im August 1937 erschien Alfred Rosenbergs Schrift „Protestantische Rompilger" mit dem Untertitel „Der Verrat an Luther und der Mythus des 20. Jahrhunderts". Auf den Angriff reagierte die Evangelische Kirche auf breiter Front. Zum Reformationsfest 1937 veröffentlichten die Kirchenführerkonferenz, die Leitung der BK und der Lutherrat eine Gegenerklärung. Sie mündete in die Frage an die NS-Bewegung: „Soll es noch gestattet sein oder nicht, daß wir uns öffentlich zum christlichen Glauben bekennen? [...] Soll es als ‚anarchistische Empörung' gelten, daß wir Christen gewesen sind und mit Gottes Hilfe bleiben werden?" Da Rosenberg immer wieder zur Diskussion seiner Schriften aufforderte und da die Erklärung von 96 Persönlichkeiten, unter ihnen sogar der DC-Bischof Franz Tügel aus Hamburg, unterzeichnet worden war, wagte Hermann Niedlich es, die Erklärung als Flugblatt in 154 600

Exemplaren zu drucken. Er rechtfertigte sich mit dem Hinweis, er sei nur „Lohndrucker", ohne Verantwortung für den Inhalt. Am 9. November 1937 erschien die Gestapo in der Druckerei und versiegelte sie.

Von der Schließung waren nicht nur die Beschäftigten und die Gremien, die die Erklärung verantworteten, betroffen, sondern auch die Evangelische Gesellschaft, die Pastor Joseph Gauger (Elberfeld) leitete. Der Justitiar des Lutherrates, Dr. Martin Gauger, setzte sich in den folgenden Wochen bei den unterschiedlichsten Stellen von Staat und Partei für die Rücknahme der Schließung ein. Zwar konnte im Dezember 1937 die Arbeit wieder aufgenommen werden, an Niedlichs Stelle wurde jedoch ein „Treuhänder" als Betriebsführer eingesetzt, der offenbar das Vertrauen der Gestapo besaß. Niedlich durfte in seinem Betrieb nur als einfacher Arbeiter weiterarbeiten. Natürlich gingen nach diesem Wechsel die Aufträge und damit die Einnahmen der Druckerei stark zurück. Der Treuhänder rechnete deshalb den Wert des Betriebes massiv herunter. Im Mai 1939 teilte der Regierungspräsident von Düsseldorf Niedlich mit, dass der preußische Staat ihn auf Grund des Gesetzes vom 26. Mai 1933 „über die Einziehung kommunistischen Vermögens" und des Gesetzes vom 14. Juli 1933 „über die Einziehung volks- und staatsfeindlichen Vermögens" entschädigungslos enteigne. Der Treuhänder erwarb die Druckerei zu einem sehr geringen Preis, den er aus dem vorhandenen Firmenkapital beglich.

1946 erhielt Hermann Niedlich seinen Betrieb zurück. Er war jedoch durch alles, was er in den letzten Jahren erlitten hatte, zu krank, um die Druckerei wieder allein führen zu können. In einem jahrelangen Prozess versuchte er, die Anerkennung als politisch Verfolgter zu erhalten. Das wurde zunächst abgewiesen. Als es doch anerkannt wurde, war Niedlich inzwischen verstorben. Der Betrieb hatte nur noch acht Beschäftigte. Kapital zur Wiederingangsetzung fehlte. Das Konkursverfahren wurde 1952 eröffnet. Eine wichtige Druckerei war zum Opfer der NS-Ideologie geworden. *HL*

Gestapo-Akte H. Niedlich RW 58 Nr. 24127 im Hauptstaatsarchiv Düsseldorf; Wiedergutmachungsakte Nr. 11873 im Stadtarchiv Wuppertal; Firmenakte der Industrie- und Handelskammer Wuppertal in der Stiftung Rheinisch-Westfälisches Wirtschaftsarchiv zu Köln; Nachlass Dr. Martin Gauger im LKA Hannover und bei Dr. Hedwig Heiland in Stuttgart; Nachlass Pfr. Kurt Essen (7 NL 012, Nr.1) im LKA Düsseldorf.

Ein Kind steht am Zaun
Erinnerungen der Hausfrau Paula Petry aus Hennweiler

In ihrem Buch „Iwert Doorf enaus", meistens in Mundart geschrieben, erinnnert Paula Petry mit mehreren zum Teil anrührenden Geschichten daran, dass „Leit in usem Doorf ware, wo unschullig steerwe muußte, weil se ä annerer Glawe harre wie mir". Paula Petry wurde 1925 in Hennweiler, einem Dorf im Hunsrück, geboren. Sie ist Witwe und lebt nach wie vor in Hennweiler bei einer ihrer beiden Töchter. Sie besuchte die Volksschule, arbeitete in der Landwirtschaft ihrer Familie und hatte später ein eigenes kleines Geschäft. Sie war ein engagiertes evangelisches Gemeindeglied und kümmerte sich um die Gemeindebücherei. 1986 wurde auf ihre Anregung hin auf dem Friedhof des Dorfes ein Gedenkstein für die zehn jüdischen Bürger aufgestellt, die in den Jahren des „Dritten Reiches" von 1933 bis 1945 deportiert und umgebracht worden waren. Sie war mit anderen aus dem Dorf von Haus zu Haus gegangen, um Spenden für den Gedenkstein zu sammeln. In ihrer Geschichte „Viel spärer" erzählt sie, viele Leute seien froh darüber gewesen, dass ein solcher Gedenkstein gesetzt werden sollte. Manche hätten gefragt: „Warum eerscht noh veerzich Johr?" Aber sie hätten auch erfahren müssen, „daß die schlimm Zeit noch net iwerwunn is, [...] dat hot uus awwa net abgehall. Et war jo nimmand gezwung, ebbes se genn".

Ä Kind steht am Zaun

Mei eerschter Weihnachtsbre-if t' letzt Johr kam aus San Diego in Kalifornie, vun ener Schoulkameradin un Freindin, wo johrelang in de Schoul newer mir geseß hot. Et hot aach in de Uwagass gewohnt, un jede Daach ware mir beinanner, beim Spiele un aach in de Heiser. Uff emol hommer vum Schoullehrer verbot kre-it, mit däm Märe se spiele un et muußt uffem Schoulhuf alleen am Zaun stehn.

Mir harre Angst vorm Schoullehrer, der hat ä Rohrstecke. Dreimol harre eich se mol kre-it in ener Stunn weil eich mit däm Märe geschwätzt hat, wo jo net meh soviel wert war, wie mir anner Kinn!

In user Gass hommer nummedaachs gespielt minanner, am annere Daach wußts de Schoullehrer un hot uus gehau.

Ä alter Bauer is mol mim Waan vull Klee langst die Schoul gefahr un hot dat Kind gese-ihn alleen am Zaun stehn.

Do re-ifter: „Komm mol loher, mei Kind." Micht sei Geldbeil uff un
girrem zwee Mack! „Kaaf da ä Balle, dann douste aach spiele!"
Der Schoullehrer is weiß wor vor Wut, hot der Mann awwa net aan-
gezait.

Die Eltere hon spärer ihr Kind bei Verwandte in ä groß Stadt ge-
schickt, dodeduurch hots alleen die schlimm Zeit iwerläbt, sei Familie
kam um.

Ein Kind steht am Zaun

Mein erster Weihnachtsbrief im vorigen Jahr kam aus San Diego in Kalifornien von einer Schulkameradin und Freundin, die
jahrelang in der Schule neben mir gesessen hat. Sie hat auch in der
Obergasse gewohnt, und wir haben jeden Tag zusammen gespielt,
auch in den Häusern. Auf einmal haben wir vom Schullehrer verboten gekriegt, mit dem Mädchen zu spielen, und sie musste in
der Pause auf dem Schulhof alleine am Zaun stehen.

Wir hatten Angst vor dem Schullehrer, der hatte einen Rohr-
stock. Dreimal habe ich es mal in einer Stunde gekriegt, weil ich
mit dem Mädchen geschwatzt hatte, das ja nicht mehr so viel wert
war wie wir anderen Kinder!

Nachmittags haben wir in unserer Gasse zusammen gespielt,
aber am nächsten Tag wusste es der Schullehrer und hat uns geschlagen.

Ein alter Bauer ist einmal mit seinem Wagen voll Klee an der
Schule vorbei gefahren und hat gesehen, wie das Kind alleine am
Zaun stand.

Er hat gerufen: „Komm mal her, mein Kind!" Er hat seinen
Geldbeutel aufgemacht und hat ihm zwei Mark gegeben! „Kauf
dir einen Ball, dann kannst du auch spielen!"

Der Schullehrer ist weiß geworden vor Wut, aber er hat den
Mann nicht angezeigt.

Die Eltern haben ihr Kind später zu Verwandten in eine Groß-
stadt geschickt. Dadurch hat sie als einzige die schlimme Zeit
überlebt. Ihre ganze Familie kam um.

Novembernaacht

Annem späre Nummedaach kam ä Wannerzirkus in't Doorf mit ä paar
Waan un wenig De-ier.

Et Zelt is uffgeschlaa wor un mir Kinn sin de Mussigande nohgelaf,
wo im ganze Doorf Musick gemach hon, fa die Leit inselare. *Mir kunnte*
kaum abwade, bis im klene Zelt die Vorstellung aangang is. *Vun allem hot*
ma am beste de Clown mit seine Fratze gefall.

Ma hon uus noher uff de Hämwääch gemach un wußte net genouch se
verziehle vun däm Owend im Zelt.
Net lang dämnoh hommer im de-ife Schlof gelää.
Ä Krache un Schraie hot uus wach gemach, vull Angst simmer ant
Finster gestiirzt. Et war in Schlaumes, in usem Noochbaschhaus.
Et Glas vun de Finstere hot geklingelt vum Inschlaan, viel Zeich is uff
de Huf geschmiß wor.

Eich sin bei die Großmodder ant Bett gefliicht un wollt vun der wisse,
warum dat dät gemach were. Se kunnt ma kä Antwort genn, se hot nor
geheilt!

Dann hommer Schlaumes Vidder schraie gehoort duurch die Naacht:
„Helft, helft!"

Die harre sich uff ihrem Speicher verbarrikadeert un sin ball am Rauch
verstickt, weil im Hausgang ä Feier aangestoch war.

Ä ganz Doorf vull Männer hot sich net getraut, dene Leit se helfe, aach
mei Vadder net, außer Noochbasch Katt un ihrm Boub!

Ohne Angst sin se mit Emere vull Wasser eniwer, hon et Feier gelescht
un die Noochbere gerett.

Novembernacht

An einem späten Nachmittag kam ein Wanderzirkus ins Dorf
mit ein paar Wagen und wenigen Tieren.

Das Zelt wurde aufgeschlagen und wir Kinder sind den Musi-
kanten nachgelaufen, die im ganzen Dorf Musik gemacht haben,
um die Leute einzuladen.

Wir konnten kaum abwarten, bis im kleinen Zelt die Vorstellung begann. Von allem hat mir der Clown mit seinen Späßen am
besten gefallen.

Wir haben uns nachher auf den Heimweg gemacht und konnten nicht genug erzählen von dem Abend im Zelt.

Nicht lange danach haben wir im tiefen Schlaf gelegen.

Ein Krachen und Schreien hat uns wach gemacht, voll Angst
sind wir ans Fenster gestürzt. Es war bei Schlaumes in unserm
Nachbarhaus.

Das Glas von den Fenstern hat geklingelt vom Einschlagen,
viel Zeug ist auf den Hof geschmissen worden.

Ich bin zu meiner Großmutter ans Bett geflüchtet und wollte von der wissen, warum das gemacht würde. Sie konnte mir keine Antwort geben, sie hat nur geweint! Dann haben wir den Nachbarn Schlaumes schreien gehört durch die Nacht: „Helft, helft!"

Die hatten sich auf ihrem Speicher verbarrikadiert und sind beinahe am Rauch erstickt, weil im Hauseingang ein Feuer angesteckt war.

Ein ganzes Dorf voll Männern hat sich nicht getraut, diesen Leuten zu helfen, auch mein Vater nicht, außer Nachbars Käthe und ihrem Bub. Ohne Angst sind sie mit Eimern voll Wasser hinüber, haben das Feuer gelöscht und die Nachbarn gerettet.

Die Einleitung zu diesem Beitrag und die Übertragung ins Hochdeutsche besorgte Erika van Norden.

Paula Petry, Ä Kind steht am Zaun, in: dies., Iwert Doorf enaus, Pfaffen-Schwabenheim 1991, S. 101; Novembernacht, ebd., S. 105.

Juristischer Kampf für die BK und politischer Widerstand
Engagement und Zivilcourage des Rechtsanwalts Paul Schulze zur Wiesche

„Über Schulze zur Wiesche ist in politischer Hinsicht Nachstehendes bekannt: Dr. Paul Schulze zur Wiesche ist fanatischer Anhänger der Bekenntniskirche (BK) und in seiner Eigenschaft als Mitglied der Leitung der evangelischen Bekenntnissynode im Rheinland, als Justitiar der BK und als Strafverteidiger für BK-Geistliche wiederholt in eindeutiger Form für die Vormachtstellung der Kirche eingetreten. Außerdem hat er rassenpolitische und sonstige Maßnahmen des Staates in öffentlichen Vorträgen scharf angegriffen." Mit dieser Aktennotiz charakterisierte die Überwachungsabteilung der deutschen Luftwaffe im April 1943 einen Protestanten und Juristen, der sowohl in seinem Zivilberuf als auch während seines Militärdienstes entschieden für die Sache der BK eintrat.

Dass er sich auch für verhaftete Mitglieder des politischen Widerstands einsetzte, blieb glücklicherweise unentdeckt. Christine von Dohnanyi, die Witwe Hans von Dohnanyis, der nach Einschätzung der Geheimen Staatspolizei „das geistige Haupt" des

Attentats und Staatsstreichs vom 20. Juli 1944 war, unterstrich nach dem Krieg seine Bedeutung:

> Rechtsanwalt Dr. Schulze zur Wiesche war Mitglied der kirchlichen und politischen Widerstandsbewegung und einer der Verbindungsleute zwischen der Bekenntniskirche und militärischen und zivilen Stellen, welche die Träger der Widerstandsbewegung waren. Er gehörte vor allem zu dem Kreise meines Bruders Klaus Bonhoeffer und des Assessors Perels, der ebenfalls am 2.2.45 wegen Beteiligung am 20. Juli zum Tode verurteilt und später von der SS getötet wurde. Ich lernte Dr. Schulze zur Wiesche näher kennen, als ich ihn mit der Verteidigung meines Mannes beauftragte.
> Erklärung Christine von Dohnanyis (Juni 1946). Durchschlag im Nachlass Hans von Dohnanyis 21/I,29, Bundesarchiv Berlin. Ablichtung im Nachlass Schulze zur Wiesches.

Wie sah sein Engagement für die BK und den politischen Widerstand gegen das NS-Regime aus, und welche Motive haben ihn dabei geleitet?

Vorbild Karl Barth

Der gebürtige Duisburger Schulze zur Wiesche (1905–1987) arbeitete nach dem Studium der Rechts- und Staatswissenschaften, der Promotion und dem Assessordienst seit 1932 als juristischer Repetitor in Bonn. Angesichts der deutsch-christlichen Versuche, die Evangelische Kirche politisch gleichzuschalten, und beeindruckt von dem kirchlich-theologischen Vorbild Karl Barths, der ihm ein väterlicher Freund wurde, ergriff er Partei für die kirchliche Opposition. „Gerne würde ich", so Schulze zur Wiesche im Juli 1933 an Barth, „gerade in Ihrer Gefolgschaft mitkämpfen ‚für die Freiheit des Evangeliums'". Sein Einsatz für Barth im Streit um den Beamteneid und die Absetzung von seinem Bonner Lehrstuhl blieb erfolglos, und mit seinen Gutachten und Eingaben konnte er die erzwungene Rückkehr Barths in die Schweiz nicht verhindern. Ende 1934 gab er seine Habilitationsabsicht auf, folgte dem Ruf der BK im Rheinland und übernahm zunächst in Wuppertal-Barmen, später in Düsseldorf den Aufbau und die Leitung ihrer „Rechts- und Verwaltungsabteilung". Zugleich ließ er sich als Rechtsanwalt am Oberlandesgericht Düsseldorf nieder.

Als Justitiar der BK widersprach er fortan Unrechtsmaßnahmen der deutsch-christlichen Kirchenleitung und des NS-

Regimes, indem er sich auf das „kirchliche Notrecht" berief. Seine Arbeit in der Rechts- und Verwaltungsabteilung, so Schulze zur Wiesche auf der 4. Rheinischen Bekenntnissynode in Wuppertal-Barmen 1935, war bestimmt von der Durchsetzung des auf der Dahlemer Reichssynode im Oktober 1934 erhobenen Anspruches der Bekennenden Kirche, die rechtmäßige Kirche zu sein, des weiteren durch das Streben der Kirchenbehörden und der inzwischen vom Staat geschaffenen Stellen, die Bekennende Kirche als Kirche mit eigener Leitung und Verwaltung zu zerstören oder zumindest lahm zu legen. Schwerpunkte seiner Tätigkeit waren die Auseinandersetzungen mit den Kirchenbehörden und den Deutschen Christen um die kirchlichen Finanzen, die Kirchengebäude und Gottesdienste, den Religionsunterricht, das Pfarramt und die Pfarrstellenbesetzung. Außerdem leistete er immer wieder Rechtshilfe gegen kirchenbehördliches und staatliches Unrecht wie Disziplinarmaßnahmen, Durchsuchungen, Geldstrafen, Rede- und Versammlungsverbote und Ausweisungen. Im Zusammenhang mit Vortrags- und Visitationsreisen kam es zu Denunziationen und ersten Zusammenstößen mit Partei-, Polizei- und Staatsstellen, in deren Verlauf er wiederholt kurz vor der Verhaftung und einem „Reichsredeverbot" stand, weil er sich offensiv für die Sache der BK einsetzte. Seine Post und sein Telefon wurden überwacht.

Der Kampf um das Recht – der Strafverteidiger

Als der auch auf dem Gesetz- und Verordnungsweg geführte Kampf um die Durchsetzung kirchenleitender Funktionen der BK ganz offensichtlich gescheitert war und der „Reichskirchenausschuss" im Februar 1937 zurücktrat, ohne die angestrebte Einigung der zerstrittenen kirchlichen Kräfte erreicht zu haben, begann eine neue Phase des Kirchenkampfes, die Schulze zur Wiesches weiteres Engagement entscheidend veränderte. Hitler gab seine bisher mehr oder weniger planmäßig verfolgte Kirchenpolitik auf und überließ die Kirchenfrage den rivalisierenden Gruppen innerhalb des Partei-, Polizei- und Staatsapparates. In den folgenden Jahren kam es zu zahlreichen Strafmaßnahmen und Gerichtsverfahren. Die Repressionen reichten von Verwarnungen, Redeverboten, Ausweisungen und Haftstrafen bis hin zur Überführung in Konzentrationslager. Schulze zur Wiesche schied offiziell aus dem Rat und Bruderrat der rheinischen BK aus, und ihre Rechts- und Verwaltungsabteilung wurde aufgelöst. Immer öfter trat er jetzt als Rechtsanwalt und Strafverteidiger von Pfarrern und Mitgliedern der BK auf, sei es bei der Geheimen Staatspolizei und in Gefängnissen, vor ordentlichen Justizbehörden oder vor Sondergerichten. Er sprach für die Betroffenen und ihre Angehörigen vor, legte die noch zur Verfügung stehenden Rechtsmittel ein und übernahm die Verteidigung, wenn es zur Gerichtsverhandlung kam. Sein Kampf um Glaubens- und Gewissensfreiheit und sein Einsatz für Recht und Menschlichkeit stimmten nicht mit dem überein, was das Regime an politischer Loyalität und Erfüllung der Standes- und Berufspflicht von einem deutschen Rechtsanwalt erwartete, und so zog er sich wiederholt die besondere Aufmerksamkeit, aber auch die Verachtung und den Zorn von Parteimitgliedern, Polizeibeamten, Staatsanwälten und Richtern zu.

Bis ins Frühjahr 1945 hinein verteidigte er zwischen Aachen und Breslau, Stuttgart und Bremen Pfarrer der BK, die wegen der Verbreitung von Flugblättern und „Hetzschriften", wegen „Eidesverweigerung" und „staatsfeindlicher Einstellung", „Heimtücke" und „Kanzelmissbrauch", „verbotener Jugendarbeit", „illegaler kirchlicher Theologenausbildung", „verbotener Fürbitten" oder wegen Verstoßes gegen das Sammlungs- und Kollektenverbot verhaftet und angeklagt wurden. Schulze zur Wiesche mahnte nicht nur die Wiederherstellung rechtsstaatlicher Zustände an, sondern wandte sich auch gegen die immer mehr zutage tretende Willkür in Rechtsfragen und Polizeimaßnahmen. Dieser Kampf um das Recht hatte zweifellos auch seine Grenzen, und statt heldenhaftem Mut waren oft kluges Taktieren, umstrittene Kompromisse und manche Rücksichtnahmen gefragt, wenn die persönliche Existenz und das Wohl seiner Mandanten nicht leichtfertig aufs Spiel gesetzt werden sollten.

Sein juristisch und theologisch begründeter Kampf um das Recht blieb nicht auf die Verteidigung der kirchlichen Freiheit beschränkt, sondern führte ihn auch zum allgemeinen Einsatz für Recht und Menschlichkeit. Seit 1941 leistete er Wehrdienst, zuletzt als Offizier im Heereswaffenamt. Durch Friedrich Justus Perels schloss er Kontakte zum Bonhoeffer-Dohnanyi-Widerstandskreis und betätigte sich heimlich als Rechtsbeistand für den 1943 verhafteten Dohnanyi. „Während eines Bombenalarms", so Schulze zur Wiesche, „haben wir uns lange im Gefängnis über das Problem der Bindung der Generäle an den Fahneneid unterhalten. Und ich war erstaunt darüber, wie ihn diese Dinge beschäftigten und wie verzweifelt er darüber war, daß man auch Offiziere, die das Verbrecherische des Hitler-Systems einsahen, nicht dazu bewegen konnte, den Fahneneid zu ‚brechen'". Durfte man sich als Christ am Anschlag auf Hitler beteiligen? Verstieß dies nicht gegen das 5. Gebot? Lud man durch Nichtstun und Abwarten nicht noch größere Schuld auf sich? Schulze zur Wiesche rang sich zur Bejahung des Tyrannenmordes durch. Als eines der wenigen Mitglieder des Bonhoeffer-Dohnanyi-Kreises blieb er verschont von der furchtbaren Rache, die das Regime bis zuletzt an seinen Gegnern nahm.

Nach dem Krieg verzichtete er auf ihm angebotene kirchliche und politische Ämter, baute seine Düsseldorfer Anwaltskanzlei wieder auf und wirkte als Sachverständiger mit an der Reform der alliierten Entnazifizierungspraxis. Außerdem initiierte er die Juristentagungen der Evangelischen Akademie Mülheim/Ruhr und leitete diese bis 1971. Paul Schulze zur Wiesche starb am 30. März 1987 in Düsseldorf.   *GM*

Paul Schulze zur Wiesche, Welche Stellung muss die Bekenntniskirche gegenüber Karl Barth einnehmen?, in: Hans Prolingheuer, Der Fall Karl Barth 1934–1935. Chronographie einer Vertreibung, Neukirchen-Vluyn 1977, S. 301–304; ders., Bericht der Rechts- und Verwaltungsabteilung, in: Joachim Beckmann (Hg.), Rheinische Bekenntnissynoden im Kirchenkampf. Eine Dokumentation aus den Jahren 1933–1945, Neukirchen-Vluyn 1975, 272–278; Gerd Mönkemeier, Paul Schulze zur Wiesche. Rechtskampf für die Bekennende Kirche. Protestantische Opposition und politischer Widerstand gegen das NS-Regime 1933–1945, Neukirchen-Vluyn 2005.

Christlich-jüdische Zusammenarbeit in widriger Zeit
Der schwierige Dienst der Organistin Helene Sternsdorff

„Ihre Mitwirkung im Gottesdienst und nicht zuletzt auch die von Ihnen veranstalteten kirchenmusikalischen Feierstunden haben viele unserer Gemeindemitglieder erfreut und erquickt." Diese Worte, mit denen das Presbyterium der Evangelischen Kirchengemeinde Solingen die Organistin Helene Sternsdorff 1946 in den Ruhestand verabschiedete, sagen nur einen Teil der Wahrheit. Zwei kritische Punkte ihrer Biografie kommen darin nicht zum Ausdruck. Der erste hängt mit ihrer Anstellung als Kirchenmusikerin zusammen. Als Helene Sternsdorff (1881–1951) sich im Oktober 1910 auf die frei werdende Stelle eines nebenamtlichen Organisten bewarb, löste sie damit erhebliche Beunruhigung im Presbyterium aus. Der Hauptausschuss des Presbyteriums beschloss, nur männliche Bewerber zu akzeptieren, stieß damit aber auf keine Gegenliebe bei der Mehrheit des Presbyteriums, die Frauen zulassen und die Bewerbung ausschließlich unter dem Aspekt der künstlerischen Leistungsfähigkeit bewerten wollte. Für die Unabhängigkeit der Beurteilung sollte ein auswärtiger Sachverständiger sorgen. Daraufhin gelangten mit Helene Sternsdorff noch zwei männliche Bewerber in die engere Wahl. Nach dem Probevorspiel konnte oder wollte der zuständige Ausschuss für Liturgie und Kirchenmusik sich nicht auf einen Vorschlag an das Presbyterium einigen, sondern überließ diesem die freie Auswahl. Gleich im ersten Wahlgang entschied sich das Presbyterium mit absoluter Mehrheit für Helene Sternsdorff als neue Hilfsorganistin für Gottesdienste.

Dienst in Kirche und Synagoge

Die neue Hilfsorganistin war eine ausgezeichnete Fachkraft, die sechseinhalb Jahre bei Verwandten in Potsdam gewohnt und am renommierten Stern'schen Konservatorium in Berlin Klavier studiert hatte. Die gebürtige Solingerin war vermutlich nach der mittleren Reife 1899 nach Potsdam gezogen. Nach ihrer Rückkehr konnte sie mit dem Prädikat „akademisch gebildete Klavierlehrerin" zahlreiche Schülerinnen und Schüler gewinnen. Neben dieser Schwankungen ausgesetzten Tätigkeit suchte sie auch nach einer festen Anstellung mit stetigem gesichertem Einkommen. 1906 wandte sie sich, da an der evangelischen Kirche keine Organistenstelle frei war, auf Empfehlung des Presbyteriums an die Solinger Synagogengemeinde, die anlässlich der Goldhochzeit ihres Vorsitzenden, des Geheimen Kommerzienrats und Ehrenbürgers Gustav Coppel und seiner Frau Fanny ein neues Harmonium zur Begleitung des Synagogengesangs erwarb. Helene Sternsdorff bewarb sich erfolgreich und wurde für Jahrzehnte die Organistin der Synagogengemeinde. Als die Synagogengemeinde zum 80. Geburtstag von Gustav Coppel 1910 ein neues Gesangbuch herausgab, steuerte die Organistin im Anhang eine Vertonung von Versen des 30. Psalms bei.

Ihr regelmäßiger Dienst am Sabbat in der Synagoge und am Sonntag in den drei Kirchen der großen Solinger Gemeinde sicherte ihr ein festes Einkommen von 35 RM monatlich von der Synagoge und 55 RM von der Kirche. Daneben leitete sie den Chor des kirchlichen Mädchenbundes „Edeltraut", den Frauenchor der Synagogengemeinde und einen Madrigalchor, der bei der Aufführung von Oratorien mitwirkte. Außer im Fach Klavier unterrichtete sie ihre Schülerinnen und Schüler auch in den Fächern Musiktheorie, Violine und Blockflöte. Sie selbst bildete sich bei renommierten Professoren in Komposition, Orgel und Gesang weiter. Von ihren Schülerinnen wurde ihre freundschaftliche Art und ihr menschliches, familiäres Wesen immer wieder betont. Mit der Wahl eines neuen Presbyteriums am 23. Juli 1933, die eine überwältigende Mehrheit für die Gruppierung der Deutschen Christen brachte, stand Helene Sternsdorff vor einem Dilemma. Die NSDAP-nahen Deutschen Christen hatten in ihrem Wahlmotto kirchliche und politische Gesichtspunkte verknüpft: „Vorwärts mit Gott für unsere geliebte evangelische Kirche, unser Vaterland und unseren Führer Adolf Hitler!" Aus der Sicht der deutschen Staatsführung war es Zweck der Kirchenwahlen gewesen, nach dem Staat und der Gesellschaft nun auch die evangelische Kirche dem nationalsozialistischen Staat gleichzuschalten, eine einheitliche Reichskirche zu schaffen und dort das Führerprinzip und die Rassegesetzgebung einzuführen. Das neue Presbyterium, das in schneller Folge Maßnahmen zur Gleichschaltung verabschiedete (Hitlergruß, Horst-Wessel-Lied, Führerprinzip, Arierparagraph, Unterstellung unter den deutsch-christlichen Reichsbischof Müller u.a.), wurde bald auch auf den doppelten Dienst der Organistin aufmerksam, und dies betrifft den zweiten, bei der Verabschiedung in den Ruhestand verschwiegenen Punkt.

Eine diplomatische Gratwanderung

Ein Vierteljahr nach der Kirchenwahl empfahl der Ausschuss für Liturgie und Kirchenmusik dem Presbyterium, der Organistin umgehend zu kündigen, weil der Organistendienst in der Synagoge „mit der Ehre und dem Wesen der evangelischen Kirchengemeinde" kollidiere. In der nächsten Presbyteriumssitzung wurde zu Helene Sternsdorffs Gunsten ins Feld geführt, dass das Presbyterium seinerzeit selbst den Organistendienst in der Synagoge empfohlen hatte. Deshalb änderte das Presbyterium die Beschlussvorlage des Ausschusses insoweit, die Organistin „vor die Entscheidung zu stellen, ob sie den Dienst in der Synagogengemeinde beibehalten oder in unserer Gemeinde allein dienen will". In ihrer Stellungnahme an das Presbyterium äußerte sich die Organistin mit diplomatischem Fingerspitzengefühl. Sie erklärte ihre Bereitschaft, den Dienst in der Synagogengemeinde aufzugeben, und stellte politische Autoritäten an ihre Seite. Vor allem aber wies sie auf ihre beengte finanzielle Lage hin, die noch dadurch verschärft wurde, dass sie gemeinsam mit ihrer Schwester Maria die dritte Schwester Paula, die ihnen den gemeinsamen Haushalt führte, unterhielt. Damit erklärte sie ihre beiden festen Gehälter von der Kirche und von der Synagoge materiell für notwendig. Zudem sei sie an der Synagoge pensionsberechtigt, während sie bei der Kirchengemeinde nur eine einfache Anstellung habe. Daraufhin zog das Presbyterium seinen Beschluss zurück und verwies die Sache wieder an den Ausschuss für Liturgie und Kirchenmusik. In der Zwischenzeit wandte sich Pfarrer Ludwigs an das Konsistorium mit Bitte um Rat, wobei er auch das Einvernehmen der Organistin und des früheren Presbyteriums über den Orgeldienst an der Synagoge betonte. In seiner Antwort an die Gemeinde musste der deutsch-christliche Oberkonsistorialrat Walter Siebert zugestehen, dass es keine kirchenrechtliche Handhabe gegen den parallelen Orgeldienst an Kirche und Synagoge gebe. Doch er konstruierte moralische Einwände: „Indessen können unter kirchlichen Gesichtspunkten sehr wohl gewisse Bedenken dagegen erhoben werden, dass die Organistin einer Kirchengemeinde gleichzeitig auch in einer Synagoge das Harmonium bedient." Der Solinger Superintendent Thieme, ein Vertreter der radikalen Thüringer Richtung der Deutschen Christen, stellte sich „voll und ganz" hinter die Position des Konsistoriums. Nun wurde es für Helene Sternsdorff eng. Sie sah sich zunächst gezwungen, vom Februar bis Mai 1934 ihren Dienst in der Synagoge aufzugeben, um ihre Anstellung in der Kirche zu behalten. In dieser Situation muss sie sich an die im Aufbau befindliche Reichsmusikkammer gewandt haben, die noch nicht strikt auf die Goebbels-Linie gebracht war. Die Fachschaft Evangelische Kirchenmusik setzte sich nun energisch für die Organistin ein, indem sie dem Presbyterium entweder eine Erhöhung ihres Gehalts oder die erneute Erlaubnis zum Organistendienst in der Synagoge nahe legte. So fasste das Presbyterium am 23. Mai 1934, exakt sieben Monate nach Beginn der Auseinandersetzung, den Beschluss: „Mit Rücksicht auf die wirtschaftliche Lage von St. schlägt der Ausschuß für Liturgie und Kirchenmusik vor, ihr den Dienst in der Synagogengemeinde wieder zu gestatten. Der Ausschuß hält dabei an der grundsätzlichen Auffassung fest, daß sich dieser Dienst nicht mit der Ehre und dem Wesen der Ev. Kirche verträgt. – Presbyterium stimmt dem Vorschlag des Ausschusses zu." Bis zur Zerstörung der Synagoge in der Reichspogromnacht 1938 hat Helene Sternsdorff der Kirche und der Synagoge mit ihrem Orgelspiel gedient. Sie sah darin keineswegs eine Schädigung der Ehre und des Wesens der Evangelischen Kirche – ein kleines Beispiel christlich-jüdischer Zusammenarbeit in widriger Zeit. Sie starb am 21. Februar 1951 in Solingen. *HS*

Horst Sassin, Helene Sternsdorff. Solinger Klavierlehrerin und Organistin in Kirche und Synagoge, in: Die Heimat, hg. vom Bergischen Geschichtsverein, Abteilung Solingen, Bd. 17, 2001, S. 57–76.

Ein deutschnationaler Presbyter der Bekennenden Kirche
Die vielfältigen Lebenswege des Fabrikanten Gustav Adolf Theill

Der gebürtige Remscheider Gustav Adolf Theill (1886–1963) wurde als zweiter Sohn eines Messingfabrikanten geboren. Die Familie war pietistisch geprägt, der Großvater hatte vor der Jahrhundertwende zu den wenigen Gemeindegliedern gehört, die ihre Kinder von einem „gläubigen" und nicht von einem der damals in der Gemeinde amtierenden liberalen Pfarrer taufen lassen wollten.

Nach dem Besuch der Realschule trat der Junge 1902 in die väterliche Firma ein. 1905 genügte er seiner einjährigen Wehrpflicht in Wesel. Am Ersten Weltkrieg nahm er ab 1915 teil und geriet kurz vor Kriegsende noch in englische Kriegsgefangenschaft. Daraus wurde er im Herbst 1919 entlassen.

Der von der militärischen Niederlage Deutschlands erschütterte junge Mann schloss sich politisch der nationalen Rechten an. Gemeinsam mit dem Studienrat und Hauptmann Dr. Ewald Weisemann gründete Gustav Theill die Remscheider Deutsch-Nationale Volkspartei (DNVP). Schon vor dem Kapp-Putsch im März 1920 hatte Weisemann in konspirativer Weise – denn Remscheid war von englischen Soldaten besetzt – ein Freiwilligen-Korps aufgestellt. Als die Remscheider Arbeiter während des Putsches auf die Straße gingen und dem Aufruf zur „Erringung der politischen Macht durch die Diktatur des Proletariats bis zum Sieg des Sozialismus auf der Grundlage des Rätesystems" mit der Waffe in der Hand zu folgen schienen, kam es zu heftigen Straßenkämpfen mit dem Freikorps.

1920 heiratete Theill Auguste Westkotte, die Tochter eines Baptistenpredigers. Nach dem Tod des älteren Bruders übernahm der 36jährige Gustav Theill die väterliche Firma. Zur gleichen Zeit wurde er Presbyter der Gemeinde Remscheid. Prominentes Mitglied der Gemeinschaftsbewegung war er schon vorher geworden. Bei den Kommunalwahlen am 12. März 1933 stoßen wir wieder auf ihn. Er trat damals als Kandidat des „Christlichen Volksdienstes (Evangelische Bewegung)" an. Die DNVP scheint er nach 1928 verlassen zu haben. Vermutlich war sie ihm nicht mehr christlich genug, seitdem der Großindustrielle Alfred Hugenberg sie dominierte. Theills Kandidatur für den Remscheider Stadtrat war nicht erfolgreich, die NSDAP errang 23 Mandate von 48 Sitzen, also fast die absolute Mehrheit.

Im Laufe des Jahres 1933 trat Theill noch mehrere Male an das Licht der Öffentlichkeit. Bei einer Versammlung des „Rheinischen Gemeinschaftsbundes" hielt er ein Referat über „Lage und Aufgabe der Gemeinschaften in unserer Zeit". Er sah die evangelische Gemeinschaftsbewegung eingebettet zwischen Volk bzw. Staat und Kirche. Beide Pole, sagte er, gäben ihr Stabilität, enthielten aber auch Gefahren, etwa ganz aktuell, falls staatliche Vorschriften wie der Arierparagraph in die Gemeinschaften Einlass fänden. Das bedeute deren Zerstörung. Gegen jeden derartigen Anspruch des Staates oder der Kirche müsse Widerstand geleistet werden. Nach der Sportpalast-Kundgebung vom 13. November 1933 veranlasste Theill ein Telegramm der „Bergischen Gemeinschaftsvereinigung" an den Reichsbischof, in dem konsequent das „Ausscheiden aller Teilnehmer der Kundgebung aus der Kirchenleitung" gefordert wurde.

BK-Synodaler, Schatzmeister und Predigthelfer

Damit war Theill jetzt ein scharfer Gegner der Deutschen Christen geworden, für die er anfangs noch Sympathie gehabt hatte. Er schloss sich der entstehenden Bekennenden Kirche an und nahm als offizieller Synodaler der BK der Synode Lennep an der Barmer Bekenntnissynode vom 29. bis 31. Mai 1934 teil. Übrigens war er der einzige Vertreter seiner Synode in Barmen, sein ehemaliger Parteifreund Dr. Weisemann hatte nur Gast-Status.

Tatkräftig unterstützte Theill die BK im Rheinland. Für Besprechungen der BK-Gemeinde in Remscheid wie für diejenige in Lennep oder auf synodaler Ebene stellte er häufig einen Saal in seinem Unternehmen zur Verfügung, und er förderte die Bemühungen der Lenneper Bekenntnisgemeinde, zu ihrer geistlichen Betreuung einen bekenntnistreuen Pfarrer anzustellen. Er überblickte die Finanzen eines derartigen Engagements, denn von Oktober 1935 bis zum Dezember 1938 war er Schatzmeister der evangelischen Bekenntnissynode im Rheinland.

Theill hielt auch mit kritischen Äußerungen zu den Deutschen Christen wie zur „offiziellen" evangelischen Kirche nicht hinter dem Berg. Sie brachten ihm 1938 eine Anklage wegen „heimtückischer Angriffe auf Staat und Partei", von der ihn das in Remscheid tagende Dortmunder Sondergericht allerdings frei sprach.

Angesichts des Pfarrermangels im Zweiten Weltkrieg begann er 1942 eine Ausbildung zum Predigthelfer, und am 24. September 1944 wurde er in der Lenneper Notkirche, in der die Bekenntnisgemeinde ihre Gottesdienste hielt, ordiniert.

Nach Kriegsende wurde er zum Vorstandsmitglied der Kreissynode Lennep gewählt. Von 1949 bis 1957 war er Mitglied der rheinischen Landessynode, die ihn zum nebenamtlichen Mitglied der Kirchenleitung wählte.

Gustav Adolf Theill starb am 7. Februar 1963 in seiner Geburtsstadt.   VW

Werner Lauff, Die Notkirche in Lennep. Ein Beitrag zur Geschichte des Kirchenkampfs im Kirchenkreis Lennep, Köln 2002 (SVRK 156).

Die „legalen" Pfarrer

Einleitung
Günther van Norden

Manche Menschen haben Träume, Wachträume, Wunschträume. Die meisten beziehen sich auf die Zukunft: Sie erträumen eine bessere, friedliche Welt, die kommen möge. Aber es gibt auch Träume, die sich auf die Vergangenheit beziehen, auf eine Vergangenheit ohne Schuld. Ein solcher Wunsch ist der: Am 10. November 1938 läuten in Deutschland alle Kirchenglocken Sturm! Die verfolgten und mordbedrohten Verwandten Jesu klagen vor ihren zerstörten Synagogen. Die 18 000 evangelischen Pfarrer in Deutschland reichen ihnen die Hand, klagen mit ihnen, erheben laut ihre mächtige, weil einmütige, solidarische Stimme des Protestes für die, die sich kaum wehren können.

Das ist natürlich nur ein Traum. Die meisten der etwa 18 000 evangelischen Pfarrer in Deutschland, der etwa 800 im Rheinland, rührten sich nicht, sie schwiegen beklommen oder uninteressiert, sie fühlten sich nicht verantwortlich – es war nicht ihre Sache, meinten sie. So wie es der ehemalige KZ-Häftling Martin Niemöller später prägnant formulierte: „Als die Nazis die Kommunisten holten, habe ich geschwiegen – ich war ja kein Kommunist. Als sie die Sozialdemokraten einsperrten, habe ich geschwiegen – ich war ja kein Sozialdemokrat. Als sie die Gewerkschaftler holten, habe ich nicht protestiert – ich war ja kein Gewerkschaftler. Als sie mich holten, gab es keinen mehr, der protestieren konnte." Von den Juden sprach allerdings auch Niemöller hier noch nicht.

Viele Christen schwiegen nicht, sondern sie jubelten, weil es jetzt auch die Juden traf, „die Mörder des Herrn", wie man seit Jahrhunderten predigte und wie es auch Luther zornig begeifert hatte. Der thüringische Landesbischof Martin Sasse gab aus Anlass des Pogroms eine Broschüre mit dem Titel „Martin Luther über die Juden: Weg mit ihnen!" heraus, die mit den Sätzen begann: „Am 10. November 1938, an Luthers Geburtstag, brennen in

Deutschland die Synagogen. [...] Damit wird der gottgesegnete Kampf des Führers zur völligen Befreiung unseres Volkes gekrönt." Bei der Trauerfeier für den ermordeten Gesandtschaftsrat Ernst vom Rath in Düsseldorf predigte Bischof Friedrich Peter über einen antijudaistischen Text aus dem Johannesevangelium (8,44): „Wir wissen, wer es tat. Und wir fragen heute an diesem offenen Grab die Völker der Erde, wir fragen die Christen in aller Welt: Was wollt ihr tun gegen den Geist jenes Volkes, von dem Christus sagt, ‚sein Gott ist ein Mörder von Anfang an gewesen'".

Dies hatte auch den Solinger Superintendenten Alfred Thieme in seiner Karfreitagsgspredigt 1938 bewogen auszurufen: „Wer dieses Volk nicht haßt, der haßt Christus und sein Kreuz!"

Wenige wagten Worte des Abscheus und der Scham zu sprechen. Es ist leider so: Genau wie andere Christen sind Pfarrer Menschen ihrer Zeit, in den Küchen und Wohnstuben ihrer zumeist kleinbürgerlichen oder bürgerlichen Mütter und Väter aufgewachsen, mit den guten Gaben ihrer Erziehung begnadet, aber auch mit dem ganzen Ballast von reflektierten und unreflektierten übernommenen Urteilen und Vorurteilen ihres Milieus, erfüllt und geprägt von Traditionen, die sie bestimmen. So war auch das, was sie wie fast alle Christen um sie herum fühlten, dachten und lebten, geprägt von ihrem gesellschaftlichen Umfeld.[1] Die sich daraus ergebende Lebenseinstellung war oft bestimmender als eine Theologie und meist viel bestimmender als der Ruf der Nachfolge, die Herausforderung, Licht der Welt und Salz der Erde zu sein.

Deshalb ist es illusorisch, von diesem Berufsstand mehr zu erwarten als von anderen Christen, so wie auch von Christen insgesamt – leider – kaum mehr erwartet werden kann als von den meisten anderen Menschen dieses Milieus im Deutschland der dreißiger und vierziger Jahre. Helden gab es hier nur wenige. Sie gab es eher bei Kommunisten und Sozialdemokraten, die von anderen, widerständigeren Traditionen bestimmt waren und als erste die mörderischen Verfolgungswellen der Nazis erleiden mussten. In der evangelischen Kirche mussten manche, die widerständig wurden, erst die Beschränkungen ihrer sozialen Herkunft durchbrechen, um einen klaren Blick für das eigentlich Notwendige zu bekommen. Fast alle kamen aus einem konservativen Um-

---

1 Vgl. dazu Karl-Wilhelm Dahm, Pfarrer und Politik. Soziale Position und politische Mentalität des deutschen evangelischen Pfarrerstandes zwischen 1918 und 1933, Köln und Opladen 1965; s.a. Martin Greiffenhagen, Das evangelische Pfarrhaus. Eine Kultur- und Sozialgeschichte, Stuttgart 1984.

feld, von daher waren die meisten anfangs durchaus aufgeschlossen für viele Sprechblasen der Nazis, die sie kannten und bejahten. Aber dann haben sie hier oder da erkannt, dass da Dinge geschahen, denen sie widersprechen mussten. Warum? Nicht weil sie ihrem Glauben oder ihrer Theologie zuwider waren – den oder die hatten Tausende andere auch, die gut damit zurechtkamen –, sondern weil erschreckende Erfahrungen eine Tür in ihrer Lebenseinstellung aufrissen, so dass sie den Kompromissweg verlassen und einen neuen Weg mutigen Redens gehen konnten. Wir nennen einige von ihnen – exemplarisch. Vielleicht gab es bei anderen diese Türe auch, aber sie hielten sie geschlossen, weil sie zu öffnen gefährlich war.

Vom Mitbegründer der BK zum Nachkriegs-Präses
Joachim Beckmanns Gefährdungen und Erfolge

Die Vierte Evangelische Bekenntnissynode im Rheinland fand vom 28. bis 30. April 1935 in Barmen-Gemarke statt. Auch auf dieser Synode hielt BK-Pfarrer Joachim Beckmann (1901–1987) das wesentliche Grundsatzreferat. Er machte der Synode – und damit der ganzen rheinischen BK – klar, dass der „entscheidende Punkt des Kirchenkampfes" in der „glaubensmäßigen Stellung zum Nationalsozialismus, in der theologischen Deutung" des Nationalsozialismus liege. Damit hatte er präzise die politische Dimension benannt, die ganz konkret den Glauben herausforderte: Ein Aufruf an die Theologen, nicht in abstrakte theologische Probleme oder in altbekannte Litaneien zu flüchten, sondern im Konkreten standzuhalten und Antworten zu suchen.

Die Desillusionierung des Deutschnationalen

Joachim Beckmann hat diese Aufgabe in seinen vielen Leitungsämtern stets wahrgenommen. Seine vielfältigen Gaben und die tiefen Prägungen in Kindheit, Jugend und Ausbildung befähigten ihn dazu. Er war in einem offenen, großzügigen Pfarrhaus im Ruhrgebiet aufgewachsen, in dem die freie, kontroverse Kommunikation und die geistig-kulturelle Lebendigkeit ebenso selbstverständlich waren wie die traditionelle lutherische Bindung an das Königshaus und ein selbstverständlicher deutschnationaler Patriotismus.

Der Zusammenbruch der Monarchie hat ihn 1918 tief erschüttert: Der Glaube an die Unbesiegbarkeit der deutschen Armee war ein Irrglaube gewesen. „Die tiefe Traurigkeit und Verzweiflung über Deutschland bewirkte bei mir eine endgültige Entscheidung für den Beruf des Pfarrers. Mein Volk bedurfte einer neuen Erweckung zu einem lebendigen Christentum", so hat er selbst später geschrieben. Er studierte in Marburg und Münster Philosophie und Theologie, promovierte 1924 zum Dr. phil. und machte sein Erstes Theologisches Examen. Dann aber trat ein Ereignis ein, das sein theologisches und politisches Denken umstürzte. Er hörte, dass in Göttingen ein Professor namens Karl Barth lehre, der mit seiner Theologie „etwas ganz Neues und Überraschendes" sage. Beckmann las u.a. Barths Römerbriefkommentar und war davon so fasziniert, dass er sich entschloss, in Göttingen weiter zu studieren. Mit Begeisterung hörte er hier Barths Vorlesungen und nahm an seinen Seminaren teil. Die Hinwendung zu Barths Theologie, die Konzentration auf Christus als die Offenbarung Gottes, war für ihn fundamental und befreiend. Er hat sie bis an sein Lebensende nicht aufgegeben. Die Göttinger Zeit schloss er 25-jährig mit der Promotion zum lic. theol. und dem Zweiten Theologischen Examen ab. Nun ging er in den kirchlichen Dienst. Im Jahre 1933, am Beginn der nationalsozialistischen Machteroberung, wurde er Pfarrer in Düsseldorf. Da er durch Karl Barth die „Weltverantwortung der Christen" für die Gesellschaft als eine politische Aufgabe neu begriffen hatte, konnte er weder Nationalsozialist noch Deutscher Christ werden.

Die BK-Karriere des Barth-Schülers

Schon im Sommer 1933 schlossen sich die rheinischen Theologen, die die deutsch-christliche Agitation ablehnten, auf einem Treffen in seinem Pfarrhaus zu einer Bruderschaft zusammen. Beckmann hielt hier sein erstes großes kirchenpolitisches Referat über das Thema „Die gegenwärtige Lage in der Kirche und das Ziel unseres Kampfes". In der nun entstehenden BK nahm er bald Leitungsfunktionen wahr. Er wurde in den Bruderrat und den Rheinischen Rat sowie auf Reichsebene in den Reichsbruderrat gewählt und blieb bis zum Ende des Kirchenkampfes 1945 in diesen Positionen.

Die Folge war, dass er neben seiner Gemeindearbeit unentwegt zu Gremiensitzungen und Vorträgen unterwegs war. Da er seinen Protest gegen die Machtdemonstrationen der DC deutlich aussprach, erregte er den Unwillen der offiziellen Kirchenleitung. So gehörte er mit Heinrich Held und Friedrich Graeber zu den ersten rheinischen Pfarrern, die schon im Februar 1934 suspendiert wurden (bis April 1934), weil sie sich öffentlich dem „Maulkorberlass" des Reichsbischofs Müller widersetzt hatten, der den Pfarrern Kritik am deutsch-christlichen Kirchenregiment verbot.

Kurz darauf begann sich auch die Polizei für ihn zu interessieren. Das kann man der umfangreichen Gestapo-Akte entnehmen, in der die „staatsfeindlichen" Aktivitäten des Pfarrers penibel vermerkt werden. 709 Seiten umfasst die Akte. Seine Vorträge und Predigten werden überwacht, weil er, wie es ein Polizist aufschrieb, die „Bestrebungen unseres Führers, die ev. Kirchen zu einigen", bekämpfe und die Gemeinden „zum Widerstand gegen die Anordnungen von oben (Staat und Kirchenbehörden)" aufhetze. Er reise in den Gemeinden herum und predige Auflehnung. Es kommt zu ständigen Vorladungen und Vernehmungen, in denen Beckmann sich geschickt und beredsam verteidigt: Er kritisiere nicht den Staat, sondern die DC-Kirche, sein Kampf sei nicht politisch, sondern rein theologisch. Die Polizei findet lange Zeit keinen Grund, gegen ihn vorzugehen. Im März 1935 erhält er schließlich ein Aufenthaltsverbot für den Regierungsbezirk Düsseldorf, das er dazu benutzt, die Vortragsarbeit für die BK in Breslau und Frankfurt fortzusetzen, bis auch hier die Gestapo ein Redeverbot ausspricht. Das lässt sich Beckmann nicht gefallen. Er protestiert gegen die Maßnahme: „Ich verlange als unbescholtener Staatsbürger, der auf Recht und Ehre Anspruch hat, eine Begründung für eine derartige Maßnahme." Ob es dieser Mut ist, der dazu führt, dass das Staatspolizeiamt in Berlin das Aufenthalts- und Redeverbot aufhebt?

Die Drangsalierung des erfolgreichen Taktikers

Als die BK damit beginnt, sich unmittelbar staatlichen Verordnungen wie dem Kollektenverbot, dem Verbot der Bekanntgabe der Kirchenaustritte oder dem Verbot der Ausbildung von Theologen an eigenen Hochschulen zu widersetzen, verschärfen sich auch die staatlichen Repressionen. Im Juni 1937 wird Joachim Beckmann mit anderen Mitgliedern des Reichsbruderrates in Berlin für kurze Zeit verhaftet. Zwei Monate später weist die Gestapo Berlin ihre Kollegen in Düsseldorf an, Beckmann „verantwortlich zu vernehmen", ob er an der Kanzelabkündigung der BK anlässlich der Verhaftung Martin Niemöllers mitgewirkt habe. Die Düsseldorfer Polizei sucht Beckmann eifrig, findet ihn aber nicht, da er nach seiner Haftzeit in Berlin zu seinen Eltern nach Buchholz (Weser) gefahren war. Die Gestapo, die Buchholz mit Bocholt verwechselte, suchte ihn dort vergeblich, bis sie ihn endlich bei seinen Eltern fand und verhörte. Beckmann teilte dem Vernehmungsbeamten mit, er habe von der ganzen Angelegenheit keine Kenntnis und kenne die für die Kanzelabkündigung Verantwortlichen nicht. Also wurde er nicht verhaftet!

Es ist unmöglich, über alle Drangsalierungen, Hausdurchsuchungen und Vernehmungen der folgenden Zeit zu berichten. Immer wieder gelingt es Joachim Beckmann, die Verdächtigungen der Gestapo klug zu widerlegen, obwohl sie in ihren Berichten immer wieder davon spricht, dass seine „Ansprachen" darauf zielten, die „Bevölkerung aufzuhetzen und sie in einen Gegensatz zu Partei und Staat zu bringen". Im Februar 1939 erteilt das Geheime Staatspolizeiamt in Berlin erneut ein Redeverbot für das gesamte Reichsgebiet wegen seiner „staatsabträglichen Äußerungen". Er durfte nun nur noch in seinem Pfarrbezirk predigen, aber er nutzte jede Gelegenheit, seine „treuen Anhänger" in nichtöffentlichen Sitzungen über die antikirchlichen Maßnahmen und Pläne der Partei zu unterrichten. Als er im November 1942 zur Gestapostelle in Düsseldorf bestellt wird, erzählt er dem Beamten von verschiedenen innerkirchlichen Problemen, zum Beispiel von der Regelung der Kollektenfrage. Er berichtet über die relativ guten Beziehungen zum Konsistorium, in dem etwa bei den geistlichen Konsistorialräten Karl Euler und Helmut Rößler „viel Verständnis für die Dinge der BK" zu finden sei. Es sei das gemeinsame Bestreben, „während des jetzigen Krieges keine Unruhe in das Kirchenvolk zu tragen". Es ist offensichtlich ein friedlich-freundliches Gespräch, das der Polizeibeamte später aufzeichnete – erstaunlich, mit welcher Klugheit, Beredsamkeit und taktischem Geschick Beckmann hier agierte, so dass die Düsseldorfer Gestapo in der Folgezeit freundlicher mit ihm umging. Das Reichsredeverbot wurde erleichtert: Man erlaubte ihm im Frühjahr 1943, auch außerhalb seines Pfarrbezirks, aber nur innerhalb der Evangelischen Gemeinde Düsseldorfs zu predigen. Die Gestapo begründete diese Erlaubnis damit, dass dem Mangel an Geistlichen und der damit zusammenhängenden Notlage der Gemeinde in diesen Kriegszeiten begegnet werden solle! Beckmann geriet noch einmal in eine kritische Situation, als er nach dem gescheiterten Attentat auf Hitler gefragt wurde, ob der Rheinische Rat Dankgottesdienste für „die Errettung des Führers" veranlassen werde. Schließlich habe auch Dr. Ley gesagt, hier sei ein wirkliches Wunder geschehen, für das man dem Schöpfer dankbar sein müsse. Was sollte Beckmann dazu sagen? Er erklärte den Fragestellern, dass Dr. Ley zwar von einem Wunder gesprochen, aber dadurch durchaus nicht zu einer Bejahung Jesu Christi gefunden habe. Die Haltung der Partei sei kirchenfeindlich. „Ein formeller Dankgottesdienst könne nicht veranstaltet werden." Von diesem Gespräch erhielt die Gestapo Kenntnis und berichtete darüber dem Reichssicherheitshauptamt – ohne dass jedoch gegen Beckmann vorgegangen wurde.

Wie kam es, dass Beckmann zwar unentwegt beobachtet, immer wieder verhört, drangsaliert, aber nicht ins Gefängnis oder

KZ geschickt wurde? Damit ließ man doch zu, dass er seinen „staatsabträglichen Einfluss" – wenn auch eingeschränkt – weiter geltend machen konnte. Lag es daran, dass er so klug, beredt und taktisch geschickt war? Also konnte man auch in diesem allgewaltigen Staat widerständig sein? Lag es daran, dass die Repressionsorgane sich gerade auch in der Kriegszeit nicht an den bekannten und beliebten Pastor, der nicht nur in seiner Gemeinde, sondern in der ganzen BK breiten Rückhalt genoss, herantrauten?

Alle diese Aktivitäten waren wohl nur möglich, weil auch hier die Frau des Pfarrers, nämlich Hilde Beckmann, hinter ihm stand und ihm den Rücken freihielt – trotz aller Belastungen, die ein kinderrreicher Pfarrhaushalt mit sich brachte.

Joachim Beckmann wurde 1958 als Nachfolger Heinrich Helds Präses der Evangelischen Kirche im Rheinland, bis er 1971 in den Ruhestand trat. Er starb am 18. Januar 1987 im Alter von 85 Jahren. *GvN*

Joachim Beckmann, Das Wort Gottes bleibt in Ewigkeit. Erlebte Kirchengeschichte, Neukirchen 1986; Wilhelm Niemöller, Aus der Polizeiakte des Bekenntnispfarrers Joachim Beckmann, in: Zur Geschichte des Kirchenkampfes. Gesammelte Aufätze (AGK 15), Göttingen 1965, S. 217 bis 257; Enno Obendiek, Joachim Beckmann 1901–2001. Der Theologe, der Bekenner, der Kirchenmann – Was war? Was bleibt?, in: MEKGR 50 (2001), S. 361–374; Rauthe, Gegner, S. 124ff.

Deutsch-nationaler Patriot und kirchentreuer „Staatsfeind"
Philipp Bleeks zwiespältige Widersetzlichkeit

Er ist ein widerspenstiger Patriot, hin und her gerissen zwischen seiner Sympathie für den Nationalsozialismus und seiner Treue zum Evangelium. Aber wenn's drauf ankommt, sitzt Pfarrer Bleek (1878–1948) lieber als „Staatsfeind" im Gefängnis, statt einem kirchenfeindlichen Staat und einer nazifizierten Kirche zu dienen.

Philipp Bleek war im Alter von acht Jahren mit seiner Familie aus Argentinien nach Deutschland gekommen. Dort hatte der Vater, ein Pfarrer, sich um die in Südamerika verstreut lebenden deutschen und schweizerischen Christen gekümmert und für seine Familie ein kleines Gut erworben. Nach seiner Gymnasialzeit in Bonn studiert Philipp Bleek dort und in Berlin evangelische

Theologie und tritt 1905 in der Arbeitergemeinde Saarbrücken-Malstatt ein Vikariat an. Er heiratet die Tochter des bekannten Saarbrücker Heimatforschers Ruppersberg und bleibt in der Gemeinde auch als Pfarrer.

Für den Protestantismus ganz ungewöhnlich in jener Zeit ist Bleeks Einsatz für die Arbeiterschaft. Ohne starke Gewerkschaften, die Druck auf die Arbeitgeber machen, so sagt er 1907, verbessere sich ihre Lage nicht. Er engagiert sich für den Evangelischen Arbeiterverein und gründet gegen die Armut in seiner Gemeinde eine Evangelische Nothilfe. In den zwanziger Jahren wird er Synodalassessor und wächst damit in turbulenter Zeit bald in eine immer größer werdende Verantwortung für den Kirchenkreis hinein.

In der für das Saargebiet während der Völkerbundverwaltung so entscheidenden Frage, ob man 1935 für den so genannten „Status quo" oder für den Anschluss ans Deutsche Reich stimmen sollte, tritt Bleek entschieden für den Anschluss ein. Das ab 1933 im Reich etablierte NS-System ist ihm dabei wie den meisten Saarländern kein Hinderungsgrund. „Mit evangelischem und deutschem Gruß, Heil Hitler!" unterzeichnet er Briefe, und mit fast allen, überwiegend deutsch-national gesinnten evangelischen und katholischen Pfarrern des Abstimmungsgebietes gehört er zur „Deutschen Front". In ihr sind alle Parteien und Gruppen zusammengeschlossen, die eine Rückgliederung an Deutschland fordern.

Aber den „Deutschen Christen", die 1933 aggressiv den Kirchenkampf vom Reich auch ins Saargebiet tragen, stemmt sich Bleek doch mit vielen Pfarrern aus dem rhein-preußischen Teil des Landes entgegen. Vor allem mit seinem Superintendenten Hubert Nold und dem Alt-Saarbrücker Pfarrer Otto Wehr kritisiert er die diktatorischen Methoden der DC, als das Konsistorium für den 23. Juli 1933 Neuwahlen zu den kirchlichen Körperschaften anordnet. „Wir kämpfen für eine Kirche, die allein aus Glauben an Jesus Christus geboren wird", heißt es in einer Presseerklärung, die Bleek mit 24 Pfarrern herausgibt. Doch immer dabei ist die Sorge, die innerkirchliche Auseinandersetzung könne als Affront gegen den Nationalsozialismus missverstanden werden. Deshalb umgehend das öffentliche Bekenntnis: „Tiefinnerlicher Christenglaube und Nationalsozialismus lassen sich wohl vereinigen." In diesem Sinne protestiert Bleek, zusammen mit Otto Wehr und Carl Roderich Richter (Saarlouis) am 17. September 1934 in einem langen Brief an Adolf Hitler gegen die DC-Machenschaften.

Der Fechinger Kirchenstreit

Doch Bleek wird immer mehr zur Zielscheibe der DC. Man will ihn zum Rücktritt als Leiter der Evangelischen Arbeitervereine an der Saar zwingen. Er kontert, diese seien „treu evangelisch kirchlich und treu vaterländisch, im Sinne des neuen Reiches". Man schwärzt ihn bei preußischen Ministerien in Berlin an. Er protestiert dagegen, dass von dort die Beihilfe für die kulturelle Arbeit der beiden Saar-Synoden eingestellt wird. Als er 1935, nach dem Tod von Superintendent Nold, stellvertretend die Leitung der Kirchenkreise übernimmt, eskalieren die Konflikte.

In Fechingen, einem Vorort von Saarbrücken, führt Bleek im Juni 1936 den vom Bruderrat entsandten Pfarrer Anton Eissen ein, obwohl das Konsistorium inzwischen einen DC-Pfarrer dorthin eingewiesen hat. Im Zusammenhang mit dessen Einführung im September kommt es zu tumultartigen, auch gewalttätigen Szenen in und vor der Kirche, bei denen Bleek kraft seines Amtes die, wie er sagt, „Entweihung des Gotteshauses" zu verhindern sucht. Die Polizei nimmt ihn und Eissen vorübergehend in „Schutzhaft" und lässt ihn fortan nicht mehr aus den Augen. Eltern einer Konfirmandin zeigen ihn im Januar 1937 an. Er habe gesagt, Gott habe zwar Adolf Hitler geschickt, der Teufel aber Alfred Rosenberg. Bleek bestätigt seine Einlassung zu Hitler, aber in der „guten, heilvollen nationalsozialistischen Bewegung", so erläutert er, habe der Teufel Unkraut zwischen den Weizen gesät, und er halte Rosenberg mit seinem „Mythus" und Robert Ley in der Tat für ein Unglück. Als er auch noch angeschuldigt wird, einem Jungen eine Ohrfeige gegeben zu haben, weil der zum HJ-Dienst statt in den Konfirmandenunterricht gegangen sei, wird ihm, obwohl er den ihm zur Last gelegten Grund für die Züchtigung bestreitet, wegen staatsfeindlicher Einstellung Unterrichtsverbot und eine Kürzung seiner Dienstbezüge angedroht.

Haft und Ausweisung

Bleek aber lässt sich nicht einschüchtern. Schon wenige Wochen später protestiert er gegen die Einführung der Gemeinschaftsschule. Gegen die von Hitler im Februar 1937 angekündigten Kirchenwahlen lässt er – auch einem entsprechenden Beschluss der Saarbrücker Bekenntnissynode folgend – 5 000 Boykott-Flugblätter drucken und verteilen. Der Oberstaatsanwalt bewertet das Flugblatt als „gehässige und hetzerische Äußerung" und geeignet, „das Vertrauen des Volkes zur politischen Führung zu untergraben". Bleek wird verhaftet und kommt am 27. Juni ins Gefängnis. Im Dezember folgt ein weiterer Haftbefehl wegen des Fechinger Kirchenstreits und seiner Äußerung zu Rosenberg und Ley. Aber trotz bereits angesetzter Hauptverhandlung wird Bleek am 28. Februar 1938, nach acht Monaten Haft, überraschend entlassen und aus dem Saargebiet ausgewiesen. In schönstem preußischem Amtsdeutsch hatte ihm das Konsistorium – noch am 22. Februar – einen „brüderlichen Gruß" ins Gefängnis geschickt: „Da gegen Sie Anklage vor dem Sondergericht erhoben worden und richterlicher Haftbefehl ergangen ist, müssen wir feststellen, dass Sie gemäß § 39 des Kirchengesetzes vom 16. Juli 1886 (!) betr. Dienstvergehen der Kirchenbeamten vorläufig Ihres Dienstes enthoben sind. Die finanzielle Folge der Dienstenthebung, nämlich die Einbehaltung der Hälfte des Diensteinkommens, wird am 1. März des Jahres eintreten."

Im Mai 1938 schreibt er noch einen bewegenden Brief an seinen Saarbrücker Männerkreis aus Berlin. Dort hatte er nach einem Treffen „ausgewiesener Pfarrer" und, wie er schreibt, „nach elf Monaten des Schweigens" in Martin Niemöllers Kirche in Dahlem einen Bittgottesdienst abgehalten. Doch im Juli muss er nach einem Herzinfarkt ein Sanatorium aufsuchen. Von einer Erholungsreise nach Argentinien, die trotz immer noch anhängiger Anklage 1939 überraschend gestattet wurde, will das Ehepaar Bleek im Oktober zurückkehren. Der Krieg durchkreuzt diese Absicht. Philipp Bleek engagiert sich von 1940–1946 als Aushilfspfarrer bei der La Plata-Synode und stirbt 70-jährig am 17. Juli 1948 auf dem elterlichen Gut in Leones.   HDO

Klaus-Michael Mallmann/Gerhard Paul, Philipp Bleek, in: Das zersplitterte Nein. Saarländer gegen Hitler, Bonn 1989, S. 25ff.; Rauthe, Gegner, S. 330ff.

Der „rote Pfarrer" von Köln
Georg Fritzes (kirchen-)politische Verfolgung

Georg Fritze (1874–1939), Sohn des Magdeburger Kaufmanns Albrecht Fritze und seiner Ehefrau Bertha geb. Dähne, verbrachte nach dem Ersten Theologischen Examen die ihn prägenden Jahre in der belgischen Bergarbeiterstadt Charleroi. Von da an war er auf dem Weg, sich den Beinamen „roter Pfarrer" zu erwerben.

Der Kriegsbeginn 1914 war für ihn kein Anlass, in die nationale Begeisterung einzustimmen. So wie er zuvor die Aufrüstung als Gefahr angeprangert hatte, waren nun Friedenspredigten für ihn eine notwendige Konsequenz. Unter dem Eindruck der Revolution von 1918 und der Errichtung der Weimarer Republik plädierte das SPD-Mitglied für eine Annäherung von Kirche und Sozialdemokratie und gehörte damit zu den Männern, die 1918 überall in Deutschland unabhängig voneinander zur selben Zeit fast mit denselben Worten zu einer entsprechenden Bewegung aufriefen und sich seit 1928 zum Bund der Religiösen Sozialisten zählten. Damit gehörte er in der konservativ bürgerlichen Kirche zu einer kleinen Minderheit, die in den zwanziger Jahren an Boden gewann, vor allem durch die Leistungen des großen Theologen Karl Barth, der mit seiner dialektischen Theologie prägend auf eine ganze Generation von Theologen wirkte. Dennoch blieben die Religiösen Sozialisten kirchliche Außenseiter.

„Statt Freiheit weithin Angst und Sorge"

Seine politischen und theologischen Überzeugungen brachten Fritze 1933 sogleich in grundsätzliche Gegnerschaft zum NS-Staat. Während weite Kreise der evangelischen Kirche den staatlichen Aufbruch noch begrüßten und der rheinische Generalsuperintendent Ernst Stoltenhoff in einem „Hirtenbrief" zum 1. Mai 1933 die Pfarrer zum Dank für die gewonnene Einheit in Volk und Kirche zu einem „von Herzen" kommenden Ja aufforderte, entgegnete Fritze diesem Vorgesetzten, in diesem sich christlich gebärdenden Staat wüchsen Unterdrückung und Denunziantentum. „Denken Sie nur daran, […] in welchem Grade diese Einigkeit heute durch Zwang und Druckmittel aller Art herbeigeführt wird, wie heute deutsche Menschen um ihr Brot fürchten müssen, wenn sie heute für in unserem Volk Entrechtete eintreten, wie statt Freiheit weithin Angst und Sorge herrscht, zu sagen, was man denkt, weil Spitzeltum, Angeberei, heuchlerisches Wesen sich breit machen."

Darf der Prediger, der gewissenhaft das Evangelium verkündigt und, da er das in die Zeit hineintut, manchmal unangenehme Wahrheiten sagen muß, auch in dem gegenwärtigen Staat auf den Schutz der Kirchenbehörde rechnen?

Georg Fritze an den rhein. Generalsuperintendenten Ernst Stoltenhoff am 13. Mai 1933.

179

Obwohl zu diesem Zeitpunkt die Verfolgung der jüdischen Bürger mit der Ariergesetzgebung vom April 1933 gerade erst begonnen hatte und selbst die schlimmsten Phantasien die späteren Ausmaße nicht erahnen konnten, nahm Fritze die Entrechtung dieser Menschen hellsichtig wahr. „Wie ist es da möglich, in einem solchen vertraulichen Brief an die Evangeliumsverkünder nicht ein deutliches Wort zur Judenfrage zu sagen? Es müßte doch schlimm stehen um unsern Pfarrerstand, wenn das, was wir in Deutschland hinsichtlich der Behandlung unserer jüdischen Mitbürger erlebt haben und noch erleben, nicht für ihn eine ganz schwere innere Not bedeutet!" Sein Scharfblick gipfelte in der fast prophetischen Aussage: „Ich fürchte, dass das Schweigen der Kirche zur gegenwärtigen deutschen Judenfrage unerwünschte Folgen haben wird!"

Als das Konsistorium 1938 von seinen Pfarrern den Eid auf Hitler verlangte, verweigerte Fritze dies mit der Begründung, ein „Verkünder" sei nur der Wahrheit des Evangeliums verpflichtet. Da dies in der Eidesformel nicht gewährleistet sei – denn Angriffe der NS-Weltanschauung auf christliche Inhalte dürften nicht abgewehrt werden –, könne er dem konsistorialen Ansinnen nicht folgen. Nun erklärte allerdings ein Rundschreiben von Martin Bormann staatlicherseits im August 1938 den Verzicht auf eine Vereidigung. Begründung: Dies sei „eine innerkirchliche Angelegenheit ohne Interesse für den Staat". Doch da Fritze seine Begründung publik gemacht hatte, wurde er von einigen Presbytern denunziert, die das Konsistorium aufforderten, nun endlich gegen ihn vorzugehen.

Neben seinen kritischen Äußerungen bot auch die familiäre Situation Angriffsflächen. Die Ehe mit einer Holländerin, die als deutschfeindlich eingestuft wurde, war ebenso verdächtig wie das Verhalten seines Sohnes Klaus, der nicht nur Mitglied der sozialistisch-demokratischen Studentenschaft Köln gewesen war, sondern 1933 mit seiner Flucht in die Niederlande und seiner Ehe mit einer Holländerin den „Mangel an Deutschtum" bewiesen habe.

Der Leiter der konsistorialen Finanzabteilung, Hans Friedrich Sohns, ließ nun Fritzes Gehalt sperren. Die Verhandlungen und die rechtlichen Einsprüche des Rechtsanwaltes Paul Schulze zur Wiesche zeigten das Dilemma des Konsistoriums. Insgesamt gab es keine Handhabe gegen Fritze, die Sperrung des Gehaltes war widerrechtlich. Das Konsistorium wollte aber weder dem Presbyterium, das „hinter der Kirchenleitung" stehe, noch einer anderen Gemeinde den „missliebigen" Pfarrer mehr zumuten. Als Ausweg wurde eine sofortige Beurlaubung bis Ende Dezember 1938 bei vollem Gehalt beschlossen. Mit Jahresbeginn 1939 sollte die dann rechtlich mögliche Versetzung in den Ruhestand geschehen. Diese Verfügung erreichte Georg Fritze nicht mehr. Am 2. Januar 1939 starb er an den Folgen eines Herzinfarktes und eines Schlaganfalls.   SL

Hans Prolingheuer, Ausgetan aus dem Land der Lebendigen. Leidensgeschichten unter Kreuz und Hakenkreuz, Neukirchen-Vluyn 1983; ders., Der rote Pfarrer von Köln. Leben und Kampf des Georg Fritze (1874–1939), Köln 1989; Rauthe, Gegner, S. 180–183; Mensing/Rathke, Mitmenschlichkeit, S. 48ff.

„Wachen und wecken!"
Heinrich Held, BK-Mitgründer und erster Präses der Evangelischen Kirche im Rheinland

„Ich bin in Köln konfirmiert worden und habe dort in mein Leben das Apostelwort bekommen: ‚Wachet, stehet im Glauben, seid männlich und seid stark!' Ich bin in Köln in der alten Antoniterkirche ordiniert worden und habe dort das andere Apostelwort als Ordinationstext erhalten: ‚Gott hat uns nicht gegeben den Geist der Furcht, sondern der Kraft und der Liebe und der Zucht.' Und ich spüre, wie sehr mir diese beiden Worte Richtschnur für mein Denken und Handeln gewesen sind. Als ich 1930 nach Rüttenscheid kam, bezog ich das Pfarrhaus Reginenstraße 47, und in dem Oberlicht über der Tür war eine bunte alte Leuchte zu sehen, und darauf war geschrieben: Wachen und wecken! Das nahm meinen Ordinationsspruch auf; und ich habe oft, wenn ich aus dem Hause ging, den Blick auf diese beiden Worte geworfen: Wachen und wecken." So sagte Heinrich Held (1897–1957) im Jahre 1949 beim Abschied von seiner Gemeinde, nachdem er zum Präses der Evangelischen Kirche im Rheinland gewählt worden war.

Protest und „Schutzhaft"

Nach sechs Hilfspredigerjahren in Wesseling am Rhein war er nach Essen berufen worden, in den wirtschaftlichen und politischen Krisenjahren der ersten deutschen Demokratie, als sich die

Stimmen der politischen Verführer immer lauter erhoben. Ein Erlebnis wurde für seinen Standort bestimmend: „An einem Sonntagnachmittag im Sommer 1932 bewegte sich ein nationalsozialistischer Demonstrationszug durch die Hauptstraße von Essen-Rüttenscheid. Musik, Gesang und Sprechchöre warben für das Dritte Reich. Mit dem ‚Trommler des Ruhrgebiets' Zilkens, dem späteren Gauleiter Josef Terboven und dem Essener Superintendenten wurde das Hakenkreuz sichtbar. Der Sprechchor brüllte in die sonntägliche Stille: ‚Deutschland erwache, Juda verrecke!', und damit war die Entscheidung gefallen."

Im Frühsommer 1933 wurden die kirchlichen Körperschaften in der preußischen Landeskirche durch eine Regierungsverordnung aufgelöst und staatliche Kirchenkommissare bis zu den Neuwahlen eingesetzt, die dem nationalen Aufbruch auch in der evangelischen Kirche zum Durchbruch verhelfen sollten. Heinrich Held protestierte telegraphisch beim Reichsinnenminister gegen diesen Rechtsbruch. Daraufhin wurde er als erster Pfarrer im „Dritten Reich" in „Schutzhaft" genommen. Er wurde nach wenigen Tagen wieder entlassen, ohne seinen Einspruch zurückgenommen zu haben. Er rief dann aber mit den Pfarrern Friedrich Graeber in Essen und Joachim Beckmann in Düsseldorf die rheinische Pfarrerbruderschaft ins Leben, die Keimzelle der werdenden BK im Rheinland.

Mitte Januar 1934 wurde gegen ihn, Graeber und Beckmann ein kirchenamtliches Disziplinarverfahren eröffnet. Sie hatten eine Kanzelabkündigung verfasst und versandt, mit der sie gegen die soeben von Reichsbischof Ludwig Müller erlassene „Verordnung betreffend Wiederherstellung geordneter Zustände in der Deutschen Evangelischen Kirche" protestierten. Dieser sog. „Maulkorb-Erlass" sollte es den Pfarrern verbieten, öffentlich gegen Maßnahmen der Kirchenregierung Stellung zu beziehen. Das aber ging gegen das Gewissen, zumal dieser Erlass den Arierparagraphen in der evangelischen Kirche bekräftigte, wonach es keine Pfarrer jüdischer Abstammung mehr in ihr geben sollte. Gegen Heinrich Held wurden eine empfindliche Gehaltskürzung angeordnet und eine Strafversetzung angedroht. Das Verfahren wurde drei Monate später eingestellt, auch weil die Gemeindeglieder in Rüttenscheid auf Flugblättern wünschten, „ihren Pfarrer Held zu behalten".

In seinem Essener Pfarrhaus wurde die Geschäftstelle der rheinischen Bekenntnissynode eingerichtet. Druckschriften wurden hergestellt und versandt, unter anderem die auf grünem Papier hergestellten „Grünen Briefe", ein Nachrichtendienst für die bekennenden Gemeinden, der weit über das Rheinland hinaus

Verbreitung fand. Die immer wiederkehrenden Hausdurchsuchungen durch die Gestapo führten dazu, dass die Arbeit zunehmend konspirativ getan werden musste. Man wich auf andere kirchliche und private Räume aus und warf die Sendungen wohldosiert in verschiedene Postkästen der Städte im Ruhrgebiet ein, um die Aufmerksamkeit der Polizei nicht zu erregen.

Im Jahre 1937 wurde Held zweimal verhaftet, im Mai wegen Unbotmäßigkeit hinsichtlich der „illegalen" Kollekten der BK, im September nach einem Fürbittegottesdienst in Magdeburg. Hier hatte er zunächst das Kapitel von der Willkürherrschaft der beiden apokalyptischen Tiere und ihrer Verführungskünste (Johannes-Offenbarung, 13. Kapitel) gelesen und dann in seiner Predigt die biblische Geschichte von König Nebukadnezar ausgelegt, der seinen Untertanen zumutete, eine Kolossalstatue als Sinnbild staatlicher Allmacht und Selbstvergötzung anzubeten (Daniel-Buch, 3. Kapitel). Sie mündete in die Fürbitteliste der BK: „Wache und betende Menschen braucht unser Volk. […] Daß wir recht erkennen, wie wir dran sind, laßt uns hören von der Not unserer Kirche! Es sind zur Zeit in Haft […] " – und er verlas die Namen. „Die Gesamtzahl der Verhafteten einschließlich der schon frei Gelassenen beträgt nach dem heutigen Stand 370. Laßt uns diese Not vor Gottes Angesicht bringen." Das war eine politische Provokation, denn der Bezug auf die diktatorischen Ansprüche des Hitlerstaates auch auf die religiöse Loyalität des deutschen Volkes war ebenso offensichtlich wie der Protest gegen die Freiheitsberaubung derer, die sich dagegen zur Wehr setzten, denen dafür gleichsam der im Daniel-Buch beschriebene „feurige Ofen" in Aussicht stand.

In dem Haftbefehl heißt es: „Der Pfarrer Held aus Essen […] wird beschuldigt, am 19. September 1937 zu Magdeburg in Ausübung seines Berufes in der Katharinenkirche vor mehreren (hundert Personen) Angelegenheiten des Staates in einer den öffentlichen Frieden gefährdenden Weise zum Gegenstand der Erörterung gemacht zu haben, indem er in Beziehung auf staatliche Maßnahmen davon sprach, dass auch heute sich die christliche Kirche in der babylonischen Gefangenschaft befinde, und im Anschluß daran Zahl und Namen der verhafteten Pfarrer bekannt gab, sodaß der Eindruck entstehen mußte, die Pfarrer seien grundlos verhaftet worden." Laut Staatspolizei spiegelte sich Bestürzung auf den Gesichtern der Kirchenbesucher, die sich in der Kirche zuraunten, die Köpfe schüttelten und schließlich „entgegen aller Gepflogenheit" das Vaterunser laut mitbeteten.

Zu einem Verfahren kam es freilich nicht, wohl aber wurde gegen Heinrich Held im folgenden Jahr 1938 ein Reichsredeverbot verhängt, das ihm jegliches öffentliche Reden, auch in Gottesdiensten, außerhalb der eigenen Gemeinde untersagte. Es wurde trotz des Pastorenmangels in den Kriegsjahren auch für die Nachbargemeinden nicht aufgehoben, mit der staatspolizeilichen Begründung, es hätten „Anzeichen dafür vorgelegen, daß bei Held noch gar keine Sinnesänderung seit Verhängung des Redeverbotes eingetreten" sei. Außerdem sei „leider der Gestapo Essen etwas bekannt geworden, was vermuten ließe, daß Held seine arische Abstammung nicht nachweisen könne". In der Tat war seine Großmutter mütterlicherseits eine Jüdin. So blieb es für ihn bis in die letzten Kriegsmonate nur bei vielfachen Reisen zu Sitzungen der BK sowie bei einer intensiven Arbeit in seiner vom Bombenkrieg zunehmend bedrohten Gemeinde, in der er zuletzt der einzige von vormals fünf Pastoren war.

Im Februar 1942 kam es zu einer erneuten Verhaftung, nachdem der „Bormann-Erlaß" über die Maßnahmen gegen die Kirchen nach dem deutschen Endsieg im Londoner Rundfunk veröffentlicht worden war. Ein Exemplar war auf dem Schreibtisch eines BK-Pfarrers sichergestellt worden, der es von Pfarrer Held bekommen haben wollte. Dieser bestritt in den Vernehmungen seinerseits nicht, den Erlaß zu kennen. Man wollte unbedingt wissen, woher es „die da drüben" hätten. Die Sache stand auf Messers Schneide, wurde aber dann niedergeschlagen, da die Verhöre nicht weiterführten, wohl auch wegen der bevorstehenden Konfirmationen, zu denen die Väter von den Front erwartet wurden. Da sollte in der Heimatgemeinde keine Unruhe entstehen.

Ein rettendes Netzwerk

Eine besondere Bewährungsprobe ergab sich für das Pfarrehepaar Heinrich und Hildegard Held, als im September 1944 die letzten Jüdinnen und Juden, christlichen Glaubens oder mit einem christlichen Partner verheiratet, deportiert werden sollten – noch kurz vor Kriegsende. Plötzlich stand Ilse Iwand, die Frau des späteren Theologieprofessors Hans Iwand, damals Pastor in Dortmund, vor der Haustür und suchte für den Landgerichtsrat Hans Werner Perls eine Zuflucht. Er blieb im Keller des Pfarrhauses verborgen, bis er Ende Dezember an einen Ort größerer Sicherheit geleitet werden konnte. Ende Februar 1945 klopfte der Essener Städteplaner Dr. Philipp Rappaport an, der aus einem Arbeitslager entkommen war. Er verbarg sich im Hause Held, bis dieses im März 1945 völlig zerstört wurde. Während der gleichen Zeit versteckte Pfarrer Johannes Böttcher unter den Trümmern der zerbombten Rüttenscheider Reformationskirche, neben der er luftkriegsbedingt zeitweilig wohnte, eine Gruppe von Jüdinnen und Juden, die er durch seine Gemeindearbeit kannte. Beide Freunde bildeten mit ihren Frauen und vielen verschwiegenen Helfern ein rettendes Netzwerk für die von Zwangarbeit, Hunger und Tod bedrohten Menschen.

Wenige Tage nach Kriegsende, einen Monat nach der Befreiung der Stadt aus deutscher Gewaltherrschaft, fand am 13. Mai 1945 die Tagung der Essener Kreissynode statt. Es war wohl die erste kirchliche Synodaltagung in Deutschland nach dem Zweiten Weltkrieg überhaupt. Auf ihr wurde Heinrich Held zum Superintendenten gewählt. In seiner Synodalpredigt sagte er, dass „wir hier in Ohnmacht und Schuld miteinander versammelt sind": „Wer kann denn sagen, daß er in der vergangenen Spanne der Jahre geredet hat, was Gottes Wort ihm befahl? Daß er gehandelt hat, wie Gottes Wille es ihm gebietet? […] Haben wir nicht oft geschwiegen, wo wir hätten reden müssen? Und jetzt reden die stummen Gräber und die aufgetanen Lager und die da entronnen sind! Wir aber, wie oft haben wir geschwiegen! Hätten wir nicht reden müssen, als den Menschen, die einer anderen Rasse angehören, das geschah, was ihnen geschehen?"

Als Mitglied des ersten Rates der Evangelischen Kirche in Deutschland gehörte er im Oktober 1945 zu den Unterzeichnern der „Stuttgarter Erklärung". 1948 wurde er der erste Präses der Evangelischen Kirche im Rheinland. Die Gedenkstätte Yad Vashem verlieh ihm 2003 den Ehrentitel „Gerechter unter den Völkern". Am 19. September 1957 starb Heinrich Held in Düsseldorf. *HJH*

Günther Heidtmann (Hg.), Präses D. Heinrich Held. Erinnerung und Vermächtnis, Düsseldorf 1958; Heinz Joachim Held, Heinrich Held (1897 bis 1957). Der Präses, der Gemeindepastor, der Mensch und Christ, in: MEKGR 45/46 (1996/97), S. 511–528; Rauthe, Gegner, S. 210ff.

KZ-Häftling um des Glaubens willen
Der standhafte Bußprediger Hermann Albert Hesse

„Wir in Wuppertal sind in ernster Lage, da wir unter dem gewaltigen Gericht Gottes stehen. Gott möge uns auf dem rechten Wege leiten." Ein Gestapospitzel schrieb die Predigt mit, die Hermann Albert Hesse (1877–1957) am 6. Juni 1943, dem Sonntag nach dem verheerenden Bombenangriff auf Barmen, der reformierten Bekenntnisgemeinde in Elberfeld hielt. Eine Bußpredigt – eine Predigt vom Gericht Gottes über ein ungehorsames Volk. So deutete Hesse die Bombennacht – durfte er das denn? Widersprach diese Deutung nicht der 1. These der Barmer Erklärung, nach der die Quelle der Verkündigung allein das Wort Gottes sei, nicht aber irgendein historisches Ereignis, eine Bombennacht 1943 oder eine „Machtergreifung" 1933, durch das Gott seinen Willen kundtut? Jedenfalls war dies eine Deutung, die dem Propagandaschema des „Dritten Reiches" total widersprach, denn sie setzte die Schuld des deutschen Volkes voraus: Es ist nicht den rechten Weg gegangen.

Zwei Tage später wurden Hermann Albert Hesse und sein Sohn Helmut, der in dem Gottesdienst mitgewirkt und den „Münchner Laienbrief" verlesen hatte, verhaftet und in das Wuppertaler Polizeigefängnis eingeliefert. Jetzt steigerte sich die Denunziationskampagne aus der Bevölkerung. In einem Brief hieß es: „Am vergangenen Sonntag erlaubte sich Hesse sen. in seiner Predigt auszuführen, daß die Zerstörung Barmens ein Strafgericht Gottes wäre, welches gekommen sei, damit die Menschen wieder zu Gott zurückkehren sollten. Darf ein derartiger Mensch solche Reden führen? Warum sperrt man ihn nicht ins Zuchthaus ein?" Falls dies die Volksmeinung war, war man ihr gefolgt.

Das „Tier aus der Tiefe"

Wer war dieser standfeste, aufrechte Prediger des Wortes Gottes? Pastor der reformierten Gemeinde Elberfeld seit 1916, Direktor des Reformierten Predigerseminars, Moderator (Vorsitzender) des Reformierten Bundes seit 1934 – ein führender Theologe der BK, allen Kompromissgelüsten seiner Pfarrer-Kollegen abgeneigt. Das war nicht immer so: Im deutschen Entscheidungsjahr 1933 war er sich zunächst wie so viele noch nicht klar über seinen Weg gewesen. Erst als die DC sich im November 1933 auf ihrer berühmten Berliner Sportpalastkundgebung zu üblen Angriffen auf das Alte Testament steigerte, gingen ihm endgültig die Augen auf, er wurde einer der Begründer der BK und zusammen mit Karl Immer enger Vertrauter von Karl Barth. So ist es nicht verwunderlich, dass er 1935 der Empfänger des kirchenhistorisch entscheidenden Briefes von Barth wurde, in dem dieser der BK erklärte, wo ihr Ort sei im Jahre 1935: an der Seite der „Millionen von Unrecht Leidenden". Stattdessen habe die BK „zu den einfachsten Fragen der öffentlichen Redlichkeit noch kein Wort gefunden. Sie redet – wenn sie redet – noch immer nur in ihrer eigenen Sache. Sie hält noch immer die Fiktion aufrecht, als ob sie es im heutigen Staat mit einem Rechtsstaat im Sinne von Römer 13 zu tun habe." Zu den ständigen Loyalitätsbezeugungen der BK dem neuen Staat gegenüber sagte Barth klipp und klar, er könne nicht verstehen, „wie man aufrichtiger Weise noch und noch einmal so tun konnte, als ob für das christliche Verständnis der heutigen konkreten Verhältnisse von Evangelium und Staat allein Römer 13 etc. und nicht auch die Apokalypse, nicht auch das Verhalten der alttestamentlichen Propheten maßgebend sein müsste", also die Warnung in der Offenbarung des Johannes vor dem „Tier aus der Tiefe" und der Protest der Propheten gegen die Ungerechtigkeiten der Obrigkeiten. Mit diesem Brief war der BK der Weg gewiesen, den sie gehen müsste, wenn sie Kirche sein wollte: „Mund der Stummen", Beistand der Unterdrückten zu sein. Eine Wegweisung über die kirchliche Widersetzlichkeit hinaus in die notwendige politische Dimension von Widerständigkeit – eine Wegweisung, die die Kirche, so wie sie historisch gewachsen war, in ihrer Mehrheit nicht realisieren konnte, die aber in den Kreisen um Hermann Albert Hesse begriffen wurde. Als der Staat Ausschüsse einsetzte, die die Kirche leiten sollten, gehörte Hesse zur Gruppe derer, die diese Kirchenausschüsse radikal ablehnten. Man könne die Ausschüsse nicht akzeptieren, die sich „zur nationalsozialistischen Volkwerdung auf der Grundlage von Rasse, Blut und Boden" bekannt hätten, „ohne daß dabei auch nur mit einem einzigen Wort der Gegensatz gegen die nationalsozialistische Weltanschauung und ihren Mythus laut geworden wäre". Hesse meinte damit die nationalsozialistische Verherrlichung der sog. „germanischen Rasse", die besonders vom NS-Reichsleiter Alfred Rosenberg bis zur religiösen Verklärung gesteigert wurde und zu massiven Angriffen gegen die „jüdisch verseuchten" Kirchen führte. Er spitzte diese politische Analyse im Sinne von Karl Barth noch weiter zu: Die Ausschüsse seien gebunden an den Staat und damit „letztlich auch an die im Sinne seines Mythus gemeinte nationalsozialistische Volkwerdung. Sie sind hineingestellt in den Bau des zur Unkirche werdenden Staates." Hier ist direkt der NS-Staat angegriffen, der zur Unkirche der neuen germanischen Mythus-Religion wird und damit der christlichen Kirche das Existenzrecht verweigert. Diese Analyse macht deutlich, dass es innerhalb der BK schon 1935 eine einflussreiche Gruppe gab, die den Kirchenkampf nicht nur aus theologischen Erwägungen, sondern sehr viel tiefer und fundierter aus politischer Beurteilungsfähigkeit heraus führte. Von da her war es für Hesse auch klar, dass er 1938 den Eid auf Hitler verweigerte. Seine Begründung: „Der Eid, der allein für uns in Frage kommen kann, ist nicht der Eid des Mythus, sondern ein Eid im Gehorsam Jesu Christi."

Dieser Gehorsam brachte ihn fünf Jahre später ins Gefängnis. Warum gerade ihn? Waren die Tausende anderer evangelischer Pfarrer nicht ebenso „ihrem Herrn Jesus gehorsam"? Oder lag es daran, dass die Führung der BK sich inzwischen klar von Hermann Albert Hesse und seinem Sohn Helmut distanziert hatte, weil diese beiden standhaften Theologen nicht bereit waren, dem Kompromisskurs des Bruderrates zu folgen? Sie blieben vielmehr radikal bei dem, was sie auf der Bekenntnissynode in Dahlem im Herbst 1934 beschlossen hatten: keine Kontakte mit einem Kirchenregiment, das nicht allein vom Bekenntnis, sondern von Irrlehren bzw. von unkirchlichen, weltanschaulichen Loyalitäten her legitimiert ist.

Konsistoriale Komplizen

Monatelang, vom 8. Juni bis 13. November 1943, wurden Vater und Sohn Hesse im Polizeigefängnis Wuppertal strapaziösen Verhören unterzogen. Ging ein Schrei der Empörung durch die fromme Wuppertaler Bevölkerung, durch die BK in Deutschland? Waren denn hier Kriminelle inhaftiert worden? Waren sie nicht Glieder der Kirche? Wussten dies nur die wenigen jungen Frauen, die ihnen in den Gefängnishof hinein ein Trostlied sangen? Im übrigen gab es angstvolles, beklommenes Schweigen. Die amtliche Kirche aber signalisierte Einverständnis und Zustimmung: Der Elberfelder Superintendent Karl Windfuhr berichtete dem Konsistorium, dass er in enger Verbindung mit der Gestapo stehe und von ihr erfahren habe, dass Hesse die Barmer Katastrophe als Gericht Gottes bezeichnet und anschließend für die Juden gebetet habe. Diese „Verbrechen" waren auch der Grund dafür, dass das Konsistorium in vorauseilendem Gehorsam Pastor Hesse schnellstens die Verfügung über seine Versetzung in den Ruhestand ins Gefängnis schickte zusammen mit einem Brief, der ihm die „besten Wünsche für einen gesegneten Lebensabend" übermittelte. Soll man das christlichen Zynismus nennen oder schlicht dumme Naivität?

Am 13. November 1943 transportierte man die beiden ins KZ Dachau. Zehn Tage später starb der schwer kranke Helmut Hesse, ausgezehrt von der monatelangen Haft und ohne Medikamente dem Tode ausgeliefert. Der Vater blieb noch weitere fünf Monate in Dachau und wurde dann entlassen. Er unterschrieb eine Erklärung, dass er keine Aussagen über seine Erlebnisse in Dachau machen werde. Ob er sich daran gehalten hat?

Das Ende der Nazi-Zeit verbrachte er in seinem Geburtsort Weener/Ostfriesland. Nach dem Zusammenbruch der Nazi-Diktatur und der nazifizierten Kirchenbehörde erklärte die neue Kirchenleitung Hesses Zur-Ruhe-Setzung 1943 für einen Unrechtsakt, setzte aber den 68-Jährigen nicht wieder in ein Pfarramt ein, sondern pensionierte ihn 1946.

Den Neubeginn der Kirche 1945 konnte Hesse nicht begrüßen. Er fand, dass mit der neuen Kirchenleitung, die aus einer Koalition von Vertretern der BK und Mitgliedern der alten Kirchenleitung bestand, alle Konturen der von ihm einst mitgeschaffenen BK verschwunden seien und man nur damit begonnen habe, „fleißig weiterzubauen an den Stellen, wo man 1933 aufgehört hatte, ‚als wäre nichts geschehen'", eine Enttäuschung, die er mit vielen jungen „Illegalen" teilte. Er hatte wie diese auf eine erneuerte, freie Kirche gehofft, die in ihrer Leitung und in ihrer Finanzierung unabhängig vom Staate allein ihrem Bekenntnis verpflichtet sein sollte.   *GvN*

Theodor Langenbruch, Hermann Albert Hesse. Reformierter Theologe und führender Mann der Bekennenden Kirche, in: Wuppertaler Biographien, Wuppertal 1993, S. 84–103; van Norden: Kirchenkampf, S. 86 u.a.; Herwart Vorländer, Kirchenkampf in Elberfeld 1933–1945. Ein kritischer Beitrag zur Erforschung des Kirchenkampfes in Deutschland, Göttingen 1968; Rauthe, Gegner, S. 216–219.

Von der Gestapo verfolgt, vom Konsistorium drangsaliert

Gottfried Hötzels Nein zur NS-Rassenpolitik

Der aus Buchwald (Schlesien) stammende Gottfried Hötzel (1880–1940) war der älteste Sohn des Pfarrers Hugo Hötzel und seiner Ehefrau Maria, Tochter des Magdeburger Konsistorialrates und Dompredigers Hohenthal. Geprägt durch diese familiäre Tradition entschied er sich schon früh für den kirchlichen Dienst. Er wollte Missionar werden, doch das erlaubte ihm sein Vater erst nach Abschluss eines Theologiestudiums.

Missionar in China, BK-Pfarrer in Düsseldorf

Sein Weg nach der Ordination 1906 führte ihn nach China. In Hongkong lernte er die Tochter des dortigen Missions-Präses kennen und heiratete sie. 1915 kehrte er nach Deutschland zurück und wurde Lazarettpfarrer in Koblenz und Neuß, 1917 Pfarrer in Düsseldorf-Heerdt-Oberkassel. 1933 schloss er sich der BK-Bruderschaft an. Die Erfahrungen in China und – nach eigener Aussage – der Rat seiner Frau, die früher als er jede Zusammenarbeit mit den Nationalsozialisten abgelehnt hatte, hatten seinen Blick über die deutschen Grenzen hinaus erweitert und ihn trotz deutschnationaler Einstellung gegenüber NS-Parolen resistent gemacht.

Etwa 30 Gemeindeglieder (0,5%) zählten zu seiner BK-Gemeinde. Ansonsten war die Gemeinde gespalten, auf der einen Seite die Pfarrer Gottfried Hötzel und Friedrich Meyer sowie ein Presbyter und der Gemeindesekretär, auf der anderen das DC-Presbyterium. Im August 1935 endete die letzte reguläre Presbyteriumssitzung mit einem Eklat. Konsequenz: Bis 1945 agierten die BK-Pfarrer in einer Gemeinde ohne funktionierendes Leitungsorgan, unterstützt von einem gewählten Bruderrat, der ebenso wie das Presbyterium aus 14 Mitgliedern bestand. Diese Gemeindestruktur gewährte Hötzel eine bescheidene Freiheit und ein wenig Schutz vor Denunziationen.

1939 übernahm er die Zweigstelle des Büros Grüber in Düsseldorf und engagierte sich in der Betreuung der „nichtarischen Christen". Von der Gestapo verhört, erklärte er: „Ich habe dieses Amt auf eigenen Wunsch übernommen, als damals jemand dafür gesucht wurde. Ich hatte selbst eine Reihe von Juden in meiner Gemeinde und interessierte mich als Missionar auch für deren persönliches Schicksal, da sie ja für mich in erster Linie Christen waren. Meine

Tätigkeit als Betreuer der jüdischen Christen in Düsseldorf besteht darin, diesen bei ihrer Auswanderung behilflich zu sein. Außerdem sehe ich meine Aufgabe darin, diesen in ihrer persönlichen Notlage zu helfen und ihnen möglichst Arbeit zu vermitteln."

Die Beschäftigung der ehemaligen Berliner Religionspädagogin und Professorin Ilse Peters, nach NS-Terminologie ein „Mischling ersten Grades", die er im Gemeindedienst einsetzte, bescherte ihm die Beschwerde eines Rottenführers und eine Denunziation. Seine Entgegnung, Frau Peters sei eine anständige, nette Person, führte 1938 zu einem Gestapo-Vermerk in seinem Personalbogen. Eine weitere Anzeige kam von der Ehefrau eines Oberkonsistorialrates, die sich über eine seiner Predigten empört hatte. Er sei von der Bibelstelle ausgegangen, nach der Christus einmal gesagt habe, die Juden seien Kinder des Teufels. Im Folgenden habe der Pfarrer aber dargelegt, dass dieser Ausspruch von vielen missbraucht werde: nicht die Juden seien die Kinder des Satans, „sondern diejenigen, welche die Juden verfolgen".

Rede- und Aufenthaltsverbot

Den letzten Auslöser für Hötzels Verhaftung gab ein Vortrag, den er in einer gemeinsamen Mitgliederversammlung des „Deutsch-Evangelischen Frauenbundes" und des „Vereins der Freundinnen junger Mädchen" gehalten hatte. „Selbstbestimmte Sittlichkeit oder Gottes Gebot" war das Thema. Unverhohlen und auf verschiedenen Ebenen griff Hötzel die NS-Ideologie und das Staatswesen an. Die von den Nazis propagierte „Sittlichkeit" setzte er mit den von ihnen als minderwertig verachteten Sitten afrikanischer Völker wie Kopfjägerei und Vielweiberei gleich. Das war ein direkter Angriff auf den „Herrenmenschen". An die Frauen als die Hüterinnen wahrer Sittlichkeit appellierte er, ihre Söhne und Männer im christlichen Sinne zu beeinflussen, und forderte sie zu mehr Widerstand gegen den Zeitgeist auf. Unverblümt äußerte er im Gestapoverhör: „Über meine Stellung zum nationalsozialistischen Staat befragt, erkläre ich, daß ich diesen nicht unbedingt bejahen kann. In erster Linie sehe ich mich an meine christliche Weltanschauung gebunden."

Nach dem Vortrag wurden beide Frauenvereine aufgelöst und Hötzel verhaftet. Bei seiner Entlassung nach sieben Wochen erhielt er Redeverbot für das ganze Reichsgebiet und Aufenthaltsverbot im Rheinland und in Westfalen.

Im übrigen schwimmen nur tote Fische mit dem Strom, die lebendigen
aber gegen den Strom. Er – Hötzel – wolle jedenfalls kein toter Fisch sein.
Gestapo-Protokoll vom 20.2.1940, Hauptstaatsarchiv Düsseldorf, RW 58, 3911.

Einem Wunsch der Gestapo folgend, wollte das Konsistorium
ihn zusätzlich noch in den Ruhestand versetzen. Doch dazu kam
es nicht mehr. Am 9. August 1940 starb Gottfried Hötzel in Stuttgart an einem Schlaganfall. Vor dem Hintergrund dieser Vorgänge
wirkt das kurze Schreiben des Konsistoriums an den zuständigen
Superintendenten besonders gefühllos: Durch „die Erledigung der
Angelegenheit Pfr. Hötzel" sei „eine völlig neue Lage geschaffen".

SL

Einbert-Jan Langevoort, Gottfried Hötzel. Ein Mann und eine Stimme.
Eine biographische Studie, hrsg. von der Ev. Kirchengemeinde Düssel-
dorf-Heerdt 1996; Lekebusch, Not und Verfolgung, S. 93–95, 330–338;
Ludwig, Zivilcourage, S. 47–51; Rauthe, Gegner, 228ff.

„Das ist Knospenfrevel!"
Paul Humburgs Weg von der Hitler-Verehrung zum Regime-Kritiker

Wuppertal, Sonntag, 3. Mai 1936. Pfarrer Paul Humburg (1878
bis 1945) hält aus Anlass einer Vereidigung von Jungen und Mädchen der Hitler-Jugend auf den „Führer" eine flammende Predigt
gegen die Verführung der Jugend durch den Nationalsozialismus.
Er spricht von der „Sorge um unsere Jugend", die viele schwer
belaste, und prangert stellvertretend für die christlichen Eltern die
„Massenverpflichtung unmündiger Kinder" auf eine Formel an,
„deren Inhalt und Tragweit sie gar nicht übersehen und verstehen" könnten. Die Anklage gipfelt in dem Vorwurf: „Das ist
Knospenfrevel!"

Die 14jährigen Kinder, ja noch viel jüngere wurden ‚vereidigt', in feierlicher Weise, eindrucksvoll, weihevoll, zum Teil bei Fackelschein. [...] Eine
Eidesformel wurde von ihren Führern ihnen vorgesprochen und von ihnen
nachgesprochen, durch die sie gelobten, ‚ganz in der Bewegung aufzuge-
hen, dem Führer, dem Reichsjugendführer und den Unterführern der
Hitler-Jugend Treue zu halten und unbedingten Gehorsam zu leisten und
nie vom Führer und der Fahne abzufallen'.

Und feierlich kommt es von ihren Lippen: ‚So wahr mir Gott helfe.'
Die christlichen Eltern, die zum großen Teil durch diese Art der Feier überrascht worden sind, können dieses Vorgehen nicht schweigend hinnehmen, und weil sie keine Möglichkeit haben, der Not ihres Gewissens irgendwo Ausdruck zu geben, muß die Gemeinde des Herrn [...] gegen solche Behandlung der Kinder der Gemeinde Einspruch erheben. Eine solche Massenverpflichtung unmündiger Kinder auf eine Formel, deren Inhalt und Tragweite sie gar nicht übersehen und verstehen können, [...] ist eine Herabwürdigung des Eides und zugleich eine Vergewaltigung der Kinder. Das ist Knospenfrevel!

Auszüge aus der Predigt des Wuppertaler Pfarrers Paul Humburg vom 3.5.1936 (Flugblatt, Archiv GvN).

Die Predigt hat eine gewaltige Resonanz. Sie wird in 200 000 Exemplaren gedruckt und in ganz Deutschland verteilt. Die Nazi-Presse fällt mit wilden Beschimpfungen über den Wuppertaler Pfarrer her: eine Unverschämtheit sei das, was er da geredet habe, eine Provokation! Mit Hetz-Karikaturen, ähnlich wie die Sudeleien im „Stürmer", will man ihn lächerlich machen.

Zwei Seelen in der Brust des Pfarrers

Paul Humburg hatte die Nazi-Ideologen offenbar ins Mark getroffen – auch mit solchen Sätzen wie: „Die Gemeinde muß erkennen, daß ein entschlossener und zusammengefaßter Angriff, wie er bisher noch nie in Deutschland gegen das Evangelium vorgetragen wurde, auf uns stößt, die wir den Namen Christi bekennen." Oder: „Bei der Vereidigung der Hitler-Jugend in dieser Woche hat ein Sprechchor von dem ‚fanatischen Glauben an den Führer' geredet. Solche Worte sind Abgötterei, denn sie setzen den Führer an die Stelle Gottes."

Wenn Humburg so Klartext gegen die Nazi-Ideologen redete, so konnte er aber andererseits noch – auch in dieser Predigt – mit verehrenden Worten den „Führer" preisen. Das hatte er schon 1933 getan, als er ein Lied auf Hitler veröffentlichte:

„Durch Schande und Verrat bricht durch ein Mann; Millionen folgen voll Vertrauen. Sein Wort und Wille reißt zu Sturm und Tat. [...] Wir rüsten uns zum Streite, zum Opfer trotz der Feinde Haß und Hohn. Auf Brüder, Tritt gefaßt, wir schreiten Seit an Seite mit Adolf Hitler, Deutschlands treustem Sohn."

Wie kann das sein? Humburg ist wie die meisten Protestanten aus bürgerlichem Milieu in einem national-konservativen Elternhaus aufgewachsen, in dem die Verehrung des Kaisers – später Hindenburgs – nicht hinterfragte Selbstverständlichkeit war. So erlebte er den Tag von Potsdam, an dem das alte Reich in der Person des greisen Reichspräsidenten von Hindenburg und die junge Bewegung Adolf Hitlers zusammenfanden, als ein wunderbares nationales Ereignis. Diese Verehrung übertrug sich dann auch auf Hitler, und sie hielt eine Zeit lang bis etwa 1935/1936 an. „Der Führer weiß das nicht", war eine beliebte Redensart vieler Leute, die die Machtübergriffe von Partei- und Staatsorganen beklagten. Auf der anderen Seite führten ihn die Radikalisierung der Deutschen Christen, die zunehmende antichristliche Ideologisierung der Partei und dann auch die wachsenden Repressionen von Staatsorganen gegen die BK in eine immer stärkere Distanz und Abwehrbereitschaft.

1934 wurde er zum Präses der rheinischen BK und als reformiertes Mitglied in die „Vorläufige Kirchenleitung" der DEK berufen. Zwei Jahre später trat er aus diesem Gremium wieder aus, weil er mit dessen Kompromisskurs gegenüber den staatlichen Kirchenausschüssen nicht einverstanden war. Er schrieb an den Vorsitzenden der „Vorläufigen Kirchenleitung" (VKL), den Hannoverschen Landesbischof Marahrens, die VKL dürfe mit diesen Ausschüssen, die „die Gewaltherrschaft des Staates nicht hindern" könnten, nicht verhandeln. Und dem Kirchenminister Hanns Kerrl sagte er 1935 bei einer Besprechung führender Kirchenmänner im Ministerium unerschrocken ins Gesicht, er habe kein Verständnis für die Kirche und das Evangelium und sei von seinen Mitarbeitern schlecht beraten. „Wenn Sie z.B. sagen, der Führer hat das deutsche Volk glauben gelehrt, so ist das doch ein ganz anderes Glauben als der Glaube, den die Kirche verkündigt." Das war ein so deutlicher Widerspruch gegen die Aussage des Reichsministers, dass dieser Humburg empört das Wort entzog.

„Das ständige Drumherumreden ist Schweigen"

Seine klaren Sätze regten nicht nur staatliche Größen auf, sondern auch kirchliche, wie zum Beispiel den Generalsuperintendenten D. Ernst Stoltenhoff, einen Freund sanfter Rede. Im Juli 1937 hatte Humburg an seine rheinischen Pfarrbrüder geschrieben, der Staat wolle die Verkündigung des Evangeliums unterdrücken: „Man verhängt mit weltlicher Macht und staatlichem Zwang Redeverbote über die, die den Heiland der Welt bezeugen. […] Man verhaftet auf der Straße, in den Kirchen, in den Häusern, bei Tag und Nacht, Prediger und Älteste unserer Bekennenden Kirche. [...] Es ist uns nicht freigegeben zu schweigen." Dann folgt seine Anklage: „Wir haben um uns herum eine schweigende Kirche." Und: „So müssen wir allein kämpfen." Diese Aussage regte Stoltenhoff zutiefst auf: sie sei „wider die Wahrheit"! Aber Humburg bestand ihm gegenüber auf seiner Aussage: „Wenn Du in deinen Rundschreiben ausführst, dass Brüder verhindert sind, ihr Amt auszuführen, so ist das Schweigen. Wir müssen öffentlich sagen, daß sie ins Gefängnis gesetzt sind wegen der Verkündigung des Evangeliums." Das „ständige Drumherumreden" sei Schweigen!

Wie kommt es, dass die beiden Männer sich völlig einig waren in ihrer Theologie, ihrer Bekenntnisgrundlage und Glaubensfrömmigkeit – und dennoch völlig unterschiedlich in der Schärfe ihres Blickes, in ihrer politischen Sicht, ihrer politischen Wahrnehmungsfähigkeit? Ob es daran liegt, dass Humburg mit seiner Wuppertaler Gemeinde und seinen Pfarrbrüdern Karl Immer, Harmannus Obendiek und Hermann Albert Hesse in sehr naher Verbindung zu Karl Barth stand?

Durch seine wachsende Widersetzlichkeit geriet er natürlich immer stärker in das Verfolgungsnetz der Gestapo. Ständige Verhöre, Hausdurchsuchungen und Verhaftungen, die permanente Belastung der Nerven durch die unablässigen Aufregungen zehrten an seiner Gesundheit. Anfang Januar 1943 trat er in den Ruhestand, am 21. Mai 1945 ist er nach schwerer Leidenszeit gestorben.   *GvN*

Robert Steiner, Paul Humburg 1878–1945, in: Wuppertaler Biographien, 13. Folge, Wuppertal 1977, S. 27–35; Werner Humburg/Arno Pagel (Hg.), Es geschah in Barmen und Stuttgart 1936. Die „Knospenfrevelpredigt" von Paul Humburg und ihre Folgen, Marburg 1985; Gisela Hasenknopf, Aus dem Familienleben von Paul Humburg. Erinnerungen seiner Tochter, Düsseldorf 2000; van Norden, Kirchenkampf, S. 94 u.a.

„Hier wohnt Volksverräter Immer!"
Karl Immer, Sprecher der BK-Reformierten und unbeugsamer Regime-Kritiker

Der hannoversche Landesbischof D. August Marahrens, Vorsitzender der nicht deutsch-christlichen Kirchenführerkonferenz, unterzeichnete im Mai 1939 die „Grundsätze für eine neue Ordnung

der Deutschen Evangelischen Kirche", in denen es hieß: „Die nationalsozialistische Weltanschauung ist die völkisch-politische Lehre,
die den deutschen Menschen bestimmt und gestaltet. Sie ist als
solche auch für den christlichen Deutschen verbindlich. Die Evangelische Kirche ehrt im Staate eine von Gott gesetzte Ordnung und
fordert von ihren Gliedern treuen Dienst in dieser Ordnung. [...]
Die nationalsozialistische Weltanschauung bekämpft mit aller Un-
erbittlichkeit den politischen und geistigen Einfluß der jüdischen
Rasse auf unser völkisches Leben. Im Gehorsam gegen die göttliche
Schöpfungsordnung bejaht die Evangelische Kirche die Verantwortung für die Reinerhaltung unseres Volkstums."

Gerade ein halbes Jahr war vergangen seit dem ekelhaften Pog-
rom gegen Jüdinnen und Juden und ihre Synagogen und seit der
feigen Distanzierung der Kirchenführer von ihren christlichen
„Brüdern" wegen der Gebetsliturgie für den Frieden in der Stunde
der Kriegsgefahr im Herbst 1938. Damals hatten nicht nur Marahrens, sondern auch die Bischöfe von Bayern, Baden und Württemberg „aus religiösen und vaterländischen Gründen" ihre Missbil-
ligung des Friedensgebetes ausgesprochen.

Im Juli 1939 schrieb der Barmen-Gemarker Pastor Karl Immer
(1888–1944) an Landesbischof Marahrens:

Im Februar 1934 habe ich Ihnen und den anderen damaligen Kirchen-
führern geschrieben: Kehren Sie um von dem Weg der Furcht und Berech-
nung. Sie sind diesen verhängnisvollen Weg immer weiter gegangen, bis
Sie im Herbst 1938 Ihre Brüder in Christo verleugneten und der politischen
Diffamierung preisgaben. [...] Die von Ihnen unterschriebenen Sätze sind
die Grundsätze der Grundsatzlosigkeit. Mit Ihren Sätzen haben Sie die
Heilige Schrift verlassen. Sie können es nicht glaubhaft machen, daß von
der neutestamentlichen Gemeinde ein bestimmtes politisches Glaubens-
bekenntnis gefordert wird. Für Sie aber ist die nationalsozialistische Weltanschauung für jeden christlichen Deutschen verbindlich. [...] Wenn Sie schon
vom jüdischen Volk sprechen, warum lassen Sie die Blutschuld vom November 1938 unerwähnt? Wenn die christliche Kirche in Deutschland nun
der Nächste wäre dem, der unter die Mörder gefallen ist?"

Brief Karl Immers an Landesbischof D. Marahrens vom 18.7.1939, in: Bertold Klap-
pert/Günther van Norden (Hg.), Tut um Gottes willen etwas Tapferes! Karl Immer im Kirchenkampf, Neukirchen-Vluyn 1989, S. 134f.

Als Pastor Immer diesen Brief schrieb, war er schon todkrank.
Zwei Jahre zuvor hatte er im Berliner Gestapogefängnis Alexanderplatz einen Schlaganfall erlitten, von dem er sich nie mehr

erholten sollte. Die Haftbedingungen, das Fotografieren „für das Verbrecheralbum", die Abnahme der Fingerabdrücke hatten ihn so erschüttert, dass er darüber zusammengebrochen war. Es war für ihn unerträglich, dass er, ein unbescholtener, zutiefst konservativ empfindender deutscher Mann als ehrloser Verbrecher behandelt wurde.

Karl Immer war in einem deutschnationalen, fromm-reformierten ostfriesischen Pfarrhaus aufgewachsen, hatte als begeisterter Feldprediger am Ersten Weltkrieg teilgenommen – sein „Eisernes Kreuz" hing neben einem Foto von Karl Barth in seinem Studierzimmer –, er liebte die Monarchie und verehrte Kaiser Wilhelm II. ebenso wie den Feldmarschall von Hindenburg. Die Niederlage Deutschlands 1918 empfand er als Schande und Schmach.

Dieser Mann wurde einer der radikalsten Gegner des nationalsozialistischen Systems. Er erkannte sehr früh die Verbrechen der Hitlerschen Gefolgsleute. Seine Gemeindeglieder, Frauen der Kommunisten, die im Frühjahr 1933 im Wuppertaler KZ Kemna von SA-Schergen gefoltert wurden, kamen in sein Haus und berichteten ihm über das Schicksal ihrer Männer. Er begriff – auch durch die Freundschaft mit Karl Barth –, dass sich das mit so großem patriotischen Gepränge aus der Taufe gehobene Regime zu einem Terrorstaat entwickelte. Schon im Herbst 1933 initiierte er einen Zusammenschluss reformierter Theologen, den „Coetus reformierter Prediger", und schuf mit den „Coetusbriefen" die Grundlage der umfangreichen Informationsarbeit der BK. „Pressebischof" der BK wurde er bewundernd genannt. Er organisierte im Januar 1934 die Erste Freie Reformierte Synode in Barmen-Gemarke, auf der Karl Barth zum ersten Mal seine Thesen erläuterte. Er sorgte mit anderen dafür, dass der unentschiedene Moderator des Reformierten Bundes zurücktrat und an seine Stelle Pastor D. Hermann Albert Hesse trat, der in den nächsten Jahren bis 1945 einen klaren, konsequenten BK-Kurs steuerte.

Hesse war auch der Empfänger des „historisch bedeutsamen" Briefes Barths vom 30. Juni 1935, in dem er die Kirche aufrief, doch endlich ihre Aufgabe wahrzunehmen, für die Millionen Unrecht Leidenden ihre Stimme des Protestes zu erheben. Karl Immer wagte es, dieses politisch brisante Schreiben in seinen „Coetusbriefen" zu veröffentlichen. Die Folge war eine heftige Diskussion in der BK, wachsende Wut der Wuppertaler Nazis und die verstärkte Beobachtung und Verfolgung Immers durch die Gestapo. Aber noch wagte sie sich nicht an den beliebten Pastor heran. Als Immer fast ein Jahr später mit seiner Frau und den älteren Kindern die Wahl des neuen Reichstags boykottierte, war der Zorn der Nazis nicht mehr zu bremsen. SA und HJ zogen mit Sprechchören vor das Pfarrhaus und brüllten: „Wir wählen unseren Führer! Pastor Immer, du hast noch nicht gewählt!" Sie warfen die Fensterscheiben ein und schmierten auf die Hauswand: „Hier wohnt Volksverräter Immer".

Jetzt mehrten sich die Vernehmungen durch die Gestapo und die Hausdurchsuchungen. Immers Reisen nach Berlin zu den Sitzungen des Preußischen und des Reichsbruderrates, dessen Mitglied er war, und zu Predigten und Vorträgen im ganzen Land wurden beobachtet und die Herausgabe der „Coetusbriefe" und anderer Schriften aufgrund der antikommunistischen Verordnung vom 28. Februar 1933 verboten. Karl Immer kümmerte sich nicht darum. Er fand mutige Drucker, wie den Inhaber der Wuppertaler Druckerei Köhler, Hermann Niedlich, und treue Hilfskräfte, die den Versand organisierten. 1937 erhielt Karl Immer das Reichsredeverbot – nur in seiner Gemeinde Barmen-Gemarke durfte er noch predigen. Die Verfolgungsmaßnahmen steigerten sich, bis er schließlich im August 1937 verhaftet und ins Berliner Gestapogefängnis Alexanderplatz gebracht wurde. Hier zerstörte ein Schlaganfall seine Lebenskraft.

Er erholte sich zwar wieder etwas, aber seine Aktivitäten und die Dynamik seines Engagements blieben gelähmt. Er ging jedoch nicht von seiner konsequenten Haltung ab und verweigerte 1938 den Eid auf Hitler. Nach der Pogromnacht, die er einen „Hexensabbat" nannte, las er statt einer Predigt Bibelverse vor, die sich auf Israel beziehen, z.b. Sacharja 2, 12: „Wer euch antastet, der tastet meinen Augapfel an." Wieder kam es zu schweren Vernehmungen durch Gestapobeamte.

Ende April 1944 erlitt Karl Immer den zweiten Schlaganfall, an dessen Folgen er am 6. Juni 1944 im Alter von 56 Jahren starb. *GvN*

Leni Immer, Meine Jugend im Kirchenkampf, Stuttgart 1994; Bertold Klappert/Günther van Norden (Hg.), Tut um Gottes willen etwas Tapferes! Karl Immer im Kirchenkampf, Neukirchen-Vluyn 1989; Hans-Walter Krumwiede, Ein Briefwechsel (1939) zwischen dem reformierten Bekennenden Pfarrer Karl Immer und dem lutherischen Landesbischof August Marahrens, in: Jahrbuch der Gesellschaft für Niedersächsische Kirchengeschichte, Bd. 101 (2003), S. 299–316.

Deutliche Sprache, aufrechter Gang
Die Standfestigkeit des Pfarrers Johannes Koch

„Unser Heiland ist kein Jude gewesen", erklärten die Katechumenen treuherzig ihrem Pfarrer Koch in Oberwetz/Wetzlar, denn sie hatten das so von ihrem frommen Lehrer gelernt. Der Pfarrer widersprach und erklärte ihnen, dass Christus jüdischer Abstammung war. Nicht nur das, er sagte es auch auf der Kanzel!

Diese „Ungeheuerlichkeit" nahm der Lehrer zum Anlass, Johannes Koch (1899–1968) am 27. Oktober 1935 – also nach Verabschiedung der Nürnberger Rassegesetze, die die Deutschen jüdischer Herkunft endgültig aus der angeblichen Volksgemeinschaft ausschlossen – in einem sechsseitigen Schreiben beim Minister für kirchliche Angelegenheiten, Hanns Kerrl, zu verklagen: Mit dieser Behauptung, Christus sei ein Jude gewesen, sabotiere der Pfarrer die Rassegesetze der Regierung, er betreibe Wühlarbeit gegen den Aufbau „unserer nationalsozialistischen Volksgemeinschaft". Er, der Lehrer, bemühe sich, die Kinder über die zersetzende Macht des Judentums aufzuklären und ihnen aus dem Johannesevangelium zu beweisen, dass unser Herr und Heiland kein „Judenstämmling" gewesen sei, sondern eine „kraftvolle Persönlichkeit":

„Die lebendige Teilnahme meiner Schüler sowie der Glanz ihrer Augen haben mich überzeugt davon, daß nur dieser Heiland der wahre Heiland sein kann, und der ist auch ein Freund der Kinder" – während der Pfarrer es wage, „unser kostbarstes Gut, die Jugend, geistig zu verjuden". Er beschwor den Minister, der Gemeinde Oberwetz „einen echten Nationalsozialisten als Seelsorger zu schicken, damit besonders unsere Reaktionäre davon überzeugt werden, daß wahres Christentum und Nationalsozialismus im Grunde genommen dasselbe sind und daß zu einem Seelsorger im Dritten Reich der beste Nationalsozialist gerade gut genug ist."

Die Komplizenschaft des Konsistoriums

Der Lehrer musste noch einige Jahre warten, bis es dem Konsistorium in eifriger Komplizenschaft mit den Partei- und Staatsorganen endlich gelang, Johannes Koch aus Oberwetz zu vertreiben. Das dauerte immerhin trotz mehrerer Strafverfahren, einer Verhaftung und Gehaltskürzungen bis Anfang 1941. Bis dahin waren Jahre ständigen Kampfes gegen die unermüdlichen Denunzianten aus dem Dorf, Auseinandersetzungen mit Konsistorium, Landrat und Regierungspräsident über ihn hinweggegangen. Er ließ sich nicht einschüchtern. Bei der Abstimmung über die Frage, ob das deutsche Volk mit dem Einmarsch der Armee in das entmilitarisierte Rheinland einverstanden sei, gab es in Oberwetz 203 JA-Stimmen, aber auch zwei ungültige Stimmen. Die waren – das wussten die Dorfnazis – vom Pfarrer und seiner Frau. Sie zogen am Abend des Wahltags und an den folgenden Abenden vor das Pfarrhaus, schrieen ihre Wut heraus, warfen Fensterscheiben ein und grölten Naziparolen und Beschimpfungen. Was tat der Pfarrer? Er setzte sich hin und schrieb einen Brief an Adolf Hitler, in dem er sich über die Vorgänge beschwerte und die Stimmenthaltung erklärte. Den Brief hat Hitler wohl nie zu Gesicht bekommen, aber er tauchte als staatsfeindliches Dokument in späteren Schreiben und Strafverfahren immer wieder auf.

Kochs Gegner warfen ihm hauptsächlich vor, er predige nicht „das Wort Gottes", sondern „politisch". Er greife Maßnahmen des Staates an, er greife Rosenbergs „Mythus" an und attackiere den „Stürmer", statt dankbar zu sein, dass diese Zeitung „die Gefahr, die das Judentum heraufbeschwört", aufzeige. Er krame einzelne negative Äußerungen von Nationalsozialisten über die Kirche hervor, statt darauf hinzuweisen, dass in Russland und Spanien die Kirchen von den „Roten" verfolgt und ausgerottet würden. Wo bleibe der Dank für die Rettung vor dem „jüdischen Bolschewismus" durch „unseren Führer"? Koch ging immer wieder ausführlich auf solche Vorwürfe ein und versuchte klar zu machen, dass die Predigt vom Kreuz, das Wort Gottes, „in *unsere* Zeit und in *unsere* Umwelt" hineingestellt werden müsse. Wer das nicht tue, mache das Christentum zu einer Belanglosigkeit. Wollte er damit sagen, dass jede Predigt von Kreuz und Auferstehung theologische Abstraktionen vermeiden soll und damit in konkreten Zusammenhängen unvermeidlich auch politisch wird? Dass sie also in unserer Lebenssituation anschaulich zeigen sollte, wo wir als Christen und Bürger in unserer Gesellschaft verantwortlich handeln müssen?

Kompromisslos tapfer

Es ist nur konsequent, dass Koch im Jahr 1938 den Eid auf den „Führer", den die kirchliche Obrigkeit forderte, entschieden verweigerte, auch dann noch, als sogar ein Großteil der Bekenntnispfarrer zur Eidesleistung bereit war. Die Angriffe gegen ihn steigerten sich daraufhin ins Unerträgliche. Im August 1939 ordnet der Regierungspräsident von Wiesbaden die Sperrung der staatlichen Besoldungszuschüsse an die Gemeinde Oberwetz an. Da Koch jedoch zur Wehrmacht eingezogen wurde, wird die Sperre erst im Oktober 1940 nach seiner Entlassung aus der Armee akut. Dann aber wird die finanzielle Not, die Aggressivität der Dorfnazis und die Bedrückung durch die staatlichen Machtorgane so belastend, dass Koch schließlich seine Bereitschaft erklärt, Oberwetz zu verlassen und das Angebot des Konsistoriums zu akzeptieren, die Verwaltung einer Pfarrstelle in Gruiten wahrzunehmen. Das Presbyterium dort war sogar bereit, ihn als regulären Pfarrer zu wählen. Alle Bedrängnisse und Unsicherheiten für ihn, seine tapfere Frau und seine Kinder sollten endlich ein Ende haben! Aber es ging nicht. Das Konsistorium hatte ihm zwar die Verwaltung der Pfarrstelle übertragen, aber es weigerte sich, Koch zum regulären Pfarrer mit Dienstgehalt zu ernennen. Denn der standfeste Pfarrer weigerte sich seinerseits trotz allen Drucks, der vom Konsistorium unerbittlich geforderten Eidesleistung nachzukommen. Auch die Androhung einer Dienstentlassung konnte seine Gewissensentscheidung nicht beeinflussen. Noch 1943 bestärkten die drei theologischen Referenten der Kirchenbehörde – Oberkonsistorialrat D. Karl Euler, Konsistorialrat Lic. Waldemar Sinning und Konsistorialrat Helmut Rößler – den Konsistorialpräsidenten in seiner Auffassung, der vom Staat schon längst nicht mehr verlangte Führereid sei ohne Wenn und Aber zu leisten. Die Fronten blieben stabil.

Zwei Jahre später versank der NS-Staat in den Trümmern des von ihm angezettelten verbrecherischen Krieges. Mit ihm zerbrach auch das Konsistorium, das bis zuletzt von den rheinischen Pfarrern die „rückhaltlose Anerkennung" der nationalsozialistischen Staatsauffassung gefordert hatte. Die Gegensätze, die bis dahin trotz zeitweiser Kompromissbereitschaft zwischen der BK und dem Konsistorium bestanden hatten, wurden erst mit der Befreiung 1945 im Zuge des schwierigen Neubeginns auch personell in „christlicher Vergebungsbereitschaft" beseitigt: Konsistorialrat Rößler wurde in das neue kirchenleitende Gremium aufgenommen.

Johannes Koch wurde 1946 Pfarrer in Unterbarmen und 1957 in Schenkenschanz. 1965 ging er in den Ruhestand. Er starb am 23. März 1968 in Kleve. *GvN*

Günther van Norden, Ein Pfarrer in der Resistenz. Johannes Ernst Koch in Oberwetz und Gruiten, in: Kirchliche Zeitgeschichte 2/2003, S. 280–345; Rauthe, Gegner, S. 248–251.

„Die Wahrheit sagen, die heute nötig ist"
Der beharrliche Widerspruch des Hunsrücker Pfarrers Fritz Langensiepen

„Der Pfarrer soll das Evangelium predigen und sich um sonst nichts bekümmern." Diese Auffassung zitierte Fritz Langensiepen 1937 in einer Predigt über den Galaterbrief des Apostels Paulus und widersprach ihr sogleich: „Dieser Satz ist im ersten Teil richtig, im zweiten falsch." Denn, so fragte er: „Hat nicht der Pfarrer eine christlich getaufte Obrigkeit zu mahnen, daß sie gerecht regiere?" Und er fuhr fort: „Es gibt eine Art, ein unverbindliches Evangelium zu predigen; mit der kommt man auch heute glatt durch. Eine andere Art – und wir meinen, das sei die rechte – ist es, die Wahrheit zu sagen, die heute nötig ist, um von dem Irrwege zurückzurufen, der heute verführt. Die Sorge ist gewiß nicht unbegründet, daß man sich dadurch Feinde schafft."

Dass er sich Feinde geschaffen hat, dieser Pfarrer Langensiepen (1897–1975), ist wohl ein Merkmal seines Lebens gewesen. Das zweite Merkmal, das er hier anspricht: Seine Predigt war nie unverbindlich. Das hatte er wohl in seinem elterlichen Pfarrhaus gelernt, in dem er aufwuchs und in dem er sich früh zum Theologiestudium entschloss. Mit 29 Jahren Pfarrer in Gödenroth/Hunsrück kam er in eine dörfliche Gemeinde, in der die überkommene Kirchlichkeit selbstverständliche Tradition war. Aber es war eine Kirchlichkeit, die 1933/1934 in weiten Teilen der Bevölkerung dem Ansturm der neuen NS-Weltanschauung nicht gewachsen war. Langensiepen kam sofort nach der „Machtergreifung" in Konflikt mit der Partei, die ihm vorwarf, den Hitlergruß zu verweigern, nicht für das Winterhilfswerk zu spenden, die Hakenkreuzfahne am Pfarrhaus nicht zu hissen, Parteigrößen zu beleidigen und überhaupt ein staatsfeindliches Auftreten an den Tag zu legen. Sein widersetzliches Verhalten gegen Staats- und Kirchenbehörden steigerte sich mit den Jahren. Als Staat und Kirche bei Strafe verboten, Kollekten für die BK einzusammeln, erklärte er seiner Gemeinde in einer Predigt 1937, dass er dieses Verbot nicht beachten werde: „Wenn wir uns schrecken lassen, der Bekennenden Kirche nicht mehr unser Opfer zukommen zu lassen, dann ist ihre ganze Arbeit am Ende. Wehe dem, der seine Hand ausstreckt nach dem, das Gott zu eigen gegeben ist." Von solcher Mahnung ließen sich die Herrschenden natürlich nicht abschrecken, sondern fühlten sich angegriffen.

Die Verfolgung des „Staatsfeindes"

Anfang Dezember 1937 wurde Langensiepen verhaftet und ins Gefängnis Kastellaun gebracht. Er wurde angeklagt, sich strafbar gemacht zu haben. Aber das Landgericht Koblenz sah das anders; es sprach in seinem Urteil den „unbescholtenen Familienvater von vier Kindern, der nicht aus gewissenloser Gesinnung oder verbrecherischer Neigung, sondern aus seiner religiösen Überzeugung heraus gehandelt" habe, frei. Wenn die Justiz hier noch eine klare Einsicht in Recht und Unrecht bewies, so war das nazifizierte Konsistorium in Düsseldorf nicht mehr in der Lage, die Entscheidung des Pfarrers zu respektieren. Wegen der „Mißachtung der Gesetze des nationalsozialistischen Staates", teilte es ihm schroff mit, habe er sich „der staatlichen Fürsorge unwürdig erwiesen". Darum sperrte man ihm die Pfarrbesoldungszuschüsse – wie man das schon 1934 einige Monate lang getan hatte. Dies war ein probates Mittel der Kirchenbehörde, widersetzliche Pfarrer zur Unterordnung zu zwingen. Langensiepen aber war nicht der Mann, der sich zwingen ließ. Als am 2. März 1938 Martin Niemöller ins KZ Sachsenhausen gebracht wurde, fand wie in zahlreichen anderen Gemeinden aus diesem Anlass auch in Gödenroth am 6. März in Verbindung mit dem Gottesdienst eine Trauerkundgebung statt. Natürlich wurde der Pfarrer sofort denunziert. Ein Parteigenosse meldete empört, dass Pfarrer Langensiepen „die männliche Bevölkerung in Trauerkleidung mit Zylinder" zu diesem Gottesdienst gebeten habe. Außerdem sei die Trauerglocke geläutet worden, sie werde auch an den folgenden Tagen stets zu hören sein. Der Bürgermeister von Gödenroth schloss sich dieser Empörung an und schrieb – in grauenvollem Deutsch – dem Konsistorium, es möge doch die evangelische Bevölkerung des Dorfes von diesem „Staatsfeindlichen Ellement, der nach seiner Predigt sowie nach seinem Aussehen & Handel & Wandel, eher einem Rabiener, als einem Evgl. Geistlichen gleichzuschalten ist", befreien.

Ein Jahr später: Alle evangelischen Kirchenleitungen, außer den reformierten in Lippe und Hannover, befahlen ihren Pfarrern, einen Eid auf Hitler zu schwören. Langensiepen verweigerte die Eidesleistung: „Erstens bezieht sich dieser Eid u.a. auch auf die gewissenhafte Erfüllung meiner Amtspflichten. Hierüber aber bin ich nur der Kirche und ihrem Herrn, niemals aber dem Führer des Deutschen Reiches Rechenschaft schuldig. Zweitens ist nicht vorauszusehen, ob der nationalsozialistische Staat, der sich an eine dem Evangelium widersprechende Weltanschauung gebunden erklärt, nicht eines Tages Gesetze schafft, die meinem Glauben zuwiderlaufen und die zu halten ich nicht imstande sein könnte." War diese Begründung eigentlich so falsch, dass sich nur wenige Pfarrer ihr anschließen konnten? Langensiepen jedenfalls ließ sich von dieser Haltung auch nicht durch Strafandrohungen und andere Druckmittel abbringen. Was trieb eigentlich Theologen und Juristen des Konsistoriums dazu, sich bis zum Ende ihrer Macht 1945 so fanatisch für den Eid zu engagieren und ihre „Brüder" im Pfarramt zum Eid zu zwingen, wo sie es nur konnten, nachdem der Staat schon längst sein Desinteresse an dieser Sache kundgetan hatte?

Standhaft trotz konsistorialer Drangsalierung

Als schon die Mehrheit der BK eingeknickt und bereit war, den Eid zu schwören, gehörte Langensiepen mit 183 anderen rheinischen Pfarrern zu der kleinen Minderheit, die standgehalten hatte.

Wieder ein Jahr später: Die Kirchenleitungen ordneten an, aus Dankbarkeit gegenüber dem Führer an Hitlers Geburtstag die Glocken zu läuten. In Gödenroth schwiegen an diesem Tage die Glocken, und es fand auch kein feierlicher Gottesdienst statt. Ein Amtsbruder denunzierte Langensiepen schleunigst. Das Konsistorium drohte ihm ein Verfahren wegen Amtspflichtverletzung an und leitete schließlich die Versetzung in den Wartestand ein. Eine gedeihliche Führung des Pfarramtes sei von ihm nicht mehr zu erwarten. Viele Gemeindeglieder, so teilte ihm das Konsistorium mit, lehnten ihn ab, beschwerten sich über sein politisches Verhalten, dass er sich z.B. nicht am Winterhilfswerk beteilige, dass er am 20. April nicht geläutet habe, dass er für verfolgte Pfarrer bete und nicht für die verfolgten Sudetendeutschen. Er möge sich dazu äußern. Dass viele andere Gemeindeglieder und das Presbyterium einhellig treu zu ihm standen, wurde natürlich nicht erwähnt. Langensiepen äußerte sich am 6. Juli 1939 in einem Schreiben, in dem er seine Gemeinde informierte und alle Anschuldigungen des Konsistoriums zurückwies. Er habe stets nichts anderes getan, als das unverkürzte Evangelium zu vertreten und enthalte sich jeder politischen Stellungnahme. War dies eigentlich eine taktisch geschickte Schutzbehauptung oder war es eine verinnerlichte, ganz aufrichtig gemeinte, nicht reflektierte Überzeugung, somit eine Selbsttäuschung? Diesen Gemeindebrief schickte er auch ans Konsistorium. Die geplante Versetzung in den Wartestand verzögerte sich durch den Kriegsbeginn, als Langensiepen kurzfristig zum

Wehrdienst eingezogen wurde. Aber auch während seiner Soldatenzeit drangsalierte ihn das Konsistorium weiter und führte schließlich zum 1. April 1940 seine Versetzung in den Wartestand durch. Langensiepen verließ Gödenroth und ging nach Bonn, wo er im Auftrag der Bekennenden Kirche die BK-Studentengemeinde und zusätzlich auch auf Wunsch der Zuchthausleitung in Siegburg die dortigen Insassen, vorwiegend holländische politische Gefangene, betreute. Doch auch hier hechelte die Kirchenbehörde hinter ihm her, um ihm diese Aufgaben, die sie mit Missfallen beobachtete, zu entziehen. Der Versuch scheiterte.

Nach dem Zusammenbruch des NS-Regimes in Staat und Kirche hob die neue Kirchenleitung den Wartestand auf, und Langensiepen konnte nach den Jahren der ständigen Drangsalierung und Bedrohung durch Partei- und Staatsstellen, aber auch durch das nazifizierte Konsistorium wieder als Pfarrer tätig sein. Er wirkte bis 1950 in Saarbrücken und danach bis zu seiner Pensionierung als Gefängnisgeistlicher in Rheinbach. Dort starb er am 6. Mai 1975. *GvN*

van Norden, Kirchenkampf, S. 130 u.a.; Rauthe, Gegner, S. 265–269.

„Gott richtet Flammenzeichen auf"
Die warnende Stimme des Solinger Pfarrers Johannes Lutze

„Wachet und betet. Das Gebet ist die Wache an der Tür unseres Herzens, daß sich nicht die Bitterkeit einschleiche und der Richtgeist." Johannes Lutze (1897–1991), Pfarrer der Evangelischen Kirchengemeinde Solingen im Pfarrbezirk Dorp, wusste, wovon er im November 1938 sprach. Er war ein gewaltiger Prediger, der seine Predigten auswendig lernte, ohne dass sie gelernt klangen. In frischer, lebendiger Ansprache hielt er immer den Augenkontakt mit seiner Gemeinde. Und er war ein intensiver Beter. Wer morgens an seinem Wohnhaus am Bülowplatz vorbeikam, hörte ihn durch die sperrangelweit geöffneten Fenster laut singen und beten, wobei er seine Mitarbeiter und seine Konfirmanden namentlich in die Fürbitten einschloss. Die Vertiefung ins Gebet war für Lutze lebensnotwendig, denn er kannte auch die Anfechtung und den Zweifel.

Der „rote Lutze"

Johannes Lutze wurde in Witzke, Provinz Brandenburg, als Sohn eines Dorfpfarrers geboren. Nach dem Ersten Weltkrieg, an dem er als Sanitäter teilnahm, studierte er Theologie. Wichtig wurden ihm die Begegnungen mit Arbeitern, z.b. während seiner Anstellung beim RWE in Essen. Sie regten ihn an, sich schon früh der christlichen Friedensbewegung („Kreuzritter"), der Neuwerk-Bewegung und den Religiösen Sozialisten zuzuwenden. Wie sein Vater, der die Kleinbauern gegen die Großgrundbesitzer verteidigte, wurde er der „rote Lutze" genannt. So wurde er in Gemeinden eingesetzt, die teilweise von Industriearbeiterschaft geprägt waren: Wermelskirchen, seit 1925 Homberg bei Ratingen und seit 1932 Solingen-Dorp. 1923 heiratete er die Pfarrerstochter Magdalene Hasse. Beide erlebten 66 Jahre einer glücklichen Ehe mit neun Kindern.

Schon vor 1933 setzte Lutze sich im Auftrag des sozialethischen Ausschusses der rheinischen Provinzialkirche mit dem Nationalsozialismus und seinen programmatischen Vorstellungen auseinander. In zahlreichen Vorträgen hatte er vor der NSDAP gewarnt, als Hitler 1933 Reichskanzler wurde und die Diktatur errichtete. 1934 wurde er Vertrauensmann der BK in Solingen. Von seinem intensiven Kampf um die bekenntnismäßige Orientierung der Kirchengemeinde zeugen die Protokolle des Presbyteriums, in denen er die Sache der BK entschieden verfocht, Abstimmungen aber geschickt auswich, solange die Deutschen Christen die Mehrheit hatten. Doch ist binnen weniger Jahre von einem Erosionsprozess der Solinger DC zu berichten, die bei den Kirchenwahlen mit der Dreiviertelmehrheit eine scheinbar unanfechtbare Hegemonie errungen hatten. Der junge Pfarrer kämpfte unbeirrt um jede Sachfrage, wenn auch aus einer verzweifelt kleinen Minderheitenposition heraus, doch Lutze bemerkte, dass er einen Teil der DC-Mehrheit mit seinen Argumenten erreichen konnte. Als die theologische Gleichschaltung der Solinger Gemeinde mit dem DC-Kirchenregiment vorangetrieben wurde, begann 1934 die Gegenbewegung sich auch organisatorisch zu formieren. Lutze nahm am 19. Februar 1934 an der ersten Freien evangelischen Synode der rheinischen BK in der Gemarker Kirche in Wuppertal-Barmen teil. Wann genau er zum Vertrauensmann der BK in Solingen berufen wurde, steht nicht fest; jedenfalls berichtete er über die Ende Mai verabschiedete Barmer Theologische Erklärung am 6. Juni 1934 im Solinger

Presbyterium. Schon am 24. Juni 1934 tagte die erste Freie Bekenntnissynode des Kirchenkreises Solingen unter Lutzes Leitung. Diese Entwicklung führte in der evangelischen Kirchengemeinde Solingen jedoch nicht zur Abschottung der bekennenden Christen von den Deutschen Christen, sondern trug zur Klärung der Geister bei, so dass im Laufe der Zeit immer mehr deutsch-christliche Presbyter und Pfarrer zur BK übertraten oder sich für neutral erklärten. Aufgrund dieser Entwicklung kam Anfang 1935 die Entscheidung des Presbyteriums zustande, sich nicht mehr dem DC-Provinzialkirchenrat, sondern dem alten Provinzialkirchenrat mit dem Generalsuperintendenten Ernst Stoltenhoff zu unterstellen, und am 16. April 1936 erklärte das Presbyterium sich sogar ausdrücklich als Bekenntnis-Presbyterium. Aufgrund langwieriger Auseinandersetzungen innerhalb der BK, bei denen es um die Anerkennung des staatlich eingesetzten Provinzial-Kirchenausschusses oder aber des rheinischen Bruderrates als kirchenleitendes Gremium ging, trat Johannes Lutze, der eine versöhnende Position eingenommen hatte, von seiner Funktion als Vertrauensmann des Bruderrates zurück und betrachtete sich nur noch als Vertrauensmann der Kreissynode.

Prediger wider den menschenverachtenden Antisemitismus

Seit 1934 wurde Johannes Lutze von der Gestapo überwacht. In den folgenden Jahren wurden mehrfach Strafverfahren gegen ihn vorbereitet oder eingeleitet: erstmals 1934 nach der Verlesung einer verbotenen Kanzelabkündigung der BK, erneut 1935 wegen eines Rundbriefes an die Gemeindeglieder seines Pfarrbezirks, in dem er sich gegen die Diffamierung des Alten Testaments verwahrte, 1937 aufgrund eines Vortrags über christliche Erziehung und Religionsunterricht. Seit 1933 hatte Lutze gegen den Rassenantisemitismus gekämpft. Hausärztin der Familie Lutze blieb die jüdische Solinger Ärztin Dr. Erna Rüppel. Nach den Verwüstungen der „Reichskristallnacht" hielt Lutze am 16. November 1938 den Buß- und Bettagsgottesdienst in der vollbesetzten Dorper Kirche. Zwar wagte er kein offenes Wort gegen den Radau-Antisemitismus, aber in Gleichnissen fand er eine deutliche Sprache, die den Zuhörern das Gemeinte bildlich vor Augen führte:

Die Brüchigkeit der Welt, in der wir leben, ist offenbar. Gott geht mit seinem Gericht über die Lande hin. Gott richtet ernste Flammenzeichen auf. Gott ruft selbst: Kehre um, du Christenheit! [...] Es ist furchtbar, wenn fanatischer Hass losbricht, aber es ist noch furchtbarer, wenn uns, die wir uns nach dem liebenden und helfenden Christus Christen nennen, die helfende vergebende Liebe fehlt. Es ist furchtbar, wenn eine ungeheure Verwirrung des Denkens unter den Menschen einsetzt und immer mehr ethische Grundsätze stürzen und fallen, aber es ist noch furchtbarer, wenn die christliche Gemeinde in dunkler Zerrissenheit das eine wahre Licht Gottes in Jesus Christus nicht mehr auf ihren Leuchter stehen hat und wir nicht mehr im Lichte wandeln, wie er unser Licht ist. Jesus sagt: Besinnt euch, kehret um.

Aus der Predigt von Johannes Lutze am 16.11.1938 in Solingen, Typoskript im Ev. Kirchenarchiv Solingen, abgedruckt in: Sabine Ebert u.a. (s.u.).

Die mitschreibenden Gestapobeamten in Solingen und am 8. Januar 1939 in Wuppertal-Unterbarmen, wo Lutze eine weitgehend identische Predigt hielt, verstanden seine Kritik am menschenverachtenden Antisemitismus sehr wohl. Ihm gelang es mit Hinweis auf seinen schriftlich konzipierten Predigttext, den Sinn seiner Predigt zu entschärfen und somit weiterer Verfolgung zu entgehen. In den folgenden Jahren wirkte er an der Ausbildung bekennender Vikare mit, verteilte regimekritische Flugblätter und half verfolgten Juden, zum Beispiel der oben genannten Frau Dr. Rüppel, unterzutauchen und mit falschen Papieren illegal zu überleben.

Nach dem Ende des Zweiten Weltkriegs wurde Lutze zum neuen Superintendenten des Kirchenkreises Solingen gewählt. Dabei war er Pfarrern und Vikaren ein verständnisvoller Gesprächspartner. Als er 1967 in den Ruhestand verabschiedet wurde, engagierte er sich noch bis ins hohe Alter in verschiedenen Funktionen, zum Beispiel bei Besuchen im Altersheim. Johannes Lutze starb nach schwe-rem Leiden, aber in geistiger Frische an seinem 94. Geburtstag, dem 8. Mai 1991, eineinhalb Jahre nach seiner Ehefrau.

HS

Sabine Ebert/Emine Kavalli/Pia Weck, Gestapo-Akte Johannes Lutze, in: „... daß ich die Stätte des Glückes vor meinem Tode verlassen müßte". Beiträge zur Geschichte jüdischen Lebens in Solingen, hg. von Manfred Krause/Solinger Geschichtswerkstatt e.V. Solingen 2000, S. 276–284; Walter Melchior, Geschichte der Evangelischen Kirchengemeinde Solingen 1914 bis 1960. Eine Dokumentation aus den Archivalien, o.O. (Solingen) 1982.

„Heraus mit dem Vaterlandsverräter!"
Oskar Reifs Verfolgung in Veldenz

Der in Bonn aufgewachsene Oskar Reif (1900–1977) war ab April 1934 Nachfolger eines DC-Pfarrers in Veldenz an der Mosel. Schon im Oktober konnte er das Presbyterium dazu bewegen, sich dem Bruderrat der Deutschen Evangelischen Kirche anzuschließen und von der Reichskirchenregierung keine Weisungen mehr entgegen zu nehmen. Damit trat die Kirchengemeinde Veldenz praktisch aus der Reichskirche aus. Um den NS-Großveranstaltungen etwas entgegenzusetzen, organisierte Reif im Auftrag der BK im Mai 1935 einen „Gemeindetag unter dem Wort" mit Bibelarbeiten, Vorträgen und Gesprächen, an dem sich 40 umliegende Kirchengemeinden beteiligen wollten. In der Nacht zuvor versammelte sich ein Schlägertrupp von 20 Leuten unter Führung des NS-Ortsgruppenleiters vor dem Pfarrhaus und schüchterte zunächst Frau Reif mit Sprechchören ein: „Heraus mit dem Vaterlandsverräter ... er unterstützt die im Konzentrationslager ... Judensäugling" (gemeint war Judensöldling, ein für den Nazi wohl zu schwieriges Wort). Man drohte, Reif noch in derselben Nacht den Hals abzuschneiden. Als er im Glauben, die Gefahr sei vorüber, nach Hause kam, wurden er und seine Frau getreten und zusammengeschlagen, Reif so schwer, dass er einen Schädelbasisbruch erlitt. Als sein Hausarzt, der ihn nur kurz untersuchen durfte, das sah, warf er dem Ortsgruppenleiter seinen Ausweis und sein Parteiabzeichen vor die Füße und trat darauf. Reif wurde in „Schutzhaft" genommen, ohne dass seine Verletzungen behandelt wurden. Auch der Arzt kam einige Tage in Haft, ebenso der Hauptredner des „Gemeindetages unter dem Wort".

Erst nach seiner Entlassung wurde Oskar Reif im Krankenhaus Neunkirchen behandelt, wo sich seine Schwiegereltern um ihn kümmern konnten. Ihm drohte noch ein Verfahren wegen „Kanzelmißbrauchs". Außerdem warf man ihm vor, er habe in Veldenz eine der ältesten nationalsozialistischen Ortsgruppen zerstört. Die Schläger hingegen gingen straffrei aus.

Wider die Vergöttlichung irdischer Werte

In den nächsten Monaten erhielt er ein Aufenthaltsverbot für Veldenz und konnte zunächst nicht dorthin zurückkehren. Aber auch in Ründeroth im Oberbergischen, wohin ihn die Leitung der

BK vertretungsweise schickte, erregte er mit Predigten über alttestamentliche Texte Anstoß. Im Juli 1935 musste er sich vor dem Bürgermeister von Waldbröl als dem Leiter der Polizeibehörde dafür verantworten. Laut Protokoll sagte er dabei: „Ich bestätige, dass die Predigt eine deutliche Warnung gegen die Vergöttlichung irdischer Werte (Einigkeit, Volksgemeinschaft, Rasse, Blut und Boden) war. Eine andere Sicht als die, daß wir in einer Zeit leben, in der diese Gefahr besonders groß ist, ist mir nicht möglich." Während seiner Abwesenheit versuchte der Trierer DC-Superintendent, die Veldenzer Kirche für DC-Gottesdienste zu nutzen und auch selbst dort zu predigen. Dies gelang ihm nicht, obwohl auch der BK-Pfarrer, der Reif vertrat, verhaftet und mit verschärfter „Schutzhaft" bedroht wurde. Er ließ sich trotzdem nicht einschüchtern. Oskar Reif konnte ab Oktober 1935 wieder in Veldenz tätig sein. Das lag nicht zuletzt an dem engen Zusammenhalt der BK-Pfarrer im Hunsrück. Mit der Familie des später im KZ ermordeten Dickenschieder Pfarrers Paul Schneider war Reif besonders eng befreundet.

Die NSDAP-Ortsgruppe versuchte immer wieder, Reifs Versetzung zu betreiben, vor allem warf sie ihm sein Mitgefühl mit den Juden vor. 1938 wurde er angezeigt, weil er im Konfirmandenunterricht auf die Pogromnacht zu sprechen kam und die Kinder gefragt hatte, ob sie sich an der Demolierung des Judeneigentums beteiligt hätten. Nachdem sie das verneint hatten, habe er geäußert: „Ich hätte auch kein Kind konfirmiert, das an den Ausschreitungen beteiligt gewesen wäre. Die das gemacht haben, sind keine Christen." Im Verhör bei der Gestapo ging er noch einen Schritt weiter: „An dem Gebot der Nächsten- und Feindesliebe habe ich nachgewiesen, daß man sich als Christ an solchen illegalen Aktionen nicht beteiligen kann."

Reichskirchenminister Hanns Kerrl wies schließlich 1939 das Düsseldorfer Konsistorium an, Reif aus dienstlichen Gründen zu versetzen. Doch die Herren dort sahen dazu vorerst keine rechtliche Grundlage. Schließlich wurden Reif 1939 die Staatszuschüsse zur Pfarrbesoldung gesperrt, weil er die Kollekten nicht ans Konsistorium, sondern an die BK abführte. In Veldenz konnte er aber zunächst bleiben, vor allem wegen des zunehmenden Personalmangels nach Kriegsbeginn. Erst 1941 wurde er zur Vertretung nach Ratingen-Homberg geschickt. Aber auch diese Versetzung scheiterte, weil Reif dort finanzielle Unregelmäßigkeiten aufdeckte und das Presbyterium nicht mit ihm zusammen arbeiten wollte. Ähnlich erging es ihm in Niederlinxweiler im Saarland. Weil das

Konsistorium wegen des Personalmangels kein Verfahren gegen ihn durchführen mochte, konnte er schließlich ab 1943 wieder als Pfarrer in Veldenz tätig werden. Er blieb dort bis 1970 Pfarrer und war seit 1951 zusätzlich Vertreter des Superintendenten. Die schlimmen Ereignisse hinterließen Spuren bei ihm. Seine Familie berichtete später, er habe gegen Ende seines Lebens unter qualvollen Alpträumen gelitten. Die Angst vor seinen Verfolgern kehrte immer wieder. Er starb am 26. August 1977 in Herborn. *WW*

Rauthe, Gegner, S. 315ff.

Dem KZ entronnen
Heinrich Schmitz' Resistenz in Bergneustadt

Als der gebürtige Duisburger Heinrich Schmitz (1890–1968) 1933 der BK-Pfarrerbruderschaft beitrat, hatte er zuvor als Krankenpfleger am Ersten Weltkrieg teilgenommen, danach ein Missionarsexamen in Barmen und 1923 sein Zweites Theologisches Examen beim Konsistorium in Koblenz abgelegt. In Alpen am Niederrhein wurde er 1934 wegen „Verleumdung und Nötigung" angezeigt. Propst Heinrich Forsthoff, leitender Beamter des Konsistoriums, kommentierte der Behörde gegenüber den Polizeibericht so: „Wir können nur wünschen, dass die Staatspolizei da, wo dieser Pfarrer Schmitz sich politisch ein Verhalten zu Schulden kommen läßt, das geeignet ist, Beunruhigung im Volke zu erregen, unnachsichtig zugreift, um dem unverantwortlichen Treiben dieses Herrn ein Ende zu machen." Ein Strafverfahren endete jedoch glimpflich für ihn.

Ausweisung aus dem Rheinland und Redeverbot

1934 wechselte er nach Bergneustadt. Auch hier wurde er durch mutige Predigten in einer vollen Kirche und durch seine intensive Seelsorgearbeit bekannt – und denunziert. So zeigte ihn ein Gottesdienstbesucher an, weil er die Erwähnung von SA und Hitlerjugend mit dem Satz „Können die euch selig machen?" kommentiert habe. 1936 fand nach der Remilitarisierung des Rheinlandes eine Volksabstimmung statt. In Bergneustadt stimmten 99 Prozent mit Ja. Ein maßgeblicher Parteimann verkündete, in seinem Bezirk seien es sogar 100 Prozent gewesen. Darauf sagte Heinrich Schmitz öffentlich: „Dann wurde in diesem Lokal eine Wahlfälschung vorgenommen, denn ich habe dort mit ‚Nein' gestimmt." Wegen solcher Äußerungen und wegen Verstoßes gegen das Sammlungsgesetz – das Presbyterium führte Kollekten an die BK und nicht an das Konsistorium ab – wurde er 1937 aus dem Rheinland ausgewiesen und erhielt Redeverbot für das gesamte Deutsche Reich. Was die Behörden anscheinend übersehen hatten: Das Rheinland endete fünf Kilometer hinter Bergneustadt. Schmitz zog also zunächst nur in ein Hotel im benachbarten westfälischen Wegeringhausen, ignorierte das Redeverbot und kehrte am nächsten Sonntag zum Gottesdienst nach Bergneustadt zurück. Die Gestapo verhaftete ihn, entließ ihn aber, nachdem er unterschrieben hatte, er werde die Ausweisung anerkennen. Nun zog er ins etwas weiter entfernte Meinerzhagen zu einem befreundeten Pfarrer, ohne den Kontakt nach Bergneustadt aufzugeben. Seine Predigten erschienen in der Folgezeit gedruckt und wurden durch die BK vertrieben. Ende 1937 wurde ihm auch das untersagt: Der Druck der Predigten stelle ein Verstoß gegen das Redeverbot und gegen das Reichspressegesetz dar. Außerdem wurde ihm noch der Aufenthalt im Regierungsbezirk Arnsberg verboten. Daraufhin zog er nach Bethel um.

Vorher hatte sich das Bergneustädter Presbyterium in zwei Schreiben an die Gestapo vehement für seinen Pfarrer eingesetzt und dagegen protestiert, dass er ohne ordentliches Verhör, ohne Gerichtsverhandlung und ohne begründetes Urteil einer staatspolizeilichen Maßnahme unterworfen wurde. „Wir werden solange unsere Stimme gegen diese Ungerechtigkeit erheben und keinen Weg unversucht lassen", so die Erklärung des Presbyteriums, „bis das geschehene Unrecht an Pfarrer Schmitz und damit zugleich an der Gemeinde Bergneustadt wieder gutgemacht ist." Daraufhin wurden die Unterzeichner des Briefes verhaftet und ins Gestapo-Gefängnis Köln überführt. Dort wurden sie laut eigenen Aussagen „scharf" verhört und zu einem Reuebekenntnis gezwungen, in dem es heißt: „Ich nehme diese Erklärung mit dem Ausdruck meines tiefsten Bedauerns zurück. Ich verpflichte mich, in Zukunft über den Fall Pfarrer Schmitz nicht mehr zu sprechen." Doch auch nach diesem Ereignis wurde in Bergneustadt vorerst in jedem Gottesdienst eine kurze Ansprache des ausgewiesenen Pfarrers verlesen.

In den folgenden Jahren wurde zwar das Verfahren gegen Schmitz eingestellt, das Rede- und Aufenthaltsverbot aber nicht aufgehoben. Erst 1943 konnte er in Wesel kommissarisch eine

Vertretung übernehmen, wurde aber 1944 in den Wartestand versetzt.

Eine abenteuerliche Befreiungsaktion

Nach einer Anzeige wurde er im Juli 1944 in Wesel erneut verhaftet. Er habe bei einer Beerdigung gesagt, der Krieg sei „verloren". Vom Polizeigefängnis Ratingen wurde er daraufhin im Dezember 1944 ins KZ Dachau überführt und im April 1945 vor den anrückenden Amerikanern „evakuiert", weil die SS ihre Verbrechen vertuschen wollte. Er wurde auf einen „Todesmarsch" in Richtung Tirol geschickt. Dort wurde er später mit 54 anderen Geistlichen durch zwei Jesuiten unter abenteuerlichen Umständen befreit: Ein Pater in der Uniform eines höheren SS-Offiziers nutzte das Durcheinander beim Aufbruch, um Geistliche beider Konfessionen auf ein Transportfahrzeug zu verladen, das auf Umwegen ein rettendes Kloster erreichte.

Nach Kriegsende wollte Schmitz nach Bergneustadt zurückkehren. Obwohl er sich als rechtmäßiger Pfarrer seiner dortigen Gemeinde ansah, wurde er versetzt und blieb bis 1949 im Wartestand. Erst dann wurde er Pfarrer in Wesel und blieb es bis 1968. Er war nicht nur verbittert, weil er von der neuen Kirchenleitung vergeblich die Wiedergutmachung früheren Unrechts erwartet hatte, sondern beklagte auch deren obrigkeitlichen Stil. Wie viele BK-Theologen und -Theologinnen hatte auch er erwartet, die neue Kirchenleitung würde einen wirklichen Neuanfang machen, Entscheidungen entsprechend den „Dahlemer" Beschlüssen von 1934 weniger obrigkeitlich als vielmehr partnerschaftlich treffen.   *WW*

Ruthe, Gegner, S. 347ff.

„Man muss Gott mehr gehorchen als den Menschen"
Paul Schneiders kompromisslose Standhaftigkeit

Paul Schneider (1897–1939) war stark geprägt von dem bäuerlich-kleinbürgerlichen Milieu des Hunsrücks, wo er als Sohn des Pfarrers Gustav Adolf Schneider und seiner Ehefrau Elisabeth die ersten elf Jahre seines Lebens verbrachte. Die großstädtische Welt blieb ihm Zeit seines Lebens fremd. Über seine religiöse Sozialisation in Elternhaus und Schule ist nur wenig bekannt. Der Vater war in reformierter Tradition beheimatet. Im Studium wandte er sich zunächst der liberalen Theologie zu und wurde in seiner Marburger Zeit ihr eifriger Verfechter. Später vollzog er allmählich eine Wendung zu einer pietistisch-erwecklichen Frömmigkeit, die durch eine zehn Monate währende Tätigkeit in der Berliner Stadtmission eine nachhaltige Bestätigung erfuhr. In politischer Hinsicht stand Schneider der Weimarer Republik kritisch gegenüber, bejahte vielmehr ein autoritäres, allerdings in christlich-ethischen Grundsätzen verwurzeltes Staatssystem. Er hatte deshalb keine Schwierigkeit, Hitler und die regierenden Nationalsozialisten als von Gott gegebene „Obrigkeit" anzuerkennen.

Dem Nationalsozialismus begegnete Schneider aus religiöser Sicht allerdings zunächst (1932) mit erheblichen Vorbehalten, ließ sich dann aber in den ersten Monaten der Machtübernahme vom nationalen Aufbruch mitreißen, bejahte vor allem das propagierte soziale Engagement Hitlers. Mitte des Jahres trat er den Deutschen Christen bei – allerdings nur für kurze Zeit. 1934 stieß er mit seiner Dickenschieder Gemeinde zur BK, stimmte insbesondere den Beschlüssen der Dahlemer Synode zu.

Staatliche und konsistoriale Verfolgung

In Konflikt mit dem Nationalsozialismus geriet er durch verschiedene Aktionen, in denen er die christliche und kirchliche Position angesichts zunehmender Beeinträchtigung und Zurückdrängung aus dem öffentlichen Lebens zu behaupten suchte. So fühlte er sich 1933/1934 aufgerufen, gegen die Liberalisierung der Moral und die Vorstellung der „neuen Frau", wie sie SA-Führer Ernst Röhm und Reichspropagandaminister Joseph Goebbels in Zeitungsartikeln befürwortet hatten, durch öffentliche Erklärungen vor der Gemeinde die Gültigkeit der konservativen christlichen Ethik zu verteidigen. Anlässlich der Beerdigung eines führenden Hitlerjungen 1934 beschwerte er sich über die an dessen Grab geäußerte deutsch-gläubige Bemerkung eines Kreisleiters der NSDAP, er sei „nun in den Sturm Horst Wessel hinüber gegangen". Im Herbst 1935 weigerte Schneider sich, die Konfirmandenstunden, die im Schulgebäude stattfanden, mit dem deutschen Gruß zu eröffnen und zu beenden, wie es in staatlichen Gebäuden Vorschrift war. Spektakulär war 1936 sein Boykott der Reichstagswahlen. Er begründete ihn vor seiner Gemeinde damit, dass seine Stimme auch als Zustimmung zur antichristlichen Weltanschauungspolitik des Staates aufgefasst werden müsse. Schließlich ging er gegen einzelne Deutsche Christen in seiner Gemeinde vor, namentlich gegen zwei Lehrer. Beide klagte er an, in der Schule deutsch-christliche und deutsch-gläubige Vorstellungen zu verbreiten und sich nicht an die Heilige Schrift und das Bekenntnis der Kirche zu halten. Die Presbyterien seiner Gemeinden Dickenschied und Womrath eröffneten gegen beide „Lehrzuchtverfahren".

Obschon es Schneider in allen Fällen allein um die Verteidigung des christlichen Glaubens und seiner Bedeutung im deutschen Volk zu tun war, wurden seine Aktionen seitens der Partei und des Staates als antinationalsozialistische, d.h. als politische angesehen und entsprechend bekämpft. Immer wieder kam es zu Anzeigen gegen den Pfarrer. Mehrere gegen ihn anhängige Verfahren vor einem Sondergericht führten allerdings zu keinem Erfolg, weil die Anklagepunkte gegen ihn im juristischen Sinne keinen Bestand hatten. Das Verfahren gegen ihn wurde deshalb schließlich eingestellt. Wiederholt wurde er inhaftiert. Vom nazifizierten Konsistorium der Rheinprovinz wurde zunächst seine Beurlaubung, dann seine Versetzung, schließlich seine Amtsenthebung betrieben. Dabei wirkten jeweils kirchliche und staatliche Behörden, Gestapo und Parteistellen in unterschiedlicher Weise gegen ihn zusammen.

Wegen der gegen die Dickenschieder Lehrer angestrengten Kirchenzuchtverfahren wurde er schließlich am 31. Mai 1937 auf Befehl Hitlers in Koblenz inhaftiert. Zu einem Gerichtsverfahren kam es allerdings nicht. Da es sich eigentlich um eine rein kircheninterne Angelegenheit handelte, hätte dieses auch kaum Aussicht auf Erfolg gehabt. Vielmehr wurde Paul Schneider nach seiner Haftentlassung des Landes verwiesen. Die Ausweisung erkannte er allerdings nicht an: Er wisse sich – so ließ er in einem Schreiben an die Reichskanzlei in Berlin vom 30. September 1937 wissen – „vor Gott an meine Gemeinde gewiesen" und könne sich deshalb durch Menschen von diesem Auftrag nicht abbringen lassen. Er wolle deshalb den „gebotenen Ungehorsam" nach Apostelgeschichte 5,29 praktizieren: „Man muss Gott mehr gehorchen als den Menschen." Wohl um die Konsequenzen wissend, fuhr er im Oktober 1937 nach Dickenschied zurück. Nach der Predigt wurde er erneut verhaftet. Da er ein schriftliches Einverständnis zur Ausweisung mehrfach verweigerte, wurde er schließlich am 26. November 1937 in das Konzentrationslager Buchenwald überstellt.

Kompromisslos standhaft in der Nachfolge Jesu

In Buchenwald musste er schwerste Arbeit im Steinbruch verrichten. Nachdem er 1938 bei der Flaggenhissung zu „Führers Geburtstag" seine Mütze nicht abgenommen hatte, wurde für ihn Prügelstrafe angeordnet, die auf dem berüchtigten Prügelbock vollzogen wurde. Anschließend kam er zur Einzelhaft in den „Bunker". Hier verbrachte er fast ununterbrochen die weitere Zeit bis zu seinem Tode, sich standhaft weigernd, den Ausweisungsbefehl zu unterschreiben und damit frei zu werden. Unter unmenschlichen Bedingungen und dabei ständiger Prügelstrafe durch den sadistischen Aufseher Martin Sommer ausgesetzt, versuchte er aus dem Fenster seiner Arrestzelle heraus, den Mitgefangenen auf dem Appellplatz das Evangelium zu verkünden. Späteren Zeugnissen von Mitgefangenen zufolge soll er auch gerufen haben, in diesem Lager werde gefoltert und gemordet. Glaubhaft belegt ist außerdem seine Äußerung, er wolle als seine Nächsten auch Juden in Schutz nehmen.

Die monatelange Qual endete 1939 mit seinem Tod. Nach der Aussage des Mithäftlings Walter Poller soll er nach Verabreichung einer Überdosis Strophantin durch den Lagerarzt Dr. Ding-Schuler eingetreten sein.

Schneiders Verhalten war und ist umstritten. In der evangelischen Kirche wird seine Widersetzlichkeit einerseits bewundert und als Zeugnis des Glaubens und als Märtyrertum herausgestellt. Andererseits wird immer wieder darüber diskutiert, ob seine absolute Kompromisslosigkeit denn notwendig war. In jedem Fall verdient seine Entscheidung Respekt; er hat die Nachfolge Jesu, so wie er sie verstand, mit seltener Konsequenz verwirklicht.

Die Erinnerung an ihn wird heute besonders von der Pfarrer-Paul-Schneider-Gesellschaft (Weimar) gepflegt. *FR*

Margarete Schneider, Der Prediger von Buchenwald. Das Martyrium Paul Schneiders, Berlin (Ost) 1957 [Erstausgabe: Der Prediger von Buchenwald, Berlin 1953 hrsg. von Heinrich Vogel; danach zahlreiche weitere Ausgaben und Auflagen]; Rudolf Wentorf, Der Fall des Pfarrers Paul Schneider. Eine biographische Dokumentation, Neukirchen-Vluyn 1989; Albrecht Aichelin, Paul Schneider. Ein radikales Glaubenzeugnis gegen die Gewaltherrschaft des Nationalsozialismus, Gütersloh 1994; Folkert Rickers, Widerstehen in schwerer Zeit. Erinnerung an Paul Schneider (1897–1939), Neukirchen-Vluyn 1997; ders., Das Weltbild Paul Schneiders, in: MEKGR 53 (2004), S. 133–184; Film: „Ihr Massenmörder – ich klage euch an". Pfarrer

Paul Schneider. Videofilm von Sabine Steinwender; wissenschaftliche Beratung Folkert Rickers (VHS-Kassette), eine Produktion des Film Funk und Fernseh Zentrums der Evangelischen Kirche im Rheinland, Düsseldorf 2000; Rauthe, Gegner, S. 350–354.

„ Es ist gut, wenn man sich von vielen getragen weiß"
Die Widersetzlichkeit des Gebhardshainer Pfarrers Theodor Spehr

Theodor Spehr (1896–1990) wuchs in einem Pfarrhaus in Oberrossbach/Dillkreis auf. Nach dem Abitur zog er in den Krieg und wurde 1916 schwer am Knie verwundet. 1931 wurde er Pfarrer in Gebhardshain/Kreis Altenkirchen.

Der Kirchenkampf in Gebhardshain

Die Diasporagemeinde Gebhardshain zählte 13 Dörfer in einem großen Bezirk, der einen kriegsverletzten Pfarrer vor eine große Aufgabe stellte, die Theodor Spehr jedoch gut bewältigte. Die Gemeinde bekannte sich 1933, wie viele andere, zu den Deutschen Christen. Nach deren katastrophaler Berliner „Sportpalast-Kundgebung" im November 1933 verließ Spehr die DC und trat Anfang 1934 mit Presbyterium und Gemeinde der BK bei.
Spehrs Gottesdienst am 5. Mai 1935 wurde von der Ortspolizei überwacht. Seine Fürbitte für die verhafteten Pfarrer der BK brachte ihm Redeverbot seitens der Gestapo in Koblenz ein. Für den Fall der Übertretung wurde ihm die Ausweisung angedroht. Trotz baldiger Missachtung des Verbots wurde er nicht verhaftet. Auch in den Jahren 1936 und 1937 setzten sich Überwachungen der Gottesdienste und der Kollektenerhebung für die BK fort. Die Auseinandersetzung mit dem lokalen Ortsgruppenleiter über die Abschaffung der Bekenntnisschulen und Verhöre bei der Gestapo zum Kollektenplan der BK brachten Spehr in Schwierigkeiten. Am 15. November 1937 wurde er verhaftet und bis in den Dezember hinein in Untersuchungshaft gehalten. Vorwurf: Verstoß gegen § 13, Nr. 1 des Sammlungsgesetzes von 1934. Ungefähr 120 Pfarrer im Reich wurden zur gleichen Zeit eingesperrt, weil sie ebenfalls Kollekten für die BK abgekündigt und eingesammelt hatten. Auch

hier half der Bruderrat der BK wieder mit ihrem Rechtsanwalt Dr. Schulze zur Wiesche. Das Oberlandesgericht in Hamm/ Westfalen hob im Dezember 1937 den Haftbefehl auf.

In diesem Jahr zerbrach die Pfarrerbruderschaft der BK-Theologen des Kirchenkreises Altenkirchen. Viele Amtskollegen zogen sich auf eine kompromissbereite Linie gegenüber dem parteihörigen Konsistorium zurück und wandten sich vom Bruderrat ab. Übrig blieb eine immer weniger geschützte kleine Gruppe von drei oder vier Pfarrern im Kirchenkreis, die man „die nicht Kompromißbereiten" nannte. Unter ihnen waren auch Theodor Spehr und Hans Groß (1904–1989), die Pfarrer von Gebhardshain und Freusburg. Auf sie konnte man sich nun von allen Seiten einschießen – auch von Seiten der „legalen" Kirchenleitung, des Konsistoriums, das 1938 von allen rheinischen Pfarrern den „Treueid" auf den „Führer" verlangte. Spehr und Groß gehörten zu den wenigen, die ihn verweigerten.

Im Blick auf die „Kristallnacht" vom 9./10. November 1938 berichtete Spehr am darauf folgenden Sonntag ungeschminkt von der Kanzel aus, was er selbst in Düsseldorf gesehen hatte – voller Abscheu darüber, dass so etwas in Deutschland möglich war. Obwohl die örtliche Polizei auch an diesem Sonntag den Gottesdienst überwachte, wurde er nicht verhaftet.

Ein Jahr später sperrte die Finanzabteilung des Konsistoriums vielen Gemeinden die Pfarrbesoldungszuschüsse. Damit sollten die rheinischen BK-Pfarrer wegen ihrer Kollektensammlung bestraft werden. Ungefähr 60 von ihnen waren betroffen, darunter auch Spehr. Das war eine üble Bestrafung, da in den armen Gemeinden, wie in Gebhardshain, der Pfarrbesoldungszuschuss fast die gesamte Besoldung ausmachte.

Über diesen unentwegt Widersetzlichen schrieb der Koblenzer Regierungspräsident dem Reichsminister für kirchliche Angelegenheiten in Berlin: „Spehr hat sich demnach der Fürsorge des Staates unwürdig erwiesen." Der rheinische Bruderrat der BK und auch der Superintendent des Kirchenkreises Altenkirchen versuchten zu intervenieren. Die Sperre wurde Ende 1939 wieder aufgehoben – nicht aus humanitären Gründen, sondern um am Kriegsbeginn Unruhe in der kirchentreuen Bevölkerung zu vermeiden. Dadurch kam Spehrs Familie aus ihren Existenzschwierigkeiten heraus. Die Gemeindemitglieder und der Bruderrat unterstützten ihn auch in dieser Zeit mit allen Mitteln.

Verhaftung und Ausweisung

Im Juli 1941 wurde Theodor Spehr mitten im Urlaub von Koblenzer Gestapo-Beamten verhaftet und aus der Rheinprovinz ausgewiesen. Den Grund erfuhr er durch einen Kriminalbeamten, der ihn anbrummte: „...wenn man zum Beispiel für einen Pfarrer Niemöller Fürbitte tut". Die Verlesung der Fürbittenliste am Tag der Konfirmation war 1941 wohl letzter Anlass für die Ausweisung. Sie hatte eine erhebliche Beunruhigung der Bevölkerung zur Folge und verstärkte die Welle der Sympathie für Spehr und seine Familie nicht nur in seiner treuen Gemeinde.

Er begab sich zuerst allein ins Exil nach Württemberg zur Verwandtschaft. Die Württembergische Landeskirche nahm ihn vorläufig auf. Er wurde aushilfsweise in verschiedenen Orten eingesetzt, bis es ihm gelang, für die Dauer des Krieges die Stelle des Stadtpfarrers in Altensteig im Kreis Calw zu übernehmen. Das Düsseldorfer Konsistorium fragte die Gestapo in Koblenz nach dem Grund der Ausweisung. „Fortgesetztes staatsfeindliches Verhalten" – so die kurze Antwort. Ein Kriminalrat äußerte einem Repräsentanten des Konsistoriums gegenüber, die Gestapo würde keinerlei Bedenken äußern, „wenn die Kirchenleitung nach der Versetzung des Pfarrers Spehr in den Wartestand die noch in Gebhardshain wohnende Frau Spehr aus dem Pfarrhaus weisen würde". Diese Einmischung in kirchliche Personalentscheidungen durch die Gestapo, die unwidersprochen blieb, zeigt hier einmal mehr die üble Kumpanei des Konsistoriums mit der Gestapo.

Nachdem die Familie Spehr im Dezember 1942 ebenfalls nach Altensteig gezogen war, lebten die Pfarrersleute mit ihren Kindern in der Folgezeit relativ ruhig. Zu Hause, im Westerwald, wurde die Gemeinde vom Bruderrat der rheinischen BK für die Zeit des Krieges und der vorübergehenden Abwesenheit Spehrs mit einem Vertreter versorgt. Allerdings versuchte die „legale Kirchenleitung" in Düsseldorf, die Stelle des ausgewiesenen Pfarrers selbst zu besetzen. Konsistorialpräsident Dr. Walter Koch interpretierte den Nachzug der Familie nach Württemberg als „Niederlegung seines Pfarramtes" und teilte Spehr mit, er habe alle Rechte der Evangelischen Kirche der Altpreußischen Union einschließlich seiner Besoldung verwirkt. Generalsuperintendent D. Ernst Stoltenhoff – kein Mann des Konsistoriums, aber auch nicht der BK – schrieb zudem einen bösen Brief an den ausgewiesenen Pfarrer: Mit dem Auszug seiner Familie habe er seine Gemeinde in Gebhardshain willentlich im Stich gelassen. Der rheinische Bruderrat hingegen half ihm mit allen ihm gegebenen Möglichkeiten. Erst nach langem Briefwechsel konnte der wüste Beschluss des Konsistorialpräsidenten rückgängig gemacht und Stoltenhoffs Aufregung auf ein normales Maß reduziert werden.

Die Rückkehr

Mit dem Untergang des Nazi-Reiches und seiner Repressionsorgane war auch die Ausweisung hinfällig geworden. Es gab keinen Konsistorialpräsidenten Koch und keine Gestapo mehr. Die Kirchenleitung in Düsseldorf begann sich grundlegend zu ändern. Theodor Spehr, von ihr zur Rückkehr ins Rheinland gebeten, kehrte Ende 1946 mit seiner Familie zurück, und zwar in die Hugenottengemeinde Daubhausen im Dilltal. 1959 trat er in den Ruhestand und zog nach Herborn, wo er in seiner größer werdenden Familie noch einen ruhigen Lebensabend mit seiner Frau erlebte. Er starb am 16. Februar 1990 im Alter von 93 Jahren. *TS*

Hans Fritzsche, Kirche im Dritten Reich. Ein Bericht vom Kirchenkampf im Kirchenkreis Altenkirchen (Westerwald), in: Günther van Norden (Hg.), Zwischen Bekenntnis und Anpassung, Köln 1985, S. 382–409; Theodor Spehr, Der Kirchenkampf im Kreis Altenkirchen 1933–1945. Dargestellt am Beispiel des Pfarrers der Gemeinde Gebhardshain Theodor Spehr, Weinheim 2002 (Privatdruck); Rauthe, Gegner, S. 360–363.

„Schlagt den Hund tot!"
Friedrich Wieters Vertreibung aus Odenspiel

Friedrich Wieter (1907–1943), in Wiedenbrück geboren, in Gütersloh aufgewachsen, Doktor der Theologie und seit 1933 Hilfsprediger in Dortmund, wird 1935 Pfarrer im oberbergischen Odenspiel. Den dienstlichen Kontakt mit dem rheinischen Konsistorium – das ihn noch besoldet – lehnt er entschieden ab. Kollekten lässt er nach dem Plan der BK sammeln. Das missfällt den oberbergischen Nazis. Die Folge: Im November 1937 wird er verhaftet, nach wenigen Tagen jedoch wieder entlassen – zum Zorn der Nazis. In der Nacht zum 7. November begibt sich eine gewaltbereite 50 Mann starke Bande zu Fuß und mit PKW nach Odenspiel, umzingelt das Pfarrhaus und fordert den Pfarrer lautstark auf, herauszukommen.

Der Überfall

Gemeindeglieder beobachten, was geschieht. Männer, mehrheitlich uniformiert, grölen: „Haut se, haut se, haut se vor die Schnauze, haut se mit vergnügtem Sinn immer in die Fresse rin." Rufe werden laut: „Schwein…Kommunist…Volksverräter… Hund…Jude…Krüppel… Feigling…Volksaufwiegler". Einige, unter ihnen auch ein Ortsgruppenleiter, brüllen: „Er wird totgeschlagen!…Wir wollen ihn aufhängen!…Da wohnt das Schwein in einem Palast von einer Zwölfzimmer-Wohnung. Das soll ihm wohl gefallen, sich vom Staat bezahlen zu lassen!" Ein Uniformierter versucht, mit seinen schweren Stiefeln die Haustür einzutreten.

Ein Gemeindeglied fragt den anwesenden Eckenhagener Bürgermeister: „Haben wir denn kein Recht mehr heute?" Und er droht: „Sie werden haftbar gemacht für diese Handlungen." Uniformierte drängen ihn ab.

Schüsse fallen. Schiefer am Pfarrhaus splittert. Scheiben werden eingeschlagen, Fensterrahmen demoliert. Ein Mann will ins Haus dringen, wird zurückgehalten. Ein anderer fuchtelt mit einer Pistole ins Fenster hinein, schreit: „Ich schieße den Hund tot!" Ein rechtschaffener Polizeiwachtmeister lässt den Motor seines PKW laufen und schaltet das Licht ein. Uniformierte schalten es wieder aus. Gerangel.

Der Ortsgruppenleiter und ein Gendarmeriewachtmeister betreten das Haus. Ein lautstarker Dialog mit der tobenden Meute beginnt:

Der Ortsgruppenleiter: „Beruhigt euch, Leute, er kommt weg."

Die Meute: „Nein, wir schlagen den Hund tot. Er soll das Tageslicht nicht mehr sehen."

Der Gendarmeriewachtmeister:„Es passiert Pastor Wieter nichts. Keiner rührt eine Hand gegen ihn."

Die Meute: „Wir hängen ihn auf! An den nächsten Baum soll er gehängt werden!"

Ein Auto zum Abtransport des Pfarrers fährt vor, der nun in der Haustür erscheint. Einige schreien: „Da kommt ja der Hund… Jude, Judenknecht…Unser Ortsgruppenleiter setzt sich auch noch für den Feigling ein…Das Schwein soll noch im Auto gefahren werden. Das Schwein soll laufen. Arbeiten soll er."

Ein Mann will Wieter schlagen, doch der Gendarmeriewachmeister verhindert es. Ein Mann aus der Gemeinde gibt dem Pfarrer die Hand. Ein anderer fragt einen Wachtmeister: „Wer kommt für den ganzen Schaden auf?" Antwort: „Der Pfarrer selbst. Er ist ja selbst an allem schuld." Darauf die Frage: „Leben wir denn nicht mehr in einem geordneten Staat?" Der Wachtmeister erwidert: „Sie kennen eben die neusten Verfügungen nicht. Ich kenne sie." Mit dem Pfarrer sympathisierende Gemeindeglieder werden getreten oder vor die Brust geschlagen. Ein Protokoll über die gesamten Vorgänge wird erst Tage später erstellt. Es hält im Wesentlichen nur Sachschäden fest. Wieter wird inzwischen in „Schutzhaft" gehalten. DC-Landrat Gottfried Krummacher erklärt dem Konsistorium auf dessen Anfrage lakonisch, diese Maßnahme diene eben dem Schutz des Pfarrers. Am 12. November wird Wieter entlassen und mit sofortiger Wirkung aus dem Regierungsbezirk Köln ausgewiesen. Die Staatsanwaltschaft in Dortmund lässt am 17. Dezember 1937 in einem erstaunlichen Ausmaß Zeugen zu Wort kommen, die die gewalttätigen Ausschreitungen bestätigen und dafür verantwortliche Personen benennen.

Das Protokoll ergab folgenden Tatbestand: In dem neben dem Haupteingang gelegenen Zimmer waren drei Scheiben zertrümmert. In dem darüber gelegenen Musikzimmer war eine Scheibe durch einen aus der Wand gelösten Schiefer eingeworfen. Ferner war der Fensterrahmen der Hintertür des Hauses herausgebrochen, das Glas zertrümmert, die untere Füllung der Türe mit grober Gewalt zerstört und die Tür erbrochen worden. In der Garage war die Tür erbrochen, an dem darin stehenden Auto an zwei Reifen die Luft herausgelassen worden, um den Wagen unfahrbar zu machen. Die rechte Wagentür war demoliert, so daß sie nicht mehr schloß. Außen am Hause waren unterhalb eines Fensters drei Einschußstellen im Schiefer festzustellen. Mehrere Schiefer waren zertrümmert. Zwei Kellerfenster waren losgerissen worden. Auf der Treppe zur Haustür, die gewaltsam erbrochen worden war, und an dem Türpfosten, sowie auf der davor stehenden Bank und im Hausflur sah man Blutspuren. Das deutet darauf hin, dass zumindest der Täter, der das Fenster eingeschlagen hat, auch in das Haus eingedrungen ist.

Aus: Bericht über den Überfall auf das evgl. Pfarrhaus zu Odenspiel (Rheinland) in der Nacht zum Donnerstag, 7. Nov. 1937. Beglaubigte Abschrift aus den Akten 18a Js 4405/37 der Staatsanwaltschaft Dortmund vom 17. November 1937, in: Gestapo-Akte, RW 58–31701, Bd. II, Hauptstaatsarchiv Düsseldorf.

Im Krieg vermisst

Das Konsistorium, das den Pfarrer weiter bezahlt, möchte im Juni 1939 von der Kölner Gestapo erfahren, ob mit einer Aufhebung seiner Ausweisung zu rechnen ist. Ein Mitglied des Konsistoriums begibt sich persönlich nach Köln, kehrt jedoch unverrichteter Dinge nach Düsseldorf zurück. Weitere Besprechungen führen zu keinem neuen Ergebnis. Im Frühjahr 1940 teilt Wieter dem Konsistorium mit, seine Frau und er hätten in Solingen-Wald eine vorläufige Unterkunft gefunden, da das Haus in Odenspiel unbewohnbar sei. Da er den größeren Teil seines Lebens in Westfalen verbracht habe, bemühe er sich auch dort um eine Pfarrstelle.

1940 wird er zum Kriegsdienst einberufen, erhält zwar 1942 noch eine Pfarrstelle in Solingen-Wald, kehrt jedoch aus dem Krieg nicht mehr zurück und bleibt in Italien vermisst.   *KS*

Rauthe, Gegner, S. 386ff.

„Sind wir nicht mitschuldig durch unser Schweigen?"
Friedrich Winters Lernprozesse und „volkszersetzende Einwirkungen"

Unser Volk will nichts mehr wissen von Gottes Gebot. [...] Es ist eine finstere Gewalt, die Herr über unser Volk wird. [...] Die Triebe gehen ohne Halten durch, die Rachsucht: der Abwehrkampf gegen das Judentum: nun Synagogen. Als Christen muß es uns tief schmerzen, daß unser Volk so weit heruntergekommen ist. Die Mächte der Finsternis herrschen. [...] „Wir haben gesündigt". Wir sehen unser Volk den dämonischen Gewalten ausgeliefert, je mehr es sich dem Gericht Gottes und seines Willens, seiner Gebote entzieht. Sind wir nicht mitschuldig durch unser Schweigen? [...] Wir sind alle schuldig.
Friedrich Winter, Aus einer Predigt am 16.11.1938, zit. in: van Norden, Jahrhundert, S. 227f.

Als Pfarrer Friedrich Winter (1902–1949) am Buß- und Bettag 1938 diese Sätze in einer Predigt über das 9. Kapitel des biblischen Daniel-Buches sprach, waren seit dem Brand der Synagogen gerade sechs Tage vergangen. Ahnte er, was auf ihn zukommen würde? Er ahnte es wohl. Man hatte ihn gewarnt. Er solle an seine Familie, seine drei Kinder denken. Aber Friedrich Winter war durch

den Rache- und Mordfeldzug des deutschen Pöbels so tief aufgewühlt, dass er nicht schweigen konnte. Sein Vikar Heinrich Kampen (1910–1989), mit dem er die Predigt intensiv durchgesprochen hatte, saß „mit Zittern und Zagen" unter der Kanzel. „Es war eine gespannte Aufmerksamkeit, die Gemeinde hing an ihm", so seine Erinnerung. „Die entscheidenden Sätze von der Lüge und der Schande im Land der Reformation, die Gotteshäuser anderer Religionen in Brand zu stecken, sind in mir haften geblieben. Als er sagte: ‚Die Lüge herrscht unter uns von unten bis oben und von oben bis untern', sah ich gleichsam Joseph Goebbels durch die Lande humpeln und die Propagandatrommel rühren."
Die hier deutlich werdende kritische politische Einstellung hatte Friedrich Winter durchaus nicht immer gehabt. Angetan von dem christlich-völkischen Wortgeklingel der Nazis, war er 1933 in die NSDAP eingetreten. Er war Mitglied der Deutschen Christen geworden, weil er wie viele glaubte, durch großen volksmissionarischen Bekehrungseifer die „braunen Massen" zum Evangelium führen zu können. Das schien auch anfangs zu gelingen: Uniformierte SA-Leute zogen mit ihren Fahnen in viele Kirchen ein. Die Freidenkerverbände wurden sofort verboten. Die atheistische KPD wurde ebenfalls sofort verboten. Die jüdischen Bürger wurden am 1. April durch einen Boykott ihrer Geschäfte in Angst und Schrecken versetzt. Dass mit solchen Verfolgungsmaßnahmen zugleich die ohnehin ungeliebte Demokratie zugrunde ging, erschreckte im protestantisch-bürgerlichen Milieu nur wenige.

Winters politisches Erwachen

Es dauerte aber nicht lange, bis Friedrich Winter allmählich die Augen aufgingen. Im Herbst 1933 vollzog er die kirchenpolitische Wende: Er trat bei den DC aus und schloss sich dem Pfarrernotbund Martin Niemöllers und dem Coetus reformierter Prediger Karl Immers an. Von 1935 bis zum Verbot 1937 gehörte er zum Prüfungsausschuss der BK im Rheinland. Die Erfahrungen mit den Repressionen des Staates und der Partei führten ihn in eine immer eindeutigere Distanz zum Nationalsozialismus. Als Hitler die Deutschen im März 1936 zu einer Abstimmung darüber aufrief, ob sie die Besetzung des Rheinlands durch seine Armee billigten, fügte er auf dem Stimmzettel seinem Kreuz den Zusatz „Trotz vieler Bedenken" hinzu. Diese Meinungsäußerung führte ihn vor das Parteigericht der NSDAP, das ihn wegen „der Schwere der

Verfehlung" aus der Partei ausschloss. Für die Partei, so hieß es in dem Gerichtsbeschluss, sei ein Mann untragbar, „der nur mit ‚vielen Bedenken' in einer Frage von so ungeheurer Bedeutung hinter seinem Führer steht".

Die Bußpredigt im November 1938 gab eifrigen Denunzianten wieder Gelegenheit, sich staatspolitisch hervorzutun. Winter wurde noch im gleichen Monat von der Gestapo verhört und anschließend verhaftet. Er erklärte, sein Verhalten habe natürlich nichts mit Politik zu tun, sondern sei allein von seinem Auftrag als Prediger des Evangeliums bestimmt – die geschickte Schutzbehauptung aller BK-Pfarrer in schwierigen Verhörsituationen, der die staatlichen Repressionsorgane lange Zeit Glauben schenkten. Als Winter dann am 22. Dezember 1938 im Einvernehmen mit der Leitung der BK versprach, er werde seine Tätigkeit als Pfarrer ruhen lassen und sich „in politischer Hinsicht größtmögliche Zurückhaltung auferlegen" – was soll das wohl heißen, da er doch angeblich überhaupt nicht politisch war? –, wurde er am nächsten Tag aus der Untersuchungshaft entlassen. Seine Frau holte ihn ab und fuhr mit ihm im Postbus nach Kölschhausen bei Wetzlar zurück. Dort an der Haltestelle umgaben treue Gemeindeglieder das Pfarrerehepaar wie mit einer Schutzmauer und geleiteten es zum Pfarrhaus.

„Erhebliche Störungen der Volksgemeinschaft"

Dieser Willensbekundung folgte am 4. März 1939 eine „Volksabstimmung": In einigen Häusern lagen Listen mit folgendem Text aus: „Wir unterzeichneten Familien des Kirchspiels Kölschhausen bitten hierdurch, daß unserem Pfarrer Winter die Wiederaufnahme seines Dienstes in Kölschhausen gestattet werde" – 88 Prozent der Familien plus zahlreiche Einzelne unterzeichneten den Satz! Die Listen wurden nach Frankfurt zur Staatspolizei geschickt. Aber es nutzte nichts. Vier Tage später erhielt Pfarrer Winter von der Gestapo Frankfurt das Schreiben, mit dem er aufgrund des § 1 der Verordnung zum Schutz von Volk und Staat vom 28.2.1933 – nach dem Reichstagsbrand zum Schutz gegen eine angebliche kommunistische Revolution erlassen! – aus dem Regierungsbezirk Wiesbaden ausgewiesen wurde, weil er durch „volkszersetzende Einwirkungen auf die Mitglieder der Kirchengemeinde [...] erhebliche Störungen der Volksgemeinschaft verursache und Unruhe in die Bevölkerung getragen" habe. Winter verabschiedete sich von seinen Presbytern, schrieb seiner Gemeinde einen Abschiedsbrief und verließ Kölschhausen. Das Konsistorium, das wie in ähnlichen Fällen treu und zuverlässig mit der Gestapo zusammenarbeitete, leitete mit der Begründung, dass er ausgewiesen sei und dass der Regierungspräsident von Wiesbaden die staatlichen Zuschüsse zu seinem Gehalt gesperrt habe (so dass er mit seiner Frau und den drei Kindern nur den Teil des Gehalts bekam, den die Ortsgemeinde zahlen konnte, das waren 80 RM) gegen ihn das Verfahren einer Versetzung in ein anderes Pfarramt „oder, falls sich diese nicht als durchführbar erweist, in den Wartestand" ein. Als Friedrich Winter daraufhin dem Konsistorium erklärte, er werde sich selber um eine andere Pfarrstelle bewerben, da ihm die Rückkehr in seine Gemeinde „durch äußere Gewalt verwehrt" sei, versetzte ihn das Konsistorium zum 1. August 1939 in den Wartestand. Nach verschiedenen kurzfristigen Tätigkeiten im Dienst der BK verließ Winter im Herbst 1940 das Rheinland, um in Württemberg, ähnlich wie andere BK-Pastoren, die Verwaltung einer Pfarrstelle in Knittlingen zu übernehmen. Erst 1946 erhielt er dort die Festanstellung. Friedrich Winter starb am 28. März 1949 in Ottenhausen/Württemberg. *GvN*

Dietrich Winter, Pfarrer Friedrich Winter (1902–1949), in: MEKGR Jg. 49 (2000), S. 221–244; Rauthe, Gegner, S. 388–392.

Kein Schlussstrich – ein Nachwort

Klaus Schmidt

Alte und neue Horizonte

Ein Volk – auch eine Kirche – ohne Phantasie, ohne gesellschaftliche Zielvorstellungen und Visionen verkümmert. Karl Barth, Georg Fritze oder die Kölner Vikarinnen waren durch sozialdemokratische Zielvorstellungen geprägt, die in der Nazi-Zeit bis in die Reihen der BK hinein geächtet oder tabuisiert waren. In Kreisen der Widerstandskämpfer wiederum wurden bürgerlichdemokratische Staatsformen kritisch diskutiert. Doch in der BK wurde die Frage nach einer politischen Alternative zum totalitären NS-Regime kaum gestellt. Hier klammerte man sich an die Bibel, aus der man die Obrigkeitssätze des Apostels Paulus (Römer 13) zur Grundlage des Staatsverständnisses verabsolutierte, statt auch andere Aussagen aus der antimonarchistischen Frühzeit über die Zeit alttestamentlicher Könige bis hin zur frühen Jesus-Bewegung und ihrer Skepsis gegenüber den Mächtigen dieser Welt zur Kenntnis zu nehmen.

Von kleinen Minderheiten abgesehen, war schon vor dem „Dritten Reich" ein Dialog mit Demokraten, Sozialisten oder gar Kommunisten in der evangelischen Kirche kaum zustande gekommen. Zu sehr war man auch hier der preußischen Vergangenheit verhaftet, in der die Linken im Lande als gottlose „Vaterlandsverräter" betrachtet und angeprangert wurden. Mit dem Sozialistengesetz wollte Bismarck die SPD zerschlagen, mit den Sozialgesetzen wollte er ihr das Wasser abgraben. Erst in der Kriegsgefangenschaft kamen Theologen wie Helmut Gollwitzer und engagierte Gemeindeglieder in intensive Gespräche mit Sozialdemokraten und Kommunisten.

Die im Wesentlichen außerhalb der Kirchen entwickelte Vorstellung von Grund- und Menschenrechten hatte in der BK noch kein Gewicht. Deshalb schwieg sie auch angesichts der Verfolgung der in einigen biblischen Texten verfluchten homosexuell liebenden Menschen. Sie widersprach diesem Fluch nicht. Solche Verurteilungen aufgrund von religiös verklärten Prinzipien blieben lange Zeit ebenso prägend wie die gesellschaftlich-politischen Nachwirkungen des Bündnisses von Thron und Altar. Seit den Zeiten der evangelischen Landesfürsten und später der preußischen „Könige von Gottes Gnaden" hatte man sich an solche Obrigkeiten gewöhnt, die die Kirchen nach ihren Vorstellungen gestalteten, schützten und kontrollierten. Hinzu kam die vom Apostel Paulus und von Martin Luther gepredigte Forderung, der „Obrigkeit untertan" zu sein.

Die BK und der Krieg

Unter den Männern der rheinischen BK, die den NS-Staat als solchen prinzipiell nicht in Frage stellten, gab es fast ausnahmslos keine Ablehnung der NS-Angriffskriege. Die BK schwieg im Blick auf die prophetisch-pazifistischen Visionen von einer Zeit, in der „die Schwerter zu Flugscharen" umgeschmiedet werden. Dementsprechend blieben einsame evangelische Pazifisten wie Hermann Stöhr, Martin Gauger und Wilhelm Schümer weitgehend unbeachtet.

Zu sehr war auch die BK noch dem überwiegend stramm-preußisch oder deutsch-national gesinnten protestantischen Bürgertum verhaftet. Die preußischen Eliten waren – angefangen bei den „Königen von Gottes Gnaden", Ministern und Generälen – eben überwiegend Protestanten. „Gegen Demokraten helfen nur Soldaten", verkündete Friedrich Wilhelm IV. 1848 und handelte danach. Mit dem Choral „Jesus meine Zuversicht" zogen die Soldaten in die Kriege. So schwor auch der bis in die evangelischen Gesangbücher hinein verehrte Ernst Moritz Arndt die Protestanten ein: „Der Gott, der Eisen wachsen ließ, der wollte keine Knechte."

Im „Dritten Reich" verstärkten dann das Schreckgespenst des „gottlosen Bolschewismus" und der mörderische Stalinismus die unreflektierte „Vaterlandsliebe". Mit solcher Überzeugung zogen viele Soldaten an die Ostfront. BK-Theologen schützte der Kriegsdienst überdies vor staatlicher Verfolgung. Daran erinnert sich der aus Berlin ausgewiesene Niemöller-Freund Helmut Gollwitzer mit zaghaftem Zwiespalt und bescheidener Selbststilisierung.

Die Leitung der Bekennenden Kirche hatte uns angewiesen, uns ausweisen und zum Militärdienst einziehen zu lassen. Ich folgte dieser Anweisung, wenn auch beunruhigten Gewissens. [...] Ich hatte als Soldat das Bisherige in veränderter Form fortzusetzen: ein Zeuge Jesu Christi bei meinen Kameraden zu sein, der betroffenen Zivilbevölkerung der besetzten Gebiete mich als Freund zu bewähren, den Wehrwillen meiner Kameraden zu zersetzen und meinen Vorsatz, nie für Hitler auf einen Menschen zu schießen, durchzuhalten. Meine Weigerung, Offizier zu werden, und meine von mir erbetene Ausbildung zum Kompaniesanitäter erleichterte mir das.

Helmut Gollwitzer, Christen im Widerstand. Aus der Bekennenden Kirche, in: Richard Löwenthal/Patrick von zur Mühlen (Hg.), Widerstand und Verweigerung in Deutschland 1933 bis 1945, Berlin/Bonn 1982, S. 138f.

Eine erkennbare Infragestellung des Angriffskrieges gab es nur bei sehr wenigen. Für Georg Maus war die von Jesus proklamierte Feindesliebe uneingeschränkt im individuellen wie im internationalen Zusammenhang gültig. Martin Gauger war darüber hinaus ein auch politisch argumentierender Kriegsdienstverweigerer. „Nach meiner Meinung kann ein Krieg nur als Verteidigungskrieg gerechtfertigt werden, also in echter Notwehr", so Gauger im Mai 1940 gegenüber der Düsseldorfer Gestapo. „Die Ausweitung des strengen Notwehrbegriffs auch auf internationale Streitfälle, auch die Neueinführung des Terminus ‚Lebensraum' lehne ich ab." Der Hilfsprediger Albrecht Nicolaus verabscheute die „Bestie Krieg", wie sein Feldpostbrief zeigt, während der Hilfsprediger Erhard Mueller vor Stalingrad lag und nach Hause schrieb, dass „der Russe" sich dort „mausig" mache.

Neben dem evangelischen Pazifisten Hermann Stöhr, der im Juni 1940 wegen Verweigerung des Fahneneides in Stettin hingerichtet wurde, war Martin Gauger als Kriegsdienstverweigerer eine einsame Ausnahme in der BK. In Deutschland gab es nur einen einzigen BK-Pfarrer, der entschlossen war, den Kriegsdienst zu verweigern, vor der letzten Konsequenz auf Bitten seiner Familie aber zurückwich und doch noch Sanitäter wurde: Dr. Wilhelm Schümer. Außer seinem Vater und seiner Schwester Aenne fand er in der BK kaum verständnisvolle Gesprächspartner.

Weithin vergessen sind die in der „Deutschen Friedensgesellschaft" organisierten Pazifisten, die während der NS-Herrschaft ins Ausland flohen, den Suizid wählten oder ermordet wurden. Auf katholischer Seite wurden sieben Kriegsdienstverweigerer hingerichtet. Kaum beachtet ist auch die Tatsache, dass die „Zeugen Jehovas" unter Berufung auf die Bibel Kriegsdienst kompromisslos ablehnten. 2 000 von ihnen wurden ins KZ gebracht, 635 starben in der Haft, und 203 Menschen wurden hingerichtet.

Eine zerstörte Legende

Die nach 1945 entstehende „Evangelische Kirche im Rheinland" (EKiR) wurde durch Mitglieder der BK geprägt. Heinrich Held und Joachim Beckmann, die beiden ersten Vorsitzenden („Präsides") der neuen Kirchenleitung, waren standhafte Pfarrer gewesen, die vom NS-Staat und vom nazifizierten Konsistorium drangsaliert worden waren. Sie standen ähnlich wie der hessische Kirchenpräsident und frühere KZ-Häftling Martin Niemöller für eine von der NS-Vergangenheit gereinigte Kirche.

Auch wenn manche das nicht wahrhaben wollen: Die Legende, die BK sei eine „Widerstandsorganisation" gewesen, ist längst zerstört. In Wirklichkeit hat sie zunächst mit einer Art ehrerbietigem Widerspruch Eingriffe des Staates und der dem NS-System verbundenen DC abzuwehren versucht. Von wirklichen Widerständlern wie Dietrich Bonhoeffer hielt man sich fern, wagte auch nicht öffentlich für sie zu beten. Der Rechtsanwalt und spätere Bundespräsident Gustav Heinemann legte aus Protest gegen die Zaghaftigkeit rheinischer Bekenner seine BK-Ämter nieder, und der Theologie-Professor Karl Barth, geistiger Mentor der BK und ihrer „Barmer Erklärung" von 1934, kritisierte ebenfalls die BK-Mehrheit wegen ihrer kompromisshaften „Allotria" vehement.

Konsistoriale Täter

Lange Zeit hindurch schien die neue Leitung der Evangelischen Kirche im Rheinland nach 1945 von braunen Überresten gereinigt zu sein. Bei manchen Konsistoriums-Mitgliedern ergab sich das von selbst. Der 1877 geborene Oberkonsistorialrat Karl Euler, der den 1944 aus dem KZ Dachau entlassenen Pfarrer Hermann Albert Hesse ohne zwingenden Grund in den Ruhestand versetzt hatte, beendete 1945 seinen Dienst aus Altersgründen. Sein Kollege Otto Thümmel, NSDAP- und DC-Mitglied, laut Konsistorialpräsident Walter Koch „ein treuer Gefolgsmann seines Führers" und „für alles völkische Denken und Fühlen aufgeschlossen", starb bereits 1942. Koch selbst leitete das Konsistorium nicht wie eine Behörde des Ausgleichs, sondern war hauptverantwortlich für viele Drangsalierungen von BK-Pfarrern. Er wurde 1946 aufgrund der schonend formulierten „Notverordnung zur Beschränkung und Sichtung des Personalbestands der kirchlichen

Verwaltung" in den Ruhestand geschickt. DC-Mitglied und SA-Sturmführer Heinrich Oberheid, zeitweilig „Bischof des evangelischen Bistums Köln-Aachen", wurde 1946 unter Verlust aller Ansprüche entlassen und machte danach in der Düsseldorfer Stahlindustrie als Generalbevollmächtigter Karriere.

Die schaurigste und kaum bekannt gewordene Figur war der „Reichsamtsleiter" Hans Friedrich Sohns, seit 1931 Mitglied der NSDAP-Reichsleitung, 1935 der SS und zwei Jahre später trotz Austritts aus der Kirche Leiter der Finanzabteilung beim Konsistorium. Kompromisslos entzog er vielen BK-Pfarrern die ökonomische Existenzgrundlage. 1943–1944 war er als SS-Sturmbannführer und Befehlshaber der Sicherheitspolizei der Ukraine für die „Aktion 1005" verantwortlich: Häftlinge mussten Massengräber von in Kiew (Babi Yar) und an anderen Orten erschossenen Menschen freilegen und die Leichen zwecks Spurenbeseitigung verbrennen. Anschließend wurden sie selbst ermordet. Doch Massenmörder Sohns blieb Konsistoriums-Mitglied bis 1945. Danach betätigte er sich als Übersetzer, Autoverkäufer und Lagerist, bis schließlich das Landgericht Stuttgart ihn 1969 wegen „fortgesetzter Beihilfe zum Mord an mindestens 280 Menschen" zu nur vier Jahren Zuchthaus verurteilte.

Weniger belastete „braune" Konsistoriale wurden nach 1945 im Rheinland ebenso nahtlos in die neue Kirchenleitung übernommen – analog zur Übernahme belasteter Nazis in Staatsbehörden. Auch beim Aufbau der rheinischen Landeskirche meinte man auf solche Fachleute angewiesen zu sein. So wurde der ehemalige Konsistorialrat Helmut Rößler, der bis 1945 von den Theologinnen und Theologen, wenn sie ins Pfarramt wollten, unerbittlich den vom Regime gar nicht verlangten „Führereid" gefordert hatte, von 1948 bis 1968 hauptamtliches Mitglied der Kirchenleitung. Joachim Beckmann nahm ihn den Entnazifizierungsbehörden gegenüber in Schutz: Er habe die DC abgelehnt, dem Staat gegenüber zwar „gewisse Konzessionen" gemacht, dessen Ziele aber „innerlich" nicht bejaht und seine Briefe nie mit „Heil Hitler" unterzeichnet (allerdings mit „Deutschem Gruß"!).

Zweites Beispiel: Konsistorialrat Hans-Joachim Quenstedt, der Koch und Sohns bei ihrer Drangsalierung der „radikalen" und „renitenten" Elberfelder BK-Pfarrer Hermann Albert Hesse, Hermann Klugkist Hesse und Gotthold Lesser kräftigst unterstützt hatte, wurde 1945 von der neuen Kirchenleitung dennoch drei Jahre lang als „juristischer Hilfsarbeiter" eingestellt. Er nahm sich 1960 das Leben.

Mit kirchlicher Hilfe wurde vielfach eine recht milde „Entnazifizierung" erreicht. Von konsequenter Aufarbeitung kann nicht die Rede sein. Nach 1945 sah die BK-dominierte Kirchenleitung weitgehend über das staats- und parteiloyale Handeln der Alt-Nazis hinweg.

Es gibt noch viel zu tun

Seit den 1960er Jahren wird durch kirchengeschichtliche Publikationen deutlich sichtbar, wie differenziert „offizielle" Kirche, BK und der „Kirchenkampf" zu betrachten sind, wie widersprüchlich auch manches Verhalten sich darstellt. Die Aufarbeitung der kirchlichen Schuldgeschichte machte ganz allmählich Fortschritte. An manchen Stellen wurde sie überhaupt erst begonnen. Der Protestantismus löste sich langsam aus überkommenen Denkstrukturen. Schließlich beteiligte sich die EKD mit ihrer „Ost-Denkschrift" von 1965 an der Überwindung starrer Fronten. Die Gemeinden lernten den Dialog mit politischen Bewegungen – in welchem Ausmaß auch immer. Sie gründeten entwicklungspolitische Organisationen und entwarfen friedenspolitische Konzepte. Nicht wenige Christinnen und Christen wurden in Bürgerinitiativen, „Dritte Welt"-Gruppen oder der Friedensbewegung aktiv.

In den letzten Jahrzehnten haben Landessynoden der Evangelischen Kirche im Rheinland begonnen, sich mit dem Schicksal von Jüdinnen und Juden, Zwangsarbeitern und Euthanasieopfern selbstkritisch auseinanderzusetzen. Nach langen theologischen Lernprozessen nahm man von der religiös-moralischen Diskriminierung homosexuell liebender Menschen ebenso Abschied wie von der „Judenmission", die in aller Schärfe erst „nach Auschwitz" als Problem empfunden wurde. Die Umsetzung solcher Lernprozesse in den kirchlichen Alltag ist angesichts mancher Widerstände und traditioneller Vorurteile bleibender Auftrag.

Die Kirche im Rheinland versucht, aus der kirchlichen Schuldgeschichte möglichst positive Schlussfolgerungen zu ziehen – und keineswegs einen Schlussstrich. Die Aufarbeitung der Vergangenheit wird fortgesetzt. Dieser Prozess ist noch längst nicht zu Ende.

Karsten Bredemeier, Kriegsdienstverweigerung im Dritten Reich, Baden-Baden 1991; Jürgen Schäfer/Mathias Schreiber, Kompromiß und Gewissen. Der Weg des Pastors Wilhelm Schümer im Dritten Reich, Waltrop 1994. Klaus Schmidt, Kanzel, Thron und Demokraten. Die Protestanten und die Revolution in der preußischen Rheinprovinz, Köln 1998; Rauthe, Gegner, S. 394–512; Günther van Norden/Volker Wittmütz, Evangelische Kirche im Zweiten Weltkrieg (SVRKG), Köln 1991; Günther van Norden/Heiner Faulenbach, Die Entstehung der Evangelischen Kirche im Rheinland in der Nachkriegszeit, Köln 1998.

Personenregister

Kursiv gesetzte Namen und Zahlen beziehen sich auf Biogramme von Personen.

Verzeichnis wichtiger Begriffe und Namen

Altpreußische Union (ApU)
König Friedrich Wilhelm III. von Preußen verfügte 1817 in seinem Reich die Union der lutherischen und reformierten Gemeinden. Als oberster Bischof der Kirche bestimmte der König, seit 1850 durch den Ev. Oberkirchenrat, die Geschicke der Ev. Kirche in den alten, vor 1866 zu Preußen gehörenden Provinzen Brandenburg, Pommern, Posen, (Ost)Preußen, Provinz Sachsen, Schlesien, Rheinprovinz und Westfalen. Nach dem Ende der Monarchie 1918 organisierten sich die preußischen Provinzialkirchen durch eine gemeinsame Verfassung als Ev. Kirche der ApU. Nach 1945 entstanden aus den einzelnen Provinzialkirchen selbständige Landeskirchen, wobei das Gebäude der Ev. Kirche der ApU noch bestehen blieb. Die Verfassung dieser Kirche von 1951 bildete die juristische Klammer der in DDR und BRD getrennten Gemeinden. 1968 wurden die Verfassungsorgane (Synode und Rat) in Ost- und Westsektionen aufgeteilt. Sie wurden nach 1989 wieder zusammengeführt. Heute gehört die Kirche der Union zur Union evangelischer Kirchen.

Arierparagraph
Mit Hilfe des „arischen Abstammungsnachweises" strebte das NS-Regime die Verdrängung von Deutschen jüdischer Herkunft aus dem öffentlichen Leben an. 1933/1934 wurden Arierparagraphen in verschiedene Gesetze eingefügt und bestimmten 1935 die „Nürnberger Gesetze", die die extreme Verfolgung der Juden einleiteten. Die nazifizierten Kirchenleitungen übernahmen den Arierparagraphen in ihre Gesetzgebung und überließen Pfarrer und kirchliche Mitarbeiter jüdischer Herkunft schutzlos der NS-Verfolgung. Der Pfarrernotbund protestierte schon 1933 dagegen im Namen von über 2 000 Pfarrern mit einem Flugblatt.

Barmer Theologische Erklärung („Barmen")
In der 1934 auf der ersten Bekenntnissynode entstandenen, von Karl Barth wesentlich geprägten Theologischen Erklärung wurde

die Bibel in Abwehr der DC-Theologie („Irrlehre") als einzige Quelle der Offenbarung und das kirchliche „Führerprinzip" als unreformatorisch bezeichnet. Im Blick auf das NS-Regime hieß es: „Wir verwerfen die falsche Lehre, als solle und könne der Staat über seinen besonderen Auftrag hinaus die einzige und totale Ordnung menschlichen Lebens werden und also auch die Bestimmung der Kirche erfüllen." Nach 1945 wurde die Barmer Theologische Erklärung in der EKiR und einigen anderen Landeskirchen Teil des Ordinationsgelübdes für Pfarrer und – seit den siebziger Jahren – Pfarrerinnen.

Barth, Karl

Schweizer reformierter Theologe, geb. 10.5.1886 Basel, gest. 10.12.1968 Basel. 1911 Pfarrer in Safenwil (Aargau). 1921 Professor in Göttingen, 1925 in Münster, 1930 in Bonn. In seiner Theologie hielt er gegenüber den DC an der Bibel als einziger Offenbarungsquelle fest und lehnte den totalitären Machtanspruch des NS-Regimes kompromisslos ab. Eine standhafte Minderheit der BK folgte dem „Vater der Bekennenden Kirche". 1935 wurde der weltberühmte Theologe, Sozialdemokrat und Antifaschist vom NS-Regime in die Schweiz ausgewiesen und Professor in Basel. Nach 1945 wurde er in der EKiR aufgrund seines Werks eine Art „rheinischer Kirchenvater".

Bekennende Kirche (BK)

Seit 1933/1934 die Bewegung innerhalb der evangelischen Kirche, die den nationalsozialistisch geprägten DC sowie der Unterdrückung der Kirche durch den NS-Staat entgegentrat. Bekennende Gemeinden entstanden in allen Teilen Deutschlands. Sie wandten sich insbesondere gegen den Arierparagraphen im Raum der Kirche, die Abschaffung des Alten Testaments und die Einschränkung kirchlicher Arbeit durch den NS-Staat. Auf der zweiten Bekenntnissynode in Dahlem wurde ein Notkirchenregiment begründet. Für den Bereich der „zerstörten Kirchen" wurden Bruderräten die Aufgaben der Kirchenleitung übertragen. Der Rechtsanspruch der am NS-Führerprinzip orientierten und von den DC geprägten „Deutschen Evangelischen Kirche" wurde zwar besonders im Rheinland stark bestritten, der finanzielle Anspruch an das zur DEK gehörende staatstreue Konsistorium jedoch aufrecht erhalten.

Bonhoeffer, Dietrich

Ev. Theologe, Widerstandskämpfer, geb. Breslau 4.2.1906, gest. KZ Flossenbürg 9.4.1945. 1927–29 Vikar in Barcelona. Nach Habilitation 1931 Studentenpfarrer in Berlin. 1933 Pfarrer deutscher ev. Gemeinden in London. Seit 1934 beratendes Mitglied des Ökumenischen Rates. Seit 1935 Leiter des „illegalen" BK-Predigerseminars in Finkenwalde/Pommern. 1940/41 Rede- und Schreibverbot. Seit 1940 im Dienst des Widerstandes in der Spionage-Abwehr unter Admiral Wilhelm Canaris tätig. Er kritisierte den konservativen Flügel der BK wegen seiner (kirchen-)politischen Kompromissbereitschaft und seines weit verbreiteten Schweigens („Leisetreterei") angesichts der blutigen Verfolgung von Juden und Oppositionellen. 1943 Verhaftung. Die BK nahm Bonhoeffer auch im Rheinland nicht in ihre Fürbittenliste auf, weil sein Widerstand nicht primär christlich, sondern politisch motiviert sei. Im April 1945 wurde er – auch als Mitwisser des Attentats vom 20. Juli 1944 – im KZ Flossenbürg ermordet. Nach 1945 wurde er, ähnlich wie Martin Niemöller, allmählich auch in der Kirche als Widerstandskämpfer anerkannt. Unter Berufung auf beide entstand die Legende von der Kirche als „Widerstandsbewegung".

Bruderräte

In den „zerstörten Kirchen" übernahmen Gemeinde- und Landes-Bruderräte sowie auf Reichsebene der Reichsbruderrat gegenüber deutsch-christlichen Gemeindevorständen und Kirchenbehörden kraft kirchlichen Notrechts kirchliche Funktionen. Aufgrund der Aufspaltung der BK verlor der Reichsbruderrat seine Funktionen. An seine Stelle trat die Konferenz der Landesbruderräte als Koordinations- und Informationsinstanz.

Bruderschaft rheinischer Hilfsprediger und Vikare („Junge Brüder")

Ein Zusammenschluss junger Theologen im Rheinland, die das Konsistorium als Kirchenleitung ablehnten und nur den BK-Bruderrat als Leitungsorgan anerkannten. Sie wurden nach ihrem Zweiten Examen, das sie vor dem Prüfungsausschuss der BK ablegten, nicht vom Konsistorium als Pfarrer bestätigt noch besoldet, sondern arbeiteten als Pastoren in BK-Gemeinden „illegal".

Coetus reformierter Prediger

Der von dem Barmer Pfarrer Karl Immer im September 1933 gegründete Pfarrerbund, der neben dem Pfarrernotbund Martin Niemöllers am entschiedensten die radikale Linie der BK vertrat.

„Dahlem"

Nach reichskirchlichen Übergriffen proklamierte die 2. Bekenntnissynode der DEK im Oktober 1934 in Berlin-Dahlem das „kirchliche Notrecht" und vollzog die Trennung von der Reichskirchenregierung. Diese habe „unter Berufung auf den Führer und unter Heranziehung und Mitwirkung politischer Gewalten rücksichtslos ihr kirchenzerstörendes Werk fortgesetzt". Als neue Leitungsorgane schuf die Synode den Bruderrat der DEK (Reichsbruderrat) und aus seiner Mitte einen sechsköpfigen geschäftsführenden Rat. Hitler, offiziell informiert, reagierte diplomatisch und empfing lutherische Bischöfe, die mit ihren Anhängern entgegen den „Dahlemer" Beschlüssen im November 1934 die Bruderrats-Leitung durch eine stärker bischöflich orientierte „Vorläufige Kirchenleitung" der DEK ersetzten. Sie steuerte in der Folgezeit einen immer kompromissbereiteren Kurs und trat 1936 wegen Differenzen mit den Bruderräten zurück.

Deutsche Christen (DC)

Nach der 1927 in Thüringen entstandenen „Kirchenbewegung D.C." strebte die unter NSDAP-Einfluss entstandene „Glaubensbewegung D.C." seit 1932 kirchenpolitische Macht an, auch im Rheinland durchaus mit Erfolg. Bei den Kirchenwahlen im Juli 1933 siegte sie in den meisten Landeskirchen, auch in der ApU, und besetzte die kirchenleitenden Positionen. Als ihr extremer Flügel im Herbst 1933 das Alte Testament aus der Kirche entfernen und den Arierparagraphen für Kirche und Pfarrerschaft durchsetzen wollte, verlor sie an Einfluss, behielt aber in vielen Leitungsorganen ihre Machtpositionen.

Deutsche Evangelische Kirche (DEK, Reichskirche)

Sie entstand 1933 aus dem 1922 gebildeten „Deutschen Evangelischen Kirchenbund", einem Zusammenschluss von 28 ev. Landeskirchen. Unter dem Einfluss der DC stellte sie den Versuch dar, mit den Methoden der nationalsozialistischen Gleichschaltung eine einheitliche „Reichskirche" nach dem „Führerprinzip" zu schaffen. Ihre Organe waren der Reichsbischof, ein geistliches Ministerium, die Nationalsynode und die Kirchenkanzlei. Die Landeskirchen setzten jedoch den Erhalt ihrer Eigenständigkeit durch.

Evangelische Kirche im Rheinland (EKiR)

1948 aus der Ev. Kirche der Rheinprovinz als einer der sieben Provinzialkirchen der ApU entstandene selbständige Landeskirche mit ca. drei Millionen Mitgliedern und einer presbyterial-synodalen Verfassung.

Evangelischer Oberkirchenart (EOK)
Leitungsorgan der Ev. Kirche der ApU. Seit den Kirchenwahlen vom Juli 1933 von den DC dominiert. Präsident des EOK von 1933 bis 1945 war Dr. iur. Friedrich Werner.

Gesetz zur Wiederherstellung des Berufsbeamtentums
Es ermöglichte seit 1933 die Entfernung politisch oppositioneller und jüdischer Beamter aus dem Staatsdienst.

Gleichschaltung
Ablösung der Führungskräfte wichtiger Organisationen in der Gesellschaft und Ersetzung durch Mitglieder der NSDAP oder ihre Übernahme in Parteiorganisationen, um der Partei eine totale Kontrolle aller gesellschaftlichen Kräfte zu ermöglichen. Die Gleichschaltung der Kirchen gelang nicht.

Heimtücke-Gesetz
Mit dem „Gesetz gegen heimtückische Angriffe auf Staat und Partei und zum Schutz der Parteiuniform" vom 20.12.1934 konnte jede Kritik des Staates und der Partei mit harten Strafen verfolgt werden. Es öffnete dem Denunziantentum mit Lügen und Verleumdungen Tür und Tor. Sondergerichte zur Aburteilung aller durch das Gesetz geschaffenen Straftaten wurden eingerichtet.

Himmler-Erlaß
Vom Chef der deutschen Polizei, Heinrich Himmler (1900 bis 1945), am 29. August 1937 verfügtes Verbot der Lehr- und Prüfungseinrichtungen der BK. Die Prüfungen wurden bis zum Sommer 1941 heimlich fortgesetzt.

Kirchenausschüsse
Vom NS-Staat in den zerstörten Kirchen eingesetzte Gremien zur Leitung der Kirche mit dem Versuch, die Spaltung der DEK (BK und DC) zu überwinden. Da in ihnen auch anerkannte und bewährte Theologen, die nicht zu den DC gehörten, mitarbeiteten, zerbrach an der unterschiedlichen Bewertung dieser Ausschüsse die Einheit der BK. Während eine Mehrheit die Mitarbeit bejahte, blieb – auch im Rheinland – eine radikale Minderheit in Opposi-

tion. Die Kirchenausschüsse scheiterten 1937 daran, dass es ihnen nicht gelang, die DEK zu einigen.

Kirchenkampf

Die auf Entchristlichung des öffentlichen Lebens zielenden Unerdrückungsmaßnahmen des NS-Regimes und die (Kirchen-) politik staatstreuer Kirchenbehörden führte 1933/1934 zur Bildung der BK, die zunächst primär um die Eigenständigkeit der Kirche und die Wahrung ihres Bekenntnisses kämpfte. Sie wurde bedrängt durch Inhaftierung von Pfarrern, Professoren und engagierten Gemeindegliedern, Redeverbote, Hausdurchsuchungen, Behinderung kirchlicher Presse und Überwachungen von Veranstaltungen der BK. Erst allmählich rang sich eine BK-Minderheit unter dem Einfluss von Karl Barth auch im Rheinland über kirchliche Proteste hinaus zu begrenzter, theologisch und politisch begründeter Widersetzlichkeit durch. Konservative, vor allem lutherisch-konfessionelle Kräfte, die trotz NS-Diktatur auf den „Gehorsam gegenüber der Obrigkeit" fixiert blieben, verurteilten den christlich-politischen Widerstand und beeinflussten mit dieser Haltung auch die Kirche der Nachkriegszeit.

Konsistorium

Seit preußischer Zeit eine staatlich kontrollierte Behörde für die Verwaltung kirchlicher Angelegenheiten. Sie setzte sich zusammen aus dem Generalsuperintendenten, dem rechtskundigen Konsistorialpräsidenten sowie geistlichen und weltlichen Mitgliedern (Konsistorialräten und Oberkonsistorialräten). Das Konsistorium wurde wegen seiner staatskirchlichen Ausrichtung von der Mehrheit der BK nicht anerkannt. Nach 1945 wurde es unbeschadet mancher Kontinuitäten durch das Landeskirchenamt ersetzt.

Niemöller, Martin

Ev. Theologe, geb. 14.1.1892 Lippstadt, gest. 6.3.1984 Wiesbaden. U-Boot-Kommandant im Ersten Weltkrieg. 1931 Pfarrer in Berlin-Dahlem. 1933 gründete er in Verbindung mit Dietrich Bonhoeffer den Pfarrernotbund. 1937–1945 war er in KZs interniert. BK-Pfarrern, die ihn im Gottesdienst in ihre Fürbitte einschlossen, für ihn die Glocken läuteten u.ä., drohte Inhaftierung und Verfolgung. Nach 1945 war Niemöller an der Neuordnung der EKD beteiligt und kämpfte gegen restaurative Tendenzen in Kirche, Staat und westlicher Welt (z.B. Wiederbewaffnung, Notstandsgesetze, atomare Aufrüstung). Von 1947 bis 1964 war er Kirchenpräsident der Ev. Landeskirche in Hessen und Nassau. 1957 wurde er Präsident der Deutschen Friedensgesellschaft, 1961 in Neu-Delhi einer der sechs Präsidenten des Ökumenischen Rates.

Notkirchenregiment

Die von der BK auf der Bekenntnissynode in Dahlem 1934 gegen die vom Staat anerkannten DC-Kirchen geschaffene Kirchenleitung des Reichsbruderrates bzw. Rates. Sie wurde ersetzt durch die stärker von den lutherischen Bischöfen bestimmte Erste Vorläufige Leitung der DEK. 1936 zerbrach diese Kirchenleitung an der unterschiedlichen Bewertung der Kirchenausschüsse. Die Zweite Vorläufige Leitung war stärker auf die Bruderräte konzentriert. Während in den intakten Landeskirchen die Leitungsstrukturen stabil blieben, versuchten in den „zerstörten" Landeskirchen, vor allem in der ApU, die Notkirchenregimente der BK neben den vom Staat anerkannten kirchlichen Behörden ihre Leitungsfunktionen zu behaupten. Dies gelang aber nur zum Teil, da in Rechts- und vor allem Finanzfragen die Behördenkirche entschied.

Pfarrerbruderschaft

Im Juli 1933 gegründeter Zusammenschluss von Pfarrern, die sich der DC-Agitation widersetzen. Er bildete den Ursprung der BK. Die illegalen Theologen und Theologinnen der BK gründeten eine Bruderschaft rheinischer Hilfsprediger und Vikare.

Pfarrernotbund

Er wurde 1933 zur Abwehr nationalsozialistisch geprägter kirchlicher Strömungen von Martin Niemöller in Verbindung mit Dietrich Bonhoeffer gegründet. Neben gegenseitiger Hilfe strebte der von einem achtköpfigen Bruderrat geführte Bund auch die Abwehr des Arierparagraphen in der Kirche an. Um den 1934 bereits über 7 000 Mitglieder zählenden Bund sammelten sich an vielen Orten bekennende Gemeinden, die sich 1934 zur BK zusammenschlossen.

Presbyter

In den reformierten Gemeinden schon im 16. Jahrhundert, später in vielen Landeskirchen in den Kirchenvorstand („Presbyterium") gewählte, neben den Pfarrern mit gleichem Stimmrecht versehene Gemeindeglieder.

Presbyterial-synodale Grundordnung

Die von Gemeinden und Presbyterien bis hin zu Synoden an die Glaubensgrundlagen gebundene, sich „von unten nach oben" aufbauende Kirchenordnung. 1934 scheiterte D. Dr. Heinrich Forsthoff (1871–1942), DC-Präses der rheinischen Provinzialsynode und Stellvertreter des Bischofs, mit dem Versuch, eine am NS-Führerprinzip orientierte Ordnung, die Wahlen durch „Ernennungen" ersetzt und dem Präses-Amt entgegen „parlamentarischem Geist" nahezu diktatorische Vollmacht verliehen hätte, zu oktroyieren. Durch diesen Versuch wurde der Kirchenkampf in die rheinischen Gemeinden getragen und die BK im Rheinland stabilisiert.

Protestanten

Der im 16. Jahrhundert aus reformatorischem Protest entstandene Begriff „protestantisch" ist hierzulande vor allem in den „Landeskirchen" gebräuchlich. Anders als „Freikirchen" wird ihnen aufgrund von Staats-Kirchen-Gesetzen eine öffentliche Einflussmöglichkeit – etwa in Medien oder Schulen – garantiert, die sie damit auch zu einer gewissen Loyalität verpflichtet. Protestanten, die aufgrund von im „Dritten Reich" gemachten Erfahrungen nach 1945 eine vom Staat völlig unabhängige Kirche forderten, blieben erfolglos.

Reformiert

In der Evangelischen Kirche der ApU blieben neben „unierten" Gemeinden auch „lutherische" und „reformierte" – am Schweizer Reformator Johannes Calvin orientierte – Gemeinden erhalten.

Reichskirchenregierung

Das aus dem Reichsbischof, dem geistlichen Ministerium, der Nationalsynode und der Kirchenkanzlei bestehende Regiment der DEK.

Rheinisch

„Rheinisch" wurden im Lauf der Jahrhunderte viele Gebiete zwischen Ober- und Niederrhein genannt. Für dieses Buch sind die 1815 vom Preußenkönig Friedrich Wilhelm III. festgesetzten rheinpreußischen Grenzen bestimmend, die zugleich Kirchengrenzen waren und – Bundesländer überschreitend – bis heute noch sind. Deshalb werden hier auch einige Menschen vorgestellt, deren Heimat der Hunsrück, Saarbrücken, Wetzlar oder sogar Hechingen (Synode Hohenzollern) war.

Rheinischer Rat
Das zwischen den Bekenntnissynoden und den Sitzungen des Bruderrates tagende sechsköpfige Leitungsgremium der BK im Rheinland.

„Römer 13"
Im 13. Kapitel seines „Briefes an die Römer" ermahnt Paulus die Christen in Rom, die staatliche Ordnung zum Wohl der Allgemeinheit zu respektieren. Daraus ergab sich in späterer theologischer Interpretation die Legitimierung aller bestehenden Herrschaftsverhältnisse bis hin zur Forderung des absoluten Gehorsams auch in totalitären Diktaturen. Die Barmer Theologische Erklärung widersprach dieser Irrlehre.

Solidarische Kirche im Rheinland
In der Nachfolge der „Bruderschaft rheinischer Hilfsprediger und Vikare" setzte sich die aus Theologen und Theologinnen sowie engagierten Gemeindegliedern bestehende „Kirchliche Bruderschaft"(KB) im Rheinland in der Nachkriegszeit für eine Überwindung der Ost-West-Spaltung und eine weltweite Friedensordnung ein und wandte sich gegen Remilitarisierung und Atombewaffnung. In den 1970er Jahren führten theologische Grundüberzeugungen und Kapitalismuskritik zu antirassistischer und ökologisch ausgerichteter Arbeit, später zum Engagement in der ökumenischen Bewegung gegen die neoliberale Globalisierung. Seit 1983 nennt sich die KB – auch im Zuge der Überwindung männlicher Dominanz – „Solidarische Kirche im Rheinland".

Sportpalastkundgebung
Mitgliederversammlung der DC am 13.11.1933 in Berlin. Hier hielt der Gauobmann der DC von Groß-Berlin, Dr. Reinhold Krause, eine Rede, in der er das Alte Testament verunglimpfte und die „Reinigung" des Neuen Testaments von der „Sündenbock- und Minderwertigkeitstheologie des Rabbiners Paulus" forderte. Diese Rede und die Entschließung der Versammlung, die alle Forderungen der extremen DC enthielt, führte zu einem Proteststurm in der Ev. Kirche und leitete den Zerfall der „Glaubensbewegung DC" ein.

„Treueid" auf Adolf Hitler
Auf Drängen der DC verlangte der Evangelische Oberkirchenrat in Berlin ab 20. April 1938 („Führers Geburtstag") von allen

Pfarrern eine solche Eidesleistung. Die 7. Rheinische Bekenntnissynode lehnte sie im Mai als nicht vom Staat gefordert ab. Doch die 6. Bekenntnissynode der Ev. Kirche der ApU folgte im Juni dem Beispiel der meisten deutschen Landeskirchen und sperrte sich nicht mehr gegen den Eid. In einem im August 1938 veröffentlichten Rundschreiben von NSDAP-Reichsleiter Martin Bormann (1900–1945) an alle Gauleiter wurde erklärt, der „Führer" sei an diesem „innerkirchlichen" Eid nicht interessiert. Im Rheinland verweigerten ihn 184 von 800 Pfarrern. Trotz des Bormann-Rundschreibens verlangte das Konsistorium bis 1945 von allen den Theologinnen und Theologen den Eid, die ein „legales" Pfarramt erstrebten oder die in ein neues Pfarramt wechseln wollten.

„Zerstörte Kirchen"

Im Unterschied zu den „intakten" Landeskirchen, wie Bayern und Württemberg, die Kirchen, vor allem die Ev. Kirche der ApU, in denen die DC aufgrund der Kirchenwahl vom 23.7.1933 die Leitungsämter gewonnen und die BK Notkirchenleitungen geschaffen hatten.

Zwei-Reiche-Lehre

Ursprünglich die Lehre, nach der Gott die Wirklichkeit in unterschiedlicher Weise regiert: das geistliche Reich durch die Predigt des Evangeliums, das weltliche durch das Gesetz.

In diesem Reich bewahrt er durch Obrigkeit und Recht das Leben des Menschen vor der Selbstzerstörung. In späterer, auch theologischer Fehlinterpretation setzte sich die Auffassung durch, die Obrigkeit sei mit ihrer Gesetzgebung autonom und die Kirche dürfe sich nicht in die „weltlichen Dinge" einmischen. Die Barmer Theologische Erklärung widersprach dieser Irrlehre.

Häufig benutzte Literatur

Hannelore Erhart (Hg.), Lexikon früher evangelischer Theologinnen, Neukirchen-Vluyn 2005.

Heike Köhler/Dagmar Herbrecht/Dagmar Henze/Hannelore Erhart, Dem Himmel so nah, dem Pfarramt so fern. Erste evangelische Theologinnen im geistlichen Amt, Neukirchen-Vluyn 1996 [= Köhler u.a., Dem Himmel so nah].

Sigrid Lekebusch, Not und Verfolgung der Christen jüdischer Herkunft im Rheinland. Darstellung und Dokumentation (SVRKG 117), Köln 1995 [= Lekebusch, Not und Verfolgung].

Hartmut Ludwig, Als Zivilcourage selten war. Die evangelische Hilfsstelle „Büro Pfarrer Grüber", ihre Mitarbeiter und Helfer im Rheinland 1938 bis 1940, in: G. Ginzel (Hg.), Mut zur Menschlichkeit. Hilfe für Verfolgte während der NS-Zeit, Köln 1993 [= Ludwig, Zivilcourage]

Björn Mensing/Heinrich Rathke, Mitmenschlichkeit, Zivilcourage, Gottvertrauen. Evangelische Opfer von Nationalsozialismus und Stalinismus, Leipzig 2003 [= Mensing/Rathke, Mitmenschlichkeit].

Günther van Norden, Das 20. Jahrhundert (= Quellen zur rheinischen Kirchengeschichte, Bd. 5), Düsseldorf 1990 [= van Norden, Jahrhundert].

Ders., Politischer Kirchenkampf. Die rheinische Provinzialkirche 1934–1939 (SVRKG 159), Bonn 2003 [= van Norden, Kirchenkampf].

Simone Rauthe, „Scharfe Gegner". Die Disziplinierung kirchlicher Mitarbeitender durch das Evangelische Konsistorium der Rheinprovinz und seine Finanzabteilung von 1933 bis 1945 (SVRKG 162), Bonn 2003 [= Rauthe, Gegner].

Wolfgang Scherffig, Junge Theologen im Dritten Reich. Dokumente, Briefe, Erfahrungen, Bd. 1–3. Neukirchen-Vluyn 1989f. [= Scherffig, Junge Theologen].

Abkürzungen

ApU	Altpreußische Union
BBKL	Biographisch-bibliographisches Kirchenlexikon
BK	Bekennende Kirche
D.	Doktor der Theologie
DC	Deutsche Christen
DEK	Deutsche Evangelische Kirche
EKD	Evangelische Kirche in Deutschland
EKiR	Evangelische Kirche im Rheinland
EOK	Evangelischer Oberkirchenrat
ev.	evangelisch
Gestapo	Geheime Staatspolizei
HJ	Hitler-Jugend
Lic.	Lizentiat, theologischer Doktorand
LKA	Landeskirchenamt
MEKGR	Monatshefte für Evangelische Kirchengeschichte des Rheinlands
NS	Nationalsozialismus
NSDAP	Nationalsozialistische Deutsche Arbeiterpartei
OKR	Oberkirchenrat
RKZ	Reformierte Kirchenzeitung
SA	Sturmabteilung der NSDAP
SS	Schutzstaffel
SVRKG	Schriftenreihe des Vereins für Rheinische Kirchengeschichte

Autorinnen und Autoren

Dr. h. c. Ilse Härter (IH), geb. 1912, Pfarrerin i.r. – Wiesenstraße 39–41, 47547 Goch

Dr. Heinz Joachim Held (HJH), geb. 1928, Bischof i.r. – Bussilliatweg 32, 30419 Hannover

Dr. Diether Koch (DK), geb. 1929, Studiendirektor i.r. – Lüderitzstraße 21, 28213 Bremen

Heta Kriener (HK), geb. 1926 – Cranachstraße 50, 44795, Bochum

Dr. Sigrid Lekebusch (SL), geb. 1944, Historikerin – Lortzingstraße 11, 42289 Wuppertal

Dr. Hartmut Ludwig (HL), geb. 1942, Dozent, Kirchenhistoriker – Waldstraße 66, 15566 Schöneiche

Friedhelm Meyer (FM), geb. 1935, Pfarrer i.r. – Börchemstraße 5, 40597 Düsseldorf

Dr. Gerd Mönkemeier (GM), geb. 1963, Pfarrer – Oleanderweg 36, 47338 Duisburg

Prof. Dr. Günther van Norden (GvN), geb. 1928, Historiker – Rüdigerstraße 62, 53179 Bonn

Hans Dieter Osenberg (HDO), geb. 1929, Landespfarrer. i.r. – Am Staden 23, 66121 Saarbrücken

Dr. Hans Pfeifer (HP), geb. 1930, Pfarrer i.r. – Günterstalstraße 84, 79100 Freiburg.

Prof. Dr. Folkert Rickers (FR), geb. 1938, Theologe, Religionspädagoge – Ludgeriplatz 21, 47057 Duisburg.

Dr. Horst Sassin (HS), geb. 1953, Studienrat – Wildbahn 18, 42651 Solingen.

Klaus Schmidt (KS), geb. 1935, Theologe, Historiker – Auf dem Kitzeberg 37, 51107 Köln.

Dr. Theodor Spehr (TS), geb. 1926, Diplom-Chemiker – Huegelstraße 13, 69469 Weinheim.

Wolfgang Wewer (WW), geb. 1948, Berufschulpfarrer – Halstenbachstraße 3, 51645 Gummersbach.

Prof. Dr. Volkmar Wittmütz (VW), geb. 1940, Historiker – Hopscheider Weg 46, 42555 Velbert.

Redaktion

Ilse Härter, Heta Kriener, Sigrid Lekebusch, Friedhelm Meyer, Günther van Norden, Klaus Schmidt, Wolfgang Wewer und Volkmar Wittmütz sowie Hajo Barkenings (Duisburg), Ursula Münden (Köln) und Erika van Norden (Bonn).

Neu im Frühjahr 2007

Klaus Schmidt
Glaube, Macht und Freiheitskämpfe
Fünfhundert Jahre Protestanten im Rheinland

Mit einem Nachwort von Professor Dr. Günther van Norden

ca. 400 Seiten
Leinen mit Schutzumschlag
Format 17 x 24 cm

ISBN 978-3-7743-0385-0

Das Buch erzählt zum ersten Mal die farbige und bewegende Geschichte der Protestanten im Rheinland von den Anfängen bis in die jüngste Gegenwart. Der Autor porträtiert rheinische Männer und Frauen wie Anna Maria Schürmann („Jahrhundertgenie"), den Liederdichter Joachim Neander („Lobe den Herren"), Theodor Fliedner (Diakoniewerk Kaiserswerth), Gustav Heinemann (Minister und Bundespräsident), Dorothee Sölle (theologische Schriftstellerin) oder Hanns Dieter Hüsch (Kabarettist). Schmidt schildert Leben und Konflikte der „großen" und der „kleinen" Leute, Stärken und Schwächen der Kirche und die Bemühungen um Gerechtigkeit und Frieden.

GREVEN VERLAG KÖLN